LES

CAUSES FINALES

OUVRAGES DU MÊME AUTEUR :

LIBRAIRIE GERMER BAILLIÈRE.

Philosophie de la Révolution française, 1875, 1 vol. in-18 de la *Bibl. de philos. contemp.* — 2 fr. 50

La crise philosophique, MM. Taine, Renan, Vacherot, Littré, 1865, 1 vol. in-18 de la *Bibl. de philos. contemp.* — 2 fr. 50

Le cerveau et la pensée, 1867, 1 vol. in-18 de la *Bibl. de philos. contemp.* — 2 fr. 50

Le matérialisme contemporain, 1875, 1 vol. in-18 de la *Bibl. de philos. contemp.* (2ᵉ édition.) — 2 fr. 50

Histoire de la science politique dans ses rapports avec la morale, 2 vol. in-8. — 20 fr.

Études sur la dialectique dans Platon et dans Hegel, 1 vol. in-8. — 6 fr.

Œuvres philosophiques de Leibniz. 2 vol. in-8. — 16 fr.

Essai sur le médiateur plastique de Cudworth, 1 vol. in-8. — 1 fr.

LIBRAIRIE MICHEL LÉVY.

La famille, leçons de philosophie morale (Ouvrage couronné par l'Académie française), 10ᵉ édition, 1 vol. in-18. — 3 fr. 50

Philosophie du bonheur, 4ᵉ édition, 1 vol. in-12. — 3 fr. 50

Les Problèmes du xixᵉ siècle, 2ᵉ édit., 1 vol. in-12. — 3 fr. 50

LIBRAIRIE DELAGRAVE.

Éléments de morale, 1 vol. in-12. — 3 fr. 50

La morale, 1874, 1 vol. in-8. — 7 fr. 50

LES
CAUSES FINALES

PAR

PAUL JANET

MEMBRE DE L'INSTITUT
PROFESSEUR A LA FACULTÉ DES LETTRES DE PARIS.

PARIS
LIBRAIRIE GERMER BAILLIÈRE ET Cie
17, RUE DE L'ÉCOLE-DE-MÉDECINE, 17
—
1876

LES
CAUSES FINALES

CHAPITRE PRÉLIMINAIRE

LE PROBLÈME.

Le terme de cause finale (*causa finalis*) a été introduit dans la langue philosophique par la scolastique [1]. Il signifie le but (*finis*) pour lequel on agit, ou vers lequel on tend, et qui peut être par conséquent considéré comme une cause d'action ou de mouvement. Aristote l'explique ainsi : « Une autre sorte de cause, dit-il, est le but, c'est-à-dire *ce en vue de quoi* (τὸ οὗ ἕνεκα) se fait l'action : par exemple, en ce sens, la santé est la cause de la promenade. Pourquoi un tel se promène-t-il ? c'est, disons-nous, *pour* se bien porter ; et en parlant ainsi, nous croyons nommer la cause [2]. »

---

[1]. Aristote ne l'emploie jamais ; il dit : *le but* (τὸ τέλος), *le en vue de quoi* (τὸ οὗ ἕνεκα), mais jamais *la cause finale* (αἰτία τελική). Il en est de même des autres causes qu'il désigne toujours par des substantifs (ὕλη, εἶδος, ἀρχὴ κινήσεως). Ce sont les scolastiques qui ont transformé ces substantifs en adjectifs : *causa materialis, efficiens, formalis, finalis*.

[2]. Phys., l. II, c. 3.

Examinons de près le caractère propre et singulier de ce genre de cause. Ce qui la caractérise, c'est que, suivant le point de vue où l'on se place, le même fait peut être pris soit comme cause, soit comme effet. La santé est sans doute la cause de la promenade; mais elle en est aussi l'effet. D'une part la santé n'arrive qu'après la promenade, et par elle : c'est parce que ma volonté, et, par ses ordres, mes membres ont exécuté un certain mouvement, que le bien-être s'en est suivi; mais d'un autre côté, en un autre sens, c'est pour obtenir ce bien-être que je me suis promené : car sans l'espoir, sans le désir, sans la représentation anticipée du bienfait de la santé, peut-être ne serais-je pas sorti, et mes membres seraient-ils restés en repos. Un homme en tue un autre : en un sens, la mort de celui-ci a eu pour cause l'action de tuer, c'est-à-dire l'action d'enfoncer un poignard dans un corps vivant, cause mécanique sans laquelle il n'y aurait point de mort; mais réciproquement cette action de tuer a eu pour cause déterminante la volonté de tuer; et la mort de la victime, prévue et voulue d'avance par le coupable, a été la cause déterminante du crime. Ainsi une cause finale est un fait qui peut être en quelque sorte considéré *comme la cause de sa propre cause* : mais, comme il est impossible qu'il soit cause avant d'exister, la vraie cause n'est pas le fait lui-même, mais son *idée*. En d'autres termes, c'est *un effet prévu*, et qui n'aurait pas pu avoir lieu sans cette prévision [1].

---

1. En poussant plus loin l'analyse, on peut distinguer avec Hartmann (*Philosophie des Unbewussten*, Introd. C. II), quatre *moments* dans la cause finale :

A la vérité, ce serait affirmer beaucoup et dépasser peut-être les limites de l'expérience que d'exiger, pour toute espèce de but, une prévision expresse dans l'agent qui poursuit ce but. On signalera par exemple le phénomène de l'instinct, où il est de toute évidence que l'animal poursuit un but, mais sans savoir qu'il en poursuit un, et sans se l'être représenté préalablement dans son imagination, non plus que les moyens, infaillibles cependant, par lesquels il peut l'atteindre. Généralisant cette difficulté, on dira peut-être que, même en s'élevant à la cause première de l'univers, on n'a pas plus de raison de l'imaginer comme une intelligence qui prévoit un effet que comme un instinct qui y tend sûrement, mais aveuglément, par une nécessité intrinsèque.

Nous n'avons pas à nous engager encore dans ces difficultés prématurées; disons seulement que pour donner une idée nette de la cause finale, il faut d'abord se la représenter dans le cas le plus saillant et le plus saisissable, c'est-à-dire dans la conscience humaine. Diminuez maintenant progressivement par l'imagination le degré de prévision expresse qui préside à la recherche de l'effet, vous arriverez peu à peu à cette perception obscure et sourde dont parle Leibniz, et qui n'est autre chose que l'instinct lui-même, à cette sorte de somnam-

---

1° la représentation du but; 2° la représentation des moyens; 3° la réalisation des moyens; 4° la réalisation du but. D'où il suit que l'ordre d'exécution reproduit, en sens inverse, l'ordre de représentation : d'où il suit encore que ce qui est le dernier dans l'exécution (le but) est le premier dans la conception (l'idée du but). C'est ce qu'exprime cet axiome scolastique : *Quod prius est in intentione ultimum est in executione.*

bulisme inné, comme l'appelle Cuvier, qui préside d'une manière infaillible aux actions de l'animal : à un degré inférieur encore vous trouverez la *tendance* de toute matière organisée à se coordonner conformément à l'idée d'un tout vivant. La conscience réfléchie n'existe donc pas en fait partout où nous rencontrons ou croyons rencontrer des buts dans la nature; seulement, partout où nous supposons de tels buts, nous ne pouvons nous empêcher de concevoir l'effet final comme représenté d'avance, sinon sous une forme réfléchie et expresse, au moins d'une manière quelconque, dans l'agent qui le produit. Pour qu'un fait soit appelé cause finale, il faut que toute la série des phénomènes qui est appelée à le produire, lui soit subordonnée. Ce phénomène, non encore produit, règle et commande toute la série : ce qui serait manifestement incompréhensible et contraire à toute loi de causalité, s'il ne préexistait pas en quelque façon, et d'une manière idéale, à la combinaison dont il est à la fois la cause et le résultat. Reprenant et corrigeant la définition donnée plus haut, nous dirons donc que la cause finale, telle qu'elle nous est donnée dans l'expérience est un effet, sinon prévu, du moins *prédéterminé* [1], et qui, en raison de cette prédétermination, conditionne et commande la série de phénomènes dont il est en apparence la résultante : c'est donc, encore une fois, un fait qui peut être considéré comme la cause de sa propre cause.

---

[1]. C'est ainsi que Hegel définit lui-même la finalité : *das vorherbestimmte*, Phil. de la nat., § 366.

Ainsi, en un sens, l'œil est la cause de la vision; en un autre sens, la vision est la cause de l'œil. On se représentera donc, ainsi que l'a dit Kant, la série des causes finales comme un renversement de la série des causes efficientes. Celle-ci va en descendant, celle-là en remontant. Les deux séries sont identiques (c'est du moins ce qu'il est permis de supposer à priori); mais l'une est l'inverse de l'autre. Le point de vue *mécanique* consiste à descendre la première de ces deux séries (de la cause à l'effet); le point de vue *téléologique*, ou des causes finales, consiste à le remonter (de la fin aux moyens). La question est de savoir sur quoi se fonde la légitimité de cette opération régressive.

On sait que toutes les écoles sont d'accord pour admettre certaines maximes ou vérités, appelées vérités premières, principes premiers ou fondamentaux, qui, pour les uns sont déposées à priori dans l'intelligence humaine, et pour les autres sont le fruit d'une expérience tellement universelle qu'elle équivaut dans la pratique à l'innéité; mais qui de part et d'autre sont reconnues comme tellement évidentes et tellement impérieuses que la pensée est absolument impossible sans elles. Ce sont par exemple : le principe d'identité; le principe de causalité et le principe de substance; le principe d'espace et le principe de temps. Voici les formules les plus simples et les plus claires qui servent à les exprimer : « Nulle chose n'est, en même temps, et considérée sous le même point de vue, elle-même et son contraire. » — « Nul phénomène sans cause;

nul mode sans substance. » — « Tout corps est dans l'espace ; tout événement a lieu dans le temps. »

La question que nous avons à résoudre est celle-ci : parmi ces vérités premières, ou principes fondamentaux, faut-il compter encore, comme on le fait souvent, un autre principe appelé *principe des causes finales?* Y a-t-il un principe des causes finales? Quel est-il? Quelle en est la formule? Fait-il partie de ces principes nécessaires et universels sans lesquels il est impossible de penser? Ou ne serait-il qu'un cas particulier de l'un d'entre eux?

Remarquons d'abord que l'on n'est pas bien d'accord sur la formule même de ce que l'on appelle le principe des causes finales. Pour le principe de causalité, nulle difficulté : « Point de phénomène sans cause. » Par analogie, on devra formuler le principe des causes finales de cette manière : « Rien ne se produit sans but; tout être a une fin[1]. » Ce qu'Aristote exprimait ainsi : « La nature ne fait rien en vain. » Il suffit d'exprimer en ces termes le principe des causes finales pour voir d'abord qu'il n'est pas du même genre que le principe de causalité. Th. Jouffroy, recherchant dans son *Cours de droit naturel* les vérités sur lesquelles repose l'ordre moral, nous dit : « La première de ces vérités, c'est ce principe que tout être a une fin. Pareil au principe de causalité, il en a toute l'évidence, toute l'universalité, toute la nécessité ; et notre raison ne conçoit pas

---

[1]. Si on disait : « Tout moyen suppose une fin », comme on le fait quelquefois, ce serait une pure tautologie.

plus d'exception à l'un qu'à l'autre. » Malgré la haute autorité de Jouffroy, nous sommes obligé d'avouer que le principe énoncé ici, à savoir que « tout être a une fin, » ne nous paraît avoir ni l'évidence, ni la nécessité du principe de causalité, à savoir que « tout ce qui se produit a une cause. » Si on entend par *fin* un certain *effet* résultant nécessairement d'une certaine *nature* donnée, en ce sens tout être a une fin, car tout être produit nécessairement ce qui est conforme à sa nature ; mais si par *fin* on entend un *but pour* lequel une chose a été faite, ou *vers* lequel elle tend, il n'est pas évident par soi-même que la pierre ait un but, que le minéral en ait un. Sans doute, pour celui qui conçoit la nature comme l'œuvre d'une providence, il sera certain que tout a été créé pour un but ; et le caillou lui-même n'aura pas été fait en vain ; mais alors le principe des causes finales n'est plus qu'un corollaire de la doctrine de la Providence : ce n'est pas un principe à priori, un principe nécessaire et universel, un principe premier. La doctrine d'une fin universelle des choses, conséquence de la doctrine de la Providence, ne peut donc pas être donnée comme *évidente* par soi.

Insistons sur cette différence du principe de causalité et du principe des causes finales. Si je contemple la chaîne des Alpes, et les formes innombrables, étranges et compliquées qu'ont prises les pics dont se compose cette chaîne, la loi de causalité me force à admettre que chacune d'elles, si accidentelle qu'elle puisse paraître, a sa cause déterminée et précise ; mais je ne suis nullement forcé d'admettre que chacune de ces formes, ici pointues, là échancrées, là arrondies, a une fin et un but. Soit une éruption de volcan : chaque ruisseau de lave, chaque exhalaison, chaque bruit, chaque fulguration a sa cause propre; et le plus fugitif de ces phénomènes pourrait être déterminé à priori par celui qui connaîtrait rigoureusement toutes les causes et toutes les conditions qui ont amené l'éruption; mais vouloir attribuer à chacun de ces phénomènes en particulier un but précis est absolument impossible. Dans quel but telle pierre est-elle lancée à droite plutôt qu'à gauche? Pourquoi telle émanation plutôt que telle autre? C'est ce que personne ne se demande en réalité. On pourrait citer mille autres exemples : pourquoi, dans quel but, les nuages poussés par le vent prennent-ils telle forme plutôt que telle autre? Pourquoi, dans quel but, la maladie appelée folie produit-elle telle divagation plutôt que telle autre? Dans quel but un monstre a-t-il deux têtes, et un autre n'en a-t-il point? Voilà mille cas, où l'esprit humain cherche les causes, sans se préoccuper des fins. Je ne dis pas seulement qu'il les ignore; je dis qu'il n'y pense pas, et qu'il n'est pas forcé d'en supposer; tandis que pour les causes, même quand il les ignore, il sait cependant qu'elles existent, et il y croit invinciblement.

Sans doute, l'esprit humain peut appliquer l'idée de finalité même aux cas précédents, et par exemple, croire que c'est pour un but inconnu qu'il y a des montagnes, qu'il y a des volcans, qu'il y a des monstres, etc. Je ne nie pas qu'il ne le puisse, je dis qu'il n'y est pas forcé, comme il l'est pour la causalité proprement dite. La finalité, dans ces différents cas, n'est pour lui qu'un moyen de se représenter les choses, une hypothèse qui lui plaît et qui le satisfait, un point de vue subjectif auquel il peut s'abandonner comme il peut s'y refuser, ou encore la conséquence d'une doctrine que l'on croit vraie; au contraire la causalité est une loi nécessaire de l'esprit, loi objective de tous les phénomènes sans exception, loi nécessaire et partout vérifiée par la reproduction constante des phénomènes dans les mêmes conditions : en un mot, pour employer l'expression de Kant, la finalité dans les exemples cités, n'est qu'un principe *régulateur;* la causalité est toujours un principe *constitutif.*

En outre, lors même qu'on suppose que tous les grands phénomènes de la nature ont leurs causes finales, on ne l'admet que pour le phénomène pris en gros, mais non pour chacun de ses détails. Par exemple, étant donné qu'il faut des volcans, et que cela est bon, il s'ensuivra nécessairement des éruptions qui amèneront mille accidents particuliers; mais chacun de ces accidents a-t-il donc sa cause finale? c'est ce qu'il est difficile de croire. Le phénomène général étant supposé utile, les causes qui le produisent doivent se répercuter d'une manière infinie dans un million de petits faits particuliers qui n'ont de valeur et de signification qu'autant qu'ils font partie de l'ensemble, mais qui, pris en eux-mêmes, ne sont que des effets, et non des buts.

Pour emprunter une comparaison à l'expérience humaine, lorsque par un mélange détonnant nous faisons sauter des quartiers de roche pour nos routes ou nos chemins de fer, évidemment la seule chose qui puisse être appelée un but, c'est le phénomène général de l'explosion ; mais que cette explosion brise la pierre en mille morceaux, ou en deux mille, que ces morceaux soient ronds, carrés ou pointus, qu'ils soient transportés à gauche ou à droite, cela importe peu à l'ingénieur. Ces détails ne l'intéressent qu'en tant qu'ils pourraient troubler le phénomène général, ou amener tel ou tel malheur; mais ses précautions une fois prises, nul ne peut dire que tel effet, pris en soi, soit une fin ou un but : et cependant, encore une fois, chacun de ces accidents, si minime qu'il soit, a une cause.

S'il y a dans l'univers un grand nombre de phénomènes qui ne suggèrent en aucune manière l'idée d'un but, en revanche il en est d'autres, qui, à tort ou à raison, provoquent cette idée impérieusement et infailliblement : tels sont les organes des êtres vivants, et surtout des animaux supérieurs. Pourquoi cette différence? Qu'y a-t-il de plus dans ce cas que dans le cas précédent? Si le principe de finalité était universel et nécessaire comme le principe de causalité, ne l'appliquerait-on pas partout comme celui-ci, et avec la même certitude? Il n'y a point de ces différences pour les causes efficientes. Partout on affirme qu'elles existent, et on l'affirme également. Il n'y a pas de phénomènes qui soient plus évidemment des effets que d'autres. Nous en connaissons ou nous n'en connaissons pas la cause; mais, connue ou inconnue, elle est; et elle n'est pas plus probable ici que là. Au contraire, ceux-là mêmes qui affirment qu'il y a finalité partout, reconnaissent qu'elle se manifeste davantage dans le règne animal et végétal que dans le règne minéral; et si l'on était réduit à celui-ci, et que l'homme s'oubliât lui-même, l'idée de finalité ne se présenterait peut-être pas à l'esprit. On voit par là combien la finalité diffère de la causalité : celle-ci est un principe; celle-là n'est vraisemblablement que la conséquence d'une induction.

Un philosophe contemporain pense, comme Jouffroy, que le principe de finalité a la même évidence que celui de causalité; il résume à la fois l'un et l'autre dans une seule et même formule : « Tout ce qui arrive, dit-il, ne vient pas seulement de quelque part, *mais va aussi quelque part* [1]. » Cette proposition sans doute est incontestable; seulement, en tant qu'elle est évidente, elle n'implique pas nécessairement la finalité; et réciproquement, en tant qu'elle serait entendue dans le sens de la finalité, elle ne serait plus évidente. Il est certain qu'un corps en mouvement va quelque part : mais le terme de ce mouvement est-il un *résultat* ou un *but*? C'est là la question. Est-ce comme *poussé* ou comme *attiré* que ce corps va quelque part? ou, s'il est poussé, est-ce par un autre corps, ou par une vo-

---

[1]. Ravaisson, *Rapport sur la philosophie du XIXe siècle*, p. 239. — Ce principe semble traduit de Plotin : « πάντι τῷ κινουμένῳ δεῖ τι εἶναι πρὸς ὃ κινεῖται » (Ennéade v. 1, 6.)

lonté qui a un but ? Tout cela reste en suspens; c'est là précisément le problème. « Nous concevons comme nécessaire, dit le même auteur, que la cause renferme avec la raison du commencement la raison aussi de la fin où tend la direction. » Rien n'est plus vrai encore que cette proposition ; mais on peut l'entendre aussi bien dans le sens de Spinosa que dans le sens d'Aristote; il reste toujours à savoir si le terme de la direction est contenu dans la cause comme une *conséquence* ou comme un *but;* si c'est un développement *logique*, ou une *préordination* voulue ? Et dire que la direction tend vers une *fin*, c'est supposer ce qui est en question.

Nous admettons pour notre part, avec Aristote que « la nature ne fait rien en vain, » avec Jouffroy que « tout être a un but, » avec M. Ravaisson « que tout mouvement va quelque part. » Mais, ce ne sont là, à nos yeux, que des vérités inductives, des généralisations de l'expérience. Voyant, en effet, dans certains cas déterminés, des rapports de moyens et de fins très-évidents, ou qui nous paraissent tels, nous passons par extension à d'autres qui le sont moins, et de là à tous les faits de la nature, en vertu de notre tendance naturelle à généraliser. C'est ainsi qu'Aristote a formé la maxime : οὐδὲν μάτην; l'histoire naturelle lui ayant montré un nombre considérable de faits où la nature a évidemment un but, il s'est cru autorisé à généraliser cette maxime dont la nature lui avait fourni de si fréquentes vérifications.

La finalité n'est donc pas pour nous un principe premier :

c'est une *loi de la nature*, obtenue par l'observation et par l'induction [1]. De même que les naturalistes admettent des lois générales, qui sont, disent-ils, plutôt des *tendances* que des lois strictes ? (car elles sont toujours, plus ou moins mêlées d'exceptions) : loi *d'économie*, loi de *division du travail*, loi de *connexion*, loi de *corrélation*; de même il y a une loi de finalité, qui paraît embrasser toutes les lois précédentes, une tendance à la finalité, tendance évidente dans les êtres organisés, et que nous supposons par analogie dans ceux qui ne le sont pas.

En considérant la finalité comme une loi de la nature, et non comme une loi rationnelle de l'esprit, nous avons l'avantage, si nous ne nous trompons, d'écarter le préjugé général des savants contre les causes finales. Pourquoi, en effet, les savants se montrent-ils si opposés aux causes finales? C'est que pendant de longs siècles, on a fait du principe des causes finales un principe à priori que l'on voulait imposer à la science, aussi bien que le principe de causalité. Pour toute chose, on demandait au savant non-seulement quelle en est la cause, mais encore quel en est le but, comme s'il était tenu de le savoir; en lui imposant la recherche des buts, on le détour-

1. On nous objectera qu'il en est de même, selon l'école empirique, de la causalité. Mais, en supposant avec cette école que le principe de causalité soit lui-même une généralisation ultime de l'expérience, il resterait toujours une très-grande différence entre les deux principes : c'est que, pour la causalité, toute trace de l'induction primitive a disparu, et qu'il ne reste plus qu'une loi nécessaire de l'esprit; tandis que le principe de finalité n'a pas réussi à s'incorporer d'une manière aussi complète à la substance de la pensée : il reste objet de discussion : ce qui n'a pas lieu pour la loi de causalité, sinon dans son sens métaphysique, au moins dans son application.

2. Milne Edwards, *Introduction à la zoologie générale*, préface.

naît de la recherche des causes. C'est là le joug qui est insupportable au savant, parce qu'elle lui ôte la liberté de la recherche. Mais si la finalité au lieu d'être une loi à priori de l'esprit, est simplement une tendance de la nature, qui empêche les savants d'admettre une telle tendance, puisqu'ils en admettent d'autres non moins incompréhensibles? et même, toute idée de tendance en général, comme nous l'avons vu, n'implique-t-elle pas déjà plus ou moins la finalité?

Si cette proposition : « Toute chose a une fin » n'est qu'une généralisation empirique plus ou moins légitime, il est évident qu'elle ne peut servir de principe. Dès lors la question change de face. Ne sachant pas d'avance que toute chose a une fin, comment pouvons-nous savoir en particulier que *telle chose est une fin?* A quel signe reconnaissons-nous que quelque chose est une fin? S'il y a un principe des causes finales, ce n'est donc pas celui qui consiste à dire qu'il y a des fins, mais celui qui nous apprendrait à quoi se reconnaît une fin, et comment un but se distingue d'un résultat. Voilà le vrai problème. Affirmer un but, c'est affirmer une certaine espèce de cause : à quelles conditions sommes-nous autorisés à affirmer ce genre de cause plutôt qu'un autre ? C'est ce qu'il faut chercher. L'affirmation à priori de la finalité est un piége de la raison paresseuse (*ignava ratio*). Le problème est plus délicat, et exige de plus lentes recherches. Il sera l'objet de ce traité.

Avant d'aborder ce problème dans les termes que nous venons de poser, signalons encore, pour en montrer l'insuffisance, et pour déterminer avec précision le sens de la question, quelques formules que l'on a données du principe de finalité.

Voici, par exemple, comment Reid expose et formule le principe des causes finales : « Les marques évidentes de l'intelligence et du dessein dans l'effet prouvent un dessein et une intelligence dans la cause. » Il est facile de voir que ce n'est pas là un principe premier, mais une conséquence du principe de causalité : c'est une application particulière de cet axiome scolastique : « Tout ce qui est contenu dans l'effet, est contenu dans la cause, » principe qui lui-même n'est pas à l'abri de toute difficulté. D'ailleurs, le principe de Reid est exprimé sous une forme que l'on pourrait accuser de tautologie : car, s'il y a dans l'effet des marques d'intelligence, il va de soi que c'est l'effet d'une intelligence ; mais ceux qui nient la conséquence nient précisément que ces marques dont on conclut l'intelligence soient des marques d'intelligence : et c'est ce qu'il s'agit d'établir.

Mais l'observation la plus importante à faire sur le principe de Reid, c'est que l'affirmation de l'intelligence n'est qu'un corollaire du principe des causes finales, mais n'est pas ce principe lui-même. Quand j'aurai établi qu'il y a des buts dans la nature, je pourrai en conclure que la nature a une cause intelligente (encore est-il des philosophes comme Aristote, Hégel et Schopenhauer qui séparent la finalité de l'intelligence) ; mais la vraie question est de savoir s'il y a des buts, et en quoi consistent ces marques de dessein, qui nous autoriseront à conclure d'abord à la finalité dans la nature, et ensuite à une cause intelligente de cette finalité. Toutes ces vues si distinctes, et qu'il est nécessaire cependant de démêler, sont confondues dans l'axiome de Reid.

Ces distinctions, au contraire, sont nettement indiquées dans cette formule de Bossuet, la meilleure et la plus philosophique de toutes que nous connaissions : « Tout ce qui montre de l'ordre, dit-il, des proportions bien prises et des moyens propres à faire de certains effets, montre aussi *une fin expresse* ; *par conséquent*, un dessein formé, une *intelligence* réglée et un art parfait [1]. » On voit que pour Bossuet le principe contient deux parties, et deux affirmations distinctes : 1° l'existence d'une fin expresse, dont les signes ou marques sont les proportions bien prises ; 2° l'affirmation d'une intelligence, dont la preuve se tire de l'existence des fins. Le dessein, l'intelligence, l'art, ne sont affirmés que comme corollaires de la finalité. — S'il y a des fins, y a-t-il une intelligence ? question à débattre avec les partisans d'une finalité inconsciente. — Y a-t-il des fins, à quoi les reconnaît-on ? question à débattre avec les partisans du mécanisme aveugle de la nature. Ces deux questions sont donc très-bien distinguées par Bossuet. De plus, il voit nettement que la difficulté est précisément de savoir quel est le signe de la finalité. Il ne dit pas d'une manière vague comme Jouffroy : « Tout être a une fin ; » car c'est ce

---

1. Bossuet, *Connaissance de Dieu et de soi-même*, chap. IV, 1.

qui est en question. Il n'avance pas une tautologie, comme Reid : « S'il y a des marques d'intelligence, il y a de l'intelligence. » Mais il dit : « S'il y a des proportions bien prises, propres à certains effets, il y a des fins ; » et de plus : « s'il y a des fins, il y a de l'intelligence. » La formule est donc excellente et très-solide. Cependant on pourrait en critiquer quelques mots. Est-il vrai, par exemple, que l'ordre implique toujours un but ? cela dépendra du sens que l'on donnera au mot *ordre*. Quoi de mieux réglé que les combinaisons chimiques ? Ont-elles un but ? c'est ce que nous ne savons pas. Il n'y a pas d'ordre plus rigoureux que l'ordre de la mécanique. Cependant, c'est une question de savoir si la mécanique est du domaine des causes finales. Je ne veux pas dire qu'en pressant l'idée d'ordre, on ne finirait pas par en faire sortir l'idée de finalité ; mais ces deux notions ne sont pas adéquates au premier abord. Bossuet dit encore que tout ce qui montre des *moyens* propres à faire de certains effets montre par là une fin expresse. On pourrait l'accuser ici de tautologie : car il est très-vrai que le moyen suppose la fin : mais pourquoi ? C'est que le moyen par définition est *ce qui sert à une fin*, de telle sorte que la question de savoir s'il y a des fins est la même que celle de savoir s'il y a des moyens. Que si par moyens, Bossuet entend tout simplement, comme on le fait souvent, des causes propres à produire un effet, alors le principe est faux : car de telles causes ne prouvent pas du tout l'existence des fins : par exemple, la combinaison de l'oxygène et de l'hydrogène est très-propre à produire de l'eau; il ne s'ensuit pas que la nature, dans ces combinaisons, ait eu pour but la production de l'eau ; et cela reste à démontrer.

En résumé, la cause finale ne peut pas être posée à priori comme une condition nécessaire de la pensée : elle doit être cherchée et établie par l'analyse et la discussion. Ce sera l'objet de cet ouvrage.

Cette recherche elle-même se décompose en deux problèmes : 1° La finalité est-elle une loi de la nature ? 2° Quelle est la cause première de cette loi ?

Ces deux questions sont très-distinctes et beaucoup d'obscurités viennent de ce qu'on les a confondues. Nous les traiterons séparément dans deux livres différents.

LIVRE PREMIER

LA LOI DE FINALITÉ

LIVRE PREMIER

LA LOI DE FINALITÉ

CHAPITRE PREMIER

LE PRINCIPE

Si le principe des causes finales était un principe premier, et à priori, comme le principe de causalité, nous l'appliquerions partout et dans toute circonstance ; mais il n'en est pas ainsi. Dans un très-grand nombre de cas, les phénomènes nous paraissent sans but, ou du moins n'évoquent pas la notion de but : dans d'autres cas, au contraire, cette notion se produit avec une force impérieuse et irrésistible. D'où vient cette différence ? En quoi le second cas diffère-t-il du premier ? A quoi reconnaissons-nous que certains phénomènes ont, ou paraissent avoir un but ? Qui nous autorise à les qualifier de la sorte

Répondre à cette question, ce sera démontrer le principe de finalité.

C'est une loi de notre esprit dont nous n'avons pas à chercher l'origine et la signification métaphysique, que toutes les fois qu'un phénomène nous apparaît dans l'expérience nous lui supposons une condition antérieure, que nous appelons sa *cause* ou sa *raison* [1]. De quelque manière que l'on entende la cause, que l'on y voie avec les uns un pouvoir d'agir, avec les autres un simple phénomène qui en précède un autre, dans les deux cas, dans tous les cas, c'est une loi invincible de l'esprit humain d'affirmer qu'un phénomène qui apparaît dans le temps, suppose quelque chose sans quoi il n'aurait pas existé. Tous les phénomènes de la nature sont donc liés par le lien de la cause et de l'effet.

Cependant il ne faudrait pas croire que tous ces phénomènes forment une seule chaîne indéfinie où chaque phénomène viendrait se placer à son tour, et où il n'y aurait de place que pour un seul phénomène à la fois. Non; dans un même moment, il y a un nombre infini de séries phénoménales qui s'accomplissent sur tous les points du globe et de l'univers. Tandis que nous sommes ici, à Paris, et que s'accomplissent les innombrables actions qui constituent la vie d'une grande cité, en même temps s'accomplissent à Londres, à New-York, aux

---

[1] On a distingué, on doit distinguer la *cause* et la *raison* d'un phénomène (Voir A. Fouillée, *Philosophie de Platon*, t. II, p. 469); mais cette distinction est inutile ici. Il nous suffit d'entendre l'idée de cause comme on l'entend dans les sciences, à savoir, ce qui est requis pour l'explication d'un phénomène.

Antipodes, des séries d'actions analogues correspondantes. Dans une même ville, chaque maison, chaque rue, chaque homme est le théâtre de scènes particulières, qui se diversifient à l'infini. Ces séries phénoménales simultanées sont tantôt parallèles, sans mélange immédiat les unes avec les autres, et tantôt obliques, s'entrecroisant, se traversant, mêlant leurs flots. En se représentant par des lignes ces séries phénoménales, on appellera points de coïncidence les points où elles se rencontrent et les phénomènes complexes qui résultent de leurs combinaisons.

Dans certains cas, il peut arriver que cette rencontre de lignes sériales soit déterminée d'avance par la nature des choses : par exemple, le flux et reflux de la mer et les changements des marées coïncident d'une manière constante avec les mouvements de la lune et les changements de la terre par rapport au soleil ; mais il n'en est pas toujours ainsi.

Il arrive quelquefois, souvent même, que deux séries de phénomènes viennent à se rencontrer, sans que cependant on puisse affirmer qu'elles aient aucune action l'une sur l'autre : et, c'est même un plaisir pour notre esprit que de chercher ce qui arrivera dans ce cas [1]. Par exemple, si au jeu de rouge ou noire je parie que la noire va sortir, et qu'elle sorte en réalité, il est clair que mon désir et ma parole n'ont pu avoir aucune influence sur la sortie de l'une ou de l'autre couleur, de même

---

1. Le jeu des *propos interrompus* répond à cette disposition de l'esprit.

que la disposition des cartes que je ne connais pas, ne peut en avoir eu aucune sur le choix que j'ai fait. Dans ce cas, deux séries de faits absolument indépendantes l'une de l'autre, sont arrivées à coïncider l'une avec l'autre et à tomber d'accord, sans aucune influence respective. Ce genre de coïncidence est ce que l'on appelle *le hasard*; et c'est sur l'incertitude même de cette rencontre que repose le plaisir, et en même temps la terrible tentation des jeux de hasard.

On a raison en un sens de dire qu'il n'y a pas de hasard, que le hasard est un mot vide de sens inventé par notre ignorance. Sans doute, si l'on considère le hasard comme une entité affective, comme une sorte de divinité mystérieuse et jalouse, qui, cachée au fond de je ne sais quel nuage, manierait à l'aveugle les fils de nos destinées, une telle cause n'existe pas. Non, le hasard n'est pas une cause, mais il est la rencontre des causes [1], il est un rapport tout extérieur, mais qui n'en est pas moins réel, entre des phénomènes indépendants. A chaque instant, nous employons le hasard pour expliquer les phénomènes mystérieux. Sans vouloir résoudre ici la question si délicate des pressentiments, il est permis de supposer que dans beaucoup de cas, le succès d'un pressentiment n'est que la rencontre fortuite de deux sé-

---

1. Voir Cournot, *Dict. des sciences philosophiques*, art. hasard : « Le hasard est la combinaison de plusieurs systèmes de causes qui se développent chacune dans sa série propre indépendamment les unes des autres. » Les vues développées par M. Cournot sur le hasard, soit dans cet article, soit dans ses autres écrits, nous ont été très-utiles.

ries de phénomènes indépendants. Combien de fois n'a-t-on pas des pressentiments qui n'ont eu aucune conséquence ! un seul vient-il à se rencontrer avec l'effet, l'imagination est frappée pour toute la vie. Ce sont là des rencontres fortuites, extérieures, sans liaison nécessaire : c'est ce qu'on exprime en disant qu'elles sont l'effet du hasard. Sans vouloir non plus trancher la question si scabreuse de la clairvoyance magnétique, il est permis de penser que, dans beaucoup de cas, il y a à faire la part du hasard : le talent du somnambule est de limiter cette part, en essayant de deviner par quelques indices ou en restant dans de vagues généralités. Pour que certaines sciences fausses, par exemple, l'astrologie judiciaire, ou autres préjugés enracinés, aient subsisté si longtemps, il faut évidemment que quelques rencontres heureuses aient autorisé dans une certaine mesure ces inductions arbitraires qui ont encombré, à toutes les époques, l'imagination des hommes.

Ainsi, dans le cas que nous appelons hasard, ou *coïncidence des causes*, la résultante qui en est l'effet, n'a pas besoin d'autre explication, si ce n'est que deux séries de phénomènes se sont rencontrées et ont concouru à la produire. Il suffit que chacun des phénomènes dont se compose cette résultante s'explique par ses causes respectives; le principe de causalité est suffisamment satisfait par cette double ou multiple explication. Je suppose que d'un côté une voiture soit entraînée à toute vitesse par un cheval qui s'est emporté; je suppose que de l'autre, un homme préoccupé de ses pensées et appelé à un rendez-vous par une affaire pressante, se précipite sans y penser et soit renversé par la voiture, je n'ai besoin évidemment d'aucune cause particulière pour expliquer sa chute, quoique évidemment cette chute ne fût pas liée d'une manière nécessaire à l'entraînement aveugle du cheval. Mais d'un côté cet emportement, de l'autre la préoccupation sont les deux causes qui, sans s'entendre, ont produit cet effet complexe inattendu. Sans doute, en se plaçant à un point de vue très-élevé, on peut penser que cet événement a été préparé et prévu par la volonté de la Providence; et c'est d'ordinaire ce qu'on suppose quand il s'agit des grands de ce monde : pour les autres, on se satisfait volontiers avec des causes prochaines. Mais sans contester en aucune façon l'idée d'une Providence particulière, je dirai que c'est là une idée très-complexe et toute dérivée, et qui ne doit pas apparaître dans l'analyse à laquelle nous nous livrons.

Disons donc que lorsqu'il s'agit de coïncidences rares et peu nombreuses, dont les composantes elles-mêmes ne sont pas nombreuses, et que la rencontre de ces composantes est journellement donnée par l'expérience (comme la rencontre de deux voitures lancées en sens inverse [1]), dans tous ces cas, nous n'avons rien à demander, si ce n'est quelles sont les causes qui de chaque côté ont agi. Mais lorsque ces coïnci-

---

1. Encore faut-il supposer une ville, où il y a beaucoup de voitures, et des rues très-fréquentées ; ce qui diminuera de beaucoup la part du hasard. Elle sera par exemple beaucoup plus grande dans une rencontre sur mer entre deux vaisseaux.

dences se répètent (comme s'il arrivait qu'un cocher eût souvent le malheur d'écraser un passant), lorsqu'elles deviennent plus nombreuses ou plus compliquées, et exigent un plus grand nombre de causes, il ne suffit plus de ramener chacun des phénomènes élémentaires à sa cause respective : il faut encore expliquer la coïncidence elle-même, ou la multiplicité des coïncidences. Plus les coïncidences sont fréquentes, plus les éléments composants sont nombreux, plus notre étonnement augmente et moins nous sommes satisfaits de voir expliquer les coïncidences par le hasard. Si par exemple, en passant dans une rue, je vois une pierre se détacher et tomber à côté de moi, je ne m'en étonnerai pas; et le phénomène s'expliquera suffisamment à mes yeux par la loi de la chute des corps, loi dont l'effet s'est rencontré ici avec l'effet d'une loi psychologique, qui m'a fait passer là. Mais, si tous les jours, à la même heure, le même phénomène se reproduit, ou si, dans un même moment, il a lieu à la fois de différents côtés, si des pierres sont lancées contre moi dans plusieurs directions différentes, je ne me contenterai plus de dire que les pierres tombent en vertu des lois de la pesanteur; mais je chercherai quelque autre cause pour expliquer la rencontre des chutes.

Ce n'est pas seulement le sens commun; c'est la science qui fait continuellement usage de ce principe, à savoir : que la répétition ou la multiplicité des coïncidences entre les phénomènes est elle-même un phénomène qui doit avoir sa cause.

J'en citerai quelques exemples. On sait que l'on a trouvé des coquillages sur le haut des montagnes; et on sait que Voltaire expliquait la présence de ces coquillages par le passage de pèlerins allant à Jérusalem, et qui portaient des coquilles dans leurs bourdons. Dans cette hypothèse, la présence de ces coquillages sur les Alpes serait purement fortuite : d'un côté les pèlerins se rendant à Jérusalem, de l'autre les Alpes étant leur passage naturel, il n'est pas étonnant que ces deux causes se soient rencontrées; et l'un des effets accidentels de cette rencontre a pu être le dépôt et l'abandon de quelques coquilles. Cette explication suffirait s'il n'y en avait qu'un petit nombre. Mais il y en a un nombre tel que l'explication proposée par Voltaire ne suffit plus : car il ne s'agit pas d'expliquer comment une coquille peut se trouver sur les Alpes; mais comment des monceaux de coquilles s'y sont rencontrées. C'est le nombre des coïncidences que la science doit ici expliquer, et qu'elle explique en disant que ce n'est pas par hasard que ces coquilles se trouvent sur les montagnes, mais par une cause déterminée qui est la présence de la mer dans les lieux élevés. C'est par une raison semblable que la présence des éléphants trouvés dans les glaces du Nord est une preuve pour Buffon des révolutions climatériques qui ont eu lieu dans ces contrées. « La grande quantité que l'on en a déjà trouvée par hasard dans ces terres presque désertes, où personne ne cherche, suffit à démontrer *que ce n'est ni par un seul ou plusieurs accidents*, ni dans un seul et même temps, que quelques individus de cette espèce se sont trouvés dans ces contrées du Nord, mais qu'il est de nécessité absolue que l'espèce y ait autrefois existé, subsisté et multiplié, comme aujourd'hui dans les contrées du midi [1].

Second exemple : on a beaucoup étudié dans ces derniers temps le phénomène des étoiles filantes. Or, l'observation a constaté que ce phénomène a lieu surtout à certaines époques de l'année, en août et en novembre. A ces époques, les chutes d'étoiles sont si nombreuses, qu'on les a comparées à une pluie et qu'on les désigne par le nom d'*averses*. Les physiciens et les astronomes n'ont pas considéré comme une circonstance indifférente cette production particulièrement abondante du phénomène à une époque déterminée. Ils ont donc imaginé qu'à cette époque de l'année, la terre traverse un vaste anneau composé d'astéroïdes qui, entraînés dans l'orbite terrestre par l'attraction, se précipitent vers la terre. En outre, des averses nombreuses ayant coïncidé dans ces derniers temps avec l'absence d'une comète attendue, la comète de Biéla, on a supposé qu'elles en étaient les débris. Quelle que soit la valeur de ces hypothèses, on voit qu'elles ont leur raison dans cette loi de notre esprit, qui nous demande une cause non-seulement pour chaque phénomène particulier, mais encore pour l'accord et la rencontre des phénomènes.

Ce sont des considérations du même genre qui ont amené

---

[1]. *Hist. naturelle*, époques de la nature.

les astronomes à penser que les étoiles ne sont pas jetées au hasard dans l'étendue du firmament, qu'elles forment des groupes et des systèmes et sont dans une dépendance réciproque. Arago, dans son *Astronomie populaire*, nous explique ce mode de raisonnement :

« Tout le monde comprendra, dit-il, qu'en cherchant la probabilité que des étoiles dispersées dans le firmament sans aucune règle se présenteront par groupes de deux ; que cette probabilité, disons-nous, sera d'autant plus petite que les groupes en question devront avoir des dimensions moindres. C'est, en effet, comme si l'on calculait la chance qu'en jetant un certain nombre de grains de blé sur un échiquier, ils se trouveront réunis dans les cases par groupes de deux : la chance doit évidemment diminuer en même temps que les dimensions de ces cases dans le problème proposé : les grains de blé sont des étoiles ; l'échiquier, c'est le firmament. Les cases, pour la première classe d'Hershell, ce sont des espaces de quatre secondes au plus de diamètre : pour la quatrième classe, les dimensions des cases vont jusqu'à trente-deux secondes. Dans l'hypothèse d'une indépendance absolue entre tous les astres dont le ciel est parsemé, la première classe d'étoiles doubles serait beaucoup moins nombreuse que la seconde, que la troisième, et surtout que la quatrième. Or, c'est le contraire qui a lieu. Nous voilà donc amenés, par de simples considérations de probabilités, à reconnaître que les étoiles voisines les unes des autres ne le sont pas seulement en apparence, c'est-à-dire par un effet d'optique ou de perspective, mais bien qu'elles forment des systèmes [1]. »

Le même principe, le même besoin de l'esprit a conduit Laplace à sa célèbre hypothèse sur l'origine de notre système solaire. Partant de cette considération qui du reste avait déjà frappé Newton, Kant et Buffon, à savoir que tous les astres qui composent ce système ont leur mouvement, soit de rotation, soit de révolution dans la même direction (d'orient en occident), ce qui donne, nous dit Arago, 43 mouvements coordonnés dans le même sens; et que, de plus, tous ces astres se trouvent placés à peu près dans la plan de l'écliptique, Laplace pensa qu'une pareille disposition ne pouvait pas être l'effet du hasard, et doit avoir une cause déterminée. Buffon avait déjà eu cette pensée, et avait essayé d'expliquer notre système par l'hypothèse d'une comète tombée sur le soleil, et dont les morceaux, devenus planètes, auraient été entraînés par l'attraction solaire. Kant, dans son *Histoire naturelle du ciel*, a également proposé une hypothèse pour expliquer les mêmes phénomènes; et cette hypothèse est analogue à celle de Laplace. Celui-ci, comme on sait, a cru résoudre la question en supposant que les planètes faisaient partie avec le soleil primitivement d'une seule et même nébuleuse animée d'un mouvement rotatoire, et qui, s'étant brisée par suite du refroidissement (circonstance devenue douteuse, d'après les nouvelles

1. Arago, *Astronomie populaire*, l. X, ch. XIX.

théories sur la chaleur), aurait ainsi donné naissance à des corps distincts animés du même mouvement que la nébuleuse primitive. Et ainsi le prodige des 43 mouvements coordonnés dans le même sens s'expliquerait de la manière la plus naturelle par le morcellement du mouvement primitif. Quoi qu'il en soit de la valeur intrinsèque de cette explication, dont les lignes essentielles subsistent encore aujourd'hui, le point capital à remarquer, c'est que, dans ce cas, comme dans les précédents, toute coordination, toute coïncidence répétée est toujours considérée par les savants comme appelant une explication spéciale. Supposé qu'on n'admette pas ce principe, à savoir : que la fréquence des coïncidences entre les phénomènes est encore un phénomène qui doit avoir sa cause, aucune des découvertes ou hypothèses précédentes n'aurait été faite. Soit donnée à expliquer la présence d'un coquillage sur une montagne, le passage fortuit d'un pèlerin y suffit ; soit donnée la chute d'une étoile filante, la rencontre fortuite de la terre avec un astéroïde suffit ; soit donnée une disposition quelconque des étoiles dans le ciel, des planètes dans notre système, la même cause générale inconnue, appelée cause initiale par les savants, peut expliquer cette distribution. C'est, au contraire, parce qu'on n'a pas cru qu'une disposition régulière pût être l'effet du hasard qu'on a été conduit à ces découvertes ou hypothèses : à savoir, la présence de la mer sur les hautes montagnes, la rencontre périodique d'un anneau d'astéroïdes, la disposition des étoiles en groupes et en systèmes, le morcellement d'une nébuleuse primitive, etc. Ce que l'on explique par ces hypothèses, ce n'est pas *un certain phénomène* particulier, mais *une concordance ou répétition de phénomènes*.

Ajoutons que l'induction elle-même, qui a tant embarrassé les logiciens, n'a pas d'autre principe que celui que nous venons d'énoncer : toute répétition constante de phénomènes doit avoir une cause constante et déterminée et ne peut être l'effet du hasard ; ce que nous traduisons en disant : c'est une loi de la nature. Quelle différence y a-t-il entre cette proposition si certaine : L'eau bout à cent degrés, et cette autre proposition : Une éclipse est un présage de calamités publiques ? La différence, c'est que dans le premier cas, la coïncidence des deux phénomènes est constante et sans exception, et que dans le second cas, la coïncidence ne se présente pas toujours. Or le hasard peut bien amener quelquefois, souvent même, une coïncidence entre une éclipse et un fait aussi fréquent que le sont les malheurs publics ; mais la raison se refuse à admettre que le hasard amène une coïncidence constante et sans exception. Cette coïncidence elle-même doit avoir sa raison d'être : la raison, c'est que l'un de ces phénomènes est la cause de l'autre, ou bien que les deux phénomènes ont une cause commune [1].

Quelque important que soit le principe que nous venons d'établir pour la solution du problème que nous nous sommes proposé, il ne faudrait pas croire cependant que ce soit la solution même que nous cherchons.

1. Voir à l'*Appendice*, la Dissertation I : *du problème de l'induction.*

En effet, dans les exemples cités, nous voyons bien une certaine coordination, une concordance, une fréquence de coïncidences : mais nous ne voyons pas encore de causes finales. On est trop disposé à croire, en général, qu'il n'y a pas de milieu entre le hasard et la finalité ; et au contraire c'est là précisément qu'est le nœud et la difficulté du problème. Ce n'est certainement pas par hasard qu'il y a des coquillages sur les Alpes ; mais dans quel but y sont-ils, à quoi servent-ils ? C'est ce qu'on ne voit pas. On aura donc suffisamment expliqué leur existence, en déterminant la cause physique qui les y a amenés : et cette cause, c'est la présence de la mer. Ce n'est pas par hasard que les météorites tombent à une certaine époque de l'année : mais pourquoi et dans quel but tombent-ils ? C'est ce que personne ne saurait dire, et ce à quoi personne ne songe. Il suffit d'avoir expliqué la fréquence des chutes par la rencontre présumée d'une chaîne de petits astres. Ce n'est pas par hasard que les étoiles sont concentrées dans certains points du ciel, plus que dans d'autres ; ou que les planètes tournent dans le même sens que le soleil, ou dans le même plan que l'écliptique ; mais dans quel but cela est-il ainsi, et cela même a-t-il un but ? C'est ce qu'on ne se demande pas ; ou du moins c'est ce qu'il est permis de ne pas se demander. Si l'on a trouvé une cause physique suffisante pour expliquer ces remarquables dispositions, il semble qu'il n'y ait rien de plus à chercher. Telle est du moins la première apparence des choses ; et peut-être trouverons-nous plus tard que ce n'est qu'une apparence [1] : en attendant, rien jusqu'ici ne nous manifeste une finalité, et s'il n'y avait pas d'autres faits dans la nature, peut-être n'irait-on pas plus loin.

Cependant, tout en reconnaissant que le principe précédent n'est pas encore le principe des causes finales, ne croyons pas que nous n'ayons pas fait un pas important vers la solution de notre problème. Nous avons en effet obtenu et établi ce résultat que l'esprit humain exige une cause, non seulement pour expliquer les phénomènes, c'est-à-dire ce qui tombe sous les sens, mais encore pour expliquer ce qui ne tombe pas sous les sens, à savoir l'ordre des phénomènes. Lorsque l'on dit : « point de phénomène sans cause, » on n'épuise pas la vertu du principe de causalité ; car l'ordre des phénomènes n'est pas un phénomène : cet ordre n'est saisi que par l'esprit ; c'est un rapport intelligible entre les phénomènes, et dont cependant nous cherchons l'explication tout aussi bien que des phénomènes eux-mêmes. Soit une chute de pierre; elle s'explique par la loi de la pesanteur; soit une seconde chute, elle s'explique par la même loi. Mais soient cent chutes venant dans un même moment de points opposés de l'espace, quoiqu'il n'y ait là que cent phénomènes du même ordre, et rien de plus pour les sens, cependant ces cent chutes ne pourront plus s'expliquer par la répétition cent fois répétée d'une même cause; et un esprit qui ne serait pas capable de remarquer cet accord des phénomènes, et qui continuerait à les expliquer indéfiniment par

---

1. Voir plus loin le chapitre v : *Mécanisme et finalité*.

la même cause, nous paraîtrait par là même frappé d'imbécillité [1]. Mais encore une fois, qu'y a-t-il ici de plus que dans cent chutes séparées ? Rien que leur convergence ou simultanéité, c'est-à-dire quelque chose d'intellectuel.

Ainsi l'accord invisible des phénomènes doit lui-même être expliqué comme chaque phénomène visible pris séparément ; cette coordination est un effet qui doit avoir sa cause. Par exemple, la forme géométrique que prennent les minéraux en se cristallisant peut bien ne révéler aucune cause finale ; mais personne ne s'avisera de dire que cette disposition géométrique est un fait indifférent dont il est inutile de chercher la cause, et que c'est par hasard, et par une simple rencontre, que les molécules de tel minéral viennent se ranger toujours sous la forme d'un hexaèdre, d'un dodécaèdre : car ce qui arrive d'une manière constante ne peut être l'effet d'un pur accident.

Maintenant pour aller plus loin, et de la combinaison *mécanique* passer à la combinaison *téléologique*, il faut invoquer de nouvelles considérations.

Parmi les phénomènes de la nature qui tombent sous l'expérience, il en est qui ne sollicitent l'esprit qu'à la recherche

---

[1]. Il en serait de lui, comme de cet homme, dont parle Gassendi, qui à moitié endormi entendant sonner quatre heures, disait : cette horloge est détraquée ; voilà quatre fois de suite qu'elle sonne une heure. Cet homme n'avait pas assez de force d'esprit pour réfléchir que quatre fois une heure font quatre heures. Ceux qui expliquent le monde par des rencontres fortuites d'atomes font preuve d'une force de synthèse à peu près égale.

de leurs causes efficientes, c'est-à-dire qui nous invitent à remonter en arrière la série des phénomènes, jusqu'à ce qu'on rencontre la circonstance décisive, appelée cause, d'où provient toute la série (sauf à remonter de cette circonstance elle-même à d'autres circonstances antérieures). Quant au dernier phénomène, il semble lui-même être la terminaison d'une série, et l'esprit n'éprouve nul besoin d'en chercher la suite. Une pierre tombe, par exemple; un volcan fait explosion; le tonnerre éclate et fait des ravages. Une fois que le phénomène a eu lieu, avec ses conséquences immédiates, il semble que tout est fini; on se demande comment il a été produit; mais la cause trouvée, l'esprit se déclare satisfait; et le phénomène qui vient de se passer devant nous, fût-il compliqué comme une éruption de volcan, un orage, un déluge, n'a aucun lien précis et déterminé avec l'avenir; il semble être tout entier achevé en lui-même, et n'avoir de rapport qu'avec le passé dont il est l'effet.

Sans doute, il y a là, je le reconnais, une certaine illusion; car aucun phénomène de l'univers n'est sans quelque rapport avec l'avenir aussi bien qu'avec le passé; et Leibniz a dit avec raison que le futur se peut lire dans le passé, et que le présent est gros de l'avenir. En ce sens, il est certain qu'aucun phénomène n'est absolument achevé. Les vagues qui viennent frapper une falaise déterminent un éboulement de roches, qui brisées à la longue par l'effet de ces mêmes vagues, deviennent peu à peu du sable propre à certaines végétations, et ainsi de suite à l'infini : chaque phénomène, quel qu'il soit, n'est donc pas seulement la fin d'une série, il est encore le commencement d'une autre. Nous accordons tout cela ; mais il reste vrai de dire que ce qui caractérise les phénomènes dont nous parlons, c'est que, pour les comprendre et en rendre compte, nous n'avons nul besoin de les rapporter à leurs conséquences futures. La vague s'explique par le mouvement de l'Océan, qui s'explique par l'attraction combinée de la lune et du soleil ; l'éboulement s'explique par le choc de la vague contre la falaise et ainsi de suite ; chaque phénomène s'explique suffisamment et clairement par le précédent, sans aucun rapport nécessaire avec ce qui suit. Si, au moment où le vent détermine la chute d'une pierre, un *fiat* de la puissance divine venait à anéantir l'univers, le dernier phénomène produit, quoique interrompu dans ses conséquences, n'en serait pas moins complet et expliqué en lui-même, et rien ne lui manquerait pour être tout entier ce qu'il doit être, à savoir une chute de pierres.

Mais il n'en est pas de même dans tous les cas, et nous touchons ici au nœud de la question.

Pour bien faire comprendre notre pensée, prenons un exemple dans un cas où la finalité est incontestable, je veux dire dans les œuvres de l'industrie humaine : nous verrons plus tard jusqu'à quel point on est autorisé à employer ce genre d'exemples [1]. Considérons, je suppose, une machine :

---

1. Voir le chapitre III.

je dis que ce qui distingue cette sorte d'objet, c'est d'être doublement déterminé, d'une part du côté du passé par son rapport avec les causes efficientes, et d'autre part du côté de l'avenir par son rapport avec les causes finales. Par exemple, une locomotive est déterminée d'un côté par les lois physiques, par la solidité du fer, par sa malléabilité, par l'élasticité de la vapeur, etc., en un mot par toutes les propriétés physiques qui ont rendu possible la construction de cette machine et son action ; car rien ne peut se produire que conformément aux propriétés de la matière ; en second lieu, cette machine est déterminée par le but auquel elle est destinée ; car suivant qu'elle doit soulever des pierres, mettre en mouvement un train de chemin de fer, tisser, fouler, creuser, etc., elle prend des formes infiniment variées. Ainsi, quoique ces formes ne puissent se produire que dans le champ rendu possible par les propriétés et les lois générales de la nature, ces propriétés et ces lois seraient par elles-mêmes insuffisantes à circonscrire la matière dans telle ou telle forme, pour tel ou tel effet précis. Que des causes générales et indéterminées, comme la malléabilité du fer, la pesanteur, l'élasticité, etc., puissent, entre les combinaisons infinies dont la matière est susceptible, en trouver une précise, correspondant à un effet déterminé, c'est ce qui est contraire à toute loi de causalité ; et lorsqu'une pareille rencontre se présente à nous, nous l'expliquons en supposant que cet effet préexistait déjà dans la cause d'une certaine manière, et qu'il en a dirigé et circonscrit l'action. De là vient qu'en présence d'une machine, d'un outil, d'un débris quelconque de l'industrie humaine, nous disons : ce n'est pas là un jeu de la nature, c'est l'œuvre des hommes.

« Qui trouverait dans une île déserte, dit Fénelon, une belle statue de marbre, dirait aussitôt sans doute : Il y a eu ici autrefois des hommes, je reconnais la main d'un habile sculpteur. » Ces paroles ont eu dans ces derniers temps une curieuse justification. Ce que l'on a trouvé, non pas dans une île déserte, mais dans les couches antédiluviennes, ce ne sont pas des statues de marbre, ni des palais magnifiques, mais des outils, et les plus grossiers que l'on puisse voir : ce sont des haches, du moins on le suppose; ce sont des pierres taillées d'une manière maladroite, telles qu'on peut en rencontrer quelquefois dans des éclats de rochers. Et cependant si grossier que fût ce travail, il a suffi que l'on ait rencontré en grand nombre de telles pierres pour faire supposer qu'elles ne peuvent être un jeu de la nature : cette masse d'objets réunis en un même lieu, taillés de la même manière, indique un rapport de finalité; ce ne sont plus des pierres, ce sont des *instruments*, c'est-à-dire des objets *destinés* à couper, percer, frapper, produire tel ou tel effet. Cette induction ne soulève pas l'ombre d'un doute; et cependant, si une rencontre de causes inconnues a pu produire l'aile de l'oiseau, si merveilleusement adaptée au vol, pourquoi une autre rencontre de causes inconnues n'aurait-elle pu produire cet amas de pierres grossières, si imparfaitement adaptées à leur objet? Sur quoi se fonde donc ici l'induction universellement admise? C'est que les objets qui se présentent à nous n'ont pas seulement rapport au passé, mais encore à l'avenir, et nous paraissent déterminés, non-seulement par leurs causes, mais encore par leurs effets. Ici, par exemple, les haches retrouvées par M. Boucher de Perthes ne se présentent pas seulement à nous comme des éclats de rocher; mais elles nous présentent certaines formes, certaines dimensions, certaines combinaisons de creux et de saillies qui ne s'expliquent que par un certain rapport à l'action de couper : cette action de couper qui résulte de la structure de la hache, et qui, dans ce sens, est un effet, a été en même temps l'une des causes déterminantes de la forme qui a été donnée à la pierre; c'est donc une sorte de cause, mais une cause qui agit en quelque façon avant d'exister : c'est un effet qui, prévu ou prédéterminé par la cause efficiente, l'a obligée à prendre telle direction plutôt que telle autre : c'est un but; c'est une cause finale.

Nous avons vu, par le premier principe précédemment posé, que partout où il y a une combinaison ou concordance de phénomènes, il faut une cause précise pour expliquer cette combinaison ou cette concordance. Mais maintenant, nous demandons quelque chose de plus. Lorsque cette combinaison (déjà remarquable par elle-même, comme rencontre complexe et précise de phénomènes hétérogènes) a en outre ce caractère, d'être déterminée relativement à un phénomène futur plus ou moins éloigné, le principe de causalité exige que nous expliquions non-seulement la complexité de la combinaison, mais encore ce rapport à un effet futur qui, entre une infinité de combinaisons possibles, semble avoir circonscrit l'action de la cause efficiente, et l'avoir déterminée à telle forme donnée. Cette corrélation à l'avenir ne peut se comprendre que si ce phénomène futur préexiste déjà d'une certaine façon dans la cause efficiente, et en dirige l'action. C'est en ce sens qu'on dit qu'une cause tend à un but.

Ainsi, quand une combinaison de phénomènes, pour être comprise, n'a besoin que d'être rapportée à ses conditions antécédentes, il n'y a rien là autre chose que le rapport de la cause à l'effet; mais quand la combinaison, pour devenir intelligible, doit se rapporter non-seulement à ses causes antérieures, mais à ses effets futurs, le simple rapport de cause à effet ne suffit plus, et se transforme en rapport de *moyen à but*.

Considérons en effet l'exemple suivant : soit un estomac apte à digérer de la chair. Supposons d'abord, pour la facilité du raisonnement, que ce soit là une simple conséquence, et non un but. Voici maintenant le problème que se pose le physiologiste, et que la nature a dû se poser avant lui : Comment l'estomac qui digère la viande ne se digère-t-il pas lui-même? Comment le suc gastrique qui attaque et dissout tous les aliments, ne dissout-il pas l'estomac, qui est précisément de la même nature que les autres aliments? Eh bien! il se trouve que la nature, répondant d'avance à l'objection, a enduit les parois intérieures de l'organe d'un vernis particulier qui les rend inattaquables à l'action du suc gastrique [1]. Comment se refuser à admettre que la production de ce vernis a un rapport déterminé et rigoureusement calculé avec le phénomène futur que devait produire l'estomac? Dire qu'un tel rapport n'existe pas, et est le résultat d'une pure coïncidence, c'est admettre que pendant que certaines causes physiques produisaient la substance appelée estomac, d'autres causes, sans aucun accord avec les précédentes, produisaient la substance appelée *épithélium*, qui se trouve être précisément la condition *sine quâ non* de la fonction digestive. Ces deux séries de causes travaillant dans la nuit, sans aucun rapport entre elles, ni avec le futur, finissent cependant par s'accorder entre elles, et par leur accord, rendre possible le phénomène futur qui ne le serait pas sans cela. N'est-ce pas renoncer au principe de causalité, que de ne voir là qu'une coïncidence fortuite, et le résultat de certaines chances heureuses? N'est-ce pas comme si on disait que deux personnes, dont l'une parle russe, et l'autre anglais, et qui ignorent la langue l'une de l'autre, peuvent cependant causer ensemble, en vertu de circonstances heureuses, qui feraient que le discours de l'un se trouverait être précisément la réponse à la question de l'autre?

[1]. « Si le suc gastrique ne digère pas les parois de l'estomac vivant, c'est que, pendant la vie, il est impossible que la pepsine soit absorbée. La présence de l'épithélium sur les muqueuses en général, sur la muqueuse stomacale notamment, oppose un obstacle complet à l'absorption... L'épithélium, espèce de mucus gluant qui tapisse la paroi interne de ce viscère... enferme donc le suc gastrique comme dans un vase aussi imperméable que s'il était de porcelaine. » Claude Bernard, *Leçons de physiologie*, t. II, p. 408.

Prenons un autre exemple. Tous les animaux appelés mammifères sont en même temps vivipares : étudions cette remarquable rencontre. Voici un certain nombre de causes, elles-mêmes déjà très-compliquées, qui concourent ensemble à la fonction appelée parturition, d'où résulte l'apparition d'un petit. Ce petit est encore incapable de chercher lui-même sa nourriture, et de toutes les nourritures, appropriées à son âge, la plus favorable, sinon la seule, est le lait. Or il se trouve qu'une autre série de causes a produit dans la mère d'autres organes appelés mamelles, propres à une fonction secrétoire, dont le produit est précisément celui qui convient le mieux, sinon exclusivement, au jeune petit. Il se trouve, en outre, que ces organes restent inertes pendant toute une partie de la vie, qu'elles n'entrent en fonctions qu'à certains intervalles, et à de certaines époques, et que ces époques sont précisément celles de la parturition. Si l'on admet que la lactation n'est en rien déterminée par le phénomène futur de la nourriture du petit, il faut encore supposer, dans ce cas, que deux séries de causes agissant séparément, sans se connaître, sans se correspondre, ont rencontré, par des circonstances heureuses et fortuites, cet étrange résultat final qui implique une rigoureuse convenance, et une extraordinaire appropriation. Nous disons, d'après notre principe, que c'est manquer aux lois de la causalité que de laisser inexpliqué cet étrange accord du passé avec le futur.

Le savant législateur de la logique inductive, J. Stuart Mill, a reconnu que le raisonnement précédent est une des applications les plus frappantes des règles de l'induction. Lorsqu'un grand nombre de phénomènes, très-différents à tout autre point de vue, présentent cependant une circonstance commune et constante, cette circonstance peut être donnée comme la cause : c'est ce qu'il appelle la *méthode de concordance*. Or dans le cas dont il s'agit (soit, par exemple, l'appropriation de l'œil à la lumière), il y a un nombre infini de phénomènes qui se sont tous rencontrés dans cette circonstance unique : à savoir, de servir à la vision. La vision est donc la circonstance commune à tous, la seule où ils se rencontrent. Elle est donc la cause de leur rencontre ; mais comme d'un autre côté, elle en est l'effet, et ne peut agir avant d'exister, ce n'est pas la vision elle-même, mais l'idée de la vision qui est ici la cause véritable : c'est ce qu'on exprime en disant que l'œil est fait pour voir [1].

D'après ce qui précède on voit combien est juste le rapprochement ingénieux qui a été fait entre le procédé des causes finales et l'analyse des géomètres [2]. Il semble, en effet, que la nature, lorsqu'elle procède par les causes efficientes, agisse comme le géomètre qui suit la méthode synthétique, c'est-à-dire qui part d'un principe, et qui en déduit des conséquences,

---

[1]. Cette remarquable analyse de l'argument des causes finales est donnée par Mill dans son ouvrage posthume, d'ailleurs si hardi, intitulé *Essais sur la religion* (Trad. franc., p. 15°). Je dois ajouter, pour être tout à fait exact, que suivant Mill l'argument aurait perdu beaucoup de force depuis la conception de Darwin. Mais il conclut néanmoins que l'hypothèse d'un plan est encore de beaucoup la plus vraisemblable.

[2]. Trendelenburg, *Logische Untersuchungen*, ch. IX.

quelles qu'elles soient. Au contraire, lorsqu'elle procède par les causes finales, elle ressemble à un géomètre qui se pose un problème, et qui par l'analyse des données de la question, trouve les éléments mêmes de la solution. Pour employer la distinction d'un géomètre philosophe, l'un des deux procédés est une *déduction*, l'autre une *réduction*. L'un consiste à tirer une vérité d'une vérité donnée ; l'autre, plus fécond, consiste à chercher de quelle vérité on pourrait partir pour résoudre tel problème posé. Il consiste donc à « ramener la connaissance d'une chose à celle d'autres choses dont elle sera la conséquence [1]. » On voit d'une manière frappante l'analogie des deux procédés : ici, c'est une conséquence qui sert à découvrir le principe, qui par conséquent est en quelque sorte le principe de son principe ; là, c'est un effet qui explique la cause, et qui est en quelque sorte la cause de sa propre cause. Mais montrons plus en détail ces analogies.

D'après le géomètre cité, l'application de la méthode analytique ou de réduction n'est pas seulement d'usage dans la science, mais dans la vie pratique. Toute question résolue, dans l'un et dans l'autre cas, ne peut l'être que par ce procédé : « Quelque chose que l'on se propose, dit-il, on se demande nécessairement quelle est celle qu'il faut faire auparavant et qui conduira à la proposée. Si cette nouvelle chose ne peut se faire immédiatement, on cherche de quelle autre elle

---

[1]. Duhamel, *De la méthode dans les sciences et raisonnements*, p. 24.

dépend, et ainsi de suite jusqu'à ce qu'on ait trouvé celle par laquelle il faut commencer. Connaissant alors le point de départ, on n'a plus qu'à faire successivement toutes ces choses dans l'ordre inverse de celui où on les a découvertes. De cette manière on fait d'abord de l'analyse, puis de la synthèse [1]. » Celle-ci est donc la réciproque de l'analyse : c'est de la même manière que la série des causes efficientes est la réciproque de la série des causes finales. La nature exécute *synthétiquement*, ce que l'auteur de la nature a inventé *analytiquement* [2]. Le même géomètre arrive de lui-même à l'analogie que nous signalons, tant elle est frappante, lorsqu'il dit : « La méthode consistera toujours à partir soit du résultat, soit de la chose qu'on demande, en un mot *de la fin qu'on se propose*, et à lui en substituer une plus facile, et qui entraînera celle-ci par des *moyens* connus [3]. »

Comparons maintenant à cette méthode celle que suit la nature dans la fabrication des organes. Voici par exemple comment un naturaliste expose la théorie du vol des oiseaux. Il prête à l'auteur de la nature un raisonnement analytique, absolument semblable à celui qui vient d'être décrit : « Si l'on admettait qu'un homme d'un génie supérieur, dit Strauss Durckeim, ait la faculté de créer à volonté par la simple

---

1. *Ibid.*, p. 56.
2. Il est important de faire remarquer que nous employons ces deux mots dans le sens des géomètres, et en particulier des géomètres grecs : car en un autre sens, il serait plus juste de dire que c'est l'ordre des causes efficientes qui est analytique, et celui des causes finales qui est synthétique.
3. *Ibid.*, p. 50.

pensée, tout ce qu'il peut concevoir, et qu'il voulût transformer le type des mammifères en celui d'un animal volant, parfait voilier, capable de soutenir longtemps un vol rapide, il serait conduit *de conséquence en conséquence* à former un oiseau tel que nous les connaissons, quand même ces animaux ne lui seraient pas connus, tant, jusqu'aux plus minutieux détails, tout est rigoureusement combiné et calculé dans la composition de leur corps pour la faculté de voler [1]. » Pour résoudre ce problème « ce n'est point assez de convertir les membres antérieurs d'une façon quelconque en une large lame, dont les mouvements d'élévation et d'abaissement alternatifs doivent produire la translation du corps d'arrière en avant dans l'air; mais il faut aussi que ces ailes soient disposées d'après certains principes de mécanique, pour que ce mouvement soit possible ; il faut en outre que cette nouvelle fonction ne trouble en rien les autres, et que là où elle exige un changement quelconque dans la forme et la disposition de quelque autre organe, celui-ci soit également modifié en conséquence de cette fonction du vol. Il faut surtout que le nouvel être ou oiseau puisse aussi se tenir en station, et marcher sur ses membres postérieurs, et exercer d'ailleurs tous les autres mouvements à

---

1. *Théologie de la nature*, t. 1, p. 257. Cet ouvrage remarquable est un de ceux où l'argument des causes finales a été développé avec le plus de science et de précision. L'auteur d'ailleurs était un savant distingué; il est connu surtout par une théorie sur le vol des insectes, que M. Marey a depuis perfectionnée. Celui-ci a bien caractérisé son ouvrage en l'appelant « un chaos d'idées ingénieuses, profondes et puériles. » (Voir *Revue des Cours scientifiques*, 1ʳᵉ série, t. VI.)

des degrés plus ou moins éminents, selon l'usage auquel chaque organe doit servir. Or, c'est dans ces nombreuses modifications dépendantes les unes des autres, et toutes de la fonction principale ou du vol, qu'on trouve, comme partout ailleurs, l'application de la science la plus transcendante et de la plus sublime sagesse. » On voit clairement par ces mots que le problème posé est un problème d'analyse, à savoir : comment transformer un mammifère en oiseau, étant données les lois de la mécanique, les conditions physiques et physiologiques de la vie? on voit aussi que la solution de ce problème exige que l'auteur supposé de cette production ait remonté de proche en proche la série des conditions que cette solution exigeait, jusqu'à ce qu'il soit arrivé au point dont il fallait partir, soit du type mammifère par voie de transformation, soit du type vertébré par voie de différenciation. L'auteur développe dans le plus grand détail, et d'une façon toute technique que nous ne pouvons analyser ici, cette savante mécanique. Parmi les précautions et mesures prises par la nature pour la solution du problème, contentons-nous d'en signaler quelques-unes des plus faciles à comprendre sans connaissances spéciales, par exemple l'invention des plumes et celle du vernis qui les couvre. La première de ces deux inventions répond à cette difficulté : comment couvrir le corps de l'oiseau, sans augmenter trop son poids, et sans rendre le vol trop difficile? La seconde répond à cette autre difficulté : comment empêcher les plumes de devenir trop pesantes par la pluie?

Pour ce qui est du premier problème, la nature, employant encore ici l'analyse des géomètres, a raisonné, suivant notre naturaliste, de la manière suivante : « Un léger poil n'eût pas suffi pour conserver à ces animaux une chaleur à peu près égale ; et une laine épaisse semblable à celle des moutons aurait rendu le vol impossible. » — Comment résoudre ce problème délicat ? Le voici : c'est « en modifiant le vêtement de ces animaux, c'est-à-dire en transformant les poils en plumes ; et en donnant à ces organes les grandes dimensions qu'ils ont dans les pennes, » de manière à « augmenter la surface des ailes, sans augmenter sensiblement le poids du corps [1]. » — Quant à la solution du second problème, voici la série d'idées qu'il a fallu traverser : « Si les plumes étaient sujettes à être facilement mouillées, elles se colleraient les unes les autres par la pluie, ce qui gênerait considérablement le vol, et même le rendrait impossible, ainsi qu'on le voit chez les animaux mouillés forcément. Mais la bienveillance divine a paré à cet inconvénient en donnant à ces animaux un organe particulier sécrétant une substance graisseuse dont l'oiseau enduit ses plumes pour les revêtir d'un vernis sec qui les rend si bien imperméables à l'eau, que ces animaux n'en sont jamais mouillés [2]. »

Cette comparaison de la méthode analytique avec le procédé

---

1. *Ibid.*, p. 302.
2. *Ibid.*, p. 324. — Voir également, à la suite du passage précédent, l'analyse du problème de la coloration des plumes.

des causes finales peut servir à expliquer un des termes dont Aristote s'est servi quelquefois pour exprimer le but, à savoir τὸ ἐξ ὑποθέσεως ἀναγκαῖον, *l'hypothétique nécessaire*. En effet, le but c'est ce que je veux atteindre : ce n'est donc quelque chose de nécessaire pour moi que par hypothèse. Par exemple le but de gagner de l'argent n'est qu'une nécessité hypothétique : car je peux toujours vouloir n'en pas gagner. Il n'en est pas de même de cette autre nécessité, par exemple que je dois mourir : cela est nécessaire d'une manière absolue. Le résultat est donc un absolu nécessaire; le but n'est que relativement nécessaire. Ainsi d'un problème à résoudre : il n'est nécessaire que par hypothèse. C'est moi qui le choisis, tandis que je ne choisis pas les conséquences d'un principe : celles-ci s'imposent à moi avec une absolue nécessité.

Il résulte de tout ce qui précède que le critérium cherché de la cause finale, c'est la concordance du présent avec le futur, la détermination de l'un par l'autre. Cependant malgré toutes les raisons données, ne pourrait-on pas demander encore si ce critérium ne supposerait pas précisément ce qui est en question? Car cette concordance que nous invoquons, n'est surprenante que si l'on imagine d'avance le phénomène futur comme fixé à priori, et comme un *terme* que la nature *doit* atteindre, comme un *problème* qu'elle s'est proposé de résoudre. Dans ce cas, il est vrai de dire qu'une nature aveugle et sans but ne peut pas rencontrer par hasard la meilleure combinaison possible par rapport à tel but. Par exemple, si une cible est posée à un aveugle, et un point dans cette cible, il est extrêmement peu probable que tirant au hasard, sans même savoir qu'il y a un but, il atteigne ce but, mais c'est que l'on suppose d'avance qu'il y a un but; supposons au contraire que, sans se proposer aucun but et tirant au hasard, il atteigne cependant quelque part, cela n'a plus rien d'étonnant. Il en est de même de la nature : si, par une hypothèse gratuite, on commence par supposer qu'il devait y avoir des animaux volant, marchant, se nourrissant, il est très-surprenant, en effet, que la nature ait précisément réalisé ces prodiges. Mais, dira-t-on, c'est précisément ce qui est en question : si l'on admet que la nature n'avait en réalité aucun problème à résoudre, aucun but à atteindre; qu'elle obéissait à ses propres lois, et que de ces lois sont résultés un nombre infini de phénomènes divers, qui ne sont que les résultantes de ces propriétés; quoi de surprenant alors qu'il y ait accord et concordance entre les causes et les effets? S'émerveiller de cet accord, c'est se représenter d'avance l'effet comme un point fixe que la nature devait viser, c'est-à-dire se le représenter comme un but : c'est donc un cercle évident.

Nous prétendons au contraire que ce qui se présente d'abord comme un *effet*, prend ensuite le caractère de *but*, en raison du nombre et de la complexité des combinaisons qui l'ont rendu possible. Nous ne partons pas de l'idée de but pour en conclure que les combinaisons qui y conduisent sont des moyens : mais ces combinaisons, au contraire, ne nous paraissent intelligibles qu'à titre de moyens; et c'est pourquoi l'effet devient un but. Nous partons en effet d'un *point fixe*, qui nous est donné dans l'expérience comme un effet : mais cet effet n'étant possible que par une masse incalculable de *rencontres*, c'est cet accord entre tant de rencontres et un certain effet qui constitue précisément la preuve de la finalité [1].

Pour rendre sensible la force de cette doctrine, choisissons une combinaison très-complexe, par exemple l'œil humain avec son résultat final, la vision. Considérons l'un des facteurs qui entrent dans cette combinaison, la rétine, ou matière nerveuse sensible à la lumière, et susceptible de recevoir une image comme une plaque photographique. Supposons que ce rapport de la rétine à la lumière soit un simple rapport de cause à effet. Cet effet nous est donc donné par l'expérience comme résultant de telle propriété organique : voilà ce que j'appelle notre point fixe, qui ne sera pas un but fixé d'avance et arbitrairement par nous-mêmes, mais une donnée positive et expérimentale. Mais maintenant, pour que ce résultat, contenu en puissance dans les propriétés de la rétine, puisse se réaliser, il faut un milliard de combinaisons, toutes plus surprenantes les unes que les autres, et il y a à parier l'infini contre un que ces combinaisons ne se seront jamais

---

1. Hartmann (*Philosophie des Unbewussten*, Intr., ch. II) a essayé de soumettre au calcul la probabilité qu'un produit organique est le résultat d'une cause intelligente, et non d'une cause physique. Par exemple, pour la production de l'œil, cette probabilité serait, suivant lui, de 0,99999, c'est-à-dire presque équivalente à l'unité ou à la certitude. Mais ces calculs mathématiques sont de pures fictions qui ont le tort de donner une fausse apparence de rigueur à ce qui ne peut pas en avoir, et à traduire purement et simplement en signes abstraits une conviction que l'on a déjà dans l'esprit.

rencontrées; car, pour que la rétine puisse manifester cette propriété, il faut que des causes inconnues aient construit une machine qui concentre les rayons lumineux sur le point sensible où ils sont susceptibles de se peindre, et de produire une impression. Il faut donc qu'un nombre infini de causes travaillant à l'aveugle et sans s'entendre soient arrivées à rencontrer la combinaison favorable qui permet à la rétine de recevoir une image. Or, nous soutenons qu'une telle rencontre sera fortuite, c'est-à-dire sans cause, si on n'accorde pas qu'elle a eu lieu précisément *pour* que cette manifestation ait lieu : c'est ainsi que ce qui n'était jusque-là qu'un effet deviendra pour nous un but. On le voit : nous ne partons pas du tout de l'hypothèse que la vision est un but : car c'est ce que nous voulons démontrer; nous ne partons pas davantage de l'appropriation des moyens au but : car s'il n'y a pas de but, il n'y a pas d'appropriation; et ce serait encore là un cercle vicieux : nous partons d'un effet comme effet; puis remarquant qu'un tel effet n'a été possible que si des milliers de causes se sont *accordées* pour le produire, nous voyons dans cet accord, le critérium qui transforme l'effet en *but* et les causes en *moyens*.

On comprend que pour que le raisonnement précédent soit valable, on peut choisir, dans la combinaison que l'on étudie, tel facteur que l'on voudra. Au lieu de la rétine, prenons le cristallin. Admettons que la nature, sans aucun but, ait créé le cristallin, c'est-à-dire une lentille propre à concentrer les rayons lumineux, et qui par conséquent rende possible la formation d'une image. Ce sera là, si l'on veut, un simple rapport de cause à effet. Mais c'est encore là une propriété qui n'existe qu'en puissance dans le cristallin : et pour qu'elle se réalise d'une manière qui ait une signification quelconque, il faut que cette concentration des rayons se fasse sur un point sensible à la lumière, il faut que cette lentille soit placée dans une chambre noire; il faut qu'elle soit en communication avec l'extérieur par une ouverture appropriée : il faut, en un mot, l'accord de tant de circonstances, que cet accord avec un phénomène final paraîtra sans cause, et purement arbitraire, si le phénomène n'est pas considéré comme un but.

On voit par ces exemples ce que nous entendons par la détermination du présent par le futur. On choisira dans chaque fonction, le phénomène essentiel et caractéristique de la fonction (par exemple dans la nutrition, l'assimilation; dans la respiration, l'oxygénation du sang, etc.); on commencera par considérer ce phénomène comme un simple résultat des propriétés de la matière organisée : c'est là ce que nous appelons le phénomène futur. Maintenant, en étudiant les conditions de la production de ce phénomène, on trouvera qu'il faut pour le produire une masse énorme de coïncidences, toutes aboutissant précisément au même résultat : c'est ce que nous appelons la concordance des phénomènes avec le futur : or, comment tant de causes diverses viendraient-elles converger vers un même point, s'il n'y avait quelque cause qui les dirigeât vers ce point ? Telle est la suite d'idées en vertu de laquelle le résultat devient but.

Si nous pouvions, d'un côté, nous représenter une combinaison totale et complète, indépendamment du phénomène final auquel elle est appropriée, et de l'autre ce phénomène considéré comme un résultat de la combinaison ; — si entre cette combinaison et ce résultat, il y avait un intervalle, une séparation, une limite, ne fût-ce que d'un instant, mais assez marquée cependant, pour que ces deux termes du rapport fussent nettement distingués par l'esprit, l'accord de la combinaison avec le phénomène final paraîtrait d'autant plus frappant, et surprendrait davantage l'imagination. Or, c'est là ce qui a lieu en réalité. En effet, dans le mystère et la nuit de l'acte incubateur, dans l'obscur sanctuaire du sein maternel, pour les vivipares, dans l'enveloppe de l'œuf, pour les ovipares, se forme, se fabrique, par la collaboration d'un nombre incroyable de causes, une machine vivante absolument séparée du monde extérieur, mais en accord avec lui, dont toutes les parties répondent à quelques conditions physiques de ce monde extérieur. Le monde physique externe et le laboratoire interne de l'être vivant sont séparés l'un de l'autre par des voiles impénétrables, et cependant ils sont unis l'un à l'autre par une incroyable harmonie préétablie. Au dehors, il y a un agent physique appelé lumière : au dedans, il se fabrique une machine optique adaptée à la lumière ; au dehors, il y a un agent appelé le son : au dedans, une machine acoustique adaptée au son ; au dehors, des végétaux et des animaux : au dedans, des cornues et des alambics adaptés à l'assimilation de ces substances ; au dehors, un milieu solide, liquide ou gazeux : au dedans mille moyens de locomotion adaptés à l'air, à la terre ou à l'eau. Ainsi d'une part, le phénomène final appelé vision, audition, nutrition, vol, marche, natation, etc., de l'autre, les yeux, les oreilles, l'estomac, les ailes, les nageoires, les membres moteurs de toute nature. Nous voyons clairement, dans ces exemples, les deux termes du rapport : d'une part le système, de l'autre le phénomène final auquel il aboutit. N'y eût-il que le système et la combinaison, comme dans les cristaux, encore faudrait-il, nous l'avons vu, une cause spéciale pour expliquer ce système et cette combinaison; mais il y a plus ici : il y a l'accord d'un système avec un phénomène qui ne se produira que longtemps après et dans des conditions nouvelles, par conséquent une correspondance qui ne peut être fortuite, et qui le serait nécessairement, si l'on n'admet pas que le phénomène final et futur est précisément le lien du système, et la circonstance qui, d'une manière quelconque, a prédéterminé la combinaison.

Imaginez un ouvrier aveugle, caché dans une cave, et destitué de toute intelligence, qui, n'obéissant qu'au simple besoin de mouvoir ses membres et ses mains, se trouverait avoir forgé, sans le savoir, une clef adaptée à la serrure la plus compliquée qu'il soit possible d'imaginer. C'est là ce que fait la nature dans la fabrication de l'être vivant.

Nulle part cette harmonie préétablie que nous venons de signaler ne se manifeste d'une manière plus étonnante qu'entre l'œil et la lumière. « Dans la construction de cet organe, dit Trendelenburg, ou bien il faut admettre que la lumière a triomphé de la matière et l'a façonnée, ou bien c'est la matière qui elle-même est devenue la maîtresse de la lumière. C'est du moins ce qui devrait résulter de la loi des causes efficientes; mais ni l'une ni l'autre de ces deux hypothèses n'a lieu en réalité. Aucun regard de la lumière ne tombe dans les profondeurs secrètes du sein maternel, où l'œil est fabriqué. Encore moins la matière inerte, qui n'est rien sans l'énergie de la lumière, pourrait-elle être capable de la comprendre? Cependant la lumière et l'œil sont faits l'un pour l'autre et dans le miracle de l'œil réside la conscience enveloppée de la lumière. La cause motrice avec son développement nécessaire est ici employée à un service plus élevé. Le but commande le tout et veille à l'exécution des parties; et c'est à l'aide du but, que l'œil devient « la lumière du corps [1]. »

De même que les perturbations planétaires ont contribué surtout à mettre en pleine lumière la vérité de la loi de Newton, de même les exceptions apparentes à la loi de finalité peuvent servir à la rendre plus saisissante et plus manifeste. C'est ainsi qu'un habile gymnaste, dans ses exercices les plus périlleux, fait semblant de tomber pour inquiéter un instant et mieux faire admirer son adresse. J'en citerai deux exemples :

---

1. Trendelenburg, *Logische Untersuchungen*, t. II, IX, p. 4.

Muller nous apprend que dans la structure des organes du mouvement les lois de la mécanique ne sont pas bien observées : « L'essentiel de la locomotion, dit-il, malgré la diversité des formes de déplacement par natation, reptation, vol, marche, consiste en ce que certaines parties du corps décrivent des arcs dont les branches s'étendent après s'être appuyées sur un point fixe.... Les lois du levier jouent ici un grand rôle. » Or, on trouve, en observant la structure des animaux, que ces lois n'ont pas été appliquées par la nature de la manière la plus favorable et la plus économique, c'est-à-dire de façon à obtenir le plus de mouvement avec le moins de travail possible. En effet, dit Muller, « quelque diversement que les leviers soient appliqués sur les animaux pourvus de patte, *ils le sont presque toujours d'une manière désavantageuse;* car les muscles exercent généralement sur eux une action fort oblique, outre que l'insertion est fréquemment trop rapprochée du point d'appui. » Voilà donc, à ce qu'il semble, une erreur de la nature.

Mais Muller en donne immédiatement l'explication, qui se trouve en définitive tout à fait conforme au principe : « Des considérations d'un ordre majeur, dit-il, ont commandé cette disposition, dont la beauté des formes n'est pas le but unique. Si la nature avait disposé les leviers de tous les membres de la manière la plus favorable, il serait résulté de là que le corps aurait une forme complexe, anguleuse, gênante, et que malgré les précautions prises en apparence pour utiliser la force, la dépense sous ce rapport eût été plus considérable, en dernière analyse, à cause de la multiplication des obstacles au concours harmonique des actions. » Ainsi, dans ce cas, la violation apparente de la règle n'en est en réalité que la confirmation.

Il en est de même dans un autre cas non moins remarquable. Tout le monde sait combien les partisans des causes finales ont fait valoir en leur faveur la merveilleuse structure de l'œil; c'est l'argument classique en cette matière, et nous-même venons de l'indiquer tout à l'heure. Cependant il se trouve que la structure de cet organe est bien loin d'avoir toute la perfection que l'on imaginait, et M. Helmholtz a démontré qu'il est rempli d'imperfections et de défauts. A cette occasion un critique s'exprime en ces termes : « Les partisans des causes finales, dit M. Laugel, qui s'extasient sur l'adaptation des organes aux fonctions, auront peut-être quelques difficultés à concilier leurs vues théoriques avec les faits qui viennent d'être exposés. Il n'y a pas un constructeur d'instruments d'optique qui ne réussisse à rendre ses appareils beaucoup plus parfaits que cet œil dont nous sommes si fiers... L'œil a, au contraire, ce caractère remarquable qu'il réunit tous les défauts connus de ces instruments... Il n'y a rien de parfait, rien d'achevé dans la nature... Nos organes sont des instruments à la fois admirables et grossiers [1]. »

Cependant, il se trouve qu'ici encore l'exception n'est qu'une

---

[1]. *L'optique et les arts*, p. 27.

juste application de la règle : c'est ce qu'explique très-bien le savant lui-même auquel on emprunte cette difficulté. En effet, ce que M. Helmholtz a démontré, c'est tout simplement que l'œil humain n'est pas un instrument de précision; et aussi ne devait-il pas l'être. Sans doute l'œil peut avoir de nombreux défauts, comparé à nos machines optiques, défauts que notre industrie sait éviter; mais ces défauts ne nuisent en rien à son usage véritable; car il n'a pas pour fonction de faire des expériences délicates, comme celles que nous faisons avec nos machines, mais tout simplement de nous servir dans la vie pratique. Aussi, le savant en question s'exprime lui-même ainsi : « L'appropriation de l'œil à son but existe de la manière la plus parfaite et se révèle même dans la limite donnée à ses défauts : *un homme raisonnable ne prendra pas un rasoir pour fendre des bûches;* de même tout raffinement inutile dans l'usage optique de l'œil aurait rendu cet organe plus délicat et plus lent dans son application [1]. » On voit qu'il ne faut pas se hâter de vouloir prendre la nature en défaut; car on est soi-même pris au trébuchet.

Le mode de raisonnement que nous avons développé tout à l'heure, et que nous considérons comme la preuve des causes finales, s'applique d'une manière bien plus saisissante encore, lorsque l'on passe de l'*appropriation* des organes à leur *corrélation*. Que disions-nous, en effet? C'est qu'il faut prendre dans

---

1. Helmholtz, *Revue des cours publics scientifiques*, 1re série, t. VI, p. 219.

chaque fonction un point fixe, qui est l'acte essentiel de la fonction, et considérer cet acte simplement comme un résultat. On voit bientôt que, pour rendre ce résultat possible, il a fallu un si grand nombre de rencontres, que ces rencontres ne peuvent s'expliquer si ce résultat n'est pas un but. Combien cet argument est-il plus évident encore, lorsque l'on compare non les divers facteurs d'un même organe ou d'une même fonction, mais la concordance des divers organes ou des diverses fonctions. En effet, il suffit alors de prendre un de ces organes avec sa fonction, et de considérer cette fonction comme un simple résultat, par exemple le poumon et la respiration. On se demandera alors comment cette fonction est possible, et on verra qu'elle suppose nécessairement un autre organe et une autre fonction, par exemple le cœur et la circulation. Or, que ces deux organes et que ces deux fonctions (hypothétiquement nécessaires l'une à l'autre) se soient rencontrés ensemble, c'est ce qui est impossible sans miracle, si une cause commune, capable de saisir le rapport des deux faits, ne les a pas liés l'un à l'autre, c'est-à-dire ne les a pas faits l'un pour l'autre.

Tout le monde connaît cette célèbre loi dite *loi des corrélations organiques*, et que Cuvier résumait en ces termes : « Tout être organisé forme un ensemble, un système clos dont les parties se correspondent mutuellement et concourent à une même action définitive par une réaction réciproque. » C'est la même idée que Kant exprimait de son côté par cette belle définition : « L'être organisé, disait-il, est l'être où tout est réciproquement but et moyen [1]. »

Nous n'avons pas besoin d'entrer ici dans les détails de cette loi, qui a servi de base à l'anatomie comparée. Contentons-nous d'indiquer quelques-uns des faits les plus généraux signalés par Cuvier dans ce passage si connu et si souvent cité, mais qui appartient trop à notre sujet pour ne pas l'être encore une fois ici : « Jamais, dit-il, une dent tranchante et propre à découper la chair ne coexistera dans la même espèce avec un pied enveloppé de corne qui ne peut que soutenir l'animal, et avec lequel il ne peut saisir sa proie. De là la règle que tout animal à sabot est herbivore, et les règles encore plus détaillées qui ne sont que des corollaires de la première, que des sabots aux pieds indiquent des dents molaires à couronnes plates, un canal alimentaire très-long, un estomac ample ou

---

[1]. M. Huxley, *Revue scientifique* (2ᵉ série, XII, p. 769), tire une objection contre la définition de Kant de la théorie cellulaire de Schwann : « Kant, dit-il, définit le mode d'existence des êtres vivants par ceci, que toutes leurs parties coexistent en vue de l'ensemble, et que l'ensemble lui-même existe en vue des parties. Mais depuis que Turpin et Schwann ont décomposé le corps vivant en une agrégation de cellules presque indépendantes, ayant chacune leurs lois particulières de développement et de croissance, la conception de Kant a cessé d'être soutenable. Chaque cellule vit pour elle-même, aussi bien que pour l'organisme entier; les cellules qui flottent dans le sang vivent à ses dépens, et sont des organismes aussi indépendants que les *torulæ* qui flottent dans le moût de bière. » Nous ne voyons pas en quoi la théorie cellulaire contredit la définition de Kant. La cellule peut avoir une vie indépendante, et avoir également une vie collective et corrélative. La cellule vit pour elle-même, soit; mais on ajoute « qu'elle vit aussi pour l'organisme tout entier; » et réciproquement, elle vit par l'organisme en même temps que *pour* lui. Il n'y a aucune contradiction à ce qu'un être indépendant soit en même temps membre de ce système. Il vit à la fois *par* et *pour* lui, il est donc, comme disait Kant, *moyen* et *fin*. Enfin, ajoutez que dans la cellule elle-même, considérée comme noyau de la vie, toutes les parties sont corrélatives au tout, et le tout aux parties.

multiplié, et un grand nombre de rapports du même genre [1]. »
...« Ainsi les intestins sont en rapport avec les mâchoires, les mâchoires avec les griffes, les griffes avec les dents, avec les organes du mouvement, et l'organe de l'intelligence [2]. » Cuvier affirme encore que la même loi règle même chaque système particulier d'organes. Ainsi, dans le système alimentaire, « la forme des dents, la longueur, les replis, la dilatation du canal alimentaire, le nombre et l'abondance des sucs dissolvants qui s'y versent sont toujours dans un rapport admirable entre eux et avec la nature, la dureté, la dissolubilité des matières que l'animal mange [3]... » Les rapports généraux en engendrent d'autres, de plus particuliers : « Pour que la mâchoire puisse saisir, dit-il, il lui faut une certaine forme de condyle, un certain rapport entre la position de la résistance et celle de la puissance avec le point d'appui, un certain volume dans le muscle crotaphite, qui exige une certaine étendue dans la fosse qui le reçoit, et une certaine convexité de l'arcade zigomatique sous laquelle il passe, etc. [4] »

... « Pour que les griffes puissent saisir, il faudra une certaine mobilité dans les doigts, une certaine force dans les ongles, d'où résulteront des formes déterminées dans toutes les phalanges, et des distributions nécessaires de muscles et de tendons; il faudra que l'avant-bras ait une certaine facilité à se

---

1. Cuvier, *Leçons d'anatomie comparée*, t. I, 1re leçon, art. IV.
2. Cuvier, *Discours sur les révolutions du globe*.
3. *Leçons d'anat. comparée*, leçon 1re.
4. *Révolutions du globe*.

tourner, d'où résulteront encore des formes déterminées dans les os qui le composent; mais les os de l'avant-bras s'articulant sur l'humérus, ne peuvent changer de formes sans entraîner des changements dans celui-ci... Le jeu de toutes ces parties exigera dans tous leurs muscles de certaines proportions, et les impressions de ces muscles ainsi proportionnés détermineront encore plus particulièrement la forme des os [1]. »

Il en est des fonctions comme des organes : elles sont indissolublement liées entre elles, et solidaires les unes des autres : « La respiration, dit Flourens [2], quand elle se fait dans un organe respiratoire circonscrit, ne peut se passer de la circulation; car il faut que le sang arrive dans l'organe respiratoire, dans l'organe qui reçoit l'air; et c'est la circulation qui l'y porte; la circulation ne peut se passer de l'irritabilité; car c'est l'irritabilité qui détermine les contractions du cœur et par suite les mouvements du sang; l'irritabilité musculaire ne peut se passer à son tour de l'action nerveuse. Et si l'une de ces choses change, il faut que toutes les autres changent. Si la circulation manque, la respiration ne peut plus être circonscrite, il faut qu'elle devienne générale, comme dans les insectes; le sang n'allant plus chercher l'air, il faut que l'air aille chercher le sang. Il y a donc des conditions organiques qui s'appellent; il y en a qui s'excluent. Une respiration circonscrite appelle nécessairement une circu-

---

1. *Ibid.*
2. Flourens, *travaux de Cuvier*, p. 87.

lation pulmonaire; une respiration générale rend une circulation pulmonaire inutile et l'exclut. La force des mouvements est dans une dépendance constante de l'étendue de la respiration; car c'est la respiration qui rend à la fibre musculaire son irritabilité épuisée. Il y a quatre espèces de mouvements qui correspondent aux quatre degrés de respiration; le vol de l'oiseau qui répond à la respiration double; la marche, le saut, la course des mammifères qui répondent à la respiration complète, mais simple; le rampement du reptile, mouvement par lequel l'animal ne fait que se traîner à terre; et le nagement du poisson, mouvement pour lequel l'animal a besoin d'être soutenu dans un liquide dont la pesanteur spécifique est presque égale à la sienne. »

Pour expliquer sans cause finale ces innombrables corrélations, il faut supposer que tandis que les causes physiques agissent d'une part pour produire certains organes, d'autres causes se trouvent produire en même temps d'autres organes en corrélation nécessaire avec les premiers. Comment deux systèmes de causes agissant ainsi séparément et à l'aveugle ont-elles pu se rencontrer d'une manière si étonnante dans leur action commune? Je comprends à la rigueur que la nature physique abandonnée à elle-même en vienne à créer des dents tranchantes; mais je ne puis comprendre pourquoi la même nature produit en même temps des griffes et non des sabots. Des organes voisins peuvent sans doute se modifier réciproquement et s'adapter l'un à l'autre. Mais comment l'action du cœur se mettra-t-elle d'accord avec celle des poumons? comment les organes de la respiration se mettront-ils d'accord avec les organes du mouvement? Si au lieu d'admettre des causes distinctes qui convergent l'une vers l'autre, on n'en admet qu'une seule, il faut reconnaître que les choses se passent exactement *comme si* cette cause était déterminée à agir par une sorte de représentation anticipée de l'effet, et jusqu'à preuve du contraire, la présomption est en faveur de cette hypothèse. Les corrélations organiques vérifient d'une manière remarquable le principe auquel Kant ramène la finalité, à savoir, la prédétermination des parties par l'idée du tout. Cette préordination des parties au tout, ce gouvernement anticipé des parties par le tout, et l'accord de ce tout lui-même avec ce phénomène général que l'on appelle la vie, semble bien indiquer que le tout n'est pas un simple effet, mais aussi une cause, et que les parties n'eussent pas affecté cette disposition, si le tout ne l'avait pas commandé d'avance.

Cette prédisposition et préordination du présent par le futur est encore particulièrement visible dans la formation de l'être organisé.

Tous les germes des animaux sans exception, au premier moment où peut les saisir l'œil des observateurs, présentent une apparence absolument similaire; à ce premier degré, le germe ne laisse en aucune façon pressentir l'être futur qu'il contient. Il y a plus; les premières transformations du germe paraissent également identiques dans tous les animaux sans exception, jusqu'au moment où les couches extérieures du germe commencent à prendre la forme d'un tissu organisé, ou blastoderme; le germe alors devient embryon, et commence à se diviser entre les diverses formes essentielles du règne animal, la forme des vertébrés et la forme des invertébrés. Ce développement continue en allant toujours du général au particulier, de l'indéterminé au déterminé, de l'embranchement à la classe, de la classe à la tribu, de la tribu au genre, du genre à l'espèce. En un mot, son développement est une *différenciation* progressive. Mais, ce n'est pas indifféremment que tel germe prend telle forme : il n'est pas libre, tout indéterminé qu'il est, d'être ou vertébré ou invertébré; si vertébré, d'être mammifère, oiseau, reptile ou poisson; si mammifère, d'appartenir à telle ou telle espèce; non, il ne peut prendre que la forme déterminée de l'être dont il sort, et il est nécessairement semblable à ses parents, sauf les cas si remarquables de génération alternante, qui eux-mêmes rentrent dans la règle, puisque les mêmes formes reviennent périodiquement, quoique alternativement. Autrefois, dans la théorie de l'emboîtement des germes, l'accroissement du germe s'expliquait d'une manière toute physique; l'embryon n'était autre chose que l'animal en miniature, son développement n'était que grossissement. Mais suivant la théorie universellement acceptée aujourd'hui, l'animal se forme pièce à pièce, et crée successivement tous ses organes, en s'assimilant peu à peu les parties extérieures, et en les disposant suivant le type auquel il appartient, en procédant, comme nous l'avons dit, du général au particulier. Comment concevoir ce travail sans une sorte de conception préalable du tout que doivent former ces additions successives, et qui soit la raison de chacun de ces accroissements [1]? C'est ainsi que l'embryon se complète peu à peu comme s'il avait un modèle devant lui. C'est bien là le λόγος σπερματικός des Stoïciens, cette raison secrète et active déposée dans les semences des choses, et qui, consciente ou inconsciente, est le ressort de la vie dans l'Univers.

Enfin de tous les faits de coordination, il n'en est pas de plus remarquable, de plus complexe, de plus accablant pour les partisans exclusifs des causes physiques, que l'existence des sexes, c'est-à-dire des moyens employés par la nature pour la perpétuité des espèces. Il y a ici plusieurs choses à remarquer.

En effet, il ne s'agit plus seulement, comme tout à l'heure, de l'appropriation d'un organe à une fonction, mais, ce qui est bien plus saisissant encore, d'un organe à un autre organe. Dans le premier cas, la fonction n'étant autre chose que l'ensemble des actes exécutés par l'organe, on pouvait dire à l'extrême rigueur qu'il n'est pas étonnant que l'organe soit propre à produire les actes qu'il accomplit, car autrement il ne les accomplirait pas; qu'il n'est pas étonnant qu'une cause qui

---

1. « Quand il s'agit d'une évolution organique *qui est dans le futur*, dit Claude Bernard, nous ne comprenons plus cette propriété de la matière à longue portée. L'œuf est un *devenir* : or comment concevoir qu'une matière ait pour propriété de renfermer des jeux de mécanisme qui n'existent pas encore. » (*Rapport sur la physiologie générale*, p. 110).

produit certains effets soit propre à produire ces effets. Mais dans le cas dont il s'agit maintenant, une telle difficulté ne peut pas même être soulevée : car ce n'est pas l'appropriation d'une cause à son effet que nous admirons ici; c'est l'appropriation d'un organe à un autre organe, c'est une adaptation toute mécanique de deux appareils distincts mais tellement liés ensemble que la forme de l'un est déterminée par la forme de l'autre; détermination réciproque qui suppose évidemment un rapport au futur, en sens inverse du rapport ordinaire de cause à effet. Ces deux appareils organiques, quelquefois réunis, mais le plus souvent séparés dans deux individus distincts, sont l'un à l'autre et réciproquement dans un rapport de moyens à fins : car nous ne pourrions nous expliquer la coïncidence si extraordinaire de leur réciproque adaptation, si nous ne supposions que la possibilité même de cette adaptation a été la raison déterminante qui leur a fait prendre cette double forme. Ici on ne peut plus nous dire que nous prenons un simple effet pour un but, un résultat pour une intention. Les organes des sexes ne sont pas les effets l'un de l'autre; l'organe mâle n'est pas la cause de l'organe femelle, ni réciproquement; ces deux organes sont deux effets distincts et indépendants; et cependant ils ne peuvent s'expliquer que l'un par l'autre : ce qui est précisément le rapport de finalité. Le faux-fuyant qui explique le rapport de l'agent à la fonction par un simple rapport de cause à effet n'est donc pas de mise ici; car il y a appropriation manifeste, sans causalité.

Considérons, en outre, que l'appropriation dont il s'agit n'est pas seulement une corrélation d'organes, un concours harmonique de fonctions, comme dans la loi de Cuvier. C'est quelque chose de plus palpable encore : c'est une adaptation mécanique et matérielle, un rapport de forme à forme, de structure à structure. Sans doute, dans l'organisation, toutes les parties, nous l'avons vu, sont en rapport avec les autres ; le cœur concourt avec les poumons, le cerveau avec les membres, à une action commune ; mais ce n'est là qu'une coopération, un travail en commun ; et quoique le but s'y manifeste déjà avec une éclatante évidence, ce n'est toutefois qu'une unité d'action tout intelligible ; dans le cas dont nous parlons, la coopération est d'une nature bien plus saisissable : car elle suppose l'application d'un organe à un autre, et un rapprochement momentané qui les confond en un seul, phénomène qui ne pourrait avoir lieu sans une coïncidence parfaite de forme et de structure [1]. C'est pourquoi Platon a pu dire dans une fable célèbre que les deux sexes sont les deux moitiés d'un même tout, moitiés qui cherchent à se rejoindre pour recomposer le tout primitif. Cette merveilleuse adaptation réciproque ne peut être considérée comme un simple résultat de l'usage et de la rencontre ; comme si l'on disait, par exemple, que la forme si juste des articulations des os vient précisément du jeu des organes les uns sur les autres : car ici l'usage et la rencontre

---

1. La différence des sexes peut avoir lieu sans copulation : mais nous signalons ici le cas le plus remarquable.

supposent précisément la formation des organes, bien loin de l'expliquer; pour qu'il y ait rencontre, il faut qu'il y ait déjà adaptation et réciprocité de convenance; et l'on ne dira pas que cette adaptation s'est faite avec le temps, car l'espèce ne pouvant subsister sans elle, aurait péri avant qu'elle eût pu se former.

Enfin, s'il n'y avait entre les organes du sexe qu'une simple conformité de structure, et une adaptation matérielle, mais sans effet utile, on pourrait encore admirer cette rencontre sans être absolument forcé d'y voir un rapport de finalité. Par exemple, la main d'un homme est très-propre à s'adapter à la main d'un autre homme; cependant il ne serait guère vraisemblable de dire que la nature a accordé aux hommes cet organe pour qu'ils pussent se donner des poignées de main : cette adaptation tout extérieure qui résulte de la structure de la main n'impliquera pas une prédisposition réciproque; mais dans les sexes, outre l'appropriation de l'organe à l'organe, il y a encore celle de l'organe à la fonction : et c'est la rencontre de ces deux appropriations qui fait que dans ce cas, la finalité s'impose à l'esprit d'une manière si impérieuse et si accablante. Enfin, cette fonction unique accomplie par deux organes, est précisément celle par laquelle l'individu assure la perpétuité de l'espèce, et cela, sans le savoir et sans le vouloir, au moins dans les espèces inférieures. Ainsi, à tous les degrés du phénomène, nous voyons la détermination du présent par le futur : la structure des deux organes ne s'explique que par l'éventualité de leur rencontre, leur rencontre par la fonction qui en résulte, la fonction enfin par son effet qui est la production d'un nouvel être, lui-même appelé à son tour à perpétuer et à immortaliser l'espèce. Ici, l'ordre des causes est manifestement renversé ; et quoi que en disent Lucrèce et Spinosa, ce sont les effets qui sont les causes.

En résumé, si l'on convient d'appeler *principe de concordance* le principe en vertu duquel l'esprit humain exige que l'on explique non-seulement chaque phénomène en particulier, mais encore l'ordre et l'accord des phénomènes, ce principe prendra deux formes, ou se divisera en deux principes distincts.

Le premier s'appliquera à l'ordre physique et mécanique, et pourra s'appeler *principe de la concordance mécanique*[1] ; le second s'appliquera à l'ordre biologique et s'appellera *le principe de la concordance téléologique*, ou principe des causes finales.

I. *Premier principe.*

Lorsqu'une certaine coïncidence de phénomènes se remarque d'une manière constante, il ne suffit pas de rattacher chaque phénomène en particulier à ses causes antécédentes ; il faut encore donner une raison précise de la coïncidence elle-même.

---

[1]. On trouvera peut-être que c'est beaucoup accorder d'abandonner ainsi aux causes matérielles tout le monde physique et mécanique, de reconnaître un principe d'ordre qui ne soit pas la finalité. Contentons-nous de répondre que ce n'est là qu'une vue provisoire, commandée par les nécessités de la méthode et la clarté de l'exposition (διδασκαλίας χάριν), mais sur laquelle il peut y avoir lieu de revenir (voir plus loin chap. V, *Mécanisme et finalité*).

En d'autres termes :

L'accord des phénomènes suppose une cause précise avec une probabilité qui est en raison du nombre et de la diversité des phénomènes concordants.

II. *Deuxième principe.*

Lorsqu'une certaine coïncidence de phénomènes est déterminée non-seulement par son rapport au passé, mais encore par son rapport au futur, on n'aura pas satisfait au principe de causalité, si en supposant une cause à cette coïncidence, on néglige d'expliquer en outre son rapport précis avec le phénomène futur.

En d'autres termes :

L'accord de plusieurs phénomènes liés ensemble avec un phénomène futur déterminé suppose une cause où ce phénomène futur est idéalement représenté; et la probabilité de cette présomption croit avec la complexité des phénomènes concordants, et le nombre des rapports qui les unissent au phénomène final.

CHAPITRE II

LES FAITS.

Notre intention n'est pas de reproduire ici les innombrables faits énumérés, si utilement d'ailleurs, dans les traités de théologie physique [1], et qui déposent en faveur de la finalité. Nous

---

1. Les traités de théologie physique, surtout au XVIIIe siècle, sont innombrables, et formeraient à eux seuls toute une bibliothèque. Les principaux ouvrages de ce genre sont les suivants : Derham, *Physico-theologie* (Londres, 1714), *Astro-théologie* (1715). — John Ray, *Wisdom of god in the Works of creation* (1711). — Swammerdam, *Bibel der natur* (1738). — Reimarus, *La religion naturelle* (1754). — Ch. Bonnet, *Contemplation de la nature* (1764). — Paley, *Natural theology* (la dernière édition est accompagnée de notes de Lord Brougham et de Ch. Bell). — On avait fini par tirer une théologie de tous les objets de la nature. Le naturaliste Lesser est surtout remarquable par ses ouvrages en ce genre. Nous avons de lui : *Héliothéologie* (1744) ; *Litho-théologie* (1757) ; *testaceo-théologie* (1744) ; *Insecto-théologie*, etc. Citons encore la *théologie de l'eau* par Fabricius (1741). — En France, les ouvrages de ce genre ont été beaucoup moins nombreux. — On citera le *Traité de l'existence de Dieu*, de Fénelon ; le *Spectacle de la nature* par l'abbé Pluche, les *Études* et les *Harmonies de la nature* de Bernardin de Saint-Pierre (ouvrage où l'imagination a plus de place que la science sévère et la bonne logique) ; et enfin de nos jours : la *Théologie de la nature* par Strauss-Durckheim, Paris, 1852 ; et les *Harmonies providentielles* de M. Ch. Lévêque, 1872, Paris. — Quant à l'analyse philosophique et logique du principe des causes finales en lui-même, elle a été rare au XVIIe siècle, avant Kant. Citons seulement l'opuscule, malheureusement inachevé, de Lesage de Genève inséré dans la *Notice sur la vie et les travaux de Lesage* par Prévost. (Voir notre *Appendice*, dissertation III, *Lesage et les causes finales*.)

nous contenterons d'en citer un certain nombre, et les principaux, à titre d'exemples et pour fixer les idées.

Les opérations de la nature vivante dans lesquelles on peut reconnaître d'une manière saisissante le caractère de la finalité, sont de deux sortes : les *fonctions* et les *instincts*. — Les premières peuvent être définies les *actions intérieures* des organes ; les secondes, les *actions extérieures* de ces organes et en particulier des organes de relation. Pour ce qui regarde les fonctions, nous signalerons principalement l'accord du mécanisme organique avec la fonction ; pour les instincts, l'accord du mécanisme fonctionnel avec l'effet à produire. Ce qu'il y a de plus frappant, à notre point de vue, dans la fonction, c'est la structure de l'organe ; et dans l'instinct, c'est l'opération elle-même.

I. *Organes* et *fonctions*[1].

De tous les faits d'appropriation, le plus saillant est la structure de l'œil dans son rapport avec l'acte de la vision. C'est, on peut le dire, l'argument classique en cette matière. Ce serait un vain scrupule que de nous priver d'un exemple si saisissant et si merveilleux par la raison qu'il serait trop connu, et devenu banal par l'usage. Ce qui vient à sa place n'est jamais

---

1. Il est inutile de faire remarquer que ce que nous exposons ici, ce sont les faits *favorables* à la doctrine de la finalité. Quant aux faits *défavorables* ou contraires, ils seront ultérieurement l'objet de notre examen. (Voir chap. VIII, *Objections et difficultés*.) Contentons-nous de dire que le fait de l'existence, du développement et de la durée de la vie dans l'univers prouve suffisamment la prépondérance des cas favorables sur les cas contraires : car si ceux-ci l'emportaient en nombre, il est évident que la vie ne pourrait pas subsister.

banal. Cherchons donc à nous rendre compte des difficultés du problème et des innombrables conditions qu'en exigeait la solution [1].

La première condition pour que la vision puisse s'opérer est l'existence d'un nerf sensible à la lumière : c'est là un fait primordial qu'il n'est pas possible d'expliquer, et au-delà duquel l'analyse ne peut pas remonter jusqu'ici : il faut donc un nerf doué d'une sensibilité spécifique, qui ne puisse se confondre en aucune façon avec la sensibilité tactile. Mais un nerf simplement sensible à la lumière ne servirait qu'à distinguer le jour de la nuit; or pour discerner les objets, pour voir véritablement, il faut nécessairement quelque chose de plus, à savoir un appareil optique, plus ou moins semblable à ceux que peut fabriquer l'industrie humaine. Voici ce que dit à ce sujet l'illustre physiologiste allemand Muller.

« Pour que la lumière projette sur la rétine l'image des objets dont elle part, il faut que celle qui provient de certaines parties déterminées des corps extérieurs, soit immédiatement, soit par réflexion, ne mette non plus en action que des parties correspondantes de la rétine, ce qui exige certaines conditions physiques. La lumière qui émane d'un corps lumineux se ré-

[1]. Voir sur la même question, non-seulement les traités que nous venons de nommer, mais un ouvrage écrit dans un tout autre sens : la *Philosophie de l'inconscient* de Hartmann. L'auteur (*Introd.*, ch. II) énumère 14 conditions distinctes nécessaires à la vision, et il réduit à une fraction infiniment petite (c'est-à-dire que l'on peut considérer comme nulle), la probabilité que toutes ces conditions se trouveraient réunies en vertu d'une loi physique.

pand en rayonnant dans toutes les directions où elle ne rencontre pas des obstacles à son passage : un point lumineux éclairera donc une surface tout entière, et non pas un point unique de cette surface. Si la surface qui reçoit la lumière irradiante d'un point est la surface unie de la rétine, la lumière de ce point fait naître la sensation de lumière dans la totalité et non dans une partie seulement de la membrane nerveuse; et il en est de même pour tous les autres points lumineux qui peuvent illuminer en rayonnant la rétine. »

On comprend facilement que, dans ce cas-là, il n'y aurait pas vision proprement dite. La rétine unie, sans appareil optique, ne verrait rien de déterminé : elle percevrait la lumière, et non les images. En conséquence, c'est toujours Muller qui parle, « pour que la lumière extérieure excite dans l'œil une image correspondante aux corps, il faut de toute nécessité la présence d'appareils qui fassent que la lumière émanée des points a, b, c.... n agisse seulement sur des points de la rétine isolés, disposés dans le même ordre, et qui s'opposent à ce qu'un point de cette membrane soit éclairé à la fois par plusieurs points du monde extérieur »[1].

On voit que la vision distincte est un problème tout à fait du même ordre que ceux que peut avoir à résoudre le mécanicien ou le géomètre. Pour la solution des problèmes, la géométrie emploie la méthode analytique, qui suppose le pro-

---

[1]. Muller, *Manuel de physiologie*, trad. franç. de Jourdan, t. II, p. 275.

blème résolu. De même, comme nous l'avons dit plus haut [1], il semble que la nature a dû ici employer une méthode analogue. Elle a dû, partant de l'hypothèse d'un être qui a besoin de distinguer les objets les uns des autres pour se conduire, ou pour s'en servir, se demander quelles conditions un tel résultat suppose préalablement. Entre la vision *diffuse* qui consiste simplement à distinguer le jour de la nuit, et la vision *distincte* qui perçoit des images, il y a un abîme, et il faut un nombre infini de précautions et de conditions, sans lesquelles il serait impossible de passer d'un de ces phénomènes à l'autre. Si l'on admet que la vision distincte n'est qu'un résultat et non un but, il faut que la rencontre de ces innombrables précautions et conditions soit purement fortuite, c'est-à-dire ait eu lieu par hasard, en d'autres termes, sans cause. Quand même, en effet, une cause physique suffirait à rendre compte de la structure matérielle de l'organe, l'accord de cette structure, façonnée d'avance, avec un phénomène éloigné, qui lui-même est de la plus haute importance pour la conservation de l'être vivant, serait une rencontre tout extérieure, et absolument sans cause. — Entrons dans le détail.

Pour atteindre ce résultat que nous venons d'indiquer, la nature pouvait employer et a employé en effet deux systèmes différents. — Elle a créé deux sortes d'appareils : les appareils *isolateurs* et des appareils *convergents*. Les premiers sont ceux

---

1. Voir le chapitre précédent, pag. 54.

qu'on remarque dans les yeux des insectes et des crustacés, et que l'on appelle yeux *composés* ou *à facettes* ; les autres sont réalisés soit chez certains insectes ou crustacés, soit et surtout chez les animaux vertébrés. Le premier de ces systèmes consiste, je cite encore Muller, « à placer devant la rétine, et perpendiculairement à elle, une quantité innombrable de cônes transparents, qui ne laissent parvenir à la membrane nerveuse que la lumière dirigée suivant le sens de leur axe, et absorbent, au moyen du pigment dont leurs parois sont revêtues, toute celle qui vient les frapper obliquement [1]. » On voit que dans ce premier système, la nature a procédé exactement comme font le physicien et le chimiste dans leur laboratoire, lorsque, pour étudier un phénomène, ils savent trouver le moyen de le produire et de l'isoler en même temps, en prenant certaines précautions, pour que les circonstances concomitantes ne viennent pas en troubler l'effet. Cette combinaison des cônes *transparents*, à parois *absorbantes*, ce soin de faire parvenir la lumière dans un sens, et de l'absorber dans tous les autres, rappellent les précautions du physicien qui supprime l'air pour faire tomber les corps avec une vitesse égale, qui les sèche pour avoir de l'électricité pure, qui, en un mot, écarte d'un côté les obstacles par des moyens préventifs, tandis que de l'autre, par des moyens actifs, il provoque le phénomène qu'il veut étudier. Ajoutez en outre la quantité effroyable de

---

1. *Ibid.*, p. 277.

combinaisons que suppose un tel système, puisque l'on compte jusqu'à douze mille, vingt mille cônes dans un seul œil, et qu'à ces cônes doivent correspondre dans la cornée autant de petites divisions géométriques, appelées facettes, et que sans cette correspondance, rien ne serait fait. Pour écarter ici toute cause finale, il faut admettre que pendant que certaines causes physiques et aveugles produisaient des cônes transparents, d'autres causes physiques, également aveugles, préparaient des parois propres à absorber la lumière ; que les unes faisaient les cônes, et les autres, les facettes correspondantes ; que d'autres causes aveugles mettaient d'accord les unes avec les autres, les forçaient à se rencontrer dans cette combinaison si étonnamment d'accord elle-même avec un acte final, s'accordant à son tour avec les intérêts de l'animal. Si un aussi prodigieux ensemble d'accords et de convenances peut se produire par une simple rencontre, il n'y a plus de principe de causalité.

Mais le plus haut degré d'adresse et de perfection dans l'art de la nature se manifeste surtout dans le second système dont nous avons parlé, à savoir dans le système des appareils convergents, ou des yeux à lentilles, tels qu'on les rencontre dans les animaux supérieurs.

Dans le système précédent, « le procédé dont la nature se servait pour isoler sur divers points de l'organe la lumière émanant de points différents consiste à exclure les rayons qui empêcheraient l'effet de se produire. Elle arrive au même résultat avec bien plus de précision encore et surtout avec une plus grande intensité de lumière, en obligeant à se réunir de nouveau sur un même point les rayons divergents qui émanent d'un autre point. » Les corps qui ont ainsi le pouvoir de réunir la lumière sont les milieux transparents et réfringents : la forme la plus parfaite est celle d'une lentille. Tel est le principe des yeux *lenticulaires* ou *à cristallin*, dont le plus complet modèle est l'œil humain.

L'œil est un organe tellement connu qu'il est inutile d'insister sur les détails de sa structure. Rappelons seulement que cet appareil est absolument semblable à l'appareil artificiel appelé chambre noire. Etant donnée une boîte fermée de toutes parts, et n'ouvrant issue à la lumière que par une petite ouverture, si l'on place derrière cette ouverture, dans l'intérieur de la boîte, une lentille convergente, les rayons lumineux partis d'un objet quelconque et forcés de traverser cette lentille, iront se réunir au fond même de la boîte, sur la surface opposée à l'ouverture, et y reproduiront l'image de l'objet externe, mais renversée; cet appareil est devenu populaire depuis la découverte du daguerréotype. On sait que l'œil est un appareil de ce genre : il est une chambre noire ; et toutes les conditions des phénomènes que nous venons de décrire s'y trouvent réalisées aussi bien qu'il est nécessaire. Insistons sur les précautions combinées qui ont rendu possible la vision dans ce remarquable appareil [1].

---

[1]. Quant aux imperfections que l'on a signalées dans la structure de l'œil, nous avons répondu plus haut (p. 60), à l'aide du témoignage de M. Helmholtz lui-même, à l'objection que l'on tire des prétendus défauts de cet organe.

Il faut d'abord que la membrane solide qui constitue le globe de l'œil et que l'on appelle la *sclérotique*, devienne transparente en un point de sa surface, afin de permettre aux rayons lumineux de la traverser ; et il faut que cette partie transparente que l'on appelle la *cornée*, se trouve correspondre précisément à l'ouverture même de l'orbite de l'œil ; car si la sclérotique était opaque, là précisément où l'œil est en rapport avec la lumière, et transparente, là où elle est cachée dans l'orbite oculaire, il y aurait une contradiction. Telle est la première précaution que la nature a prise. En second lieu, il faut que par derrière l'ouverture transparente, qui permet de recevoir la lumière, se trouvent des milieux convergents qui réunissent les rayons lumineux : car si de tels milieux ne se rencontraient pas, la rétine située au fond de cet appareil ne recevrait pas les images des objets, mais simplement la lumière diffuse ; et ce serait inutilement que la nature aurait construit une chambre noire : de simples points oculaires, tels qu'on en voit chez les vers ou animaux inférieurs, auraient suffi pour le discernement du jour et de la nuit. Troisièmement enfin, il faut qu'à l'extrémité de cette chambre noire, et en opposition à l'issue, se trouve la *rétine*, ou épanouissement du nerf optique, du nerf sensible à la lumière, et qui ne peut voir qu'à la condition de recevoir l'image de l'objet. Supposez que la rétine ne soit pas placée dans l'axe même de la cornée transparente et du cristallin ; supposez qu'elle soit dans une autre partie de l'œil, elle ne recevrait rien et par conséquent ne verrait rien ; et les images allant se dessiner sur une surface insensible, ne seraient point perçues : les milieux transparents seraient alors entièrement inutiles, et mieux eût valu s'en épargner la dépense.

Ainsi, un œil ou chambre noire, qui n'aurait pas une partie transparente correspondant à l'ouverture de son orbite, des milieux convergents correspondant à cette cornée transparente, et une rétine correspondant à ces milieux convergents ; un œil où ces divers éléments, ouverture de l'œil, cornée transparente, milieu convergent, rétine, ne seraient pas placés dans un même axe, de manière à ce que la lumière puisse les traverser successivement, un tel œil impliquerait contradiction.

Mais remarquez que cette contradiction n'existerait qu'au point de vue des causes finales, et non des causes efficientes : il n'y aurait contradiction que si l'œil est un œil, c'est-à-dire un appareil destiné à voir : car s'il n'est qu'une combinaison mécanique, se trouvant par hasard propre à la vision, il n'y a nulle contradiction à ce que les conditions de la vision ne se réalisent pas. Physiquement parlant, on ne voit pas pourquoi il n'y aurait pas d'œil, où la rétine ne correspondrait pas au cristallin, le cristallin à la cornée transparente, la cornée transparente à l'ouverture de l'orbite, et enfin pourquoi un œil parfaitement construit ne serait pas caché dans un orbite fermé. Car, que des causes qui ne se proposent pas un but, ne réalisent exactement que ce qui est conforme à ce but, c'est ce qui ne paraît pas probable [1].

On a objecté à ceux qui admirent la structure de l'œil, l'inutilité du cristallin, puisque les aveugles opérés de la cataracte peuvent s'en passer [2]. D'abord, que le cristallin ne soit pas d'une absolue nécessité, c'est ce que l'on comprend facilement puisqu'il y a dans l'œil trois milieux réfringents : l'humeur vitrée d'abord, l'humeur aqueuse, et enfin le cristallin lui-même. Si l'un de ces trois milieux disparaît, les autres peuvent encore à la rigueur exercer leur fonction, et rendre la vision possible : on ne voit pas bien, mais enfin on voit; ce qui vaut mieux qu'une cécité absolue. En outre, on oublie qu'après l'opération de la cataracte, le cristallin devient inutile à la condition qu'on le remplace par une double lentille convexe, qui n'est autre qu'un double cristallin artificiel. En raisonnant de cette manière, on pourrait tout aussi bien dire que les jambes sont inutiles, puisqu'on peut à la rigueur

---

1. On nous objectera ici les espèces aveugles, dont on a trouvé dans ces derniers temps un assez grand nombre (Voir les *comptes rendus de l'Ac. des sciences*, séance du 16 nov. 1874). Ceci touche à la question des organes rudimentaires, que nous examinerons plus loin (ch. VI). Disons seulement quant à présent qu'un organe *rudimentaire* n'est pas un organe *contradictoire*. — Nous ne nions pas d'ailleurs qu'il ne puisse y avoir quelques exceptions : par exemple, dans le genre des Néréides (voir Muller, t. II, p. 301). Ces *perturbations* s'expliquent, suivant nous, par le conflit inévitable des causes efficientes et des causes finales (voir plus loin, chap. VI).

2. « On peut, à ce sujet, indiquer comme un exemple frappant de cette absurde disposition, la puérile affectation de certains philosophes à vanter la prétendue sagesse de la nature dans la structure de l'œil, particulièrement en ce qui concerne le rôle du cristallin, dont ils sont allés jusqu'à admirer l'inutilité fondamentale, comme s'il pouvait y avoir beaucoup de sagesse à introduire aussi intempestivement une pièce qui n'est point indispensable au phénomène, et qui néanmoins devient, en certain cas, capable de l'empêcher entièrement. » (Comte, *Philosophie positive*, t. III, p. 412, note).

marcher avec des béquilles. A la vérité, il y a des cas où les cataractés voient sans lunettes ; les oculistes conseillent même d'exercer l'œil le plus possible pour parvenir à ce résultat. Mais ce résultat arrive d'ordinaire dans le cas de myopie, c'est-à-dire dans le cas où les milieux de l'œil sont doués d'une propriété réfringente excessive : dans ce cas, l'abolition du cristallin peut simplement avoir pour effet de ramener l'œil à l'état de réfraction normale ; c'est une sorte de correctif accidentel de la myopie. En outre, le cristallin peut encore être suppléé jusqu'à un certain point d'une autre manière. Tout le monde sait que la pupille est contractible ; qu'elle se resserre ou se dilate, suivant l'intensité de la lumière, par un effet de la volonté. Or, la contraction de la pupille a pour effet d'augmenter le degré de réfraction des rayons lumineux : car, dans une chambre noire, on peut se dispenser de placer une lentille convergente derrière l'ouverture qui reçoit le faisceau de lumière, pourvu que cette ouverture soit extrêmement petite. Dans ce cas, les rayons peuvent converger, et dessiner l'image de l'objet sur un écran destiné à cet effet sans avoir besoin de traverser des milieux réfringents. On conçoit donc que le cataracté puisse prendre l'habitude de donner à la pupille un degré de resserrement plus grand que dans l'état normal, et réussisse ainsi jusqu'à un certain point, dans quelques cas, à se passer de cristallin et même de lunettes. Mais on n'a rien gagné par là ; car cette contractilité de la pupille est elle-même une propriété des plus remarquables, qui vient s'ajouter à toutes celles que nous avons déjà admirées dans la structure de l'œil.

Le cristallin nous fournit encore un des exemples les plus intéressants et les plus frappants de la loi de finalité : c'est le rapport qui existe entre son degré de courbure, et la densité des milieux où l'animal est appelé à vivre : « Cette lentille, dit Muller, doit évidemment être d'autant plus dense et plus convexe qu'il y a moins de différence de densité entre l'humeur aqueuse et le milieu dans lequel vit l'animal. » Cette loi n'est évidente que si l'on admet que le cristallin a un but ; car s'il n'en a pas, il n'y a nulle nécessité physique à ce que sa convexité soit en raison inverse de la différence de densité de l'humeur aqueuse et du milieu. Parce qu'un animal vit dans l'air ou vit dans l'eau, il n'en résulte point du tout physiquement que le cristallin doit être plus dense et plus convexe ; car je ne crois pas qu'on puisse dire que les milieux humides, en agissant mécaniquement sur le cristallin, déterminent par leur pression précisément le degré de courbure qui, dans cette circonstance, est nécessaire à la vision. Il y a donc là seulement un rapport de prévoyance et non de nécessité. Or la loi signalée par Muller se vérifie dans ce fait. « Chez les poissons, où la différence de densité entre l'humeur aqueuse et l'eau dans laquelle ils nagent est très-faible, le cristallin est sphérique, et la cornée plate ; chez les animaux qui vivent dans l'air, la cornée est plus convexe et le cristallin plus déprimé. »

En même temps qu'il joue le rôle de lentille convergente, il a aussi une autre action, récemment découverte, et qui fait ressortir encore la merveilleuse industrie de la nature : « Si l'on s'en tenait à considérer l'œil comme une chambre noire, dont toutes les parties seraient invariables et invariablement situées à la même distance d'un objet extérieur, il est clair qu'il n'y aurait qu'une distance déterminée à laquelle un objet serait parfaitement visible. Mais tout le monde sait par expérience que la vue est loin d'être aussi imparfaite : l'œil se porte-t-il sur un objet placé à quinze centimètres de distance, par exemple sur un fil métallique très-brillant, il le voit parfaitement limité tout aussi bien que s'il était à la distance de trente centimètres. Mettons le même fil à une distance de quarante, de cinquante centimètres et même beaucoup plus loin, la netteté continue à être parfaite pour les vues bonnes. L'œil possède donc une faculté d'accommodation, et chacun de nous d'ailleurs en a conscience. Plaçons deux points lumineux à des distances très-différentes de l'œil, nous sentons l'effort exercé pour voir successivement celui qui est le plus proche et celui qui est le plus éloigné [1]. »

Cette faculté d'accommodation de l'œil a beaucoup embarrassé les physiologistes et les physiciens; et l'on a proposé des explications diverses. Il paraît aujourd'hui démontré que cette

---

1. *Physique* de MM. Boutan et d'Alméida, tome II, p. 415, 2ᵉ édit. Voir le même ouvrage, l. VI, ch. vi, pour les faits suivants

propriété réside dans le cristallin. Des expériences très-précises ont démontré que le cristallin est susceptible de varier la courbure des surfaces qui le terminent. La volonté en agissant sur lui par des moyens qui ne sont pas encore bien connus peut l'amener à se bomber, et à varier par conséquent les degrés de convexité, qui déterminent la réfraction du rayon lumineux : ces changements de courbure ont été mesurés à un centième de millimètre près, et ils sont précisément conformes à ceux qu'exige la théorie pour que les images à distance variable puissent venir se peindre sur la rétine. Ces beaux résultats sont encore confirmés par l'exemple des cataractés chez lesquels la perception de la distance variable est très-imparfaite [1].

Je n'insisterai pas sur une autre propriété remarquable de l'œil, encore mal expliquée, mais qui est indubitable, c'est ce qu'on appelle l'achromatisme de l'œil. Cette propriété consiste à corriger le défaut des lentilles, que l'on appelle en optique aberration de réfrangibilité. Lorsque deux courbures très-vives sont à côté l'une de l'autre, il se peint entre elles une ligne plus ou moins large, colorée des couleurs de l'arc-en-ciel : c'est au moins ce qui arrive aux images aperçues par le moyen de ces lentilles. Newton croyait impossible de remédier à ce défaut de nos instruments d'optique. On y est pourtant arrivé dans une certaine mesure; les lentilles exemptes de

---

[1]. Elle n'est pas tout à fait nulle ; parce que, comme je l'ai dit tout à l'heure, on obtient par le rétrécissement ou la dilatation de la pupille, un résultat analogue à celui qui résulte de la courbure du cristallin ; mais ce résultat est très-insuffisant.

ce défaut sont ce que l'on appelle des lentilles *achromatiques*. Mais l'art humain est incapable d'obtenir un parfait achromatisme. Or l'œil humain est achromatique : ce qui le prouve, c'est qu'en regardant un objet blanc sur un fond noir, nous n'apercevons aucune ligne intermédiaire. Peut-être cet achromatisme n'est-il pas lui-même parfait; mais en tout cas, il est très-suffisant pour l'usage pratique. Ajoutons d'ailleurs que cette condition n'a pas précisément la même valeur que les conditions précédentes ; car, après tout, si l'œil n'était pas achromatique, il s'en suivrait seulement qu'il verrait les objets autrement qu'il ne les voit ; néanmoins, on peut nier que cette propriété ne rende plus commode la délimitation des objets.

Signalons encore le rôle que jouent dans l'acte de la vision les organes externes, qui sans faire partie de l'œil, en sont en quelque sorte les protecteurs, *tutamina oculi*, comme on les appelle : par exemple, les paupières et les cils. Depuis longtemps on avait facilement remarqué que ces organes servent à empêcher certaines matières nuisibles d'entrer dans l'œil ; mais on était loin de se douter d'un rôle bien autrement important, à savoir la propriété d'arrêter en partie ce que l'on appelle les rayons *ultraviolets*, c'est-à-dire les rayons lumineux qui sont au-delà des rayons violets dans le spectre solaire, rayons qui existent certainement, puisqu'ils exercent une action chimique sur la plaque photographique : or, il paraît démontré que ces rayons agissent d'une manière très-nuisible sur la rétine. En second lieu, M. Janssen a constaté par des mesures nombreuses et précises que ces milieux protecteurs ont la faculté d'arrêter la presque totalité de la chaleur rayonnante obscure qui accompagne toujours la lumière en proportion considérable : or, ces rayons caloriques pourraient altérer le tissu si délicat de la rétine; et ainsi, grâce à ces organes qui paraissent accessoires, les seules radiations qui sont transmises au nerf, sont celles qui sont capables de produire la vision sans altérer l'organe. Ces derniers faits achèvent de montrer que de combinaisons il a fallu pour rendre l'œil apte à la fonction si éminente qu'il remplit dans l'organisme.

Nous avons naturellement insisté sur l'organe de la vue, comme étant de tous, celui qui présente le plus grand nombre d'appropriations, et dans les conditions les plus notables. On peut cependant faire des observations analogues sur l'organe de l'ouïe, quoiqu'il présente des circonstances moins favorables et moins saillantes.

En effet, il fallait un appareil particulier pour assurer la reproduction des images, et pour passer de la vision diffuse à la vision distincte; mais pour l'audition, il ne s'agit que d'avoir des appareils conducteurs de son; et comme toute matière quelconque conduit les ondes sonores, l'audition est déjà possible, quelle que soit la structure de l'organe auditif. Cependant, il y a encore ici des précautions à prendre : et les plus importantes sont relatives à la différence des milieux dans lesquels vit l'animal. Écoutons encore Muller sur ce point :

« Chez les animaux qui vivent dans l'air, les ondes sonores

de l'air arrivent d'abord aux parties solides de l'animal et de l'organe auditif, et de là elles passent à la lymphe du labyrinthe. La force de l'ouïe d'un animal qui vit et qui entend dans l'air doit donc dépendre du degré auquel les parties solides de son organe auditif sont aptes à recevoir des ondes aériennes, de la diminution que les excursions de molécules vibrantes éprouvent au moment où les vibrations passent de l'air dans les parties extérieures de l'organe auditif, et du degré d'aptitude de la lymphe labyrinthique à recevoir des vibrations des parties externes de l'organe auditif. *La portion extérieure tout entière de l'organe d'audition est calculée dans la vue de rendre plus faciles les vibrations de l'air à des parties solides, transmission qui présente en elle-même des difficultés.* »

« Chez les animaux qui vivent et qui entendent dans l'eau, le problème est tout autre. Le milieu qui transmet les vibrations sonores est l'eau ; il les amène aux parties solides du corps de l'animal, d'où elles parviennent encore une fois dans l'eau, dans la lymphe du labyrinthe. Ici l'intensité de l'ouïe dépend du degré d'aptitude qu'ont les parties solides de l'organe auditif, que les ondes sonores doivent traverser en premier lieu, à recevoir des ondes de l'eau ambiante pour les transmettre de nouveau à l'eau, et de la diminution que les molécules vibrantes éprouvent pendant ce passage. *Nous verrons encore ici que toute la partie extérieure de l'organe auditif est calculée dans le but de faciliter cette transmission*[1]. »

---

1. Muller, trad. fr., tome II, p. 401.

On voit que les conditions de l'ouïe sont parfaitement appropriées aux deux milieux dans lesquels l'animal doit vivre. Que l'on explique alors comment une cause purement physique, qui n'aurait pas eu égard à la nature des milieux, aurait rencontré si juste dans la nature de l'organe ; comment, par exemple, il n'arrive pas que les deux systèmes soient intervertis, et comment ils ne se rencontrent pas au hasard soit dans l'air, soit dans l'eau ; comment au contraire, le système convenable pour l'air ne se rencontre que dans l'air, et réciproquement. Mais, dira-t-on, des animaux chez qui ce contre-sens aurait lieu, étant par là même privés de ce moyen de conservation ou de défense, périraient nécessairement : c'est pourquoi nous n'en voyons pas de traces. Mais je ne vois pas du tout pourquoi des animaux périraient pour être privés de l'ouïe : car il y en a un grand nombre qui sont dans ce cas. Ce désavantage pourrait être compensé d'ailleurs par d'autres moyens de défense et de conservation. Et par conséquent il y a toujours lieu de se demander pourquoi la structure de l'oreille se trouve si parfaitement appropriée à son usage. Une cause toute physique et mécanique ne rend pas compte d'une si juste rencontre.

Je craindrais de fatiguer le lecteur en passant en revue avec un tel détail toutes les parties de l'organisation : il y en a bien peu, où l'on ne pût faire des observations du même genre. Je mentionnerai seulement les faits les plus frappants et les plus décisifs :

1° La forme des dents si propres à couper, à déchirer, et à broyer, et qui ont une telle appropriation avec le régime de l'animal, qu'elles étaient pour Cuvier un des signes les plus décisifs et les plus caractéristiques de l'animal ; — leur mode d'insertion, et la solidité de leur base, si conforme aux lois de la mécanique et si bien proportionnée à leur usage; — l'émail protecteur qui les couvre et qui remplace la membrane appelée *périoste* qui recouvre les autres os, mais qui n'eût pas été ici appropriée à l'usage des dents, à cause de sa sensibilité et de sa délicatesse.

2° L'épiglotte qui sert en quelque sorte de porte à la trachée-artère, qui se ferme comme une sorte de pont, quand les aliments se rendent à l'œsophage, et se relève d'elle-même comme par un ressort, lorsque ces aliments ont passé, afin que la fonction respiratoire ne soit pas interrompue. Magendie pensait que l'ablation de l'épiglotte n'empêchait pas la fonction de la déglutition. M. Longet a restreint cette assertion. Il a reconnu, après excision de l'épiglotte chez les chiens, que si les aliments solides continuent à passer facilement, il n'en est pas de même des liquides dont la déglutition est suivie d'une toux convulsive. Il rapporte un grand nombre de faits pathologiques à l'appui de cette assertion, et conclut qu'on a eu tort de regarder l'épiglotte comme n'étant pas nécessaire à l'intégrité de la déglutition. « Cet organe sert, dit-il, à diriger dans les deux rigoles du larynx les gouttes de liquide, qui après la déglutition s'écoulent le long du plan incliné de la base de la langue, et à en prévenir la chute dans le vestibule susglottique[1]. »

3º Les fibres circulaires et longitudinales de l'œsophage, qui, par leur mouvement péristaltique, déterminent la descente des aliments, phénomène que la pesanteur seule ne suffirait pas à produire, surtout chez les animaux autres que l'homme : grâce à cette combinaison mécanique, la déglutition œsophagique est possible, malgré la situation horizontale de l'œsophage[2].

4º Les valvules des veines et des vaisseaux chylifères semblables à nos écluses, toutes ouvertes du côté du cœur, qui permettent soit au chyle, soit au sang de monter quand ils sont pressés par les contractions de ces vaisseaux, mais qui se fermant après leur passage ne leur permettent plus de descendre ; ce qu'ils feraient nécessairement en vertu des lois de la pesanteur. On sait que c'est la vue de ces valvules qui a conduit Harvey à la découverte de la circulation du sang. Ces valvules ont en outre la fonction de rompre d'espace en

---

1. Longet, *Traité de physiologie* (2ᵉ édition), tom. I, 2ᵉ partie, *Déglutition*.
2. Non-seulement la structure de l'organisation, mais l'histoire même des fonctions a ses accommodations et ses adresses, qui impliquent une certaine finalité : « Comme le remarque Berzélius, la nature *a eu soin* d'alterner les réactions dans les parties successives du tube digestif, *afin* d'amener ainsi *en temps opportun* la production des différentes humeurs nécessaires à la digestion. La réaction est alcaline dans la bouche, et les aliments, en s'imprégnant de salive, transportent la même réaction dans l'estomac où elle provoque ainsi la sécrétion du suc gastrique. Là ces aliments deviennent acides sous l'influence de ce même suc gastrique... et en touchant les bords de l'intestin duodénum, ils amènent immédiatement une sécrétion considérable de bile qui change encore une fois leur réaction, et la fait devenir alcaline. » Cl. Bernard, *Leçons sur les propriétés des tissus vivants*, p. 235.

espace la colonne sanguine, de façon qu'elle ne pèse pas de tout son poids sur les parties inférieures.

3° La structure du cœur si admirablement appropriée à la grande fonction qu'il remplit dans l'organisation ; — sa division en deux grandes cavités, l'une droite, l'une gauche, sans communication l'une avec l'autre, le sang ne devant pas aller de l'une à l'autre ; — la subdivision de ces deux cavités en deux autres, oreillettes et ventricules, dont les mouvements se correspondent alternativement, la contraction des oreillettes correspondant à la dilatation des ventricules et réciproquement ; — les fibres concentriques et rayonnantes dont se composent les membranes du cœur, fibres dont l'action à la vérité n'est pas parfaitement connue, mais qui contribuent sans aucun doute au double mouvement de *diastole* et de *systole* qui est le principe moteur de la circulation ; — la valvule tricuspide, qui empêche le sang de rétrograder du ventricule droit dans l'oreillette droite ; et les valvules sigmoïdes, qui l'empêchent de rétrograder de l'artère pulmonaire dans ce même ventricule ; et de même pour l'autre côté, la valvule mitrale qui empêche le sang de rétrograder du ventricule gauche à l'oreillette gauche ; et les valvules sigmoïdes qui lui permettent de s'engager dans l'aorte sans revenir sur ses pas.

Pour expliquer sans cause finale un mécanisme aussi compliqué, et en même temps aussi simple, simple par le principe, compliqué par le nombre des pièces qui sont en jeu, il faut supposer qu'une cause physique, agissant d'après des lois données, a rencontré sans l'avoir cherché, le système le plus propre de tous à permettre la circulation du sang; tandis que d'autres causes également aveugles déterminaient la production du sang et le faisaient couler en vertu d'autres lois dans des canaux si bien disposés; enfin que ce sang coulant dans ces canaux se trouvait encore par d'autres circonstances et par une coïncidence non prévue, utile et indispensable à la conservation de l'être vivant. Comment comprendre que tant de causes diverses agissant sans but, se rencontrent si bien dans leur action commune avec ce but? Reconnaissons que nous avons le droit ici de dire, comme font les savants dans des circonstances semblables, à savoir : que tout se passe, *comme si* la cause de ces phénomènes avait prévu l'effet qu'ils doivent amener : ne serait-il pas étrange qu'une cause aveugle agît précisément de la même manière que ferait une cause qui ne le serait pas? Par conséquent, jusqu'à ce qu'il soit démontré que de tels faits n'ont pas été prévus, la présomption est qu'ils l'ont été. C'est à ceux qui le nient de faire la preuve contraire : *Neganti incumbit probatio.*

6° La structure de l'appareil respiratoire où viennent se rencontrer d'une part les vaisseaux qui apportent le sang, et de l'autre les vaisseaux qui apportent l'air, chaque cellule pulmonaire recevant à la fois les uns et les autres; — la disposition des côtes, du sternum, des os de la poitrine, du diaphragme susceptibles d'un double mouvement correspondant à l'inspiration et à l'expiration; — le réseau si compliqué des nerfs et des muscles qui servent à déterminer ce double mouvement. Ajoutez à cela l'admirable appropriation du système respiratoire au milieu où l'animal est appelé à vivre ; pour l'air, l'appareil pulmonaire ; pour l'eau, l'appareil branchial. Il est de toute évidence qu'un animal qui vit dans l'eau, ne pourrait aspirer l'air qu'à la condition d'avoir continuellement la tête hors de l'eau ; ce qui serait contraire à sa conservation, supposé qu'il ne puisse trouver sa nourriture que dans l'eau elle-même. Il y aurait ainsi pour lui contradiction entre la nutrition et la respiration. Ce système cependant se rencontre chez quelques animaux, les baleines par exemple, qui n'ont besoin d'inspiration qu'à certains intervalles. Mais le plus simple était que les animaux pussent respirer dans l'élément même où ils sont appelés à vivre. C'est ce problème qui est résolu par le second système, « assemblage de lames, de branchies, de peignes, de bouquets, de cils, d'excroissances penneuses, en un mot de formes si variées que la nature semble avoir voulu y résoudre le problème de réaliser toutes les manières imaginables d'accroître la surface par des saillies extérieures [1]. » L'eau passe entre ces lames, et l'absorption de l'oxygène se fait par une sorte d'endosmose, à travers les membranes qui recouvrent les vaisseaux sanguins.

7° La structure des organes du mouvement : structure susceptible, à la vérité, des formes les plus variées ; mais,

---

1. Muller, t. I, l. II, sect. I, ch. II.

dont « l'essentiel consiste, selon Muller, chez presque tous les animaux, et malgré la diversité des formes du déplacement par natation, reptation, vol, marche, en ce que certaines parties de leur corps décrivent des arcs dont les branches s'étendent après s'être appuyées sur un point fixe. Tantôt ces arcs sont produits par le corps lui-même qui est vermiforme, comme dans la reptation et la natation; tantôt l'extension et la flexion résultent du rapprochement et de l'éloignement des deux côtés d'un angle, cas où l'un des deux côtés forme par la résistance que les corps solides ou liquides lui opposent le point fixe à partir duquel les autres parties sont portées en avant par l'ouverture de l'angle. C'est à cela que se réduisent les mouvements dans l'eau, dans l'air ou sur la terre, des animaux qui sont pourvus de membres, nageoires, ailes ou pattes. Car l'air et l'eau opposent aussi de la résistance aux corps qui cherchent à les déplacer, et la force qui tend à les refouler réagit proportionnellement à cet obstacle sur le corps de l'animal, auquel elle imprime une projection dans un sens déterminé [1]. » Ainsi, quelle que soit l'espèce de mouvement que les animaux ont à exécuter, il faut toujours qu'ils obéissent aux lois de la mécanique : et par conséquent, la combinaison des forces dont leurs organes sont animés, et la forme de ces organes doivent être en raison du genre de mouvements qu'ils accomplissent, lequel à son tour est approprié, en grande partie, au milieu qu'ils habitent et à

---

1. Muller, t. II, l. IV, sect. II, ch. III, p. 103, trad. fr.

l'espèce de nourriture dont ils font usage. Quant aux exceptions que l'on pourrait signaler à cette loi, nous avons vu qu'elles se ramenaient à la règle [1].

8° L'appareil de la voix chez l'homme. « En étudiant la voix de l'homme, dit Muller, on est frappé de l'art infini avec lequel est construit l'organe qui la produit. Nul instrument de musique n'est exactement comparable à celui-là; car les orgues et les pianos, malgré toutes leurs ressources, sont imparfaits sous d'autres rapports. Quelques-uns de ces instruments comme les tuyaux à bouche, ne permettent pas de monter du piano au forte; dans d'autres, comme tous ceux dont on joue par percussion, il n'y a pas moyen de soutenir le son. L'orgue a deux registres, celui des tuyaux à bouche, et celui des tuyaux à anches : sous ce point de vue, il ressemble à la voix humaine, avec ses registres de poitrine et de fausset. Mais aucun de ces instruments ne réunit tous les avantages, comme la voix de l'homme. L'organe vocal a sur eux tous l'avantage de pouvoir donner tous les sons de l'échelle musicale et toutes leurs nuances avec un seul tuyau à bouche, tandis que les plus parfaits des instruments à anches exigent un tuyau à part pour chaque son [2]. »

Enfin à ces avantages précieux de l'organe vocal de l'homme, il en faut ajouter un autre, bien plus considérable encore : c'est la faculté d'articulation, si merveilleusement appropriée

---

1. Voir plus haut, p. 59.
2. Muller, l. III, sect. IV, ch. II, tr. fr., t. II, p. 197.

à l'expression de la pensée, au point que l'on a pu dire que la pensée est impossible sans la parole : liaison qui d'ailleurs n'est pas seulement philosophique, mais physiologique, la paralysie du cerveau ayant pour conséquence la suppression ou l'embarras de la parole.

9° Les organes des sexes sur lesquels nous n'avons pas à insister, après les développements donnés sur ce point dans le chapitre précédent [1].

10° Enfin l'admirable harmonie de tout le système, et la corrélation des parties : fait pour lequel nous renvoyons également aux considérations déjà énoncées [2].

II. *Les instincts.*

Un autre système de faits, sur lesquels se fonde la théorie de la finalité, est l'instinct dans les animaux, ainsi que les différentes espèces d'instincts. Ce genre de faits est d'autant plus important à constater pour nous, que la principale présomption sur laquelle nous aurons à nous appuyer pour établir la finalité de l'organisme, sera l'analogie de la fonction avec l'instinct. Ce n'est pas ici le lieu d'exposer une théorie de l'instinct : nous nous contenterons d'emprunter aux naturalistes ce que l'on peut savoir de plus certain, ou de plus probable soit sur la nature de cette force, soit sur ses différentes espèces.

« Le caractère qui distingue surtout les actions instinctives, dit Milne Edwards, de celles que l'on peut appeler intelli-

---

1. Voir page 89.
2. Voir également au chap. précédent, page 62.

gentes ou rationnelles, c'est de ne pas être le résultat de l'imitation et de l'expérience, d'être exécutées toujours de la même manière et, selon toute apparence, sans être précédées de la prévision ni de leur résultat, ni de leur utilité. La raison suppose un jugement et un choix ; l'instinct, au contraire, est une impulsion aveugle qui porte naturellement l'animal à agir d'une manière déterminée : *ses effets peuvent être quelquefois modifiés par l'expérience, mais ils n'en dépendent jamais* [1]. »

S'il est, en effet, une théorie qui soit manifestement contraire aux faits, c'est celle qui expliquerait l'instinct par l'expérience individuelle de l'animal. Ecoutez Réaumur :

« A peine toutes les parties de la jeune abeille sont-elles desséchées, à peine ses ailes sont-elles en état d'être agitées qu'elle sait tout ce qu'elle aura à faire dans le reste de sa vie. Qu'on ne s'étonne pas qu'elle soit si bien instruite de si bonne heure ; elle l'a été par celui-là même qui l'a formée. Elle semble savoir qu'elle est née pour la société. Comme les autres, elle sort de l'habitation commune, et va, comme elles, chercher des fleurs ; elle y va seule, et n'est point embarrassée ensuite de retrouver la route de la ruche, même quand elle y veut retourner pour la première fois. Si elle va donc puiser du miel dans le fond des fleurs ouvertes, c'est moins pour s'en nourrir que pour commencer à travailler pour le bien commun, puisque dès la première sortie, elle fait quelquefois une récolte de cire brute. M. Maraldi assure qu'il a vu reve-

---

[1]. Milne Edwards, *Zoologie*, § 319, p. 228.

nir à la ruche des abeilles chargées de deux grosses boules de cette matière le jour même qu'elles étaient nées [1]. »

Le même auteur dit encore à propos des guêpes : « J'ai vu de ces mouches, qui dès le même jour qu'elles s'étaient transformées, allaient à la campagne et en rapportaient de la proie qu'elles distribuaient aux vers. »

Voici le témoignage d'un autre naturaliste [2].

« Comment fait la teigne en sortant toute nue de son œuf? A peine est-elle née, qu'elle sent tout d'abord ce que sa nudité a d'incommode, et qu'un sentiment intérieur excite en elle l'industrie de se vêtir ; elle se fabrique un habit, et lorsqu'il devient trop étroit, elle a l'art de le couper par le haut et par le bas, et de l'élargir en y rapportant deux pièces. La mère de la teigne a eu la précaution de déposer cet œuf dans un endroit où le nouveau-né puisse trouver de l'étoffe pour se faire un habit, et pour en tirer sa nourriture..... L'araignée et le fourmi-lion n'ont point encore aperçu et encore moins goûté les insectes qui doivent servir à leur nourriture, qu'ils s'empressent déjà à leur tendre des pièges, en ourdissant des toiles, et en creusant des fosses.... Comment un ver qui n'existe que depuis quelques jours, et qui depuis l'instant de sa naissance a été enseveli dans quelque caverne souterraine, pourrait-il avoir inventé une pareille industrie (celle de filer des cocons), ou comment pourrait-il

---

1. Réaumur, *Hist. des insectes*, t. V, mém. XI.
2. Reimar, *Instincts des animaux*, t. 1, § 54, sqq.

l'avoir acquise par l'instruction ou par l'exemple? Il en est de même des animaux dont l'incubation se fait dans le sable par les rayons du soleil; ils sont à peine éclos qu'ils vont sans conducteur se jeter à l'eau..... » « Le célèbre Swammerdam a fait cette expérience sur le limaçon d'eau qu'il a tiré tout formé de la matrice. A peine ce petit animal fut-il jeté à l'eau qu'il se mit à nager et à se mouvoir en tous sens, et à faire usage de tous ses organes aussi bien que sa mère; il montra tout autant d'industrie qu'elle, soit en se retirant dans sa coquille pour aller au fond, soit en sortant pour remonter à la surface de l'eau. »

Ces témoignages et ces expériences attestent d'une manière péremptoire que les instincts sont des industries *innées*, par conséquent que la nature reçoit de la nature soit une force occulte, soit un mécanisme inconnu, qui spontanément, sans imitation, habitude, ni expérience, accomplit une série d'actes appropriés à l'intérêt de l'animal. L'instinct est donc un art : or, tout art est un système et enchaînement d'actes appropriés à un effet futur déterminé : le caractère distinctif de la finalité se retrouve donc ici à un degré éminent.

Passons à l'analyse et à l'énumération des principaux instincts. On peut les distinguer en trois classes : 1° Ceux qui se rapportent à la conservation de l'individu; 2° Ceux qui se rapportent à la conservation de l'espèce; 3° Ceux qui se rapportent aux relations des animaux entre eux. En d'autres termes : instincts *individuels*; instincts *domestiques*; instincts *sociaux.* Telles sont les trois classes principales auxquelles on a pu ramener tous les instincts [1].

Instincts relatifs à la conservation de l'individu.

1° Dispositions à se nourrir de certaines substances déterminées : « L'odorat et le goût sont les instruments qui les dirigent dans leur choix; mais on ne peut attribuer qu'à un instinct particulier la cause qui les détermine à ne manger que des substances qui agissent sur leurs sens de telle ou de telle manière ; et, chose remarquable, il arrive quelquefois que cet instinct change tout à coup de direction, lorsque l'animal atteint une certaine période de son développement, et le détermine à abandonner son régime primitif : par exemple, certains insectes carnassiers à l'état de larves, deviennent phytivores à l'état parfait; ou réciproquement. »

On remarquera relativement à cette première espèce d'instincts, que lors même qu'on réussirait à les expliquer par l'odorat (chaque espèce étant ainsi guidée par les sensations qui lui plaisent), il resterait toujours à comprendre comment l'odorat se trouve d'accord avec l'intérêt de l'animal, et comment il ne se porte pas vers des substances nuisibles et délétères; car il n'y a nulle relation nécessaire entre le plaisir d'un sens externe et les besoins de l'organisation interne : cette juste appropriation paraît donc être le résultat d'une harmonie préétablie.

1. Milne Edwards, *Zoologie*, § 320, p. 229. Voir le même ouvrage pour les faits suivants.

2° Moyens employés par les carnassiers pour s'assurer leur proie. Voici quelques-uns des exemples les plus connus :

« Le fourmi-lion se meut lentement et avec peine. Aussi son instinct le porte à creuser dans du sable fin une petite fosse en forme d'entonnoir, puis à se cacher au fond de ce piége et à attendre patiemment qu'un insecte tombe dans le petit précipice qu'il a ainsi formé; et si sa victime cherche à échapper, ou si elle s'arrête dans sa chute, il l'étourdit et la fait rouler jusqu'au fond du trou, en lui jetant à l'aide de sa tête et de ses mandibules, une multitude de grains de sable. » « Certaines araignées dressent des piéges encore plus singuliers... La disposition du fil varie suivant les espèces, et n'offre quelquefois aucune régularité; mais d'autres fois elle est d'une élégance extrême; et l'on s'étonne à voir d'aussi petits animaux construire avec tant de perfection une trame aussi étendue que l'est celle de l'araignée de nos jardins. Il est des araignées qui se servent de leur fil pour emmailloter leur victime. » « Certains poissons ont l'art de lancer des gouttes d'eau sur les insectes qui sont sur les herbes aquatiques, afin de les faire tomber. » On peut enfin citer mille exemples des ruses des animaux, les mêmes dans toute l'espèce, et employées par les petits avant toute imitation et toute expérience.

3° Instinct d'accumulation.

«Pendant l'été, les écureuils amassent des provisions de noisettes, de glands, d'amandes, et se servent d'un arbre creux pour y établir leurs magasins : ils ont l'habitude de faire plusieurs dépôts dans plusieurs cachettes différentes, et en hiver ils savent bien les retrouver, malgré la neige. »

« Un autre rongeur (Sibérie), le *lagomys pica*, non-seulement cueille en automne l'herbe dont il aura besoin pendant le long hiver de ce pays, comme nos fermiers. Ayant coupé les herbes les plus vigoureuses et les plus succulentes, il les étale pour les faire sécher au soleil; puis, il les rassemble en meules, qu'il met à l'abri de la pluie et de la neige, puis il creuse au-dessous de chacun de ces magasins une galerie souterraine aboutissant à sa demeure et disposée de façon à lui permettre de visiter de temps en temps son dépôt de provisions. »

4° Instinct de construction.

« Le ver à soie se construit un cocon pour se métamorphoser; le lapin, un terrier; le castor, ses huttes. » « Le *hamster* se construit une demeure souterraine offrant deux issues, l'une oblique pour rejeter au dehors les déblais de la terre, l'autre perpendiculaire pour entrer et sortir : ces galeries conduisent à un certain nombre d'excavations circulaires, qui communiquent entre elles par des conduits horizontaux : l'une est la demeure du hamster; les autres, ses magasins. »

« Quelques araignées (*mygales*) se construisent une habitation dont elles savent fermer l'ouverture à l'aide d'une véritable porte garnie de sa charnière. A cet effet, elles creusent dans une terre argileuse, une sorte de puits cylindrique d'environ 8 ou 10 centimètres de long, et en tapissent les parois avec une espèce de mortier très-consistant, puis fabriquent avec des couches alternatives de terre gâchée et de fils réunis en tissu, un couvercle qui s'adapte exactement sur l'orifice du trou, et qui ne peut s'ouvrir qu'en dehors. La charnière qui retient cette porte est formée par une continuation de couches filamenteuses qui se portent d'un point de son contour sur les parois du tube situé au-dessous, et y constituent un bourrelet remplissant les fonctions de chambranle; la surface externe de ce couvercle est rugueuse et se distingue à peine de la terre environnante; mais la surface interne est lisse; et on aperçoit du côté opposé à la charnière, une rangée de petits trous dans lesquels l'animal introduit ses griffes pour la tenir baissée, lorsque quelque ennemi cherche à l'ouvrir de force. »

Parmi les instincts de construction, l'un des plus remarquables est celui des abeilles : « C'est un problème de mathématique très-curieux de déterminer sous quel angle précis les trois plans qui composent le fond d'une cellule doivent se rencontrer pour offrir la plus grande économie ou la moindre dépense possible de matériaux et de travail. Ce problème appartient à la partie transcendante des mathématiques, et est l'un de ceux que l'on appelle problème de *maxima* et de *minima*. Il a été résolu par quelques mathématiciens, particulièrement par l'habile Maclaurin, d'après le calcul infinitésimal, et l'on trouve cette solution dans les *Transactions* de la Société Royale de Londres. Ce savant a déterminé avec précision l'angle demandé, et il a trouvé, après la plus exacte mesure que le sujet pût admettre, que c'est l'angle même sous lequel les trois plans du fond de la cellule se rencontrent dans la réalité. »

« Demanderons-nous maintenant quel est le géomètre qui a enseigné aux abeilles les propriétés des solides, et l'art de résoudre les problèmes de *maxima* et de *minima*? Nous n'avons pas besoin de dire que les abeilles ne savent rien de tout cela : elles travaillent très-géométriquement, sans aucune connaissance de la géométrie; à peu près comme un enfant qui, tournant la manivelle d'un orgue de barbarie, fait de bonne musique sans être musicien [1]. »

5° Instinct de vêtement.

« Chez les insectes, on voit aussi un grand nombre de procédés curieux employés instinctivement pour la construction d'une habitation ; beaucoup de chenilles savent se former un abri en roulant des feuilles et en les attachant à l'aide de fils. Dans nos jardins, nous rencontrons à chaque instant, sur les lilas, les groseillers, etc., des nids de cette espèce; et c'est aussi de la sorte qu'est formé celui qui se trouve sur le

---

[1]. Œuvres de Reid (tr. franc., t. IV, p. 14 et 15). — Un géomètre suisse a essayé de démontrer que ce calcul n'était pas exact, et que la géométrie des abeilles était imparfaite. Lord Brougham a repris le problème, et a démontré que c'étaient les abeilles qui « avaient raison. »

chêne, et qui appartient à la chenille d'un petit papillon nocturne, le *tortrix veridissima*. D'autres insectes se construisent des fourneaux avec des fragments de feuilles, des brins d'étoffes ou quelque autre substance qu'ils savent ajuster artistement; telle est la teigne des draps, petit papillon gris argenté, qui, à l'état de chenille, se creuse des galeries dans l'épaisseur des étoffes de laine en les rongeant rapidement. Avec les brins ainsi détachés, la chenille se construit un tuyau qu'elle allonge continuellement par sa base; et, chose singulière, lorsqu'elle devient trop grosse pour être à l'aise dans sa demeure, elle fend cette espèce de gaîne et l'élargit en y mettant une pièce. »

Instincts relatifs à la conservation de l'espèce [1].

1° Précautions pour la ponte des œufs.

« Un des phénomènes les plus propres à donner une idée nette de ce qu'on doit entendre par instinct est celui qui nous est offert par certains insectes lorsqu'ils déposent leurs œufs. Ces animaux ne verront jamais leur progéniture, et ne peuvent avoir aucune notion acquise de ce que deviendront leurs œufs : et cependant ils ont la singulière habitude de placer à côté de chacun de ces œufs un dépôt de matière élémentaire propre à la nourriture de la larve qui en naîtra, et cela lors même que le régime de celle-ci diffère totalement du leur, et que les aliments qu'ils déposent ainsi ne leur

1. Milne Edwards, § 327.

seraient bons à rien pour eux-mêmes. Aucune espèce de raisonnement ne peut les guider dans cette action; car s'ils avaient la faculté de raisonner, les faits leur manqueraient pour arriver à de pareilles conclusions et c'est en aveugles qu'ils doivent nécessairement agir. »

Nécrophores. « Lorsque la femelle va pondre, elle a toujours le soin d'enterrer le cadavre d'une taupe, ou de quelque autre petit quadrupède, et d'y déposer ses œufs, de sorte que les jeunes se trouvent, dès leur naissance, au milieu des matières les plus propres à leur servir de nourriture. »

Pompiles. « A l'âge adulte, ils vivent sur des fleurs; mais leurs larves sont carnassières, et leurs mères pourvoient toujours à la nourriture de celles-ci, en plaçant à côté de ses œufs, dans un nid préparé à cet usage, le corps de quelques araignées ou de quelques chenilles. »

Xicolopes. « Cet insecte pond ses œufs dans des morceaux de bois. Il pratique sur la partie libre des morceaux de bois, d'un échalas par exemple, un trou vertical qui devient l'entrée d'un canal que le xicolope creuse jusqu'à une grande profondeur. Lorsque ce canal a la profondeur voulue, l'insecte dépose dans la partie inférieure un premier œuf et une certaine quantité de matières alimentaires. Il établit au-dessus de cet œuf une cloison transversale avec de la salive et de la poussière de bois; puis au-dessus de cette cloison, il pond un second œuf, fabrique une nouvelle cloison, et ainsi de suite jusqu'à l'entrée de cette espèce de puits. Enfin, disons que le xicolope a eu soin de percer au niveau de chaque loge un pertuis perpendiculaire à la direction verticale des loges, et allant de l'intérieur de la loge à la surface extérieure du morceau de bois. De cette façon l'insecte, une fois ses métamorphoses achevées, peut sortir sans peine de sa loge [1]. »

2° Construction des nids. — Inutile d'insister sur les merveilles de la construction des nids : contentons-nous de citer quelques exemples :

« Un des nids les plus remarquables est celui du *saya*, petit oiseau de l'Inde assez voisin de nos bouvreuils : sa forme est à peu près celle d'une bouteille, et il est suspendu à quelques branches tellement flexibles que les singes, les serpents et même les écureuils ne peuvent y parvenir ; mais pour le rendre plus inaccessible à ses nombreux ennemis, l'oiseau en place l'entrée en dessous, de façon qu'il ne peut y pénétrer lui-même qu'en volant. L'on y trouve intérieurement deux chambres, dont l'une sert à la femelle pour y couver ses œufs, et une autre est occupée par le mâle qui, pendant que sa compagne remplit ses devoirs maternels, l'égaye par ses chants [2]. »

« La *sylvia sutoria*, charmante fauvette, prend deux feuilles d'arbre très-allongées, lancéolées, et en coud exactement les bords en surget, à l'aide d'un brin d'herbe flexible, en guise de fil. Après cela, la femelle remplit de coton l'espèce de petit

---

[1]. Vulpian (d'après Réaumur), *Physiologie du système nerveux*, p. 807.
[2]. Milne Edwards, p. 240.

sac que celles-ci forment, et dépose sa progéniture dans ce lit moelleux. »

« Le *loriot* de nos climats exécute un acte analogue... Mais il est à remarquer qu'il fixe son nid non pas avec de l'herbe, mais avec quelques bouts de corde ou de fil de coton qu'il a volés dans une habitation voisine ; aussi se demande-t-on comment il faisait avant que l'industrie inventât la ficelle ou la filature [1].

« La *grèbe castagneuse* couve sa progéniture sur un véritable radeau qui vogue à la surface de nos étangs. C'est un amas de grosses tiges d'herbes aquatiques ; et comme celles-ci contiennent une très-notable quantité d'air, et qu'en outre elles dégagent divers gaz en se putréfiant, ces fluides aériformes emprisonnés par les plantes, rendent le nid plus léger que l'eau. On le trouve flottant à la surface, dans les sites solitaires peuplés de joncs élevés et de grands roseaux. Là, dans ce navire improvisé, la femelle, sur son humide lit, réchauffe sa progéniture ; mais si quelque importun vient à la découvrir, si quelque chose menace sa sécurité, l'oiseau sauvage plonge une de ses pattes dans l'onde et s'en sert comme d'une rame pour transporter sa demeure au loin. Le petit batelier conduit son frêle esquif où il lui plaît... c'est une petite île flottante [2]. »

3º Architecture de plaisance. — Indépendamment des nids,

---

1. Pouchet, l'*Univers*, p. 143.
2. *Ibid*, p. 159.

constructions utiles et nécessaires, on trouve chez les oiseaux de véritables jardins d'agrément.

« Le plus habile de ces faiseurs de charmilles, de ces Lenôtres de l'ornithologie est le *chlamydère tacheté*, qui ressemble beaucoup à notre perdrix. Le couple procède par ordre à l'édification de son bosquet. C'est ordinairement dans un lieu découvert qu'il le place, pour mieux jouir du soleil et de la lumière. Son premier soin est de faire une chaussée de cailloux arrondis et d'un volume à peu près égal ; quand la surface et l'épaisseur de celle-ci lui semblent assez considérables, il commence par y planter une petite avenue de branches. On le voit, à cet effet, rapporter de la campagne, de fines pousses d'arbres, à peu près de la même taille, qu'il enfonce solidement, par le gros bout, dans les interstices des cailloux. Ces oiseaux disposent ces branches sur deux rangées parallèles, en les faisant toutes converger l'une vers l'autre, de manière à représenter une charmille en miniature. Cette plantation improvisée a presque un mètre de long, et sa largeur est telle que les deux oiseaux peuvent se jouer ou se promener de face, sous la protection de son ombrage.

« Aussitôt le bosquet achevé, le couple amoureux songe à l'embellir. A cet effet il erre de tous côtés dans la contrée, et butine chaque objet brillant, qu'il y rencontre afin d'en décorer l'entrée. Les coquilles à nacres resplendissantes sont surtout l'objet de sa convoitise.

« Si ces collectionneurs trouvent dans la campagne de belles plumes d'oiseaux, ils les recueillent et les suspendent, en guise de fleurs, aux ramilles fanées de leurs résidences. On est même certain qu'aux environs de celles-ci, tout objet vivement coloré, dont le sol est artificiellement jonché, en est immédiatement enlevé. Gould (celui qui a découvert ces bosquets) me racontait que si quelque voyageur perd sa montre, son couteau, son cachet, on les retrouve dans la plus voisine promenade de chlomydères de ce canton [1]. »

III. *Instincts de société.*

Nous insisterons peu sur cette troisième classe d'instincts, qui ont une moindre signification, au point de vue qui nous occupe : car ce n'est pas de trouver des *impulsions* chez les animaux qui doit nous étonner, mais c'est de trouver des impulsions qui d'elles-mêmes, spontanément et sans études, rencontrent les *moyens* les plus sûrs pour se satisfaire : c'est cette invention innée des moyens qui, ne pouvant appartenir à l'imitation même des animaux, puisqu'ils l'apportent en naissant, doit être mise par conséquent sur le compte de la nature. En ce sens, les instincts sociaux ont peut-être moins de valeur que les faits précédents. Contentons-nous de distinguer deux sortes de sociétés parmi les animaux : les unes *accidentelles*, les autres *permanentes*. Dans la première classe se rangeront les réunions des hyènes, des loups qui s'assemblent pour chasser et se séparent ensuite; celles des animaux voya-

---

[1]. Pouchet, *Ibid.* p. 153. On trouve l'un de ces bosquets rapporté par Gould au *British Museum.*

geurs (hirondelles, pigeons, sauterelles, harengs), qui ne se réunissent que pour le voyage et se séparent une fois arrivés ; les réunions de plaisir des perroquets qui s'assemblent pour se baigner ou folâtrer dans l'eau, et se séparent après le jeu. Dans d'autres classes, on comptera les colonies bien connues des castors, des guêpes, des abeilles et des fourmis [1]. »

L'énumération des faits contenus dans ce chapitre, est loin d'être complète, comme il le faudrait dans un ouvrage dogmatique ; mais elle est suffisante dans un essai de téléologie critique, tel que nous l'avons tenté ici. L'analyse philosophique et critique de la finalité ne doit pas être noyée dans la description des faits : mais d'un autre côté, elle pourrait paraître trop sèche et trop abstraite, si on négligeait par trop ce secours : c'est entre ces deux extrêmes, entre l'excès et le défaut, que nous avons cherché, et que nous espérons avoir trouvé la juste mesure. Nous pouvons reprendre maintenant la série de nos inductions et de nos raisonnements.

[1]. Milne Edwards, p. 244.

CHAPITRE III

L'INDUSTRIE DE L'HOMME ET L'INDUSTRIE DE LA NATURE.

Nous avons dans un chapitre précédent (chap. I) établi l'existence de la cause finale sur ce principe, que lorsqu'une combinaison complexe de phénomènes hétérogènes se trouve concorder avec la possibilité d'un acte futur, qui n'était contenu d'avance dans aucun de ces phénomènes en particulier, cet accord ne peut se comprendre pour l'intelligence humaine que par une sorte de préexistence, sous forme idéale, de l'acte futur lui-même : ce qui, de résultat le transforme en but, c'est-à-dire en cause finale.

Peut-être trouvera-t-on cette conclusion prématurée : car, dira-t-on, l'accord dont il s'agit demande sans doute une explication ; et personne ne prétend que l'appropriation soit un phénomène sans cause : mais affirmer que la cause de l'appropriation est précisément l'effet futur lui-même, sous forme d'anticipation idéale ; qu'une combinaison complexe ne peut se trouver d'accord avec un phénomène ultérieur, sans que ce phénomène soit considéré lui-même comme la cause de cette combinaison, c'est précisément ce qui est en question. Sur quoi vous appuyez-vous, nous dira-t-on, pour constituer à ce phénomène futur, qui ne nous apparaît que comme effet, le privilége de cause? Il y a une cause, soit; mais pourquoi cette cause serait-elle une cause finale, plutôt qu'efficiente? Où prenez-vous ce droit de chercher la cause dans l'avenir plutôt que dans le passé?

Il faut le reconnaître : si l'expérience ne nous avait pas donné d'avance quelque part le type de la cause finale, jamais, suivant toute apparence, nous n'eussions pu inventer cette notion : nous ne savons pas d'avance et à priori que tout accord de phénomène avec le futur suppose un but ; mais cet accord ayant besoin d'être expliqué, nous l'expliquons d'après le modèle que nous trouvons en nous-même, lorsque nous combinons quelque chose en vue du futur. Le fondement de cette conclusion est donc, comme on l'a toujours pensé, l'analogie.

Bacon recommande, lorsque l'on veut établir l'existence d'une certaine cause, de chercher quelque fait où cette cause se manifeste d'une manière très-visible et tout à fait incontestable. Ces faits, où la cause cherchée est plus saillante que dans tous les autres, Bacon les appelle des faits *éclatants* ou *prérogatifs* : il y en a de nombreux exemples dans les sciences. Or, pour la cause finale, nous avons devant les yeux un fait qui mérite véritablement le titre de fait *éclatant*, de fait *prérogatif*:

c'est le fait de l'art humain. C'est de ce fait que nous passons par voie d'analogie à d'autres faits moins évidents, mais semblables. Ce passage, le sens commun l'a effectué de tout temps sans aucun scrupule : la philosophie a suivi sur ce point le sens commun. La raison sévère et une saine logique autorisent-elles, justifient-elles un tel procédé ?

On objecte qu'il n'est pas permis de passer, par voie d'analogie, de l'industrie de l'homme à l'industrie de la nature; que nous n'avons aucune raison de penser que la nature agisse dans la production de ses œuvres comme l'homme agit dans la production des siennes propres. Telle est l'objection des Epicuriens et de David Hume, reprise plus tard par Kant et par toute l'école hégélienne.

Il est important de remarquer, d'abord, que cette objection peut avoir deux sens, et servir à établir deux conclusions très différentes. Elle peut porter soit contre la *finalité*, soit contre l'*intentionnalité*. Dans le premier cas, elle voudrait dire, comme le soutiennent les partisans du mécanisme absolu, qu'il n'y a point du tout de cause finale dans la nature, mais seulement des conséquences et des résultats. Dans le second cas, elle signifierait qu'il peut y avoir des causes finales dans la nature, mais qu'on n'est point tenu de les rapporter, comme on le fait pour les œuvres humaines, à une cause intelligente, et qu'il n'est point établi qu'une cause agissante ne puisse poursuivre des buts d'une manière inconsciente. Le premier sens est celui d'Epicure et du positivisme moderne; le second est celui de Kant, de Hegel, de Schopenhauer, de toute la philosophie allemande. Nous avons très-soigneusement distingué plus haut ces deux problèmes. Il ne s'agit quant à présent que du premier sens: il s'agit de la finalité, non de l'intentionnalité; il s'agit de savoir, non pas comment agit la cause première, mais si les causes secondes, telles qu'elles nous sont données dans l'expérience, agissent oui ou non pour des buts. Dans ces limites, l'analogie entre l'industrie de l'homme et l'industrie de la nature est-elle légitime? c'est là, quant à présent pour nous, la seule question.

Ou l'objection précédente ne signifie rien, ou elle consiste à placer en face l'un de l'autre comme deux termes hétérogènes et sans analogie, la nature et l'homme. Elle consiste à opposer comme deux mondes, le monde de l'esprit et le monde de la nature, et à affirmer qu'il n'y a aucun passage de l'un à l'autre. Enfin cette objection prise à la rigueur signifierait qu'il y a deux causes créatrices : l'homme et la nature; que l'homme a des productions qui lui sont propres, et que la nature en a également; qu'il y a deux industries, en face l'une de l'autre; et que ne sachant pas comment la nature agit, nous ne pouvons pas lui prêter le mode d'action de l'industrie humaine.

Ramenée à ces termes, cette objection tombe évidemment devant cette considération bien simple : c'est que l'homme n'est pas en dehors de la nature, opposé à la nature; mais qu'il fait lui-même partie de la nature, qu'il en est un membre, un organe, et dans une certaine mesure un produit. Son organisation est appropriée au milieu extérieur dans lequel il vit : il subit et accepte toutes les conditions des lois physico-chimiques : ces lois s'accomplissent dans l'organisation elle-même comme au dehors ; de plus toutes les lois de la vie en général, communes aux végétaux et aux animaux, toutes les lois propres à l'animalité, s'accomplissent en lui comme dans tous les êtres de la nature. Son âme n'est pas indépendante de son corps : par la sensibilité et l'imagination, il plonge dans la vie purement organique ; le raisonnement et l'art sont liés à l'imagination, à la mémoire et à la sensibilité. La raison pure elle-même se lie à tout le reste ; et si par la partie la plus élevée de son être, il appartient à un monde supérieur, par ses racines il tient au monde où il vit.

Non-seulement l'homme est dans la nature ; mais ses actes et ses œuvres sont dans la nature ; et ainsi l'industrie humaine elle-même est dans la nature. On est étonné de voir continuellement au XVIII° siècle opposer la nature à l'art comme si l'art n'était pas lui-même quelque chose de naturel. En quoi les villes construites par l'homme sont-elles moins dans la nature que les huttes des castors, et les cellules des abeilles ? En quoi nos berceaux seraient-ils moins naturels que les nids des oiseaux ? En quoi nos vêtements sont-ils moins naturels que les cocons des vers à soie ? En quoi les chants de nos artistes sont-ils moins naturels que le chant des oiseaux ? Que l'homme soit supérieur à la nature, non-seulement dans l'ordre moral et religieux, mais encore dans l'ordre même de l'industrie et de l'art, c'est ce qui n'est pas douteux : il n'est pas moins vrai que sur ce dernier terrain, sauf le degré, l'homme se comporte tout-à-fait comme un agent naturel.

Ce point bien établi, voici réduite à ses justes termes l'induction qui nous autorise à transporter la cause finale de nous-mêmes à la nature. L'expérience, dirons-nous, nous présente d'une manière éclatante, dans un cas donné, une cause réelle et certaine, que nous nommons cause finale : n'est-il pas légitime de supposer la même cause dans des cas analogues, avec un degré de probabilité croissant et décroissant avec l'analogie elle-même ? Nous ne passons pas alors d'un genre à un autre ; mais dans un même genre, à savoir la nature, un certain nombre de faits homogènes étant donnés, nous suivons la filière de l'analogie aussi loin qu'elle peut nous conduire, et jusqu'au point où elle nous abandonne. Tel est, dans sa vérité, le procédé inductif que suit l'esprit humain dans l'affirmation des causes finales en dehors de nous : l'analyse détaillée de ce procédé nous en fera mieux comprendre la portée et la rigueur.

Nous avons dit qu'il faut partir du fait de l'industrie humaine, mais, pour parler avec rigueur, il faut remonter encore plus haut. Ce que nous appelons industrie humaine, n'est pas à proprement parler un fait; mais c'est déjà une conclusion médiate obtenue par voie d'analogie. En effet, ce qui se passe dans l'âme de nos semblables nous est absolument inconnu et inaccessible, au moins par voie d'observation directe : nous ne voyons que leurs actes, et les manifestations extérieures de leurs sentiments et de leurs pensées. En appelant certaines de ces actions des noms d'*industrie* et d'*art*, nous entendons par là que ces actions sont des ensembles de coordinations vers un but, c'est-à-dire des phénomènes déterminés par l'idée du futur, et dans lesquels le conséquent est la raison déterminante de l'antécédent. Or, ce n'est là qu'une supposition : car n'ayant aucune expérience directe de la cause efficiente de ces phénomènes, nous ne pouvons pas affirmer d'une manière absolue que cette cause se soit proposé le but qu'elle semble poursuivre, ni même qu'elle se soit proposé aucun but. Quelquefois même nous nous trompons en croyant voir un but là où il n'y a qu'un aveugle mécanisme. Par exemple, j'ai cité quelque part l'exemple d'un vieux desservant devenu aliéné, qui récitait avec la plus grande éloquence le fameux exorde du P. Bridaine : à l'entendre, il eût été impossible de ne pas supposer qu'il savait ce qu'il faisait, et qu'il avait pour but d'émouvoir ses auditeurs. Et cependant, ce n'était chez lui qu'un acte purement automatique : car non-seulement il était aliéné, mais il était arrivé au dernier degré de ce que l'on appelle la démence sénile, qui est l'imbécillité complète ; il était incapable de dire deux mots qui eussent un sens, et même de les prononcer : et cependant le vieux mécanisme marchait toujours, et semblait toujours avoir la même appropriation à un but. On voit par cet exemple combien il est vrai de dire que notre croyance à l'intelligence de nos semblables est une induction, et même une simple croyance fondée sur l'analogie, au point que dans quelques cas cette croyance est démentie par les faits.

Comment donc arrivons-nous à supposer l'intelligence et la finalité chez nos semblables ? C'est évidemment par comparaison avec nous-mêmes. De même que la seule cause efficiente réelle que nous connaissions, c'est nous-mêmes, de même la seule cause finale qui nous soit immédiatement perceptible, est en nous-mêmes. Dans certains cas, en effet, par exemple dans les actions volontaires, nous avons conscience non-seulement d'une force active qui se déploie en nous, mais d'une certaine idée qui sert de règle à cette force active, et en vertu de laquelle nous coordonnons les phénomènes intérieurs et subjectifs de notre âme, et par suite les mouvements correspondants de notre organisation. Nous appelons *but* le dernier phénomène de la série par rapport auquel tous les autres sont coordonnés ; et cette coordination de phénomènes et d'actions s'explique pour nous de la manière la plus simple par la supposition d'une représentation antérieure du but. Je sais très-bien, par exemple, que si je n'avais pas d'avance la représentation d'une maison, je ne pourrais coordonner tous les phénomènes dont l'ensemble est nécessaire pour construire une maison. Je sais très-bien qu'il ne m'est jamais arrivé, en puisant au hasard des mots dans un dictionnaire, de réussir à faire une phrase ; je sais que jamais, en touchant au hasard les touches d'un piano, je n'ai réussi à former un air ; je sais que même pour arriver à former une pensée, je dois rassembler les phénomènes divergents dans une idée commune ; je sais que je ne puis coordonner les éléments de la matière en un tout, sans m'être préalablement représenté ce tout. En un mot, je sais que chez moi, toute induction, tout art suppose un certain but, une certaine finalité, ou comme nous nous sommes exprimé, une certaine détermination du présent par le futur.

A la vérité, il se passe en moi, plus rarement sans doute que chez les animaux, mais encore assez souvent, des phénomènes qui présentent des coordinations semblables aux précédentes, sans que j'aie conscience du but qui les détermine : ces actes que l'on appelle instinctifs ont donc, à ce qu'il semble, les mêmes caractères que les actes volontaires, et cependant rien ne nous autorise à affirmer qu'ils soient déterminés par la représentation antérieure du but, ni même qu'ils soient déterminés par rapport à un but : car c'est précisément ce qu'il s'agit de démontrer.

Nous répondons que précisément parce que ces actes instinctifs de la nature humaine sont analogues aux phénomènes de la nature en général dont nous cherchons l'explication, ce n'est pas d'eux que nous pouvons partir pour expliquer les autres : car ce serait alors expliquer *obscurum* par *obscurum*. Mais, ces instincts mis à part, nous trouvons en nous, dans un exemple notoire et éclatant, l'existence d'une cause réelle, qui est la finalité, et dont le critérium est la coordination du présent au futur, en raison d'une représentation anticipée : tel est le caractère de l'activité volontaire.

Il y a donc au moins un cas, où la cause finale est établie par l'expérience ; c'est le cas de notre activité personnelle et volontaire. De ce centre, nous pouvons rayonner autour de nous ; et le premier pas certain que nous faisons hors de nous-mêmes, c'est d'affirmer l'intelligence, la causalité, le désir et enfin la finalité chez nos semblables.

En effet, lorsque nous voyons chez les autres hommes une succession d'actes coordonnés comme le sont les nôtres dans le cas de l'activité volontaire, par exemple quand nous voyons un homme marcher dans la rue, parler, mouvoir ses membres d'une manière régulière, rapprocher les corps les uns des autres avec ordre et méthode, mettre des pierres les unes sur les autres, des planches entre ces pierres, du fer entre ces planches, ou bien tracer des caractères sur le sable ou sur le papier, des signes sur la toile, couvrir ces signes de couleur, tailler la pierre, lui donner telle ou telle forme, etc., lorsque nous voyons, dis-je, toutes ces actions, quoique nous n'assistions pas à la scène intérieure qui se passe dans l'âme de ces acteurs semblables à nous, et quoique par exception nous puissions nous tromper, cependant dans l'immense majorité des cas, nous sommes autorisés à supposer, et nous supposons avec une certitude absolue, que les actions semblables à toutes celles que nous venons de rappeler, et qui sont elles-mêmes semblables à nos actions volontaires, sont des actions déterminées par un *but;* nous supposons donc chez les autres hommes la cause finale comme chez nous-mêmes ; et voilà une première et certaine extension de l'idée de finalité.

Ce n'est pas tout ; nous n'avons pas même besoin d'assister à la série d'actions de nos semblables pour y supposer un but ; et, avec le temps et l'habitude, il nous suffit d'en voir le résultat pour supposer dans le produit même de l'activité humaine des moyens et des buts. C'est, en effet, un des caractères de l'activité de l'homme que cette activité ne se renferme pas en elle-même, qu'elle agit au dehors d'elle-même sur la nature et sur les corps. C'est un fait, que les corps sont susceptibles de mouvement ; ils peuvent donc être rapprochés et séparés ; ils peuvent être dérangés des combinaisons dans lesquelles ils entrent naturellement pour entrer dans des combinaisons nouvelles ; et c'est un fait bien remarquable, et de la plus haute importance pour notre sujet, que ces corps, quoique obéissant fatalement aux lois de la nature, peuvent en même temps sans jamais violer ces lois, se coordonner suivant les idées de notre esprit. Ainsi, ces pierres qui forment une maison obéissent certainement aux lois de la pesanteur et à toutes les lois de la mécanique ; et cependant elles sont susceptibles d'entrer dans des milliers de rapports, tous conciliables avec les lois mécaniques et qui sont cependant préordonnés par l'esprit.

Or, disons-nous, il ne nous est pas nécessaire d'assister à l'opération active par laquelle l'intelligence et la volonté de nos semblables a donné telle ou telle forme à la matière. L'expérience nous apprend bientôt à reconnaître parmi les corps qui nous environnent ceux qui sont le produit de la nature, et ceux qui résultent de l'art humain; et sachant que pour ce qui nous concerne, il nous a toujours été impossible de réaliser de tels produits sans les avoir voulus, c'est-à-dire, sans avoir eu un but, nous nous habituons à nous les représenter immédiatement comme des moyens pour des buts. Ainsi, comme l'écriture n'est pour nous qu'un moyen d'exprimer la pensée, nous supposons en voyant des caractères inconnus, par exemple les cunéiformes, qu'ils ont dû être des moyens expressifs, des signes graphiques pour exprimer la pensée. Comme nous n'élevons pas de bâtiments par hasard et sans savoir pourquoi, nous supposons, en voyant des bâtiments tels que les Pyramides ou les menhirs celtiques, qu'ils ont été construits dans un but; et nous cherchons quel il a pu être. En un mot, dans toutes les œuvres de l'industrie humaine, nous voyons des moyens et des buts; et même quand nous ne pouvons pas découvrir quel est le but, nous sommes persuadés qu'il y en a un.

Il est donc certain pour nous que, soit que nous considérions chez nos semblables la suite de leurs actions, soit que nous considérions les produits de ces actions, nous voyons, entre ces actions et les nôtres, une telle similitude que nous n'hésitons pas à conclure pour eux comme pour nous que toute combinaison dirigée vers le futur, implique un but.

Si maintenant nous descendons d'un degré, nous verrons chez les animaux une multitude d'actions tellement semblables aux actions humaines qu'il nous est impossible de ne pas leur attribuer des causes semblables. En quoi l'action par laquelle un animal attend et poursuit sa proie, lui tend des piéges, le surprend et le dévore, diffère-t-elle de l'action par laquelle le chasseur poursuit et saisit cet animal lui-même? En quoi l'action par laquelle l'animal se cache, évite les piéges qu'on lui tend, invente des ruses pour se défendre, diffère-t-elle de l'action par laquelle le sauvage cherche à échapper à ses ennemis, et à l'action plus compliquée, mais analogue, par laquelle un général d'armée fait une retraite devant l'ennemi? Il en est de même de la plupart des actions animales, par lesquelles les bêtes poursuivent la satisfaction de leurs besoins; ces besoins étant les mêmes que chez l'homme, quoique plus simples, les moyens qui les satisfont doivent être aussi les mêmes : de là les analogies qui ont frappé tous les observateurs. Nous sommes donc autorisés à conclure de l'homme à l'animal; et puisque nous avons vu que les hommes agissent pour un but, nous avons le droit de conclure également que les animaux agissent pour un but.

Mais parmi les actions des animaux, on en distingue généralement de deux sortes : dans les unes, l'animal semble agir comme l'homme, par une sorte de réflexion et de prévision, ayant volontairement combiné d'avance les moyens pour un but désiré : ce qui caractérise ces sortes d'actions, c'est que l'animal ne les accomplit pas tout d'abord avec la perfection qu'il y mettra plus tard : il apprend, il devient de plus en plus habile : l'expérience, l'habitude, la comparaison semblent avoir une part dans la formation de ses jugements. Telle serait du moins la vérité, suivant les observateurs favorables aux animaux. Ce premier genre d'actions serait donc, sauf le degré, analogue aux actions réfléchies et volontaires de l'espèce humaine.

Mais il y a d'autres actions qui, dit-on, diffèrent essentiellement des précédentes, quoique aussi compliquées et présentant exactement le même caractère, à savoir l'appropriation de certains moyens à la satisfaction d'un besoin. Ici, nulle éducation au moins apparente, rien qui indique les efforts successifs d'un esprit qui se forme et qui apprend, rien qui soit personnel à l'individu : l'animal semble du premier coup agir comme il agira toute sa vie; il sait les choses sans les avoir apprises ; il accomplit des opérations très-compliquées et très-précises et avec une parfaite justesse, d'une manière presque infaillible, et d'une manière immuable.

Ainsi, dans ce second genre d'actions que l'on appelle instinctives, tout ce que nous avons l'habitude de considérer comme caractérisant l'intelligence fait défaut : le progrès, la faillibilité, l'individualité, l'hésitation, en un mot, la liberté. Y aurait-il donc un genre d'intelligence dont nous n'avons aucune idée ? Les animaux auraient-ils une sorte de science innée, et comme une réminiscence analogue à celle que rêvait Platon ? auraient-ils des habitudes innées ? Nous n'en savons rien, et dans notre ignorance sur la cause réelle de ces actions étonnantes, nous ne cherchons à nous la représenter d'aucune manière, et nous appelons *instinct* cette cause occulte, quelle qu'elle soit. Mais si, par leur origine, par leur cause, ces actions diffèrent des actions humaines, — par leur nature intrinsèque et essentielle elles n'en diffèrent pas. Au contraire, parmi les actions animales, ce sont précisément celles qui ressemblent le plus aux actions les plus compliquées de l'industrie humaine. En effet, ce ne sont pas seulement des actions, ce sont encore des productions : non-seulement l'animal marche, vole, chante, s'approche ou s'enfuit, prend ou apporte ; mais de plus, comme un véritable ouvrier, il fait servir les forces et les éléments de la nature à ses besoins : comme l'homme, il bâtit ; comme l'homme, il tend et ourdit des piéges ; comme l'homme, il accumule et se fait des magasins ; comme l'homme, il prépare une habitation à ses enfants ; comme l'homme, il se crée des habitations de plaisance ; il se fait des vêtements ; en un mot, il exerce toutes les industries. Ainsi ces actions instinctives sont à la fois très-différentes des actions de l'homme quant à l'origine, très-semblables quant à la matière. Or, qui caractérise les actions de l'homme, c'est d'agir sciemment pour un but. Pour les actions dont nous parlons, tout porte à croire qu'elles ne sont pas faites sciemment ; mais cette différence mise à part, la similitude est absolue : reste donc que nous disions que ces animaux, sans le savoir, agissent pour un but. Ainsi le but que nous avions déjà reconnu dans les actions intelligentes des animaux, ne peut pas disparaître uniquement parce que nous rencontrons ici une condition nouvelle et inattendue, l'inconscience. L'instinct nous révélera donc une finalité inconsciente, mais une finalité.

A la vérité, nous pouvons être arrêtés ici par quelqu'un qui nous dirait que du moment qu'on retranche par hypothèse toute représentation anticipée du but, toute prévision, par conséquent toute intelligence, le mot de finalité ne représente plus absolument rien, et n'est plus autre chose que l'effet d'un mécanisme donné ; que par conséquent la suite de nos inductions et de nos analogies s'arrête nécessairement là où s'arrête l'intelligence ; qu'il va de soi que l'intelligence se propose un but, mais qu'en dehors de l'intelligence, il n'y a plus que des causes et des effets. Dans cette hypothèse, on accorderait que l'homme agit pour un but, que l'animal lui-même, quand il est guidé par l'intelligence et l'appétit, agit pour un but; mais quand il agit instinctivement, on soutiendrait qu'il n'a plus de but, et qu'alors ses actions se déroulent exclusivement suivant la loi de causalité.

Mais qui ne voit que la difficulté soulevée ne vaudrait en définitive que contre ceux qui se croiraient obligés d'admettre une finalité inconsciente à l'origine des choses, mais non pas contre ceux qui admettent une intelligence ordonnatrice ? Car pour qu'un objet se présente à nous comme un ensemble de moyens et de buts, c'est-à-dire comme une œuvre d'art, il n'est nullement nécessaire que l'intelligence réside en lui : il suffit qu'elle soit en dehors de lui dans la cause qui l'a produit.

Ainsi, dans un automate, nous ne laissons pas que de reconnaître des moyens et des buts, quoique l'automate à proprement parler agisse sans but, parce que nous savons que l'intelligence qui n'est pas en lui est hors de lui, et que ce qu'il ne peut prévoir par lui-même a été prévu par un autre. De même, en supposant que dans l'animal, il n'y ait pas une certaine force occulte, qui contiendrait virtuellement la puissance d'agir pour un but, en supposant avec Descartes que l'animal, en tant qu'il agit instinctivement, est une pure machine, et est destitué de toute activité intérieure, même en ce cas, il ne faudrait pas conclure que ses actions ne fussent pas coordonnées par rapport à un but, puisque l'intelligence qui ne serait pas en lui pourrait très-bien être en dehors de lui dans la cause première qui l'aurait fait.

Mais nous n'avons pas besoin ici de soulever ces questions : nous n'avons pas à nous interroger sur la nature et la cause de l'instinct, et en général sur la cause première de la finalité. Nous ne recherchons pas encore d'où vient qu'il y a des buts dans la nature; nous cherchons s'il y a en; si tel fait, tel acte, telle opération de la nature doit être appelée de ce nom. Or, comment le même fait, exactement le même, produit par des moyens rigoureusement semblables (quoique l'opération soit instinctive, au lieu d'être volontaire), serait-il appelé ici un *but* et là un *résultat?* Comment la toile de l'ouvrier serait-il un but, et la toile de l'araignée un résultat? comment des greniers humains seraient-ils un but, et le grenier des animaux un résultat ; la maison des hommes un but, et les cabanes des castors un résultat ? Nous nous croyons donc autorisés à dire que si les actions intelligentes sont dirigées vers un but, les mêmes actions, lorsqu'elles sont instinctives, sont également dirigées vers un but.

On peut insister en disant qu'il n'est pas vrai qu'une même action, qui a un but quand elle est volontaire, doive en avoir un également quand elle est involontaire : car c'est précisément en tant qu'elle est volontaire qu'elle a un but. Nous commençons par mouvoir nos membres sans but, avant de les mouvoir volontairement pour un but ; l'enfant crie sans but, avant de crier volontairement pour un but. Agir pour un but, c'est transformer une action naturelle en action volontaire : point de volonté ; point de but. Mais, à considérer les choses de plus près, on verra que ces premiers mouvements ou ces premiers cris sont considérés comme fortuits et sans but, non parce qu'ils sont involontaires, mais parce qu'ils sont désordonnées, spontanés, sans direction ; tandis que les mouvements volontaires ont un ordre, une règle, une direction. Or, c'est là précisément ce que les mouvements instinctifs ont de commun avec les volontaires : ce ne sont pas des agitations irrégulières, comme celles de l'enfant qui se remue dans son berceau : ce sont des mouvements combinés, et rigoureusement calculés, absolument semblables, sauf l'origine que nous ignorons, aux mouvements volontaires : ainsi les mouvements de la fourmi qui va aux provisions, et revient chargée aux magasins, sont absolument semblables aux mouvements des paysans qui vont faire leurs foins et leurs moissons et les rapportent à leurs granges ; et les mouvements de l'animal qui nage sans l'avoir appris sont exactement les mêmes que ceux de l'homme qui n'apprend à nager qu'avec beaucoup de temps et d'efforts.

Ainsi l'instinct suppose un but : mais faisons un pas de plus. Nous sommes passés de notre finalité personnelle à la finalité dans les autres hommes, de la finalité dans les actions industrieuses des autres hommes à la finalité dans les actions industrieuses des animaux, soit que ces actions présentent l'apparence de quelque prévision et réflexion, soit qu'elles nous paraissent absolument automatiques. Maintenant il s'agit de passer des actions externes de l'animal, que l'on appelle ses *instincts,* à ses opérations internes que l'on appelle ses *fonctions* : c'est ici le nœud de toute notre déduction.

Si l'on y réfléchit, on verra que ces deux sortes d'opérations, les instincts et les fonctions, ne sont pas essentiellement distinctes l'une de l'autre : et autant il est difficile dans l'animal de distinguer l'intelligence de l'instinct, autant il est difficile de séparer l'instinct de la fonction proprement dite. On réserve plus particulièrement le nom d'instinct à certains actes des organes de relation, c'est-à-dire des organes locomoteurs ; et en tant que ces actes sont constitués par une série de phénomènes toujours les mêmes dans tous les individus de la même espèce, on donne le nom d'instinct à cet enchaînement d'actes automatiques formant un tout déterminé. Mais en quoi cet enchaînement spécial se distingue-t-il de cet autre enchaînement d'actes que l'on appelle une fonction? En quoi l'art de tisser la toile de l'araignée diffère-t-il de l'art de chanter des oiseaux, et en quoi l'art de chanter diffère-t-il de l'art de préhension, de déglutition et de répartition qui constitue l'art de se nourrir? Ne voit-on pas de part et d'autre une série de phénomènes liés d'une manière constante et suivant un ordre systématique, et cet enchaînement systématique n'est-il pas de part et d'autre une coordination de phénomènes par rapport à un phénomène futur qui est la conservation de l'animal? Que l'animal prenne sa proie dans un piège, comme l'araignée; ou qu'il la prenne au moyen de ses griffes, puis qu'il la dévore et l'engloutisse, comme le lion ; chacun de ces phénomènes est du même ordre que le précédent ; et s'il a été vrai de dire que les opérations instinctives ont un but, il sera vrai de dire également que toutes les fonctions, qui ne sont elles-mêmes que des opérations instinctives, en ont également un.

La philosophie allemande a cru pouvoir établir une grande différence entre l'industrie de l'homme et l'industrie vitale en ce que dans les œuvres de l'homme[1], l'agent est en dehors de son œuvre, qui est incapable par elle-même de se modifier, tandis que dans les œuvres de la nature, l'agent est caché au

---

1. Nous aurons occasion de revenir plus tard sur cette question (Voir l. II, ch. II, de la finalité inconsciente); nous n'y touchons ici que dans son rapport avec notre recherche actuelle.

fond même de l'organisme et le transforme du dedans et non du dehors. Cette différence, signalée déjà depuis longtemps par Aristote, est peut-être plus apparente que réelle, et ne fait rien à la question qui nous occupe. Beaucoup de fonctions qui sont internes chez certains animaux sont externes chez d'autres; et il serait bien difficile de dire où commence la fonction, où commence l'industrie. L'incubation qui est interne chez les vivipares, est externe chez les ovipares. La poule qui couve ses œufs, exerce-t-elle une fonction ou une industrie? Couver ses œufs, ou en favoriser l'éclosion par la chaleur du corps, comme la poule, ou couver les œufs, et après l'éclosion favoriser le développement des petits par la chaleur du nid sont-ils des phénomènes essentiellement différents? L'incubation interne des vivipares, l'incubation externe des ovipares, l'incubation artificielle par la nidification ne sont-ils pas les mêmes degrés d'une seule et même fonction instinctive? Qu'est-ce en définitive que l'industrie même humaine, si ce n'est un développement de fonction? Qu'est-ce qu'une fonction si ce n'est une industrie interne? Que font les dents si ce n'est un travail de broiement, le cœur, si ce n'est un travail de pompe, l'estomac si ce n'est un travail chimique? Et réciproquement, que faisons-nous quand nous mettons des lunettes, quand nous appliquons un cornet à notre oreille, quand nous employons la sonde œsophagique, ou même que nous prenons une canne, si ce n'est de prolonger extérieurement la fonction interne? Et en quoi ces moyens externes diffèrent-ils, si ce n'est par la grossièreté, des instruments créés par la nature même?

Puisque nous pouvons reproduire chacune de ces opérations par des agents mécaniques artificiels, comment se pourrait-il que chacune de ces opérations ne fût pas une opération mécanique, industrielle? d'où il suit que la fonction étant identique à l'instinct, l'instinct à l'industrie de l'homme, il sera rigoureusement vrai de dire de la fonction ce qui est vrai de l'industrie de l'homme, à savoir qu'elle est une série de phénomènes déterminés d'avance par un dernier phénomène qui en est la raison, en d'autres termes qu'elle est un enchaînement de moyens adaptés à un but.

Il reste cependant une profonde différence entre l'industrie fonctionnelle et l'industrie humaine : c'est que l'industrie artificielle construit les machines dont elle a besoin pour accomplir ces opérations, tandis que les fonctions animales ne sont que les opérations de machines toutes construites. Ainsi l'homme fait des pompes; mais l'animal a reçu de la nature une pompe naturelle qui est le cœur, pour faire circuler le sang; l'homme fait des lunettes, mais l'animal a reçu tout fait de la nature l'œil qui est une véritable lunette, etc.; cette différence est considérable. Mais remontons à l'origine de ces machines naturelles. Quelle que soit la cause qui les a construites, que ce soit l'âme elle-même, comme le veulent les animistes, la force vitale des vitalistes, la nature des panthéistes, l'acte immédiat d'un Dieu créateur, ou même la matière avec ses propriétés primordiales, peu importe; toujours est-il que cette cause, en construisant ces machines, a accompli une série d'opérations absolument semblables à celle d'un ouvrier construisant des machines analogues. Quelle différence y a-t-il entre l'acte par lequel la nature a créé un cristallin, et l'acte par lequel l'homme construit des verres lenticulaires? Quelle différence entre l'acte par lequel la nature crée les dents molaires et l'acte par lequel l'homme fait des meules à moudre? Quelle différence entre l'acte par lequel la nature fait des nageoires, et l'acte par lequel l'homme crée des appareils de natation?

Il y a deux différences : la première c'est que la nature ne sait pas ce qu'elle fait et que l'homme le sait : la seconde, c'est que d'un côté les appareils sont internes, de l'autre ils sont externes : mais ces différences ne détruisent pas les profondes analogies des deux genres d'action; et il reste toujours, de part et d'autre, création de machines : or, comment la même machine pourrait-elle être ici considérée comme un ensemble de moyens et de buts, là comme une simple rencontre de causes et d'effets? Comment la structure d'un appareil pour le vol supposerait-elle chez l'homme, si elle était découverte, un miracle de génie et d'invention, tant le problème est compliqué, tant il est difficile en cette circonstance d'approprier les moyens au but, et comment la solution du même problème trouvée par la nature elle-même pourrait-elle être le simple effet d'une rencontre de causes? Peut-on assigner ainsi deux causes absolument opposés à deux actions absolument identiques?

Pour ce qui est des deux différences signalées, remarquons

d'abord qu'entre l'industrie inconsciente qui crée les organes et l'industrie humaine qui crée les machines, se place un phénomène intermédiaire qui est l'industrie instinctive des animaux : cette industrie est inconsciente comme la première, et elle est externe comme la seconde. Comme l'industrie humaine, l'instinct crée pour l'animal des appareils supplémentaires qui sont des appendices d'organes; comme la force vitale, l'instinct est inconscient et ne sait pas ce qu'il fait. La force vitale (et j'entends par là la cause inconnue, quelle qu'elle soit, qui crée les organes), n'est-elle pas elle-même un instinct qui s'assimile les éléments de la matière extérieure pour s'en faire les appareils nécessaires à l'exécution de ses fonctions? et qu'importe que ces appareils soient internes ou externes? Changent-ils de caractère pour être inséparables de l'animal lui-même, c'est-à-dire pour être liés à la machine organique tout entière, de manière à profiter et à souffrir à la fois de tout ce qui arrive à tout le système!

Je ne méconnais donc pas, encore une fois, les différences de la nature et de l'art, et j'aurai occasion d'y revenir plus tard; mais elles n'importent pas ici. Sans doute, les œuvres humaines n'ont pas en elles-mêmes le principe de leur mouvement, tandis que la nature, dit avec raison Aristote, et surtout la nature vivante, a en soi-même le principe de son mouvement et son repos. Mais la question de savoir jusqu'à quel point un être est doué d'activité intérieure et spontanée est d'un autre ordre que celle de savoir s'il y a dans cet être des moyens et des fins. Or, de part et d'autre, dans les œuvres de l'art aussi bien que dans les œuvres de la nature, il y a un double caractère commun : 1° la relation des parties avec le tout; 2° la relation du tout avec le milieu extérieur, ou les objets sur lesquels il doit agir. Dans une machine, aussi bien que dans un être vivant, chacune des pièces n'a de sens et de valeur que par son rapport avec l'idée générale de la machine : il n'y a pas une partie qui n'ait sa raison dans le tout; comme l'a dit Aristote, le tout est antérieur à la partie; et Kant lui-même a reconnu sous ce rapport, l'identité de la nature et de l'art. Or, n'est-ce pas là le caractère essentiel et distinctif de la finalité? ce n'est donc pas le plus ou moins d'activité intérieure ou de spontanéité qui est ici en question, c'est cette harmonie préétablie de la partie et du tout, qui, commune à la fois aux œuvres de l'art et aux œuvres de la nature, leur confère, aux unes comme aux autres, un caractère incontestable de finalité. De plus, les unes et les autres supposent des conditions extérieures qui leur sont préordonnées. Que l'on invoque avec les Allemands la *vitalité* [1], pour expliquer les phénomènes de la vie, on peut trouver qu'une telle cause ressemble beaucoup aux qualités occultes du moyen-âge : mais quelle que soit d'ailleurs

---

[1] « Il y a un accord merveilleux entre les fonctions des divers organes..... Mais quand on comprend l'essence de l'organisme, on trouve que cette harmonie industrieuse est une suite nécessaire de la *vitalité*. (*Phil. de la nature*, § 245. — *Encyclopédie des sciences physiques*, p. 850.) On remarquera, au reste, que ce n'est pas pour nier la cause finale que Hegel fait intervenir ici le principe vital; mais pour placer au dedans, et non au dehors de l'être vivant la cause de la finalité qui s'y manifeste : question que nous ne discutons pas ici (voir plus loin sur la finalité *immanente*, le ch. II du livre II).

la valeur de cette cause, elle n'exclut pas ce qu'il y a de mécanique dans l'organisation vivante, et ne détruit aucune des analogies que nous avons signalées plus haut. Sans doute, il y a dans l'œil quelque chose de vital, sans quoi il n'exercerait pas ses fonctions : un œil artificiel ne saurait voir : mais vital ou non, l'œil n'en est pas moins un instrument d'optique, une chambre noire parfaitement construite suivant les lois de la physique; le cristallin, tout vital qu'il est, n'en est pas moins un verre lenticulaire; et tous nos organes, sans cesser un instant d'être vivants, n'en sont pas moins en même temps des agents mécaniques, rigoureusement appropriés. Vitalité, soit; toujours est-il que cette vitalité agit comme un habile artiste, qu'elle préordonne toutes les parties conformément à l'idée du tout, en d'autres termes, qu'elle obéit à la loi de finalité : ce qui est pour nous, quant à présent, le seul objet de la discussion.

Par une suite d'inductions analogiques, nous avons essayé d'établir : 1° que nos semblables agissent pour un but; 2° que les animaux, quand ils obéissent à l'intelligence et à la sensibilité agissent pour un but; 3° que les actions instinctives sont dirigées vers un but; 4° que les fonctions elles-mêmes, si analogues aux instincts, sont également dirigées vers un but. — Ce qui nous reste à établir pour épuiser la série de nos industries, c'est que non-seulement les *opérations* des organes, mais la *formation* même de ces organes suppose encore l'idée du but. Or, pour franchir ce dernier passage, nous n'avons qu'à faire remarquer l'identité de la fonction avec l'acte créateur de l'organisation. On peut dire de l'animal ce qu'on a dit du monde : c'est que la conservation n'est qu'une création continuée. En effet, quelle différence y a-t-il entre l'acte nutritif par lequel l'animal répare continuellement les pertes de ses organes et l'acte créateur par lequel il produit ces organes eux-mêmes? Entre ces deux actes, et les unissant l'un à l'autre, se trouve le phénomène de régénération dans les organes mutilés. Tout le monde connaît le fait de la régénération des nerfs, la reproduction des pattes de la salamandre, la reproduction plus étonnante encore de la moitié du corps chez les planaires? Que sont ces phénomènes si ce n'est le développement de cette force réparatrice qui se manifeste dans la nutrition, laquelle pendant une partie de la vie est en même temps une force extensive, puisque l'animal grandit à mesure qu'il se répare. Or, entre les phénomènes de régénération et les phénomènes de formation, y a-t-il autre chose qu'une différence de degré? La force qui pour la première fois a produit la patte de la salamandre a dû agir de la même manière que la même force lorsqu'elle reproduit cette même patte coupée. Et enfin la fonction nutritive elle-même n'est que cette même force de réparation appliquée à conserver l'organe une fois formé. Enfin, si la conservation n'est ici qu'une création continuée, on peut dire que toutes les formes que prend l'acte conservateur chez l'animal, fonction, instinct, industrie réfléchie, science et art, ne sont que les degrés d'une seule et même force : et par conséquent telle elle se montre à son état le plus élevé, c'est-à-dire proportionnant des moyens à un but, telle elle est à son origine : la finalité est donc son essence, sa vraie définition.

Il n'est pas nécessaire de sortir de l'humanité pour retrouver tous les degrés par lesquels cette force passe avant d'arriver à son plus haut degré qui est la finalité volontaire et réfléchie. Dans l'acte volontaire, par exemple l'acte de l'ingénieur qui invente une machine, nous avons conscience et du but à atteindre et des moyens qui y conduisent ; dans l'acte passionné, comme celui du soldat qui monte à l'assaut, nous avons conscience du but, sans avoir conscience des moyens ; dans l'acte instinctif comme celui de l'enfant pressant le sein de la nourrice, il peut y avoir conscience de l'acte, c'est-à-dire plaisir, mais il n'y a conscience ni du but, ni des moyens. Dans l'acte organique, comme l'acte nutritif, il en est de même ; mais il n'y en a pas moins coordination vers un but : dans la reproduction, c'est la mère qui travaille sans savoir ce qu'elle fait à une image semblable aux parents. Ainsi, remontant de fonction en fonction, d'art en art, nous nous trouvons toujours guidés par le fil de l'analogie jusqu'à la première formation des êtres organisés, laquelle (de quelque façon qu'on se la représente) n'a pu être, comme la formation actuelle, qu'un certain choix de moyens accommodés à un but.

Ainsi l'industrie humaine n'est donc pas un phénomène exceptionnel dans la nature : c'est le dernier degré d'une série de phénomènes analogues, qui, de proche en proche, avec une conscience croissante et décroissante, se présentent à nous avec un caractère essentiellement identique, à savoir, la coordination du présent au futur. Ce caractère, saisi par notre conscience, nous atteste l'existence de la finalité : la finalité coexiste donc partout avec lui.

Un seul point nous reste à examiner, pour compléter la démonstration. Tout notre raisonnement repose sur l'analogie. Mais quelle est la valeur logique du raisonnement par analogie? Nous n'avons pas à examiner ici d'une manière abstraite et générale la théorie de l'analogie. Il nous suffira de trouver dans l'expérience une preuve frappante et décisive de la force de ce mode de raisonnement. Cette preuve, nous la trouvons dans la certitude que nous donne la croyance à l'intelligence de nos semblables. D'une part, il est certain que c'est par un raisonnement analogique que nous affirmons l'intelligence chez nos semblables; d'autre part, il est incontestable que cette croyance égale en certitude aucune autre de nos affirmations. L'analogie peut donc avoir une force probante égale à celle que peut donner aucune de nos facultés de connaître.

Lorsque nous passons de nous-mêmes à nos semblables par voie d'induction, il est certain que cette induction n'est qu'une induction analogique; car si semblables que nous soient les autres hommes, ils diffèrent cependant assez pour que chacun constitue une individualité différente; et ce qui rend plus remarquable encore la certitude incomparable de cette induction, c'est qu'un seul cas nous suffit pour conclure à tous : *ab uno disce omnes*. Nous ne connaissons que nous-mêmes; nous ne connaissons donc qu'un seul individu, et nous concluons, sans exception, pour tous les individus semblables à nous. Ainsi, avant d'affirmer que tous les individus d'une espèce ont telle ou telle organisation, les anatomistes en dissèquent un très-grand nombre; ici, au contraire, nous ne pouvons jamais observer directement qu'un seul être : et celui-là seul suffit [1]. Voilà donc une conclusion obtenue par voie d'analogie, qui est égale en certitude à nos affirmations les plus autorisées. C'est même un fait bien remarquable qu'aucun sceptique, à ma connaissance, n'ait jamais mis en doute d'une manière explicite, l'intelligence des autres hommes. Si Descartes a pu dire qu'il y a au moins une vérité certaine, à savoir : je pense, donc j'existe, on peut dire également qu'il est à peu près aussi certain que les autres hommes pensent et qu'ils existent.

Or, si nous nous demandons pourquoi nous supposons que

---

[1]. Dira-t-on que cette combinaison n'est pas un raisonnement par analogie, mais une véritable induction, puisque l'on va du même au même, je réponds que les autres hommes ne sont pas précisément les mêmes êtres que moi, et que les caractères distinctifs de l'individualité sont si saillants dans l'humanité qu'ils constituent des différences véritablement notables : la similitude l'emporte, mais elle est mêlée de beaucoup de différences. De plus, conclure de la similitude des caractères apparents à la similitude des caractères cachés, c'est précisément là ce que l'on appelle *analogie*. Enfin, lorsque nous entendons parler une langue inconnue ou que nous trouvons des caractères d'écriture inconnue, nous n'en concluons pas moins certainement à l'intelligence des hommes qui ont parlé ces langues ou tracé ces caractères : or ici, il est évident que le raisonnement est analogique, puisque les données ne sont ni les langues, ni les signes que nous connaissons et que nous employons nous-mêmes, mais seulement des signes analogues.

les autres hommes pensent, nous verrons que c'est en vertu du principe des causes finales. En effet, qu'est-ce que l'expérience nous montre dans les actions des autres hommes, si ce n'est un certain nombre de phénomènes coordonnés d'une certaine manière, et liés non-seulement ensemble, mais encore à un phénomène futur plus ou moins éloigné ? ainsi lorsque nous voyons un homme préparer ses aliments au moyen du feu, nous savons que cet ensemble de phénomènes est lié à l'acte de se nourrir; lorsque nous voyons un peintre tracer des lignes sur une toile, nous savons que ces actes en apparence arbitraires sont liés à l'exécution d'un tableau : lorsque nous voyons un sourd-muet faire des signes que nous ne comprenons pas, nous croyons que ces gestes sont liés à un effet final qui est d'être compris par celui auquel il s'adresse; enfin, lorsque les hommes parlent, nous voyons que les articulations dont se compose une phrase sont coordonnées les unes aux autres de manière à produire un certain effet final qui est d'éveiller en nous telle pensée et tel sentiment. Or, nous ne pouvons voir de telles coordinations soit actuelles, soit futures, sans leur supposer une cause spéciale; et comme nous savons par l'expérience interne que chez nous-mêmes de telles coordinations n'ont lieu qu'à la condition que l'effet final soit préalablement représenté dans notre conscience, nous supposons la même chose pour les autres hommes; en un mot, nous leur supposons la conscience d'un but, conscience plus ou moins réfléchie, suivant que les circonstances ressemblent plus ou moins à celles qui accompagnent chez nous-mêmes la conscience réfléchie.

Ainsi, lorsque nous affirmons l'intelligence des autres hommes, nous affirmons une vérité d'une certitude indiscutable : et cependant, nous ne l'affirmons qu'au nom de l'analogie, et de l'analogie guidée par le principe des causes finales.

Lorsque nous passons de notre intelligence personnelle à celle des autres hommes, on pourrait encore dire à la rigueur que c'est là une véritable induction, et non une analogie, la limite entre ces deux procédés étant d'ailleurs vague et indécise; mais il n'en est plus de même quand nous passons de l'homme aux animaux : ici, le raisonnement est incontestablement analogique; et cependant il donne des résultats qui sont encore d'une assez grande certitude, pour qu'il n'y ait aucun doute dans la pratique. C'est ainsi que les hommes sont entièrement persuadés qu'il y a chez les animaux sensibilité et, même dans une certaine mesure, intelligence; et ce sont ceux qui les connaissent le mieux qui ont sur ce point la conviction la plus ferme. Le paradoxe de Descartes sur les animaux machines n'a pu être accepté par aucune école philosophique; et celles qui les repoussent le plus sont précisément celles qui sont le plus opposées aux causes finales. Or, ce n'est que par analogie que nous passons de l'homme à l'animal; l'analogie est donc susceptible de donner un très-haut degré de certitude et de conviction.

Que si l'analogie nous a conduits jusque-là avec un degré de rigueur que nul ne conteste, pourquoi cesserait-elle d'avoir la même force démonstrative, lorsque nous passons à des phénomènes voisins, très-semblables à ceux qui ont autorisé nos premières inductions, à savoir de l'intelligence à l'instinct, de l'instinct à la fonction, de la fonction à la construction même de la machine vivante : nous n'avons pas besoin de revenir sur la série des analogies que nous avons exposées plus haut. Il nous suffit d'avoir montré la certitude du procédé analogique dans les deux premiers degrés de cette induction décroissante; c'est la même certitude qui doit s'appliquer aux cas suivants.

En un mot, si, malgré la décroissance des formes, nous sommes autorisés à dire que le polype, tout aussi bien que l'homme, est un animal, quel que soit l'abîme qui sépare l'un de l'autre, nous ne sommes pas moins autorisés à dire que le cristallin, lentille naturelle, est une œuvre d'art, au même titre que la lentille artificielle construite par l'opticien. Que cet art soit conscient ou inconscient, externe ou interne, peu importe, le même objet, identiquement le même, ne peut pas être ici une machine, là un jeu de la nature; et si l'on accorde que c'est une machine, comme il est difficile de le nier, on accorde par là même que c'est un moyen approprié à un but; on accorde l'existence de la cause finale.

Nous avons essayé de ramener à quelque précision l'argument de sens commun qui consiste à conclure de l'industrie de l'homme à l'industrie de la nature. Cet argument peut se ramener à ce principe bien connu : les mêmes effets s'expliquent par les mêmes causes : *eorumdem effectuum eædem sunt causæ.* L'expérience nous montre dans un cas certain et précis l'existence d'une cause réelle, à savoir de la cause finale; dans tous les cas semblables ou analogues, nous conclurons à la même cause, autant du moins que les différences signalées entre les faits ne nous autoriseront pas à mettre en doute l'existence d'une telle cause. Or, il n'y a pas entre les faits signalés de différence qui autorise ce doute; car les deux seules que nous ayons signalées, c'est que l'art humain est d'une part conscient, et de l'autre extérieur à ses produits, tandis que l'art de la nature est inconscient, et intérieur à ses produits. Mais cette seconde différence implique plutôt une supériorité qu'une infériorité; elle implique des machines plus parfaites et un art plus profond; quant à la première, elle ne serait un argument contre la cause finale que si nous affirmions que l'art de la nature n'a pas une cause intelligente : ce que nous ne faisons pas : elle ne vaudrait donc que contre ceux qui admettent une finalité instinctive à l'origine des choses, et non contre nous qui ne nous engageons nullement à défendre cette hypothèse, et qui ne l'avons provisoirement laissée en suspens, que par une simple concession, et pour ne pas compliquer la question.

Ainsi les deux différences, qui existent entre l'art humain et l'art de la nature, n'infirment en aucune façon la force du principe posé, à savoir que les effets s'expliquent par les mêmes causes. La cause finale est donc une cause réelle, attestée par l'expérience interne, et résidant objectivement dans toutes les productions organisées, aussi bien que dans les œuvres de l'art humain.

CHAPITRE IV

L'ORGANE ET LA FONCTION.

Toute la série des inductions précédentes repose sur l'analogie présumée de l'industrie de la nature et de l'industrie humaine. Cette analogie justifiée par la théorie l'est-elle aussi par la science? C'est ce que la suite de ces études nous conduit maintenant à examiner.

L'ancienne physiologie, suivant les traces de Galien, s'occupait principalement de ce que l'on appelait l'*usage des parties*, c'est-à-dire l'appropriation des organes aux fonctions; frappée surtout de l'admirable concordance qui se présente entre la forme de tel ou tel organe, par exemple le cœur, et son usage, elle obéissait à cette pensée préconçue que, pour tout organe la structure révèle l'usage, de même que dans l'industrie humaine la structure d'une machine peut en faire, à priori, reconnaître la destination. Dans cette vue, l'anatomie était la véritable clef de la physiologie : et celle-ci n'en était que la servante. Par le moyen du scalpel, on démêlait la véritable forme et la structure des organes; et l'on déduisait de là les usages de ces organes. Quelquefois cette méthode conduisait à de grandes découvertes; c'est ce qui arriva à Harvey pour la circulation du sang; d'autres fois elle conduisait à l'erreur; le plus souvent on croyait deviner ce qu'en réalité on ne faisait qu'observer. Mais on conçoit quel rôle considérable jouait le principe des causes finales dans cette manière d'entendre la physiologie.

S'il en faut croire les maîtres actuels de la science physiologique, cette méthode qui subordonne la physiologie à l'anatomie, qui déduit les usages et les fonctions de la structure des organes et qui est, par conséquent, plus ou moins inspirée par le principe des causes finales, cette méthode est épuisée ; elle est devenue inféconde ; et une méthode plus philosophique et plus profonde a dû lui être substituée. Il est contraire, dit-on, à l'observation d'affirmer que la structure d'un organe en révèle la fonction. On avait beau connaître à fond la structure du foie, il était impossible d'en déduire l'usage, ou du moins l'un des usages, à savoir la sécrétion du sucre. La structure des nerfs ne révèlera jamais que ces organes soient destinés à transmettre, soit le mouvement, soit la sensibilité. De plus, les mêmes fonctions peuvent s'exercer par les organes les plus différents de structure. La respiration, par exemple, s'exercera ici par des poumons, là par des branchies; chez certains animaux, elle s'accomplira par la peau; chez les plantes par les feuilles. Réciproquement, les mêmes organes serviront chez différents animaux à accomplir les fonctions les plus différentes. C'est ainsi que la vessie natatoire, qui chez les poissons est le véritable analogue des poumons des mammifères, ne sert en rien ou presque en rien à la respiration, et n'est qu'un organe de sustentation et d'équilibre. Enfin dans les animaux inférieurs, les organes ne sont nullement différenciés : une seule et même structure homogène et amorphe, contient virtuellement l'aptitude à produire toutes les fonctions vitales, digestion, respiration, reproduction, locomotion, etc.

De ces considérations, M. Cl. Bernard [1] conclut que la structure des organes n'est qu'un élément secondaire en physiologie; bien plus, que l'organe lui-même n'est encore qu'un objet secondaire, et qu'il faut aller plus loin, plus avant, pénétrer plus profondément pour découvrir les lois de la vie. L'organe, aussi bien que la fonction, n'est qu'une résultante : de même que les corps de la nature inorganique sont toujours plus ou moins des corps composés, que la chimie ramène à des éléments simples, de même les organes des êtres vivants doivent être ramenés à leurs éléments; et de même que la chimie n'est devenue une science que lorsqu'elle a appris à distinguer ainsi les simples des composés, de même la physiologie n'a commencé à être une science que lorsqu'elle a essayé de remonter jusqu'aux principes élémentaires des organes. Cette révolution a été opé-

---

[1] Cl. Bernard, *Les tissus vivants*.

rée par l'immortel Bichat. C'est lui qui le premier a eu la pensée de chercher les éléments de l'organisation, qu'il appelle les *tissus*. Les tissus ne sont pas les organes : un même organe peut être composé de plusieurs tissus; un même tissu peut servir à plusieurs organes. Les tissus sont doués de propriétés élémentaires qui leur sont inhérentes, immanentes, spécifiques : il n'est pas plus possible de déduire à priori les propriétés des tissus, qu'il n'est possible de déduire celles de l'oxygène; l'observation et l'expérience seules peuvent les découvrir. Pour la physiologie philosophique, le seul objet est donc la détermination des propriétés élémentaires des tissus vivants. C'est à la physiologie descriptive à expliquer comment les tissus sont combinés en différents organes suivant les différentes espèces d'animaux, et à déduire les fonctions de ces propriétés élémentaires de la nature vivante, dont elles ne sont que les résultantes. Partout où entre tel tissu, il y entre avec telle propriété; le tissu musculaire sera partout doué de la propriété de se contracter; le tissu nerveux sera partout doué de la propriété de transmission des sensations et des mouvements. Cependant les tissus, à leur tour, ne sont pas encore les derniers éléments de l'organisation. Au delà des tissus est la *cellule*, qui est le véritable élément organique; et ainsi les fonctions des organes ne seront plus que les diverses actions des cellules qui les constituent : on voit par là que la forme et la structure de l'organe, quelque importante qu'elle soit au point de vue de la physiologie descriptive, ne joue plus qu'un rôle secondaire dans la physiologie philosophique, ou physiologie générale.

Un autre physiologiste, M. Ch. Robin[1] énonce également sur cette matière des idées analogues à celles de M. Claude Bernard; mais il les pousse beaucoup plus loin. Le premier, en effet, au delà de l'explication physique, laisse subsister l'explication métaphysique, et même en signale plus d'une fois la nécessité; le second supprime absolument toute explication métaphysique, et ramène tout au physique. Il combat surtout l'assimilation de l'organisme à une machine. Telle était l'idée que l'on s'en faisait dans l'école de Descartes; telle était aussi la définition qu'en donnait un célèbre médecin anglais, Hunter : « L'organisation, disait celui-ci, se ramène à l'idée de l'association mécanique des parties. » Cette théorie, selon M. Robin, ne peut se soutenir dans l'état actuel de la science. Elle conduit en effet à admettre qu'il peut y avoir organisation sans qu'il y ait vie : ainsi, suivant Hunter, un cadavre, tant que les éléments n'en sont pas désassociés, serait aussi bien organisé qu'un corps vivant. C'est là une vue tout à fait fausse; l'organisation ne peut exister sans ses propriétés essentielles; et c'est l'ensemble de ces propriétés en action que l'on appelle la vie. Il est d'ailleurs facile de faire voir que la structure mécanique n'est qu'une des conséquences de l'organisation; mais ce n'est pas l'organisation elle-même. L'exemple des fossiles le démontre suffisamment : dans les fossiles en effet, la forme et la structure persis-

---

1. *Revue des cours scientifiques.* Ire série, t. I.

tent, alors même que les principes immédiats qui les constituaient ont été détruits et remplacés molécule à molécule par la fossilisation. Il ne reste pas trace de la matière même de l'animal ou de la plante qui ont vécu, bien que la structure soit mathématiquement conservée dans les moindres détails ; on croit toucher un être qui a vécu, qui est encore organisé, et l'on n'a sous les yeux que de la matière brute. Non-seulement, suivant M. Robin, la structure ou combinaison mécanique peut subsister sans qu'il y ait organisation ; mais réciproquement, l'organisation peut exister avant tout arrangement mécanique. Il établit en effet une échelle qui nous montre les différents degrés de la complication croissante des organismes : au plus bas degré, sont les éléments anatomiques, au-dessus les tissus, puis les organes, puis les appareils, et enfin les organismes complets. Un organisme, par exemple un animal de l'ordre élevé, est composé d'*appareils* différents dont les actes s'appellent des *fonctions* ; ces appareils sont composés d'*organes*, qui, en vertu de leur *conformation*, ont tel ou tel *usage*; ces organes à leur tour sont composés de *tissus* dont l'arrangement s'appelle *nature* ou *structure*, et qui ont des *propriétés* ; ces tissus se ramènent eux-mêmes à des éléments organiques, appelés *cellules*, qui tantôt se présentent avec une certaine structure, c'est-à-dire sont composées de parties différentes telles que le corps de la cellule, le noyau, le nucléole, etc., et prennent le nom d'*éléments organiques figurés*, tantôt se présentent sans aucune structure, comme une substance amorphe, homogène : telle par exemple la moelle des os, la substance grise du cerveau, etc.

Suivant M. Robin, ce qui caractérise essentiellement l'organisation, c'est un certain mode d'association moléculaire entre les *principes immédiats*[1]. Aussitôt que ce mode d'association moléculaire existe, la substance organisée, avec ou sans structure, homogène ou amorphe, est douée des propriétés essentielle de la vie; ces propriétés sont au nombre de cinq : nutrition, accroissement, reproduction, contraction, innervation. Ces cinq propriétés vitales ou essentielles à l'être vivant, ne se trouvent pas dans tous les êtres vivants ; mais elles peuvent se rencontrer dans tous indépendamment de toute structure mécanique. L'étude des organes et de leurs fonctions n'est donc que l'étude des combinaisons diverses des éléments organiques et de leurs propriétés.

Ainsi, encore une fois, la structure mécanique n'est pas un élément essentiel de l'organisation. Si l'on considère maintenant les propriétés vitales et la première de toutes, la nutrition, on verra encore plus clairement la différence essentielle qui existe entre l'organisation, et une machine. En effet, dans une machine, chacune des molécules reste fixe et immobile moléculairement, sans évolution : si quelque changement de ce genre se manifeste, il amène la destruction du mécanisme. Au contraire, ce changement moléculaire est la condition même

---

1. Composés chimiques, presque exclusivement propres aux êtres organisés.

d'existence de l'organisme. Le mode d'association moléculaire des principes immédiats, dans l'organisation, permet la rénovation incessante des matériaux sans amener la destruction des organes ; bien plus, ce qui caractérise précisément l'organisation, c'est l'idée d'évolution, de transformation, de développement, toutes idées incompatibles et incohérentes avec la conception d'une structure mécanique.

Si nous résumons le sens général des théories physiologiques que nous venons d'exposer et qui paraissent être le plus appropriées à l'état actuel de la science, on verra que non-seulement la physiologie s'affranchit de plus en plus dans ses méthodes, du principe des causes finales, mais encore que dans ses doctrines, elle tend à se préoccuper de moins en moins de la forme et de la structure des organes, et de l'appropriation mécanique à la fonction : ce ne seraient plus là que des considérations littéraires en quelque sorte : la science ne voit plus dans les corps organisés, dans les appareils qui composent ces corps, dans les organes qui composent ces appareils, que des résultantes et des complications de certains éléments simples, ou *cellules* dont on recherche les propriétés fondamentales, comme les chimistes étudient les propriétés des corps simples. Le problème physiologique n'est donc plus, comme au temps de Galien, l'usage ou l'utilité des parties, mais le mode d'action de chaque élément, ainsi que les conditions physiques et chimiques qui déterminent ce mode d'action. D'après les anciennes idées, l'objet que le savant poursuivait dans ses recherches, c'était l'animal, ou l'homme, ou la plante : aujourd'hui, c'est la cellule nerveuse, la cellule motrice, la cellule glandulaire; chacune étant considérée comme douée d'une vie propre, individuelle, indépendante. L'animal n'est plus un être vivant : c'est un assemblage d'êtres vivants; c'est une colonie : quand l'animal meurt, chaque élément meurt l'un après l'autre ; c'est un assemblage de petits *moi*, auxquels même quelques-uns vont jusqu'à prêter une sorte de conscience sourde, analogue aux perceptions obscures des monades leibnitziennes. En se plaçant à ce point de vue, il semble que la célèbre comparaison des philosophes entre les organes et les instruments de l'industrie humaine ne soit qu'une vieille idée superficielle qui ne sert plus à rien dans l'état actuel de la science, et que la finalité, abandonnée depuis si longtemps dans l'ordre physique et chimique, soit destinée aussi à devenir en physiologie un phénomène secondaire et sans portée. Car si une substance amorphe est capable de se nourrir, de se reproduire, de se mouvoir, si d'un autre côté comme dans les nerfs, on ne peut surprendre aucune relation possible entre la structure et la fonction, que reste-t-il, si ce n'est à constater, que dans telle condition telle substance a la propriété de se nourrir, dans telle autre la propriété de sentir, de même que l'on établit en chimie, que l'oxygène a la propriété de brûler, et le chlore la propriété de désinfecter, etc.? en un mot, il ne reste plus que des causes et des effets, et rien qui ressemble à des moyens et des buts.

Tandis que la physiologie moderne, sur les traces de Bichat, néglige la structure et l'usage des organes pour considérer les *éléments physiologiques*, et leurs propriétés; l'anatomie comparée, de son côté, sur les traces de Geoffroy Saint-Hilaire, se détournait également de la forme des organes, pour considérer surtout les *éléments anatomiques*[1] et leurs connexions. L'une et l'autre cherchent le simple dans le composé. L'une et l'autre cherchent à déterminer ces éléments simples, par des rapports d'espace et de temps, soit en décrivant leur place fixe dans l'organisation, soit en décrivant les phénomènes consécutifs qui sont liés avec eux d'une manière constante. On reconnaît ici la rigoureuse méthode de la science moderne, dont l'effort est de se dégager de plus en plus de toute idée préconçue, et se réduit à constater des relations déterminées entre les faits et leurs conditions constantes.

Il n'appartient pas à la philosophie de contester à la science ses méthodes et ses principes; et d'ailleurs, il est de toute vérité que l'objet de la science est de retrouver dans les faits complexes de la nature les faits simples qui servent à la composer. On ne peut donc, à tout point de vue, qu'encourager la

---

1. Il faut distinguer les *éléments physiologiques* ou même *anatomiques* reconnus par l'*histologie* moderne de ce que l'on appelle *éléments anatomiques*, dans l'école de G. St.-Hilaire. Dans le premier cas, il s'agit des derniers éléments des tissus, c'est-à-dire des *cellules*, molécules sphéroïdes, qui sont en quelque sorte les atomes de l'être organisé. Pour G. St.-Hilaire, placé au point de vue de la zoologie, l'élément anatomique, c'est le type élémentaire d'un organe donné, tel qu'il est fixé par sa place dans l'organisation : ce sera, par exemple, le quatrième tronçon du membre antérieur, lequel deviendra main, patte, aile ou nageoire suivant les circonstances, mais qui lui-même n'est aucun de ces organes et ne se caractérise que par ses connexions : c'est donc un élément purement abstrait et idéal, tandis que la cellule est un véritable élément, concret et tombant sous les sens. Voir à l'*Appendice* la Dissertation III sur *G. St.-Hilaire et les causes finales*.

science à la recherche des éléments simples de la machine organisée. Mais la question est de savoir si, parce que la science s'est interdit toute recherche autre que celles qui ramènent des effets à leurs causes prochaines, la philosophie et en général l'esprit humain doivent se borner à cette recherche, si la pensée doit s'interdire à elle-même de rechercher la signification du spectacle qu'elle a devant les yeux, et en particulier quelle est la pensée qui a présidé à la composition des êtres organisés, ou du moins si une pensée y a réellement présidé. Il est facile de montrer que cette recherche n'est nullement exclue par les considérations précédentes. Nous n'avons, en effet, qu'à supposer que l'organisation soit, comme nous le pensons, une œuvre préparée, disposée avec art, et dans laquelle les moyens ont été prédisposés pour des buts ; même dans cette hypothèse, il serait encore vrai de dire que la science doit pénétrer au delà des formes et des usages des organes pour rechercher les éléments dont ils sont composés, et essayer d'en déterminer la nature soit par leur situation anatomique, soit par leur composition chimique; et ce sera le devoir de la science de montrer quelles sont les propriétés essentielles inhérentes à ces éléments. La recherche des fins n'exclut donc pas celle des propriétés, et même la suppose; et la recherche de l'appropriation mécanique des organes n'exclut pas davantage l'étude de leurs connexions. Y eût-il, comme nous le croyons, une pensée dans la nature (pensée consciente ou inconsciente, immanente ou transcendante, peu importe en ce moment), cette pensée ne pourrait se manifester que par des moyens matériels, enchaînés suivant des rapports d'espace et de temps ; et la science n'aurait, même alors, d'autre objet que de montrer l'enchaînement de ces moyens matériels, suivant les lois de la coexistence ou de la succession. L'expérimentation, même aidée du calcul, ne peut rien faire de plus ; et tout ce qui va au delà n'est plus science positive, mais philosophie. Ce n'est plus à proprement parler, la science, c'est la pensée, la réflexion, choses toutes différentes : sans doute, la pensée philosophique se mêle toujours plus ou moins à la science, surtout dans l'ordre des êtres organisés ; mais la science essaie avec raison de s'en dégager de plus en plus, et de ramener le problème à des rapports susceptibles d'être déterminés par l'expérience. Il ne résulte pas de là que la pensée doive s'abstenir de rechercher le sens des choses complexes qui sont devant nos yeux ; et si elle y retrouve quelque chose d'analogue à elle-même, elle ne doit pas s'interdire de le reconnaître et de le proclamer, parce que la science, dans sa sévérité rigoureuse et légitime, s'interdit à elle-même de telles considérations.

Cherchez en effet un moyen de soumettre à l'expérience et au calcul (seuls procédés rigoureux de la science) la pensée de l'univers, dans le cas où une telle pensée y présiderait. Quand l'intelligence a pour se manifester des signes analogues aux nôtres, elle peut se faire reconnaître par de tels signes [1]. Mais

1. Berkley va jusqu'à soutenir dans *Alciphron* que a nature est dans le sens

une œuvre d'art, qui par elle-même n'est pas intelligente, et qui n'est que l'œuvre d'une intelligence (ou de quelque chose d'analogue), cette œuvre d'art n'a aucun signe, aucune parole pour nous avertir qu'elle est une œuvre d'art, et non la simple résultante de causes complexes aveugles. Un homme parle, et nous avons par là des moyens de savoir que c'est un homme ; mais un automate ne parle pas, et ce ne peut être que par analogie, par comparaison, par interprétation inductive que nous pouvons savoir que cet automate n'est pas un jeu de la nature. Ainsi en est-il des œuvres naturelles : fussent-elles l'œuvre d'une pensée prévoyante, ou si l'on veut d'un art latent et occulte, analogue à l'instinct, ces œuvres de la nature n'ont aucun moyen de nous faire savoir qu'elles sont des œuvres d'art, et ce ne peut être que par comparaison avec les nôtres que nous en jugeons ainsi.

La pensée, dans l'univers, en supposant qu'elle se manifestât d'une manière quelconque, ne pourrait donc jamais être reconnue autrement que de la manière où nous prétendons y arriver, c'est-à-dire par l'induction analogique : jamais elle ne sera objet d'expérience et de calcul : par conséquent la science pourra toujours en faire abstraction si elle le veut ; mais parce qu'elle en aura fait abstraction, et qu'au lieu de chercher la signification rationnelle des choses, elle se sera

---

propre du mot un langage de Dieu ; nos sensations sont les signes des propriété mathématiques des choses, avec lesquelles elles n'ont aucune ressemblance mais c'est là une conception un peu mystique qui ne pourrait être acceptée qu'avec beaucoup de modifications et de réserves.

contentée d'en montrer l'enchaînement physique, peut-elle croire sans une illusion inexplicable, qu'elle a écarté et réfuté toute supposition téléologique ?

Montrer, comme elle le fait, que ces machines apparentes se réduisent à des éléments doués de telles propriétés, ce n'est nullement démontrer que ces machines ne sont pas l'œuvre d'une industrie, ou d'un art dirigé vers un but. Car cette industrie (aveugle ou non) ne peut en toute hypothèse construire des machines qu'en se servant d'éléments dont les propriétés sont telles qu'en se combinant ils produisent les effets voulus. Les causes finales ne sont pas des miracles; ce ne sont pas des effets sans cause. Il n'est donc pas étonnant qu'en remontant des organes à leurs éléments, on trouve les propriétés élémentaires dont la combinaison ou la distribution produiront ces effets complexes que l'on appelle des fonctions animales. L'art le plus subtil et le plus savant, fût-ce l'art divin, ne produira jamais un tout qu'en employant des éléments doués des propriétés qui rendent possible ce tout. Mais le problème pour le penseur, c'est d'expliquer comment ces éléments ont pu se coordonner et se distribuer de manière à produire ce phénomène final que nous appelons une plante, un animal, un homme.

Puisque nous maintenons comme légitime la vieille comparaison de l'art humain et de l'industrie de la nature, faisons voir par un exemple, comment la théorie physiologique des éléments vitaux n'exclut nullement l'hypothèse de la finalité. Soit un instrument de musique, dont nous ne connaissions pas l'usage et que rien ne nous avertisse être l'œuvre de l'art humain ; ne pourrait-on pas dire à ceux qui supposeraient que c'est une machine disposée pour servir à l'art du musicien, que c'est là une explication superficielle et toute populaire ; que peu importe la forme et l'usage de cet instrument ; que l'analyse, en le réduisant à ses éléments anatomiques, n'y voit autre chose qu'un ensemble de cordes, de bois, d'ivoire, etc., que chacun de ces éléments a des propriétés essentielles et immanentes : les cordes, par exemple, ont celles de vibrer, et cela dans leurs plus petites parties (leurs cellules) ; le bois a la propriété de résonner ; les touches en mouvement, ont la propriété de frapper, et de déterminer le son par la percussion. Qu'y a-t-il d'étonnant, dirait-on, à ce que cette machine produise tel effet, par exemple, fasse entendre une succession de sons harmonieux, puisqu'en définitive, les éléments qui la composent ont les propriétés nécessaires à produire cet effet ? Quant à la combinaison de ces éléments, il faut l'attribuer à des circonstances heureuses qui ont amené cette résultante, si analogue à une œuvre préconçue. Qui ne voit, au contraire, qu'en ramenant ici le tout complexe à ses éléments et à leurs propriétés essentielles, on n'a rien démontré contre la finalité qui réside dans cet instrument ; puisqu'elle y réside en réalité, et que cette finalité exige précisément, pour que le tout soit apte à produire l'effet voulu, que les éléments aient les propriétés que l'on y reconnaît.

Les savants sont trop portés en général à confondre la doctrine de la cause finale avec l'hypothèse d'une force occulte agissant sans moyens physiques, comme un *Deus ex machina*. Ces deux hypothèses, loin de se réduire l'une à l'autre, se contredisent formellement : car qui dit *but* dit en même temps *moyen*, c'est-à-dire cause apte à produire tel effet. Découvrir cette cause, ce n'est nullement détruire l'idée du but : c'est au contraire mettre au jour la condition *sine quâ non* de la production du but.

Les causes finales n'excluent pas, elles exigent au contraire les causes physiques ; réciproquement, les causes physiques n'excluent pas, mais appellent les causes finales. C'est ce que Leibniz a exprimé en termes d'une remarquable précision : « Il est bon, dit-il, de concilier ceux qui espèrent d'expliquer mécaniquement la formation de la première tissure d'un animal et de toute la machine des parties avec ceux qui rendent raison de cette même structure par les causes finales. L'un et l'autre est bon, et les auteurs qui suivent ces voies différentes ne devraient point se maltraiter ; car je vois que ceux qui s'attachent à expliquer la beauté de la divine anatomie se moquent des autres qui croient qu'un mouvement de certaines liqueurs qui paraît fortuit a pu faire une si belle variété de membres, et traitent ces gens-là de téméraires et de profanes. Et ceux-ci au contraire traitent les premiers de simples et de superstitieux, semblables à ces anciens qui prenaient les physiciens pour impies quand ils soutenaient que ce n'est pas

Jupiter qui tonne, mais quelque matière qui se trouve dans les nues. Le meilleur serait de joindre l'une et l'autre considération [1]. »

On n'a donc rien prouvé contre les causes finales quand on a ramené les effets organiques à leurs causes prochaines et à leurs conditions déterminantes. On dira, par exemple, qu'il n'est point étonnant que le cœur se contracte, puisque le cœur est un muscle, et que la contractilité est une propriété essentielle des muscles : mais n'est-il pas évident que si la nature a voulu faire un cœur qui se contracte, elle a dû employer pour cela un tissu contractile, et ne serait-il pas fort étonnant qu'il en fût autrement ? A-t-on expliqué par là la savante structure du cœur et la savante mécanique qui s'y manifeste ? La contractilité musculaire explique que le cœur se contracte ; mais cette propriété générale qui est commune à tous les muscles, ne suffit pas à expliquer comment et pourquoi le cœur se contracte d'une manière plutôt que d'une autre, pourquoi il a pris telle configuration et non pas une telle autre : « Ce que le cœur présente de particulier, dit M. Claude Bernard, c'est que les fibres musculaires y sont disposées de manière à former une sorte de poche dans l'intérieur de laquelle se trouve le liquide sanguin. La contraction de ces fibres a pour résultat de diminuer les dimensions de cette poche, et par conséquent de chasser au moins en partie le liquide qu'il contenait. La dispo-

---

[1]. Leibniz, *Discours de métaphysique* (opuscules inédits, 1857), p. 353.

sition des valvules donne au liquide expulsé la direction convenable. » Or la question qui préoccupe ici le penseur, c'est précisément de savoir comment il se fait que la nature employant un tissu contractile, lui ait donné la structure et la disposition *convenables*, et comment elle a su le rendre propre à la fonction spéciale et capitale de la circulation. Les propriétés élémentaires des tissus sont les conditions nécessaires dont la nature se sert pour résoudre le problème, mais n'expliquent nullement comment elle a réussi à le résoudre. M. Claude Bernard d'ailleurs ne se refuse pas à la comparaison inévitable de l'organisation avec les œuvres de l'industrie humaine, et même il y recourt souvent, par exemple, lorsqu'il dit : « Le cœur est essentiellement une *machine motrice* vivante, une *pompe foulante* destinée à laisser dans tous les organes un liquide qui les nourrisse... A tous les degrés de l'échelle animale, le cœur remplit cette fonction d'*irrigation mécanique* [1]. »

[1]. Aucun physiologiste n'a plus insisté sur cette comparaison que M. Moleschott, l'un des chefs du nouveau matérialisme : « Ainsi que la machine à vapeur, la *machine humaine* ne travaille que si l'on y introduit des combustibles qui en brûlant produisent du calorique dont une partie se convertit en travail. Mais ce travail ne s'exécute pas sans des résistances qui en absorbent une partie considérable. A cet égard la machine humaine surpasse jusqu'à présent tous les mécanismes produits par l'industrie. En effet le travail de cette machine peut s'élever au cinquième de l'équivalent mécanique du calorique produit, tandis que les autres machines obtiennent à peine la moitié de ces résultats. — Le corps humain s'use continuellement ; mais cette *cornue* qu'on appelle l'estomac dissout et prépare... Elle les verse dans un *tube* très-long... Le sang par le moyen d'une *pompe aspirante et foulante* en arrose toutes les *soupapes*, les *ressorts*, les *pistons*, les *roues*... les combustibles doivent être taillés par des *ciseaux*, écrasés par des *meules*... A ces procédés mécaniques de division vient s'ajouter l'action de huit ou dix *réactifs* chimiques... La *cheminée* ne manque pas à la machine humaine... La circulation du sang est un problème d'*hydraulique*... Les nerfs servent de *rênes* et d'*éperons*,... etc. » (Voy. *Revue scientifique*, 2ᵐᵉ partie, t. I, p. 487-488.)

Il faut distinguer d'ailleurs avec le savant physiologiste que nous venons de citer la physiologie et la zoologie : « Pour le physiologiste, ce n'est pas l'animal qui vit et meurt, mais seulement les matériaux organiques qui le constituent. De même qu'un architecte avec des matériaux ayant tous les mêmes propriétés physiques, peut construire des édifices très-différents les uns des autres dans leurs formes extérieures, de même aussi la nature avec des éléments organiques, possédant identiquement les mêmes propriétés organiques, a su faire des animaux dont les organes sont prodigieusement variés. » En d'autres termes, la physiologie étudie l'abstrait, et la zoologie le concret ; la physiologie considère les éléments de la vie, et la zoologie les êtres vivants, tels qu'ils sont réalisés, avec leurs formes innombrables et variées. Or, ces formes qui les construit? Sont-ce les matériaux qui d'eux-mêmes se réunissent et se coagulent pour donner naissance à ces appareils si compliqués et si savants? Cl. Bernard revient encore ici à la vieille comparaison tirée de l'architecture. « On pourra, dit-il, comparer les éléments histologiques aux matériaux que l'homme emploie pour élever le monument. » C'est ici le cas de rappeler avec Fénelon, la fable d'Amphion dont la lyre attirait les pierres, et les conduisait à se réunir de manière à disposer d'elles-mêmes les murailles de Thèbes. C'est ainsi que dans le système matérialiste les atomes organisés se réunissent pour former des plantes et des animaux. Sans doute, pour qu'une maison subsiste, il faut que les pierres dont elle se compose aient la propriété de la pesanteur : mais cette propriété explique-t-elle comment les pierres forment une maison ?

Non-seulement il faut distinguer la physiologie et la zoologie, mais dans la physiologie elle-même on distinguera encore, suivant le même auteur, la physiologie *descriptive* et la physiologie *générale*. C'est la physiologie générale qui recherche les éléments organiques et leurs propriétés ; la physiologie descriptive est bien obligée de prendre les organes tels qu'ils sont, c'est-à-dire comme des résultantes, formées par la réunion des éléments organiques. Or, ce sont ces résultantes qui provoqueront toujours l'étonnement des hommes, et que l'on n'a pas expliquées par la réduction aux éléments. Sans doute, tant que les éléments anatomiques ou organiques ne sont qu'à l'état d'éléments, nous n'y apercevons pas le secret des combinaisons qui les rendent aptes à produire tel ou tel effet; et il en est peut-être de même pour les tissus; mais lorsque les tissus se transforment en organes, et que les organes s'unissent pour former des individualités vivantes, ces combinaisons sont autre chose que des complications : ce sont de véritables constructions; et plus l'organisme se complique, plus il ressemble à des combinaisons savantes, produits de l'art et de l'industrie. Le problème reste donc tout entier quelque idée que l'on se forme de l'organisation, que l'on y voie une combinaison mécanique, ou une combinaison chimique. Car dans ce dernier cas, il reste toujours à savoir, comment cette combinaison chimique réussit à passer de cet état amorphe par lequel on dit qu'elle commence, à cette structure compliquée et si savamment appropriée, que l'on remarque à tous les degrés de l'échelle des êtres vivants.

Nous admettons que la structure ou forme des organes n'en révèle pas toujours les fonctions, par exemple, on a pu déterminer par des travaux rigoureux la forme géométrique des cellules nerveuses qui composent soit les nerfs sensitifs, soit les nerfs moteurs : mais il n'y a nul rapport entre la figure de ces cellules et leurs fonctions; quel rapport, par exemple, peut-il y avoir entre la forme triangulaire et la sensibilité, la forme quadrangulaire et l'influence motrice? Ces rapports même ne sont pas constants : car chez les oiseaux, par exemple, elles présentent une disposition précisément inverse : les cellules motrices y sont triangulaires, et les cellules sensitives quadrangulaires. On voit donc que ces formes ont en réalité peu d'importance, et que l'on ne déduira pas ici la fonction de la structure. Cela est évident, mais d'une part la forme géométrique ne doit pas être confondue avec la disposition mécanique; et de l'autre la structure elle-même doit être distinguée du fait de l'appropriation [1]. Ainsi, quelle que soit la signification de la figure des cellules nerveuses, n'eût-elle aucun rapport avec une fonction donnée, toujours est-il que les nerfs doivent avoir une disposition telle qu'ils mettent en communication le centre avec les

---

1. En effet, il peut y avoir appropriation chimique, physique, dynamique, aussi bien que mécanique. Par exemple, la combinaison chimique qui se fait dans le poumon, si apte à l'entretien de la vie, est aussi bien un phénomène d'appropriation et de finalité que la structure des valvules du cœur.

organes, et ceux-ci avec le milieu externe : cette disposition de convergence et de divergence des parties au centre et du centre aux organes a un rapport évident avec la sensibilité et la locomotion, lesquelles en ont un non moins évident avec la conservation de l'animal. De plus, lors même que la structure n'aurait aucune signification, le fait de l'appropriation ne subsiste pas moins. Par exemple, je ne sais si la structure des glandes salivaires et mammaires ont un rapport quelconque avec les sécrétions spéciales opérées par ces deux sortes d'organes; cependant n'y eût-il rien de semblable, le fait de la sécrétion salivaire n'en est pas moins dans un remarquable rapport d'appropriation et d'accord avec la fonction nutritive; et la sécrétion du lait, laquelle ne paraît qu'au moment où elle est utile, et par une heureuse coïncidence avec l'acte de parturition, n'en présente pas moins l'appropriation la plus frappante, l'accord le plus saisissant avec le résultat final qui est la conservation du petit.

Nous sommes loin de soutenir que la vie ne soit autre chose qu'un agrégat mécanique; au contraire, c'est un de nos principes que la vie est supérieure au mécanisme; mais sans être elle-même une combinaison mécanique, elle se construit des moyens mécaniques d'action, d'autant plus délicats que les difficultés sont plus nombreuses et plus complexes : « La vie, dit Claude Bernard, réside exclusivement dans les éléments organiques du corps : tout le reste n'est que *mécanisme*. Les organes ne sont que des appareils construits *en vue* de la conservation des propriétés élémentaires... Ces ensembles d'organes qu'on appelle des appareils anatomiques sont indispensables au jeu de l'organisme, mais non à la vie elle-même. Ils ne représentent que de simples mécanismes de perfectionnement rendus nécessaires par la complication des amas d'éléments anatomiques qui constituent la vie d'un organisme plus ou moins supérieur. Ces appareils sont utiles, mais non indispensables à la vie des cellules. En effet, on connaît et l'on observe des cellules vivant absolument dans le milieu extérieur : par exemple, les animaux monocellulaires... mais dès que d'une simple cellule, nous passons à un organisme composé, nous comprenons qu'un système nerveux, un système circulatoire, deviennent nécessaires : car comment les éléments placés dans la profondeur, loin du milieu extérieur, pourraient-ils en recevoir les excitations¹? »

Ainsi la vie crée et distribue en systèmes les organes dont elle a besoin, à mesure qu'elle se complique. Qui pourrait donner un autre nom que celui d'art et d'industrie à ce travail intérieur de la nature vivante? et ce travail lui-même, qu'est-il autre chose qu'une appropriation progressive? Le dernier mot est donc toujours le même ; et ce mot est : finalité.

Ainsi il importe peu à notre point de vue et même il ne lui importe en aucune façon que l'organisation soit essentiellement et par définition une combinaison mécanique. Il nous suffit de

---

1. Cl. Bernard, *Revue des cours scientifiques*, 13 février 1875.

savoir que dans la plupart des cas, et à mesure qu'elle se perfectionne, la substance organisée se crée à elle-même pour réaliser ses fonctions, des agents mécaniques. Sans doute, la substance organisée dont est composé l'œil, ou le cœur, ou l'aile n'est pas en elle-même un corps mécanique; mais elle est capable, par une virtualité qui est en elle, de se former des instruments d'action où se manifeste la plus savante mécanique; et c'est ce qui suffit à la doctrine philosophique de la finalité.

Ce n'est pas au hasard que la substance organisée passe de ce premier état homogène, amorphe, indéterminé, qui paraît être son début, à cet état de complication savante où elle se manifeste dans les animaux supérieurs : c'est suivant une loi, la loi du perfectionnement progressif de fonctions en raison de la différenciation progressive des organes. C'est cette loi que M. Milne Edward a appelée ingénieusement *loi de la division du travail*[1], et dont il a fait remarquer avec raison la haute importance dans le développement de l'animalité; or dans l'expression même de cette heureuse formule, qui ne voit combien il est difficile à la science d'échapper à cette comparaison du travail humain et du travail de la nature ? tant il est évident que ces deux sortes de travail ne sont que les degrés d'un seul et même fait. A l'origine, dans l'humanité, comme dans l'organisme vivant, tous les besoins, toutes les fonctions sont en quelque sorte confondues ; la diversité de fonctions commence avec la

---

1. *Introduction de zoologie générale* (ch. III). Voir aussi *Dictionnaire classique d'histoire naturelle* (1827), art. *organisation des animaux*.

diversité des organes et des besoins : la première division du travail est celle qui a été instituée par la nature. Mais à mesure que les besoins se multiplient, les actions et les fonctions des individus se séparent, et les moyens d'exercer ces actions diverses avec plus de commodité et d'utilité pour l'homme, se multiplient à leur tour : l'industrie humaine n'est donc autre chose que la prolongation et le développement du travail de la nature. Ainsi la nature fait des organes de préhension, les bras et les mains; l'industrie les prolonge par le moyen des pierres, des bâtons, des sacs, des seaux, et de toutes les machines à abattre, à creuser, à piocher, à fouiller, etc. La nature crée des organes de trituration mécanique des aliments; l'industrie les prolonge par ses instruments qui servent à couper, à déchirer, à dissoudre d'avance ces aliments par le feu, par l'eau, par toutes sortes de sels; et ainsi l'art culinaire devient comme le succédané de l'art digestif. La nature nous donne les organes du mouvement, qui sont déjà des merveilles de mécanique, si on les compare aux organes rudimentaires des mollusques et des zoophytes : l'industrie humaine prolonge et multiplie ces moyens de locomotion à l'aide de toutes les machines motrices, et des animaux employés comme machines. La nature nous donne des organes protecteurs ; nous y ajoutons par le moyen des peaux des animaux, et par toutes les machines qui servent à les préparer. La nature enfin nous donne des organes des sens; l'industrie humaine y ajoute par d'innombrables instruments, construits d'après les mêmes principes que les organes eux-mêmes, et qui sont des moyens soit de remédier aux défaillances et aux infirmités de nos organes, soit d'en accroître la portée, d'en perfectionner l'usage.

On voit que la comparaison faite de tout temps entre l'industrie de la nature et l'industrie humaine n'est pas du tout une comparaison superficielle et métaphorique. Cette comparaison se fonde sur ce fait certain et démontré par la science que l'industrie humaine n'est que la prolongation, la continuation de l'industrie de la nature, l'homme faisant sciemment [1] ce que la nature a fait jusque là par instinct. Réciproquement on peut donc dire que la nature en passant de l'état rudimentaire où se manifeste d'abord toute substance organisée jusqu'au plus haut degré de la division du travail physiologique, a procédé exactement comme l'art humain, inventant des moyens de plus en plus compliqués, à mesure que de nouvelles difficultés se présentaient à résoudre. Soit un gaz, par exemple la vapeur d'eau douée d'une propriété élastique, utiliser cette propriété pour la production d'un travail quelconque : voilà le problème de la machine à vapeur. Soit un liquide appelé sang, et doué d'une certaine propriété nutritive et réparatrice, utiliser cette propriété, en trouvant le moyen de mettre ce liquide en communication avec les organes, tel est le problème de l'appareil circulatoire. De part et d'autre la nature et l'art débutent

---

1. Encore ici faut-il faire une distinction : les premiers arts n'ont été trouvés qu'empiriquement, et les premières inventions, sans être absolument instinctives, ne sont pas le résultat de la réflexion savante : ce n'est qu'assez tard que les inventions deviennent scientifiques.

par les moyens les plus simples : de part et d'autre la nature et l'art s'élèvent aux combinaisons les plus savantes, les plus profondes, les plus méditées.

En résumé, la doctrine du *mécanisme* ou *déterminisme* physiologique, si rigoureusement qu'on l'entende, (et la science ne saurait l'entendre d'une manière trop rigoureuse) n'exclut pas, et même appelle l'hypothèse d'une pensée et d'un art qui a présidé au développement de la nature vivante. Le savant physiologiste, M. Cl. Bernard, dont nous venons de discuter les idées, bien loin de rejeter ces conclusions, les admet lui-même, et les exprime avec plus d'autorité encore que nous ne pourrions le faire, lorsqu'il reconnaît une *idée directrice et organisatrice* [1], qui règle et commande ce qu'il appelle « l'évolution morphologique » de l'animal, lorsqu'il admet un *dessin vital* [2] qui sert de type et de plan à la formation et au développement de l'être organisé, lorsqu'il distingue les conditions matérielles qui sont l'objet de la science, des véritables causes tout intellectuelles qui appartiennent à la métaphysique : distinction profonde que l'auteur, sans le savoir peut-être, retrouve après Platon [3], et qui est le nœud du problème des causes finales.

Mais cette théorie d'une idée organique, même en lui ôtant

---

[1]. Cl. Bernard, *Introduction à la médecine expérimentale*, p. 162.
[2]. *Revue des Deux-Mondes*, 1875.
[3]. « Autre chose est la cause, autre chose est ce sans quoi la cause ne serait pas cause. » ἄλλο μὲν τί ἐστι τὸ αἴτιον, ἄλλο δ᾽ ἐκεῖνο ἄνευ οὗ τὸ αἴτιον οὐκ ἄν εἴη αἴτιον. (Platon, Phédon. — Éd. H. Étienne, 99.)

le gouvernement des phénomènes particuliers pour ne lui laisser que la direction de l'ensemble, a paru encore une idée trop métaphysique à M. Ch. Robin; et ce savant a essayé de pousser l'explication mécanique jusqu'à ses dernières conséquences. Des vues exposées plus haut sur l'organisation, M. Robin a cru pouvoir tirer une théorie de l'appropriation des organes aux fonctions [1] qui exclurait absolument toute idée de plan, d'induction et d'art, pour ne laisser subsister que le principe des *conditions d'existence* [2]. L'appropriation n'est, suivant lui, qu'un de ces phénomènes généraux de la matière organisée que l'on peut appeler avec Blainville des *phénomènes-résultats*. De ce genre sont, par exemple, la calorification végétale ou animale, l'hérédité, la conservation des espèces, etc. Ces phénomènes ne sont pas les actes d'un appareil déterminé et particulier; ce sont des résultantes qui résument l'ensemble des phénomènes de la matière vivante, et qui tiennent à la totalité des conditions de l'être organisé. Suivant M. Robin, la physiologie est arrivée à pouvoir déterminer rigoureusement les conditions de cette appropriation, qui est devenue par là un fait positif; et toute hypothèse sur la finalité des organes est absolument inutile.

Il écarte d'abord une doctrine qu'il appelle « aristotélique, »

---

[1]. *De l'appropriation des organes aux fonctions.*
[2]. L'école positiviste substitue au principe des *causes finales* celui des *conditions d'existence* : aucun être ne peut subsister sans les conditions qui le rendent possible ; ces conditions étant données, il sera ; étant absentes, il ne sera pas. Rien de plus simple ; mais qui est-ce qui fait que telles conditions sont données ?

et qui est celle de la physiologie allemande contemporaine, de Burdach et de Muller, et que ne répudierait pas M. Claude Bernard; à savoir que l'œuf ou le germe est l'organisme en puissance [1]. Cette doctrine ne diffère pas sensiblement, selon M. Robin, de celle de la *préformation* des organes, ou *emboîtement des germes*, développée au xviii° siècle par Bonnet, et qui était déjà dans Leibniz et dans Malebranche. Suivant ces philosophes, le germe contiendrait déjà en miniature l'animal entier, et le développement ne serait qu'accroissement et grossissement. Or, dire que l'œuf est l'animal en puissance, n'est-ce pas dire à peu près la même chose sous une autre forme? Et comment serait-il virtuellement l'animal entier, s'il n'en contenait pas déjà une certaine préformation? Or, l'expérience paraît absolument contraire à toutes ces hypothèses. Le germe, vu au microscope le plus grossissant, ne présente aucune apparence d'un organisme formé; bien plus, au premier degré de leur évolution tous les germes sont identiques, et il n'y a aucune différence entre celui de l'homme et celui des animaux placés les plus bas dans l'échelle zoologique. Enfin, dans l'hypothèse de la préformation ou de l'organisme en puissance, tous les organes devraient apparaître en même temps; tandis que l'expérience nous fait voir les organes se former pièce à pièce par une addition extérieure, et naissant l'un après l'au-

---

[1]. « Le germe est le tout *in potentiâ*; quand il se développe, les parties intégrantes apparaissent *in actu*. En observant l'œuf couvé, nous voyons apparaître sous nos yeux cette centralisation de parties émanant d'un tout potentiel. » (Muller, *manuel de physiol.*, trad. franç., t. I, prolég. p. 20).

tre. Telle est la doctrine de l'*épigénèse* adoptée aujourd'hui par l'embryologie, et qui a fait disparaître définitivement celle de la préformation. S'il en est ainsi, ce n'est pas le *tout* qui précède les parties; ce sont les parties qui précèdent le tout : le tout ou l'organisme n'est pas une cause; il n'est qu'un effet. Que devient l'hypothèse de Kant, de Cuvier, de Muller, de Burdach qui tous s'accordent à supposer que dans l'organisme les éléments sont commandés, conditionnés, déterminés par l'ensemble? Que devient l'*idée créatrice, directrice* de M. Cl. Bernard? Cette hypothèse est encore réfutée par ce fait que les déviations du germe, d'où naissent les monstruosités, les difformités, les maladies congéniales, sont presque aussi nombreuses que les formations normales; et suivant l'expression énergique de M. Ch. Robin, « le germe oscille entre la vie et la mort. » Enfin, les monstruosités elles-mêmes sont des productions vitales qui naissent, se développent et vivent tout aussi bien que les êtres normaux, de sorte que si l'on admet les causes finales, il faudrait admettre « que le germe contient en puissance aussi rigoureusement le monstre que l'être le plus parfait. »

Ce sont là de fortes considérations; mais elles ne sont pas décisives. Pour que je puisse dire, en effet, qu'une maison est une œuvre d'art, il n'est nullement nécessaire que la première pierre, la pierre fondamentale soit elle-même une maison en miniature, que l'édifice soit préformé dans la première de ses parties. Il n'est pas nécessaire davantage que cette pierre contienne la maison tout entière en puissance; c'est-à-dire qu'elle soit habitée par une sorte d'architecte invisible qui de ce premier point d'appui dirigerait tout le reste. On peut donc renoncer à la théorie de la préformation, sans renoncer pour cela à la finalité. Bien plus, il semble que la doctrine de la préformation serait encore plus favorable à l'exclusion de la finalité; car étant donné un organisme en miniature, je comprendrais encore à la rigueur que l'accroissement et le grossissement se fissent par des lois purement mécaniques; mais ce que je ne comprends pas, c'est qu'une juxtaposition ou addition de parties qui ne représente que des rapports extérieurs entre les éléments, se trouve peu à peu avoir produit une œuvre que j'appellerais une œuvre d'art si un Vaucauson l'avait faite, mais qui est bien autrement compliquée et délicate qu'un automate de Vaucauson. Sans doute, même dans l'hypothèse de la préformation, il faudrait toujours expliquer le type contenu dans le germe; mais pour la même raison, il faut pouvoir expliquer le type réalisé par l'organisme entier; et, que l'animal soit préformé ou non, le problème reste toujours le même. Dans l'hypothèse de la préformation, le type paraît formé tout d'un coup; dans celle de l'épigénèse, il se forme pièce à pièce; mais de ce qu'une œuvre d'art se forme pièce à pièce, ce qui tient à la loi du temps, loi de toutes les choses temporelles et périssables, il ne s'ensuit nullement qu'elle ne soit pas une œuvre d'art; et l'évolution graduelle n'exige pas moins une idée directrice et créatrice que l'éclosion subite du tout, en supposant qu'une telle éclosion soit possible. Ainsi, pour qu'il soit permis de dire avec M. Claude Bernard qu'une idée directrice et créatrice préside à l'organisme, avec Muller et Kant que le tout commande et conditionne les parties, il n'est point nécessaire que cette idée soit dessinée d'avance aux yeux sensibles dans le noyau primitif de l'être futur. De ce que je ne vois pas d'avance le plan de la maison, il ne s'ensuit pas qu'il n'y en ait pas. Dans un tableau composé par un peintre, les premiers linéaments ou les premières touches ne contiennent pas le tableau tout entier et n'en sont pas la préformation; et cependant, ici c'est bien l'idée du tout qui détermine l'apparition de ces premières parties. De même l'idée peut être immanente à l'organisme entier sans être exclusivement présente dans l'œuf ou dans le germe, comme si le point initial de l'organisation eût dû, sous ce rapport, être plus privilégié que les autres parties de l'être vivant.

Quant à la difficulté tirée des déviations du germe, elle ne serait décisive contre la finalité que si l'organisme était présenté comme un tout absolu, sans aucun rapport avec le reste de l'univers, comme un empire dans un empire, *imperium in imperio*, dit Spinosa. En ce cas seulement, il y aurait contradiction à ce que les actions et les réactions du milieu amenassent des déviations dans ce tout. L'organisme n'est qu'un tout relatif : ce qui le prouve, c'est qu'il ne se suffit pas à lui-même, et qu'il est lié nécessairement à un milieu extérieur; dès lors, les modifications de ce milieu ne peuvent pas ne pas agir sur lui; et, si elles peuvent agir dans le cours de la croissance, il n'y a pas de raison pour qu'elles n'agissent pas également lorsqu'il est encore à l'état de germe. Il en résulte des déviations primordiales, tandis que les altérations qui ont lieu plus tard ne sont que secondaires; et si les monstruosités continuent à se développer aussi bien que les êtres normaux, c'est que les lois de la matière organisée continuent leur action lorsqu'elles sont détournées de leur but, ainsi qu'une pierre lancée qui rencontre un obstacle change de direction et poursuit néanmoins sa course en vertu de la vitesse acquise.

Le vrai problème pour le penseur, ce n'est pas qu'il y ait des monstres; c'est qu'il y ait des êtres vivants : de même que ce qui m'étonne, ce n'est pas qu'il y ait des fous, mais c'est que tous les hommes ne naissent pas fous, l'œuvre de construire un cerveau pensant étant abandonnée à une matière qui ne pense point. — Ils ne vivraient pas, dira-t-on, s'ils naissaient fous. — Aussi dirai-je : comment se fait-il qu'il y ait des hommes, et qui pensent? — Le germe oscille, nous dit-on, entre la vie et la mort. — Qu'il oscille tant qu'il voudra, il se fixe cependant, puisque les espèces durent, et que d'oscillation en oscillation, la nature est arrivée à créer la machine humaine, laquelle à son tour crée tant d'autres machines. Le tâtonnement d'une nature aveugle peut-il, quoiqu'on fasse, aller jusque-là? Même dans l'humanité, les tâtonnements ne réussissent à produire des effets déterminés et à profiter des chances heureuses, qu'à la condition d'être conduits. C'est ainsi, par exemple, que l'empirisme et non la science a trouvé, dans les âges précédents, la plupart de nos procédés industriels. C'est une suite de chances heureuses, si l'on veut, et non un art réfléchi et systématiquement conduit; mais au moins fallait-il quelqu'un pour remarquer ces chances heureuses et les reproduire à volonté. On raconte que l'un des plus curieux perfectionnements de la machine à vapeur est dû à l'étourderie d'un jeune enfant qui, voulant aller jouer, imagina je ne sais quelle combinaison de ficelles qui fut plus tard mise à profit. C'est là un accident sans doute, soit; mais on voit qu'il fallait une intelligence pour inventer cet artifice; et il en fallait aussi pour le remarquer et l'imiter. Jetez au hasard dans un creuset tous les éléments dont se compose une machine, et laissez-les osciller indéfiniment « entre les monstruosités et la mort; » c'est-à-dire entre les formes inutiles et le chaos, elles oscilleront ainsi pendant l'éternité sans jamais se fixer à aucune forme précise, et sans même produire l'apparence d'une machine.

M. Robin tente à son point de vue l'explication du phénomène, et il invoque les faits suivants : la subdivision et l'individualisation des éléments anatomiques, engendrés les uns par les autres, et leur configuration, d'où dérive la situation qu'ils prennent les uns à côté des autres, — l'évolution à laquelle ils sont assujettis, nul organe n'étant d'abord ce qu'il sera plus tard : de là l'apparition successive des cellules, tissus, organes, appareils et systèmes, — la consubstantialité primordiale de toutes les propriétés vitales, qui étant immanentes à toute matière organisée se retrouvent dans toutes les métamorphoses de cette matière, — la rénovation moléculaire par voie de nutrition et l'action du milieu interne ou externe d'où résulte fatalement une accommodation avec ce double milieu, — enfin, la contiguité et continuité des tissus vivants, d'où naît le *consensus* merveilleux que l'on remarque dans l'organisation anormale. Telles sont les principales causes qui expliquent, selon M. Robin, l'appropriation des organes aux fonctions, causes du reste que nous avons recueillies çà et là dans son écrit; car il invoque tantôt l'une, tantôt l'autre, sans les coordonner d'une manière systématique et régulière [1].

Toutes ces causes se peuvent ramener à deux principales : d'une part, l'individualisation ou spécification des éléments anatomiques, avec distribution forcément déterminée par leur structure, ce qui explique la diversité des organes et par là la diversité des fonctions, — d'autre part la contiguité des tissus

---

[1]. Une explication analogue paraît avoir été donnée par Heckel, le principal représentant du transformisme en Allemagne. « Les procédés par lesquels ces trois couches de cellules donnent naissance aux organes les plus compliqués, se ramènent tous : 1° à des segmentations, c'est-à-dire à l'augmentation du nombre de cellules; 2° à la division du travail ou à la différenciation de ces cellules; 3° à la combinaison de ces cellules différemment développées..... Toutes les adaptations finales doivent être considérées comme la conséquence naturelle et nécessaire de la coopération, de la différenciation et du perfectionnement des cellules. » (*Heckel, et la doct. de l'évolution en Allemagne*, par Léon Dumont, p. 71). Ces paroles signifient au fond que l'adaptation s'explique par l'adaptation. Car si toutes ces opérations se font par des causes purement physiques, auxquelles l'existence et la conservation des êtres vivants sont absolument indifférentes, comment se fait-il que la différenciation amène la coopération? Pourquoi les cellules ne se contrediraient-elles pas les unes les autres, et par le conflit de leurs attributs ne rendraient-elles pas la vie impossible ?

vivants, d'où naît le consensus ou l'harmonie de l'être vivant en général. Les autres causes sont là pour faire nombre : celles-ci n'expliquent rien, celles-là ne sont que le fait même à expliquer. En effet, la rénovation moléculaire ou nutritive ne sert qu'à la conservation des organes, mais n'en explique pas la formation et l'appropriation ; de même, l'action du milieu, interne ou externe, ne sert qu'à limiter et circonscrire les possibilités organiques, et ne rend nullement compte des combinaisons déterminées. Quant à l'évolution des organes, qui ne seront jamais d'abord ce « qu'ils seront plus tard, » quant à l'apparition successive des éléments, des tissus, des organes, des appareils, des systèmes, c'est là le fait même qu'il s'agit d'expliquer. Nous savons bien que l'organisme, en se développant, va du simple au composé ; mais, comment ce composé, au lieu de devenir un chaos, se distribue-t-il en systèmes réguliers, coordonnés et appropriés, c'est précisément ce que nous demandons. Enfin, la consubstantialité et l'immanence des propriétés vitales, (en supposant que ces mots offrent un sens clair à l'esprit) expliqueraient, si l'on veut, que tous les organes soient doués de vie, et possèdent tous virtuellement ces propriétés, mais non pas comment elles se divisent et se combinent en organes spéciaux. Restent donc, je le répète, les deux causes que nous avons signalées.

Si maintenant nous cherchons à nous rendre compte philosophiquement de la nature de ces deux causes, nous verrons qu'elles reviennent à dire que la succession explique l'appropriation, et la contiguïté l'harmonie. Substituer toujours des rapports d'espace et de temps à des rapports intelligibles et harmoniques, c'est le caractère de la science positive : car ce sont les seules conditions qui puissent être déterminées par l'expérience et le calcul : c'est là une œuvre très-légitime, mais qui devient usurpatrice, quand elle prétend limiter là la portée de la pensée humaine. Il est dans la nature de l'esprit humain, doué de sensibilité, de ne concevoir les choses qu'en se les représentant par des symboles d'espace et de temps, ce sont là les conditions matérielles de la pensée : mais reste à savoir si la pensée n'est pas tout autre chose, et si son objet propre n'est pas précisément ce qui ne se représente pas par l'espace et par le temps.

Ainsi le savant anatomiste, dont nous analysons les idées, nous montre les éléments anatomiques naissant les uns des autres avec telle configuration particulière, et à mesure qu'ils naissent, se groupant d'une certaine manière en raison de leur structure. D'une telle structure doit naître, dit-il, une suite d'actes déterminés. Or il est très-vrai que la formation d'un organe ne peut se comprendre sans l'apparition successive d'éléments spéciaux, configurés d'une certaine façon; mais déterminés ne veut pas dire appropriés, et il reste toujours à savoir pourquoi ces actes appropriés sont ceux qui conviennent et non pas d'autres : pourquoi, par exemple, les glandes secrètent des liquides utiles à l'économie, et non des poisons. On ne résout pas la difficulté en disant que si ces actes n'étaient pas précisément des actes compatibles avec la vie, l'animal ne vivrait pas : car il n'y a nulle contradiction à ce que l'animal ne vive pas, c'est-à-dire, à ce qu'il n'y en ait pas du tout : ce qui est étrange précisément, c'est qu'il y en ait. L'histoire de l'évolution embryologique, quelque intéressante qu'elle soit, ne détruit donc en rien les inductions que nous avons tirées des profondes analogies de l'art humain et de l'art vital; car de côté et d'autre, il y a des éléments spéciaux, configurés d'une manière déterminée, et rendant possible la production de tels ou tels actes. Dans l'art humain, il y a quelqu'un qui fait son choix entre les possibles. Pourquoi dans l'art vital le substratum matériel serait-il dispensé de la nécessité du choix, et trouverait-il spontanément la combinaison utile qui est commandée par l'intérêt du tout? Dans les œuvres humaines, les conditions matérielles sont reconnues impuissantes à se coordonner par rapport à un effet précis : pourquoi dans l'organisme les conditions matérielles seraient-elles douées d'un si étonnant privilège? Dire que les éléments étant donnés, il va de soi qu'ils se forment en tissus, et que, les tissus étant donnés, il va de soi qu'ils se forment en organes, c'est dire que des fils de soie étant donnés, ils se distribueront en pièces d'étoffe, et que lorsque l'on a une pièce de drap, c'est comme si on avait un habit. Or, quoique le drap soit apte à former un habit, et les fils de ver à soie aptes à former une étoffe, cette aptitude à un acte déterminé n'équivaut pas à la production de l'acte, et il faut quelque chose de plus. Dans l'industrie humaine, cette cause motrice est en nous : dans l'industrie de la nature, nous ne la voyons pas, mais elle est aussi nécessaire d'un côté que de l'autre.

J'en dirai autant de l'explication qui consiste à rendre compte du *Consensus* vital par la contiguïté des parties organiques : c'est ramener encore un rapport intellectuel à un rapport extérieur et matériel. Dire que l'harmonie du corps vivant s'explique parce que les parties se touchent, c'est dire qu'un habit va bien parce qu'il n'a pas de trous. L'accommodation de l'habit au corps, et la correspondance des parties n'ont aucun rapport avec la continuité de la pièce d'étoffe ; car cette continuité existait dans la pièce avant qu'elle fût disposée en vêtement. La continuité peut expliquer, si l'on veut, la sympathie des organes et la communication des impressions, mais non la correspondance et la coopération : enfin la contiguïté pourrait encore à la rigueur, rendre compte de l'adaptation des parties voisines, par exemple de l'articulation des os, mais non de l'action commune en même temps que différente des parties éloignées.

En résumé, il n'y a nulle contradiction entre nos principes et les conceptions scientifiques les plus récentes. Aucun fait, aucune loi de la nature ne nous autorise à éliminer la cause finale de l'esprit humain. La science, en tant que science, est muette sur ce problème. Reste à savoir si les faits ne se prêteraient pas à une autre interprétation que celle que nous avons donnée.

CHAPITRE V

LE MÉCANISME ET LA FINALITÉ.

Le domaine des êtres vivants est comme un champ clos où viennent combattre, d'un côté les physiciens habitués à tout expliquer par les causes efficientes, et de l'autre les psychologues habitués à l'explication des phénomènes par la cause finale. Ceux-ci, partant de l'homme, sont surtout frappés des analogies que présente l'industrie de la nature avec l'industrie humaine. Ceux-là, partant de la matière, sont frappés des analogies que présentent les propriétés de la matière vivante avec les propriétés de la matière en général. D'un côté, on expliquera la vie par des vues psychologiques; de l'autre par des considérations physiques et mécaniques [1]. Nous avons suivi

---

[1]. J'appelle *mécanisme*, avec Kant l'enchaînement des phénomènes, et leur liaison suivant la loi de la cause et de l'effet, sans aucune intervention de causes finales. En ce sens, le mécanisme s'oppose soit à la liberté, soit à la finalité. En un autre sens le mécanisme, bien loin de s'opposer à la finalité, l'impliquerait au contraire nécessairement : car, qui dit mécanique, dit par là même art, métier,

le fil des analogies en partant de l'un de ces deux principes. Il n'est que juste d'essayer actuellement la méthode opposée, afin de mesurer avec équité l'avantage des deux parties.

L'un des exemples les plus frappants de l'explication purement physique d'une merveilleuse concordance de phénomènes, c'est l'exemple déjà cité de l'hypothèse cosmogonique de Laplace. Si l'on considère le problème posé, il semble que l'on ne puisse expliquer par aucune cause physique tant de coïncidences présentées par le système solaire : 1° la coïncidence de quarante-trois mouvements dirigés dans le même sens : 2° la disposition semblable de tous les astres dans un même plan : 3° la position centrale du soleil, d'où partent incessamment pour tous les astres qui l'entourent des rayons de chaleur et de lumière. Cependant toutes ces coïncidences, toutes ces concordances si merveilleuses, s'expliquent sans peine dans l'hypothèse d'une nébuleuse primitive tournant sur elle-même dans un sens quelconque, et progressivement transformée. Or l'existence de nébuleuses tournant sur elles-mêmes est donnée dans l'expérience. L'existence des nébuleuses à noyaux diversement condensés est également donnée par l'observation. De plus, l'expérience démontre qu'une masse fluide tournant sur elle-même donne naissance à un noyau central entouré d'un anneau : disposition semblable à celle que présente aujourd'hui

---

industrie, et par conséquent prévision intelligente. Nous nous bornons dans le texte à entendre par mécanisme l'explication de tous les phénomènes par les lois du mouvement, ces lois étant elles-mêmes considérées comme propriétés essentielles de la matière.

Saturne ; enfin la théorie nous apprend que cet anneau doit se briser et donner naissance à des astres secondaires, toujours entraînés dans le mouvement de l'astre central. Ainsi, rien de plus vraisemblable, rien de plus rationnel que cette hypothèse, dans laquelle ne vient intervenir aucune considération de finalité.

Dira-t-on qu'ici les faits à expliquer présentent bien une remarquable concordance et coordination de phénomènes, un système ; mais que ce système ne présente pas le caractère essentiel auquel nous avons ramené la finalité, à savoir l'accord avec un phénomène futur déterminé ? On ne pourrait pas même se donner l'avantage de cette échappatoire. Car toute cette évolution aboutit à un phénomène final d'une haute importance, à savoir la disposition centrale du soleil, laquelle est la condition de la vie dans les diverses planètes. Or, on a pu soutenir, et on a soutenu que cette disposition centrale d'un astre chaud et lumineux était la meilleure possible pour l'ensemble du système : « Il faudrait plus de connaissances astronomiques que je ne puis en développer ici, dit le judicieux Paley, pour faire comprendre en détail quels seraient les effets d'un système dans lequel le corps central serait opaque et froid, tandis qu'une des planètes serait lumineuse et chaude. Je crois pourtant qu'on sentira aisément : 1° qu'étant supposée la proportion nécessaire dans les masses respectives des corps en repos et des corps en mouvement, la planète brûlante ne suffirait pas à éclairer et à réchauffer tout le système ; 2° que la chaleur et la lumière seraient réparties aux autres planètes d'une manière beaucoup moins régulière qu'elles ne le sont par le soleil [1]. » Ainsi, selon Paley, la disposition centrale du soleil est la meilleure possible, quant à la distribution de la chaleur et de la lumière. On peut donc dire que le système planétaire est coordonné par rapport à cette meilleure distribution possible; et il y aurait lieu d'appliquer même ici le critérium que nous avons donné de la finalité. Et cependant nous venons de voir que cette remarquable concordance et composition de phénomènes s'explique mécaniquement de la manière la plus simple. Pourquoi ce mode d'explication, qui trouve ici une si heureuse application, ne s'appliquerait-il pas également aux combinaisons plus complexes sans doute, mais non essentiellement différentes que présentent les êtres organisés?

Les phénomènes de cristallisation sont encore des phénomènes, où se manifestent un ordre et une composition systématique incontestable, sans qu'il paraisse nécessaire d'invoquer aucune finalité. Sans doute, la chimie n'a encore que des hypothèses pour expliquer ces diverses formes géométriques que prennent les divers corps en se cristallisant; mais ces hypothèses, quelles qu'elles soient, n'invoquent que les propriétés de la matière, soumise aux lois géométriques. Personne ne dira que les molécules des différents corps se rapprochent les unes

---

1. Paley, *Théologie naturelle*, ch. xviii.

des autres dans le but de former des prismes, des cônes, des pyramides ; et cependant elles prennent de telles formes. Pourquoi en vertu de propriétés semblables, ne dirait-on pas que les molécules vivantes se coordonnent suivant le type des vertébrés, de l'articulé, du rayonné ? Quelle différence en effet entre les types zoologiques et les types chimiques, si ce n'est que ceux-là sont plus compliqués ? Et si l'on admet que les molécules, en vertu de causes qui nous sont inconnues, ont pu prendre telle ou telle forme, pourquoi n'admettrait-on pas qu'elles ont pu rencontrer des formes plus ou moins semblables à celles que l'art humain donne à ses inventions, ici la forme d'un sac, là d'une pompe, ici d'une tenaille, là d'une meule, ailleurs d'un canal, d'une soupape, d'une lentille, d'un cornet acoustique, de cordes, de leviers, etc. Ces innombrables formes ne seraient que le résultat de la disposition des molécules, suivant certaines lois ; or ces formes une fois produites, dans la matière vivante, quoi d'étonnant qu'elles agissent conformément à leur structure ? Quoi d'étonnant que les os étant durs soutiennent le corps, que les muscles, doués de la propriété de se raccourcir, soient capables de mettre les os en mouvement, que les canaux des veines et des artères étant creux, le sang puisse y couler, que le cœur étant un muscle soit doué d'une puissance impulsive, que les dents étant plates ou pointues, ou aiguisées, soient aptes à broyer, à déchirer, à couper, que les griffes étant recourbées soient propres à s'enfoncer dans la chair de l'animal, que l'œil étant composé d'humeurs de densités différentes, réfracte la lumière, et en fasse converger les rayons vers un point central, que les cordes sonores soient aptes à vibrer, que les organes mâle et femelle ayant rencontré des formes, à la fois analogues et opposées, soient propres à s'adapter l'un à l'autre, et ainsi de tous les organes?

En un mot, l'adaptation des organes aux fonctions est une métaphore : il n'y a pas appropriation, mais simplement manifestation de propriétés inhérentes à l'organe même. Etant donnée une substance vivante, il est naturel qu'elle agisse, et qu'elle agisse selon sa structure : la fonction n'est autre chose que l'organe agissant : quoi d'étonnant qu'il soit apte à la produire? Autant s'étonner que la surface concave soit si merveilsement adaptée à la surface convexe : comme si la concave et la convexe n'étaient pas la même chose considérée à deux points de vue différents. Ainsi de l'organe et de la fonction : ce sont deux points de vue d'une seule et même chose, la matière vivante. Elle est à la fois active et organisée; et son activité est évidemment modifiée par son organisation : tel organe, telle action; si l'organe se modifie, l'action se modifie également : soit tel organe, par exemple, le quatrième tronçon du membre antérieur : chez l'homme il sera un agent de préhension; chez le cheval, un agent de sustentation; chez l'oiseau, un agent de vol; chez le poisson un agent de natation, etc. Ainsi la forme détermine l'action; mais rien n'autorise à affirmer que c'est l'action qui prédétermine la forme. Car pourquoi y aurait-il nécessairement dans la nature des êtres appelés à voler, à nager, à ramper? et quant aux formes organiques dont l'action serait ou nuisible ou inutile à l'animal, ou bien elles en amèneraient la destruction, et il n'est pas étonnant que nous n'en rencontrions pas de telles, ou bien elles disparaîtraient par le défaut d'usage, en vertu de cette loi bien constatée, que les organes se développent par l'exercice, et s'atrophient par l'inaction.

Ainsi la fonction n'est qu'un résultat de l'organe une fois formé. Reste maintenant à expliquer la formation de l'organe : mais si le système planétaire qui nous présente la disposition régulière d'une multitude d'astres tournant tous dans le même sens suivant une courbe elliptique, et à peu près dans un même plan autour d'un astre central, si les divers systèmes de cristallisation chimique qui nous font assister à des groupements variés de molécules selon des lois géométriques, si ces divers systèmes peuvent s'expliquer par le seul principe des propriétés de la matière, sans y mêler en aucune façon l'idée du but, pourquoi n'en serait-il pas de même des systèmes organiques, qui ne diffèrent des précédents que par la complication des formes et l'étonnante diversité des structures? Mais qui peut mesurer la fécondité productive de la nature? Le plus ou le moins de complexité dans ses œuvres n'implique donc pas l'intervention nécessaire d'une cause nouvelle, dont on aurait pu se passer jusque-là.

Ainsi, tout en laissant de côté la question de la nature de la vie, et sans rien préjuger de l'existence ou de la non-existence d'un agent vital, on peut dire que la finalité des êtres vivants est une pure apparence et se ramène aux lois générales du mécanisme, c'est-à-dire à l'enchaînement des phénomènes suivant des lois. En d'autres termes, la série des phénomènes est unilatérale : il n'y a qu'une série descendante, celle qui va des causes aux effets, des antécédents aux conséquents : il n'y a pas de série inverse, celle qui va des moyens aux buts, et qui par conséquent place la cause dans l'effet, et détermine l'antécédent par le conséquent. Cette interversion déjà signalée par Aristote, puis par Lucrèce, puis par Spinosa, puis par G. St Hilaire, et par les naturalistes modernes, cette interversion qui change l'effet en cause, et la cause en effet, est contraire à la méthode scientifique, et n'est en aucune façon justifiée, ni nécessitée par les faits, si merveilleux qu'ils paraissent, du règne végétal ou animal. On s'appuie sur des analogies pour découvrir dans la nature vivante des desseins et des buts : mais d'autres analogies peuvent servir à expliquer ces faits merveilleux sans dessein et sans but. Les causes aussi bien que les êtres, ne doivent pas être multipliées sans nécessité : quel besoin de recourir à la cause finale quand on peut se satisfaire par la cause efficiente!

Ainsi, tandis que d'un côté, par une dégradation continue, nous avons pu descendre, d'analogie en analogie, de la prévision expresse manifestée dans l'intelligence humaine à une prévision inconsciente manifestée dans l'organisation vivante, — réciproquement, en remontant par une complication continue des formes géométriques les plus simples aux formes organiques les plus savantes, on a pu expliquer par une rencontre de causes mécaniques, les mêmes phénomènes que nous avons rapportés à la cause finale.

Que l'on comprenne bien le problème : d'un côté, la cause finale se manifeste incontestable dans l'ordre psychologique : c'est une question de savoir si elle se manifeste plus bas. D'un autre côté, la cause mécanique se manifeste évidemment et règne seule (au moins à ce qu'il semble), dans l'ordre inorganique : c'est une question de savoir si ce genre de causes suffit plus haut.

Entre le domaine psychologique et le domaine inorganique s'étend le domaine de l'organisation vivante : c'est là, encore une fois, le champ-clos des deux causalités, des deux modes d'explication. Tout ce qui est au-dessous et au dehors du domaine subjectif et psychologique, peut-il s'ouvrir à des explications téléologiques ? Réciproquement, tout ce qui est au-dessus des formes et des lois géométriques peut-il s'expliquer par le mécanisme tout seul ?

Admettons, avec l'hypothèse précédente, que le mécanisme suffise à expliquer la production des organes, c'est-à-dire considérons les fonctions comme les résultats des organes, et la formation des organes comme le résultat des lois de la nature vivante, modifiée par des causes externes. Supposons, en un mot, qu'il n'y a aucun but, ni général, ni partiel dans l'organisation. Si ce mode d'explication est suffisant, il doit pouvoir remonter plus haut. Or, nous avons fait voir, ne l'oublions pas, l'analogie continue et graduelle qui existe entre la formation des organes et la fonction en général, entre la fonction et l'instinct, entre l'instinct et l'intelligence, entre l'intelligence animale et l'intelligence humaine, enfin entre l'intelligence des autres hommes et celle de chacun de nous. En vertu de cette série d'analogies, le même genre de causes expliquant la formation des organes doit pouvoir expliquer tous les autres phénomènes subséquents, jusques et y compris l'intelligence humaine. Si l'on nous conteste ce raisonnement analogique, n'oublions pas que le mécanisme lui-même n'a pas d'autre mode de raisonnement ; car entre la cristallisation et l'organisation, il n'y a après tout qu'une lointaine analogie.

Nous dirons donc et nous devrons dire que l'instinct, pas plus qu'aucune autre fonction, n'a de but, que l'industrie instinctive, tout aussi bien que l'industrie organique, n'est qu'un enchaînement de phénomènes issus les uns des autres, par voie de conséquence, sans qu'aucun ait jamais été prévu ni par l'animal, ni par la cause quelle qu'elle soit, qui ait formé l'animal. Nous dirons que l'instinct, aussi bien que toutes les autres fonctions, est un simple résultat de l'organisation, et que l'organisation elle-même, qui a amené tel ou tel instinct, n'est que l'effet de la rencontre de certaines causes et de la réaction inconsciente des agents physiques. Et en effet, si l'on peut admettre que des agents non dirigés, non coordonnés, ont pu, en obéissant à des lois physiques et chimiques, se rencontrer d'une façon assez heureuse pour produire le système circulatoire des animaux vertébrés, pourquoi n'admettrait-on pas qu'une rencontre semblable, ou une suite de coïncidences heureuses, ait pu produire certaines combinaisons automatiques, d'où résulteraient les actions instinctives qui nous émerveillent? Car il n'est pas plus difficile à une nature aveugle de produire des organes d'où résulte l'action de tisser, ou de bâtir, que d'en construire, d'où résulte l'action de voler, de nager ou de courir, ou d'autres enfin d'où résulte l'action de respirer et de digérer.

Ainsi toute finalité même inconsciente devra être exclue par hypothèse de l'instinct aussi bien que de toute autre fonction organique. Entendons-nous bien. Il s'agit ici d'une exclusion absolue, et non d'une exclusion apparente, comme il arrive trop souvent. Souvent en effet, après avoir exclu les causes finales nominalement, on les reprend sans s'en apercevoir, en prêtant à la nature vivante une propriété spontanée d'accommodation, d'appropriation, qui n'est autre chose, sous un autre nom, que la finalité elle-même. Car dire que c'est une loi de la matière organisée de trouver spontanément la meilleure combinaison propre à sa conservation et à son accroissement, c'est lui prêter précisément un instinct essentiel, inné, qui implique une prévision obscure du but, et un choix inconscient, mais précis des moyens. Que ce soit là une hypothèse incompréhensible, je ne le nie pas; c'est l'hypothèse de ceux qui, soit expressément, soit implicitement, conservent la finalité, en supprimant toute cause intelligente. Mais, incompréhensible ou non, cette hypothèse conserve et reconnaît la seule chose que nous ayons à défendre en ce moment, à savoir l'existence des fins dans la nature. Encore une fois, il faut que l'on s'entende soi-même ; l'hypothèse du mécanisme pur, si elle sait ce qu'elle veut dire, exclut toute espèce de finalité, et cela tout aussi bien dans l'explication des instincts, que dans l'explication des fonctions. Il faut que l'on soit prêt à dire qu'une cause physique inconnue a amené cette heureuse combinaison, d'où résulte l'art de l'abeille, ou le chant de l'oiseau.

Que si l'on croit éluder la difficulté en expliquant l'instinct par l'habitude, héréditaire ou non, hypothèse que nous retrouverons ailleurs, on s'expose à cette question : l'habitude elle-même est-elle autre chose qu'un instinct? L'habitude en effet, est une faculté propre à la nature organisée; on ne la rencontre pas dans les êtres inorganiques. « On a beau lancer une pierre, dit Aristote, elle ne prend pas l'habitude de rester suspendue. » Si enfin, l'habitude à son tour trouve à s'expliquer mécaniquement, on revient précisément à ce que nous disons, à savoir, qu'il peut y avoir telle cause mécanique heureuse, qui, soit immédiatement, soit de proche en proche, et par une série de modifications favorables, produit à la fin ce qui ressemble à s'y méprendre à un art, à une industrie, mais qui n'est en réalité qu'une pure combinaison automatique.

Si maintenant une telle combinaison automatique peut suffire à expliquer les actions instinctives des animaux, pourquoi ne suffirait-elle pas à expliquer leurs actions intellectuelles ou passionnées? Et de quel droit supposerions-nous par analogie avec nous-mêmes que les animaux sont doués d'intelligence et de passion? Si l'on conteste l'analogie que nous avons signalée entre l'industrie de la nature dans la construction des organes vivants et l'industrie humaine dans la construction des machines inertes, de quel droit invoquerait-on l'analogie très-éloignées qui existe entre les actions animales et les actions humaines? En définitive, il y a plus de différence entre l'intelligence présumée d'un chien, et celle de Newton, qu'il n'y en a entre une lentille et un cristallin, une chambre noire et un œil, une pompe et le cœur des vertébrés. Car ici, s'il y a une différence au point de vue de l'art, elle est à l'avantage de la machine vivante, et cependant on ne veut y voir aucun art; et au contraire quand un chien aboie, on veut que cet aboiement soit l'analogue de la voix articulée, et corresponde comme celle-ci à quelque sens intérieur; comme si la nature, dans les jeux heureux que l'on invoque sans cesse, n'aurait pas pu créer par hasard une machine aboyante, un joujou surprenant, comme le pensait Descartes, n'ayant qu'une ressemblance très-superficielle avec une créature sentante et intelligente.

On signale, pour combattre l'automatisme cartésien, les actions des animaux, si semblables, dit-on, aux actions humaines; et l'on conclut à l'intelligence des animaux. Mais c'est ne voir qu'un côté des choses. Les actions intelligentes des animaux ressemblent de très-loin aux actions intelligentes de l'homme; mais elles ressemblent bien plus aux actions instinctives de ces mêmes animaux ; et rien n'est plus difficile que de séparer rigoureusement ces deux domaines, celui de l'intelligence et celui de l'instinct; or les opérations de l'instinct elles-mêmes, nous l'avons vu, ne diffèrent en rien d'essentiel des opérations fonctionnelles de la machine vivante, et en particulier de cette opération essentielle de l'être vivant qui consiste dans la construction de ses organes. Si donc un simple agencement de causes physiques, sans aucune prévision ni expresse, ni implicite, peut expliquer comment la nature vivante réussit à accomplir la série d'opérations délicates et compliquées qui aboutissent à la structure d'un organe, pourquoi les mêmes agencements mécaniques ne produiraient-ils pas un jeu plus compliqué sans doute, mais non essentiellement différent, celui d'un animal qui a l'air de sentir, de penser et de vouloir, sans posséder aucune de ces facultés. Et si l'on est autorisé contre l'hypothèse de Descartes, à faire valoir que ce serait là un jeu bien étrange de la part d'un créateur souverainement sage, qui semblerait vouloir s'amuser ainsi à nos dépens, ce n'est pas une objection contre une nature aveugle qui ne sait ce qu'elle fait, et qui peut produire par hasard, tout aussi bien des joujoux que des volcans et des rochers. Et que si, protestant contre cet automatisme matérialiste on invoque un agent vital, des propriétés vitales, et je ne sais quoi encore de plus ou moins vital, je réplique que l'on ne sait ce qu'on dit, ou l'on doit comprendre que ce qui distinguerait précisément un agent vital quelconque de tout agent inerte, ce serait précisément d'être apte à coordonner les matériaux organiques suivant un plan ; ce qui serait retomber dans l'hypothèse même que l'on veut écarter.

Je dis donc que le mécanisme ne peut invoquer aucune objection sérieuse contre l'automatisme des bêtes ; mais le même mécanisme doit aller plus loin encore, et ne doit pas reculer même devant l'automatisme des hommes : j'entends *automatisme* dans le sens strict, à savoir un mécanisme purement matériel, sans intelligence, sans passion, sans volonté. Si l'animal n'est qu'une machine, pourquoi les autres hommes seraient-ils autre chose pour nous que des machines ? Et il ne s'agit pas ici de *l'homme-machine* de Lamettrie, qui pense et sent comme nous, mais d'un homme-machine qui semblable à l'automate de Vaucanson, ne penserait ni ne sentirait en aucune manière. Après tout, quelle preuve avons-nous que les autres hommes sont intelligents comme nous-mêmes ? Aucune véritablement rigoureuse. Car nous ne connaissons que nous-mêmes immédiatement ; jamais nous n'avons surpris directement l'intelligence dans les autres hommes. Ce n'est donc que par induction, et sans aucune expérience directe, que nous supposons chez les autres hommes un esprit et une intelligence aussi bien qu'en chacun de nous. Il y a sans doute une étonnante ressemblance entre les autres hommes et nous-mêmes : mais il y a aussi une étonnante ressemblance entre l'industrie de la nature, et l'industrie humaine. Que si une combinaison de causes a pu produire, sans aucun art, ce qui ressemble tant à de l'art, pourquoi n'aurait-elle pas pu produire également sans aucune intelligence ce qui ressemblerait tant à l'intelligence. L'hypothèse n'est pas si absurde puisqu'il y a réellement des cas où les hommes agissent automatiquement et sans conscience, comme s'ils étaient réellement intelligents : par exemple les cas de somnambulisme ou de démence. La théorie des actions réflexes nous montre aussi que les mêmes faits peuvent se produire soit sous l'influence de la volonté, soit sous l'influence des actions purement mécaniques. Par conséquent, il n'est pas absurde de généraliser l'hypothèse ; et l'on ne voit pas pourquoi la théorie des chances heureuses s'arrêterait en si beau chemin. Dans cette théorie, le hasard, c'est-à-dire la résultante de toutes les chances favorables, a bien pu produire un organe propre au chant ; pourquoi ne produirait-elle pas un organe propre à la parole ? pourquoi cet organe ne pourrait-il pas être modifié par l'exercice et l'imitation comme celui des perroquets ? Pourquoi ne deviendrait-il pas propre à varier la reproduction des sons ? Pourquoi cette reproduction des sons déterminée par des circonstances externes n'arriverait-elle pas à simuler telles ou telles combinaisons intelligentes, comme il arrive, par exemple, que l'on peut apprendre à un idiot à répéter dans telle ou telle circonstance une phrase dont il ne comprend pas le sens ? Multipliez les circonstances heureuses, et les chances de combinaison, et voyez s'il est impossible de rapporter au hasard la formation d'un organisme ressemblant, à s'y méprendre, au nôtre, manifestant des actes tout-à-fait semblables, mais qui ne serait qu'un fantôme, un automate, dans lequel on ne surprendrait pas un seul phénomène ayant un but, et qui serait par conséquent destitué de toute intelligence ? Que l'on fixe un point où théoriquement l'hypothèse du pur automatisme deviendrait rigoureusement impossible [1]. Sans doute une telle hypothèse révolte le sens commun ; mais on proteste contre la compétence du sens commun en ces matières : on lui refuse le droit d'intervenir dans la philosophie naturelle : on trouve ridicules les analogies que le sens commun a reconnues de tout temps entre l'art humain et l'art de la nature. Et cependant, que l'on essaie de trouver en faveur de l'intelligence de nos semblables, d'autres raisons que celles du sens commun. On convient qu'il vient un moment où les combinaisons deviennent si compliquées qu'il est impossible, sans absurdité par trop révoltante, de ne pas supposer une coordination vers un but. Combien faut-il donc de combinaisons de ce genre pour qu'une telle induction soit valable ?

1. Nous pouvons nous autoriser, pour cette hypothèse qui paraît excessive, du témoignage de Leibniz. (*Réplique aux reflexions de Bayle.* — *Opera philosophica*, p. 183, 184, éd. Erdmann.) « Il n'y a point de doute qu'un homme pourrait faire une machine, capable de se promener durant quelque temps par une ville et de se tourner justement aux coins de certaines rues.... Il n'y a que du plus ou du moins qui ne changent rien dans le pays des possibilités.... ceux qui montrent aux cartésiens que leur manière de prouver que les bêtes sont des automates va jusqu'à justifier celui qui dirait que tous les autres hommes, hormis lui, sont de simples automates aussi, ont dit justement et précisément ce qu'il me faut. » Descartes a prévu l'objection dans le *Discours de la méthode* (part. V); mais sa réponse prouve précisément qu'il n'y a qu'une différence du moins ou plus.

Si au contraire, invoquant l'extrême ressemblance de l'homme avec l'homme, on se croit le droit de conclure de sa propre intelligence à l'intelligence dans les autres hommes, et de l'intelligence humaine à l'intelligence des animaux, que l'on nous dise à quel moment précis cet argument tiré de l'analogie deviendra inefficace et impuissant. Si j'ai le droit de supposer que l'animal poursuit un but quand il combine les moyens de se conserver et de se défendre, pourquoi ne supposerais-je pas avec le même droit, que la nature vivante a aussi poursuivi un but, lorsqu'aussi savante que l'animal, elle lui a préparé les organes qui lui sont les moyens les plus propres à atteindre ce but?

J'ajoute que lors même qu'on contesterait cette saisissante analogie et que l'on nierait toute finalité dans la nature vivante, on ne serait pas par là beaucoup plus avancé, du moment que l'on aurait admis l'existence des êtres intelligents; et on est bien forcé d'en admettre au moins un, à savoir le moi; car chacun, comme l'a dit Descartes, ne se sait exister que parce qu'il se sait penser. Or, nul doute que l'être intelligent, au moins, est capable d'agir suivant des buts, de se proposer un but, par conséquent de se déterminer par la cause finale. La question est donc celle-ci : comment, dans une nature sans but, apparaît-il tout à coup un être qui est capable de poursuivre un but? Cette capacité, dit-on, est le produit de son organisation. Mais comment une organisation qui, par hypothèse, ne serait qu'une résultante de causes physiques heureusement entrelacées, donnerait-elle naissance à un produit tel que l'être ainsi formé pourrait deviner, prévoir, calculer, préparer des moyens pour des fins? Jusqu'ici la série des phénomènes n'a suivi que la marche descendante, celle qui va de la cause à l'effet : tout ce qui se produit est produit par le passé sans être en aucune façon déterminé, modifié, réglé par les nécessités de l'avenir. Tout à coup, dans cette série mécanique se produit un être qui change tout, qui transporte dans l'avenir la cause du présent, qui est capable, par exemple, ayant d'avance l'idée d'une ville, de rassembler les pierres, conformément aux lois mécaniques, de manière cependant qu'à un moment donné, elles fassent une ville. Il est capable de creuser la terre pour y faire couler des fleuves, de remplacer les forêts par des moissons, de plier le fer à ses usages, en un mot, de régler l'évolution des phénomènes naturels, de telle manière que la série de ces phénomènes soit commandée par un phénomène futur prédéterminé. Voilà bien, il faut l'avouer, une cause finale. Eh bien! peut-on concevoir que l'agent, ainsi doué de la puissance de coordonner la nature suivant des buts, soit lui-même une simple résultante que la nature a réalisée sans se proposer de but? N'est-ce pas une sorte de miracle, que d'admettre dans la série mécanique des phénomènes, un anneau qui tout à coup aurait le pouvoir de retourner en quelque sorte l'ordre de la série, et qui n'étant lui-même qu'un conséquent résultant d'un nombre infini d'antécédents, imposerait dorénavant à la série continuée cette loi nouvelle et imprévue, qui fait du conséquent la loi et la règle de l'antécédent?

C'est ici le lieu de dire avec Bossuet : « On ne pourrait comprendre dans ce tout qui n'entend pas, cette partie qui entend, *l'intelligence ne pouvant pas naître d'une chose brute et insensée* [1]. »

Je ne sais si la philosophie mécanique s'est jamais rendu compte de la difficulté de ce problème. Elle trouve tout naturel que le cerveau pense, parce que l'expérience lui montre partout la pensée associée à un cerveau. Mais en laissant de côté la question spéculative de savoir si la matière peut penser (problème qui n'est pas de notre sujet), ne voit-on pas que pour qu'un cerveau pense, il doit être organisé de la manière la plus savante? et que plus cette organisation est compliquée, plus il est vraisemblable que le résultat des combinaisons de la matière sera désordonné, et par conséquent impropre à la pensée?

La pensée, de quelque manière qu'on l'explique, est un ordre, un système, un ensemble régulier et harmonieux, c'est un système dont tous les éléments doivent être coordonnés pour former un tout. Sans cette coordination, l'accumulation des idées ou des sensations ne forme aucune pensée. Là où il n'y a pas un sujet et un attribut; là où les conclusions ne sont pas contenues dans les prémisses : là où l'induction ne se fonde pas

---

1. *Connaissance de Dieu et de soi-même*, ch. IV.

sur des faits semblables bien observés ; là où la prévision de l'avenir n'est pas liée à une solide expérience du passé, il n'y a que l'ombre de la pensée : mais la pensée elle-même est absente. C'est ce qui a lieu dans la folie, dans le rêve, dans le délire, dans tous les états semblables. Ainsi même en admettant le cerveau comme *substratum* de la pensée, on n'a pas diminué la difficulté du problème : car il s'agit toujours de savoir comment une matière aveugle, sans plan et sans but, a pu coordonner ses diverses parties de manière à former un organe si délicat que le moindre désordre suffit à en interrompre les fonctions. Si la matière, soumise aux seules lois de la physique, avait formé l'organe de la pensée, il semble que la folie devrait être la règle, et la raison l'exception : car quel miracle que toutes ces cellules sentantes et vibrantes dont se compose, dit-on, l'organe cérébral, soient si d'accord entre elles, et si d'accord avec le monde extérieur, que la résultante de tous ces mouvements soit une pensée d'accord avec elle-même et d'accord avec le monde extérieur ?

On considère comme frivole et populaire le vieil argument antique sur le jet fortuit des vingt-quatre lettres de l'alphabet qui n'auraient jamais pu produire l'Iliade[1] : mais on ne peut dissimuler que cette hypothèse est rigoureusement celle que doivent accepter et défendre les matérialistes dogmatiques. En effet, l'Iliade n'est autre chose qu'un acte particulier de l'intelli-

1. Sur la valeur de cet argument, voir plus loin, liv. II, ch. I ; et Charpentier, *Mémoire sur la logique du probable.* (Comptes-rendus de l'Acad. des sc. morales, avril-mai 1875.)

gence humaine, qui en a accompli des milliers d'autres non moins étonnants, ne fût-ce que la découverte du système du monde et de ses lois. Ainsi, l'art, la science, l'industrie, toutes les œuvres humaines ne sont en définitive que les applications de l'intelligence. Pour que ces innombrables applications soient devenues possibles, il a fallu que des millions de cellules vivantes et sentantes, n'obéissant, comme les caractères de l'imprimerie, qu'à des lois physiques et chimiques, sans aucun rapport ni ressemblance avec ce que nous appelons intelligence, se soient rassemblées dans un ordre tel que non-seulement l'Iliade, mais tous les miracles de l'intelligence humaine soient devenus possibles. Car, si ces cellules, dans leur danse aveugle, avaient pris telle autre direction, tel autre mouvement, si, au lieu de se mouvoir à l'unisson, leur rhythme se fût trouvé à contre-temps, si le moindre dérangement eût eu lieu dans leurs situations ou réactions respectives, ce n'est pas la raison, c'est la folie, comme le montre l'expérience, qui en eût été le résultat : car on sait que le moindre coup porté à l'équilibre du cerveau suffit pour en démonter les ressorts, et en arrêter le jeu.

Nous ne savons rien, absolument rien du mécanisme cérébral qui préside au développement de la pensée, ni du jeu de ce mécanisme. Mais ce que nous savons certainement, c'est que ce mécanisme doit être extrêmement compliqué, ou du moins que s'il est simple, ce ne peut être qu'une simplicité savante, résultat d'un art profond. Cet art lui-même est-il l'acte d'une intelligence semblable à celle dont nous scrutons le mystère, c'est ce que nous ne chercherons pas encore ici. Tout ce que nous voulons établir, c'est que sans une prédestination (quelle qu'en soit la cause), sans une sorte de prévision, instinctive ou réfléchie, immanente ou transcendante, sans une certaine cause occulte (que nous laissons à dessein, quant à présent, indéterminée), mais dont le caractère essentiel est d'être sollicitée à agir par l'effet à atteindre, et non pas seulement par des causes prédéterminantes ; — sans une telle cause en un mot, la structure du cerveau, dont on peut dire ce que Bacon dit de la main, qu'elle est *l'instrument des instruments*, serait absolument incompréhensible.

Il est impossible de dissimuler l'intervention brusque du hasard dans cette évolution des phénomènes naturels, qui jusque là gouvernée par les lois sourdes de la physique et de la chimie, par les lois de la pesanteur, de l'électricité, des affinités, toutes lois qui sont ou paraissent réductibles aux lois du mouvement, se coordonne tout à coup en pensées, en raisonnements, en poëmes, en systèmes, en inventions, en découvertes scientifiques. Si l'on se représente les éléments des choses comme des atomes mobiles, s'agitant dans toutes les directions possibles, et finissant par rencontrer telle combinaison heureuse, d'où résulte un globe planétaire, un système solaire, un corps organisé, il faudra dire également que c'est en vertu d'une combinaison heureuse, que les atomes ont fini par prendre la forme d'un cerveau humain, lequel par le fait seul de cette combinaison devient propre à la pensée. Or, qu'est-ce dire autre chose, si ce n'est que des lettres jetées au hasard, pourraient former l'Iliade dans leurs jets successifs, puisque l'Iliade elle-même n'est qu'un des phénomènes produits par l'activité pensante? Or l'esprit humain, soit dans les arts, soit dans les sciences, a produit et produira de semblables phénomènes à l'infini : ce ne serait donc pas un seul vers, un seul poëme, ce serait la pensée tout entière, avec tous ses poëmes et toutes ses inventions, qui serait le résultat d'un jet heureux!

Si, pour échapper à cette brutale divinité du hasard et aux conséquences exorbitantes du mécanisme aveugle, on invoquait *l'activité vitale*, ou *chimique*, les *forces* de la nature, les *lois* de la nature, on ne ferait autre chose qu'accorder sous une forme vague et inconsciente, c'est-à-dire peu philosophique, précisément ce que nous demandons. Car, ou ces activités, ces forces, ces lois ne sont autre chose que le mécanisme brutal, ou elles s'en distinguent. Dans le premier cas, on n'a fait que couvrir par des mots équivoques la pure doctrine du hasard que nous combattons. Dans le second cas, ces causes, quelles qu'elles soient, quelle qu'en soit l'essence, ne se distinguent précisément du mécanisme brutal, que par une sorte d'instinct aveugle, semblable à un art, qui leur fait trouver, d'emblée et sans tâtonnement, la combinaison la plus favorable pour produire un effet donné. Si l'on ne met dans la balance quelque chose de semblable, pour aider à l'action des forces naturelles, si on ne leur prête, comme on a dit, une *tendance*, un *ressort* interne, on sera toujours en présence du même abîme : à savoir, des forces aveugles qui se combinant sous l'empire de lois aveugles donnent naissance à une action intelligente, comme si par exemple, des fous et des idiots mis en contact, et surexcités ou calmés par cette rencontre, se trouvaient tout à coup produire, par cette rencontre même, un ensemble harmonieux et raisonnable. Et encore, au fond de ces fous et de ces idiots, y a-t-il une raison secrète que le contact ou la sympathie pourrait, on le comprend, réveiller un instant : mais entre des molécules chimiques il n'y a par hypothèse nulle raison cachée; et ce serait encore une fois un vrai miracle, et un miracle sans auteur, que la pensée naissant subitement de ce qui n'est pas elle.

Pour diminuer l'horreur d'un tel prodige, supposera-t-on que les molécules dont se composent les êtres organisés, sont peut-être elles-mêmes, douées d'une sensibilité sourde, et sont capables, comme le croyait Leibniz, de certaines perceptions obscures dont la sensibilité des êtres vivants n'est que l'épanouissement et le développement ; je répondrai que cette hypothèse, outre qu'elle est toute gratuite et conjecturale, accorde après tout plus que nous ne demandons : car la sensibilité n'étant que le premier degré de la pensée, dire que toutes choses sont douées de sensation, c'est dire que tout est doué de pensée à un certain degré. « Tout est plein de Dieu, » disait Thalès. La nature entière devient vivante et sensible. Ni sensation, ni pensée ne sont plus le résultat du mécanisme. La sensation étant inséparable du désir, le désir impliquant lui-même une certaine conscience vague de son but, on prête par là même aux éléments de la matière une certaine tendance vers un but, et un certain discernement des moyens qui y conduisent. En un mot l'hypothèse d'une sensibilité originale et innée, inhérente à la matière, n'est autre chose que l'hypothèse même de la finalité. Et encore, dans cette hypothèse, faudrait-il expliquer la rencontre et la combinaison de ces molécules sentantes, l'harmonie qui en résulte, l'accord de ces diverses sensibilités : car il ne suffit pas que deux instruments soient sonores pour produire un concert : abandonnés à eux-mêmes et sollicités par une main inexpérimentée, ils ne donneront jamais qu'un charivari.

Pour nous résumer, il suit de la discussion précédente que l'hypothèse mécanique poussée à la rigueur conduit : 1° à la violation de toutes les lois du raisonnement analogique, en nous forçant à mettre en doute jusqu'à l'intelligence dans les autres hommes; 2° à une violation de toutes les lois de la science, en nous forçant de confesser un hiatus absolu entre tous les phénomènes de la nature et l'intelligence de l'homme; 3° à la contradiction, car elle s'arrête forcément devant un dernier cas, l'intelligence humaine ; et par conséquent au moins en ce cas, elle est contrainte à reconnaître la finalité : ce qui suffirait à la démonstration. Tels sont les désavantages de l'hypothèse mécaniste, quand elle veut s'élever au-dessus des phénomènes purement physiques.

Voyons maintenant si l'hypothèse téléologique aurait les

mêmes désavantages, quand elle voudra redescendre au-dessous de sa limite naturelle.

Nous avons dit que le champ de bataille des deux théories est le domaine de l'organisation. Tout ce qui est au-dessus, c'est-à-dire le monde de l'intelligence, appartient de droit à la téléologie : ce qui est au-dessous, à savoir le monde de la matière brute, appartient à ce qu'il semble naturellement au mécanisme ; l'entre-deux est l'objet du débat. Cet entre-deux mis à part, demandons-nous quelle est la situation de l'une ou de l'autre hypothèse, lorsque franchissant ce territoire contesté, elles essaient d'envahir leurs domaines respectifs.

Au-dessous des phénomènes organiques l'explication par la cause finale cesse peut-être d'être nécessaire, c'est-à-dire exigée par les habitudes de l'esprit ; mais en revanche, elle n'est jamais absurde, jamais contraire aux lois du raisonnement, soit logique, soit analogique. Je ne suis peut-être point obligé d'expliquer les mouvements des astres par la cause finale ; mais il n'y a rien d'irrationnel à le faire : car quoique l'ordre n'implique peut-être pas toujours la finalité, toujours est-il qu'il ne l'exclut jamais.

Au contraire, à quelque étage de l'univers que l'on se place, on peut dire que l'explication mécanique est toujours nécessaire, en ce sens que le lien des causes efficientes n'est jamais interrompu (le problème de la liberté mis à part) : même dans l'intelligence, il y a toujours des causes et des effets. En revanche, si cette hypothèse est toujours nécessaire, elle est insuffisante au delà de ses propres limites ; et cette insuffisance va jusqu'à l'absurdité, lorsqu'elle prétend régner seule, à l'exclusion de l'hypothèse rivale, dans le domaine propre de celle-ci.

Ainsi voilà une hypothèse qui reste nécessaire à tous les degrés, mais qui, au delà d'une certaine limite, devient absurde quand elle est exclusive : de l'autre, une hypothèse qui, au-dessous d'une certaine limite, n'est peut-être point nécessaire, mais qui n'est jamais absurde.

Si, maintenant, vous considérez que la première exclut la seconde, tandis que la seconde n'exclut pas la première, il est évident que la seconde aura un très-grand avantage.

Ainsi, tandis qu'il est vraiment absurde de dire que les autres hommes n'ont pas d'intelligence, conséquence rigoureuse du pur mécanisme, — il n'est au contraire nullement absurde de dire que le monde physique et inorganique a été soumis aux lois qui le gouvernent *pour* rendre possible la présence de la vie, et la vie elle-même *pour* rendre possible la présence de l'humanité, de se représenter enfin l'univers entier comme un vaste système soumis à un plan.

Reprenons donc maintenant, à ce point de vue, l'ordre physique et mécanique que nous avons laissé jusqu'ici en dehors de nos études.

La raison pour laquelle on cherchera toujours les causes finales de préférence dans l'ordre des êtres vivants, c'est que là seulement on rencontre un fait qui peut être considéré comme ayant un véritable *intérêt*, et qui peut par conséquent être un *but* : c'est la sensibilité. Là seulement où la possession, la conservation de l'être est sentie, l'existence peut être considérée comme un bien, et par conséquent comme un but auquel un système de moyens est subordonné. Qu'importe en effet au cristal d'être ou de ne pas être ? Que lui importe d'avoir huit angles au lieu de douze, d'être organisé géométriquement plutôt que d'une façon quelconque ? L'existence n'ayant aucun prix pour lui, pourquoi la nature aurait-elle pris des moyens pour la garantir ? Pourquoi aurait-elle fait les frais d'un plan et d'un système de combinaisons pour produire un résultat sans valeur pour personne, au moins en l'absence des êtres vivants ? De même, quelque beau que puisse être l'ordre sidéral et planétaire, qu'importe cet ordre, cette beauté aux astres eux-mêmes qui n'en savent rien ? Et si vous dites que ce bel ordre fut construit pour être admiré par les hommes, ou pour que Dieu y contemple sa gloire, on voit qu'on ne peut donner à ces objets un but qu'en sortant d'eux-mêmes, en les dépassant, en s'élevant au-dessus de leur propre système. Sans doute, il en est de même pour les êtres vivants, si l'on veut s'élever jusqu'au but absolu, jusqu'au but final et dernier ; mais en eux-mêmes et pour eux-mêmes, ils ont déjà un but suffisant, quoique relatif, c'est d'exister, et de le sentir : c'est pour eux un bien, et on comprend que la nature ait pris des précautions pour le leur assurer. Il n'en est pas de même des êtres inorganiques.

Mais si les êtres inorganiques n'ont pas un but en eux-mêmes, ils n'est nullement invraisemblable qu'ils en aient un en dehors d'eux : « Pourquoi les corps existent-ils? disait Ampère. — Pour fournir des pensées aux esprits [1]. » Les philosophes indiens exprimaient la même pensée sous une forme charmante et originale : « La nature, disaient-ils, est semblable à une danseuse qui ne demande qu'à être vue, et qui disparaît aussitôt après les applaudissements [2]. » Enfin, les êtres vivants sont des corps : et ces corps ont besoin d'autres corps pour subsister. La nature mécanique et physique, qui n'a pas son but en elle-même, peut donc être suspendue à la nature vivante comme à un but. Nous sommes ainsi conduits à la notion de finalité *extérieure* ou *relative*, trop sacrifiée par Kant à la finalité *interne* [3].

Il est étrange que Kant n'ait pas été frappé de ce point de vue, que la finalité interne est inséparable en réalité de la finalité externe, et ne peut pas se comprendre sans elle. L'être organisé, en effet, ne se suffit pas à lui-même; et il n'existe que par le moyen du milieu dans lequel il vit. La nature aurait donc fait une chose absurde, si en préparant une organisation, elle n'avait pas en même temps préparé au dehors les moyens nécessaires à cette organisation pour subsister. Kant

---

[1]. *Philosophie d'Ampère* (Paris, 1866, p. 185).

[2]. B. St-Hilaire. *Mémoire sur le Sankya*, Mémoires de l'Académie des sc. morales et polit., t. VIII, p. 332. Voir *Appendice*, dissert. V.

[3]. La finalité *extérieure* ou *relative*, c'est l'utilité d'une chose pour une autre chose : la finalité *interne*, c'est l'utilité respective et réciproque des diverses parties d'un même être les unes pour les autres, et de toutes pour l'être tout entier : c'est en ce sens que dans l'être organisé tout est à la fois « but et moyen ».

caractérise la finalité interne, en disant qu'une production de la nature organisée est à la fois cause et effet d'elle-même ; mais elle ne peut être cause à elle toute seule, il faut qu'elle s'assimile les objets extérieurs qui sont propres à cet usage. Il n'est pas rigoureusement vrai de dire, comme le fait Cuvier, que l'être organisé est « un système clos. » S'il en était ainsi, rien n'entrerait, rien ne sortirait ; mais cela, ce n'est pas la vie, c'est la mort : car la mort a lieu précisément au moment où tout échange cesse entre le dedans et le dehors.

Si ces considérations sont justes, comment pourrait-on soutenir la finalité interne sans admettre en même temps une finalité externe qui en est la réciproque? Comment dire que la nature a fait l'herbivore pour se nourrir d'herbe, sans admettre que la même nature a fait l'herbe pour être mangée par les herbivores? Cuvier a dit : « Partout où il y a des araignées, il y a des mouches : partout où il y a des hirondelles, il y a des insectes. » Une nature qui aurait fait un herbivore sans avoir fait d'herbe serait une nature absurde. Or la nature n'a pas commis cette absurdité. Ayant fait des herbivores, elle a fait de l'herbe ; ayant fait des yeux, elle a fait la lumière ; des oreilles, elle a fait le son. Si l'un de ces objets a été fait pour jouir de l'autre, pourquoi ne dirait-on pas que l'autre a été fait, en partie du moins, pour servir ou récréer le premier? Ce n'est que la différence de l'actif au passif. Au lieu de dire : l'agneau a été fait *pour être* mangé par le loup, on dira : le loup a été fait *pour manger* l'agneau. Sans doute, pour l'agneau, être mangé est, comme on s'exprime dans l'école, une *dénomination extérieure :* ce n'est pas pour lui une partie nécessaire de son essence : il peut accomplir sa destinée sans cela ; ce n'est donc à son égard qu'un accident ; et c'est en ce sens que la finalité extérieure n'est que relative ; mais cet accident, en tant qu'il fait partie de la finalité interne d'un autre être, devient à son tour une fin de la nature ; et l'on peut dire que c'est une des vues qu'elle a eues en créant l'agneau. Il en est de même de l'usage des choses extérieures pour l'industrie humaine. On ne dira pas sans doute, rigoureusement parlant, que les pierres ont été faites pour bâtir des maisons, le bois pour faire des meubles et le liége des bouchons. Mais il sera très-correct de dire inversement, que l'homme étant un animal industrieux, *animal instrumentificum*, doué d'intelligence et muni d'une main, cette aptitude industrieuse lui a été donnée pour tourner à son usage les choses de la nature ; d'où il suit réciproquement que les choses de la nature ont été faites pour être tournées à son usage ; et il est certain que l'aptitude industrielle de l'homme serait une contradiction et une absurdité, si rien au dehors n'avait été préparé pour être utilisé par lui ; et dire enfin que c'est là une pure rencontre, ce ne serait plus seulement sacrifier la finalité externe à la finalité interne : ce serait revenir à la théorie du fortuit, qui supprime toute cause finale d'une manière absolue.

En résumé, la finalité externe est la réciproque de la finalité interne ; et l'une est aussi nécessaire que l'autre. Sans doute la finalité externe, par cela même qu'elle est extérieure, n'est pas écrite comme l'autre dans l'objet lui-même; et en considérant un objet de la nature, on ne peut guère y découvrir à priori à quoi il peut servir ; c'est en ce sens qu'il peut être téméraire, comme le dit Descartes, de vouloir sonder les intentions de la Providence ; mais les choses physiques et mécaniques étant, d'une manière générale, rattachées à la finalité par leur rapport avec les êtres vivants, on conçoit qu'il puisse y avoir par là dans le monde inorganique un intérêt général d'ordre et de stabilité, conditions de sécurité pour l'être vivant.

A la vérité, l'hypothèse qui rattache la finalité externe à la finalité interne, et le monde inorganique au monde vivant semble en échec devant cette difficulté : c'est que la vie n'a pas toujours existé au moins sur notre globe, et que le nombre des siècles pendant lesquels la matière inorganique s'est préparée à la vie a dépassé considérablement, selon toute apparence, le nombre des siècles où la vie a pu se produire et se conserver. Si les êtres vivants ont été le seul but réel de la création, pourquoi n'ont-ils pas été créés tout d'abord, et pourquoi la terre ne s'est-elle pas du premier coup trouvée apte à les recevoir ? En outre, il semble bien que la vie à son tour ne soit pas indestructible. Nous voyons tel globe de l'univers, la lune par exemple, où la vie paraît avoir cessé d'exister, si elle y a jamais eu lieu. Dire que l'univers entier a été créé pour que la vie paraisse pendant un moment sur le plus humble de ses globes, c'est une bien grande disproportion entre le moyen et le but. Le préambule du drame et l'épilogue semblent bien longs par rapport au drame lui-même. D'ailleurs même parmi les êtres vivants, la moitié au moins, c'est-à-dire le règne végétal, paraît aussi insensible que le minéral; et s'il jouit de la vie, c'est sans le savoir. Enfin, la sensibilité sourde et diffuse des animaux inférieurs ne vaut guère mieux que l'insensibilité absolue. Qu'importe à l'huître d'être ou de n'être pas?

Il nous est absolument impossible de savoir dans quelle proportion est dans l'univers la matière vivante et sentante avec la matière non vivante ou non sentante : ce n'est pas par l'étendue des espaces ou des temps que la valeur des choses doit se mesurer. Pascal a dit avec raison : « Nous relevons de la pensée, non de l'espace et de la durée. » Que si la vie existe dans tout l'univers, ce qui n'a rien d'impossible, peu importe qu'il y ait de vastes espaces de temps ou d'étendue qui en soient dépourvus. Il n'est pas plus étonnant qu'il n'y ait pas d'animaux dans la lune, que dans les glaces du Nord ou les déserts de l'Afrique. Ces vastes espaces peuvent être des magasins, des réservoirs de matière qui serviront plus tard à entretenir le grand mouvement de circulation nécessaire à la vie dans l'univers [1]. Le monde peut avoir besoin d'un squelette de

---

[1]. Il faut être très-réservé dans la supposition des causes finales quand il s'agit du monde inorganique, mais il n'en faut écarter aucune systématiquement : « De même que la force du soleil, dit un savant illustre M. Grove, après s'être exercée il y a bien longtemps, nous est maintenant rendue par le charbon formé sous l'influence de cette lumière et de cette chaleur, de même les rayons du soleil, perdus en vain aujourd'hui dans les déserts de sable de l'Afrique, servi-

matière morte, comme les vertébrés ont besoin d'une charpente qui supporte les tissus. Il nous est absolument impossible de rien spécifier sur les rapports des deux ordres; il nous suffit de montrer leur liaison nécessaire : ce qui nous permet d'entrevoir que l'un étant la base de l'autre, peut posséder ainsi, par communication et par anticipation, une finalité qu'il n'aurait pas en lui-même.

On nous présente aujourd'hui comme une conséquence nécessaire de la théorie mécanique de la chaleur, la perspective d'un état final, où tout le mouvement de l'univers étant converti en chaleur, les choses tomberaient dans un éternel et absolu équilibre, ce qui rendrait toute vie impossible. L'illustre Clausius a appelé *entropie* cette transformation constante du mouvement en chaleur, et il a formulé cette loi en ces termes : « *L'entropie de l'univers tend vers un état maximum;* plus l'univers approche de cet état limite, plus les occasions de nouveaux changements disparaissent; et si cet état était atteint à la fin, aucun autre changement n'aurait plus lieu, et l'univers se trouverait dans un état de mort persistante. » Mais cette hypothèse a été contestée par un des fondateurs mêmes

---

ront un jour au moyen de la chimie et de la mécanique à éclairer et à chauffer les habitations des régions plus froides. » (*Revue des cours scientifiq.* 1ʳᵉ série, t. III, p. 689). — « Des bouches de ces volcans dont les convulsions agitent si souvent la croûte du globe s'échappe sans cesse la principale nourriture des plantes, l'acide carbonique ; de l'atmosphère enflammée par les éclairs, et du sein même de la tempête descend sur la terre cette autre nourriture, non moins indispensable des plantes, celle d'où vient presque tout leur azote, le nitrate d'ammoniaque, que renferment les pluies d'orage. » (Dumas et Boussingault, *Essai de statique chimique,* 1844.)

de la théorie mécanique de la chaleur, par Mayer [1]. Des conséquences aussi lointaines d'une théorie aussi nouvelle et aussi délicate peuvent légitimement être mises en doute. Newton croyait que les données de son système du monde conduisaient nécessairement à admettre que l'équilibre du monde se dérangerait, et qu'il faudrait la main du Créateur pour le rétablir; mais depuis, il a été démontré qu'il s'était trompé et que les lois mêmes du système planétaire suffisent à en garantir la stabilité. Les plus grands savants peuvent donc se tromper sur les conséquences de leurs propres découvertes. De plus, si un tel état de choses, semblable à celui qu'on nous prédit, devait arriver, ce serait le cas de dire que la nature, n'ayant plus rien à faire, n'aurait qu'à s'évanouir tout à fait, comme la danseuse indienne : et comme quelques savants pensent aujourd'hui que la science conduit nécessairement à l'idée d'un commencement [2], peut-être trouveront-ils aussi qu'elle conduit à l'idée d'une fin. Mais c'est pousser bien loin, et peut-être bien au-delà de ce qu'il nous est permis de conjecturer, les inductions et les hypothèses. Contentons-nous de considérer le monde tel qu'il est.

Nous venons de voir que, par son rapport avec le monde organique, le monde physique et mécanique peut être considéré comme ayant une finalité relative, qui suffit pour en

---

1. *Revue des cours scientifiques*, 1re série, t. V, p. 159.
2. *Ibid.*, t. VII, p. 124. — Maxwell, *Rapports des sc. phys. et des sc. mathém.* (Revue scient. 2e série, t. I, p. 236). Voir aussi Caro, *Le matérialisme et la science*, note B, p. 287.

expliquer l'existence. En outre, cette finalité relative une fois admise, on trouvera, dans ce monde considéré en lui-même, des exemples de finalité interne, moins saillants que dans le monde organique, mais qui ont aussi leur signification : c'est une finalité sourde, un acheminement à la finalité.

C'est ici le lieu de rappeler que nous avons établi plus haut une première loi, que nous avions provisoirement distinguée de la loi de finalité, et que nous avons appelée *loi de concordance mécanique* [1]. Nous avons accordé comme hypothèse provisoire, qu'une simple concordance ou accord interne de phénomènes, sans rapport visible à un phénomène ultérieur, ne paraissait pas *à priori* inconciliable avec une cause mécanique. Mais si l'on y regarde de plus près, on verra que c'était beaucoup trop concéder.

La constance des coïncidences doit avoir une cause spéciale, disions-nous ; mais cette cause peut-elle être une cause physique? c'est ce qu'il faut examiner de plus près. Nous devons faire ici une nouvelle distinction. Ces coïncidences peuvent être de deux sortes; ce sont : 1° la simple *répétition*, ou le grand nombre des phénomènes ; 2° la *concordance* proprement dite entre des phénomènes *divergents*. Or, le premier cas n'a rien d'incompatible avec la cause physique, mais cela est loin d'être aussi évident pour le second. Par exemple, la fréquence des orages dans une saison ou dans une contrée donnée demande certai-

---

1. Voir plus haut, chap. I, p. 73.

nement une explication spéciale, mais rien qui sorte du domaine des causes physiques ; car le nombre ou la répétition n'est pas au-dessus des forces d'un agent physique. Au contraire, une convergence, une direction commune donnée à des éléments par hypothèse indépendants ne peut être attribuée à une cause physique que si on suppose dans cette cause une loi interne qui détermine dans tel ou tel sens le mouvement et la direction des éléments, en d'autres termes, si on prête à la matière un instinct d'ordre et de combinaison qui est précisément ce que nous appelons la loi de finalité. Si nous ne supposons rien de pareil, il ne reste que la rencontre fortuite des éléments, par conséquent l'absence de cause. En partant de ce principe, voyons si l'on peut donner une explication exclusivement mécanique de tout ce qui se présente à nous sous forme de système et de plan, en un mot, sous une forme régulière et coordonnée. Considérons les deux exemples les plus saillants de ce genre d'explication : à savoir, l'explication de la forme des cristaux dans la cristallisation, et l'hypothèse cosmogonique de Laplace.

On explique la production des formes cristallines des minéraux par une agglomération de molécules dont chacune a précisément la même forme géométrique que le tout. Ainsi un tétraèdre sera composé de petits tétraèdres, un dodécaèdre de petits dodécaèdres. Fort bien ; la dernière apparence sensible que présentent ces corps est suffisamment expliquée par là. Mais il est évident que pour le philosophe la question n'est pas résolue. D'une part, en effet, il faut admettre que les molécules intégrantes, dirigées par une géométrie sourde, savent trouver d'elles-mêmes le mode de juxtaposition qui leur permet, en se joignant, de reproduire la figure des éléments : car des pyramides jointes par leurs bases ou par leurs sommets, ou par leurs angles, ne font pas des pyramides. En vertu de quelle loi physique, une telle rencontre a-t-elle lieu ? Ne faut-il pas supposer que la force quelconque qui produit ces formes, a en elle-même quelque raison ou mobile qui la détermine à s'écarter de toutes les formes irrégulières pour se circonscrire dans celle-là seule qui formera une figure géométrique régulière ? En second lieu, en expliquant la forme géométrique du minéral par la superposition ou juxtaposition de molécules de mêmes formes, on ne fait que reculer la question ; car d'où vient la figure des molécules intégrantes elles-mêmes ? L'expliquera-t-on par la forme des atomes élémentaires, ou par leur mode de distribution dans l'espace ? Mais pourquoi les atomes auraient-ils des formes géométriques régulières ? si l'on exclut toute idée rationnelle, pour s'en tenir à la conception de la pure matière, il n'y a nulle raison pour que les particules élémentaires aient une forme plutôt qu'une autre, et le nombre des formes irrégulières devrait l'emporter de beaucoup sur celui des formes régulières ou géométriques. Quant à leur mode de distribution, nulle raison pour qu'il soit plutôt celui-ci que celui-là, et par conséquent nulle raison pour qu'un ordre quelconque en puisse sortir. Même conséquence, si au lieu d'admettre des atomes, on admet des points géométriques, centres de forces, ou même la divisibilité à l'infini : dans aucun cas, la forme géométrique ne sera un fait primitif et devra toujours se résoudre en un *processus* antérieur des particules composantes, impliquant une sorte de préférence ou de choix pour telle forme plutôt que pour telle autre [1]. Le hasard ne peut être invoqué ici : car une pareille constance ne peut être fortuite : il faut donc une raison qui dirige le mouvement vers cette forme ; il faut donc, en quelque sorte, qu'elle préexiste avant d'exister : nous retrouvons là ce que nous avons signalé dans l'être vivant, à savoir la détermination des parties par le tout, et du présent par le futur : la seule différence, c'est que le cristal recherche cette forme sans y avoir aucun intérêt ; mais il est possible que cela importe à d'autres êtres qu'à lui, et que la forme précise et régulière de chaque substance soit une condition d'ordre et de stabilité, indispensable à la sécurité générale.

Nous pourrions donc faire descendre plus bas encore que nous ne l'avons fait cette échelle décroissante qui, partie du fait de l'industrie humaine, nous avait conduit pas à pas jusqu'à la force organisatrice : nous retrouvons quelques vestiges du même principe jusque dans l'*architecture des atomes*, comme

---

1. « Corpus eamdem figuram habet cum spatio quod implet. Sed restat dubium cur tantum potius et tale spatium impleat quam aliud, et ita cur, exempli causâ, sit potius tripedale quam bipedale, et cur quadratum potius quam rotundum. Hujus rei ratio ex corporum naturâ reddi non possit ; eadem enim materia ad quamcumque figuram indeterminata est. (Leibnis, *opera philosophica*, Id. Erdmann, Confessio contra atheistas, p. 41-46.)

on l'a appelée, art inférieur à celui qui se manifeste dans les végétaux et dans les animaux, art cependant, car il n'est pas le résultat nécessaire des lois mécaniques.

C'est une erreur très-répandue de croire que partout où l'on rencontre de la géométrie, la cause finale doit être absente, sous prétexte qu'il y a contradiction entre la géométrie qui est le domaine de la fatalité inflexible, et la finalité qui est celui de la contingence et de la liberté. Mais ce qui, dans la géométrie, est absolument nécessaire, c'est simplement la notion d'espace et les lois logiques : tout le reste vient de la liberté d'esprit. L'espace en lui-même est vide et nu ; il contient toutes les formes en puissance, mais aucune en acte ; aucune ligne ne le traverse, aucun point n'y marque de limites; aucune figure, aucun solide ne s'y dessine tout seul. C'est l'esprit seul qui crée les figures géométriques, soit en les tirant de lui-même, soit en en empruntant les éléments à l'expérience. C'est lui qui, par la révolution d'un point engendre la ligne, soit droite, soit courbe; par celle de la ligne, les surfaces, par celle des surfaces, les solides ; c'est lui qui engendre toutes les figures de différentes espèces, qui par conséquent construit par une sorte d'architecture tout le monde géométrique. Sans doute, telles figures étant données, la logique veut que telles conséquences s'en tirent nécessairement ; mais il n'est nullement nécessaire que les figures soient données.

Si donc nous voyons dans la nature des formes géométriques régulières, nous ne devons pas penser que ces formes résultent nécessairement de la nature de l'étendue, qui est par elle-même indifférente à toutes formes. Entre toutes les figures en nombre infini, régulières ou irrégulières, que les choses auraient pu prendre, il faut une raison précise pour expliquer la formation des figures régulières. Tout au plus pourrait-on imaginer que par un frottement pendant un temps infini toutes les formes anguleuses auraient disparu, et tous les corps élémentaires réduits à la forme arrondie : mais il se trouve précisément que c'est la seule forme exclue par les combinaisons chimiques, et que la nature ne s'élève à la forme arrondie que dans les êtres vivants, par une sorte de géométrie supérieure à celle des corps bruts : au contraire, toutes les formes cristallines sont anguleuses, sans cesser d'être régulières. Aucune sélection naturelle ne peut rendre raison de ce singulier fait. Il faut admettre une nature géomètre, comme une nature artiste, comme une nature industrieuse; et ainsi nous retrouvons dans la nature tous les modes de l'activité intellectuelle de l'homme. De même que M. Claude Bernard admet dans l'être organisé un *dessin vital*, de même il y a en quelque sorte un *dessin cristallique*, une architecture minérale, une *idée directrice* de l'évolution chimique. L'élément physique, comme tel, ne contient absolument rien qui explique cette faculté d'obéir à un plan.

Passons maintenant du petit au grand, et de l'architecture de la molécule à l'architecture du monde ; voyons si l'hypothèse de Laplace exclut ou rend inutile la finalité.

Le monde solaire forme un système dont le soleil est le centre et autour duquel tournent, dans un même sens, un certain nombre de planètes, dont quelques-unes ont des satellites, qui tournent également dans le même sens : or, il se trouve, comme nous l'avons vu plus haut, que cette disposition est précisément la plus favorable à l'existence de la vie, au moins sur la terre; quant aux autres planètes, leur habitabilité ne paraît non plus faire question. Mais en mettant à part l'utilité d'un tel arrangement, reste toujours l'accord, l'ordre, la symétrie, le plan. Or, c'est cet accord et ce plan que Laplace explique d'une manière toute physique par l'hypothèse de la nébuleuse. Cette explication semble être à peu près l'inverse de celle qu'on donne de la cristallisation; ici, on explique la forme totale comme une addition ou composition de parties homogènes : ici, au contraire, on expliquerait la forme du monde comme le résultat d'une division, ou démembrement d'un tout homogène. C'est, en effet, le démembrement, ou division de la nébuleuse qui a donné naissance aux différents astres aujourd'hui séparés, qui n'en sont en réalité que les débris. La nébuleuse primitive était donc déjà le monde actuel en puissance : elle était le germe confus qui, par le travail intérieur des éléments, devait devenir un système. Mais, qu'on le remarque bien, la nébuleuse n'est pas un chaos; elle est une forme déterminée d'où doit sortir plus tard en vertu des lois du mouvement, un monde ordonné. La question, comme plus haut, n'est que reculée : car elle revient à se demander :

comment la matière a-t-elle pu trouver précisément la forme qui devait conduire plus tard au système du monde? Comment des actions et des réactions purement externes et sans aucun rapport avec un plan quelconque ont-elles pu, même à l'aide d'un frottement infini, aboutir à un plan? Comment l'ordre serait-il sorti du désordre? La nébuleuse, c'est déjà l'ordre : elle est déjà séparée par un abîme du pur chaos. Or, il ne faut pas se le dissimuler, la négation absolue de la finalité est la doctrine du chaos. Si vous n'admettez pas quelque chose qui guide et dirige les phénomènes, vous admettez par là même qu'ils sont absolument indéterminés, c'est-à-dire désordonnés : or comment passer de ce désordre absolu à un ordre quelconque? Et où trouve-t-on trace de ce chaos primitif? « Il ne suffit pas, dit un philosophe qui est en même temps un savant, M. Cournot, d'établir la possibilité du passage d'un état régulier à un autre : il faudrait saisir la première trace du passage de l'état chaotique à l'état régulier pour se permettre l'insolence de bannir Dieu de l'explication du monde physique, comme une hypothèse inutile [1]. »

Sans doute, le système du monde manifeste un certain nombre d'accidents qui ne peuvent en aucune façon s'expliquer par la cause finale, et qu'il ne faut pas chercher à y ramener. « Pourquoi Saturne est-il pourvu d'un anneau, dont sont privées les autres planètes? Pourquoi la même planète a-t-elle

---

[1]. Cournot, *Essai sur les idées fondamentales*, l. II, c. XII.

sept lunes, Jupiter quatre, et la terre une seule, tandis que Mars et Vénus n'en ont pas du tout ? Ce sont là autant d'accidents, autant de faits cosmiques [1]. » Mais nous verrons plus tard que la théorie des causes finales n'est pas engagée à nier l'existence de l'accident dans la nature. On peut même dire que c'est l'accident qui suscite la théorie de la finalité : car c'est parce que nous trouvons du fortuit dans la nature que nous nous demandons : pourquoi tout n'est-il pas fortuit ? Mais si le détail paraît fortuit, l'ensemble ne l'est pas, et a bien tous les caractères d'un plan.

On sait que c'est par une raison tirée de la simplicité du plan de l'univers que Copernic s'est élevé à la conception du vrai système du monde. Alphonse le Sage, roi de Castille, choqué des complications que supposait le système de Ptolémée disait : « Si Dieu m'eût appelé à son conseil, les choses eussent été dans un meilleur ordre. » Or, il se trouva qu'il avait raison. Ce n'était pas l'ordre de l'univers qui était en défaut, mais le système. C'est pour éviter les complications du système de Ptolémée, que Copernic chercha une disposition plus simple, qui est précisément celle qui existe : « Il eut la satisfaction, dit Laplace, de voir les observations astronomiques se plier à sa théorie... Tout annonçait dans ce système cette belle simplicité qui nous charme dans les moyens de la nature quand nous sommes assez heureux pour les connaître [2]. » Ainsi Laplace

---

1. Cournot, *Matérialisme, vitalisme, rationalisme*, p. 70.
2. Laplace, *Exposition de la mécanique céleste*, t. V, c. IV.

reconnaît que les lois les plus simples ont le plus de chances d'être vraies. Mais je ne vois pas pourquoi il en serait ainsi en supposant une cause absolument aveugle : car, après tout, l'inconcevable vitesse que le système de Ptolémée supposait dans le système céleste n'a rien d'impossible physiquement ; et la complication des mouvements n'a rien d'incompatible avec l'idée d'une cause mécanique. Pourquoi donc nous attendons-nous à trouver dans la nature des mouvements simples, et des vitesses proportionnées, si ce n'est parce que nous prêtons instinctivement une sorte d'intelligence et de choix à la cause première? Or l'expérience justifie cette hypothèse : au moins l'a-t-elle justifiée pour Copernic et Galilée. Elle l'a encore été, suivant Laplace, dans le débat entre Clairaut et Buffon, celui-ci soutenant contre celui-là que la loi de l'attraction restait la même à toutes les distances : « Ce fut, dit Laplace, le métaphysicien qui eut cette fois raison contre le géomètre [1]. »

C'est surtout quand on considère la stabilité du monde solaire que l'on est étonné de voir à combien peu tiendrait-il que cette stabilité eût été à tout jamais impossible, et surtout qu'elle fût constamment menacée. « Au milieu du dédale d'augmentations et de diminutions de vitesse, dit Arago, de variations

---

[1]. Laplace, *ibid*, ib. « Clairaut soutenait que la loi de Newton, réciproque au carré des distances, n'est sensible qu'aux grandes distances, mais que l'attraction croît dans un plus grand rapport quand la distance diminue. Buffon attaquait cette conséquence en se fondant sur ce que les lois de la nature doivent être simples, qu'elles ne peuvent dépendre que d'un seul module, et que leur expression ne peut renfermer qu'un seul terme. Or Clairaut reconnut qu'en poussant plus loin le calcul, la loi exprimait rigoureusement le résultat des observations. »

de formes dans les orbites, de changements de distances et d'inclinaisons que ces forces devaient évidemment produire, la plus savante géométrie elle-même ne serait pas parvenue à trouver un fil conducteur solide et fidèle. Cette complication extrême donna naissance à une pensée décourageante. Des forces si nombreuses, si variables de position, si différentes d'intensité, ne semblaient pouvoir se maintenir perpétuellement en balance que par une sorte de miracle. Newton alla jusqu'à supposer que le système planétaire ne renfermait pas en lui-même des éléments de conservation indéfinie, il croyait qu'une main puissante devait intervenir de temps en temps pour réparer le désordre. Euler, quoique plus avancé que Newton dans la connaissance des perturbations planétaires, n'admettait pas non plus que le système solaire fût constitué de manière à durer éternellement [1]. »

Et cependant, « la pesanteur universelle suffit à la conservation du système solaire : elle maintient les formes et les inclinaisons des orbites dans un état moyen autour duquel les variations sont légères; la variété n'entraîne pas le désordre; le monde offre des harmonies, des perfections dont Newton lui-même doutait. Cela dépend de circonstances que le calcul a dévoilées à Laplace, et qui, sur de vagues aperçus, ne semblaient pas exercer une si grande influence. A des planètes se mouvant toutes dans le même sens, dans des orbites d'une faible

---

1. Arago, *Notices scientifiques*, t. III, Laplace, p. 475.

ellipticité et dans des plans peu inclinés les uns sur les autres, substituez des conditions différentes, et la stabilité du monde sera de nouveau mise en question ; et, suivant toute probabilité, il en résultera un épouvantable chaos. L'auteur de la *Mécanique céleste* fit surgir clairement les lois de ces grands phénomènes : les variations de vitesse de Jupiter, de Saturne, de la Lune eurent alors des causes physiques évidentes et rentrèrent dans la catégorie des perturbations communes, périodiques, dépendantes de la pesanteur ; les changements si redoutés dans les dimensions des orbites, devinrent une simple oscillation renfermée dans d'étroites limites ; enfin, par la toute-puissance d'une force mathématique, le monde matériel se trouve raffermi sur ses fondements[1]. »

Ainsi c'est en vertu d'une loi mathématique que le monde subsiste : mais une loi mathématique est absolument indifférente à tel ou tel résultat. Qu'importe à l'attraction universelle que le monde subsiste ou ne subsiste pas ? or, il se trouve que cette force qui engendre le système solaire a en elle-même de quoi le conserver. Il se trouve que des particules de matière, indifférentes en elles-mêmes à former tel ou tel ordre, et obéissant à une loi sourde et muette comme elles, ont rencontré un équilibre et un état de stabilité qui semble, suivant Arago, l'effet d'un miracle. Admettre qu'une telle stabilité, un tel ordre est le résultat d'un accident heureux, qui, à un mo-

---

1. *Ibid., ibid.*

ment reculé, a fait sortir l'ordre du chaos, et a trouvé ce point d'équilibre entre tant de forces diverses et divergentes, ce n'est ni plus ni moins que la doctrine du pur hasard.

Je sais que l'on invoque sans cesse les *lois* de la nature, les *forces* de la nature, et qu'on prête à la nature elle-même une sorte de divinité, soit ; mais alors c'est supposer que ces lois, ces forces, cette nature, quoique destituées de conscience et de réflexion, ont cependant une sorte de prévision obscure et instinctive, et sont guidées sans le savoir, dans leur action, par l'intérêt général du tout. Or c'est encore là de la finalité. Tout aussitôt qu'on admet que l'effet à produire a été un des facteurs, un des éléments coopérateurs d'un système, on admet par là des causes finales. Au contraire, dépouillez la nature, ses forces et ses lois de toute prévision claire ou obscure de l'avenir, de tout instinct, de tout intérêt ; ramenez ces mots à des notions précises, à savoir : la nature, à l'ensemble des choses, c'est-à-dire des corps ; les forces de la nature, aux propriétés de ces corps ; les lois de la nature, aux rapports dérivants de ces propriétés ; dès lors, ce n'est plus que par des rencontres fortuites et des relations extérieures que le monde a pu se former. En un mot, ou l'ordre du monde est une résultante, c'est-à-dire un accident, et il est l'effet du hasard ; ou il est essentiel, dès lors, il y a dans la nature un principe d'ordre, c'est-à-dire un principe qui ramène la multiplicité à l'unité, qui dirige le présent vers l'avenir, et qui par conséquent obéit (qu'il le sache ou qu'il l'ignore) à la loi de la finalité.

On peut encore pousser plus loin la série des inductions précédentes, et se demander si l'existence même des *lois* dans la nature n'est pas encore un fait de finalité. Sans doute, on ne peut se représenter la nature sans cause; mais on peut se la représenter sans lois. C'est la confusion que commettait J. St. Mill, lorsqu'il affirmait, dans sa *Logique inductive*[1] qu'on peut concevoir un monde affranchi de la loi de causalité : c'était mal s'exprimer; car aucun effort de notre esprit ne nous permet de concevoir un phénomène naissant spontanément du néant, sans être provoqué par quelque chose d'antérieur; mais ce que nous pouvons concevoir, ce sont des phénomènes, sans ordre, sans lien, sans aucune régularité, dont toutes les combinaisons paraîtraient fortuites, et qui ne permettraient aucune prévision certaine pour l'avenir. Ainsi en est-il, en apparence du moins, des divagations de la folie : les mots n'exprimant plus d'idées, se lient les uns aux autres d'une manière purement fortuite, sans aucun mode constant et régulier, et comme si on les prenait au hasard dans un dictionnaire. Il n'y a aucune raison pour que les phénomènes de l'univers ne se produisissent pas de la même manière, si l'on suppose à l'origine des éléments purement matériels, dans lesquels ne préexisterait aucun principe d'ordre et d'harmonie.

« A ne considérer que les lois du mouvement, dit un philosophe, il n'y a aucune raison pour que les petits corps (ou corps élémentaires) continuent à se grouper dans le même ordre,

---

1. St. Mill, *Système de Logique*, l. III, ch. XXI, § 4.

plutôt que de former des combinaisons nouvelles, ou même de n'en plus former aucune. Enfin l'existence même de ces petits corps serait aussi précaire que celle des grands : car ils ont sans doute des parties puisqu'ils sont étendus, et la cohésion de ces parties ne peut s'expliquer que par un concours de mouvements qui les poussent incessamment les uns vers les autres : ils ne sont donc à leur tour que des systèmes de mouvements, que les lois mécaniques sont par elles-mêmes indifférentes à conserver ou à détruire. Le monde d'Épicure, avant la rencontre des atomes, ne nous offre qu'une faible idée du degré de dissolution où l'univers, en vertu de son propre mécanisme, pourrait être réduit d'un instant à l'autre ; on se représente encore des cubes ou des sphères tombant dans le vide ; mais on ne se représente pas cette sorte de poussière infinitésimale sans figure, sans couleur, sans propriété appréciable par une sensation quelconque. Une telle hypothèse nous paraît monstrueuse et nous sommes persuadés que lors même que telle ou telle loi viendrait à se démentir, il subsisterait toujours une certaine harmonie entre les éléments de l'univers ; mais d'où le saurions-nous, si nous n'admettions pas *à priori* que cette harmonie est en quelque sorte l'intérêt suprême de la nature, et que les causes dont elle semble le résultat nécessaire ne sont que les moyens sagement concertés pour l'établir [1]. »

---

[1] Lachelier, *Du fondement de l'induction*, p. 79-80.

Nous ne croyons pas nécessaire d'invoquer ici avec l'auteur de ce passage, une croyance à priori; mais le fait seul de l'existence d'un ordre quelconque nous paraît témoigner de l'existence d'une autre cause que la cause mécanique : celle-ci en effet, comme il le dit, est indifférente à produire aucune combinaison régulière. Si cependant de telles combinaisons existent, et si elles durent depuis des temps infinis, sans qu'on ait jamais rencontré dans aucun temps ni dans aucun lieu l'état chaotique primordial, c'est donc que la matière a été dirigée ou s'est dirigée elle-même, dans ses mouvements, en vue de produire ces systèmes, ces combinaisons, et ces plans d'où résulte l'ordre du monde : ce qui revient à dire que la matière a obéi à une autre cause que la cause mécanique. Si elle a été dirigée, c'est qu'il y a au-dessus d'elle une cause intelligente et spirituelle; si elle s'est dirigée elle-même, c'est qu'elle est elle-même une cause intelligente et spirituelle : dans ces deux cas, l'ordre de la finalité s'élève au-dessus de l'ordre mécanique. Si, maintenant, nous nous demandons ce que c'est que les lois de la nature, nous verrons qu'elles ne sont, comme l'a dit Montesquieu, que les rapports constants qui résultent de la nature des choses. Pour que ces rapports constants existent, il faut que la nature des choses soit elle-même constante, ce qui suppose qu'un certain ordre existe même dans la formation de ces premiers systèmes de mouvements qui composent les corps élémentaires; et si l'on surprend par conséquent la finalité à l'origine même de ces corps élémentaires, on doit la retrouver dans les lois qui n'en sont que la résultante. Quant à la croyance que nous avons que l'ordre de la nature persistera toujours (soit sous une forme, soit sous une autre), et qu'il y aura toujours des lois, nous l'expliquons par l'axiome, « que les mêmes causes produisent toujours les mêmes effets. » Si une sagesse inconnue est la cause de l'ordre que nous admirons dans l'univers, cette même sagesse ne pourrait laisser détruire cet ordre sans se démentir; et dire qu'elle peut cesser d'être, ce serait dire qu'elle est accidentelle et contingente à la nature, c'est-à-dire qu'elle dépendrait de la matière, ce qui est contraire à l'hypothèse. Si enfin on supposait qu'elle deviendra un jour impuissante, on le supposerait sans preuve : car ayant été assez puissante jusqu'ici pour gouverner la nature, pourquoi cesserait-elle de l'être? Notre confiance en elle n'a donc aucune raison de s'évanouir devant un doute gratuit.

Sans doute, dans toute hypothèse, il resterait toujours pour constituer la nature, et lui donner une règle, les lois du mouvement : « Mais le rôle de ces lois, dit encore l'auteur cité, se borne à subordonner chaque mouvement au précédent, et ne s'étend pas jusqu'à coordonner entre elles plusieurs séries de mouvements. Il est vrai que si nous connaissions à un moment donné la direction et la vitesse de tous les mouvements qui s'exécutent dans l'univers, nous pourrions en déduire rigoureusement toutes les combinaisons qui doivent en résulter : mais l'induction consiste précisément à renverser le problème en supposant au contraire que l'ensemble de ces directions et de ces vitesses doit être tel qu'il reproduise à point nommé les mêmes combinaisons. Mais dire qu'un phénomène complexe contient la raison des phénomènes simples qui concourent à le produire, c'est dire qu'il en est la cause finale [1]. »

Qui sait maintenant si l'on ne pourrait pas remonter encore plus haut, et soutenir que les lois du mouvement elles-mêmes ne sont pas des lois purement mécaniques et mathématiques? Leibniz l'a cru; il a pensé que ces lois sont contingentes, qu'elles sont des lois de beauté et de convenance, non de nécessité, qu'elles dérivent de la bonté et de la sagesse divines, non de l'essence de la matière. L'autorité d'un si grand nom et de l'un des fondateurs de la dynamique moderne devrait donner à penser à ceux qui croient si simple de tout expliquer par la matière brute. Malheureusement, il nous faudrait plus de connaissances mathématiques et physiques que nous n'en avons pour poursuivre cette discussion jusqu'à son terme. On

---

[1]. Lachelier, *ibid.*, p. 78. Nous sommes d'accord pour le fond avec l'auteur que nous citons : peut-être cependant différons-nous quant à la manière de présenter le même argument. M. Lachelier paraît croire que nous savons d'avance que la série des phénomènes reproduira à point nommé les mêmes combinaisons (par exemple, le mouvement des astres, la perpétuité des espèces), et cette croyance, qui lui paraît le fondement de l'induction, est le principe des causes finales. Pour nous au contraire, la reproduction périodique des phénomènes est un simple fait; quoi qu'il en soit de l'avenir, ce fait a existé dans le passé, et il existe encore dans le présent; et il dure depuis assez longtemps pour ne pas être l'effet du hasard : donc il a une cause; or cette cause, par les raisons données, est autre que les lois mécaniques. Nous nous élevons donc à la cause finale par le principe de causalité, lequel embrasse à la fois et les causes mécaniques et les causes finales. (Voir le chap. I.)

trouvera, à l'Appendice, un exposé historique de cette question [1].

Quoi qu'il en soit de ce dernier point, qu'il nous suffise d'avoir montré : 1° Que l'ordre physique et mécanique n'est pas exclusif de la finalité; 2° Que tout ordre en général, même physique et mécanique, implique déjà une certaine finalité.

S'il en est ainsi, le principe de la concordance mécanique ne se distingue donc pas essentiellement, comme nous l'avions d'abord pensé, du principe de la concordance téléologique. Le premier n'est que la forme première, la forme rudimentaire et obscure du second, et ne s'explique que par celui-ci. C'était donc de notre part une concession toute provisoire, et pour éviter une discussion anticipée, que nous avions admis, au commencement de ces études, un mode de combinaison étranger à la finalité. Nous voyons maintenant que la finalité pénètre partout, même là où elle paraît le moins visible; et nous pouvons dire d'une manière plus générale que nous n'avions fait encore : tout ordre suppose une fin; et le principe même de l'ordre, c'est la fin.

Seulement, nous croyons devoir distinguer deux espèces de finalité : la finalité d'*usage* ou d'*appropriation*, et la finalité de *plan*. Dans l'une et l'autre, il y a *système*, et tout système implique coordination : mais dans l'une, la coordination aboutit à un effet final, qui prend le caractère d'un but; dans l'autre la coordination n'a pas cet effet. De part et d'autre, il y a finalité, parce que la coordination la plus simple implique déjà que

1. Voir, à l'Appendice, Dissert. VI.

l'idée du tout précède celle des parties, c'est-à-dire que l'arrangement successif des parties se règle sur la disposition qui doit être ultérieurement atteinte. Seulement dans la finalité de plan, lorsque l'ordre est réalisé, il semble que tout soit fini ; tandis que dans la finalité d'usage, cet ordre lui-même est coordonné à quelque autre chose, qui est l'intérêt de l'être vivant. Disons encore que la finalité de plan peut avoir un but, mais un but extérieur (par exemple, la disposition du soleil qui échauffe et éclaire la terre) ; tandis que dans la finalité d'usage, le but est intérieur à l'être lui-même, comme dans l'animal. La finalité de plan est donc une finalité interne, en tant qu'on ne considère que le plan lui-même, par exemple le système solaire ; elle est externe, si elle se trouve avoir quelque rapport à l'utilité des autres êtres.

Quoique la finalité de plan règne surtout dans la nature inorganique, et la finalité d'usage dans les êtres vivants, cependant nous trouvons à la fois chez ceux-ci l'une et l'autre, le *plan* à côté de l'*appropriation*, et l'un n'est pas toujours en harmonie avec l'autre : en tout cas, l'un est différent de l'autre. Autre chose est l'adaptation des organes aux fonctions et la coopération fonctionnelle des organes ; autre chose la correspondance des parties, leurs proportions, leur symétrie. Il y a une sorte de géométrie des êtres vivants, indépendante de la mécanique, et qui ne semble pas avoir pour but un résultat utile. La symétrie, par exemple, est certainement un des besoins de la nature vivante. On en distingue quatre espèces :

1° le type symétrique *radiaire*, comme chez les rayonnés, où les parties homogènes se groupent autour d'un centre commun ; 2° le type symétrique *rameux*, comme chez les végétaux et les polypes ; 3° le type *sérial*, dans la succession d'avant en arrière, comme chez les articulés ; 4° le type *bilatéral*, ou répétition des parties semblables des deux côtés du corps, comme chez les animaux supérieurs et chez l'homme. Ces faits nous prouvent que la nature vivante a aussi ses formes géométriques, seulement beaucoup plus libres, et plus arrondies que celles des cristaux.

Indépendamment des formes géométriques, des proportions, des symétries, qui se remarquent dans les êtres animés, il y a des arrangements de parties qui permettent de ranger tous les animaux dans quatre compartiments bien distincts, soit que ces compartiments soient absolument séparés, comme le croit Cuvier, soit qu'il y ait des passages de l'un à l'autre, comme le voulait G. St.-Hilaire. Si le principe d'adaptation dominait seul dans la structure des animaux, il semble que la classification la plus naturelle serait celle qui s'est présentée tout d'abord à l'esprit des hommes, à savoir celle qui naît de la diversité des milieux habitables. Or, il y a trois milieux habitables : l'eau, l'air et la terre ; de là trois grandes classes d'animaux : les aquatiles, les volatiles, et les animaux terrestres ; de ces trois grandes divisions devraient résulter toutes les divisions et subdivisions zoologiques. Cependant il se trouve que cette classification est superficielle ; et celle qui a prévalu se fonde non sur l'usage des parties, mais sur le *dessin* de l'animal. Ce sont les *types*, et non les fonctions qui servent de base à toute nomenclature zoologique. On voit quelle importance joue, dans les sciences zoologiques, la finalité de plan.

Cette finalité a paru si importante à un naturaliste illustre, M. Agassiz, qu'il a cru que la preuve de l'existence de Dieu devait être cherchée beaucoup plutôt dans le plan des animaux que dans l'adaptation des organes : c'est, à notre avis, une grande exagération. Néanmoins, il est certain que la création d'un type (même abstraction faite de toute adaptation), est inséparable de l'idée de plan et de but, et suppose par conséquent de l'art [1]. Agassiz signale surtout les faits suivants, si peu conformes aux combinaisons aveugles d'une nature purement physique : d'une part l'existence simultanée des types les plus divers au milieu de circonstances identiques; de l'autre la répétition de types semblables dans les circonstances les plus diverses; l'unité de plan chez les êtres les plus divers, etc. Ces faits, et tous ceux qu'Agassiz accumule avec la plus profonde connaissance de la question, reviennent toujours à ceci : Comment des éléments aveugles, et n'ayant en eux-mêmes aucun principe de direction, auraient-ils pu trouver des combinaisons stables et constantes, et cela à l'infini ? Tout *dessin* suppose un dessinateur. Les figures de la nature, quelles qu'elles soient, ont des contours précis et distincts; le jeu des éléments peut-il avoir dessiné la figure humaine ?

---

[1]. Agassiz, *De la classification en zoologie*, p. 215 et suivantes.

La finalité de plan que nous remarquons dans toute la nature, nous conduit à la *finalité esthétique*, qui en est une forme. Ce n'est pas ici le lieu de traiter la question du beau ; mais quelle que soit l'essence intime du beau, toutes les écoles sont d'accord pour reconnaître qu'il implique un certain accord entre les parties et le tout : *unitas in varietate*. Ne faut-il donc pas, pour que la nature soit belle, quelque principe qui ramène la diversité à l'unité ? Il ne suffirait pas, pour répondre à la difficulté, de faire tout dériver, comme Spinosa, d'une seule substance : car il ne s'agit point d'une unité d'origine, mais d'une unité d'accord, de proportion, d'harmonie. Il ne s'agit point d'une identité abstraite et vide, mais de l'unité morale et intelligible qui résulte de la diversité même. L'unité d'action dans la tragédie ne consiste pas à présenter un personnage unique ou une situation unique, mais à réunir comme en un centre sur un point donné, les passions divergentes et les intérêts contradictoires de plusieurs personnages distincts. Une unité qui laisserait échapper de son sein à l'infini des séries de phénomènes, ne suffira pas à produire le sentiment du beau : il faut qu'elle les distribue, les groupe, les lie les uns aux autres, par conséquent qu'elle en surveille l'évolution, qu'elle la ramène où elle veut, qu'elle leur impose une mesure et une règle, en un mot un type et un plan. La même loi qui nous a fait reconnaître la finalité dans toute composition régulière, nous impose de la reconnaître dans le beau. La nature n'est pas plus artiste par hasard, qu'elle n'est géomètre par hasard ;

son esthétique n'est pas plus fortuite que son industrie. C'est parce qu'il y a une industrie de la nature, une géométrie, une esthétique de la nature, que l'homme est capable d'industrie, de géométrie, d'esthétique. La nature est tout ce que nous sommes ; et tout ce que nous sommes, nous le tenons de la nature. Le génie créateur que l'artiste ressent en lui-même lui est la révélation et le symbole du génie créateur de la nature.

CHAPITRE VI

OBJECTIONS ET DIFFICULTÉS

La plupart des objections et des difficultés élevées dans tous les temps et particulièrement de nos jours contre les causes finales ont été implicitement examinées dans les discussions précédentes. Cependant il est nécessaire de les reprendre d'une manière plus distincte et en elles-mêmes, en les représentant dans leur ensemble, en les exposant avec tous leurs avantages, c'est-à-dire dans le texte même des penseurs qui leur ont donné l'autorité de leur nom.

I. Objection de Bacon. *Les sciences et les causes finales.*

« L'habitude de chercher des *causes finales* dans la physique, dit Bacon, en a chassé et comme banni les *causes physiques*. Elle a fait que les hommes se reposant sur des apparences, ne se sont pas attachés à la recherche des causes réelles. En effet, si pour expliquer certaines dispositions et conformations du corps humain, l'on disait que les paupières avec les poils qui les couvrent sont comme une haie pour les yeux ; ou que la fermeté de la peau chez les animaux a pour but de les garantir du chaud et du froid ; ou que les os sont comme autant de colonnes ou de poutres que la nature a élevées pour servir d'appui à l'édifice du corps humain ; ou encore que les arbres poussent des feuilles afin d'avoir moins à souffrir de la part du soleil et du vent ; que les nuages se portent vers la région supérieure afin d'arroser la terre par des pluies ; ou enfin que la terre a été condensée et consolidée afin qu'elle pût servir de demeure stable, de base aux animaux ; toutes les explications de cette espèce sont semblables à ces remores qui, comme l'ont imaginé certains navigateurs, s'attachent aux vaisseaux et les arrêtent... Elles ont fait que la recherche des causes physiques a été longtemps négligée ; aussi la philosophie de Démocrite et de ces auteurs contemplatifs qui ont écarté Dieu du système du monde, nous paraît, quant aux causes physiques, avoir plus de solidité que celles de Platon et d'Aristote[1]. »

C'est de cette objection de Bacon que date et qu'a pris naissance la guerre que les savants n'ont cessé depuis de faire aux causes finales. Mais cette guerre vient d'un malentendu. Nous l'avons dit déjà : les savants sont seuls juges de la méthode qu'il convient d'employer dans les sciences. S'ils ont suffisamment vérifié par l'expérience que les causes finales les trompent plus qu'elles ne leur servent, si elles ont en effet le fâ-

---

[1]. Bacon, *De dignitate scientiarum*, l. III. c. IV.

cheux résultat de détourner l'esprit de la recherche des causes physiques et d'encourager ainsi la philosophie paresseuse, ce n'est pas nous qui leur contesterons ce droit. L'objection de Bacon a pu être fondée historiquement; elle l'est peut-être encore dans une certaine mesure. On pourrait faire remarquer que dans certains cas, par exemple dans le cas si souvent cité des valvules du cœur, c'est la cause finale qui a mis sur la voie de la cause physique; on pourrait dire avec Schopenhauer, qu'en physiologie, la cause finale est souvent plus intéressante que la cause physique [1]; mais encore une fois, c'est là une question à débattre entre savants : qu'ils la résolvent comme ils l'entendent; qu'ils excluent absolument les recherches téléologiques, ou qu'ils s'en servent dans une certaine mesure, c'est leur affaire. Leur fonction est de découvrir les faits et les lois. Lorsqu'ils ont observé de vrais faits, et découvert de vraies lois, ils ont fait leur œuvre; et l'on n'a rien de plus à leur demander.

Que si maintenant, pour s'être abstenus des causes finales, ils croient avoir réellement exclu et supprimé cette notion de l'esprit humain, ils déplacent la question. D'une question de logique et de méthode, ils passent sans s'en douter à une question de métaphysique et de fond : ce sont là deux points de vue profondément différents. De ce que la première est résolue dans un sens, il ne s'ensuit nullement que la seconde le soit égale-

---

1. *Die Welt als Wille*, t. II, ch. 26. Par exemple, « il est plus intéressant, dit-il, de savoir pourquoi le sang circule, que de savoir comment il circule. »

ment dans le même sens. De ce que vous écartez les causes finales de vos méthodes, s'ensuit-il qu'il n'y en ait pas? Lorsque Bacon retranchait les causes finales de la physique pour les renvoyer à la métaphysique, ce n'était pas vain subterfuge, mais une distinction aussi solide que profonde. Le physicien cherche les conditions physiques et concrètes des phénomènes ; le métaphysicien en cherche la signification intellectuelle : or le second de ces points de vue n'est nullement exclu par le premier ; et après avoir expliqué comment les choses se passent, il reste toujours à se demander pourquoi elles se passent ainsi. La question du comment n'exclut pas celle du pourquoi, et la laisse entièrement ouverte.

Lorsque les savants, après avoir écarté les causes finales de leurs méthodes (ce qui est leur droit), les proscrivent ensuite de la réalité même, ils ne voient pas qu'ils parlent alors, non plus comme savants, mais comme philosophes ; et ils ne distinguent pas ces deux rôles : ils s'attribuent comme philosophes, la même infaillibilité qu'ils ont comme savants : ils croient que c'est la science qui prononce par leur bouche, tandis que ce n'est que la libre réflexion. Cette distinction est très-importante ; car elle écarte beaucoup d'équivoques et de malentendus. Un savant, quelque enchaîné qu'il soit par les sévérités de la méthode scientifique, ne peut cependant échapper à la tentation de penser, de réfléchir sur les phénomènes dont il a découvert les lois. Comme les autres philosophes, il se livre à des raisonnements, à des inductions, à des analyses, à des conceptions qui ne sont plus du domaine de l'expérience, mais qui sont l'œuvre de la pensée opérant sur les données de l'expérience : c'est évidemment son droit; et, personne ne se plaindra que les savants soient en même temps philosophes : on peut même trouver qu'ils ne le sont pas assez. Mais attribuer ensuite à ces interprétations personnelles l'autorité qui s'attache à la science elle-même, c'est commettre la même erreur, le même abus de pouvoir que celui des prêtres du moyen-âge qui s'autorisaient du respect dû à la religion pour couvrir tous les actes de leur pouvoir temporel.

L'erreur des savants [1] est de croire qu'ils ont écarté les causes finales de la nature, lorsqu'ils ont démontré comment certains effets résultent de certaines causes données; la découverte des causes efficientes leur paraît un argument décisif contre les causes finales. Il ne faut pas dire, selon eux, « que l'oiseau a des ailes pour voler, mais qu'il vole parce qu'il a des ailes. » Mais en quoi, je vous le demande, ces deux propositions sont-elles contradictoires? En supposant que l'oiseau ait des ailes pour voler, ne faut-il pas que son vol résulte de la structure de ces ailes? Par conséquent, de ce que ce vol est un résultat, a-t-on le droit de conclure qu'il n'est pas en même temps un but? Faudrait-il donc, pour reconnaître des causes finales, que vous vissiez dans la nature des effets sans cause ou

---

1. J'entends par là les savants qui nient les causes finales : ce qui est loin d'être l'unanimité d'entre eux. Lorsque nous pouvons citer des autorités telles que Cuvier, Blainville, Muller, Agassiz, et tant d'autres, il nous est permis de dire qu'il s'en faut de beaucoup que *la science* proscrive les causes finales.

des effets disproportionnés à leurs causes? Les causes finales, nous ne saurions trop le répéter, ne sont pas des miracles [1]. Pour qu'il y ait cause finale, il faut que la cause première ait choisi des causes secondes précisément propres à l'effet voulu. Par conséquent, quoi d'étonnant qu'en étudiant ces causes, vous en déduisiez mécaniquement les effets? Le contraire serait impossible et absurde. Ainsi expliquez-nous tant que vous voudrez que les ailes étant données, il faut que l'oiseau vole : cela ne prouve pas du tout qu'il n'ait pas des ailes pour voler : car, je vous le demande de bonne foi, si l'auteur de la nature a voulu que les oiseaux volassent, que pouvait-il faire de mieux que de leur donner des ailes?

Cet accord des causes efficientes et des causes finales a été admirablement exprimé par Hegel dans un passage aussi spirituel que profond : « La raison est aussi *rusée* que *puissante*. Sa ruse consiste en ce que, pendant qu'elle permet aux choses d'agir les unes sur les autres, conformément à leur nature, et de s'user dans ce travail, sans se mêler et se confondre, elle ne fait par là que réaliser ses fins. On peut dire à cet égard que la Providence divine est vis-à-vis du monde et des événements qui s'y passent, la *ruse absolue*. Dieu fait que l'homme trouve sa satisfaction dans ses passions et ses intérêts particuliers, pendant qu'il accomplit ses fins qui sont autres que ces passions et ces intérêts ne se le proposent [2]. »

---

1. Voir plus haut, p. 165.
2. Hegel, *Grande encyclopédie*, p. 209.

II. **Objection de Descartes.** *L'ignorance des fins.*

Descartes, comme Bacon, et même plus encore que lui, s'est montré opposé aux causes finales : car Bacon ne les avait écartées de la physique que pour les renvoyer à la métaphysique. Descartes au contraire semble les exclure à la fois de la métaphysique et de la physique; ou du moins il refuse de s'en servir dans l'une ou dans l'autre de ces deux sciences. Ce n'est pas qu'il nie l'existence des fins dans la nature; mais il pense que nous ne pouvons pas les connaître, vu l'infirmité de notre esprit. De là cette objection, si souvent reproduite par les habiles, à savoir qu'il ne nous appartient pas de sonder les intentions du Créateur.

Nous devons, dit-il, nous remettre toujours devant les yeux « que la capacité de notre esprit est fort médiocre, et ne pas trop présumer de nous-mêmes, comme il semble que nous ferions si nous nous persuadions que ce n'est que pour notre usage que Dieu a créé toutes choses, ou bien seulement *si nous prétendions de pouvoir connaître par la force de notre esprit quelles sont les fins pour lesquelles il les a créées*[1]. »

Dans ce passage, Descartes mêle deux objections distinctes : l'une, que nous retrouverons tout à l'heure, et qui est dirigée contre le préjugé qui ferait de l'homme le but final de la création; l'autre, qui nous occupe en ce moment, et qui se fonde sur la disproportion des forces de l'intelligence humaine et de l'intelligence divine, et sur l'ignorance des fins.

---

[1]. *Principes de philosophie*, III, 2 ; voir aussi dans les *Méditations*, IV.

Cette objection, à ce qu'il nous semble, repose sur une confusion facile à démêler entre les fins absolues et les fins relatives. Lors même qu'on ne saurait pas dans quel but Dieu a créé les choses, c'est-à-dire quand on ignorerait leur destination dernière, il ne s'ensuivrait pas que nous ne pussions connaître, dans tel être donné, le rapport des moyens aux fins. Supposons que je ne sache pas dans quel but Dieu a donné la vue aux animaux, s'ensuit-il qu'il me soit interdit d'affirmer que l'œil a été fait pour voir ? De ce que je ne sais pas pourquoi Dieu a voulu qu'il y eût des végétaux, s'ensuit-il que je ne puisse reconnaître le rapport de correspondance et d'appropriation qui se remarque entre leurs parties ? La même objection repose encore sur une autre confusion, faite d'ailleurs par tous les philosophes avant Kant : celle de la finalité externe et de la finalité interne [1]. Sans doute, je ne puis rien affirmer de rigoureux sur la finalité externe, parce qu'elle n'est pas écrite dans la constitution de l'être même. Mais lors même que je ne saurais dire pourquoi Dieu a fait des vipères, il n'en résulterait pas que l'organisation intérieure de la vipère ne manifeste pas des rapports d'accommodation que j'ai le droit d'appeler des rapports de finalité.

Il est remarquable que ce soit un adepte de l'empirisme et de l'épicuréisme, Gassendi, qui ait défendu contre Descartes le principe des causes finales : « Vous dites, répond-il à Descartes,

---

1. Voir plus haut, p. 220.

qu'il ne vous semble pas que vous puissiez rechercher et entreprendre de découvrir sans témérité les fins de Dieu. Mais quoique cela puisse être vrai, si vous entendez parler des fins que Dieu a voulu être cachées, cela néanmoins ne se peut entendre de celles qu'il a comme exposées à la vue de tout le monde, et qui se découvrent sans beaucoup de travail[1]. » Puis, signalant l'étonnante disposition des valvules du cœur, il demande pourquoi « il ne serait pas permis d'admirer cet usage merveilleux et cette ineffable providence qui a si convenablement disposé ces petites portes à l'entrée de ces concavités... et qui n'a pas seulement disposé ces choses conformément à leur fin, mais même tout ce que nous voyons de plus admirable dans l'univers. »

Pressé par cette objection, Descartes est bien obligé d'en accorder le fond ; et sous peine de prendre contre Gassendi lui-même son rôle d'épicurien, il faut qu'il consente à reconnaître « qu'un ouvrage suppose un ouvrier. » Seulement il croit échapper à l'objection par une sorte de défaite, inadmissible en bonne philosophie : c'est que l'argument précédent est fondé sur la cause efficiente et non sur la cause finale. C'est là une confusion manifeste. Sans doute, lorsque nous disons : l'œuvre suppose un ouvrier, nous passons de l'effet à la cause efficiente ; et ce n'est même qu'une tautologie : car qui dit œuvre, dit une chose faite par un ouvrier. Mais le nœud de l'argument

---

[1]. Gassendi, *Objections à la 4ᵉ méditation*. (Edit. Cousin, tome II, p. 179.)

consiste précisément à affirmer que telle chose est une œuvre (*opus*), et non pas seulement un simple effet : et c'est ce que nous ne pouvons faire qu'en comparant les moyens aux fins, par conséquent, par le principe des causes finales. Si la contemplation des fins nous est interdite, la considération des moyens l'est également : l'accord des uns et des autres n'a plus dès lors aucune signification, et rien ne nous autorise à considérer l'ouvrage comme une œuvre de sagesse, et par conséquent à conclure l'existence d'un ouvrier. Sans doute, le monde reste toujours comme un effet qui demande une cause : mais il nous suffit de savoir que cette cause est puissante sans décider si elle est sage. Par conséquent, il n'y a pas de milieu pour Descartes : ou bien il faut qu'il permette la considération de la cause finale, ou qu'il renonce, comme lui objecte Gassendi, à reconnaître la Providence dans la nature.

Un autre contemporain de Descartes, illustre dans les sciences physiques, a répondu avec beaucoup de justesse et de précision à l'objection de Descartes. C'est Robert Boyle :

« Supposez qu'un paysan, entrant en plein jour dans le jardin d'un fameux mathématicien, y rencontre un de ces curieux instruments gnomoniques qui indiquent la position du soleil dans le zodiaque, sa déclinaison de l'équateur, le jour du mois, la durée du jour, etc., etc., ce serait sans doute une grande présomption de sa part, ignorant à la fois et la science mathématique et les intentions de l'artiste, de se croire capable de découvrir toutes les fins en vue desquelles cette machine si curieusement travaillée a été construite ; mais lorsqu'il remarque qu'elle est pourvue d'une aiguille, de lignes et numéros horaires, bref de tout ce qui constitue un cadran solaire, et qu'il voit successivement l'ombre du style marquer successivement l'heure du jour, il y aurait pour lui aussi peu de présomption que d'erreur à conclure que cet instrument, quels que puissent être ses autres usages, est certainement un cadran fait pour indiquer les heures [1]. »

III. *Les abus des Causes finales.*

Une des objections les plus répandues contre les causes finales se tire des abus qui en ont été faits, et qu'on en peut facilement faire. Ces abus ont été, en effet, très-fréquents. En voici les principaux :

1º Le premier et le principal abus des causes finales, qui n'est plus guère à craindre aujourd'hui, mais qui a longtemps régné, c'est de se servir de ce principe comme d'un argument contre un fait ou contre une loi de la nature, lors même que ce fait ou cette loi seraient démontrés par l'expérience et le

---

[1]. Boyle, *Lettre sur les causes finales.* — J.-J. Rousseau, dans l'*Emile*, répond à la même objection à peu près de la même manière : « Je juge de l'ordre du monde, quoique j'en ignore la fin, parce que pour juger de cet ordre il me suffit de comparer les parties entre elles, d'étudier leur concours, leurs rapports, d'en remarquer le concert. J'ignore pourquoi l'univers existe ; mais je ne laisse pas de voir comment il est modifié ; je ne laisse pas d'apercevoir l'intime correspondance par laquelle les êtres qui le composent se prêtent un mutuel secours. Je suis comme un homme qui verrait pour la première fois une montre ouverte, qui ne laisserait pas d'en admirer l'ouvrage, quoiqu'il ne connût pas l'usage de la machine, et qu'il n'eût point vu de cadrans. Je ne sais, dirait-il, à quoi le tout est bon ; mais je vois que chaque pièce est faite pour les autres, j'admire l'ouvrier dans le détail de son ouvrage, et je suis bien sûr que tous ces rouages ne marchent ainsi de concert que pour une fin commune qu'il m'est impossible d'apercevoir. »

calcul, c'est-à-dire par les méthodes les plus rigoureuses dont la science humaine puisse disposer. Il n'est pas un seul savant aujourd'hui qui oserait rejeter un fait parce qu'on n'en verrait pas la cause finale, ou parce qu'il paraîtrait contraire à telle cause finale que l'on se serait forgée d'avance dans l'esprit : mais il n'en a pas toujours été ainsi.

Par exemple, l'une des plus belles découvertes astronomiques des temps modernes, due, si je ne me trompe, au profond génie d'Herschell, est la découverte des étoiles doubles et multiples, c'est-à-dire d'étoiles circulant autour d'autres étoiles, et leur servant en quelque sorte de planètes. Jusque-là, on avait cru que toute étoile devait jouer le rôle d'un soleil, c'est-à-dire de centre, et qu'autour de ce soleil ne pouvaient graviter que des corps obscurs recevant la lumière du soleil central. Il est démontré aujourd'hui qu'il est des soleils qui gravitent autour d'autres soleils ; et cette découverte a permis à Bessel d'appliquer à l'univers stellaire le grand système de la gravitation newtonienne, qui n'était applicable jusqu'alors qu'à notre système solaire. Or, lorsque cette théorie a commencé à se faire jour vers la fin du XVIII° siècle, un célèbre astronome du temps, Nicolas Fuss, la repoussait en s'appuyant sur le principe des causes finales : « A quoi bon, disait-il, des révolutions de corps lumineux autour de leurs semblables ? Le soleil est la source unique où les planètes puisent la lumière et la chaleur. Là où il y aurait des systèmes entiers de soleils maîtrisés par d'autres soleils, leur voisinage et leurs mouvements seraient sans but, leurs rayons sans utilité. Les soleils n'ont pas besoin d'emprunter à des corps étrangers ce qu'ils ont reçu eux-mêmes en partage. Si les étoiles secondaires sont des corps lumineux, quel est le but de leurs mouvements ? » A cette question de Nicolas Fuss, il est facile de répondre que nous ne savons pas quel est ce but, mais si le fait est démontré par l'expérience, comme il l'est en réalité, nous devons l'admettre comme fait, quel qu'en soit le but, et sans même chercher s'il y en a un. De pareilles aberrations donnent trop beau jeu aux adversaires des causes finales ; et Arago, en nous rapportant ces paroles d'un astronome trop cause-finalier (ce qui est rare), a pu dire avec cette satisfaction un peu hautaine du savant qui a trouvé en faute la métaphysique : « Voilà ce qu'on regardait comme de profondes objections en 1780. Eh bien ! ces choses qui ne semblaient bonnes à rien, qui paraissaient sans but, sans utilité existent réellement, et ont pris place parmi les plus belles et les plus incontestables vérités de l'astronomie! » Il faut conclure, avec le même savant, que le principe *cui bono* n'a aucune autorité dans les sciences positives, et ne peut servir d'argument contre la vérité d'un fait ou d'une loi.

Signalons un autre exemple de la même illusion. Quoique la théorie du mouvement de la terre ait surtout rencontré à son origine des préjugés théologiques, elle a eu aussi à combattre ce préjugé philosophique, que l'homme est la cause finale de toutes choses, le centre et le but de la création. Prenant pour accordé que tout a été fait pour l'homme, on était conduit par là à donner à la terre une place privilégiée dans l'univers, et il paraissait naturel que la créature qui était la fin de toutes choses, habitât le centre du monde. Faire descendre la terre de ce haut rang à l'humble destinée d'un satellite du soleil, c'était, croyait-on, mettre en péril l'excellence et la majesté de la nature humaine, et jeter un voile sur la grandeur de ses destinées : comme si la grandeur de l'homme pouvait consister à habiter un centre immobile plutôt qu'une planète mobile, comme s'il importait à sa destinée que les étoiles eussent été faites pour tourner autour de lui, et lui donner un spectacle divertissant : comme si enfin, découvrir le vrai système du monde n'était pas une preuve plus éclatante de sa grandeur que le petit privilége d'habiter le centre du monde [1].

2° On s'est servi encore abusivement du principe des causes finales pour combattre non-seulement des vérités spéculatives, mais des inventions pratiques et utiles aux hommes. Euler, dans ses Lettres à une princesse d'Allemagne, parlant de la possibilité de prévenir les effets de la foudre, nous dit : « Quand même la chose réussirait, il y a cependant bien des personnes qui douteraient qu'il fût permis de se servir d'un tel remède. En effet, les anciens païens auraient regardé

---

[1]. Voir aussi l'argument tiré de l'horreur du vide, auquel Pascal fait allusion (*Pensées*, éd. Havet, t. I, p. 155.) « Agir en vue d'une fin n'appartient qu'à une nature intelligente. Or, non-seulement chaque chose est coordonnée par rapport à la fin particulière, mais encore chaque chose conspire à la fin commune du tout, comme cela se voit dans l'eau, qui s'élève contrairement à sa nature, de peur de laisser un vide qui rompe la grande contexture du monde, laquelle ne se soutient que par l'adhérence non interrompue de toutes ses parties. » Cet argument est tiré de Grotius (*de Veritate religionis christianæ*, l. I, ch. vii).

comme un impie celui qui aurait entrepris d'arrêter Jupiter dans le mouvement de ses foudres. Les chrétiens qui sont assurés que la foudre est un ouvrage de Dieu, et que la divine Providence s'en sert souvent pour la méchanceté des hommes, pourraient également dire que c'est une impiété de vouloir s'opposer à la justice souveraine. » A l'époque de la grande découverte de Jenner, un médecin anglais, le docteur Rowley disait de la petite vérole : « qu'elle est une maladie imposée par les décrets célestes ; » et il déclarait la vaccine « une violation audacieuse et sacrilége de notre sainte religion. » Les desseins de ces vaccinateurs, ajoutait-il, semblent défier le ciel lui-même et jusqu'à la volonté de Dieu [1]. » Lors de l'introduction des machines à vanner, certaines sectes fanatiques écossaises s'y opposèrent sous prétexte que les vents étaient l'œuvre de Dieu, et qu'il est sacrilége à l'homme de vouloir les susciter à volonté. On appelait le *vent du diable* celui qui était ainsi obtenu artificiellement. Walter Scott, dans son charmant ouvrage des Puritains d'Écosse, n'a pas manqué d'introduire ce trait de mœurs intéressant [2]. Enfin de nos jours même, lors de l'introduction des agents anesthésiques, nombre d'esprits s'y sont opposés en invoquant le rôle curatif de la douleur dans les opérations chirurgicales.

1. *Revue Britannique* (août 1561).
2. La vieille Mause dit à sa maîtresse : « Votre seigneurie et l'intendant veulent que Cuddy se serve d'une nouvelle machine pour vanner le blé. Cette machine contredit les vues de la Providence en fournissant du vent pour votre usage particulier, et par des moyens humains, au lieu de le demander par la prière, et d'attendre avec patience que la Providence l'envoie elle-même. »

3° Un troisième abus des causes finales consiste à s'en servir comme explication d'un phénomène qui n'existe pas. Fénelon, dans son *Traité de l'existence de Dieu*, soutient que la lune a été donnée à la terre pour l'éclairer pendant l'absence du soleil : « Elle se montre à point nommé, dit-il, avec toutes les étoiles, quand le soleil est obligé d'aller ramener le jour dans d'autres hémisphères. » Cette opinion fournit à Laplace l'occasion d'une réfutation victorieuse : « Quelques partisans des causes finales, dit-il, ont imaginé que la lune avait été donnée à la terre, pour l'éclairer pendant les nuits. Dans ce cas, la nature n'aurait point atteint le but qu'elle se serait proposé, puisque nous sommes souvent privés à la fois et de la lumière du soleil, et de la lumière de la lune. Pour y parvenir, il eût suffi de mettre à l'origine la lune en opposition avec le soleil, dans le plan même de l'écliptique, à une distance de la terre égale à la centième partie de la distance de la terre au soleil, et de donner à la lune et à la terre des vitesses parallèles proportionnelles à leur distance de cet astre. Alors, la lune, sans cesse en opposition avec le soleil, eût décrit autour de lui une ellipse semblable à celle de la terre; ces deux astres se seraient succédé l'un à l'autre sur l'horizon ; et, comme à cette distance la lune n'eût point été éclipsée, sa lumière aurait constamment remplacé celle du soleil[1]. » Ici, il faut le reconnaître, le savant a raison contre le théologien. C'est ainsi que par un

---

1. Laplace, *Exposition du système du monde*, l. IV, ch. VI.

usage indiscret des causes finales, on expose la Providence à recevoir une leçon de mathématiques d'un simple mortel[1].

4° Viennent enfin les applications puériles et frivoles des causes finales, applications qui remplissent des livres excellents sans doute, mais plutôt faits pour édifier que pour instruire. Quelques-unes de ces applications sont tellement ridicules, qu'on pourrait les croire inventées pour ridiculiser la théorie elle-même. Lorsque Voltaire, qui était cependant, comme il s'appelle lui-même, un cause-finalier, écrit dans Candide : « Les nez sont faits pour porter des lunettes ; aussi portons-nous des lunettes ; » il ne dit rien de plus plaisant que quelques-unes des assertions de Bernardin de Saint-Pierre dans ses *Études* et dans ses *Harmonies* de la nature. M. Biot, dans un charmant article sur « les idées exactes en littérature[2], » en a cité quelques exemples, qui sont à peine croyables. Ainsi, suivant Bernardin de Saint-Pierre, « les chiens sont pour l'ordinaire de deux teintes opposées, l'une claire et l'autre rembrunie, afin que quelque part qu'ils soient dans la maison, ils puissent être aperçus sur les meubles, avec la couleur desquels on les confondrait.... Les puces se jettent partout où elles sont sur les

---

[1]. Une erreur du même genre est celle d'Hippocrate qui admire l'art avec lequel les oreillettes du cœur ont été faites « pour souffler l'air dans le cœur » (Littré, *Œuvres d'Hippocrate*, t. IX, p. 77). C'est à propos d'erreurs de ce genre que Condorcet écrit : « Cet optimisme qui consiste à trouver tout à merveille dans la nature telle qu'on l'invente, à condition d'admirer également sa sagesse si par malheur on avait découvert qu'elle a suivi d'autres combinaisons, cet optimisme de détail doit être banni de la philosophie dont le but n'est pas d'admirer, mais de connaître. » (*Fragment sur l'atlantide.*)

[2]. Biot, *Mélanges*, t. I.

couleurs blanches. Cet instinct leur a été donné afin que nous puissions les attraper plus aisément. »

A ces exemples plaisants cités par Biot, on peut en ajouter d'autres qui ne le sont pas moins. Ainsi Bernardin de Saint-Pierre nous apprend « que le melon a été divisé en tranches par la nature, afin d'être mangé en famille; » et il ajoute, que « la citrouille, étant plus grosse, peut être mangée avec les voisins [1]. » En lisant de pareilles puérilités, on s'écrie à bon droit avec M. Biot : « Franchement sont-ce là des harmonies de la nature? » Un auteur anglais, Buckland [2], se demande pourquoi l'agneau est mangé par le loup, et il répond : « que c'est là une preuve de la bonté de la Providence : car il échappe par là à la maladie et à la vieillesse. » De pareilles apologies de la Providence font plus d'athées que de croyants; tout au plus seraient-elles excusables, adressées à des enfants; mais la philosophie est faite pour parler aux hommes.

Si nous résumons ce qu'il y a de commun dans tous les abus que nous venons de signaler, nous verrons que l'erreur ne consiste pas à admettre des causes finales, mais à en supposer de fausses. Qu'il y ait des causes finales erronées et arbitraires, cela n'est pas douteux; qu'il n'y en ait pas du tout, c'est une autre question. Les hommes se sont aussi souvent trompés sur les causes efficientes que sur les causes finales; ils ont prêté aussi souvent à la nature de fausses propriétés que de

---

1. *Études de la nature*, étude XI, *Harmonies végétales*.
2. Cité par Jules Simon, dans son livre de la *Religion naturelle*, 2ᵉ partie, ch. 1.

fausses intentions. Mais de même que les erreurs commises en matière de cause efficiente n'ont point empêché les savants de croire qu'il y a des causes véritables, de même les illusions et les préjugés du vulgaire relativement aux causes finales ne doivent point déterminer la philosophie à les abandonner entièrement.

Pour ce qui est du premier point, nous avons vu déjà que la cause finale ne doit en rien nuire à la liberté de la science. Aucune idée préconçue ne peut prévaloir contre un fait. Mais le fait une fois découvert, rien ne nous interdit d'en rechercher la finalité. « Il faut, a dit avec justesse M. Flourens, aller non pas des causes finales aux faits, mais des faits aux causes finales. »

Sur le second point, la cause finale, bien loin d'interdire aucune invention utile, les justifie toutes d'avance, et à priori. Car, sans même aller jusqu'à dire que tout a été fait pour l'usage de l'homme, il suffit que l'homme, ayant été créé industrieux, ait été fait pour se servir de toutes choses, pour que toute nouvelle invention soit autorisée par là même comme implicitement voulue par la Providence divine. Ce n'est donc qu'une superstition peu éclairée, et non la doctrine des causes finales qui est ici en cause.

Pour le troisième point, nous dirons comme précédemment qu'il faut aller « des faits aux causes finales, et non des causes finales aux faits. » Ainsi entendue, cette théorie ne peut favoriser en rien aucune erreur scientifique.

Pour le quatrième point enfin, il faut distinguer les causes finales accidentelles des causes finales essentielles. Les premières sont les usages plus ou moins arbitraires que les hommes tirent des choses extérieures, et qui n'y ont pas toujours été attachés : les secondes sont les usages inhérents à l'essence même des choses, par exemple, les usages des organes [1]. Les abus de ce genre viennent presque toujours de ce que l'on confond la finalité externe et la finalité interne : et cette confusion elle-même est la source de la plupart des objections dirigées contre cette théorie, et en particulier de l'objection suivante.

IV. *L'homme cause finale de la création.*

Le principal abus qui ait été fait de la doctrine des causes finales et contre lequel on a le plus protesté est celui dont nous avons déjà touché un mot, et qui consiste à faire de l'homme le centre et le but de la création, et à croire que tout a été fait pour son usage et sa commodité [2]. Fénelon est souvent tombé dans cet excès. Pour lui, l'eau est faite « pour soutenir

---

[1]. Voltaire dit très-bien à ce sujet : « Pour qu'on puisse s'assurer de la fin véritable pour laquelle une cause agit, il faut que cet effet soit de tous les temps et de tous les lieux. Il n'y a pas eu de vaisseaux en tous temps et sur toutes les mers; ainsi, l'on ne peut pas dire que l'Océan ait été fait pour les vaisseaux. On sent combien il serait ridicule de prétendre que la nature eût travaillé de tous temps pour s'ajuster à nos inventions arbitraires, qui toutes ont paru si tard; mais il est bien évident que si les nez n'ont pas été faits pour les besicles, ils l'ont été pour l'odorat, et qu'il y a des nez depuis qu'il y a des hommes. » (*Dict. phil.*, art. *Causes finales.*)

[2]. Cette doctrine est bien tombée en désuétude dans la philosophie moderne depuis Descartes et Leibniz. Cependant elle est encore défendue. Nous citerons par exemple, comme particulièrement intéressant à ce point de vue, l'ouvrage intitulé l'*Homme et la Création, théorie des causes finales*, par Desdouits (Paris, 1834. — 2e édition, 1846). Nulle part, le point de vue *anthropocentrique* n'a été exprimé d'une manière plus affirmative et plus décidée.

ces prodigieux édifices flottants que l'on appelle des vaisseaux. Elle désaltère non-seulement les hommes, mais encore les campagnes arides... L'Océan, qui semble mis au milieu des terres pour en faire une éternelle séparation, est au contraire le rendez-vous de tous les peuples ; c'est par ce chemin, que l'ancien monde donne la main au nouveau, et que le nouveau prête à l'ancien tant de commodités et de richesses. » Fénelon oublie qu'il a fallu bien des siècles pour que l'Océan servît de chemin entre l'ancien monde et le nouveau, et que lorsqu'on s'y est aventuré, d'autres défenseurs de la Providence disaient qu'il ne fallait pas affronter ces chemins inconnus et périlleux. Ce point de vue trop exclusivement anthropologique, a été dénoncé par Descartes comme antiphilosophique. « Encore que ce soit, dit ce philosophe, une pensée pieuse et bonne, en ce qui regarde les mœurs, de croire que Dieu a fait toutes choses pour nous, afin que cela nous excite d'autant plus à l'aimer et à lui rendre grâces de tant de bienfaits, encore aussi qu'elle soit vraie en quelque sens, à cause qu'il n'y a rien de créé dont nous ne puissions tirer quelque usage,... il n'est aucunement vraisemblable que toutes choses aient été faites pour nous, en telle façon que Dieu n'ait eu aucune autre fin en les créant ; et ce serait, ce me semble, être impertinent, de se vouloir servir de cette opinion pour appuyer des raisonnements de physique ; car nous ne saurions douter qu'il n'y ait une infinité de choses qui sont maintenant dans le monde, ou bien qui y ont été autrefois, ou ont déjà entièrement cessé d'être, sans qu'aucun homme les ait jamais vues ou connues, et sans qu'elles lui aient jamais servi à aucun usage [1]. » Descartes, on le voit, n'admet qu'à un point de vue d'édification, mais il écarte scientifiquement cette explication trop facile des choses par l'utilité de l'homme, et cette prétention présomptueuse de tout rapporter à nous-mêmes. Goëthe a critiqué le même préjugé : « L'homme est naturellement disposé à se considérer comme le centre et le but de la création, et à regarder tous les êtres qui l'entourent comme devant servir à son profit personnel. Il s'empare du règne animal et du règne végétal, les dévore et glorifie le Dieu dont la bonté paternelle a préparé la table du festin. Il enlève son lait à la vache, son miel à l'abeille, sa laine au mouton, et parce qu'il utilise ces animaux à son profit, il s'imagine qu'ils ont été créés pour son usage. Il ne peut pas se figurer que le moindre brin d'herbe ne soit pas là pour lui [2]. »

Mais personne n'a critiqué cette singulière illusion des causes finales d'une manière plus spirituelle et plus piquante que Montaigne dans une page célèbre : « Car pourquoy ne dira un oison ainsi : Toutes les pièces de l'univers me regardent; la terre me sert à marcher, le soleil à m'éclairer, les étoiles à m'inspirer leurs influences. J'ai telle commodité des vents, telle des eaux; il n'est rien que cette voûte ne regarde si favorablement que moi; je suis le mignon de nature. Est-ce

---

1. Descartes, *Principes de la philosophie*, III, 3.
2. Eckermann, *Gespräche mit Goethe*, t. II, p. 282.

pas l'homme qui me traite, qui me loge, qui me sert? C'est pour moy qu'il fait semer et mouldre : s'il me mange, aussi fait-il bien l'homme son compaignon ; et si fais-je moi les vers qui le tuent et qui le mangent.... Autant en diroit une grue ; et plus magnifiquement encore pour la liberté de son vol, et pour la possession de cette haulte et belle région[1]. »

Personne sans doute parmi les philosophes ne contestera la justesse des objections précédentes : et, à dire la vérité, ce n'est guère que dans des écrits populaires ou d'édification que l'on trouvera surtout développé le préjugé en question. Mais ce serait une grave erreur de croire qu'on a atteint la doctrine des causes finales en ruinant ou en ramenant à sa juste mesure la doctrine de l'homme, but de la création[2]. En quoi, je vous le demande, ces deux conceptions sont-elles liées l'une à l'autre? Ne puis-je donc pas croire d'une manière générale que Dieu a proportionné dans tout être les moyens aux fins, sans affirmer que tous les êtres ont été préparés pour l'usage d'un seul? Montaigne, sans doute, a le droit d'humilier l'homme par le langage ironique qu'il prête à

---

[1]. *Essais*, II, XII. Il dit encore : « Qui lui a persuadé que ce bransle de la voulte céleste, la lumière éternelle de ces flambeaux roulant si fièrement sur sa teste, les mouvements espouvantables de ceste mer infinie soient establis, et se soutiennent tant de siècles pour sa commodité et pour son service ? » Voyez encore pour la même objection, Spinosa, *Éthique*, l. I, appendice. — Buffon, *Histoire des animaux*, c. 1. — Blot, *Mélanges*, t. II, p. 7. — Ch. Martins, de *l'Unité organique* (Revue des Deux-Mondes, 15 juin 1862); et chez les anciens, Cicéron, *De natura Deorum*, l. I, IX, disc. de Velleius.

[2]. Leibniz, dont toute la philosophie repose sur la cause finale, est un de ceux qui ont le plus contribué à démêler le préjugé en question.

l'oie : encore ne faut-il voir là que l'hyperbole permise au satirique, et non l'expression rigoureuse des choses. Mais quand il serait vrai que l'univers n'a été créé ni pour l'usage de l'oie, ni pour l'usage de l'homme, s'ensuit-il que les organes de l'un et de l'autre ne leur ont pas été donnés pour leur propre usage?

Si nous contemplons l'immensité des mondes, dont beaucoup ne nous sont connus que par la lumière qu'ils nous envoient et qui met des siècles à arriver jusqu'à nous, dont d'autres ne nous ont été révélés que depuis l'invention des télescopes, si nous considérons ces deux infinis de Pascal, entre lesquels l'homme est suspendu, comme un milieu entre rien et tout, il est absolument insoutenable que tout a été créé pour l'homme. La terre même n'est pas tout entière à son usage. Ajoutons que les obstacles qu'il y rencontre, les maux que la nature lui oppose à chaque pas, les animaux nuisibles, les maladies, etc., semblent indiquer aussi que l'homme n'a pas été l'objet exclusif des desseins et des prévisions de la Providence; et lors même que ces moyens lui seraient une épreuve, toujours est-il qu'ils n'ont pas nécessairement ce but, puisque de tels êtres existent là où l'homme n'est pas encore allé, où il lui serait possible de ne pas aller s'il le voulait bien : il pourrait donc mettre la nature en défaut; et elle aurait alors travaillé en vain.

Au lieu de dire que tout a été créé pour l'usage de l'homme, il faut dire que tout être a été créé pour lui-même, chaque être ayant reçu les moyens nécessaires de subvenir à sa propre existence; et c'est surtout dans cette appropriation intérieure de l'être qu'éclate le principe de la finalité. A ce point de vue, rien n'est plus faux que la conjecture de Lucrèce et de Spinosa, reproduite par Gœthe, à savoir que l'homme ayant su tirer parti pour ses besoins des choses extérieures, et ayant imaginé pour cette raison que tout a été fait à son usage, a appliqué ensuite cette sorte de raisonnement aux organes mêmes des animaux, et à ses propres organes, et en a conclu que ces organes étaient des moyens disposés pour des fins, que l'œil était fait pour voir, les dents pour couper et les jambes pour marcher. Il n'est pas besoin d'un tel détour pour apercevoir l'appropriation des organes à leur fin; et, en supposant même que par le fait, les hommes eussent raisonné ainsi, ce qui n'est guère vraisemblable, il n'y a nulle raison de lier ces deux idées l'une à l'autre, à savoir l'utilité personnelle des choses extérieures pour l'homme, et l'utilité respective des organes et des instincts pour les animaux eux-mêmes qui en sont doués.

On ne saurait trop insister sur la distinction établie par Kant entre la finalité *intérieure* ou le principe d'après lequel chaque être est organisé pour se conserver lui-même, et la finalité *relative* ou *extérieure*, d'après laquelle chaque être n'est qu'un moyen pour la subsistance d'un autre être. Chaque être est d'abord organisé pour lui-même, et en second lieu il est subsidiairement propre à la subsistance des autres êtres; l'homme lui-même n'est pas exempt de cette loi, et on pourrait tout aussi bien dire qu'il est fait pour nourrir les vers, que l'on peut dire que les autres animaux sont faits pour le nourrir : il est donc lui-même un moyen aussi bien qu'une fin.

Mais après avoir insisté sur ce premier principe, que chaque être est créé pour soi-même, il est évident qu'on ne peut pas s'arrêter là : car il s'ensuivrait que chaque être est un tout absolu, n'ayant aucun rapport avec les autres êtres, dont chacun formerait également un système absolu. Il ne faut pas oublier que chaque être fait partie de l'univers, c'est-à-dire d'un système plus général, dont il n'est qu'un membre, et sans lequel il ne pourrait lui-même subsister. Cette relation nécessaire de la partie au tout nous prouve qu'aucun être organisé ne peut se considérer comme centre, si ce n'est relativement ; chacun de ces systèmes partiels doit donc se coordonner au tout, et les uns aux autres; de là ces corrélations réciproques d'après lesquelles tous les êtres de la nature sont à la fois fins et moyens [1]. Quel est le rôle de l'homme dans ce système? c'est ce que nous devons maintenant examiner.

Tout être ayant besoin pour subsister 1° d'une organisation appropriée; 2° de moyens de subsistance préparés en dehors

---

[1]. « Il n'est pas un être, dit très-bien Rousseau, qu'on ne puisse à quelques égards regarder comme le centre de tous les autres, autour duquel ils sont ordonnés, *en sorte qu'ils sont tous réciproquement fins et moyens les uns relativement aux autres*. L'esprit se confond et se perd dans cette infinité de rapports. » On remarquera ces expressions de Rousseau, qui sont précisément les mêmes que celles que Kant a appliquées plus tard à la définition des êtres vivants.

de lui, peut être considéré, nous l'avons vu plus haut, comme une fin de la nature à ces deux points de vue [1] : la nature s'est occupée de lui et en a fait l'un des objets de ses préoccupations, en préparant ainsi intérieurement et extérieurement tout ce qui lui est nécessaire : à ce titre, l'homme est une fin de la nature aussi bien que les autres créatures. De plus, à mesure qu'un plus grand nombre de moyens se trouvent disposés pour la conservation d'un être, ou, ce qui est la même chose, que l'organisation d'un être a été faite pour jouir d'un plus grand nombre de choses, on peut dire que l'être ainsi privilégié est une fin plus importante pour la nature; de telle sorte qu'un être a le droit de mesurer son importance comme centre ou fin dans l'univers, au nombre d'utilités qu'il peut retirer du milieu où il vit, sans avoir cependant jamais le droit de s'arroger la qualité de fin dernière et absolue. Or, qui peut nier que l'homme ne soit de toutes les créatures, celle qui est la mieux douée pour user des choses extérieures, celle à laquelle un plus grand nombre de choses sont coordonnées à titre de moyens; et par conséquent pourquoi n'aurait-il pas le droit de se croire la fin la plus importante de la Providence, non pas dans l'univers, pris dans son ensemble, mais relativement au petit coin que nous en connaissons? et cela, sans affirmer en aucune façon que même dans ce petit coin, tout soit fait exclusivement pour lui.

---

1. Voyez chap. précédent, p. 221.

On objecte que cette supposition, même ainsi réduite, conduira encore aux conséquences les plus puériles et les plus ridicules; toutes les inventions artificielles de l'homme seront considérées comme des buts préparés par la bonté de la Providence; c'est toujours, dit-on, confondre l'usage avec la fin, et rapporter à la cause première ce qui n'est que le résultat de la réflexion humaine.

Fénelon a exprimé cette objection en ces termes : « J'entends certains philosophes qui me répondent que tout ce discours sur l'art qui éclate dans la nature n'est qu'un sophisme perpétuel. Toute la nature, me diront-ils, est à l'usage de l'homme, il est vrai; mais on conclut mal à propos qu'elle a été faite avec art pour l'usage de l'homme... Il est vrai que l'industrie humaine se sert d'une infinité de choses que la nature lui fournit... mais la nature n'a point fait tout exprès ces choses pour sa commodité. Par exemple, des villageois grimpent tous les jours par certaines pointes de rochers au sommet d'une montagne; il ne s'ensuit pas néanmoins que ces pointes de rochers aient été taillées avec art comme un escalier pour la commodité des hommes. Tout de même, quand on est à la campagne pendant un orage, et qu'on rencontre une caverne, on s'en sert comme d'une maison pour se mettre à couvert; il n'est pourtant pas vrai que cette caverne ait été faite exprès pour servir de maison aux hommes. Il en est de même du monde entier. Il a été formé par le hasard et sans dessein; mais les hommes le trouvant tel qu'il est, ont eu l'invention de le tourner à leurs usages [1]. »

C'est en effet abuser des causes finales que d'y faire entrer même ces sortes d'inventions; comme par exemple si on disait que l'élasticité de la vapeur existe pour qu'il y ait des chemins de fer. Mais encore une fois, il ne faut pas confondre les inventions artificielles, et les inventions naturelles, la marche, la vue, la nourriture. Car il serait absurde de dire que l'homme ayant trouvé des animaux bons à manger, il les a mangés; il y a là un rapport nécessaire, qui n'existe pas dans l'autre cas; et la conservation de l'homme étant attachée à la satisfaction de ce besoin, ce n'est pas là le pur résultat de la réflexion : car d'abord, c'est une force aveugle et non une industrie réfléchie qui le conduit à la satisfaction de ces besoins, et en second lieu, il y a une appropriation naturelle, antérieure à toute industrie, dans les organes mêmes.

En un mot, pour rappeler ce que nous avons dit dans le chapitre précédent, la finalité intérieure suppose une finalité extérieure; et celle-ci n'est que la réciproque de la première. Si l'homme d'après son organisation est fait pour se servir des choses, ces choses réciproquement sont faites pour être utilisées par lui; et dans la mesure où il se sert et peut se servir de ces choses, il a le droit de se considérer comme en étant lui-même une fin. C'est en ce sens et dans cette mesure qu'il faut restreindre la proposition générale dont on a abusé, à savoir :

[1]. Fénelon, *Existence de Dieu*, Ire part., c. III.

que l'homme est le but, sinon de la création, du moins du petit monde qu'il habite [1].

V. Objection des Epicuriens. *L'effet pour la cause.*

Nous arrivons maintenant au nœud de la question, à ce que l'on peut appeler l'objection des objections. La théorie des causes finales, dit-on, intervertit l'ordre des faits, et elle prend l'effet pour la cause : l'œil voit, parce qu'il est capable de voir; l'oiseau vole, parce qu'il est capable de voler. La vision, le vol sont des effets; les finalistes en font des causes. Lucrèce, et avant lui, Démocrite, ont exprimé cette objection avec une grande précision.

> Istud in his rebus vitium vehementer, et istum
> Effugere errorem, vitareque præmeditator,
> Lumina ne facias oculorum clara creata,
> Prospicere ut possimus ; et, ut proferre vias
> Proceros passus, ideo fastigia posse
> Surarum, ac feminum pedibus fundata plicari;
> Brachia tum porro validis et apta lacertis
> Esse ; manusque datas utraque ex parte ministras,
> Ut facere ad vitam possimus, quæ foret usus.
>
> Cætera de genere hoc inter quæcumque pretantur ;
> Omnia perversa præpostera sunt ratione.
> Nil ideo quoniam natum est in corpore ut uti
> Possemus, sed quod natum est id procreat usum.
> Nec fuit ante videre oculorum lumina nata,
> Nec dictis orare prius, quam lingua creata est,
> Sed potius longe linguæ præcessit origo
> Sermonem ; multoque creatæ sunt prius aures,
> Quàm sonus est auditus ; et omnia denique membra
> Ante fuere, ut opinor, eorum quàm foret usus,
> Haud igitur potuere utendi crescere causa.
>
> At contra conferre manu certamina pugnæ,
> Et lacerare artus, fœdareque membra cruore,

---

[1]. On peut l'entendre encore avec Kant, dans un sens bien plus élevé, en disant que le monde n'existe que pour être le théâtre de la moralité.

> Ante fuit multo quàm lucida tela volarent.
> Et volnus vitare prius natura coegit,
> Quàm daret objectum parmaï læva per artem.
> Scilicet et fessum corpus mandare quieti
> Multo antiquius est, quàm lecti mollia strata.
> Et sedare sitius prius est, quàm pocula, natum.
> Hæc igitur possunt utendi cognita causa
> Credier, ex usu quæ sunt vitaque reperta
> Illa quidem scorsum sunt omnia, quæ prius ipsa
> Nata, dedere suæ post notitiam utilitatis.
> Quo genere in primis sensus et membra videmus.
> Quare etiam atque etiam procul est ut credere possis
> Utilitatis ob officium potuisse creari [1].

« Mais avant tout, ô Memmias, mettez-vous en garde contre une erreur trop commune : ne croyez pas que la brillante orbite de nos yeux n'ait été arrondie que pour nous procurer la vue des objets; que ces jambes et ces cuisses mobiles n'aient été élevées sur la base des pieds que pour donner plus d'étendue à nos pas; que les bras enfin n'aient été formés de muscles solides et terminés par les mains à droite et à gauche, que pour être les ministres de nos besoins et de notre conservation. Par de pareilles interprétations on a renversé l'ordre respectif des effets et des causes. Nos membres n'ont pas été faits pour notre usage; mais on s'en est servi parce qu'on les a trouvés faits. La vue n'a point précédé les yeux; la parole n'a point été formée avant la langue; au contraire, le langage a suivi de bien loin la naissance de l'organe; les oreilles existaient longtemps avant qu'on entendît des sons, et tous nos membres longtemps avant qu'on en fît usage. Ce n'est donc pas la vue de nos besoins qui les a fait naître. »

1. Lucrèce (l. IV, 822, § 99).

« Au contraire, on combattait avec le poing, on se déchirait avec les ongles, on se souillait de sang, longtemps avant que les flèches volassent dans l'air. La nature avait appris à l'homme à éviter les blessures, avant que l'art lui eût suspendu au bras gauche un bouclier pour se mettre à couvert. Le sommeil et le repos sont beaucoup plus anciens que le repos et le duvet. On apaisait sa soif avant l'invention des coupes. Toutes ces découvertes qui sont la suite du besoin, et le fruit de l'expérience, on peut croire qu'elles ont été faites en vue de notre utilité. Mais il n'en est pas de même des objets dont l'usage n'a été trouvé qu'après leur naissance, tels que nos membres et nos organes. Ainsi, tout nous éloigne de penser qu'ils aient été faits pour notre usage. »

Aristote, résumant la même objection, déjà faite selon toute apparence par les atomistes, l'expose d'une manière plus exacte et plus profonde encore que Lucrèce : « Mais ici l'on élève un doute. Qui empêche, dit-on, que la nature n'agisse sans avoir de but, et sans chercher le mieux des choses? Jupiter, par exemple, ne fait pas pleuvoir pour développer et nourrir le grain; mais il pleut par une loi nécessaire; car, en s'élevant, la vapeur doit se refroidir; et la vapeur refroidie, devenant de l'eau, doit nécessairement retomber. Que si ce phénomène ayant lieu, le froment en profite pour germer et croître, c'est un simple accident. Et de même encore, si le grain que quelqu'un a mis en grange vient à s'y perdre par suite de la pluie, il ne pleut pas apparemment pour que le grain pourrisse, et c'est un simple accident, s'il se perd. Qui empêche de dire également que dans la nature, les organes corporels eux-mêmes sont soumis à la même loi, et que les dents, par exemple, poussent nécessairement, celles de devant incisives et capables de déchirer les aliments, et les molaires larges et propres à les broyer, bien que ce ne soit pas en vue de cette fonction qu'elles aient été faites, et que ce ne soit qu'une simple coïncidence? Qui empêche de faire la même remarque pour tous les organes où il semble qu'il y ait une fin et une destination spéciale [1]? »

Il est facile de voir que Lucrèce n'a fait que reproduire l'objection d'Aristote, mais en l'affaiblissant, et en y ajoutant des considérations peu philosophiques. Car, par exemple, supposer un intervalle entre la naissance des organes et leur usage est très-déraisonnable. Il est évident que le cœur a dû battre, et le poumon respirer, aussitôt qu'ils ont été produits; la bouche a dû ingurgiter la nourriture, et les membres la prendre, presque aussitôt après la naissance : autrement l'animal n'aurait pas vécu. En outre, Lucrèce compare improprement l'usage des organes à des inventions artificielles, qui sont des phénomènes d'un tout autre genre. Ce n'est pas du tout de la même manière que l'homme se sert de l'œil pour voir, ou d'un bâton pour marcher. Le premier est naturel; le second artificiel. Personne ne soutient que l'utilité des

---

1. *Physique*, l. II, c. VIII, éd. de Berlin, p. 108, B.

organes est du même genre que l'utilité des armes, des meubles, des ustensiles de l'industrie humaine. Il y a au contraire une différence capitale, tout à l'avantage des causes finales. Dans le second cas en effet, c'est l'homme qui applique lui-même à son utilité toutes les choses de la nature : mais en cela, c'est lui qui se propose un but; et l'on peut hésiter à dire que c'est la nature qui a préparé ces choses à son usage, pour qu'il en tirât parti. Au contraire, l'usage des organes est tout à fait naturel; il est faux et absurde de supposer que l'homme s'étant aperçu que les jambes étaient bonnes pour marcher, s'est mis à marcher, que les yeux étant capables de voir, il s'est mis à voir. Il y a même certains usages de notre activité, qui ont paru longtemps des résultats artificiels de notre volonté, et que l'on s'accorde aujourd'hui à considérer comme naturels et spontanés. Tels sont par exemple le langage et la société : personne aujourd'hui ne croit plus que l'homme ait inventé le langage comme il a inventé la charrue. Ceux qui disaient que le langage est nécessaire pour expliquer l'invention du langage, avaient raison s'ils parlaient d'une invention réfléchie, mais il n'en est pas ainsi. Suivant toute probabilité, l'homme a toujours parlé, comme il a toujours vécu en société. Ainsi cet usage spontané et nécessaire de nos organes et de nos facultés ne peut pas être comparé à l'usage artificiel des objets de la nature. L'argument de Lucrèce, qui repose sur cette comparaison, succomberait donc avec elle. Car que dit-il? Que si les organes avaient été créés pour un but, ce but aurait dû précéder déjà la production des organes, puisque étant la cause de cette production, il devait à ce titre préexister. C'est ainsi que les hommes s'étaient déjà combattus avant de créer des armes pour les combats ; de même, il semble que pour Lucrèce, la vision aurait dû déjà exister quelque part, avant qu'on inventât des yeux pour voir : cela ne serait vrai que si l'homme inventait lui-même ses yeux, ce qui est absurde, ou seulement en inventait l'usage, ce qui est faux. Il y a plus, c'est qu'on peut rétorquer contre Lucrèce le principe dont il se sert : car lui-même semble dire que c'est l'homme qui a découvert l'usage de ses yeux et de ses jambes, de même qu'il a découvert l'usage des armes ou des lits : mais alors, il faudrait que dans le premier cas, comme dans le second, il eût trouvé un modèle ; c'est donc dans son hypothèse qu'il faudrait que la vision eût précédé les yeux, et que la marche eût précédé les jambes. Mais comme cela est absurde, il s'ensuit que l'usage des yeux et des jambes est naturel et non artificiel.

En dégageant l'objection de Lucrèce des complications qui l'obscurcissent et qui l'affaiblissent, il reste simplement comme nœud de l'objection, cette difficulté fondamentale, que la doctrine de la cause finale intervertit la cause et l'effet : *omnia perversa præpostera sunt ratione* : ce que Spinosa a exprimé en ces termes : « Le premier défaut de la doctrine des causes finales est de considérer comme cause ce qui est effet et réciproquement ¹. » Mais qui ne voit que cette objection n'est autre que la question même? car s'il y a des causes finales, l'effet n'est plus seulement un effet, c'est aussi une cause (du moins en tant qu'il est représenté à priori dans la cause efficiente). La question est donc précisément de savoir s'il n'y a pas des effets qui sont en même temps des causes ; et l'on ne peut présenter à titre d'objection ce qui est précisément l'objet du débat. Si le mécanisme a raison, sans doute nous aurons pris l'effet pour la cause : mais, si nous avons raison, c'est le mécanisme lui-même qui aura pris l'effet pour la cause. L'objection vaut donc de part et d'autre ; ou plutôt elle ne vaut d'aucun côté, car elle suppose de part et d'autre ce dont on dispute. En réalité, ce n'est plus une objection, c'est une doctrine, la doctrine du mécanisme que nous avons examinée dans le chapitre précédent et sur laquelle nous n'avons pas à revenir.

Dira-t-on qu'il implique contradiction qu'un effet soit une cause? et qu'une chose ne peut agir avant d'exister? C'est ce que nous disons nous-mêmes ; et c'est pourquoi nous ramenons la finalité à la prévision du but. Ce n'est pas l'effet lui-même qui est cause : c'est l'idée de l'effet ; or cette idée, en tant qu'elle déterminerait la cause efficiente, est antérieure à son action. L'objection ne vaudrait donc que contre l'hypo-

---

1. *Éthique*, 1ʳᵉ part., *Appendice*. Buffon a dit aussi : « Ceux qui croient pouvoir répondre à ces questions par des causes finales, ne s'aperçoivent pas *qu'ils prennent l'effet pour la cause* (Hist. des animaux, c. 1). Descartes dit également : « J'ai dessein d'expliquer *les effets par les causes et non les causes par les effets.* » (Principes, III, 4).

thèse d'une finalité inintelligente et inconsciente, qui serait déterminée d'avance par un effet non existant, et non représenté. Elle ne porterait donc en réalité que contre une certaine manière d'entendre la finalité qui n'est pas la nôtre et dont nous avons ajourné jusqu'ici la discussion : mais elle ne porte nullement contre l'hypothèse de la finalité, considérée en elle-même.

D'ailleurs cette objection vient de ce qu'on ne voit pas la question, là où elle existe véritablement. En effet, il va sans dire qu'une cause étant donnée, tel effet doit s'ensuivre. « Tel organe, telle fonction. » Mais la question est de savoir comment tel organe se trouve donné. Si l'on suppose l'existence de l'œil, la vision s'ensuit. Mais comment se fait-il que l'œil existe? Là est le problème. Toute fonction est la solution d'un problème qui consiste à mettre d'accord les conditions internes de l'organisation avec les conditions externes du milieu physique. Que l'accord une fois trouvé, l'effet s'ensuive, c'est ce qui va de soi; mais comment l'accord s'est-il rencontré, c'est ce qui n'est pas résolu par là, et c'est ce qui reste à chercher. L'objection ne se place donc pas au vrai point de vue : elle ne touche pas au vrai problème : ou plutôt elle implique elle-même une autre objection, que nous allons examiner, à savoir que le principe des causes finales n'est autre chose que le principe des conditions d'existence, principe suivant lequel une chose existe lorsque se rencontrent toutes les conditions qui lui permettent d'exister.

VI. Objection de Maupertuis. *Les conditions d'existence.*

L'objection *non causa pro causa*, que nous venons de discuter, implique comme nous venons de le voir, que l'organisation elle-même n'est qu'un effet qui résulte de certaines causes données. Quelles sont ces causes? Nous soutenons qu'elles ne peuvent être que les causes finales. On objecte que les causes finales sont inutiles, et qu'il suffit d'invoquer les conditions d'existence [1]. Voyons la différence de ces deux conceptions.

Aristote, dans le passage déjà cité, exprime avec précision l'opposition de ces deux principes : « Toutes les fois, dit-il, que les choses se produisent accidentellement, comme elles se seraient produites en ayant un but, elles subsistent et se conservent *parce qu'elles ont pris spontanément la condition convenable* ; ἀπὸ τοῦ αὐτομάτου συστάντα ἐπιτηδείως ; mais celles où il en est autrement ont péri [2]. »

Cette objection (ou plutôt cette contre-position) a été reproduite par tous les adversaires des causes finales, et elle est impliquée même dans la négation de ces causes. Voici dans Maupertuis un résumé très-net de cette opinion :

---

1. Le principe des conditions d'existence ne s'oppose pas nécessairement à celui des causes finales. Cuvier même les assimile l'un à l'autre. « L'histoire naturelle a un principe qui lui est particulier, et qu'elle emploie avec avantage en beaucoup d'occasions : c'est celui des *conditions d'existence*, vulgairement nommé des *causes finales*. Comme rien ne peut exister, s'il ne réunit les conditions qui rendent son existence possible, les différentes parties de chaque être doivent être coordonnées de manière à rendre possible l'être total, non-seulement en lui-même mais dans ses rapports avec ceux qui l'entourent ; et l'analyse de ces conditions conduit souvent à des lois générales tout aussi démontrées que celles qui dérivent du calcul ou de l'expérience. » (Cuvier, *Règne animal*, Introduction.)

2. Voir Aristote, *Physique*, II, c. viii, 3.

« Ne pourrait-on pas dire, écrit Maupertuis, que dans la combinaison fortuite des productions de la nature, comme il n'y avait que celles où se trouvaient certains rapports de convenance qui pussent subsister, il n'est pas merveilleux que cette convenance se trouve dans toutes les espèces qui actuellement existent? Le Hasard, dirait-on, avait produit une multitude innombrable d'individus; un petit nombre se trouvaient construits de manière que les parties de l'animal pouvaient satisfaire à leurs besoins; dans un autre infiniment plus grand, il n'y avait ni convenance, ni ordre : tous ces derniers ont péri; des animaux sans bouche ne pouvaient pas vivre, d'autres qui manquaient d'organes pour la génération ne pouvaient pas se perpétuer. Les seuls qui soient restés sont ceux où se trouvaient l'ordre et la convenance, et ces espèces que nous voyons aujourd'hui ne sont que la plus petite partie de ce qu'un destin aveugle avait produit[1]. »

Cette hypothèse d'un tâtonnement de la nature et d'une période d'enfantement désordonné qui aurait précédé les productions rationnelles, telles que nous les voyons aujourd'hui, est contraire à tout ce que nous savons des procédés de la nature. Aucune trace ne subsiste de cette période de chaos; et tout porte à croire que si la nature avait commencé par le chaos, elle n'en serait jamais sortie.

Il est impossible de dissimuler la part exorbitante du hasard dans l'hypothèse précédente. Or, le hasard, nous l'avons vu,

---

[1]. *Cosmologie*, Œuvres, t. I, p. 11.

n'est autre chose que l'absence de cause. L'état actuel des animaux s'explique bien à la vérité par le fait même de l'existence des conditions rationnelles qui les rendent possibles : mais quelle est la cause qui a réuni ces conditions rationnelles? Toutes sortes de combinaisons, dit-on, étaient possibles et ont eu lieu : or, parmi celles-là s'en trouvaient de viables : et celles-là seules ont vécu. Ce sont donc de pures rencontres fortuites qui ont amené les êtres vivants, et le principe des conditions d'existence, sans causes finales, n'est que le hasard.

Sans doute on aurait tort de s'émerveiller de ce que l'on ne rencontre pas dans la nature des œuvres qui par le fait sont impossibles, par exemple des animaux sans organes de nutrition ou sans organes de génération (quoique, à vrai dire, on ne voie pas cependant pourquoi la nature dans ses jeux, et dans les innombrables arrangements de ses éléments ne produirait pas même encore aujourd'hui des ébauches d'organisation, des membres épars, et comme le disait Empédocle, des têtes sans corps, des corps sans tête, etc.). Mais, sans rechercher jusqu'à quel point de telles ébauches seraient possibles, dans l'hypothèse d'une nature aveugle, j'accorderai, si l'on veut, que l'on n'a pas lieu de s'étonner de ce que de tels échantillons ne se rencontrent pas autour de nous. Mais ce qui a lieu d'étonner, ce n'est pas que des êtres non viables n'aient pas vécu; mais c'est qu'il se soit rencontré des êtres viables : car de tels êtres pouvaient ne pas exister du tout. Sans doute, étant donnés des êtres organisés, il est tout simple qu'ils aient des organes appropriés; mais que de tels êtres soient donnés (qui exigent de telles conditions), c'est en quoi gît la difficulté. Il ne suffit pas d'établir que des arrangements absurdes sont impossibles : il faudrait prouver que tels arrangements raisonnables (à savoir ceux qui existent) sont nécessaires. C'est ce qui n'est nullement évident; car la nature a pu se passer longtemps d'êtres organisés; et il n'y avait pas de raison pour qu'elle ne s'en passât pas toujours. Il reste donc toujours à expliquer comment un conflit de forces a pu amener à un moment donné une résultante aussi compliquée que l'est la vie, et qui exige un mécanisme si approprié.

On dit que le hasard a bien pu produire toutes sortes d'êtres, et que parmi ces êtres ceux-là seuls ont survécu qui pouvaient survivre. Mais on n'a jamais expliqué comment il se fait qu'il ne se produit plus aujourd'hui que des êtres où existent des rapports de convenance. On s'en tire par des explications qui s'adressent plus à l'imagination qu'à l'esprit. La grande matrice, comme l'on dit, était dans son premier état plus malléable, plus flexible, plus propre à prendre toutes sortes de formes, aujourd'hui elle est figée, et ne peut plus dans sa stérilité que reproduire les types déjà produits. N'est-ce pas dire que rien, absolument rien, dans l'expérience ne nous autorise à supposer que les choses se soient jamais passées ainsi. La limitation même du nombre des espèces actuelles est un fait qui s'explique difficilement, car il est étrange que la nature se trouve précisément avoir atteint et épuisé toute sa fécondité; et lors même qu'elle eût produit tout ce qui peut raisonnablement subsister, on ne voit pas pourquoi elle ne continuerait pas à produire des ébauches informes, et pourquoi elle se serait arrêtée dans le cours de ses jeux et de ses aberrations.

Mais, dira-t-on, ne voit-on pas tous les jours de telles aberrations se produire? ce sont les monstres. La nature prouve bien dans ces sortes de productions, qu'elle crée les choses comme elles se rencontrent, tantôt bonnes, tantôt mauvaises, tantôt belles, tantôt hideuses, tantôt raisonnables, tantôt absurdes. Selon nous, l'existence des monstres ne prouve nullement l'hypothèse d'un tâtonnement de la nature et d'un état chaotique primitif ayant précédé la période de l'organisation régulière. En effet, les monstres eux-mêmes supposent des organismes bien réglés : les monstres ne se produisent que par la génération, et l'on n'en a jamais vu qui fussent les produits immédiats de la nature : il n'y a aucun exemple de génération spontanée de monstres. Ceux-là mêmes que l'on produit artificiellement ont toujours pour point de départ la succession des êtres normaux. Il suit de là que les monstres supposent des êtres normaux; ils ne sont que la déviation des lois ordinaires de la génération; ils ne sont donc qu'un accident. La règle et la loi précèdent ici l'exception. On ne peut par conséquent supposer que ce soit par suite d'un nombre infini d'accidents de ce genre que l'état normal ait fini un jour par s'établir. Sans doute cet état normal une fois donné, on comprend que, par le conflit des causes, il se produise des déviations, c'est-à-dire des difformités congéniales; car les difformités aussi bien que les infirmités, les maladies et la mort ne sont que les résultats de la rencontre et de la lutte des lois physiques et des lois vitales. Mais ce serait renverser les termes, et faire de l'ordre avec du désordre, suivant une expression célèbre, que de considérer les monstres comme les types de l'état primitif, et les êtres normaux comme des accidents heureux [1].

Je ne suis pas frappé non plus de l'argument que l'on tire des espèces fossiles, qui nous donneraient, dit-on, l'exemple de ces tâtonnements par lesquelles la nature se serait élevée progressivement, les fossiles n'étant en quelque sorte que les embryons des espèces actuelles [2].

Je n'ai point à discuter cette dernière théorie; je laisse ce soin aux naturalistes. Le bon sens cependant suggère tout d'abord une objection si naturelle, que je ne puis croire que la théorie en question soit autre chose qu'une expression hyperbolique, et en quelque sorte une métaphore. En effet, les embryons ne se reproduisent pas; or les espèces fossiles se reproduisaient comme les nôtres. Elles avaient donc tout un

---

1. Nous reviendrons plus loin sur le fait des monstruosités, p. 334.
2. On sait qu'Agassiz a beaucoup insisté sur les analogies des fossiles avec les embryons actuels.

système d'organes et tout un système de fonctions qui manquent aux embryons actuels : de là une différence qui n'est pas petite et qui devait en entraîner d'autres. Je laisse de côté le fait de la vie intra-utérine ou d'incubation, auquel sont assujettis les embryons actuels, tandis que, dans les espèces fossiles, les individus arrivaient comme dans les nôtres à une vie indépendante. Il semble donc que ce ne soit que par métaphore que l'on considère les animaux fossiles comme les embryons des espèces actuelles. J'en dirai autant de la théorie, fort combattue par Cuvier, suivant laquelle tous les animaux seraient comme des arrêts de développement par rapport à la forme typique qui est la forme humaine. Aristote avait déjà exprimé la même pensée dans cet aphorisme célèbre : « L'animal est un homme inachevé[1]. » Comme expression métaphorique et hyperbolique, c'est là une pensée admirable ; comme théorie rigoureuse, elle est très-contestable.

Quoi qu'il en soit du reste, l'échelle de la nature, de quelque manière qu'on l'entende, n'a rien qui se prête à l'interprétation que l'on voudrait lui donner. Sans doute, les espèces inférieures ont des formes imparfaites par rapport aux espèces supérieures ; il vaut mieux avoir les ailes de l'oiseau que les pattes des reptiles, le cerveau de l'homme que celui de l'huître ; et on peut croire aussi que les espèces fossiles étaient moins bien partagées que celles d'aujourd'hui ; mais le plus ou le

---

1. *De Part. anim.*, IV, x. Πάντα γάρ ἐστι τὰ Ζῶα νανώδη, τἆλλα παρὰ τὸν ἄνθρωπον.

moins, dans la distribution des avantages et des formes, n'implique pas du tout une élaboration du hasard dans la formation des êtres vivants. Tout être qui vit étant par cela même organisé pour vivre, que cette vie soit humble ou puissante, contient des rapports de finalité et de dessein : entre cet être, si humble qu'il soit, et un produit purement fortuit, un jeu de la nature, il y a déjà un abîme; et ce dernier n'a jamais pu servir de transition au premier. Dans le polype, je vois aussi bien la finalité que dans les vertèbres, et les tentacules par lesquels il saisit sa proie sont aussi appropriés à leur usage que les griffes du tigre ou la main de l'homme.

Le développement progressif des formes, bien loin d'être contraire à la théorie de la finalité, lui est éminemment favorable. Quelle loi plus simple et plus rationnelle a pu présider à la création que celle d'une évolution progressive en vertu de laquelle le monde a dû voir apparaître successivement des formes de plus en plus achevées? Dira-t-on que la nature aurait pu s'épargner les formes imparfaites et grossières, et se borner aux formes parfaites et accomplies? Mais auxquelles accordera-t-on cette qualification? Les plus élevés d'entre les animaux sont encore inférieurs à l'homme. L'homme seul devrait donc avoir été créé. Mais pourrait-il subsister s'il était seul? Et les animaux supérieurs le pourraient-ils aussi sans les animaux inférieurs, et ainsi de suite jusqu'aux plus bas degrés de l'échelle? Et d'ailleurs, puisque toutes ces créatures pouvaient être, pour quelle raison leur refuser l'existence?

L'animal appelé *paresseux* nous paraît avoir d'assez tristes conditions d'existence; mais s'il peut vivre dans ces conditions, pourquoi n'en profiterait-il pas? La pauvreté d'organisation est une chose toute relative : et peut-être vaut-il mieux que toutes les formes susceptibles de durer aient été créées, afin qu'il y eût des êtres de toutes sortes [1], que si la nature se fût bornée aux plus parfaites, en supposant même que cela fût possible.

VII. Objections de Spinoza. — *a. L'ignorance des causes.* — *b. Le moins parfait pris pour le plus parfait.* — *c. Le motif de la création.* — *d. La cause finale dans l'homme.*

De tous les philosophes, celui qui a soutenu la lutte la plus savante et la plus approfondie contre la doctrine des causes finales est Spinoza. Dégageons de cette discussion les points essentiels du débat. En écartant tout ce qui est commun avec d'autres philosophes, nous trouvons ici plusieurs difficultés nouvelles : 1° C'est l'ignorance des causes qui a provoqué l'hypothèse des causes finales; 2° Cette hypothèse ne prend pas seulement l'effet pour la cause, mais le moins parfait pour le plus parfait; 3° elle suppose un Dieu pauvre et indigent, qui a besoin du monde pour jouir de sa gloire; 4° même dans

---

[1]. C'est ce que Bossuet a exprimé admirablement : « Il est d'un beau dessein d'avoir voulu faire de toute sorte d'êtres : des êtres qui n'eussent que l'étendue avec tout ce qui lui appartient, figure, mouvement, repos, tout ce qui dépend de la proportion ou disproportion de ces choses; des êtres qui n'eussent que l'intelligence, et tout ce qui convient à une si noble opération, sagesse, raison, prévoyance, volonté, liberté, vertu; enfin des êtres où tout fût uni, et où une âme intelligente se trouvât jointe à un corps. » (*Connaissance de Dieu*, IV, 1.)

l'homme où elle paraît le plus autorisée, elle confond encore l'effet avec la cause.

a. « Tout le monde doit convenir que les hommes naissent dans l'ignorance des causes, et qu'un appétit universel dont ils ont conscience les porte à rechercher ce qui leur est utile. Une première conséquence de ce principe, c'est que les hommes croient être libres... Il en résulte en second lieu que les hommes agissent toujours en vue d'une fin, savoir leur utilité propre : de là vient que pour toutes les actions possibles ils ne demandent jamais à n'en connaître que les causes finales; et dès qu'ils les connaissent, ils restent en repos n'ayant plus dans l'esprit aucun motif d'incertitude... Ainsi quand nos adversaires considèrent l'économie du corps humain, ils tombent dans un étonnement stupide, et, comme ils ignorent les causes d'un art si merveilleux, ils concluent que ce ne sont point des lois mécaniques, mais une industrie divine et surnaturelle qui a formé cet ouvrage, et en a disposé les parties de façon qu'elles ne se nuisent point réciproquement. C'est pourquoi quiconque cherche les véritables causes des miracles, et s'efforce de comprendre les choses naturelles en philosophe, au lieu de les admirer en homme stupide, est tenu aussitôt pour impie. »

On voit que Spinosa explique la croyance aux causes finales, comme il explique la croyance à la liberté, par l'ignorance des causes. Quand nous agissons sans savoir ce qui nous détermine à agir, nous croyons être les maîtres de nos actions, et nous disons que nous agissons librement. De même quand nous ne savons pas comment agit la nature, nous supposons qu'elle agit par volonté, et pour nous être utile.

Laissons de côté l'utilité humaine, qui n'est nullement, nous l'avons vu, un élément essentiel de la notion de cause finale; nous prétendons qu'il n'y a nullement équivalence entre ces deux termes : ignorance des causes et finalité. En effet, tout le monde sait qu'il n'y a rien de plus inconnu que les phénomènes météorologiques; la science est très-peu avancée sur leurs causes et sur leurs lois : cependant, c'est précisément le domaine où la cause finale paraît le plus absente (non pas pour le vulgaire peut-être, mais pour le philosophe). Les causes des étoiles filantes ont été longtemps ignorées; elles le sont encore à peu près : aucun philosophe cependant ne les a rattachées à un système de finalité. L'ignorance peut conduire à la superstition, et voit partout des miracles. Mais nous avons dit déjà, et nous ne saurions trop répéter que les causes finales ne sont pas des miracles; et c'est une confusion peu philosophique d'assimiler la doctrine des causes finales avec celle des interventions surnaturelles : c'est un point, du reste, sur lequel nous reviendrons. Qu'il nous suffise de dire qu'il y a des milliers de phénomènes dont les causes sont ignorées, et qui ne sont nullement pour cela donnés comme exemples de finalité. Au contraire, rien n'est mieux connu que les lois de la vision; l'optique et la physiologie nous expliquent d'une manière rigoureuse comment elle a lieu : et cependant c'est là précisément qu'éclate la finalité. L'objection de Spinosa repose sur ce principe déjà réfuté, que les causes physiques excluent les causes finales, ou réciproquement : c'est ce que croient les savants. Si, au contraire, comme nous l'avons vu, ces deux sortes de causes peuvent et doivent se concilier, la connaissance des causes physiques n'exclut pas les causes finales; et réciproquement l'hypothèse des causes finales n'est pas liée à l'ignorance des causes physiques.

b. « Le défaut de cette doctrine, dit encore Spinosa, c'est de considérer comme cause ce qui est effet et réciproquement, de prendre ce qui est antérieur pour ce qui est postérieur (objection de Lucrèce, voir plus haut, IV); enfin *elle rabaisse au moins parfait le plus parfait.* En effet, pour ne rien dire des deux premiers points qui sont évidents par eux-mêmes, il résulte des propositions (XXI, XXII, XXIII) que l'effet le plus parfait est celui qui est produit immédiatement par Dieu, et qu'un effet devient de plus en plus imparfait à mesure que sa production suppose un plus grand nombre de causes intermédiaires. Or, si les choses que Dieu produit immédiatement étaient faites pour atteindre une fin, il s'en suivrait que celles que Dieu produit les dernières seraient les plus parfaites de toutes, les autres ayant été faites en vue de celles-ci. »

Cette seconde objection tient au fond de la doctrine de Spinosa. Suivant lui, le type de la perfection est Dieu. Il le définit, avec Descartes, l'être infiniment parfait. Comme Descartes aussi, il donne plus de perfection ou de réalité à la substance qu'à l'attribut, à l'attribut qu'aux modes; et parmi les modes, plus de perfection aux *modes simples* qui dérivent immédiatement des attributs qu'aux *modes complexes* qui résultent de ces modes simples. Or, ce que l'on appelle *buts* ou *causes finales*, ce sont des effets; par exemple, la vision par rapport à l'œil; la vie, par rapport à l'être organisé; ce sont donc des modes complexes, résultant de la combinaison de certains mouvements, qui sont les modes simples. Dans le système des causes finales, le but est supérieur au moyen, par conséquent le composé aux éléments composants, l'ultérieur à l'antérieur : c'est le contraire de l'ordre véritable, selon Spinosa.

Cette objection, on ose à peine le dire d'un aussi grand logicien, n'est autre chose qu'une pétition de principe. Sans doute, si Spinosa a raison, s'il n'y a que des causes efficientes et non des causes finales, l'ordre de perfection va de la cause à l'effet, c'est-à-dire en descendant. Mais s'il y a des causes finales, l'ordre de perfection sera inverse et ira de bas en haut, de l'effet à la cause, en un mot sera ascendant. Or, la question est précisément de savoir si cet ordre est descendant ou ascendant. Poser en principe qu'il doit être descendant, c'est poser ce qui est en question. Mais, dira Spinosa, ce qui est éloigné de Dieu est nécessairement moins parfait que ce qui en est plus proche. Ne voit-on pas que c'est toujours la question? S'il y a des causes finales, chaque but est un degré de perfection atteint par la nature qui s'élève graduellement du moins parfait au plus parfait. A ce titre, chacun de ces degrés est, si l'on veut, plus loin de Dieu, considéré en tant que cause, mais il est plus rapproché de lui si on le considère en tant que fin. En se représentant la création comme un vaste *circulus* qui va du parfait au parfait, ou de Dieu à Dieu, en traversant tous les degrés possibles de l'existence finie, on ne peut pas dire qu'il y ait nécessairement plus de perfection dans l'antérieur que dans l'ultérieur : car si la puissance est dans un sens, la bonté est dans l'autre. Pour qu'un effet se produise, il faut sans doute des causes antérieures auxquelles Dieu communique la puissance : elles sont donc plus parfaites en cela que leurs effets, puisqu'elles les contiennent. Mais pour que ces puissances agissent, il faut qu'elles soient déterminées par le bien à produire certains effets plutôt que d'autres : à ce titre, l'effet est meilleur que la cause, puisqu'il en détermine l'action.

Une telle objection n'aurait toute sa force, que si l'on supposait une nature existant par elle-même, sans cause suprême. Une nature qui, par ses propres forces et sans être dirigée dans son mouvement, s'élèverait spontanément du moins parfait au plus parfait, une nature qui, par conséquent, aurait dû partir du minimum d'existence (assimilable à 0), pour tendre à un maximum d'existence (assimilable à l'absolu), une telle nature tomberait, en effet, sous l'objection de Spinosa [1] : mais une telle hypothèse n'est pas la nôtre, et elle n'est nullement liée à la doctrine des causes finales.

---

[1]. Cette hypothèse est celle de Hegel, et celle des pythagoriciens et de Leucippe : ἐξ ἀτελῶν τὰ τελειότερα, dit Aristote (*Metaph.* xiv, 5).

c. « Ajoutez que cette doctrine détruit la perfection de Dieu ; car si Dieu agit pour une fin, il désire nécessairement quelque chose dont il est privé. Et bien que les théologiens et les métaphysiciens distinguent entre une fin d'*indigence* et une fin d'*assimilation*, ils avouent cependant que Dieu a tout fait pour lui-même, non pour les choses qu'il allait créer, vu qu'il était impossible d'alléguer avant la création d'autre fin à l'action de Dieu que Dieu lui-même ; et de cette façon ils sont forcés de convenir que tous les objets que Dieu s'est proposés en disposant certains moyens pour y atteindre, Dieu en a été quelque temps privé et a désiré les posséder, conséquence nécessaire de leurs principes. »

Cette objection dépasse de beaucoup la sphère de notre discussion actuelle. Le seul point que nous ayons eu à discuter jusqu'ici est celui-ci : y a-t-il des causes finales dans la nature? Quant à la *cause première* de la finalité, et quant à la *fin dernière* de la nature, nous sommes autorisés, quant à présent, à écarter ces deux problèmes. De ce qu'on ne connaîtrait pas la fin suprême de la nature (ou le motif de la création), il ne s'ensuivrait pas qu'on ne connût pas les fins secondes ; et quand on ne connaîtrait pas la cause première de la finalité, il ne s'ensuivrait pas qu'il n'y eût pas de finalité. Nous retrouverons donc ces questions ailleurs : mais elles ne portent pas sur ce qui est le point actuel de la discussion.

Contentons-nous de dire que la difficulté soulevée par Spinosa ne porte pas seulement contre la doctrine des causes finales, mais contre sa propre doctrine : car, pour quelque raison que ce soit, Dieu est sorti de lui-même aussi bien dans le panthéisme que dans le créationisme, ou dans l'intentionnalisme. Même dans la doctrine de Spinosa, Dieu ne serait donc pas parfait en lui-même, puisqu'il a besoin de se développer. La difficulté de la coexistence du fini et de l'infini subsiste dans toute doctrine sans exception, qui admet l'un et l'autre : or c'est le fait des spinosistes aussi bien que de nous. Schelling a demandé à Hegel, pourquoi l'*Idée* s'était avisée de sortir d'elle-même, et si elle *s'ennuyait* de l'état abstrait pour s'être décidée à passer à l'état concret ; et lui-même, dans sa dernière philosophie, lorsqu'il admet une volonté pure qui déchoit, ne nous dit rien de beaucoup plus satisfaisant. Quant à l'hypothèse qui expliquerait la nature comme une puissance primordialement indéterminée, et qui se développerait progressivement en passant à l'acte, nous venons de voir que c'est précisément cette hypothèse qui prête le flanc à l'objection précédente.

d. « Cette espèce de cause qu'on appelle finale n'est rien autre chose que l'appétit humain, en tant qu'on le considère comme le principe ou la cause principale d'une certaine chose. Par exemple, quand nous disons que la cause finale d'une maison, c'est de se loger, nous n'entendons rien de plus par là, si ce n'est que l'homme *s'étant représenté* les avantages de la vie domestique, *a eu le désir* de bâtir une maison. Ainsi donc cette cause finale n'est rien de plus que le désir particulier qu'on vient de dire, lequel est vraiment la cause efficiente de la maison ; et cette cause est pour les hommes la cause première, parce qu'ils sont dans une ignorance commune des causes de leurs appétits. »

Cette analyse de la cause finale n'a rien, en fait, qui la contredise véritablement. Personne ne soutient que ce soit la maison elle-même, en tant que maison, qui soit la cause de la construction. Personne ne nie que la cause finale ne puisse se réduire à la cause efficiente, si dans la cause efficiente elle-même on introduit la cause finale, à savoir le désir et l'idée, en d'autres termes l'anticipation de l'effet ; et peu importe que la cause ainsi analysée dans ses élémens, s'appelle cause finale ou cause efficiente. La seule question est de savoir si une maison se produit, sans qu'il y ait eu antérieurement représentation anticipée de la maison, si elle n'a pas eu une existence idéale avant d'avoir une existence concrète, et si ce n'est pas cette existence idéale qui a déterminé et rendu possible cette existence concrète. De là la question de savoir si une cause analogue ne doit pas être supposée, partout où nous rencontrerons des effets semblables, c'est-à-dire des coordinations de phénomènes, liées elles-mêmes à un phénomène final déterminé. Tel est le problème ; l'analyse psychologique de Spinosa n'a rien qui contredise la solution que nous en avons donnée.

VIII. Objection positiviste. *Les interventions surnaturelles.*

J'appelle objection positiviste, celle qui consiste à confondre la cause finale avec le surnaturel, non que cette confusion soit exclusivement propre aux positivistes; mais ils me semblent avoir particulièrement insisté sur cette difficulté. En tout cas, la voici exposée avec précision par M. Littré :

« C'est aux marques de dessein qu'on se réfère pour arriver jusqu'à la cause première; mais les marques de dessein perpétuellement renouvelées dans la structure des mondes, dans le mouvement des astres, dans l'appropriation de notre planète, dans l'organisation des êtres vivants, de telles marques de dessein, dis-je, qu'est-ce autre chose que des marques d'intervention incessante de la cause première? Par conséquent, on rompt avec le principe de la philosophie positive, qui repousse des interventions et n'accepte que des lois [1]. »

De son côté cependant, M. St. Mill, tout aussi autorisé que M. Littré, à parler au nom de la philosophie positive, pense au contraire qu'il n'y a nulle contradiction entre la méthode positive et les causes finales. Qu'on nous permette d'exposer ici, quoique un peu long, son témoignage si précieux en cette question.

« Il est convenable, dit Mill, de commencer par décharger la doctrine positive d'un préjugé que l'opinion religieuse a contre elle. La doctrine condamne toutes les explications théologiques et les remplace ou pense qu'elles sont destinées à être remplacées par des théories qui ne tiennent compte que d'un ordre reconnu de phénomènes. On en infère que si cette ré-

---

[1] Rev. des Deux-Mondes, 15 août 1866.

volution était accomplie, le genre humain cesserait de rapporter la constitution de la nature à une volonté intelligente, et de croire aucunement à un créateur et suprême ordonnateur du monde. La supposition est d'autant plus naturelle que M. Comte était ouvertement de cette opinion. A la vérité, il repoussait avec quelque acrimonie l'athéisme dogmatique, et même il dit (dans un ouvrage postérieur, mais les antérieurs ne contiennent rien qui soit en contradiction) que l'hypothèse d'un dessein a plus de vraisemblance que celle d'un mécanisme aveugle [1] ; mais une conjecture fondée sur l'analogie ne lui semblait pas, au temps de maturité de l'intelligence humaine, une base suffisante pour établir une théorie. Il regardait toute connaissance réelle d'une origine comme inaccessible, et s'en enquérir, c'était, suivant lui, outre-passer les bornes de nos facultés mentales ; mais ceux qui acceptent la théorie des stages successifs de l'opinion ne sont pas obligés de la suivre jusque-là. Le mode positif de penser n'est pas nécessairement une négation du surnaturel ; il se contente de le rejeter à l'origine de toutes choses. Si l'univers eut un commencement, ce commencement, par les conditions mêmes du cas, fut surnaturel ; les lois de la nature ne peuvent rendre compte elles-mêmes de leur propre origine. Le philosophe positif est libre de former son opinion à ce sujet conformément au poids qu'il

---

[1]. Où M. Comte a-t-il dit cela ? Nous ne le savons pas; et nous regrettons vivement que M. St. Mill n'ait pas cité exactement le passage, que nous avons cherché en vain dans le *Système de politique positive*, le dernier ouvrage d'Aug. Comte.

attache aux marques dites de dessein. La valeur de ces marques est, à la vérité, une question pour la philosophie positive ; mais ce n'en est pas une sur laquelle les philosophes positifs soient nécessairement d'accord. C'est une des méprises de M. Comte de ne jamais laisser de questions ouvertes. La philosophie positive maintient que dans les limites de l'ordre existant de l'univers, ou plutôt de la partie qui nous en est connue, la cause directement déterminative de chaque phénomène est naturelle, non surnaturelle. Il est compatible avec ce principe de croire que l'univers a été créé et même qu'il est continuellement gouverné par une intelligence, pourvu que nous admettions que le gouverneur intelligent adhère à des lois fixes qui ne sont modifiées ou contrariées que par d'autres lois de même dispensation, et auxquelles il n'est jamais dérogé d'une manière capricieuse ou providentielle. Quiconque regarde tous les événements comme des parties d'un ordre constant, chacun de ces événements étant le conséquent invariable de quelque antécédent, condition ou combinaison de conditions, celui-là accepte pleinement le mode positif de penser, soit qu'il reconnaisse ou ne reconnaisse pas un antécédent universel duquel tout le système de la nature fut originellement conséquent, et soit que cet universel antécédent soit conçu comme une intelligence ou non [1]. »

---

[1]. St. Mill, *Aug. Comte et le positivisme*, tr. franç., p. 15. Citons encore dans le même ordre d'idées le témoignage si intéressant de Cabanis : *Lettre sur les causes premières*, p. 41. « Il suffit de jeter le coup d'œil le plus superficiel sur l'organisation des végétaux et des animaux, sur la manière dont ils se repro-

Nous sommes dans cette question entièrement de l'avis de M. Mill. La doctrine des causes finales n'a rien à voir avec la doctrine des interventions surnaturelles; en d'autres termes, avec la doctrine des miracles. Nous avons déjà plusieurs fois indiqué ce point de vue : c'est ici le lieu d'y insister, et d'en finir avec cette difficulté.

M. Littré affirme ici, sans le démontrer, ce qui est précisément en question, à savoir : que la doctrine de la finalité exige une intervention incessante du créateur dans la série des phénomènes naturels : c'est ce qui n'est nullement évident, et même

duisent, se développent et remplissent, suivant l'esprit de cette organisation même, le rôle qui leur est assigné dans la série des êtres. L'esprit de l'homme n'est pas fait pour comprendre que tout cela s'opère sans prévoyance et sans but, sans intelligence et sans volonté. Aucune analogie, aucune vrai-semblance ne peut le conduire à un semblable résultat : toutes, au contraire, le portent à regarder les ouvrages de la nature comme des opérations comparables à celles de son propre esprit dans la production des ouvrages les plus savamment combinés, lesquelles n'en diffèrent que par un degré de perfection mille fois plus grand; d'où résulte pour lui l'idée d'une sagesse qui les a conçus et d'une volonté qui les a mis à exécution, mais de la plus haute sagesse et de la volonté la plus attentive à tous les détails, exerçant le pouvoir le plus étendu avec la plus minutieuse précision.

« Ce n'est pas qu'il faille jamais, dans les recherches sur la nature ou dans les discussions philosophiques qu'elles font naître, adopter les vaines et stériles explications des causes finales; rien sans doute n'est plus capable d'étouffer ou d'égarer le génie des découvertes; rien ne nous conduit plus inévitablement à des résultats chimériques, souvent aussi ridicules qu'erronés. Mais ce qui est vrai dans toutes les recherches et dans toutes les discussions de détail, ne l'est plus lorsqu'on en est au point où par hypothèse nous avons supposé l'homme parvenu; et quand nous raisonnons sur les causes, ou si l'on veut sur les causes premières, toutes ces règles de probabilité nous forcent à les reconnaître *finales*. Telle est du moins la manière de concevoir et de procéder de notre esprit; et l'on ne peut en combattre les conclusions que par des arguments subtils qui, par cela même, ne semblent guère pouvoir être fondés en raison, ou par des systèmes savants dans lesquels il reste toujours de grandes lacunes. Or, la certitude étant bien loin de se trouver dans ce dernier parti, plus on se donnera la peine d'examiner les motifs énoncés par ceux qui l'adoptent, plus, ce me semble, on se trouvera ramené comme invinciblement vers le premier qui réunit en sa faveur les plus fortes probabilités. »

il est évident pour nous qu'il n'y a nulle liaison nécessaire entre ces deux choses. Pour s'en convaincre, il suffit d'observer un des faits où la finalité est incontestable, à savoir l'une des combinaisons créées par l'industrie humaine : on verra que l'intelligence n'intervient qu'au commencement, et que la chaîne des phénomènes se déroule ensuite, suivant des lois physiques, sans aucune nouvelle intervention de l'agent dirigeant. Si, par exemple, pour prendre un exemple très-simple, je fais du feu dans ma cheminée, je n'interviens que pour mettre en présence et combiner ensemble les divers agents dont l'action naturelle doit produire l'effet dont j'ai besoin : mais une fois le premier coup donné, tous les phénomènes qui constituent la combustion s'engendrent l'un l'autre conformément à leurs lois, sans intervention nouvelle de l'agent ; de telle sorte qu'un observateur qui étudierait la série de ces phénomènes, sans entrevoir la première main qui a tout préparé, ne pourrait saisir cette main dans aucun acte particulier; il y a là cependant un plan et une combinaison préconçus.

Dans la controverse de Leibniz et de Clarke, la question s'est élevée de savoir s'il valait mieux pour l'honneur d'un ouvrier de faire un ouvrage qui marchât tout seul, sans avoir besoin de secours ni de réparation, ou un ouvrage que la main de l'ouvrier retouchât de temps en temps. Clarke, partant de l'idée de Newton (idée fausse d'ailleurs), que le monde planétaire a besoin d'être remonté de temps en temps par son auteur, disait qu'il valait mieux que l'ouvrage portât la marque de sa dépendance, et que l'auteur divin fît sentir sa puissance et son existence en apparaissant personnellement quand il était nécessaire. Leibniz soutenait au contraire que plus un ouvrier est habile, plus son ouvrage doit être durable, et avoir en soi-même de quoi subsister. A notre avis, c'est Leibniz qui a raison : mais de ce que l'ouvrier n'aurait pas à intervenir pour réparer ou soutenir son ouvrage, il n'y a pas à conclure qu'il ne soit pas intervenu une première fois par un acte initial, qui contenait implicitement toutes les manifestations ultérieures.

On ne peut donc pas dire, à prendre les choses en principe, que la doctrine des causes finales exige des interventions incessantes de la Providence. Il faut reconnaître toutefois que sur certains points particuliers, par exemple l'origine de la vie, l'origine des espèces vivantes, on semble amené presque forcément à l'intervention miraculeuse de la divinité, si l'on ne veut se prêter aux diverses hypothèses qui essaient de ramener ces divers phénomènes à des lois naturelles connues. Mais c'est là une difficulté que nous réservons pour la discuter en son lieu. Qu'il nous suffise ici de faire remarquer que l'idée de cause finale prise en général et sans examen de tel ou tel problème particulier, n'a rien de contraire à l'idée d'un mécanisme universel, régi par des lois naturelles, dont Dieu serait l'auteur premier, et qu'il soutiendrait par son action générale sans avoir besoin d'intervenir dans chaque fait particulier.

Au reste l'école positive nous paraît moins autorisée qu'aucune autre à contester l'intervention incessante et universelle de la cause première dans les phénomènes, puisque n'admettant rigoureusement que des faits et des rapports, elle ne sait pas du tout s'il y a des causes secondes distinctes de la cause première et ayant en elles virtualité propre. Puisqu'il n'y a empiriquement que des faits et des rapports, et au-delà un vaste noumène inconnu, qui nous dit que ce n'est pas la cause première et universelle, qui est la cause unique, et qui produit immédiatement dans un ordre donné tous les phénomènes de l'univers? et de quel droit affirmeriez-vous qu'en dehors de cette cause unique, il y a des causes secondes et subordonnées qui agissent au-dessous d'elle ? Quand vous dites que tous ces phénomènes résultent des propriétés de la matière, que voulez-vous dire ? Qu'entendez-vous par matière? La matière et ses propriétés sont des causes occultes qui ne tombent pas sous l'expérience. Vous ne connaissez que des phénomènes et des lois, dites-vous. Fort bien. En dehors de cela vous ne connaissez donc rien, pas plus la matière que tout le reste. Il n'y a donc au delà de tous les phénomènes qu'une cause inconnue, dont le mode d'action vous est inconnu : il ne vous est pas plus permis de l'appeler matière, qu'il ne nous serait permis, si nous raisonnions d'après vos principes, de l'appeler Dieu.

Suivant M. Littré, la propriété de s'accommoder à des fins, de *s'ajuster*, comme il dit, est une des propriétés de la matière organisée. Il est de l'essence de cette matière de s'approprier à des fins, comme il est de son essence de se contracter ou de s'étendre, de se mouvoir ou de sentir. On s'étonne

de voir un esprit aussi familier que celui de M. Littré avec
la méthode scientifique se payer aussi facilement de mots.
Qui ne reconnaîtrait là une de ces qualités occultes dont vivait la scolastique, et que la science moderne tend partout
à éliminer[1]? Que l'on veuille bien y penser, et l'on avouera
qu'il n'existe pas une sorte d'entité, appelée matière organisée, qui serait douée, on ne sait pourquoi ni comment,
de la propriété d'atteindre à des fins : ce qui existe en réalité,
c'est un ensemble de solides, de liquides, de tissus, de canaux,
de parties dures, de parties molles, en un mot un ensemble
incalculable de causes secondes et d'agents aveugles qui tous
se réunissent dans une action commune, qui est la vie. Ce qu'il
faut expliquer, c'est comment tant de causes diverses s'entendent pour arriver à produire cette action commune; c'est cette
coïncidence de tant d'éléments divergents dans un effet unique.
Dire que cette rencontre, cette coïncidence est une chose toute
simple et s'explique par une vertu accommodatrice dans la matière (car n'est-ce pas là ce que M. Littré appelle la propriété
de s'ajuster à des fins?), c'est ressusciter les vertus dormitives et
autres de la scolastique. Dans un autre écrit [2], M. Littré avait
combattu avec une éloquente vivacité la *vertu médicatrice*
de l'école hippocratique. En quoi est-il plus absurde d'admettre
dans la matière organisée la propriété de se guérir soi-même
que la propriété de s'ajuster à des fins?

1. Cela est si vrai qu'un autre écrivain positiviste, M. Robin, l'a abandonné
sur ce point. (Voir plus haut, ch. IV.)
2. *Revue des Deux-Mondes* du 15 avril 1856.

IX. Objections des naturalistes. *Les exceptions.*

L'histoire naturelle fournit la plupart des raisons sur lesquelles s'appuie la théorie des causes finales; mais elle fournit également les objections. Si la généralité des faits paraît d'accord avec la loi, les exceptions sont assez nombreuses pour mériter examen.

La théorie repose sur l'appropriation rigoureuse de l'organe à la fonction. Or nous l'avons vu déjà cette appropriation, cette correspondance absolue fait défaut dans beaucoup de cas. En effet, il arrive souvent que le même organe remplit plusieurs fonctions, et réciproquement que la même fonction est accomplie par différents organes.

« On pourrait citer parmi les animaux inférieurs de nombreux exemples d'un même organe remplissant à la fois des fonctions très-distinctes. Ainsi le canal alimentaire respire, digère et excrète chez les larves de la Libellule et chez le poisson Cobitis. On peut retourner l'hydre comme un gant : la face extérieure digèrera et l'estomac respirera. De même, dans le règne animal, deux organes distincts remplissent parfois simultanément des fonctions identiques chez un seul individu. On peut citer comme exemple certains poissons pourvus d'ouïes ou de branchies qui respirent l'air dissous dans l'eau, en même temps qu'ils respirent l'air atmosphérique par leur vessie natatoire, ce dernier organe ayant un conduit pneumatique destiné à le remplir et étant divisé par des cloisons essentiellement vasculaires. La vessie natatoire des poissons est bien le meilleur exemple qu'on puisse trouver pour démontrer avec évidence qu'un organe construit originairement pour un but, celui d'aider à la flottaison, peut se transformer en un autre ayant un tout différent objet, c'est-à-dire la respiration [1]. »

« La queue, nulle chez l'homme et chez les singes anthropomorphes, devient prenante et remplit l'office d'une cinquième main chez les singes d'Amérique, les sarigues, les caméléons, tandis qu'elle sert de base, de soutien, de véritable pied aux kangouroos et aux gerboises. Un organe ne se caractérise donc pas par son usage : car un même organe remplit les rôles les plus divers, et réciproquement la même fonction peut être remplie par des organes très-différents; ainsi, le nez et la queue peuvent remplir l'office de la main; celle-ci à son tour devient une aile, une rame ou une nageoire... L'autruche a des ailes qui ne sauraient la soutenir dans les airs, mais qui accélèrent sa marche, celles du manchot sont des nageoires, et celles du casoar et de l'*Aptérix* de la Nouvelle-Zélande sont si peu développées qu'elles ne servent absolument à rien [2] ».

Nous reconnaissons volontiers qu'il n'y a pas entre l'organe et la fonction, une corrélation absolue et nécessaire : c'est en partant de cette fausse hypothèse, dit Milne Edwards [3], que l'on avait nié à tort chez certains animaux certaines propriétés, faute d'y trouver les organes que l'on est habitué à voir correspondre à ces propriétés. Par exemple, Lamark nie la sensibilité chez les

---

1. Darwin, *Origines des espèces*, trad. franç., p. 273.
2. Ch. Martins, *De l'unité organique* (Rev. des Deux-Mondes, 15 juin 1862).
3. *Introduction à la zoologie générale*, ch. IV.

polypes, les infusoires, les vers, ou l'intelligence chez les insectes, parce que l'on ne trouve pas soit chez les uns, soit chez les autres, de cerveau, organe nécessaire de ces deux fonctions chez les animaux supérieurs. On a nié aussi la circulation chez les insectes, faute d'y trouver des veines et des artères ; mais l'étude approfondie des faits nous montre que la fonction ne disparaît pas toujours avec l'organe destiné à l'accomplir. « La nature arrive au résultat voulu par plusieurs voies. »

Seulement nous avons vu [1] que ce n'est nullement au hasard que se font ces appropriations diverses, soit d'un seul organe à plusieurs fonctions, soit de plusieurs organes divers à une même fonction : c'est en vertu d'une loi ou tendance, loi parfaitement rationnelle et tout à fait semblable à celle qui dirige l'art humain, et que Milne Edwards a appelée *la loi d'économie*. Voici à ce sujet comment il s'exprime : « Lorsqu'une propriété physiologique... commence à se réaliser dans une série d'animaux de plus en plus parfaits, elle s'exerce d'abord à l'aide d'une partie qui existait déjà dans l'organisme des espèces inférieures, et qui est seulement modifiée dans sa structure pour s'approprier à ses fonctions spéciales. Tantôt, c'est, pour ainsi dire, un fonds commun, qui fournit aux diverses facultés leurs premiers instruments particuliers ; d'autres fois, c'est à un appareil déjà destiné à des usages spéciaux que la fonction nouvelle emprunte ses organes, et c'est seulement après avoir

---

[1] Voir chap. III.

épuisé les ressources de ce genre que la puissance créatrice introduit dans la constitution des êtres à organisation plus parfaite encore un élément nouveau [1]. »

On s'explique parfaitement d'après ces faits comment le rapport de l'organe et de la fonction n'est pas le rapport absolu, rigoureux, que l'on est tenté de supposer d'abord. Tant qu'un seul et même moyen peut suffire avec certaines modifications, il est tout naturel que la nature l'emploie ; et toute industrie n'agirait pas autrement : d'un autre côté, quand des conditions nouvelles compliquent la difficulté d'une fonction, il n'est pas étonnant que des moyens différents soient employés pour un seul et même acte. Ainsi les branchies ne sont nullement l'analogue des poumons, quoiqu'elles remplissent les mêmes fonctions ; de même que les chevaux ne sont pas l'analogue des vaisseaux, quoiqu'ils remplissent des fonctions semblables. Enfin, on s'explique même ainsi des organes sans fonction. Car de ce que certaines pièces de l'organisme ont cessé de servir, ce n'est pas une raison pour qu'elles disparaissent entièrement. La loi d'économie n'est qu'une application particulière du principe métaphysique de la *simplicité des voies*, invoqué par Malebranche, ou du principe mathématique de la *moindre action* défendu par Euler et par Maupertuis.

Nous venons de parler des organes sans fonction : c'est un

---

1. Milne Edwards, *Introduction à la zoologie générale*, ch. iv.

fait sur lequel il importe d'insister; car il est un de ceux que l'on a le plus invoqués contre les causes finales.

Les organes inutiles, soit en réalité, soit en apparence, sont de deux sortes : les uns sont des organes complets, entièrement semblables aux autres, avec cette différence qu'ils ne semblent servir à rien. Les autres sont des organes incomplets, incapables d'agir par leur insuffisance même, et que l'on appelle pour cette raison *rudimentaires*.

A. *Organes inutiles.* Les premiers sont en petit nombre dans l'état actuel de la science. Presque tous les organes connus ont leurs fonctions propres : quelques-uns seulement sont réfractaires à cette loi. Le principal de ces organes dans les animaux supérieurs est la *rate.* Il semble en effet que cet organe ne joue pas un rôle très-important dans l'économie animale ; car de nombreuses expériences prouvent qu'elle peut être extirpée sans endommager notablement la vie de l'animal. Cependant il ne faudrait pas conclure de là que la rate n'ait pas de fonctions ; et les physiologistes n'en tirent pas cette conséquence ; car ils les cherchent, et ne sont pas sans espérer de les trouver [1]. Un organe peut rendre des services sans être absolument nécessaire à la vie : tout porte à croire que la rate n'est qu'un organe secondaire ; mais l'existence d'organes subordonnés, auxiliaires ou subsidiaires, n'a rien de contraire à la doctrine de la finalité [2].

---

[1]. Voir *Recherches sur les fonctions de la rate* par MM. Malarret et Picard. (*Comptes rendus de l'Ac. des Sciences*, 21 déc. 1874 et 22 nov. 1875.)
[2]. Il faut encore ajouter parmi les organes dont on ne connaît pas la fonction

Darwin, à ce point de vue, nous vient en aide; car dans son système, il est aussi nécessaire de prouver l'utilité des moindres organes que dans le système finaliste : « Nous sommes beaucoup trop ignorants, dit-il, à l'égard de l'économie générale de chaque être organisé pour décider avec certitude quelles sont les modifications qui peuvent lui être de grande ou de petite importance... La queue de la girafe, par exemple, ressemble à un chasse-mouches artificiellement construit, et il semble d'abord incroyable qu'elle ait été adaptée à sa fonction actuelle dans un but aussi peu important en apparence que celui de chasser les mouches. Cependant il ne faut pas trancher sans réflexion une question semblable : car nous avons vu que, dans l'Amérique du Sud, la distribution géographique de l'existence du bœuf sauvage et d'autres animaux dépend de leur faculté plus ou moins grande de résister aux attaques des insectes, de sorte que des individus qui auraient quelque moyen de se défendre contre de si petits ennemis, pourraient s'étendre dans de nouveaux pâturages, et gagner ainsi un avantage incessant sur des variétés rivales. Ce n'est pas que nos grands quadrupèdes actuels puissent être aisément détruits par les mouches; mais ils sont continuellement harassés, épuisés, si bien qu'ils deviennent sujets à plus de

---

les capsules surrénales, la *thyroïde* et le *thymus*. Pour ces différents organes nous pouvons répondre, comme pour la rate, que de ce que nous ne connaissons pas les fonctions de ces organes, il ne faut pas conclure qu'ils n'en ont pas. Quant au dernier de ces organes, tout porte à croire que c'est un organe fœtal, ou du moins qui a rapport aux fonctions de la première enfance : car il disparaît d'ordinaire à l'époque de la puberté.

maladies, ou moins capables, en cas de famine, de chercher leur nourriture, ou d'échapper aux oiseaux de proie [1]. »

Il en est de même des caractères les plus superficiels en apparence, par exemple la couleur : « Quand on voit, dit Darwin, des insectes phytophages affecter la couleur verte, d'autres qui se nourrissent d'écorce, un gris pommelé, le ptarnigan alpestre (perdrix des neiges) blanc en hiver, le coq de bruyère écossais, de la couleur de cet arbuste, et le francolin noir couleur de tourbe, il faut bien admettre que ces nuances particulières sont utiles à ces espèces qu'elles protègent contre certains dangers [2]. »

Si des caractères aussi superficiels que la couleur peuvent être d'une grande utilité à l'animal, il ne faut pas se hâter d'affirmer que tel ou tel organe soit absolument inutile. Ainsi dans tous les cas précédents, l'explication tirée de notre ignorance paraît suffisante; et nous pouvons y avoir recours aussi bien par exemple que les astronomes pourraient le faire pour les exceptions apparentes qui contrarieraient la loi de Newton. La loi de l'utilité des organes et de leur appropriation se vérifiant dans un nombre infini de cas, il serait peu raisonnable de la mettre en doute, parce qu'elle ferait défaut dans quelques cas particuliers : car il paraît vraisemblable que c'est notre science plutôt que la nature qui est en défaut.

B. *Organes rudimentaires.* Cependant, si l'on peut soutenir

---

[1]. Darwin, ch. vi, § VI.
[2]. Ibid., ch. vi, § II.

avec avantage que dans beaucoup de cas l'inutilité des organes n'est qu'apparente et s'explique par notre ignorance, il n'en est pas de même lorsque les organes par leur structure même manifestent d'une manière évidente leur propre inutilité : c'est ce qui a lieu dans les organes dits *rudimentaires* dont le nombre est considérable et qui semblent la pierre d'achoppement de la finalité.

En voici des exemples : « La femme porte sur la poitrine les deux mamelles destinées à nourrir l'enfant nouveau-né ; chez l'homme les mamelles ne se développent pas, mais les deux mamelons existent. Beaucoup de mammifères, les chevaux en particulier, peuvent secouer leur peau et chasser ainsi les mouches qui les incommodent ; c'est un muscle membraneux attaché à la peau qui l'ébranle ainsi. Ce muscle ne manque pas chez l'homme, il est étendu sur les côtés du cou, mais il est sans usage ; nous n'avons pas même la faculté de le contracter volontairement ; il est donc inutile comme muscle. Les mammifères dits marsupiaux, tels que les kanguroos, les sarigues, les thylacines, tous les quadrupèdes en un mot de la Nouvelle-Hollande, sont munis d'une poche située au-devant de l'abdomen et où les petits habitent pendant la période de la lactation ; cette poche est soutenue par deux os et fermée par des muscles. Quoique placé à l'autre extrémité de l'échelle des mammifères, l'homme porte et devait porter la trace de cette disposition qui, chez lui, n'est d'aucune utilité. Les épines du pubis représentent les os marsupiaux, et les muscles pyramidaux ceux qui ferment la poche des kanguroos et des sarigues. Chez nous, ils sont évidemment sans usage. Autre exemple : le mollet est formé par deux muscles puissants appelés les jumeaux, qui s'insèrent au talon par l'intermédiaire du tendon d'Achille ; à côté d'eux se trouve un autre muscle long, mince, incapable d'une action énergique, et nommé plantaire grêle par les anatomistes. Ce muscle, ayant les mêmes attaches que les jumeaux, fait exactement l'effet d'un mince fil de coton qui serait accolé à un gros câble de navire. Chez l'homme, ce muscle est donc inutile ; mais chez le chat et les autres animaux du même genre, le tigre, la panthère, le léopard, ce muscle est aussi fort que les deux jumeaux, et il contribue à rendre ces animaux capables d'exécuter les bonds prodigieux qu'ils font pour atteindre leur proie. Inutile à l'homme, ce muscle est donc très-utile aux animaux dont nous parlons. »

« Voici un exemple encore plus significatif. Dans les animaux herbivores, le cheval, le bœuf, dans certains rongeurs, le gros intestin présente un vaste repli en forme de cul-de-sac appelé cœcum. Chez l'homme, ce repli n'existe pas, mais il est représenté par un petit appendice auquel sa forme et sa longueur ont fait donner le nom d'appendice vermiforme. Les aliments digérés ne peuvent pas pénétrer dans cet appendice étroit, qui est dès lors sans usage ; mais si par malheur un corps dur, tel qu'un pepin de fruit ou un fragment d'os, s'insinue dans cet appendice, il en résulte d'abord une inflammation, puis la perforation du canal intestinal, accidents suivis d'une mort presque certaine. Ainsi nous sommes porteurs d'un organe qui non-seulement est sans utilité, mais qui peut devenir un danger sérieux. Indifférente aux individus, la nature les abandonne à toutes les chances de destruction : sa sollicitude ne s'étend pas au delà de l'espèce, dont elle a d'ailleurs assuré la perpétuité [1]. »

Darwin, à son tour, cite les exemples suivants :

« Je présume qu'on peut considérer l'aile bâtarde de certains oiseaux comme un doigt à l'état rudimentaire; chez un grand nombre de serpents, un des lobes du poumon est rudimentaire; chez d'autres, il existe des rudiments du bassin et des membres postérieurs. On peut citer les dents observées chez les fœtus des baleines et celles dont on constate l'existence chez les jeunes veaux avant leur naissance, et qui ne percent jamais les gencives. On m'a même assuré, d'après des témoignages de valeur, que l'on pouvait découvrir des rudiments de dents chez les embryons de certains oiseaux. Rien ne semble plus simple que les ailes soient formées pour le vol, et cependant beaucoup d'insectes ont leurs ailes tellement atrophiées qu'elles sont incapables d'agir, et il n'est pas rare qu'elles soient enfermées sous des élytres fermement soudées l'une et l'autre [2]. »

Les faits que nous venons de citer sont incontestables; on en pourrait citer vraisemblablement beaucoup d'autres. Mais

---

1. Ch. Martins, *De l'unité organique* (*Rev. des Deux-Mondes*, 15 juin 1861).
2. Darwin, ch. XIII, § X.

quelle est la signification de ces faits ? C'est là la question.

Il n'y a que deux explications connues des organes rudimentaires : ou bien, la théorie de l'unité de type de Geoffroy Saint-Hilaire ; ou la théorie de l'atrophie des organes par le défaut d'habitude, de Lamark et de Darwin. Or, ni l'une ni l'autre de ces deux explications ne sont en contradiction avec la théorie de la finalité. Nous avons vu en effet qu'il y a deux sortes de finalité : la finalité d'usage et la finalité de plan. Il n'est nullement impliqué dans la théorie que la seconde serait nécessairement sacrifiée et même subordonnée à la première. Le type restant le même, on comprend que la nature, soit en l'amplifiant soit en l'invertissant, soit en en changeant les proportions, l'approprie diversement, suivant les diverses circonstances, et que les organes, devenus inutiles dans ces circonstances, ne soient plus qu'un souvenir du plan primitif : non pas sans doute que la nature crée exprès des organes inutiles, comme un architecte fait de fausses fenêtres, par amour de la symétrie ; mais le type étant donné, et se modifiant suivant des lois prédéterminées, il n'est pas étonnant qu'il en subsiste quelques vestiges réfractaires à la finalité.

Quant à la seconde explication, elle se concilie également avec notre doctrine : car si les organes ont cessé de servir et ont été par là réduits à un minimum qui n'est plus que le résidu d'un état antérieur, il ne s'ensuit pas qu'ils n aient pas pu servir dans un autre temps ; et rien de plus conforme à la théorie de la finalité, que la disparition progressive des complications inutiles.

C. *Adaptations apparentes et nuisibles* [1]. L'inutilité, réelle ou apparente, des organes peut donc s'expliquer, tantôt par notre ignorance, tantôt par des lois de structure qui nous échappent. Mais en est-il de même, lorsque nous rencontrons dans les êtres des adaptations parfaitement caractérisées, et qui cependant ne servent à rien, ou encore, ce qui est plus grave, des adaptations nuisibles à l'être même qui en est muni ? En voici quelques exemples :

« Un palmier traînant de l'archipel Malais grimpe au sommet des arbres les plus élevés à l'aide de crampons admirablement construits, qui sont disposés autour de l'extrémité des branches. Cette particularité d'organisation est sans doute de la plus grande utilité pour la plante ; mais comme on observe des crampons très-semblables chez plusieurs plantes qui ne sont nullement grimpantes, ceux qu'on observe chez cette espèce peuvent s'être produits en vertu de lois de croissance encore ignorées, et n'ont profité que postérieurement à ses représentants. »

« Ne semble-t-il pas tout naturel que les longs pieds des échassiers leur aient été donnés pour habiter les marécages et pour marcher sur les îlots de plantes flottantes ? Cependant la poule d'eau est presque aussi aquatique que le foulque, et le rat d'égout presque aussi terrestre que la caille ou la perdrix.

---

[1]. Les faits suivants sont empruntés à Darwin, chap. VI.

En pareil cas, et l'on en pourrait trouver beaucoup d'autres analogues, les habitudes ont changé sans qu'il y ait eu dans l'organisation des modifications correspondantes. On peut considérer les pieds palmés de l'oie de Magellan, comme devenus rudimentaires en fonction et non en structure, et la membrane largement échancrée qui s'étend entre les quatre doigts de la frégate montre que cet organe est en voie de se modifier. »

« On ne pourrait trouver une adaptation de la structure aux habitudes plus frappante et plus complète que chez le pic, si bien conformé pour grimper autour des arbres et pour saisir des insectes dans les fentes de leur écorce. Cependant on trouve dans l'Amérique du Nord des pics qui se nourrissent exclusivement de fruits, et d'autres pourvus de longues ailes qui chassent les insectes au vol. Dans les plaines de la Plata, où ne croît pas un seul arbre, vit un pic qui a, comme les autres, deux doigts dirigés en avant et deux en arrière, la langue allongée et pointue, et les pennes caudales aiguës et raides... Enfin son bec est droit et fort, et peut lui permettre de perforer le bois.

« De même à l'égard du merle d'eau, le plus subtil observateur ne pourrait soupçonner, en examinant son cadavre, ses habitudes subaquatiques. Cependant ce membre anormal de la famille toute terrestre des merles ne se nourrit qu'en plongeant, s'accrochant aux pierres, avec ses pieds, et se servant de ses ailes sous l'eau. »

« Quoi de plus simple que les pieds palmés des oies et des

canards aient été formés pour la natation? Et pourtant il y a plusieurs espèces d'oies qui ont, comme les autres, les pieds palmés, et qui, cependant, ne vont que rarement ou même jamais à l'eau. »

« Pouvons-nous considérer l'aiguillon de la guêpe ou de l'abeille comme parfait, lorsque grâce aux dentelures de scie dont il est armé, ces insectes ne peuvent le retirer du corps de leurs ennemis, de sorte qu'ils ne peuvent fuir qu'en s'arrachant les viscères, ce qui cause inévitablement leur mort?

« Pouvons-nous admirer la création de milliers de faux-bourdons entièrement inutiles à la communauté des abeilles, et qui ne semblent être nés en dernière fin que pour être nourris par leurs laborieuses, mais stériles sœurs? Pouvons-nous admirer la haine sauvage et instinctive qui pousse la reine abeille à détruire les jeunes reines ses filles, aussitôt qu'elles sont nées, ou à périr elle-même dans le combat?... Enfin, pouvons-nous considérer comme une combinaison ingénieuse et parfaite, que nos sapins élaborent chaque année des nuages de pollen inutile, pour que seulement quelques-uns de leurs granules soient emportés au hasard de la brise sur les sables qu'ils fécondent? »

Il en est de même dans les végétaux. « On affirme que le calice et la corolle sont les organes protecteurs des étamines et du pistil, qu'ils assurent la fécondation, parce que la pluie fait crever les grains de pollen à mesure qu'ils s'échappent de l'anthère, et amène ainsi l'avortement du fruit et de la graine. Mais d'abord un grand nombre de plantes sont dépourvues de corolle, et même de calice. Ces enveloppes, lorsqu'elles existent, ne protégent pas toujours efficacement les étamines et le pistil contre la pluie. Je citerai les roses, les lis, les tulipes, les renoncules, les cistes, etc. Cette protection n'est réellement efficace que dans les campanules, où la fécondation s'opère avant que la corolle ne soit épanouie. Ce genre ne renferme que des plantes inutiles, et, par une antithèse difficile à comprendre, les végétaux les plus nécessaires à l'homme, ceux sur lesquels repose pour ainsi dire l'existence du genre humain, savoir les céréales, le riz, le maïs, la vigne, les arbres fruitiers, ont des fleurs dont les étamines ne sont nullement défendues contre les intempéries. Enfin l'on peut retrancher le calice et la corolle avant l'épanouissement de la fleur, et la fécondation s'opère néanmoins[1]. »

Quant à cette troisième classe de faits, nous ne dissimulerons pas l'embarras où l'on peut être de les expliquer au point de vue de la théorie des causes finales, si on les considère séparément et l'un après l'autre. Cependant, avant de faire appel à une théorie générale qui embrasse l'ensemble de ces faits et de tous les précédents, invoquons quelques considérations atténuantes. D'abord quelques-uns d'entre eux sont des causes finales imparfaites, si l'on veut, mais non pas nulles : par exemple les cornes enroulées des béliers sont des défenses moins favorables que les cornes droites des taureaux, mais ce

---

[1]. Martins, *article cité*.

sont encore des défenses. Le dard de l'abeille peut amener sa mort[1]; mais c'est une défense pour la communauté; à ce titre elle n'est pas absolument inutile. — Dans d'autres cas l'utilité est manifeste : ce sont les circonstances qui ont pu changer. Le pic, nous dit-on, est fait pour monter aux arbres, et cela dans un pays où il n'y a pas d'arbres. Mais il n'est pas prouvé qu'il n'y en ait pas eu autrefois : ce serait donc là une adaptation qui serait devenue inutile par le changement de circonstances; mais ce ne serait pas une adaptation absolument nulle. Les corolles et les calices protègent imparfaitement les fleurs; mais enfin, elles les protègent dans une certaine mesure, et dans certains cas, d'une manière très-satisfaisante. Il y a des animaux aquatiques qui n'ont pas les pieds palmés, il ne s'en suit pas que cette disparition ne soit pas très-utile à ceux qui les possèdent; les autres ont d'autres moyens qui remplacent celui-là. La faculté d'articulation chez les perroquets ne leur sert pas à grand chose, je le reconnais; mais cette faculté se rapporte à ce qu'on peut appeler les facultés domestiques des animaux, facultés qui les rendent propres à devenir les compagnons de l'homme; et l'on ne peut nier que l'une des fins de la nature (non pas la

---

1. Le fait est-il bien prouvé pour tous les cas? On m'assure que lorsque l'abeille ne se retire pas trop précipitamment, elle peut s'enfuir sans laisser son dard dans la blessure de l'ennemi. En général, chacun des faits allégués aurait besoin d'être étudié séparément par les naturalistes. On a beaucoup plaint par exemple la triste condition du *paresseux*; mais « on sait aujourd'hui que ce lent animal (le *paresseux*) dont le sort paraissait à Buffon, si digne de compassion, ne mène pas une vie plus malheureuse que le cerf de nos forêts. Ses membres à la vérité ne sont pas disposés pour courir; mais ils lui servent à se transporter commodément sur les branches où il trouve sa nourriture et à s'y soutenir sans fatigue pendant tout le temps nécessaire. » (*Mag. Pittoresque*, 1834, p. 477.)

(fin unique) soit de mettre en rapport immédiat l'homme avec certaines espèces. Enfin l'abondance des semences perdues prouve bien, si l'on veut, l'indifférence de la nature pour les individus dans les basses espèces ; mais elle ne prouve pas qu'elle soit indifférente à la vie en général : « La nature est prodigue, a dit un grand écrivain, parce qu'elle est riche et non parce qu'elle est folle[1]. »

Cependant, au lieu de ces explications de détail qui peuvent toujours laisser beaucoup de doutes dans l'esprit, il est une réponse plus philosophique et plus générale, qui embrasse non-seulement les cas que nous avons cités, mais encore tous les faits analogues, et tout ce que l'on a pu appeler les désordres de la nature.

Ceux qui soutiennent qu'il y a des causes finales dans la nature, ne sont pas engagés à soutenir par là qu'il n'y a que des causes finales, et que les causes finales doivent toujours et partout l'emporter sur les causes efficientes. Les êtres organisés ne sont pas les seuls qui existent, et ils n'existent qu'à la condition de se coordonner à certains milieux, de se soumettre à de certaines forces, qui considérées d'une manière générale sont en harmonie avec la destination de ces êtres, mais qui quelquefois peuvent leur être moins favorables, et jusqu'à un certain point contraires. Non-seulement, la nature en elle-même n'est pas tenue de s'accommoder en toutes choses et

---

[1]. G. Sand. *Lettres sur la Botanique.* (*Revue des Deux-Mondes*, 1868.)

pour toutes les circonstances à la commodité particulière ou à l'utilité des êtres vivants : mais la structure même des êtres vivants n'est pas uniquement et exclusivement fondée sur l'idée de la finalité. Là aussi, il y a des causes efficientes, qui agissent conformément à leur nature, quand il n'en résulterait rien d'utile pour l'être vivant, ou même quand il en résulterait quelque inconvénient particulier ; là aussi, il y a des lois générales qui peuvent accidentellement contrarier ce que semblerait exiger la loi de la finalité entendue comme règle exclusive et absolue. On peut considérer l'organisation comme une moyenne prise entre l'intérêt de l'être organisé qui voudrait telle structure, et les lois générales des causes et effets qui rendent cette structure possible ; c'est une résultante du mécanisme et de la finalité. Or, il est impossible au spectateur, qui n'a pas pu assister à l'élaboration intime de l'univers, il lui est impossible, dis-je, de déterminer d'une manière absolue en quoi devront consister cette résultante et cette moyenne dans chaque cas particulier. Pour suivre ainsi le détail des fins dans leur rapport avec les causes, il faudrait être dans le secret de la création ; il est des cas où on le peut, mais on ne le peut pas toujours.

Ce conflit des causes finales et des causes efficientes n'a rien qui doive étonner, si l'on réfléchit que rien ne peut exister, ni créature, ni créateur, sans avoir une essence déterminée, et que l'essence de chaque chose ne comporte qu'un certain nombre de phénomènes possibles. Sans doute, la série des phénomènes qui résulte d'une essence déterminée n'est pas une chaîne de fer qui ne puisse se développer que dans un seul sens donné, comme nous l'avons dit déjà, et comme le prouvent les diverses formes que nous pouvons donner aux choses naturelles ; mais, quoiqu'il y ait un certain écart possible dans le développement des phénomènes, cet écart est renfermé nécessairement dans certaines limites, sans quoi il faudrait dire que d'une cause quelconque peuvent sortir des phénomènes quelconques ; mais une cause qui n'exclurait aucun phénomène par sa nature ne pourrait être qu'une cause absolument indéterminée, c'est-à-dire un pur hasard, un pur rien ; elle ne serait donc pas une cause. Toute cause n'est cause qu'à la condition d'être quelque chose, d'être un ποιόν τι ; et dès lors la conséquence est inévitable ; c'est qu'elle ne pourra se prêter à toute combinaison possible, et que tout système de fins devra nécessairement se coordonner aux nécessités et aux limites qui résulteront de l'emploi de telles causes efficientes ; et l'on n'évitera pas cette conséquence, en disant qu'il fallait employer d'autres causes, c'est-à-dire d'autres moyens ; car ce que nous avons dit est vrai de toutes causes sans exception ; toutes ne peuvent se prêter à une combinaison de fins que dans la limite de leur constitution et de leur essence ; toutes par conséquent pourront toujours opposer quelque résistance à l'accomplissement de telle ou telle vue ; et pour affirmer que les moyens qui ont été employés ne sont pas les meilleurs possibles, c'est-à-dire ceux qui se concilient le mieux avec les fins, il faudrait comparer là ce qui est avec ce qui aurait pu être, et c'est ce qui nous est absolument impossible.

On est tenté généralement de considérer la vie comme une sorte de miracle, subsistant au milieu d'une nature étrangère par l'acte surnaturel d'une volonté personnelle qui la maintient tant qu'il lui plaît et l'abandonne à son gré, comme dans un gouvernement absolu, le prince fait sortir du néant ou y précipite l'objet de ses faveurs. Cette sorte d'anthropomorphisme a l'inconvénient d'accumuler sur la Providence une responsabilité de tous les instants, et nous forcerait d'imputer à un acte précis de prévoyance tous les accidents perturbateurs de l'ordre, dans le monde physique et dans le monde moral. Mais, relativement à l'être organisé, cette conception est entièrement arbitraire; il n'est nullement un empire dans un empire, suivant l'expression de Spinosa : il est lié de toutes les manières aux causes externes; toutes les lois du monde physique et mécanique s'accomplissent en lui aussi bien qu'en dehors de lui, c'est par une juste et merveilleuse combinaison de ces lois avec la structure de l'être organisé, que la vie est possible; si cet accord cesse, il est tout naturel que la vie cesse, ou qu'elle soit troublée dans sa source.

Je n'ai pas à examiner ici la possibilité des miracles; mais il est évident que l'on n'a pas le droit d'exiger que la nature soit continuellement occupée à faire des miracles. Que la Providence intervienne d'une manière particulière quand elle le juge à propos, cela est possible; et nous ne voulons ni l'affirmer ni le nier; mais il est certain qu'il est plus convenable à l'auteur des choses d'agir suivant des lois générales que d'intervenir dans chaque cas particulier. Supposer que chaque fait est le résultat d'une volonté immédiate de Dieu, c'est supprimer simplement toutes les causes secondes. S'il y a des causes secondes, elles agissent suivant leur nature, et toujours de la même manière dans les mêmes circonstances; et c'est ce qu'on appelle des lois. Lorsque l'action de ces lois devient préjudiciable ou inutile à l'être organisé, fallait-il que Dieu intervînt personnellement pour en détourner les causes et y substituer une action personnelle immédiate? On s'étonne que certains phénomènes qui ont un but dans l'état normal, continuent à s'exécuter fatalement dans d'autres circonstances, quoiqu'ils soient devenus sans but [1]. Par exemple la loi d'accroissement des êtres organisés, qui s'applique à tous les organes, continue

---

1. Vulpian, *Phys. du syst. nerveux*, leç. XIV. — « La tendance à la restauration se manifeste dans les parties séparées du tout aussi bien que lorsqu'elles sont dans leurs rapports normaux.... Vous transplantez un lambeau de périoste : il s'y fait, comme l'a montré M. Ollier, non pas une simple calcification, mais une ossification véritable avec tous ses caractères. Où est le but utile de cette ossification? N'eût-il pas mieux valu pour le bien de l'individu que ce lambeau transplanté disparût par résorption moléculaire? Vous transplantez un nerf; il se régénère après s'être altéré. A quoi peut servir ce tronçon de nerf, désormais privé de toutes relations avec le centre nerveux? Pourquoi acquiert-il de nouveau une excitabilité qui ne peut plus être mise en jeu?... La greffe de l'ergot d'un coq dans la crête de cet animal ou d'un animal de la même espèce, la greffe de la queue ou de la patte d'un rat sous la peau d'un autre rat, pourquoi ces greffes réussissent-elles? Pourquoi l'accroissement de cette patte ou de cette queue se fait-elle d'une façon si régulière, et s'arrête-t-elle à une époque préfixée? Qui ne voit qu'il n'y a là aucune prévision de but à atteindre et que les phénomènes ne demandent pour se manifester et se manifester fatalement en suivant une marche nécessaire que les conditions qui rendent la vie possible? Ces conditions, la greffe les rétablit dans certains cas ; et dans d'autres cas, ceux des nerfs restaurés sur place, elles n'ont été que momentanément troublées. » Ces objections de M. Vulpian sont plutôt dirigées contre la doctrine du *principe vital* que contre les *causes finales*. Jusqu'à quel point valent-elles dans le premier cas? nous ne l'examinons pas ; il nous suffit qu'elles n'atteignent pas le principe de finalité.

à s'appliquer, lorsque ces organes sont transplantés sur le corps d'un autre animal : c'est ce qu'on appelle *la greffe animale*. Mais fallait-il donc que Dieu prît des précautions pour le cas où il plairait à un physiologiste ingénieux de transplanter la queue d'un rat sous la peau d'un autre ?

L'existence des monstres paraît un des plus graves démentis donnés par la nature à la théorie des causes finales. Ces êtres construits d'une manière extravagante, en opposition avec leur but, et qui sont ou impropres à vivre, ou appelés à la vie la plus incomplète, la plus anormale, la plus opposée à l'essence de leur espèce, ne semblent-ils pas le produit d'une nature aveugle, qui agit au hasard, et pour qui le désordre est aussi naturel que l'ordre ? Ces êtres d'une structure si peu raisonnable, ne sont-ils pas cependant, tout comme les êtres réguliers, rangés en classes, en genres, en espèces, formant une sorte d'ordre tératologique à côté de l'ordre normal, et au même titre ? Ne semble-t-il pas, comme le disait Empédocle, que la nature avait fait toutes sortes d'êtres, « des bœufs à tête humaine, et des hommes à tête de bœufs, βουγενῆ ἀνδρόπρωρα, ἀνδροφύη βούκρανα, » et que les êtres seuls qui aient subsisté, ce sont ceux qui se sont trouvés capables de vivre ?

Quelque frappantes et saisissantes que soient pour l'imagination les naissances monstrueuses, nous ne croyons pas qu'il y ait là un fait d'une autre nature que le sont toutes les déviations accidentelles que peuvent produire les causes extérieures dans leur conflit avec les lois vitales. Etant donné que les êtres organisés sont appelés à vivre dans un milieu constitué par des agents purement physiques, on ne peut exiger que ces agents physiques suspendent à chaque instant l'action des lois qui les régissent pour se prêter à l'intérêt particulier de chaque moment des êtres organisés de l'univers. Ce serait demander qu'il n'y eût point de lois de la nature; et aucune théorie de finalité n'est engagée à cela. Cela posé, tout s'en suit; et les difformités congéniales ne sont pas plus extraordinaires que les difformités acquises. Personne ne s'étonne qu'un homme en tombant se casse la jambe; et que cette jambe mal remise devenant plus courte que l'autre, cet homme soit boiteux. Pourquoi n'en serait-il pas de même dans le sein maternel? Pourquoi telle action physique ou physiologique inconnue ne produirait-elle pas accidentellement des désordres innés, par exemple, telle interversion des parties, telle suppression d'organes qui rendront la vie impossible ou incomplète. Le phénomène ne nous paraît extraordinaire que parce que l'être ne commence à vivre pour nous qu'après l'éclosion : mais il vivait déjà auparavant; et il pouvait être dès lors infirme ou malade avant sa naissance. Si un enfant, à peine né, peut avoir des convulsions, pourquoi n'en aurait-il pas avant de naître? et s'il peut naître mort, pourquoi ne naîtrait-il pas malade ou difforme? A ce titre, les monstres n'offrent pas une objection de plus contre les causes finales que toutes les autres anomalies que nous avons discutées. Toutes se résolvent par un principe général, à savoir que : la finalité n'est qu'une moyenne ou un compromis entre l'intérêt propre de chaque être vivant, et les conditions générales de stabilité qu'exige la conservation de l'univers.

Quant à la prétendue parité qui existerait entre les monstres et les êtres normaux, comme si la nature jetait au hasard les uns et les autres sur la surface du globe, elle a déjà été réfutée plus haut, et elle est contredite par tous les faits. Les monstres en effet sont d'une rareté qui ne s'expliquerait pas dans l'hypothèse d'une nature absolument désintéressée entre l'ordre et le désordre. D'ailleurs l'égalité même des cas, si elle avait lieu, serait inexplicable : car dans le domaine du hasard, c'est l'ordre qui doit être un accident et une rareté, et le désordre la loi. Ce qui prouve que la production des monstruosités tient en grande partie à l'action du milieu, ce sont les moyens mêmes employés pour les faire naître artificiellement. Pour obtenir des anomalies, et souvent des monstruosités, dit le savant tératologiste, M. Camille Dareste, on peut employer quatre procédés : « la position verticale des œufs, la diminution de la porosité de la coquille par des enduits plus ou moins imperméables à l'air, le contact de l'œuf avec une source de chaleur dans un point voisin de la cératricule, mais ne coïncidant pas avec elle, enfin l'emploi de températures un peu inférieures ou supérieures à celle de l'incubation normale [1]. » A l'aide des deux premiers procédés, l'évolution est souvent modifiée, elle l'est

---

1. *Mémoire sur la tératologie expérimentale*, c. I.

toujours. » On voit par là combien peu de chose suffit pour troubler l'évolution régulière du germe, et combien il faut que la force organisatrice et conservatrice l'emporte sur la force contraire, pour triompher dans la plupart des cas de tant de causes perturbatrices.

Enfin, quant aux classifications tératologiques, qui semblent établir un certain ordre dans le règne du désordre, elles ne prouvent nullement que les monstres existent au même titre que les êtres normaux, et qu'ils pourraient être considérés comme formant un monde coordonné à celui-là. Ils ne sont en réalité que des individus déviés, et non un règne à part; et s'ils donnent lieu à des classifications, c'est encore l'état normal qui sert ici de critérium et de type : car c'est en partant des organes normaux de l'espèce et de leur situation naturelle que l'on arrive à classer toutes les espèces de désordres qui peuvent se produire.

On demandera s'il y a quelque chose que l'on peut appeler rigoureusement l'*état normal*, s'il y a une classe qui embrasserait les êtres nés viables, et que l'on appellerait naturelle, et une autre classe qui serait contre nature et qui embrasserait les monstres. Aristote a dit avec raison que « les monstres ne sont pas contre la nature en général, mais contre celle qui a lieu le plus souvent. » Montaigne exprime la même idée en termes magnifiques : « Ce que nous appelons monstres ne le sont point à Dieu... De sa toute sagesse, il ne part rien que de bon et de réglé ; mais nous n'en voyons pas l'assortiment et la relation... Nous appelons contre-nature ce qui advient contre la coutume : rien n'est que selon elle, quel qu'il soit [1]. » Ce n'est donc qu'en apparence que les monstres sont contraires à la nature ; et rien n'existe qui ne soit naturel rigoureusement parlant.

L'examen approfondi de cette difficulté nouvelle nous éloignerait beaucoup de notre sujet, et nous entraînerait à des recherches qui nous paraissent inutiles : en effet, nous touchons ici à la grande question du moyen âge, qui est aussi la grande question de la philosophie zoologique contemporaine, à savoir la réalité des genres et des espèces. Y a-t-il réellement des types absolus qui constituent pour chaque espèce ce que l'on peut appeler la nature, et en dehors desquels tout ce qui se produirait pourrait s'appeler contre nature ? ou bien n'y a-t-il que des groupes plus ou moins stables de phénomènes, dont aucun en particulier ne peut être appelé plus naturel que tout autre, puisque tout ce qui est, est dans la nature ? la seule différence serait que les uns se produisent plus fréquemment

---

[1]. *Essais*, l. II, c. 30. Le savant tératologiste, M. Camille Dareste, nous écrit dans le même sens : « En réalité, *il n'y a pas de monstres*. C'est ce qui résulte pour moi de tous les travaux des tératologistes, et particulièrement des deux Geoffroy Saint-Hilaire, puis de toutes les études que j'ai faites moi-même. J'ai vu se former presque tous les types monstrueux décrits par la tératologie, et je ne puis voir dans la monstruosité autre chose qu'une modification du développement, le plus souvent un arrêt, provoqué par une cause accidentelle. Dans ces conditions nouvelles, le développement continue, tant que l'anomalie est compatible avec la vie ; quand il arrive une époque, où elle cesse d'être compatible avec la vie, le monstre meurt, mais seulement pour cette cause. » Ces vues sont très-belles, et nous paraissent parfaitement solides. Nous nous permettrons seulement de demander : Que faudrait-il donc pour qu'il y eût des monstres ? Et quelle idée pourrait-on se faire de la monstruosité autre que celle d'une anomalie généralement incompatible avec la vie ?

et ont une plus grande vitalité; les autres plus rarement, et sont plus facilement dissolubles, c'est-à-dire sujets à périr : mais il n'y aurait point de séparation absolue entre les uns les et autres.

Nous n'avons pas à nous engager dans ce débat. Ce que nous appelons la nature, en parlant des êtres vivants, ce qui constitue pour nous l'état normal ou l'état naturel, c'est la *moyenne* des phénomènes qui tendent à la plus grande conservation de l'espèce et de l'individu. Tout ce qui s'éloignera peu de cette moyenne, en deçà ou au delà, sera considéré comme conforme à la nature : tout ce qui s'en écarte beaucoup sera dit contraire non pas à la nature en général, puisque rien ne peut arriver contrairement à ses lois, mais à la nature de telle espèce vivante, qui, pour subsister, a besoin d'un certain ensemble de conditions. Tout ce qui sort de ces conditions est à certain degré monstrueux; et c'est le nom qu'on donne, lorsque l'écart est très-grand. Ainsi, que les genres et les espèces soient des types absolus et fixes, dont les monstres sont la contradiction et l'égarement; ou que ce soient de simples moyennes, des constantes prises entre des phénomènes souples et flexibles, et que les monstres ne soient alors autre chose que des cas particuliers, des combinaisons plus rares et moins solides, peu nous importe [1]; dans les deux cas, la règle, c'est l'accord des phénomènes avec

---

[1]. Que la théorie de la finalité ne soit pas subordonnée à celle de la réalité des genres et des espèces, c'est ce qui ressort manifestement des produits de l'activité humaine, qui sont évidemment des œuvres où la finalité domine, et qui cependant ne constituent des genres et des espèces qu'artificiellement : par exemple des lits, des tables, etc.; personne, malgré Platon, ne soutiendra qu'il existe des idées absolues de ces sortes d'objets, et cependant ils impliquent évidemment des moyens et des buts.

la conservation de l'animal; dans les deux cas, la monstruosité est un accident causé par la prédominance des lois de la nature en général sur les intérêts de la nature vivante ou de la nature de tel être en particulier : la cause quelconque qui amène d'ordinaire l'accord des phénomènes n'a pas pu, dans un cas donné, produire tout son effet, et s'est trouvée limitée dans son action par l'action des causes externes ; la forme n'a pas entièrement triomphé de la matière : c'est en ce sens, que les monstres peuvent être appelés des erreurs de la nature.

Ce point éclairci, ce que nous maintenons, c'est que les formes accidentelles et dégénérées ne peuvent être considérées comme les causes primordiales des formes régulières et constantes : sans doute, les types étant donnés, dans le sens plus ou moins large attribué à ce mot, on comprend que, par suite du conflit avec les lois générales de la nature, des déviations accidentelles puissent se produire ; mais on ne comprend pas que ce soit par la reproduction multipliée de tels accidents, et par la concurrence établie entre ces jeux de la nature, que l'accord et l'uniformité des phénomènes se soient établis. L'ordre peut bien supporter par accident quelque désordre; mais le désordre ne peut être le principe de l'ordre. Encore, dans ce que nous appelons aujourd'hui des monstres, y a-il quelque reste de l'accord et de l'ordre qui président à la conservation des êtres normaux dont ils sont sortis : mais ce principe d'ordre supprimé, puisqu'il est encore dû à l'hérédité, il ne resterait que le pur conflit des forces aveugles.

Ce principe du conflit des causes finales et des causes efficientes a été reconnu par beaucoup de grands philosophes. Platon en avait déjà conscience, lorsqu'il faisait concourir deux sortes de causes dans la création, d'une part l'idée du bien, principe d'ordre, d'harmonie et de sagesse, et de l'autre les *causes nécessaires*, conditions de la production des phénomènes[1] ; Aristote expliquait le mal de la même manière, Leibniz approuve aussi cette doctrine. Il reconnaît une sorte de nécessité idéale qui réside dans la matière et qui est la cause du désordre et de ce que nous appelons le mal. A la vérité, dans la pensée de Platon et d'Aristote, cette opinion impliquait un véritable dualisme et une puissance aveugle faisant contre-poids et obstacle à la puissance divine. Mais cela peut s'entendre aussi dans un bon sens, même sans admettre une matière éternelle. C'est la nécessité inhérente à la création même, et aux causes subordonnées, qui ne se plient que dans une certaine mesure à la réalisation d'un dessein. Même si l'on admet l'unité absolue de la cause suprême, cette cause ne pourrait réaliser ses desseins qu'au moyen de lois ou de propriétés de la nature ; et de ces propriétés naturelles pourrait toujours sortir accidentellement quelque effet nuisible comme conséquence nécessaire.

En outre, la rencontre et la complication des fins, et leur subordination nécessaire peut amener aussi accidentellement des effets en apparence nuisibles, et qui ne sont, comme on dit,

---

[1]. *Timée*, 29, 30, 48. Voir à l'*Appendice*, Dissert. VII : *Les causes finales dans Platon*.

que la condition du bien. Les stoïciens avaient bien vu l'origine de tels désordres, qui ne sont que *consécutifs*, et non *essentiels* : ils les appelaient τὰ κατὰ παρακολούθησιν, *per sequelas*; Chrysippe en donnait un exemple ingénieux : « L'utilité générale du corps, disait-il, a voulu que la tête fût composée d'os très-légers et très-fins; mais par là même la tête s'est trouvée faiblement protégée, et exposée aux coups. » De même la membrane des yeux, pour être transparente, devait être très-légère, et par là même facile à crever. Mais il suffisait à la nature d'aller aux précautions les plus générales.

A ceux qui disent que la nature ayant pris certaines précautions, elle aurait dû encore en prendre davantage, je répondrai : jusqu'où poussera-t-on ce raisonnement ? Faudrait-il donc que la nature ait pris tant de précautions que la machine organisée ne fût pas sujette à la mort, et ne pérît jamais? Mais de quel droit exigerait-on qu'un être organisé durât éternellement ? Et pourquoi n'entrerait-il pas dans le plan d'un être sage que les uns cédassent la place aux autres ? cela étant, il suffit qu'il y ait assez de précautions pour garantir la persistance générale de la vie dans l'univers, sans qu'il fût nécessaire de garantir chaque individu contre tous les accidents possibles qui naissent de la rencontre des causes.

On nous dit : vous ne voyez qu'un côté des choses, qu'un revers de la médaille. Vous voyez la nature bienfaisante; vous refusez de voir la nature malfaisante et contraire; enfin, vous expliquez le bien, mais vous n'expliquez pas le mal. A quoi nous pouvons répondre à notre tour aux adversaires des causes finales : vous expliquez le mal, mais vous n'expliquez pas le bien. Il y aurait donc au moins parité de part et d'autre. Mais si l'on veut bien considérer les choses avec impartialité, on verra que cette parité n'existe pas.

En effet, celui qui admet à la fois les causes finales et les causes efficientes a plus de chances d'expliquer les choses que celui qui n'admet que les causes efficientes sans les causes finales. L'idée de *but* ne contredit nullement l'idée d'*effet* et de *résultat* : il peut très bien y avoir dans la nature à la fois des buts et des résultats; il n'est pas même nécessaire que tout résultat soit un but ni même un moyen ; il peut être tout simplement une conséquence inévitable de l'emploi de certains moyens relativement à certains buts. Finalité et nécessité ne s'excluent pas; l'ordre des choses peut être à la fois un ordre intentionnel et un ordre logique, sans qu'il soit possible de dire d'une manière absolue lequel de ces ordres est subordonné à l'autre ; et nous ne sommes nullement tenus de les concilier dans le dernier détail ; ce qui exigerait la science absolue. Il nous suffit de concevoir à priori une explication du mal qui n'exclut nullement la prévoyance qui a produit le bien.

La situation est-elle aussi favorable à ceux qui se contentent d'affirmer les causes efficientes et qui nient les causes finales ? Non, sans doute; car ils sont obligés de prétendre que le conflit des causes efficientes suffit pour produire une apparente coordination à une fin ; or c'est ce que nous ne voyons jamais par l'expérience. Jamais nous ne voyons les causes efficientes abandonnées à elles-mêmes, et livrées au libre jeu d'un aveugle tâtonnement, produire quelque effet semblable à un but prévu : jamais nous ne les voyons coordonner leurs actions par rapport à un effet futur déterminé. C'est donc tout à fait arbitrairement que nous prêtons à l'aveugle nécessité le pouvoir d'atteindre le *mieux*. Notre esprit ne conçoit pas comment des vents déchaînés, des flots en courroux, un volcan en éruption, comment un tel conflit des forces naturelles produirait un effet raisonnable. C'est cependant ce qu'il nous faut supposer dans l'hypothèse d'un mécanisme aveugle, à moins toutefois de prêter à la nature une certaine intentionnalité instinctive et aveugle, ce qui serait déjà reconnaître à quelque degré l'hypothèse des causes finales.

Le mal n'est donc, comme toutes les imperfections que nous avons signalées plus haut, que la conséquence accidentelle du conflit des causes efficientes et des causes finales, et du conflit des causes finales entre elles. Ces imperfections ont donné occasion à certains philosophes de supposer que Dieu n'a pas mis directement la main à l'œuvre en créant l'univers, mais qu'il en a chargé quelque intermédiaire, qui étant lui-même une créature imparfaite, a dû commettre des erreurs, et se tromper souvent. C'est ainsi que Platon dans le *Timée* nous montre Dieu appelant les dieux à travailler en sous-ordre, et leur donnant le plan général de son œuvre, qu'ils sont chargés ensuite d'exécuter. De même Cudworth, philosophe platonicien, imagine une certaine *nature plastique*, qui instinctivement et à l'aveugle produit et organise l'univers, d'après l'ordre de Dieu, et qui est seule responsable des désordres et des lacunes de l'œuvre. Cette singulière théorie qui semble appliquer au gouvernement divin les principes du gouvernement parlementaire, qui invente des ministres responsables, pour couvrir un souverain infaillible et impeccable, est évidemment un palliatif insuffisant : car Dieu serait tout aussi répréhensible de s'être choisi des ministres insuffisants que s'il eût lui-même commis les fautes qu'on leur reproche ; et si ces fautes eussent pu être évitées en mettant lui-même la main à l'œuvre, on ne voit pas pourquoi il ne l'a pas fait. Il y a quelque chose de peu généreux à jeter sur les subalternes les fautes des grands, et à disculper le souverain aux dépens des ministres : c'est là une combinaison qui peut être sage au point de vue politique, dans le gouvernement de l'État, et que tout le monde sait n'être qu'une convention ; mais pour le gouvernement de la providence, il n'en est pas de même ; et comme elle est la seule cause absolue, c'est d'elle que dérive toute action, et c'est à elle que remonte toute responsabilité.

Il n'y a pas d'autre issue au problème du mal que celle que nous indiquons : c'est que, quel que soit le monde que Dieu crée, le monde se composera toujours de substances et de causes ayant une certaine nature déterminée, qui ne pourront par conséquent entrer que dans une combinaison donnée : or, cette combinaison, quelle qu'elle soit, en vertu des nécessités mêmes impliquées dans la nature des choses, contiendra forcément des lacunes et des désordres analogues à ce que nous observons dans notre monde. Tant qu'il y aura des êtres dans le temps et dans l'espace, qui seront distincts les uns des autres, limités les uns par les autres, ils seront nécessairement subordonnés les uns aux autres : les uns serviront aux autres de conditions et de limites; nul ne pourra être considéré séparément comme un tout; il devra toujours compter avec les autres, et tous avec le tout. De là des rapports à l'infini qu'il est impossible à aucune intelligence finie de suivre dans tous leurs détails : de là des anomalies apparentes ou réelles, exigées par les conditions générales du tout ; de là l'impuissance pour chaque chose en particulier d'atteindre à toute la perfection idéale dont elle est susceptible. De là vient enfin que l'idée de perfection est incompatible avec l'idée de chose finie : car une chose finie n'est telle que parce qu'elle a besoin d'autres choses pour exister : elle est donc conditionnée par ces choses, et, tout en s'en servant, elle en dépend: car ces choses ayant elles-mêmes leur nature propre, et leur fin particulière, ne peuvent être absolument sacrifiées à des fins même supérieures : c'est ainsi que les maîtres profitent des services de leurs domestiques, mais doivent supporter leurs défauts et leur laisser une part de personnalité : car l'expérience nous apprend que celui qui veut trop n'obtient pas assez. Le travail libre produit plus que le travail esclave : de même dans l'univers, il y aura une plus grande somme de travail effectué, si chaque être sait se limiter, et accepte ces limites, que si les êtres supérieurs eussent obtenu que tout le reste leur fût sacrifié : ce qui du reste n'a aucun sens : car tant qu'il y aura des conditions, ces conditions seront une limite et par conséquent une cause d'imperfection.

C'est là ce qu'on peut appeler avec Leibniz, la *matière* ou *nécessité*, inhérente à l'essence de la chose finie, et c'est là qu'il faut placer avec lui la cause du mal. De là cette profonde conception suivant laquelle le monde n'aurait été pour le créateur qu'un problème de *maxima* et de *minima* : trouver la plus grande somme possible de bien produit, avec la moindre perte possible : problème analogue à celui du mécanicien qui s'efforce en construisant une machine d'obtenir la plus grande somme de travail utile avec la moindre somme de travail perdu; mais il y aura toujours une partie du travail employé pour le mouvement de la machine elle-même; et par conséquent le mouvement perpétuel est impossible : de même dans l'univers, il y aura toujours une part d'action ou de bien qui se perdra par le conflit et le frottement des choses les unes sur les autres : par conséquent le bien absolu n'est pas possible. Ce qui est possible de part et d'autre, c'est un *maximum* ou un *optimum*; or pour savoir si cet optimum a été réellement obtenu, il faudrait d'une part connaître le calcul intégral divin, et les théorèmes en vertu desquels l'opération a été faite, et de l'autre les données et la condition de l'opération elle-même : or l'un et l'autre sont d'une impossibilité absolue.

C'est d'ailleurs nous avancer beaucoup plus qu'il n'est nécessaire ici sur le terrain de la théodicée. Notre problème ne s'étendait pas jusque-là ; et notre méthode même devait nous interdire ces téméraires excursions. Nous n'avons encore rien à affirmer sur la cause première de la finalité naturelle, et l'existence seule de cette finalité était jusqu'ici notre objet d'études. Nous n'avions d'autre but dans ce chapitre que de donner l'explication des démentis que dans certains cas l'expérience paraît donner à la théorie des causes finales, sans être engagé à justifier la cause première de ces apparents démentis. Il suffit à notre point de vue que les exceptions signalées n'aient rien d'inexplicable; quant à la justification de la Providence, elle appartient à un autre domaine.

CHAPITRE VII

LA DOCTRINE DE L'ÉVOLUTION.

La philosophie mécanique, que nous avons examinée dans un chapitre précédent sous sa forme abstraite et générale, a trouvé dans une théorie récente un nouveau regain de faveur, et a pu croire qu'elle avait enfin rencontré le moyen d'éluder les accablantes difficultés qui de tout temps ont pesé sur elle. C'est là, comme le dit Platon dans la République, « une nouvelle vague » qui s'élève contre nous, et que nous devons encore une fois repousser, si nous voulons que les résultats précédents, si laborieusement édifiés, restent définitivement établis.

Cette théorie nouvelle est la doctrine anglaise dite « de l'évolution », théorie dont le point culminant est le darwinisme. En quoi consiste cette doctrine ? La voici en deux mots : c'est qu'aucune chose de la nature ne se produit tout d'abord d'une manière complète ou achevée; rien ne commence par l'état adulte; tout au contraire commence par l'état naissant ou rudimentaire, et passe par une succession de degrés, par une infinité de phénomènes infiniment petits, jusqu'à ce qu'il apparaisse enfin sous sa forme précise et déterminée, qui elle-même à son tour se dissout de la même manière, par une régression de phénomènes analogue au progrès qui l'a amenée : c'est ce qu'on appelle la loi d'*intégration* et de *dissolution*. L'univers dans son ensemble, aussi bien que dans toutes ses parties, est soumis à cette loi; et en particulier l'origine et le développement des êtres vivants, et la succession des espèces organiques s'expliquent de la même manière. Empruntée d'abord à la physiologie, cette théorie a été peu à peu appliquée à la géologie, à l'astronomie, à la zoologie, à l'histoire, à la politique. Partout, au lieu d'apparitions brusques, on a vu des progrès insensibles, des développements lents et continus. Grâce à ce travail secret et incessant de la nature, en vertu duquel chaque chose finit toujours par s'accommoder à son milieu, on a cru pouvoir rendre compte des appropriations et adaptations que les partisans des causes finales avaient toujours opposées comme une barrière infranchissable aux entreprises de la philosophie mécanique. L'examen de cette doctrine s'impose donc ici à nous impérieusement, au moins dans son rapport avec la question qui nous occupe : car l'étudier et la discuter en elle-même serait sortir de la sphère de notre sujet. Nous nous contenterons d'examiner les deux questions suivantes : 1° la théorie de l'évolution exclut-elle les causes finales et les rend-elles *impossibles?* 2º cette théorie dispense-t-elle des causes finales, et les rend-elles *inutiles?* Si nous réussissons à établir que la doctrine évolutionniste ne rend les causes finales, ni impossibles ni inutiles, nous aurons suffisamment prouvé ce qui nous intéresse; et nous n'aurons pas à chercher si cette doctrine est vraie ou fausse en elle-même.

Que la doctrine de l'évolution n'exclue pas la doctrine des causes finales, c'est ce qui résulte manifestement des faits mêmes que nous présente l'esprit humain. Dans l'humanité, en effet, on ne peut nier l'existence de la cause finale et cependant elle s'y concilie parfaitement avec la loi d'évolution. Toute espèce de projet, de plan, de combinaison pour l'avenir suppose la cause finale, et cependant ne peut s'exécuter que par degrés. Un négociant qui entreprend une grande affaire, se représente un but qui ne sera atteint peut-être que dans plusieurs années : cependant pour parvenir à ce but, il doit passer par mille démarches intermédiaires, et, partant du point où il est, ajouter jour par jour, et en quelque sorte pièce à pièce, chacune des opérations dont se doit composer l'opération totale. Ainsi d'un auteur qui compose un livre, d'un grand capitaine qui fait un plan de bataille. C'est même l'impatience causée par ces intermédiaires nécessaires, qui explique le plaisir des contes de fées, où nous voyons par le *fiat* d'un enchanteur, se produire subitement la chose désirée. Mais c'est ce qui n'arrive que dans les contes de fées ; dans la vie réelle, c'est la gradation, l'évolution qui est la loi ; et cependant cette évolution conduit au but.

L'industrie humaine, aussi bien que l'industrie de la nature, ne procède que par degrés, et par une loi d'évolution. Voyez, pourrait-on dire, cette feuille de papier qui paraît si propre à écrire et qui semble avoir été préparée pour cet usage. Eh bien! il suffit que quelques vieux chiffons se trouvent réunis ensemble par quelques circonstances heureuses, et rencontrent un liquide qui les imbibe et qui les lave, des forces extérieures qui les déchirent et les broient de manière à en faire une bouillie : il suffit que, par la suite des temps et d'heureuses rencontres, cette bouillie devenue tout à fait liquide soit mise en rapport avec une machine (dont l'origine pourra être expliquée plus tard de la même façon) : passant sous certains laminoirs, et par une succession continue de degrés de température, s'échauffant et se séchant progressivement, elle finit par devenir une pâte qui à la fin est précisément ce que nous appelons du papier. N'est-il pas évident qu'il y a là une évolution de phénomènes qui depuis l'état brut de la matière première jusqu'à l'état final de l'objet fabriqué, ne laisse aucun vide, aucune rupture? et quiconque ne verrait pas la main de l'homme intervenant à chacune de ces opérations, ou à l'origine de toutes, ne pourrait-il pas croire avoir éliminé toute finalité, parce qu'il pourrait décrire avec la dernière rigueur tous les moments de l'opération, et le passage insensible de chacun de ces degrés dans l'autre? Et cependant nous savons bien que dans ce cas toute la filière des phénomènes a été préparée et dirigée pour atteindre le but final : et si l'on objecte que la main de l'homme est obligée d'intervenir à plusieurs reprises et qu'il n'y a par conséquent pas une parfaite évolution, nous répondrons qu'au moins la dernière opération se développe toute seule, et que sauf l'impulsion initiale (qu'il faut toujours supposer dans la nature aussi bien que dans les machines), tout se fait par degrés. Quiconque, en effet, a vu une machine à papier, sait que la pâte liquide qui passe sous le premier laminoir, sort à la fin, en papier propre à l'impression, sans que, dans l'intervalle, aucune autre action que celle de la machine soit intervenue. D'ailleurs, notre industrie étant très-imparfaite, il est très-vrai que nous sommes obligés d'accomplir plusieurs actes différents d'intervention personnelle avant que le mécanisme se développe spontanément. Mais plus notre industrie devient habile et savante, plus grand est le nombre de phénomènes que nous pouvons combiner avec un moindre nombre d'actes préparatoires, de telle sorte qu'en portant par la pensée la sagesse et la puissance à l'infini, il est facile de concevoir qu'un seul acte préparatoire, une seule intervention initiale suffise à une combinaison infinie. Dans ce cas, par conséquent, comme dans celui de l'industrie humaine, les phénomènes se développeront régulièrement, conformément à leurs lois, sans qu'aucun d'eux en particulier suppose aucune action miraculeuse; et cependant le tout présentera une combinaison savante d'où l'on pourra conclure que le premier coup a été donné par une main industrieuse.

Non-seulement l'idée d'évolution n'exclut pas l'idée de causes finales ; mais il semble même au contraire qu'elle l'implique naturellement. Évolution n'est autre chose que développement ; or, qui dit développement semble bien dire une substance qui tend vers un but. Le type de ce phénomène, c'est la semence des êtres organisés, c'est le gland qui devient chêne : or, qui le pousse à ce changement, sinon une force secrète qui tend à réaliser ce qui est en puissance dans le gland, c'est-à-dire l'essence du chêne ? Sans une telle force, pourquoi le gland ne resterait-il pas gland ? c'est donc pour devenir chêne qu'il se modifie. C'est ainsi que, pour Aristote, la cause formelle était identique à la cause finale. Pour peu qu'on admette qu'un être a une tendance vers le futur, aspire à quelque chose, on admet par là même quelque finalité.

D'ailleurs l'histoire est là pour nous apprendre que la théorie évolutionniste n'est nullement inconciliable avec le principe des causes finales. Ce serait en effet une grande erreur de considérer la doctrine de l'évolution comme une doctrine d'invention récente, et qui serait due exclusivement à la philosophie anglaise. Cette doctrine a eu pour véritable fondateur Leibniz. C'est lui qui, par la *loi de continuité*, par sa théorie des *perceptions insensibles*, par son *principe des infiniment petits*, a le premier constitué cette théorie d'une manière savante et profonde. C'est lui qui a dit : « Le présent est gros du futur. » Or, il n'a jamais séparé sa théorie de l'évolution et du progrès de la théorie des causes finales. Pour lui, le principe du développement des monades, et par conséquent de l'univers est ce qu'il appelle l'*appetitus* ou tendance à passer d'un état à un autre, tout changement interne des substances étant gouverné par le principe de fin, tandis que les changements externes sont seuls produits par les causes externes et mécaniques.

Avant la dernière forme qu'a prise dans l'école anglaise la doctrine de l'évolution, on n'avait pas coutume de l'opposer à la finalité, mais au mécanisme. L'une était la théorie du développement *interne*, l'autre la théorie des combinaisons *externes*, opérées par le rapprochement ou la séparation des parties : c'était l'hylozoïsme en opposition au mécanisme géométrique qui exclut toute vie de la nature. C'est ainsi que l'évolutionisme de Leibniz s'opposait au mécanisme de Descartes et de Spinosa, ou encore l'évolutionisme de Schelling et de Hegel au mécanisme athée du xviiie siècle. Or, dans toutes ces doctrines évolutionnistes, c'était la cause finale qui dominait, et qui même les caractérisait.

Il n'y a donc pas de contradiction implicite, *ipso facto*, entre l'évolution et la cause finale. Il s'agit seulement de savoir comment on entendra l'évolution. L'entend-on comme un simple développement des forces mécaniques? Mais on revient par là à la vieille doctrine des combinaisons fortuites, conséquence inévitable du mécanisme pur. Entend-on l'évolution dans le sens du développement intrinsèque de l'essence? Mais par là même on revient à la cause finale : car l'essence étant la loi du développement de l'être, en est par là même le but, puisque chacun des moments de ce développement n'est qu'un degré pour arriver à la réalisation complète de l'essence, qui ne sert de ressort moteur, qu'autant qu'elle est en même temps le terme de l'action.

Que si maintenant (sans rechercher si ce développement est interne ou externe, mécanique ou dynamique), nous considérons seulement dans l'évolution le point de vue *génétique*, c'est-à-dire celui qui nous montre les choses dans leur naissance, dans leur progrès et leur accroissement, et qui les fait se produire peu à peu devant nous, au lieu de les considérer comme toutes faites, qui en un mot, selon l'expression de Leibniz, nous en fait voir la *possibilité* — dans ce sens la théorie de l'évolution pourra bien être contraire, en géologie et en zoologie, à ce que l'on appelle les *créations spéciales* ou *locales*; mais elle n'a rien qui dépose contre une cause intelligente de l'univers, et surtout, toute question relative à la cause première mise à part, contre l'existence de la finalité dans la nature. Par exemple, lorsque M. Herbert Spencer croit combattre la doctrine des causes finales et de l'intelligence créatrice en combattant la doctrine des créations spéciales [1], il mêle des questions bien différentes. Les créations spéciales sont une manière de se représenter l'action créatrice ; l'évolution en est une autre. L'histoire de la phi-

---

1. Biologie, part. III, c. II. M. Spencer combat surtout la doctrine des causes finales par l'objection du mal : voir sur ce point notre chapitre précédent.

losophie est là pour nous apprendre que le problème, dans sa généralité et dans toute sa profondeur, n'a pas été posé par le darwinisme. Il l'a été au xvii° siècle avec l'intelligence la plus profonde des conditions du problème, et par Descartes, et par Leibniz. Sans doute, à cette époque, l'esprit n'osait pas se porter sur le problème scabreux de l'origine de l'homme et de l'origine de la vie; mais dans le fond, lorsque Descartes imaginait la formation du monde par des tourbillons, il est évident qu'il ne se le représentait pas comme ayant été créé immédiatement tel qu'il est; et c'est ce qu'il dit en termes exprès dans cet admirable passage du *Discours de la méthode*. « Toutefois je
« ne voulais pas inférer de toutes ces choses que ce monde ait
« été créé en la façon que je proposais, car il est bien plus vrai-
« semblable que dès le commencement Dieu l'a rendu tel qu'il
« devait être. Mais il est certain, et c'est une opinion com-
« munément reçue entre les théologiens, que l'action par
« laquelle maintenant il le conserve est toute la même que
« celle par laquelle il a créé; de façon qu'*encore qu'il ne*
« *lui aurait point donné au commencement d'autre forme que*
« *celle du chaos, pourvu qu'ayant établi les lois de la nature,*
« *il lui prêtât son concours* pour agir ainsi qu'elle a de cou-
« tume, on peut croire sans faire tort au miracle de la
« création, que par cela seul toutes les choses qui sont pu-
« rement matérielles auraient pu *avec le temps* s'y rendre
« telles que nous les voyons à présent; et leur nature est
« bien plus aisée à concevoir *lorsqu'on les voit naître peu à*

« peu en cette sorte que lorsqu'on les considère toutes faites [1]. »

Il est évident que Descartes pose ici le principe de la doctrine évolutionniste. Supprimait-il pour cela une cause intelligente de l'univers? Non, sans doute; et quoique Pascal lui ait reproché d'avoir réduit l'action de Dieu à « une chiquenaude, » cette accusation ne porte pas, puisqu'il admettait que création et conservation sont une même chose, et que l'acte par lequel il crée l'univers est aussi celui par lequel il le soutient. Dira-t-on que précisément Descartes excluait les causes finales de la physique? Mais on peut répondre que c'est plus en apparence qu'en réalité; car lorsqu'il déclare qu'il a cherché les lois de la nature, sans s'appuyer sur d'autre principe que les « perfections infinies de Dieu, » n'était-ce pas revenir de fait au principe des fins, la perfection étant la fin suprême?

Mais c'est surtout entre Leibniz et Clarke qu'a été débattue la question philosophique, dont les créations spéciales ne sont qu'un cas particulier. Encore une fois, personne au XVIIe siècle n'eût osé porter la question sur l'origine des êtres vivants, tant le surnaturalisme s'imposait avec autorité dans ce domaine; mais sans porter sur telle question en particulier, le débat n'en était pas moins soulevé dans sa généralité.

---

1. *Discours de la méthode.* « Dieu a si merveilleusement établi ces lois, dit-il ailleurs, qu'encore que nous supposions qu'il ne crée rien de plus que ce que j'ai dit (la matière et le mouvement), et même qu'il ne mette en ceci aucun ordre ni proportion, mais qu'il en compose un chaos le plus confus et le plus embrouillé que les poëtes puissent décrire, *elles sont suffisantes pour faire que les parties de ce chaos se démêlent d'elles-mêmes*, et se disposent en si bon ordre qu'elles auront la forme d'un monde très-parfait. » (*Le monde*, ch. VI; éd. Cousin, tom. IV, p. 249.)

Leibniz maintenait en effet dans toute sa philosophie, que la plus haute idée que l'on peut se faire du créateur, c'est de le supposer créant un monde capable de se développer par ses propres lois, et non pas de l'y faire intervenir sans cesse par des miracles. A la vérité, la dispute de Clarke et de Leibniz portait sur une question plus particulière, celle de savoir si le monde a besoin d'être remonté, redressé de temps en temps. On sait que suivant Newton les lois actuelles ne garantissaient pas la durée de notre monde, et qu'il fallait que Dieu intervînt de nouveau de temps en temps pour le remettre en état. Il s'agissait donc plutôt d'un redressement de l'univers que de créations spéciales et nouvelles. Cependant les principes de Leibniz peuvent s'appliquer aux deux cas. Quand il dit par exemple : « Selon mes sentiments, la *même force et vigueur subsiste toujours et passe seulement de matière en matière* suivant la loi de la nature; » lorsqu'il dit encore : « Pourquoi serait-il contraire à la raison que le mot *fiat* ayant laissé quelque chose après lui, à savoir la chose elle-même, le mot non moins admirable de *bénédiction* ait laissé aussi après lui dans les choses, pour produire leurs actes, une certaine fécondité ou une certaine vertu agissante? » dans ces divers passages, Leibniz comme Descartes tout à l'heure invoque les principes mêmes de la doctrine de l'évolution, et en écartant le *Deus ex machinâ*, il fournit les principes dont on pourra se servir à tort ou à raison contre les créations spéciales; mais par ces principes, Leibniz ne croyait et ne voulait certainement pas affaiblir la part de l'action divine dans la nature. Il croyait que Dieu avait imprimé à l'origine dans chaque créature la loi de son développement, et que l'univers n'était que la manifestation de cette loi. Enfin il croyait que cette loi n'était pas autre chose que le principe du *mieux*, en d'autres termes le principe des causes finales. Il n'y avait donc pas contradiction pour lui entre évolution et finalité.

Autre chose est donc la question des créations spéciales et locales, dans laquelle nous ne sommes nullement engagés; autre chose est la question d'une cause supérieure à la nature, la produisant et la conservant par un acte essentiellement sage; autre chose surtout, l'existence d'une loi de finalité dans la nature elle-même. Que la doctrine de l'évolution gagne du terrain sur la doctrine des créations spéciales, nous n'y contredisons point; mais la doctrine, bien plus générale, d'une finalité dans les choses n'est nullement entamée par là.

Au reste le savant et subtil défenseur de l'évolution sous sa forme la plus récente, M. H. Spencer semble reconnaître lui-même la vérité précédente lorsqu'il nous dit : « La genèse d'un atome n'est pas plus facile à concevoir que la genèse d'une planète. En vérité, loin de rendre l'univers moins mystérieux qu'auparavant, elle en fait un plus grand mystère. La création par fabrication est bien plus basse que la création par évolution. Un homme peut assembler une machine; il ne peut faire une machine qui se développe elle-même. Que notre harmonieux univers ait autrefois existé en puissance à l'état de matière diffuse, sans forme, et qu'il soit arrivé lentement à son organisation présente, cela est bien plus étonnant que ne le serait sa formation, suivant la méthode artificielle que suppose le vulgaire. Ceux qui considèrent comme légitime d'arguer des phénomènes aux noumènes, peuvent à bon droit soutenir que l'hypothèse de la nébuleuse implique une cause première aussi supérieure au dieu mécanique de Paley, que celui-ci l'est au fétiche du sauvage [1]. »

Essayons de montrer comment l'hypothèse de l'évolution peut conduire en effet à une conception de la finalité, qui ne diffère de celle qu'on se fait communément que par la grandeur.

Soit le vieil argument des causes finales appliqué à la fabrication de l'œil : comment une telle machine se serait-elle faite elle-même ? disons-nous. On répond qu'elle ne s'est point faite elle-même, mais qu'elle s'est produite graduellement en vertu des forces organisatrices qui tissent et fabriquent les matériaux des organes, muscles, nerfs, vaisseaux, et les assemblent en cœur, cerveau, poumon, estomac, etc. — Soit, mais au lieu d'une seule machine à expliquer, vous en aurez des milliers combi-

---

[1]. *Essays*, tom. I, p. 298; voir Ribot, *Psychologie anglaise*, 2ᵉ édit., p. 192. — Remarquons en passant que le Dieu de Paley n'est pas un dieu mécanique. Comme il est impossible de parler sans métaphore, il est certain que lorsque l'on compare les machines de la nature aux machines humaines, on est tenté de parler de Dieu comme d'un mécanicien : de même ailleurs on dira le divin poète, le grand géomètre, le grand législateur, le souverain juge, etc. Ce sont là des manières de s'exprimer; et si elles sont interdites, il faut renoncer à parler de ces choses.

nées ensemble, et réduites en une seule, que l'on appelle un organisme, un être vivant. Le problème est donc bien plus compliqué que précédemment, et il faut une cause créatrice bien plus puissante. Qui a fait cette machine complexe, composée de machines? demanderons-nous. S'est-elle faite elle-même? Non, répond-on; elle existait en vertu de la génération, c'est-à-dire d'une loi inhérente à l'espèce, et qui fait de l'espèce tout entière un seul et même être, un seul et même individu, renaissant sans cesse de ses cendres. — Soit; mais ici encore, au lieu d'avoir à expliquer un organisme, vous en aurez des milliers; au lieu d'une seule machine, vous aurez des machines de machines à l'infini, avec une force toujours nouvelle de reproduction. Ne faut-il pas pour créer ces machines de machines une puissance et un art bien plus grands que pour en créer une seule isolément? Je demande maintenant : d'où vient cet organisme général, cette série de machines homogènes que l'on appelle une espèce? S'est-elle faite elle-même? Non, répondra-t-on; mais elle a son origine dans une loi plus haute et plus générale, la loi de transformation : chaque espèce n'est qu'une partie d'un tout infini, qui se multipliant dans le temps et dans l'espace sous mille et mille formes, donne naissance à toutes les espèces animales et végétales. — Soit encore; mais alors au lieu d'une seule lignée, vous aurez des milliards de lignées, toutes douées de vitalité, toutes douées de propriétés artistiques ou industrielles d'une richesse infinie. Le *vivant* (τὸ Ζῶον) pris dans toute sa généralité comme un seul et même être, voilà ce que vous avez maintenant devant vous au lieu de la petite machine dont nous étions partis tout à l'heure. Il ne s'agit plus d'expliquer un œil, ou une dent, mais ce vaste organisme illimité qui peuple les airs, la terre et les eaux d'êtres visibles et invisibles, tous s'agitant, se dirigeant dans tous les sens, pour se conserver et se perpétuer, monde visible et invisible, et dont la partie invisible est peut-être des milliards de fois plus riche et plus variée que celle qui est visible? Cet être s'est-il fait tout seul ? — Non, dira-t-on ; mais il n'est lui-même que le produit des lois de la matière, d'une seule loi fondamentale, si on veut, celle de la conservation de la force. — Soit, mais alors, ce qu'il faut expliquer c'est le monde tout entier qui est une machine infinie, construisant, détruisant, reproduisant des machines à l'infini. La force, quelle qu'elle soit, qui a produit ce tout par un seul et même acte, ne serait-elle pas supérieure infiniment à celle dont on n'aurait besoin que pour expliquer chacune des parties? En quoi l'acte de créer chaque chose séparément par une volonté spéciale serait-il supérieur à l'acte de tout créer à la fois par une seule volonté, toutes réserves faites d'ailleurs de la part d'intervention individuelle qu'a pu se réserver la cause créatrice et qui n'est pas de notre sujet.

N'oublions pas maintenant que, dans cette première partie de notre travail, dans ce premier livre, nous avons écarté la question de la cause première, et nous ne nous sommes engagés qu'à établir, comme une loi, l'existence de la finalité dans la nature, quelle que soit d'ailleurs la cause de cette finalité. Créations multiples et spéciales, création unique, développement spontané de la nature, instinct, volonté, intelligence, génie, loi secrète incompréhensible, identité finale de toutes choses : toutes ces hypothèses sont en dehors de nos recherches actuelles. Notre seule question jusqu'ici est celle-ci : Y a-t-il dans l'univers une tendance des phénomènes à se diriger vers un but? Quant à la cause de cette tendance, nous la rechercherons plus tard. On voit par là que l'affirmation ou la négation des créations spéciales n'a rien qui puisse intéresser notre recherche, puisque la finalité peut subsister également dans l'une ou dans l'autre hypothèse; et qu'elle subsisterait encore lors même qu'on écarterait l'idée de création, pour y substituer celle d'un développement spontané et intérieur de la nature; ou même enfin, lorsque tout en affirmant la cause finale au nombre des causes secondes, on se refuserait à toute hypothèse sur l'essence et le mode d'action de la cause première.

Il résulte de toutes ces considérations, 1° que l'exclusion des créations spéciales ne contredit pas l'hypothèse d'une création unique et générale dominée par le principe du mieux; 2° que l'exclusion même d'une création externe ne contredirait pas encore l'hypothèse d'une évolution interne dirigée par le même principe. Par conséquent, le principe de l'évolution pris en lui-même n'est pas essentiellement opposé au principe de finalité.

Mais si la théorie de l'évolution n'exclut pas la finalité, n'est-elle pas cependant un moyen de s'en passer? si elle ne rend pas les causes finales impossibles, ne les rend-elle pas inutiles? Telle est la vraie difficulté. Plus on accorde à la nature, plus l'action divine, une fois admise, paraîtra grande ; car il est plus divin de faire une grande et puissante machine que des joujoux d'enfant. Mais aussi, plus l'on accorde à la nature, plus il semble que l'on rende inutile une action divine (interne ou externe). Plus on lie les phénomènes les uns aux autres, plus la part de la contingence semble diminuer, plus par conséquent le rapport à un but paraît incertain et problématique; là où tout serait lié, et par conséquent tout expliqué, l'intervention du but semblerait surérogatoire, et ne subsisterait plus qu'à titre d'hypothèse gratuite de la raison, ou d'acte de foi, agréable à notre imagination, mais nullement nécessaire à notre raison. En un mot, la doctrine de la finalité qui ne peut être démontrée ni par l'expérimentation, ni par le calcul, paraît devoir s'imposer d'autant plus impérieusement à notre esprit qu'il y aura plus de disproportion entre les causes et les effets : et c'est cette disproportion elle-même qui suggère la conception de finalité. La science au contraire tend à établir de plus en plus la proportion des causes avec les effets, et semble par là même infirmer l'hypothèse finaliste, et la rendre de plus en plus aléatoire et subjective.

Pour marquer avec précision la difficulté, supposons un instant l'hypothèse des créations spéciales. Voici une île inconnue où nous abordons : la terre y est en travail ; les airs et les eaux y sont en mouvement ; puis ce travail s'arrête, et une espèce organisée, un cheval, un éléphant, un homme apparaît tout à coup devant nous. Les causes sont, par hypothèse, les causes physiques et chimiques : le résultat est un miracle de mécanisme. Comment comprendre un tel miracle, une telle disproportion des causes et des effets sans supposer une intervention rationnelle, et une puissance suprême qui a dirigé ces forces de la nature conformément à un plan ? Supposez au contraire que cet animal ne soit autre chose qu'une forme nouvelle donnée à un animal préexistant, en vertu d'une loi de transformation dont nous avons des exemples dans la nature, puisque c'est en vertu de cette loi que les espèces fournissent des races et des variétés ; la disproportion entre la cause et l'effet a disparu : la cause *suffit* à expliquer l'effet. Si elle suffit, pourquoi en chercherais-je une autre ? Je remonterai ainsi du second animal à un troisième, d'un troisième à un quatrième, ainsi de suite ; chacun des abîmes que nous voyons aujourd'hui étant comblé, nous trouverons toujours une cause proportionnée à l'effet, et l'hypothèse opposée ira toujours perdant de sa vraisemblance ; ne subsistant plus qu'à titre d'*hypothèse libre*, mais non d'explication nécessaire. Remontant ainsi de proche en proche jusqu'au *minimum* de vie, on ne se trouvera plus arrêté que par une difficulté expérimentale : ce minimum de vie a-t-il pu naître un jour de la matière brute ? Mais si l'expérience venait à être faite, l'action vitale s'expliquerait par des causes physiques aussi bien que l'action chimique : toutes les causes correspondraient aux effets. Si enfin nous remontons jusqu'à l'origine de notre monde, qui paraissait à Newton hors de toute proportion avec une cause physique quelconque, l'hypothèse nébulaire fera disparaître cette dernière difficulté, et donnera dans la rotation d'une seule nébuleuse primitive une cause suffisante et adéquate à l'effet produit. Sans doute, il reste toujours à expliquer la cause du tout, l'antécédent universel, comme dit Mill, mais cette cause absolue n'échappe-t-elle pas à nos prises? N'est-elle pas purement et simplement l'inconnu? Et d'ailleurs nous avons laissé jusqu'ici cette cause première en dehors de nos recherches : ce que nous poursuivions, c'était la finalité dans la nature. Or cette finalité ne paraît-elle pas fuir devant nous, à mesure que reculant le domaine des explications physiques, nous rendons, à ce qu'il semble, de plus en plus inutiles les explications d'un autre ordre? Tel est le redoutable doute que la doctrine évolutionniste peut évoquer dans l'esprit.

Cependant, en y regardant de près, on verra que la difficulté précédente est plus effrayante en apparence qu'en réalité. En effet, la disproportion des causes et des effets, bien loin d'être favorable à la finalité, en serait au contraire la négation. Qui dit moyen et but, dit précisément une cause parfaitement proportionnée à son effet. Ce qui fait le prodige de l'œil, c'est qu'il est justement et rigoureusement ce qu'il doit être pour être la cause de la vision. Là au contraire où la cause n'est pas proportionnée à l'effet, il n'y a rien qui puisse faire supposer un moyen, ni par conséquent un but. Il faut bien distinguer entre l'étonnement que produit sur nous un phénomène sans cause, ou du moins sans cause apparente, d'où naît la croyance aux miracles, et l'étonnement que nous cause au contraire la merveilleuse proportion des causes et des effets, d'où naît la croyance aux causes finales. Dans le premier cas, ce qui nous subjugue et nous domine, c'est l'idée de la puissance, dans le second, c'est l'idée de la sagesse. Supposons par exemple que nous assistions à la résurrection d'un mort, n'en apercevant pas le moyen, nous ne serons pas sollicités à supposer de but (à moins que nous n'ayons d'abord obtenu cette idée par une autre voie). Aussi la première idée que les hommes se sont faite de la divinité est celle d'un destin, qui par une volonté aveugle, crée ou renverse, produit la vie ou la mort (ἀνάγκη); et ce n'est que plus tard qu'un Anaxagore ou un Socrate voyant la proportion des causes et des effets, se sont élevés à la Providence. Il suit de là que la preuve de la cause finale suit précisément le progrès que l'on fait dans la connaissance de la cause efficiente. Si l'on ne savait comment se produit la lumière, et d'un autre côté comment l'on voit, on n'aurait qu'une notion vague et obscure de la finalité de l'organe de la vue. Il en est de même des poumons et de la respiration, du cœur et de la circulation, de la digestion et de l'estomac. Il faut donc que l'on ait déjà trouvé physiquement une cause suffisante pour être autorisé idéalement et moralement à concevoir une cause finale. Si la cause physique n'était pas suffisante, elle ne serait pas un bon moyen ; ou plutôt elle ne serait pas un moyen du tout ; et par conséquent elle n'impliquerait pas un but. Il ne faut donc pas dire que la découverte des causes physiques rend les causes finales inutiles, puisque sans ces causes physiques, la cause finale serait douteuse ou même nulle. On ne peut pas tirer contre cette espèce de cause une objection de ce qui en est précisément la condition nécessaire.

Sans doute, à parler à la rigueur, il est bien vrai que si l'on pose des causes finales, c'est que les causes efficientes ou physiques ne sont pas suffisantes : autrement on s'en contenterait. Mais en même temps, il faut qu'elles soient physiquement suffisantes, sans quoi elles ne produiraient pas leur effet et elles ne seraient pas de vrais moyens. Si je bats le fer avec un marteau, ce marteau, à parler rigoureusement, ne suffit pas tout seul à battre le fer, puisqu'il doit être dirigé ; mais physiquement parlant, il doit être suffisant à produire l'effet, sans quoi il ne le produirait pas ; de telle sorte que celui qui ne verrait que le marteau marcher, pourrait croire qu'il suffit absolument, tandis qu'il ne suffit que relativement ; mais ce serait là une profonde erreur.

La question est donc celle-ci : comment de la suffisance purement relative des agents physiques passons-nous à l'affirmation de leur insuffisance absolue. La raison fondamentale que nous avons donnée, et que la théorie de l'évolution n'ébranle pas, c'est l'accord d'un tout formé par des causes divergentes et hétérogènes avec un phénomène futur qui ne peut se produire que par la condition de cet accord. Plus l'on s'éloignera d'un groupe particulier (à savoir de tel organe, de tel organisme, de telle espèce organisée, etc.), plus l'on remontera de cause en cause, en réduisant de degré en degré le nombre des agents physiques, plus on rendra difficile à expliquer la multiplicité des accords, et la complication infinie des résultantes. Que je tire en effet d'un sac cinq lettres que je sais former un mot, ce sera déjà un grand hasard, si en les faisant tomber l'une après l'autre, j'arrive à former ce mot; à plus forte raison si en prenant au hasard dans un alphabet, je faisais un vers ou un poème. Que serait-ce donc, si j'avais fait une machine capable de produire à l'infini des poèmes et des traités de science et de philosophie ? Or cette machine est un cerveau. Que si maintenant cette machine était elle-même le produit d'une autre machine, qu'on appelle un organisme, et cet organisme le produit de cet autre organisme plus vaste encore qu'on appelle une espèce, et l'espèce le produit de cet éminent organisme qu'on appelle l'animalité, et ainsi de suite, on voit qu'à mesure qu'on simplifie les causes au point de vue physique, on augmente d'autant, au point de vue moral, l'abîme qui existait tout d'abord entre une cause physique et un effet ordonné.

Il y a donc en réalité disproportion entre la cause et l'effet. Mais cette disproportion n'est pas physique, elle est intellectuelle. La cause physique est une *possibilité* de produire l'effet, *ab actu ad posse*. Elle n'implique qu'une chose, c'est qu'il n'y a pas contradiction entre les propriétés de la matière et l'effet produit. Mais cette possibilité ne suffirait pas : il faut en outre une activité, ou *puissance* qui détermine ces propriétés de la matière à un effet précis, et circonscrive la divagation infinie de ses effets possibles dans un champ restreint par la raison. De là vient que la matière parvient à réaliser quelque chose d'intelligible, ce à quoi elle n'a aucune propension par sa nature propre [1].

Ainsi l'hypothèse de l'évolution ne donne pas en définitive une raison de plus que tout autre système mécaniste pour expliquer par des agens purement physiques l'ordre de l'univers. Elle n'explique pas mieux comment d'un chaos primitif serait sorti un système régulier. Son idéal serait de tout ramener aux lois des mouvements : mais les lois du mouvement, prises en elles-mêmes, nous l'avons vu, sont indifférentes à produire telle forme plutôt que telle autre, et ne contiennent nullement l'idée d'une formation de système [2]. La matière reste la matière, à savoir le substratum ou condi-

---

1. Cette différence entre les *conditions physiques* des phénomènes, objet propre de la science, et leurs *conditions intellectuelles*, objet de la métaphysique, est accordée par les savants : « En disant que la vie est l'idée directrice ou la force évolutive de l'être, dit Claude Bernard, nous exprimons simplement l'idée d'une unité dans la succession... Notre esprit saisit cette unité comme une conception qui s'impose à lui, et il l'explique par une force ; mais l'erreur serait de croire que cette *force métaphysique* est active à la façon d'une force physique. Cette conception ne sort pas du domaine intellectuel. Il faut donc séparer ici le monde métaphysique du monde physique phénoménal qui lui sert de base. » (*Définition de la vie*. Rev. des Deux-Mondes, 15 mai 1875.)
2. Voir plus haut, ch. VI, p. 243.

tion du développement des phénomènes ; la force reste également ce qu'elle est, la cause du mouvement. Ni dans l'un ni dans l'autre de ces deux éléments n'est contenu le principe d'un développement rationnel. Tout au moins faudrait-il y ajouter un troisième principe, à savoir l'*idée* qui servira de cause directrice : et ce sera revenir à la doctrine de la finalité.

De la théorie de l'évolution en général, passons à l'une de ses plus remarquables applications, à celle qui a le plus frappé le monde scientifique et philosophique, et qui pour beaucoup se confond avec l'évolutionnisme lui-même, à savoir la doctrine transformiste.

Il ne s'agit pas ici pour nous d'étudier le transformisme en lui-même : c'est la tâche des zoologistes ; nous n'avons à prendre parti, ni pour, ni contre dans ce débat ; et nous n'avons pas davantage à choisir entre les diverses hypothèses transformistes. La question se présente toujours pour nous sous la même forme, à savoir : le transformisme, si on le suppose établi et démontré, peut-il se passer du principe de finalité ?

On sait que le fondateur du transformisme est Lamarck[1] : c'est

---

[1]. Les pages qui suivent sur Lamarck et Darwin ont été en partie publiées pour la première fois en 1863, quatre ans après la première édition de Darwin (1859). Les idées, telles quelles, que j'émets ici n'ont donc pu être empruntées aux nombreux ouvrages publiés postérieurement sur le même sujet. — Nous désirons surtout faire remarquer, ce qui n'avait pas été bien compris dans notre première publication, quoique nous l'eussions dit en termes exprès : c'est que ce n'est pas la doctrine transformiste en elle-même que nous discutons (question où nous nous déclarons incompétent), c'est l'interprétation de cette doctrine dans le sens mécaniste, c'est-à-dire dans le sens du système des combinaisons fortuites.

donc par l'examen de son système que nous devons commencer.

Lamarck invoque trois principes pour expliquer les appropriations organiques et le développement progressif de l'animalité. Ces principes sont : *le milieu, l'habitude* et *le besoin.*

Que le milieu physique, c'est-à-dire l'ensemble des circonstances extérieures où l'animal est plongé, exerce une certaine influence sur la force et même l'apparence de ses organes, c'est un fait incontestable; mais jusqu'où peut aller cette action et cette influence? c'est ce qu'on ne sait pas encore avec précision, nous n'avons pas l'intention de nous engager dans ce débat [1]. Jusqu'ici il ne paraît pas que les actions de milieu, telles que nous pouvons les connaître et les observer, pénètrent bien profondément dans l'organisation. Ce qui semblerait le plus facile à expliquer, ce serait la coloration de la peau; et cependant on en dispute encore entre les anthropologistes. Les plus importantes de ces actions extérieures sont celles que nous obtenons par la domestication; mais avons-nous jamais créé un seul organe? Quelque grande que soit la part faite à ces agens extérieurs, et fît-on de l'animal une sorte de pâte molle, comme disait Cuvier, où trouverait-on un moule capable de produire les organes complexes et si savamment agencés que présentent les animaux supérieurs? Par exemple, certains animaux respirent par les poumons et d'autres par les branchies, et ces deux sortes d'organes sont parfaitement appro-

---

[1]. Voir sur ce point, Faivre, *La variabilité des espèces*, ch. II (Biblioth. philosoph. contempor. Paris, 1868).

priés aux deux milieux de l'air et de l'eau. Comment concevoir que ces deux milieux aient pu produire des appareils si complexes et si bien appropriés ? De tous les faits constatés par la science, en est-il un seul qui puisse justifier une extension aussi grande de l'action des milieux ? Si l'on dit que par milieu il ne faut pas seulement entendre l'élément dans lequel vit l'animal, mais toute espèce de circonstance extérieure, je demande que l'on me détermine quelle est précisément la circonstance qui a fait prendre à tel organe la forme du poumon, à tel autre la forme de branchies ; quelle est la cause précise qui a fait le cœur, cette machine hydraulique si puissante et si aisée, et dont les mouvements sont si industrieusement combinés pour recevoir le sang qui vient de tous les organes du cœur et pour le leur renvoyer ; quelle est la cause enfin qui a lié tous ces organes les uns aux autres, et a fait de l'être vivant, suivant l'expression de Cuvier, « un système clos, dont toutes les parties concourent à une action commune par une réaction réciproque ? » Que sera-ce si nous passons aux organes des sens, au plus merveilleux, l'œil de l'homme ou celui de l'aigle ? Darwin lui-même s'arrête un instant, presque effrayé de ce problème. L'esprit de système qui le soutient le fait passer outre ; mais, parmi les savants qui n'ont pas de système, en est-il un qui ose soutenir qu'il entrevoie d'une manière quelconque comment la lumière aurait pu produire par son action l'organe qui lui est approprié, ou bien, si ce n'est pas la lumière, quel est l'agent extérieur assez puissant, assez habile, assez ingénieux, assez bon géomètre, pour construire ce merveilleux appareil qui a fait dire à Newton : « Celui qui a fait l'œil a-t-il pu ne pas connaître les lois de l'optique ? »

Au reste, ce qui prouve mieux que tout raisonnement l'insuffisance du principe des milieux, c'est que les naturalistes les plus favorables à ce principe ne s'en sont pas contentés et en ont invoqué d'autres concurremment avec celui-là. Il y a même ici une remarque importante à faire : c'est que le naturaliste qui passe pour avoir attaché le plus d'importance à l'action des milieux, Lamarck, entend cette action dans un sens très-différent de celui qu'on attendrait d'après l'opinion reçue, car il attribue au milieu beaucoup plutôt une action perturbatrice qu'une action plastique.

La loi fondamentale, suivant Lamarck, c'est la complication progressive des organismes. Or ce n'est pas le milieu qui produit cette progression. Le milieu au contraire, ou cause modifiante, ne fait que la troubler : c'est lui qui amène des interruptions, des hiatus, de véritables désordres, et qui empêche la série animale de présenter cette échelle graduée et continue qu'avait défendue Bonnet, suivant ce principe célèbre : *non datur saltus in natura*. Quel est donc le vrai principe formateur de l'animalité selon Lamarck ? C'est un principe distinct du milieu, indépendant du milieu, un principe qui, abandonné à lui-même, produirait une série ininterrompue dans un ordre parfaitement gradué : c'est ce qu'il appelle le *pouvoir de la vie.* « Tout porte ici, dit-il, sur deux bases essentielles et régulatrices des faits observés et des vrais principes zoologiques, savoir : 1° sur le *pouvoir de la vie,* dont les résultats sont la composition croissante de l'organisme et par suite la progression citée; 2° sur la *cause modifiante,* dont les produits sont des interruptions, des déviations diverses et irrégulières dans le pouvoir de la vie. — Il suit de ces deux bases essentielles : d'abord qu'il existe une progression réelle dans la composition de l'organisation des animaux que la cause modifiante n'a pu empêcher, ensuite qu'il n'y a pas de progression soutenue et régulière dans la distribution des races d'animaux, parce que la cause modifiante a fait varier presque partout celle que la nature eût régulièrement formée, si cette cause modifiante n'eût pas agi [1]. »

Cette distinction entre l'action perturbatrice du milieu et son action plastique est de la plus haute importance pour la question qui nous occupe; car l'appropriation des organes aux fonctions n'étant plus l'effet du milieu, mais de la vie, le problème reste tout entier, et il s'agit toujours de savoir comment la vie, cause aveugle et inconsciente, peut accommoder toutes les parties de l'animal à leurs usages respectifs et les lier ensemble à une action commune. Dans cette doctrine, le milieu

---

[1]. Lamarck, *Histoire des animaux sans vertèbres,* t. I. — Cette distinction si importante entre le pouvoir *modifiant* et le pouvoir *plastique* ne me paraît avoir été remarquée par aucun naturaliste. Elle change cependant entièrement le sens de la philosophie de Lamarck, puisque le vrai agent devient l'agent interne, et non l'agent externe.

ne peut plus être invoqué comme cause, puisqu'il n'est qu'un obstacle, et que sans lui les formes organiques seraient encore plus régulières et plus harmonieuses qu'elles ne le sont.

Le milieu étant donc, de l'aveu même de Lamarck, un principe insuffisant pour expliquer la production des formes organiques, et par conséquent leur appropriation, ce qu'il appelle le pouvoir de la vie sera-t-il plus heureux, et par quels moyens obtiendra-t-il cet effet?

Ici Lamarck fait appel à deux nouveaux agents que nous avons déjà indiqués, l'habitude et le besoin. Il établit deux lois : la première, c'est que le besoin produit les organes; la seconde, c'est que l'habitude les développe et les fortifie.

Qu'on veuille bien remarquer la différence de ces principes et du précédent. Dans l'hypothèse du milieu, la cause modifiante est tout extérieure : rien ne vient de l'objet transformé. Il est comme une cire molle par rapport à la main qui la modèle et qui la pétrit. Ainsi en est-il de ces roches qui sous l'action des eaux se creusent et deviennent des grottes, des temples, des palais. Il est de toute évidence qu'il n'y a là nulle appropriation préméditée. En est-il de même quand vous invoquez le pouvoir de l'habitude ou du besoin? Non sans doute, car ce ne sont pas là des causes externes, mais des causes internes : quoique déterminées par les circonstances extérieures, elles agissent néanmoins du dedans; elles sont avec le milieu des causes coopératrices. Ce sont elles, et non plus les milieux, qui accommodent l'être vivant à ses conditions d'existence. Eh bien! en supposant que ces causes puissent rendre compte de toutes les appropriations organiques (ce qui est plus que douteux), je dis que l'on n'aurait encore rien gagné par là, car cette puissance d'accommodation est elle-même une appropriation merveilleuse. Ici ce n'est plus seulement, comme tout à l'heure, une cause physique modelant l'animal ou le végétal du dehors; c'est un pouvoir interne concourant avec l'action externe et s'accommodant aux besoins de l'être vivant. Eh quoi! il y a dans l'être vivant une puissance telle que si le milieu se modifie, l'être vivant se modifie également pour pouvoir vivre dans ce milieu nouveau! Il y a une puissance de s'accommoder aux circonstances du dehors, d'en tirer parti, de les appliquer à ses besoins! Comment dans une telle puissance ne verrions-nous pas une finalité! Imaginez que l'être vivant ait la nature dure et inflexible de la pierre et du métal, chaque changement de milieu deviendrait pour lui une cause de destruction et de mort; mais la nature l'a fait souple et flexible. Or dans une telle flexibilité je ne puis m'empêcher de reconnaître une pensée préservatrice de la vie dans l'univers.

On le verra mieux en examinant la chose de plus près. Il faut ici admettre deux cas : ou bien l'animal a conscience de son besoin, ou il n'en a pas conscience, car les animaux inférieurs, suivant Lamarck, sont dénués de sensibilité aussi bien que les végétaux. Dans ce second cas, Lamarck soutient que la production d'un organe a une cause toute mécanique; par exemple « un nouveau mouvement produit dans les fluides de l'animal. » Mais alors, si l'organe n'est que le résultat d'une cause mécanique, d'un mouvement de fluides, sans aucun sentiment, et par conséquent sans aucun effort, comment se trouve-t-il avoir une appropriation quelconque avec les besoins de l'animal? Comment les fluides iront-ils précisément se porter vers le point où la production d'un organe serait nécessaire? et comment produiraient-ils un organe approprié au milieu où l'animal vit? Quant à dire qu'il se produit toute espèce d'organes, les uns utiles, les autres inutiles, les autres nuisibles, et que l'animal ne subsiste que lorsque le nombre des organes utiles vient à l'emporter, n'est-ce pas tout simplement revenir à l'hypothèse d'Épicure et attribuer tout au hasard, ce que l'on voulait éviter? D'ailleurs les faits donnent-ils raison à cette hypothèse? Si les combinaisons d'organes sont fortuites, le nombre des organes inutiles ou nuisibles devrait être infiniment plus grand qu'il ne l'est (en supposant même qu'il y en ait un seul de ce genre, ce qui n'est pas démontré) : car ces deux conditions n'excluent pas absolument la vie. Et dire que cela a été autrefois ainsi, c'est se jeter dans l'inconnu, sans compter que les découvertes paléontologiques ne donnent pas à penser que les animaux fossiles aient été plus mal construits que ceux d'aujourd'hui.

Si au contraire c'est un besoin ressenti qui déterminerait lui-même la direction des fluides, comment les fluides se dirigeront-ils précisément là où le besoin existe, et produiront-ils précisément le genre d'organes qui est nécessaire à la satisfaction du besoin? Un animal éprouve le besoin de voler pour échapper à des ennemis dangereux : il fait effort pour mouvoir ses membres dans le sens où il doit le plus facilement se soustraire à leur poursuite. Comment cet effort et ce besoin combinés réussiront-ils à faire prendre aux membres antérieurs la forme de l'aile, cette machine si délicate et si savamment combinée que toute la mécanique la plus subtile de l'homme peut à peine soupçonner comment on pourra l'imiter? Pour que le mouvement des fluides puisse amener des combinaisons aussi difficiles, il faut autre chose qu'un besoin vague et un effort incertain.

Lamarck reconnaît « qu'il est très-difficile de prouver par l'observation » que le besoin produit l'organe; mais il soutient que la vérité de cette première loi se déduit logiquement de la seconde loi, attestée par l'expérience, d'après laquelle l'organe se développe par l'expérience et par l'habitude. Ainsi, selon lui, de ce que l'habitude développe les organes, il s'ensuit que le besoin peut les créer. N'y a-t-il pas un abîme entre ces deux propositions? Quoi! parce qu'un organe étant donné croît ou se développe par l'exercice, on en conclura que le besoin peut produire un organe qui n'existe pas! La production d'un organe qui n'existe pas peut elle s'assimiler au développement d'un organe qui existe? Nous voyons bien que l'exercice augmente les dimensions, la force, la facilité d'action d'un organe, mais non pas qu'il le multiplie et qu'il en change les conditions essentielles. Le saltimbanque a des muscles plus déliés que les autres hommes. En a-t-il d'autres? en a-t-il plus? sont-ils disposés différemment? De bonne foi, si grand que l'on suppose le pouvoir de l'habitude, ce pouvoir peut-il aller jusqu'à la création [1]?

Je sais que l'on peut invoquer la théorie de l'unité de composition, et soutenir avec les partisans de Geoffroy Saint-Hilaire que tous les organes ne sont au fond qu'un seul et même organe diversement développé, que par conséquent l'exercice et l'habitude ont pu produire successivement, quoique lentement, ces diversités de forme qui ne sont que des différences de développement. Mais la doctrine de l'unité organique poussée jusque-là n'est-elle point elle-même une hypothèse? Les grandes objections de Cuvier contre cette hypothèse ont-elles été toutes écartées par la science moderne? L'unité de type et de composition dans la série animale ne serait-elle pas un idéal et un abstrait plutôt que l'expression exacte et positive de la réalité? Et d'ailleurs suffirait-il de montrer que deux organes différents sont analogues l'un à l'autre, c'est-à-dire, suivant Geoffroy Saint-Hilaire, situés à la même place et liés par les mêmes rapports aux organes avoisinants, pour conclure de là que l'un de ces organes a pu prendre la

---

1. « N'y a-t-il pas lieu de distinguer, dit M. Cournot, « entre les perfectionnements et les abaissements d'organisme, entre l'ampliation et la réduction des pièces d'un type déjà constitué, et le surcroît de composition organique, aboutissant à la constitution d'un type nouveau? » Il ne faut pas confondre, dit encore avec raison le même auteur, « le mérite de l'invention avec celui qui consiste à arranger et à développer. » (Cournot, *Matérialisme, vitalisme, rationalisme*, p. 167.)

forme de l'autre? Non, il faudrait voir cet organe passer lui-même d'une forme à une autre. Autrement l'analogie ne prouve pas la transition. Ainsi, par exemple, de ce que la trompe de l'éléphant est l'analogue du nez humain, il ne s'ensuit pas que le nez puisse se changer en trompe, et la trompe se changer en nez. Au reste, Geoffroy Saint-Hilaire a pris soin de séparer lui-même son hypothèse de celle de Lamarck, et il disait spirituellement qu'on peut bien soutenir qu'un palais et une chaumière répondent à un même type fondamental, sans affirmer pour cela que le palais ait commencé par être une chaumière, ni que la chaumière deviendra un palais.

Depuis quelques années on a étudié de plus près et d'une manière expérimentale la loi de Lamarck, suivant laquelle les organes se modifient par l'exercice. M. Marey cite des faits précis et probants qui nous montrent comment la fonction fait l'organe, notamment dans le système musculaire et le système osseux[1]. Mais il semble que ces faits ne prouvent autre chose que la plasticité et la souplesse des formes vivantes, attributs qui impliquent eux-mêmes, comme nous le disions tout à l'heure, la finalité, et qui font partie des merveilleuses conditions d'appropriation dont jouit l'être organisé. Quelle que soit l'origine des formes organisées, une certaine plasticité de formes est nécessaire; et son existence n'a rien qui contredise la loi de finalité, puisqu'elle est elle-même implicitement contenue dans

---

1. R. Marey. *Le transformisme et la physiologie expérimentale*. (Cours du collège de France, *Revue scientifique*, 2ᵐᵉ série, t. IV. p. 818.)

cette loi. La plasticité des formes organiques prouve que l'animal peut exercer sur lui-même une sorte d'industrie, se traiter lui-même comme un instrument, comme un outil que l'on adapte à un but. De même que je puis assouplir par le marteau ou par le fer le bois ou le métal, de même je puis utiliser mes muscles en vue et en raison de mes besoins. Tous ces faits ne viennent-ils pas à l'appui de l'analogie tant de fois invoquée par nous entre l'industrie de l'homme et l'industrie de la nature? et n'impliquent-ils pas précisément de la part de la nature, ce qu'implique l'industrie humaine : à savoir la tendance vers un but? non-seulement l'animal a un but dans les efforts qu'il fait pour transformer ses organes, mais la nature elle-même a eu aussi un but en douant l'organisme d'une malléabilité et d'une faculté d'adaptation nécessaire à la conservation et au développement de la vie.

Les faits d'ailleurs vont bien jusqu'à prouver, ce qui n'est point contesté, que les organes se modifient par l'exercice, par conséquent que la fonction perfectionne ou s'adapte à elle-même son propre mécanisme. Mais va-t-elle jusqu'à créer le mécanisme lui-même? Comment pourrait-il y avoir fonction avant que le mécanisme existât? Supposons un animal privé de tout appareil locomoteur. Comment pourrait-on dire que la fonction du mouvement existe avant de s'exercer? Il ne peut donc plus être question ici de la fonction, mais seulement du *désir* de l'*idée* de la fonction : et encore comment l'idée d'une fonction pourrait-elle être dans un animal avant qu'il l'ait exercée, et sans qu'il en ait fait l'expérience? Il ne s'agit donc plus que d'un simple *besoin*; et nous revenons ainsi à la première loi de Lamarck, et à un principe que M. Marey déclare lui-même être « très-vague; » car comment admettre que le besoin de voir produit des yeux, le besoin d'entendre, des oreilles? et encore une fois, s'il en était ainsi, quelle appropriation extraordinaire du cours du fluide, et du travail des éléments, se mettant si étonnamment d'accord avec les besoins de l'animal? Serait-ce autre chose que ce que nous appelons finalité?

Enfin, dans les exemples que l'on cite, les modifications des organes sont dirigées vers leur but par l'intelligence et la volonté de l'animal : et l'on comprend facilement que si la matière organique est douée d'une certaine souplesse elle s'adapte peu à peu au but poursuivi. Supposons un animal médiocrement doué pour le saut, et qui ne peut cependant trouver sa nourriture qu'en sautant, il développera en lui-même par l'exercice l'aptitude du saut, et les muscles qui servent à cette fonction : il sera donc lui-même la propre cause de l'adaptation de ses organes. Mais s'il s'agit d'un animal sans aucune espèce d'intelligence et doué seulement d'une sensibilité diffuse; ou d'un végétal chez lequel rien n'indique la sensibilité, qui est ce qui déterminera le mouvement, et dirigera les mouvements dans le sens favorable au lieu de le laisser se porter dans tous les sens? La plante a besoin de la lumière, et elle sait prendre les directions nécessaires pour la trouver. Qui peut lui avoir donné cette habitude, en supposant qu'elle ne soit pas primordiale? D'où vient cet accord entre le besoin passif du végétal, pour la lumière, et le mouvement précis qui le porte vers elle? Par quel hasard trouve-t-il de lui-même la direction commandée par un besoin muet, insensible, inconscient, inintelligent? Que si on suppose dans la plante un vague désir, une sensibilité sourde, une tendance plus ou moins aveugle, ou plus ou moins consciente, qui servirait de principe moteur et directeur, on ne voit pas qu'on généralise précisément l'hypothèse de la finalité : au lieu de n'être nulle part, elle sera partout, et sera le fond même de la nature.

Je n'insisterai pas plus longtemps d'ailleurs sur la théorie de Lamarck, l'insuffisance en étant démontrée par la théorie même que M. Darwin a essayé d'y substituer. Nous sommes autorisé à mettre en question la puissance modificatrice des milieux et des habitudes lorsque nous entendons ce naturaliste dire « qu'il n'a pas grande confiance en l'action de tels agents. » Quel est celui qu'il leur substitue? C'est ce qu'il nous faut examiner.

Le fait qui a servi de point de départ au système de M. Darwin est un fait si prosaïque et si vulgaire, qu'un métaphysicien n'eût jamais daigné y jeter les yeux. Il faut pourtant que la métaphysique s'habitue à regarder, non pas seulement au-dessus de nos têtes, mais à nos côtés et à nos pieds. Eh quoi! Platon n'admettait-il pas qu'il y a une idée divine même du fumier, même de la boue? Ne dédaignons donc pas d'entrer avec M. Darwin dans les étables des éleveurs, de chercher avec lui les secrets de l'industrie bovine, chevaline, porcine, et, dans ces productions de l'art humain, de découvrir, s'il est possible, les artifices de la nature. Les faits de la nature se lient les uns aux autres par un lien si subtil et si continu, et les accidents les plus insignifiants en apparence sont tellement gouvernés par des raisons générales et permanentes, que rien ne peut être indifférent aux méditations du penseur, surtout des faits qui touchent de si près au mystère de la vie.

L'élève des bestiaux est une véritable industrie, et une industrie qui a des règles précises et rigoureuses, des méthodes suivies. La plus importante de ces méthodes est ce que l'on appelle la *méthode de sélection* ou *d'élection*. Voici en quoi elle consiste. Lorsqu'il veut obtenir l'amélioration d'une race dans un sens déterminé, l'éleveur choisira les individus les plus remarquables sous le rapport de la qualité qu'il recherche : si c'est la légèreté, les plus sveltes; si c'est l'intelligence, les plus fins, les plus ingénieux, les plus habiles. Les produits qui résulteront de ce premier choix posséderont les qualités de leurs parents à un degré de plus, car on sait que les caractères individuels se transmettent et s'accumulent par l'hérédité. Si l'on opère sur ces produits comme on a fait sur les premiers individus, la qualité cherchée ira sans cesse en croissant, et au bout de plusieurs générations on aura obtenu ces belles races, toutes de création humaine, que se disputent les pays agricoles, et qui, par des croisements bien entendus, donnent lieu à d'autres races nouvelles, ou du moins à d'innombrables variétés.

Eh bien ! ce que fait l'homme avec son art, pourquoi la nature ne le ferait-elle pas de son côté ? Pourquoi ne pas admettre une sorte d'*élection naturelle* qui se serait opérée dans la suite des temps ? Pourquoi ne pas admettre que certains caractères individuels, qui ont été primitivement le résultat de certains accidents, se sont transmis ensuite et accumulés par voie héréditaire, et que par ce moyen se sont produites dans la même espèce des variétés très-différentes, comme nous en produisons nous-mêmes ? Admettons maintenant, avec M. Darwin, un second principe sans lequel le premier ne pourrait produire tout ce qu'il contient : ce principe, c'est le principe de la *concurrence vitale*. Voici en quoi il consiste. Tous les êtres de la nature se disputent la nourriture ; tous luttent pour vivre, pour subsister. Or, il n'y a pour un certain nombre donné d'animaux qu'une certaine somme de subsistance ; tous ne peuvent donc également se conserver. Dans cette lutte, les faibles succombent nécessairement, et la victoire est au plus fort. Les forts seuls survivent, et établissent le niveau entre la population et les subsistances. On reconnaît ici la célèbre loi de Malthus, qui a soulevé de si grands débats dans l'économie politique, et que M. Darwin transporte de l'homme à l'animalité tout entière.

Cette loi étant donnée, et elle est indubitable, voyons comment agit l'élection naturelle. Les individus d'une espèce donnée qui auront acquis par accident un caractère plus ou moins avantageux à leur conservation, et l'auront transmis à leurs descendants, seront mieux armés dans la concurrence vitale; ils auront plus de chance de se conserver, et quand ce caractère se sera perfectionné par le temps, il constituera pour cette variété particulière une vraie supériorité dans son espèce. Imaginez maintenant quelque changement dans le milieu ambiant qui fasse que cet avantage, qui n'avait pas encore beaucoup servi, devienne tout à coup très-nécessaire, comme dans un refroidissement subit un poil plus long, plus épais : ceux qui auront obtenu cet avantage en profiteront et subsisteront, tandis que les autres périront. On voit que l'appropriation, dans cette hypothèse, résultera d'une rencontre entre la production accidentelle d'un avantage perfectionné par l'hérédité et un changement accidentel de milieu.

Voyons maintenant comment, à l'aide de ces principes, M. Darwin parvient à expliquer l'origine des espèces. C'est que, dans un même type donné, il peut se produire accidentellement des avantages de diverse nature, et qui ne se font pas concurrence : chacun profite du sien, sans nuire à celui qui en a un autre. De là des variétés différentes, bien armées, quoique différemment, pour la concurrence vitale. Ceux au contraire qui sont restés fidèles au type original, et qui n'ont acquis aucun avantage nouveau propre à les conserver dans un milieu nouveau, ceux-là périssent. C'est ainsi que le type primitif disparaît; les variétés extrêmes subsistent seules, et ces variétés, devenant de plus en plus dissemblables par le temps, seront appelées espèces, parce que l'on aura perdu les traces de leur origine commune.

Appliquons cette théorie à un exemple peu flatteur pour l'espèce humaine, mais qui est tellement indiqué ici que ce serait un faux scrupule que de ne pas aller jusque-là. L'une des objections les plus ardentes que l'on ait faites à Darwin, c'est que si sa théorie est vraie, il faut admettre que l'homme a commencé par être un singe, ce qui est fort humiliant ; à quoi un partisan de M. Darwin a répondu « qu'il aimait mieux être un singe perfectionné qu'un Adam dégénéré. » Or, dans la théorie de M. Darwin, il n'est pas vrai que l'homme descende du singe, car s'il en descendait, comme il a sur lui un grand avantage, il l'aurait vaincu dans la concurrence vitale, et par conséquent l'aurait absorbé et détruit. Ce qui est vrai, c'est que le singe et l'homme dérivent l'un et l'autre d'un même type qui s'est perdu, et dont ils sont les déviations divergentes. En un mot, dans cette hypothèse, les singes ne sont pas nos ancêtres, mais ils sont nos cousins germains.

Généralisons cet exemple. Il ne faut pas dire que les vertébrés ont été des mollusques, ni les mammifères des poissons ou des oiseaux ; mais les quatre embranchements seraient quatre rayonnements distincts partis d'une souche primitive. Dans chaque embranchement, le type primitif serait également diversifié, et c'est par ces déterminations successives, cette addition de différences, cette accumulation de caractères nouveaux dans des séries toujours divergentes, que les espèces actuelles se sont produites. En un mot, le règne organisé a toujours été du général au particulier, et, comme l'on dirait en logique, en augmentant sans cesse le contenu de sa compréhension.

Tel est, je crois, dans ses bases essentielles, et sans y rien changer, le système de M. Darwin, système qu'il défend avec des ressources d'esprit vraiment inépuisables, et surtout avec une admirable sincérité : car, à l'inverse des inventeurs du système qui n'exposent que les faits favorables à leurs idées et se taisent sur les faits contraires, M. Darwin consacre la moitié de son livre à exposer les difficultés et les objections que son principe peut soulever, et quelques-unes sont si formidables qu'il a grand'peine à en atténuer la portée. A-t-il été cependant jusqu'à la difficulté capitale qui pèse sur tout le système, et qui pour nous tient notre esprit en suspens? C'est ce que nous ne croyons pas, et c'est ce que nous essayerons d'établir.

Le véritable écueil de la théorie de M. Darwin, le point périlleux et glissant, c'est le passage de l'élection artificielle à l'élection naturelle : c'est d'établir qu'une nature aveugle et sans dessein a pu atteindre par la rencontre des circonstances, le même résultat qu'obtient l'homme par une industrie réfléchie et calculée. Dans l'élection artificielle en effet, ne l'oublions pas, l'homme choisit les éléments de ses combinaisons; pour atteindre un but désiré, il choisit deux facteurs doués l'un et l'autre du caractère qu'il veut obtenir ou perfectionner. S'il y avait quelque différence entre les deux facteurs, le produit serait incertain et mixte, ou bien, lors même que le caractère de l'un des facteurs y prédominerait, il y serait toujours affaibli par le mélange avec un caractère contraire.

Pour que l'élection naturelle obtînt les mêmes résultats, c'est-à-dire l'accumulation et le perfectionnement d'un caractère quelconque, il faudrait que la nature fût capable de choix; il faudrait, pour tout dire, que le mâle doué de tel caractère s'unît précisément avec une femelle semblable à lui. Dans ce cas, je reconnais que le multiple de ces deux facteurs aurait la chance d'hériter de ce caractère commun et même d'y ajouter. Il faudrait encore que ce multiple ou produit cherchât dans son espèce un autre individu qui aurait aussi accidentellement atteint ce même caractère. De cette manière, par une suite de choix semblables, la nature pourrait faire ce que fait l'industrie humaine, car elle agirait exactement de même.

Mais qui ne voit que j'évoque une hypothèse impossible? Car comment admettre qu'un animal qui aura subi une modification accidentelle (une nuance de plus ou de moins dans la couleur, par exemple) ira précisément découvrir dans son espèce un autre individu atteint en même temps de la même modification? Cette modification étant accidentelle et individuelle à l'origine, elle doit être rare, et par conséquent il y a très-peu de chances que deux individus se rencontrent et s'unissent; l'aveugle désir qui porte le mâle vers la femelle ne peut avoir une telle clairvoyance, et s'il l'avait, quel éclatant témoignage de finalité! Et en supposant, par impossible, qu'une telle ren-

contre ait lieu une fois, comment admettre qu'elle se renouvelle
à la seconde génération, puis à la troisième, à la quatrième,
puis ainsi de suite? Ce n'est qu'à cette condition d'une rencontre constante entre deux facteurs semblables que la variété
se produira et se fixera. Autrement, déviant à chaque nouveau
couple, les modifications n'auront aucun caractère constant,
et le type de l'espèce restera seul identique. On triomphe du
peu de temps qu'il faut à l'industrie humaine pour obtenir une
variété nouvelle, et l'on dit : Que ne peut faire la nature, qui
a des siècles à sa disposition ! Il me semble qu'ici le temps ne
fait rien à l'affaire. Tout le nœud est dans la multiplication de
l'avantage cherché, multiplication qui exige une pensée qui
choisit.

On trouve dans l'espèce humaine elle-même des exemples de
variétés produites par élection; mais cela tient à des unions
constantes et suivies entre des sujets semblables. Ainsi le type
israélite est bien reconnaissable et persiste encore depuis des
siècles, malgré les changements du milieu; mais les Israélites
se marient entre eux et conservent de cette façon les traits distinctifs qui les caractérisent. Supposez des mariages mixtes;
supposez que, les préjugés disparaissant, les Israélites en vins-
sent à se marier avec les autres parties de la population : combien de temps durerait le type israélite? Il serait bien vite
absorbé et transformé. Il y a près de Postdam, nous a dit M. de
Quatrefages [1], un village particulièrement remarquable par la

---

1. *L'unité de l'espèce humaine*

taille des habitants. A quoi tient cette particularité? Elle vient, dit-on, de ce que le père de Frédéric le Grand, qui aimait les beaux hommes, choisissait les plus grandes paysannes qu'il pût rencontrer pour les marier à ses grenadiers. C'est bien là de l'élection artificielle, ne l'oublions pas. C'est ainsi que Platon dans sa *République*, tout en prescrivant de tirer au sort les époux, conseillait cependant aux magistrats de tricher un peu et de réunir sans en avoir l'air les plus belles femmes aux plus beaux hommes afin d'obtenir de vigoureux citoyens. On voit, par tous ces exemples, que l'élection suppose toujours la rencontre d'un caractère commun dans les deux sexes : c'est ce qui ne peut avoir lieu dans la nature, ce caractère tout accidentel étant d'abord très-rare, et ceux qui le posséderaient en même temps n'ayant aucune raison de se rencontrer et de se choisir.

Je sais que Darwin distingue deux sortes d'élection artificielle : l'une qu'il appelle méthodique, l'autre inconsciente. L'élection méthodique est celle de l'éleveur qui combine ses éléments comme en mécanique on combine les rouages d'une machine. L'élection inconsciente est celle par laquelle on obtient l'amélioration ou la modification d'une espèce sans avoir précisément cherché ce résultat, comme celle d'un chasseur, par exemple, qui n'a nulle prétention de perfectionner la race canine, mais qui, par goût, est amené à choisir les meilleurs chiens qu'il puisse se procurer, et obtient par la force des choses une accumulation de qualités dans cette race. C'est ainsi vraisemblablement que se sont formées les diverses variétés canines. Il n'y a pas là une méthode systématique, et cependant le résultat est le même, quoique plus lent. Il en est de même dans la nature, d'après M. Darwin. Elle pratique une élection inconsciente, et l'agent qui remplace ici le choix, c'est la concurrence vitale. Les mieux avantagés l'emportent nécessairement par le droit du plus fort, et la nature se trouve avoir choisi spontanément et sans le savoir les sujets les mieux doués pour résister aux atteintes du milieu, en un mot les mieux appropriés.

Nous voici au cœur du système. Pour le bien apprécier, distinguons deux cas différents : ou bien le milieu ambiant ne change pas, ou bien il change. Qu'arrivera-t-il dans ces deux hypothèses ? Il faut remarquer ici une grande différence entre la doctrine de Lamarck et celle de Darwin. Suivant le premier, tant que le milieu ne change pas, l'espèce doit rester immobile, une fois appropriée par l'habitude à ce milieu : ayant en effet ce qu'il lui faut pour vivre, on ne voit pas pourquoi elle ferait effort pour changer. Mais si le changement a pour cause l'élection naturelle, il doit pouvoir se produire même dans un milieu immobile, car, si bien appropriée que soit une espèce, on conçoit toutefois qu'elle le soit davantage : il peut toujours se produire quelques accidents qui assureraient à certains individus un avantage sur d'autres, et leur ouvrirait en quelque sorte un débouché plus grand. Et ainsi on ne voit pas pourquoi dans cette hypothèse les espèces ne varieraient point sous nos yeux. Il ne faudrait même pas pour cela, à ce qu'il semble, des temps infinis, quand on songe avec quelle rapidité l'industrie humaine crée des variétés nouvelles.

Pourquoi donc ne voit-on pas de telles modifications se produire? C'est que le principe de l'élection naturelle, même uni au principe de la concurrence vitale, ne peut pas, à ce qu'il semble, avoir la vertu que lui attribue M. Darwin. Supposons en effet, que, dans les pays chauds, la couleur soit un avantage qui rende les habitants plus aptes à supporter l'ardeur du climat; supposons que dans l'un de ces pays il n'y ait que des blancs, et qu'à un moment donné un individu se trouve accidentellement coloré en noir, celui-là aura un avantage sur ses compatriotes : il vivra, si vous voulez, plus longtemps. Mais le voilà qui se marie. Qui pourra-t-il épouser? Une blanche sans contredit, la couleur noire étant accidentelle. L'enfant qui résultera de cette union sera-t-il noir? Non sans doute, mais mulâtre; l'enfant de celui-ci sera d'un teint encore moins foncé, et en quelques générations la teinte accidentelle du premier aura disparu et se sera fondue dans les caractères généraux de l'espèce. Ainsi, en admettant même que la couleur noire eût été un avantage, elle n'aurait jamais le temps de se perpétuer assez pour former une variété nouvelle plus appropriée au climat, et qui par là même l'emporterait sur les blancs dans la concurrence vitale.

Si l'on avait des doutes sur la valeur de l'argument que je propose ici contre la portée du principe de M. Darwin, j'invoquerais l'autorité d'un autre naturaliste, M. de Quatrefages, très-favorable cependant à ce principe. Il cite plusieurs individus de l'espèce humaine qui se sont trouvés doués accidentellement de caractères exceptionnels, et il veut expliquer pourquoi ces individus n'ont pas donné naissance à des variétés nouvelles. « Aucun Lambert, dit ce naturaliste, aucun Colburn (ce sont les noms de ces individus anormaux) *ne s'est allié avec un autre individu* présentant la même anomalie que lui. La sélection tendait ici à effacer l'activité surabondante et tératologique de la peau, le nombre exagéré des doigts. *A chaque génération l'influence du fait normal primitif diminuait forcément* par le mélange du sang normal : elle a dû finir par disparaître promptement. » Plus loin, il explique, par l'absence de sélection artificielle, l'uniformité relative des groupes humains, comparés aux animaux domestiques. Ne suit-il pas de là que la sélection naturelle est insuffisante pour faire varier les espèces, par cette raison capitale sur laquelle j'ai tant insisté, à savoir, que les divers individus des deux sexes accidentellement atteints du même caractère ne pourront pas se rencontrer?

Une objection analogue contre le principe de la sélection naturelle a été mise en forme d'argument mathématique par un savant anglais [1]. Il prend pour exemple une certaine catégorie de papillons appelés *Leptalis*, dont la couleur est protectrice,

---

1. *La théorie de la sélection naturelle au point de vue mathématique*, par M. Alfred W. Bennett, 1871. (Voir la Revue scientifique, 2ᵐᵉ série, t. I, p. 100.)

parce qu'elle les fait ressembler à d'autres papillons, nommés *Ithomia*, dont les oiseaux se détournent à cause de leur odeur infecte. L'espèce de *Leptalis* qui se trouve avoir une ressemblance accidentelle de couleur avec les *Ithomia* bénéficie donc de leur immunité. M. Wallace attribue cet avantage acquis par les *Leptalis* privilégiées à la sélection naturelle. M. Bennett le combat par un raisonnement très-rigoureux :

« Il est évident, dit ce dernier auteur, que pour passer de leur forme ordinaire à leur forme protectrice, les *Leptalis* ont dû subir une série de transformations graduelles; et l'on ne peut guères évaluer à moins d'un millier le nombre des formes qui ont dû se succéder entre la première déviation et la forme observée en dernier lieu; d'autre part, il est évident que les premières leptalis dégénérées ne devaient pas différer suffisamment de leurs sœurs pour tromper l'appétit des oiseaux intéressés à les reconnaître sous leur déguisement ; et c'est être modeste de supposer que pendant le premier cinquantième de la période de transformation supposée, les oiseaux ne se sont pas laissé égarer. S'il en est ainsi, les papillons n'étant pas encore préservés par leur nouvel habit, toute raison de sélection disparaît, et l'on doit considérer comme entièrement abandonnée au hasard la continuation de la métamorphose. Les chances que celle-ci a de l'accomplir peuvent dès lors être très-approximativement calculées. Prenons en effet un couple de *Leptalis*, et supposons que l'espèce ait une tendance à varier dans vingt directions différentes, parmi lesquelles une seule tende à la rapprocher des *Ithomia*. A la première génération, les chances qu'une variation favorable a de se produire sont représentées par la fraction $\frac{1}{20}$; et encore cette évaluation est-elle très-favorable à l'hypothèse de M. Wallace; car, dans la nombreuse postérité d'un couple de papillons, on trouverait certainement plus de vingt formes tant soit peu différentes et s'écartant d'une forme déterminée.

« A la seconde génération, les formes qui avaient déjà une tendance à s'éloigner de la forme *Ithomia* n'auront aucune raison d'y revenir; et c'est dans ce seul vingtième de la postérité du premier couple que nous pouvons raisonnablement espérer trouver des formes se rapprochant plus ou moins de la forme protectrice. Mais dans ce vingtième, la sélection n'agit pas encore; et c'est encore le hasard qui présidera à la production de la forme cherchée : un vingtième seulement revêtira cette forme; mais celle-ci ne représentera plus que le vingtième du vingtième; les chances seront donc représentées par la fraction $\frac{1}{20^2}$. Au bout de 10 générations, les chances se réduiront à $\frac{1}{20^{10}}$ c'est-à-dire que sur dix billions d'individus, un seul aura conservé les traces de la déviation primitive. C'est là un résultat absolument négatif, et qui force à rejeter l'hypothèse de la sélection, puisque avant même que celle-ci ait pu avoir une raison quelconque de la produire, la variation accidentelle primitive aurait complétement disparu. »

Ce raisonnement n'a pas pour but de nier le principe de la

sélection naturelle, mais d'en limiter l'action. Il nous suffit d'établir ici qu'il ne suffit pas, *à lui seul*, à expliquer l'origine des formes organisées. Il faut qu'il y ait en outre un principe interne de transformation : dès lors, l'idée de finalité reprend tout son empire. C'est ce qu'accorde un naturaliste américain, le professeur Cope, qui a développé l'hypothèse de Darwin, en expliquant l'évolution organique par une *force de croissance* (*growth force*) déterminée à se propager dans tel ou tel sens par le désir ou l'imagination de l'animal. « *L'intelligence est l'origine du mieux*, dit-il; tandis que la sélection naturelle est le tribunal auquel sont soumis tous les résultats obtenus par la force de croissance [1]. » Cette hypothèse, outre qu'elle est un retour à celle de Lamarck, accorde à la théorie de la finalité beaucoup plus en réalité qu'elle ne demande, puisque c'est à l'intelligence de l'animal que reviendrait en définitive le principe d'organisation et de fabrication : ce serait au fond l'hypothèse de Stahl. Sans nous prononcer sur cette hypothèse, recueillons seulement ce témoignage de plus sur l'impuissance des causes extérieures et accidentelles pour la production des formes organiques.

Encore une fois, nous ne contestons en aucune façon le principe de la *sélection naturelle*, et celui de la *concurrence vitale*. Ce sont là deux lois très-vraies, et constatées par l'expérience, mais qui paraissent devoir agir dans un sens tout différent de celui qu'on nous annonce, et beaucoup plus dans

---

[1]. *Revue des cours scientifiques.*

le sens de la conservation de l'espèce que dans celui de la modification. En effet, le genre de vie d'un animal dépendant toujours de sa structure (que l'on admette ou non des causes finales), il est évident que, dans une espèce, les mieux avantagés sont ceux dont l'organisation est le plus conforme au type de l'espèce. Dans les carnivores, par exemple, celui-là aura l'avantage qui aura de bonnes griffes, de fortes dents, des muscles souples et vigoureux. Que si vous supposez une modification intervenant, qui pourrait être ultérieurement un avantage dans d'autres conditions, elle sera néanmoins à son origine un inconvénient en altérant le type de l'espèce, en rendant par là l'individu moins propre au genre de vie auquel l'appelle son organisation générale. Supposez que dans un animal herbivore les dents à couronnes plates, si propres à broyer des herbes molles, soient accidentellement remplacées dans quelques individus par des dents tranchantes. Quoique la dent tranchante soit en réalité un avantage pour les espèces qui en jouissent, puisqu'elle leur permet de joindre deux espèces de nourriture, ce serait néanmoins pour l'animal chez lequel elle se rencontrerait par accident un très-grand désavantage, car il serait par là moins propre à trouver sa nourriture habituelle, et rien en lui ne serait préparé pour s'accommoder à une autre espèce de nourriture [1]. Je conclus que

---

[1]. M. Cournot pense, comme nous, « qu'un triage machinal ne suffit pas pour expliquer la merveille des adaptations organiques... à quoi servirait à l'éléphant pour « le combat de la vie » un nez plus long que celui de ses camarades, quoique bien moins long que celui qu'il faudrait pour atteindre à ses aliments ?... »

l'élection naturelle doit avoir pour effet, dans un milieu toujours le même, de maintenir le type de l'espèce et de l'empêcher de s'altérer : je n'y puis voir, si ce n'est accidentellement, un principe de modification et de changement.

En est-il ainsi lorsque le milieu lui-même est changé, lorsque par des causes quelconques les conditions extérieures viennent à varier? C'est alors, suivant Darwin, que le principe de l'élection naturelle agit d'une manière toute-puissante. Si en effet, au moment de ce changement de milieu, quelques individus d'une espèce se trouvent avoir précisément certains caractères qui les rendent propres à s'accommoder à ce milieu, n'est-il pas évident que ceux-là auront un grand avantage sur les autres, et qu'ils survivront seuls, tandis que ceux-ci périront? L'élection naturelle agissant, un caractère individuel à l'origine pourra donc devenir un caractère spécifique.

C'est ici évidemment que l'hypothèse de M. Darwin se présente avec le plus d'avantage; mais elle est encore sujette à de bien grandes difficultés. Et d'abord il faut admettre que la modification en question s'est rencontrée en même temps dans les mêmes lieux entre plusieurs individus de sexe différent. En effet, comme nous l'avons montré, si elle n'est pas à la fois dans les deux sexes, cette qualité, bien loin de s'accumuler et

(Cournot, *Matérialisme, vitalisme, rationalisme*, p. 166.) Le même auteur conclut également qu' « en remplaçant une transformation soudaine par une gradation lente, on rend l'explication mécanique moins choquante, on en dissimule en quelque sorte la grossièreté, quoiqu'au fond l'on demande toujours à une cause mécanique ce qu'elle est incapable de donner. » *Ibid.*, p. 166.)

de se déterminer davantage par l'hérédité, irait sans cesse en s'affaiblissant, et nulle espèce nouvelle ne pourrait se former. Voici donc déjà une première rencontre, une première coïncidence qu'il faut admettre. En second lieu, il faut supposer que chaque espèce animale a eu pour origine la rencontre d'une modification accidentelle avec un changement de milieu, ce qui multiplie à l'infini le nombre des coïncidences et des accidents. Dans cette hypothèse, tandis qu'une certaine série de causes faisait varier suivant des lois particulières les formes organiques, une autre série de causes, suivant d'autres lois, faisait varier les milieux. L'appropriation dans les animaux ne serait que le point de rencontre entre ces deux séries. Or, comme les formes appropriées dans l'organisme se comptent par milliards, ou plutôt ne se comptent pas, il faut admettre que ces deux séries de causes parallèles se sont rencontrées d'accord un milliard de fois, ou plutôt un nombre infini de fois, c'est-à-dire qu'il faut livrer au fortuit, pour ne pas dire au hasard, la plus grande part dans le développement et le progrès de l'échelle animale. Est-ce là une explication vraiment rationnelle?

Voici encore une difficulté qui paraît des plus graves. Cuvier a beaucoup insisté, dans sa philosophie zoologique, sur la loi des corrélations organiques; et quoiqu'il puisse y avoir débat sur la plus ou moins grande extension de cette loi, elle reste vraie dans sa généralité. Selon cette loi, les organes sont liés entre eux par des rapports logiques, et la forme de chacun est déterminée par la forme des autres : d'où il suit que certaines rencontres d'organes sont impossibles, que d'autres sont nécessaires. Par conséquent, si un organe capital subit une modification importante, il est nécessaire, pour que l'équilibre subsiste, que tous les autres organes essentiels soient modifiés de la même manière. Autrement un changement tout local, si avantageux qu'il puisse être en soi, deviendra nuisible par son désaccord avec le reste de l'organisation. Que si, par exemple, comme le croyait Lamarck, les écailles des poissons avaient pu se transformer en ailes d'oiseau (ce que Cuvier déclarait absurde au point de vue de l'anatomie), il faudrait en même temps que dans ces mêmes poissons la vessie natatoire se fût transformée en poumon, ce qui paraît à M. Darwin l'exemple le plus frappant de sa théorie. Eh bien ! sans discuter la réalité des faits, je dis que ces deux transformations corrélatives et parallèles ne peuvent s'expliquer par un simple accident. M. Darwin semble avoir voulu prévenir cette objection en admettant ce qu'il appelle une *corrélation de croissance*. Il reconnaît qu'il y a des variations connexes et sympathiques, qu'il y a des organes qui varient en même temps et de la même manière : — le côté droit et le côté gauche du corps, les membres et la mâchoire ; mais cette loi laisse subsister la difficulté. De deux choses l'une : ou c'est là une loi toute mécanique, qui n'indique que de simples rapports géométriques entre les organes et n'a aucun rapport avec la conservation de l'animal, et dès lors elle ne sert pas à résoudre le problème posé; ou bien ces corrélations de croissance sont précisément celles qu'exigerait le changement de milieu ou de conditions extérieures, et dès lors comment les comprendre sans une certaine finalité? Par quelle singulière loi, des organes qui ne peuvent agir que d'accord se modifieraient-ils en même temps et de la même façon, sans qu'il y eût là quelque prévision de la nature? Ici encore la simple rencontre ne suffit pas; car c'est la rencontre elle-même qu'il faut expliquer.

On voit que la théorie des modifications fortuites, sans principe directeur, présente les plus grandes difficultés, appliquée à la formation des organes [1] : mais ces difficultés sont bien plus grandes encore, lorsqu'il s'agit de la formation des instincts.

On sait quelle était sur ce point la théorie de Lamarck. L'instinct, selon lui, est une habitude héréditaire. M. Darwin adopte cette théorie en la modifiant par le principe de l'élection naturelle; il fait remarquer que l'on peut dire des instincts la même chose que des organes. Toute modification dans les habitudes d'une espèce peut être avantageuse, tout aussi bien qu'une modification d'organes. Or, quand une modification instinctive se sera produite dans une espèce, elle tendra à se perpétuer, et, si elle est avantageuse, elle assurera à ceux qui en sont doués la prépondérance sur les autres variétés de l'espèce, de manière à détruire toutes les variétés intermé-

---

[1]. Voir ch. II.

diaires. A la vérité, on ne peut pas prouver par l'observation directe que les instincts se soient modifiés ; mais quelques observations indirectes semblent autoriser cette supposition : ce sont, par exemple, les gradations d'instincts. Ainsi la fabrication du miel par les abeilles nous présente trois types distincts, mais reliés l'un à l'autre par des gradations insensibles : d'abord les bourdons, qui font leur miel et leur cire dans le creux des arbres, puis nos abeilles domestiques, qui ont résolu, dans la construction des cellules, un problème de mathématiques transcendantes, enfin les abeilles d'Amérique, espèce moyenne, inférieure à nos abeilles et supérieure aux bourdons. Ne peut-on voir là la trace et l'indication d'un développement d'instinct qui, parti du plus bas degré, serait arrivé peu à peu au point où nous le voyons aujourd'hui ? Ce qui autorise cette conjoncture, c'est qu'en contrariant l'industrie des abeilles, en la plaçant dans des conditions défavorables ou nouvelles, on a réussi à faire varier leurs habitudes et à les faire changer de procédés. Beaucoup d'expériences faites dans cette direction pourraient jeter un grand jour sur cette obscure question.

La théorie qui explique l'instinct par l'habitude héréditaire est sans aucun doute une théorie spécieuse et très-digne d'attention : néanmoins il y a encore là de bien sérieuses difficultés. D'abord les variations d'instinct qu'on pourrait observer dans certaines circonstances particulières ne prouveraient pas nécessairement contre l'hypothèse d'un instinct primitif propre à chaque espèce, car, même dans cette hypothèse, la nature ayant attaché à l'animal un instinct pour le préserver, a pu vouloir que cet instinct ne fût pas précisément à court dès que le moindre changement aurait lieu dans les circonstances extérieures. Un certain degré de flexibilité dans l'instinct n'a rien d'inconciliable avec la doctrine d'un instinct irréductible. Par exemple, la nature, ayant donné à l'oiseau l'instinct de construire son nid avec certains matériaux, n'a pas dû vouloir que, si ces matériaux venaient à manquer, l'oiseau ne fît pas de nid. Comme nos habitudes, si mécaniques qu'elles soient, se modifient cependant automatiquement pour peu que telle circonstance externe vienne les contrarier, il pourrait en être ainsi des instincts ou habitudes naturelles imprimées dès l'origine dans l'organisation même de chaque espèce par l'auteur prévoyant de toutes choses.

On peut élever d'ailleurs une grave objection contre l'application du principe de l'élection naturelle à la formation des instincts. Suivant M. Darwin, la modification de l'instinct, qui a d'abord été accidentelle, s'est transmise ensuite et s'est fixée par l'hérédité; mais qu'est-ce qu'une modification accidentelle d'instinct? C'est une action fortuite. Or une action fortuite peut-elle se transmettre héréditairement? Remarquez la différence qu'il y a entre une modification d'organe et une modification d'instinct. La première, si légère, si superficielle qu'elle soit, fût-ce la couleur d'un plumage, est permanente et dure toute la vie : elle s'imprime d'une manière durable à l'organisation, et l'on conçoit qu'elle se transmette par l'hérédité ; mais un instinct n'est autre chose qu'une série d'actes donnés. Une modification d'instinct est donc une action particulière, qui vient fortuitement s'intercaler dans cette série. Comment croire que cette action, fût-elle répétée par hasard plusieurs fois dans la vie, pût se reproduire dans la série des actions des descendants ? Nous voyons les pères transmettre à leurs fils des habitudes toutes faites (encore faut-il faire la part de l'imitation et de la similitude des milieux) ; mais nous ne voyons pas que le fils reproduise les actions accidentelles du père. Que de faits ne faudrait-il pas citer pour rendre croyable une transmission héréditaire aussi étrange !

Si l'on doutait que M. Darwin fît une part aussi grande au hasard dans l'origine des instincts, je rappellerais l'exemple qu'il cite lui-même, à savoir l'instinct du coucou. On sait que la femelle de cet oiseau pond ses œufs dans un autre nid que le sien. Cet instinct, qui est propre au coucou d'Europe, n'a pas lieu chez le coucou d'Amérique. M. Darwin conjecture que le coucou d'Europe a pu avoir autrefois les mêmes mœurs que le coucou américain. « Supposons, dit-il, qu'il lui soit arrivé, quoique rarement, de pondre ses œufs dans le nid d'autres oiseaux. Si la couveuse ou ses petits ont tiré quelque avantage de cette circonstance, si le jeune oisillon est devenu plus vigoureux en profitant des méprises de l'instinct chez une mère adoptive, on conçoit qu'un fait accidentel soit devenu une habitude avantageuse à l'espèce, car toute analogie nous sollicite à croire que les jeunes oiseaux ainsi couvés auront hérité plus ou moins de la déviation d'instinct qui a porté leur mère à les abandonner. Ils seront devenus de plus en plus enclins à déposer leurs œufs dans le nid d'autres oiseaux. » Voilà bien ici une action accidentelle et fortuite considérée comme transmissible héréditairement. Je demanderai aux zoologistes s'ils accordent que le pouvoir de l'hérédité puisse aller jusque-là.

Il faudrait recueillir et discuter un grand nombre de faits pour apprécier à sa vraie mesure la théorie des habitudes héréditaires. Je n'en citerai qu'un, qui me paraît absolument réfractaire à toute théorie de ce genre : c'est l'instinct des *nécrophores*. Ces animaux ont l'habitude quand ils ont pondu leurs œufs, d'aller chercher des cadavres d'animaux pour les placer à côté de ces œufs, afin que leurs petits, aussitôt éclos, trouvent immédiatement leur nourriture; quelques-uns même pondent leurs œufs dans ces cadavres eux-mêmes. Or ce qu'il y a ici d'incompréhensible, c'est que les mères qui ont cet instinct ne verront jamais leurs petits et n'ont pas vu ellesmêmes leurs mères; elles ne peuvent donc savoir que ces œufs deviendront des animaux semblables à elles-mêmes, ni prévoir par conséquent leurs besoins. Chez d'autres insectes, les *pompiles*, l'instinct est plus remarquable encore : dans cette espèce, les mères ont un genre de vie profondément différent de leurs petits, car elles-mêmes sont herbivores, et leurs larves sont carnivores. Elles ne peuvent donc point, par leur propre exemple, présumer ce qui conviendra à leurs enfants. Recourra-t-on ici à l'habitude héréditaire? Mais il a fallu que cet instinct fût parfait dès l'origine, et il n'est pas susceptible de degrés ; une espèce qui n'aurait pas eu cet instinct précisément tel qu'il est n'aurait pas subsisté, puisque les petits étant carnivores, il leur faut absolument une nourriture animale toute prête quand ils viendront au monde. Si l'on disait que les larves ont été originairement herbivores, et que c'est par hasard et sans but que la mère, attirée peut-être par un goût particulier, est allée pondre ses œufs dans des cadavres, que les petits, naissant dans ce milieu, s'y sont peu à peu habitués et d'herbivores sont devenus carnivores, puisque la mère elle-même s'est déshabituée de pondre dans des cadavres, mais que, par un reste d'association d'idées, elle a continué à aller chercher de ces cadavres, devenus inutiles pour elle, et à les placer auprès de ses propres œufs, et tout cela sans but, — on multiplie d'une manière si effroyable le nombre des accidents heureux qui ont pu amener un tel résultat, que l'on ferait beaucoup mieux, ce semble, de dire que l'on n'y comprend rien.

Il est très-important à notre point de vue de constater que le transformisme est susceptible de bien des formes, et que depuis Darwin, sans sortir de l'idée générale commune, on a proposé des systèmes très-différents. Or, plus on étudie ces systèmes, plus on y voit la preuve de la difficulté d'expliquer les formes organiques par des causes purement mécaniques, et purement externes. Je citerai par exemple le *polymorphisme*. Dans l'hypothèse de Darwin, les espèces se produisent, en passant du général au particulier, des formes les plus simples et les plus abstraites aux formes les plus riches et les plus concrètes, à peu près comme dans la philosophie de Hegel. Il suffirait donc à l'origine d'un très-petit nombre de types ; et peut-être d'un seul, pour engendrer, avec le temps, toutes les espèces vivantes. M. Agassiz a fait contre ce système une objection très-sérieuse : c'est que s'il en était ainsi, à mesure que l'on descend dans les couches géologiques, et qu'on atteint une plus haute antiquité, on devrait rencontrer des formes plus simples, et en moins grand nombre. Or il se trouve que c'est tout le contraire, et que plus l'on pénètre avant, plus on rencontre de formes différentes et compliquées. Cette objection, forte contre le Darwinisme, n'atteint pas l'idée transformiste en elle-même. D'autres naturalistes, en effet, admettent que la première apparition de la vie, de quelque manière qu'on l'explique, a pu tout aussi bien se manifester par des milliers de formes différentes, que par un type unique. Quelques-uns vont jusqu'à penser que primitivement, il n'y a eu que des individus, et que l'espèce elle-même est le produit du temps. Quoi qu'il en soit, le transformisme n'exclut nullement la pluralité des types à l'origine. Les espèces actuelles seraient nées des espèces antérieures, mais d'espèces différentes les unes des autres.

On voit que le polymorphisme est une hypothèse intermédiaire entre la doctrine darwinienne et la doctrine vulgaire.

Dans le darwinisme, toutes les formes organiques sont produites en définitive par des causes extérieures, et tirées par le principe de la sélection naturelle. Dans le polymorphisme, les espèces actuelles ont bien été produites par les mêmes causes : mais les espèces primitives ont dû immédiatement leur naissance aux forces créatrices de la nature. Il y a donc eu un moment, où la nature a été capable de produire en grand nombre des types organiques, quoiqu'elle ne le fasse plus aujourd'hui. Or, ces formes organiques, quelque différentes qu'elles fussent des formes actuelles, devaient cependant être des formes appropriées puisqu'elles étaient vivantes. L'appropriation n'a donc pas été l'effet du temps ni de la sélection naturelle : elle s'est produite tout d'abord ; et l'abîme qui sépare la matière brute de la matière vivante a dû être franchi d'un bond. L'impossibilité de rencontres fortuites produisant tant d'organisations diverses, impossibilité que le darwinisme essaie de masquer avec art, reparaît dans toute sa force.

La doctrine de l'évolution repose sur un principe vrai en soi, et que Leibniz a illustré, le principe de continuité : c'est que rien ne se produit qui ne naisse d'un état antérieur, rien qui n'ait sa liaison avec le passé, et ses conséquences dans l'avenir. Le principe est incontestable ; mais comme tout principe abstrait, il faut savoir comment on doit l'entendre. Le passage d'un état à l'autre est-il nécessairement et toujours lent et insensible ? N'a-t-il lieu que par degrés imperceptibles ? Chacun ne sait-il pas, par exemple, que dans sa propre vie, si d'ordinaire les faits naissent les uns des autres par une gradation insensible, si l'on vieillit sans s'en apercevoir, si les idées et les sentiments changent d'une manière inconsciente, dans beaucoup de circonstances, au contraire, les changements sont rapides, subits, prodigieux : on vieillit en un jour : une mort subite rompt le charme de la plus douce vie; une passion terrible naît d'un clin d'œil; dans les sociétés humaines, il y a des changements insensibles, et des révolutions violentes; on ne peut supprimer dans l'histoire les crises, les chutes inattendues, les fortunes prodigieuses. Il y a donc deux sortes de continuité ; l'une rapide et l'autre lente, deux sortes de changements : les uns brusques et soudains ; les autres lents et impérieux. De là cette question : comment se produisent les transformations qui créent les espèces nouvelles? De là aussi deux hypothèses dans le transformisme : celle des modifications lentes, et celle des modifications brusques.

Un savant botaniste, M. Naudin, l'un de ceux que Darwin lui-même reconnaît comme l'un de ses précurseurs, a défendu la doctrine du transformisme brusque contre l'hypothèse darwiniste des modifications infiniment petites accumulées par le temps, et fixées par l'hérédité. Il fait valoir deux raisons. La première c'est que l'on n'a pas à sa disposition un temps infini, comme se le persuadent les darwinistes. Suivant les calculs les plus récents, dit M. Naudin, la durée *maximum* de la vie animale sur notre globe peut être approximativement évaluée à quelques dizaines, à une cinquantaine de millions d'années tout au plus, et les progrès ultérieurs de la science n'élèveront jamais cette estimation, mais tendront au contraire à la restreindre. » Or, cinquante millions d'années peuvent paraître un assez joli chiffre; mais en réalité, il est absolument insuffisant pour expliquer la production de toutes les formes organiques, si on les suppose produites par des modifications insensibles. Ce ne sont pas des millions d'années, ce seraient des milliards de siècles qu'il faudrait [1].

En second lieu, la théorie des modifications insensibles est tout à fait contraire à l'expérience. Ce que l'expérience nous donne en effet, c'est le changement brusque, et non pas le changement lent. C'est ce que prouve l'étude de la botanique; et M. Naudin, qui a étudié si à fond les variations des espèces botaniques, est ici une puissante autorité : « Quand un changement même très-notable se produit, dit-il, il survient brusquement dans l'intervalle d'une génération à l'autre. La fixation des variétés a pu demander du temps; mais leur apparition a toujours été subite. » Selon cette nouvelle forme du transformisme, la variation aurait lieu dans le germe même, ou pendant la période d'incubation, et les circonstances extérieures, si souvent invoquées, le climat, le mi-

---

[1]. Si l'on songe que dans certaines parties du continent américain, formées par des polypiers accumulés, on peut, suivant Agassiz, remonter jusqu'à 200,000 ans en arrière, on voit que l'on peut atteindre ainsi jusqu'au 250ᵉ de la durée totale de la vie animale sur le globe : or, si à cette profondeur d'antiquité, on n'a pu surprendre l'ombre même d'une variation, comment croire que 250 fois plus de temps peuvent avoir suffi pour traverser l'intervalle qui sépare la cellule primitive de l'humanité !

lieu, les habitudes n'auraient que très-peu d'importance : « Quand les espèces varient, dit M. Naudin, elles le font *en vertu d'une propriété intrinsèque et innée qui n'est qu'un reste de la plasticité primordiale ;* et les conditions extérieures n'agissent qu'en déterminant la rupture d'équilibre qui permet à cette plasticité de produire ses effets. » La *sélection naturelle* de Darwin, dans cette hypothèse, ne joue plus qu'un rôle très-secondaire. Les espèces tombent d'elles-mêmes, lorsqu'elles ont épuisé la quantité de force plastique qu'elles contenaient, comme elles naissent en vertu de cette même force : « Dans ma manière de voir, dit l'auteur, les faibles périssent parce qu'ils sont arrivés à la limite de leurs forces, et ils périraient même sans la concurrence des plus forts. » En un mot, le point de vue de M. Naudin (et il est fait pour plaire aux métaphysiciens) est de remplacer, dans la théorie de l'évolution, les causes extérieures, accidentelles, purement fortuites, par une force plastique interne qui d'un protoplasma primordial « tire les grandes lignes de l'organisation, puis les lignes secondaires, et descendant du général au particulier, toutes les formes actuellement existantes, qui sont nos espèces, nos races, nos variétés. »

Cette doctrine, si elle est vraie (et les raisons données par M. Naudin nous paraissent d'une grande force), laisse subsister tout le prodige des causes finales, et détruit évidemment tout ce qu'on croyait avoir gagné par le Darwinisme. Celui-ci, en effet, essayait d'expliquer l'organisme comme la résultante de mille causes internes ou externes qui devaient produire nécessairement des milliers de formes quelconques parmi lesquelles la concurrence vitale se chargeait de faire un choix. On dissimulait ainsi la part du hasard, et le nombre incalculable de circonstances heureuses qu'il fallait supposer se perdait dans l'immensité du temps. Mais si le passage d'une forme à l'autre est brusque et soudain, le problème est toujours le même, et l'évolutionisme ne fournit aucune issue nouvelle pour échapper à la difficulté : Comment la matière trouve-t-elle spontanément et à l'aveugle des appropriations si étonnantes ? Comment réalise-t-elle tant d'idées différentes ? Comment suit-elle des plans et des combinaisons si compliquées ? Le passage d'une forme à l'autre n'est-il pas une vraie création ?

Déjà dans le Darwinisme, nous l'avons vu, le principe de la sélection naturelle nous avait paru insuffisant sans l'intervention du principe de finalité. Que l'on se représente, en effet, le nombre des circonstances heureuses qui devraient s'accumuler pour produire, je ne dis pas l'organisme humain, mais seulement une patte de mouche ? et dans la masse innombrable des accidents fortuits à laquelle elle serait sujette, comment la machine organisée pourrait-elle résister et survivre, si elle n'avait pas en elle-même une force plastique et esthétique, qui fait prédominer la forme utile sur les formes nuisibles et embarrassantes ? Mais si l'évolutionisme lent a lui-même besoin de finalité, l'évolutionisme brusque l'exige d'une manière plus impérieuse encore : car, excluant les tâtonnements et les longues expériences, il ne peut expliquer l'apparition des formes que par une *plasti-cité* intérieure, qui n'est, sous une autre forme, que « le *principe de finalité*, puissance mystérieuse, dit M. Naudin, indéterminée, fatalité pour les uns, pour les autres volonté providentielle, dont l'action incessante sur les êtres vivants détermine à toutes les époques de l'existence du monde la forme, le volume et la durée de chacun d'eux, en raison de sa destinée dans l'ordre de choses dont il fait partie? C'est cette puissance qui harmonise chaque membre à l'ensemble en l'appropriant à la fonction qu'il doit remplir dans l'organisme général, fonction qui est pour lui sa raison d'être [1]. »

En résumé, la théorie de l'évolution appliquée aux formes organiques peut avoir deux sens : ou bien elle n'exprime rien autre chose que la gradation des êtres organiques, s'élevant peu à peu ou par intervalles des formes moins parfaites à des formes plus parfaites ; et dans ce sens, cette théorie qui est celle de Leibniz et de Ch. Bonnet n'a rien d'opposé à la doctrine des causes finales, et même au contraire, elle l'appelle naturellement ; — ou bien, la théorie de l'évolution n'est que la théorie du hasard, sous une forme plus savante ; elle exprime les tâtonnements successifs qu'a essayés la nature, jus-

---

1. *Revue horticole*, 1852, p. 102. — L'analyse précédente de la théorie de M. Naudin est tirée de son Mémoire sur les *Espèces affines et la théorie de l'évolution* (*Revue scientifique*, 6 mars 1875). Pour une appréciation plus détaillée du système de l'évolution, voir à l'Appendice la dissertation sur *Herbert Spencer et l'évolutionisme*.

qu'à ce que les circonstances favorables aient amené tel coup de dé que l'on appelle une organisation faite pour vivre; et ainsi entendue, la doctrine de l'évolution tombe sous les objections qu'une telle hypothèse a soulevées dans tous les temps. Le transformisme, sous quelque forme qu'il se présente, n'ébranle donc aucune des raisons que nous avons données plus haut en faveur de la finalité naturelle; car d'une part il n'est pas inconciliable avec elle; et de l'autre, il est inexplicable sans elle.

Cette dernière épreuve franchie, nous pouvons croire accomplie notre première tâche, qui était d'établir l'existence d'une loi de finalité dans la nature. Quelle est maintenant la cause première de cette loi? Cette seconde question, bien plus ardue encore que la première, sera l'objet de la seconde partie.

LIVRE II

LA CAUSE PREMIÈRE DE LA FINALITÉ

LIVRE II

LA CAUSE PREMIÈRE DE LA FINALITÉ

Si l'on admet la série des inductions que nous avons développées dans le livre précédent, on sera amené à cette conclusion : qu'il y a des buts dans la nature. Mais entre cette proposition, et cette autre qu'on en déduit généralement, à savoir : qu'un entendement divin a tout coordonné vers ces buts; — entre ces deux propositions, dis-je, il y a encore un assez large intervalle.

Qu'avons-nous vu en effet? Que l'intelligence humaine agit pour des buts; que, par analogie, on doit admettre que les animaux agissent pour des buts, non-seulement dans leurs actions dites intelligentes, mais encore dans leurs actions instinctives; qu'enfin, par extension du même raisonnement, la nature vivante doit être considérée comme agissant aussi pour des buts. Ainsi notre argument signifierait que la nature vivante exprime, dans sa forme rudimentaire, la même propriété qui se manifeste sous sa forme la plus saillante, dans l'intelligence humaine : à savoir la propriété d'agir pour des buts, ou finalité. La finalité est donc une des propriétés de la nature : voilà ce qui résulte de l'analyse précédente. Mais comment cette analyse nous ferait-elle sortir de la nature? Comment nous ferait-elle passer des faits à la cause? La force de notre argument consiste précisément en ce que nous ne changeons pas de genre; mais que dans un seul et même genre, à savoir la nature, nous poursuivons le même fait, ou la même propriété sous des formes différentes : mais si au contraire, au lieu de suivre la même filière, soit en la montant, soit en la descendant, nous passons subitement de la nature à sa cause, et si nous disons : Il y a dans la nature tel être (lui-même membre et partie du tout), qui agit d'une certaine manière : donc la cause première de ce tout a dû agir de la même manière; si, dis-je, nous raisonnons ainsi, et c'est là ce qu'on appelle généralement la preuve de Dieu par les causes finales, il n'est pas douteux que nous ne fassions là un raisonnement bien hardi et bien téméraire, qui, en tout cas, n'est nullement contenu dans le précédent.

La légitime et naturelle impatience des âmes croyantes, qui voudraient que la philosophie leur garantît une évidence de raison égale à l'évidence de sentiment qui les subjugue, supporte difficilement que l'on apporte en de tels problèmes les méthodes de tâtonnement, d'approximation, d'examen contradictoire qui sont les traits propres de la méthode scientifique. Il est cruel de voir peser dans la balance d'une dialectique subtile les plus nobles croyances de l'humanité. A quoi sert la philosophie, nous dit-on, si ce n'est à obscurcir ce qui est clair et à ébranler ce qu'elle défend ? On a cru faire un suffisant éloge de tel philosophe spiritualiste en disant : Il n'empêche pas de croire en Dieu. Dans cet ordre d'idées, en effet, il semble que la démonstration affaiblisse plus qu'elle ne prouve, jette plus de doute que de lumière, et nous apprenne à disputer plus qu'à décider.

Nous sommes autant que qui que ce soit, sensible à cette inquiétude et à ce tourment : et le fait que l'on signale, et qui n'est que vrai, est une des preuves de la faiblesse de l'esprit humain. Mais c'est précisément aussi une des grandeurs de l'esprit humain d'apprendre à considérer d'une manière mâle et paisible sa condition naturelle, et de chercher courageusement à y remédier. Nous distinguons pour notre part, même dans l'ordre naturel, deux choses : la croyance et la science : l'une ayant pour objet de remplir les lacunes de l'autre. Il y a une foi naturelle, pratique, morale à l'existence d'une divinité, qu'aucune démonstration ne peut égaler, à laquelle aucun raisonnement n'est adéquat [1]. Mais si l'âme a besoin de croire, elle

---

[1] « Un seul soupir vers le futur et le meilleur, dit admirablement Hemsterhuys, est une démonstration plus que géométrique de la divinité. » (*Aristée* — Œuvres d'Hemsterhuys, édit. 1719, tom. II, p. 87. — Voir sur la philosophie si curieuse d'Hemsterhuys le travail de M. Em. Grucker, Paris, 1866.)

a aussi besoin de savoir : elle veut essayer de s'expliquer les causes des choses par les lois de la raison : et c'est une des plus hautes tentations de l'esprit humain d'égaler sa science à sa foi, *fides quærens intellectum*. De là, la nécessité d'appliquer les méthodes abstraites et discursives de la science à ce qui semblerait ne devoir être qu'un objet d'amour et d'espérance : c'est déjà, à ce qu'il semble, quelque chose d'irrespectueux. La démonstration, même fût-elle aussi affirmative que possible, est déjà un manque de respect : car elle met en question ce qu'on veut démontrer. *An Deus sit?* dit St Thomas d'Aquin au commencement de la Somme; et fidèle au procédé scholastique, il répond d'abord : *Dico quod non*. Mais qui lui garantit à ce saint théologien qu'il retrouvera à la fin de son argument ce qu'il a nié au commencement? S'il en est sûr d'avance, pourquoi fait-il semblant de le chercher? N'est-ce donc que pour la forme qu'il raisonne? Qu'il se taise alors : qu'il prie, qu'il prêche : mais qu'il laisse cet instrument à double tranchant avec lequel il ne faut pas jouer.

Mais c'est ce qui est impossible. Aucun croyant ne renoncera à la tentation de démontrer ce qu'il croit; et le voulût-il, il y serait bientôt forcé par l'attaque. Dès lors l'application des méthodes froides de la science devient nécessaire; et avec la science, paraissent toutes les difficultés inhérentes à l'emploi de ces méthodes : dès lors le droit strict pour celui qui les emploie, de proportionner les affirmations à l'évidence, suivant la règle de Descartes. Je ne suis tenu qu'à une chose comme philosophe :

admettre pour vrai ce qui me paraît évident; rien de plus. Qu'il y ait un très-large écart entre les démonstrations de la science et les instincts de la croyance, c'est ce qui s'explique de soi : car une démonstration adéquate de la divinité, de son existence et de son essence, supposerait une raison qui lui serait adéquate. La raison absolue peut seule connaître tel qu'il est l'être absolu. Si donc la foi anticipant sur cette science impossible nous donne la certitude morale, la science ne peut donner qu'une connaissance relative, approximative, sujette à révision dans un autre état de connaissance, mais qui, pour nous, est le mode de représentation le plus rapproché auquel nous puissions atteindre. Lorsque Bacon a dit que nous ne connaissions Dieu que par un rayon réfracté (*radio refracto*), cette expression, admirée de tous, signifie bien que la représentation que nous en avons n'est pas adéquate, sans être cependant infidèle : de même que la projection d'un cercle n'est pas un cercle, quoiqu'elle en reproduise fidèlement toutes les parties.

Revenons à la question posée au début de ce chapitre : L'existence des fins dans la nature équivaut-elle à l'existence d'une cause suprême, extérieure à la nature, et poursuivant ces fins avec conscience et réflexion ? La démonstration d'une telle cause est ce que l'on appelle dans les écoles la preuve *physico-théologique* de l'existence de Dieu.

Cette preuve, comme on sait, a été ramenée à un syllogisme, dont la majeure est que : tout ordre, ou pour parler plus rigoureusement, toute appropriation de moyens et de buts suppose une intelligence; et la mineure est que : la nature nous présente de l'ordre et une appropriation des moyens et des buts.

Nous nous sommes bornés jusqu'ici à l'analyse et à la discussion de la mineure.

Reste maintenant la majeure de l'argument. La finalité étant une loi de la nature, quelle est la cause première de cette loi? Cette cause, dit la voix traditionnelle des écoles depuis Socrate jusqu'à Kant, c'est l'intelligence, donc il y a une cause suprême intelligente. Cette conclusion est-elle légitime? Tel sera l'objet de la seconde partie de ce traité.

CHAPITRE PREMIER

LA PREUVE PHYSICO-THÉOLOGIQUE

Dans une de ses plus profondes comédies, Molière fait donner par un valet naïf et dévot une leçon de théodicée à un maître sceptique et railleur. Il fait parler ainsi le bon Sganarelle à l'incrédule Don Juan : « Je n'ai point étudié comme vous, Dieu merci, et personne ne saurait se vanter de m'avoir jamais rien appris ; mais avec mon petit sens, mon petit jugement, je vois les choses mieux que les livres, et je comprends fort bien que ce monde que nous voyons n'est pas un champignon qui soit venu tout seul en une nuit. Je voudrais bien vous demander qui a fait ces arbres-là, ces rochers, cette terre et ce ciel que voilà là-haut et si tout cela s'est bâti de lui-même... Pouvez-vous voir toutes les inventions dont la machine de l'homme est composée sans admirer de quelle façon cela est agencé l'un dans l'autre ; ces nerfs, ces os, ces veines, ces artères, ces... ce poumon, ce cœur, ce foie, et tous ces autres ingrédients qui sont là et qui... Mon raisonnement est qu'il y a quelque chose d'admirable dans l'homme, quoi que vous puissiez dire, et que tous les savants ne sauraient expliquer [1]... »

Sous cette forme comique et naïve Molière expose la preuve la plus saisissante et la plus ancienne de l'existence de Dieu, celle qui persuade le plus les hommes, et que les philosophes ont appelée la preuve des *causes finales*. C'est cet argument que Fénelon développe avec tant d'abondance et tant d'éloquence dans son traité de l'*Existence de Dieu*, que Cicéron avant lui avait exposé presque dans les mêmes termes dans son *De natura Deorum*, que Socrate paraît avoir le premier employé; et que Kant, lui-même, tout en le critiquant, ne mentionne jamais sans une respectueuse sympathie.

Cette preuve classique et traditionnelle a été exposée mille fois sous les formes les plus variées et quelquefois les plus piquantes. Donnons-en quelques exemples.

L'illustre Képler, dont l'âme était aussi religieuse que son génie était puissant, trouvait partout matière à des réflexions philosophiques ou scientifiques. Un jour qu'il avait longtemps médité sur les atomes et leurs combinaisons, il fut, nous raconte-t-il lui-même, appelé à dîner par sa femme, Barbara, qui apporta sur la table une salade : « Penses-tu, lui dis-je, que si depuis la création, des plats d'étain, des feuilles de laitue, des grains de sel, des gouttes d'huile et de vinaigre et des frag-

---

1. *Le festin de Pierre*, act. III, sc. I.

ments d'œufs durs flottaient dans l'espace en tous sens et sans ordre, le hasard pût les rapprocher aujourd'hui pour former une salade? — Pas si bonne à coup sûr, répondit ma belle épouse, ni si bien assaisonnée que celle-ci [1]. »

Un philosophe écossais, le sage Beattie, eut l'ingénieuse idée de mettre en action la preuve des causes finales, pour inspirer à son jeune enfant la croyance à la Providence. Cet enfant avait cinq ou six ans, et commençait à lire ; mais son père n'avait pas encore voulu lui parler de Dieu, pensant qu'il n'était pas en âge de comprendre de telles leçons. Pour faire pénétrer dans son esprit cette grande idée d'une manière proportionnée à son âge, il s'avisa de l'expédient suivant. Dans un coin d'un petit jardin, sans informer personne de cette circonstance, il traça sur la terre avec le doigt les trois lettres initiales du nom de son enfant, et semant des cressons de jardin dans les sillons, il recouvrit la semence et aplanit la terre. « Dix jours après, nous dit-il, l'enfant accourut à moi, et, tout étonné, il me dit que son nom avait poussé dans le jardin. Je souris à ces mots et parus ne pas attacher grande importance à ce qu'il me disait. Mais il insista pour me conduire voir ce qui était arrivé : « Oui, lui dis-je, en arrivant au lieu du phénomène, je vois bien qu'il en est ainsi ; mais il n'y a rien là de bien étonnant : c'est un pur hasard ; » et je m'en allai. Mais il me suivit, et, s'attachant à mes pas, il me dit avec un grand sérieux : « Il ne

---

1. M. Bertrand, *Les fondateurs de l'Astronomie moderne*, p. 154.

peut y avoir là de hasard. Il faut que quelqu'un ait préparé les graines pour amener ce résultat. » Ce ne furent peut-être pas là ses propres mots ; mais ce fut la substance de sa pensée. « Tu penses donc, lui dis-je, que ce qui se montre à nous, aussi régulier que sont les lettres de ton nom, ne peut être le produit du hasard. — Oui, dit-il fermement, je le pense ainsi. — Eh bien, regarde-toi toi-même, considère tes mains et tes doigts, et tes jambes et tes pieds, et tous tes membres, ne te paraissent-ils pas réguliers dans leur apparence, et utiles dans leur usage? Oui, sans doute. Peuvent-ils donc être le résultat du hasard? — Non, répondit-il, cela ne se peut pas, quelqu'un doit m'avoir fait. — Et qui est ce quelqu'un? » lui dis-je. Il me répondit qu'il ne le savait pas. Je lui fis connaître alors le nom du grand Être, qui a fait tout ce monde, et je lui donnai sur sa nature toutes les leçons qui pouvaient être appropriées à son âge. La leçon le frappa profondément, et il ne l'a jamais oubliée, non plus que la circonstance qui en a été l'occasion. »

Transportons-nous maintenant dans le salon du baron d'Holbach, dans cette société où chacun renchérissait sur l'athéisme de son voisin, au point de scandaliser même Duclos; écoutons l'abbé Galiani, le spirituel improvisateur, si ami du paradoxe, qu'il ne craignait pas de défendre Dieu contre ses amis les encyclopédistes. Voici la scène, telle que la rapporte l'abbé Morellet : « Après le dîner et le café pris, l'abbé s'assied dans un fauteuil les jambes croisées en tailleur, c'était sa manière, et, comme il faisait chaud, il prend sa perruque d'une main, et gesticulant de l'autre, il commence à peu près ainsi : Je suppose, messieurs, celui d'entre vous qui est le plus convaincu que le monde est l'effet du hasard, jouant aux trois dés, je ne dis pas dans un tripot, mais dans la meilleure maison de Paris, et son antagoniste amenant une fois, deux fois, trois fois, quatre fois, constamment enfin rafle de six. Pour peu que le jeu dure, mon ami Diderot qui perdrait ainsi son argent, dira sans hésiter, sans douter un seul instant : Les dés sont pipés, je suis dans un coupe-gorge. Ah ! philosophe ! comment : parce que dix ou douze coups de dés sont sortis du cornet de manière à vous faire perdre six francs, vous croyez fermement que c'est en conséquence d'une manœuvre adroite, d'une combinaison artificieuse, d'une friponnerie bien tissue ; et en voyant dans cet univers un nombre si prodigieux de combinaisons, mille et mille fois plus difficiles et plus compliquées, et plus soutenues et plus utiles, etc., vous ne soupçonnez pas que les dés de la nature sont aussi pipés, et qu'il y a là-haut un grand fripon, qui se fait un jeu de vous attraper. »

Il est inutile de multiplier les divers exemples par lesquels on a essayé de rendre sensible la force de cette preuve, et qui rentrent tous dans le même moule [1]. La plus ancienne forme que l'on en connaisse est celle du jet des vingt-quatre lettres de l'alphabet qui, suivant Cicéron, Fénelon, et tant d'autres, ne

---

[1]. On peut encore citer l'exemple donné par Tillotson dans un de ses sermons : « Si vingt mille aveugles, dit-il, partaient sans guide de divers endroits de l'Angleterre éloignés les uns des autres, quelle chance y aurait-il à ce qu'ils finissent par se rencontrer tous rangés sur une seule ligne dans la plaine de Salisbury ? »

pourrait produire un seul vers de l'Iliade[1]. En un mot, le nœud de la preuve, c'est que le hasard ne produira jamais une œuvre ordonnée.

Cette dernière forme de la preuve, à savoir le jet des lettres de l'alphabet, en même temps qu'elle lui donne l'aspect le plus saisissant, est cependant aussi celle qui fournit précisément l'objection. On sait en effet que le hasard n'est pas l'impossibilité. Une chose peut n'arriver que par hasard, et arriver cependant. Il suffit pour cela qu'elle n'implique pas contradiction. Il n'y a aucune raison pour que les chiffres qui composent la date de l'avénement de Louis XIV (1643), celle de son gouvernement personnel (1661), celle de sa mort (1715) forment toujours le même nombre (14) et que ce nombre soit précisément celui de son rang parmi ses homonymes (Louis XIV); et cependant quelque peu probables que soient ces rencontres, elles ont eu lieu; et personne ne supposera sérieusement que ce soit la Providence qui se soit amusée à cette sorte de jeu, comme un philosophe qui, pour se distraire, s'aviserait de jouer à l'escamoteur. L'improbable peut donc arriver; seulement il arrive très-rarement, et, par exemple, on ne trouverait pas de pareilles rencontres dans l'histoire de tous les rois; mais on sait que pour arriver à telle combinaison donnée, plus les jets sont fréquents, plus l'événement devient probable. On sait que le calcul mathématique peut déterminer le degré de

---

[1]. On ne sait pas qui a employé cet argument pour la première fois : on peut en trouver peut-être le germe dans un texte d'Aristote, *De gen. et corrupt.*, l. 2.

probabilité de chaque événement, et qu'il est égal à une fraction dont le dénominateur exprime la totalité des chances, et le numérateur le nombre de ces chances, nombre qui augmente avec le nombre des jets. En partant de cette donnée, on peut calculer quelle chance il y aurait à ce qu'en tirant l'une après l'autre les lettres de l'alphabet, on arrivât à produire le vers de l'Iliade. Si donc on jetait les lettres le nombre de fois donné, non-seulement la production du vers de l'Iliade serait possible, mais elle serait certaine. C'est là évidemment une concession qu'il faut faire aux adversaires de l'argument [1]. Cependant ils

---

[1]. C'est ce que démontre solidement M. Charpentier dans son ingénieux mémoire sur la *Logique du probable*, déjà cité plus haut (p. 214). — Mais il essaie lui-même de reprendre l'avantage sur l'argument épicurien par un argument qui lui est propre. Qu'une combinaison fortuite, dit-il, puisse avoir lieu une fois, cela n'est pas étonnant et doit même arriver très-certainement dans l'infini des temps : mais que cette combinaison se reproduise une seconde fois, une troisième fois de suite, et même un nombre infini de fois, voilà ce que le calcul des probabilités ne permet pas d'admettre : or le monde dure depuis un temps, sinon infini, du moins indéterminé ; c'est donc que la combinaison dont il résulte a dû se reproduire continuellement, et se reproduit encore chaque jour, ce qui est inadmissible. Ainsi, ce qui combat l'objection épicurienne, ce ne serait point l'existence du monde, mais sa durée. — Malgré ce qu'il y a d'ingénieux dans cette objection, nous ne pensons pas qu'elle soit décisive. Le monde, en effet, n'est pas la répétition d'une combinaison qui revient à plusieurs fois par des jets différents : c'est une seule et même combinaison, dont le caractère propre est qu'une fois trouvée, elle dure, parce qu'elle a précisément en soi des conditions de durée et de stabilité : soit donnée, en effet, telle rencontre de distances et de masses entre les atomes, il s'ensuivra, par exemple, un mouvement circulaire (celui des astres), qui en vertu de la loi de l'inertie durera éternellement, tant qu'une cause nouvelle ne viendra pas l'interrompre : et de même pour les autres conditions de régularité, que nous constatons dans le monde. A la vérité, on peut se demander si le hasard est capable de produire un monde absolument stable; mais aussi le monde tel qu'il est, est-il absolument stable ? c'est ce que nous ne savons pas ; et il peut y avoir telle cause inconnue, qui en amènerait un jour la dissolution (par exemple, la loi d'entropie de M. Clausius; voir plus haut p. 225). S'il en était ainsi, le monde aurait une fin : il serait donc, comme toutes les autres combinaisons, une combinaison instable : seulement il aurait duré plus longtemps : or qu'est-ce qu'un milliard de siècles dans l'infini ?

n'auraient pas encore gagné grand'chose par là : car pour faire ces jets, il faudrait encore une main et une intelligence; les lettres de l'imprimerie n'iront pas d'elles-mêmes quitter leurs casses pour jouer à ce jeu; une fois tombées, elles ne se relèveront pas pour recommencer. Il reste donc que l'événement dont il s'agit est d'une improbabilité qui, dans la pratique, équivaut à l'impossibilité. Mais en est-il de même, si nous passons de ce cas particulier au cas le plus général possible, c'est-à-dire à celui d'atomes doués de mouvements, et qui sont mus dans l'espace vide pendant un temps infini? Si le temps est infini, le nombre des jets pourra être infini. Dès lors, il suffit qu'une combinaison soit possible pour qu'elle se produise. Or la combinaison qui compose le monde actuel est possible puisqu'elle est : donc elle devra se produire infailliblement un jour ou l'autre. Cette difficulté est très-ancienne : les épicuriens l'ont connue et s'en sont servis. Il était à peine besoin de connaître le calcul des probabilités pour la trouver : c'était une objection suggérée par le simple bon sens. Fénelon l'expose en ces termes : « Les atomes, dit-on, ont un mouvement éternel; leur concours fortuit doit avoir déjà épuisé dans cette éternité des combinaisons infinies. Qui dit infini, dit quelque chose qui comprend tout sans exception. Parmi ces combinaisons infinies des atomes qui sont déjà arrivées successivement, il faut nécessairement qu'on y trouve toutes celles qui sont possibles.... Il faut donc que la combinaison des atomes, qui fait le système présent du monde, soit une des combinaisons que les atomes ont eues successivement. Ce principe posé, faut-il s'étonner que le monde soit tel qu'il est? Il a dû prendre cette forme précise un peu plus tôt ou un peu plus tard. Nous nous trouvons actuellement dans ce système. »

Fénelon combat cette objection des Epicuriens en niant que le nombre des combinaisons puisse être infini : car « aucun nombre, dit-il, n'est infini. » Soit un nombre que l'on prétend infini, je puis toujours en retrancher une unité; dès lors il deviendra fini : mais s'il est fini, moins une unité, il ne peut être infini, plus une unité; autrement ce serait cette unité même qui le ferait infini. Mais une unité est elle-même quelque chose de fini. Or le fini ajouté au fini ne peut faire l'infini. De même à quelque nombre que ce soit, je puis ajouter une unité : il n'était donc pas infini avant l'addition de cette unité. Il suit de ce raisonnement qu'aucun nombre actuellement réalisé ne peut être infini, et que par conséquent, le nombre des combinaisons d'atomes ne peut être infini. Le principe étant renversé, la conséquence tombe par là même.

Je ne sais si cette argumentation de Fénelon, lors même qu'on en admettrait le principe (à savoir qu'aucun nombre ne saurait être infini), je ne sais, dis-je, si cette argumentation va bien au but, et je suis porté à croire qu'elle fortifierait plutôt l'objection épicurienne. En effet, le fort de cette objection n'est pas dans l'hypothèse d'un nombre infini de combinaisons, mais dans l'hypothèse d'un temps infini, qui permet aux atomes de prendre successivement toutes les combinaisons possibles. Or, cette combinaison-ci est possible, puisqu'elle est. Peu importe donc que le nombre possible des combinaisons soit infini ou non; au contraire, si ce nombre est fini, il y a plus de chance que celle-ci où nous sommes arrive dans un temps infini. Supposez en effet qu'il n'y ait que mille combinaisons possibles (celle où nous sommes étant une des mille, ce qui est prouvé par le fait puisqu'elle existe) il y aura plus de chance que cette combinaison-ci arrive, que s'il y avait un million, un milliard, un infini de combinaisons possibles. Plus vous multipliez le nombre de combinaisons, plus vous rendrez surprenante la réalisation de la combinaison actuelle, au point que même avec un temps infini, on se demande si une telle combinaison doit arriver nécessairement, ce que Fénelon accorde trop aisément. Supposer en effet que le monde passe successivement par toutes les combinaisons possibles, et qu'il les parcourt toutes tour à tour, c'est supposer un certain ordre, un certain plan dans la suite des combinaisons, ce qui contredit l'idée du hasard. Il est clair qu'il pourra passer très-souvent par des combinaisons semblables, que celles qui reviendront le plus souvent seront les plus faciles, que celles où il y a un engrenage très-compliqué (fussent-elles possibles à la rigueur) ne se présenteront que très-difficilement, et malgré le temps infini, ont une chance infinie contre leur réalisation. On peut donc parier en quelque sorte l'infini contre un que la combinaison actuelle ne se réalisera pas, quelque considérable que soit la série des siècles.

Mais laissons de côté le calcul des probabilités, et atteignons l'argument épicurien à l'endroit vraiment sensible. Le fort de cet argument consiste à supposer que la combinaison actuelle fait partie de la série des combinaisons possibles des atomes. Elle est possible, dit-on, car elle est. Je dis que c'est poser ce qui est en question. La question en effet est de savoir si le monde est possible sans une cause intelligente : ceux qui le nient soutiennent que l'un des éléments de la combinaison est précisément l'intelligence, de telle sorte que si l'on supprime cet élément intellectuel le monde cesse d'être possible. N'est-ce pas comme si l'on disait : Ce tableau est possible, car il est : donc il n'y a pas eu de peintre. Je le nie ; car sans peintre le tableau n'est pas possible. On confond ici la possibilité logique et la possibilité réelle. Est possible logiquement ce qui n'implique pas contradiction. Or telle rencontre de couleurs (par exemple, tel tableau) n'implique pas contradiction, puisqu'elle est : elle est donc logiquement possible : mais pour passer de cette possibilité logique à la possibilité réelle, ne faut-il pas une cause précise, un agent déterminé ? C'est du moins ce que nous prétendons ; et c'est résoudre la question par la question, que nier la condition qui est l'objet du débat, en affirmant *à priori* une possibilité que nous n'accordons que sous cette condition même.

En outre, c'est encore une question de savoir si le monde actuel serait possible, si les éléments dont il se compose n'avaient pas été choisis et préparés précisément pour que ce monde existât; de telle sorte, que si l'on suppose au contraire des éléments quelconques non préparés, la combinaison actuelle deviendrait impossible. En effet, pour qu'une œuvre composée et combinée ait lieu, il ne suffit pas de matériaux indéterminés, indifférents à toute forme; il faut tels matériaux, de telle forme, de telle disposition. Pour faire une table, par exemple, il ne suffit pas de morceaux de bois d'une forme quelconque, sphères, cubes, pyramides, ou tout autres solides, plus ou moins réguliers; il faut du bois coupé en planchettes; de même pour composer une ligne d'imprimerie, il ne suffit pas de petits morceaux de cuivre ou de plomb; il faut des caractères, c'est-à-dire des lettres. Si les matériaux ne sont pas appropriés à la chose qu'ils doivent réaliser, ils auront beau se mouvoir pendant des temps infinis, ils ne produiront pas cette œuvre, elle est pour eux en dehors des combinaisons possibles: elle est incompatible avec leur essence. Des grains d'or se mouvant à l'infini dans un temps infini, ne feront jamais un brin d'herbe.

Je dis donc que pour que le monde actuel soit possible, il faut déjà que les premiers éléments dont il se compose aient une essence déterminée, telle qu'au nombre des combinaisons possibles de ces éléments soit précisément celle-ci. J'ajoute même qu'en parlant de combinaisons possibles autres que celle-ci, on s'exprime mal; car tout ce qui résulte ou peut résulter de l'essence des éléments fait partie précisément de la combinaison actuelle. J'appelle *univers*, en effet, l'ensemble des phénomènes passés, présents, futurs qui ont suivi du premier jet des éléments. Il n'y a donc jamais eu qu'une combinaison[1] ; et dès le premier jet le monde actuel était trouvé sans tâtonnement et sans coup de dés : il n'y a eu qu'un jet, et ce jet, c'est le monde harmonieux et régulier, dont nous ne voyons qu'un moment et qu'une face, mais qui embrasse dans son unité toutes les faces et tous les moments que l'imagination peut concevoir. Pour imaginer un autre monde, d'autres combinaisons, il faut supposer, s'il est possible, d'autres éléments, mais qui n'ont jamais été réalisés, et qui n'ont jamais existé; sans quoi le monde actuel n'aurait jamais existé non plus puisqu'il n'est compatible qu'avec tels éléments et non avec tels autres.

Il suit de là que la prétendue infinité des combinaisons dont serait résulté à la fois le monde actuel implique contradiction, que dès le premier moment, c'était déjà le monde actuel (non la phase à laquelle nous assistons, mais telle phase antérieure liée à celle-ci). Le monde actuel existe donc de toute éternité (s'il existe par lui-même), et il n'y en a jamais eu d'autres. Il y a donc lieu de se demander comment un tel monde, si régulier et si sage, a réussi seul à exister, entre tant de mondes autres qui pouvaient être; et si l'on dit qu'aucun autre que celui-ci ne pouvait exister (ce que nous ne savons

---

1. Cette assertion n'a rien de contraire à la doctrine du libre arbitre : car le libre arbitre ne s'exerce pas aux dépens des lois de la nature, et ne peut rien changer aux conditions essentielles de la combinaison actuelle : il ne se montre que dans la sphère même de ces conditions.

pas d'ailleurs), il y aura toujours à se demander comment le seul monde possible soit précisément celui où règnent l'ordre, l'harmonie et la raison.

Que l'on ne croie pas maintenant résoudre la question en appliquant à la formation des mondes le principe darwinien de la lutte pour l'existence et de la sélection naturelle. Il en est des mondes, pourrait-on dire, comme des espèces vivantes ; le mieux organisé est le plus durable ; et entre tous les possibles, celui-là seul a duré qui s'est trouvé avoir des conditions de stabilité. La comparaison est très-fausse. Une espèce, pour durer et pour vivre, a besoin d'être appropriée au milieu : celle en laquelle se rencontrera le plus d'appropriation, sera la plus durable : celle où il n'y en aura pas du tout, ne durera qu'un moment, ou n'existera même pas. Mais le monde n'a pas à s'approprier à un milieu puisqu'il est lui-même le tout : qu'a-t-il besoin d'être organisé, harmonieux, régulier ? Et pourquoi ne subsisterait-il pas à l'état de chaos ? Pour l'ensemble des choses, l'absence d'ordre et de régularité n'est pas comme pour les espèces vivantes un principe de destruction. Les matériaux étant éternels et nécessaires, qu'importe qu'ils soient dans un ordre, ou dans un autre, ou même qu'importe qu'ils n'aient point d'ordre du tout : ils n'en subsisteront pas moins : un chaos n'a donc pas moins de chances d'exister qu'un cosmos. Dans la concurrence des possibles à l'être, l'un est l'égal de l'autre. Sans doute, Leibniz a dit justement que dans cette compétition des possibles, c'est la perfection qui est la cause de choix : mais c'est qu'il se place précisément au point de vue de la cause finale, et non de la cause matérielle. Au point de vue de la pure matière, tous les possibles sont égaux, et la sélection n'y peut rien. Dès lors, ma question revient : comment le seul monde qui ait réussi à exister est-il précisément le monde de l'ordre et de l'harmonie ?

D'ailleurs l'objection épicurienne, si on l'acceptait, irait beaucoup plus loin qu'on ne se le figure : si tout est le produit du hasard, il faut admettre que non-seulement l'ordre intentionnel de la nature, mais même l'ordre physique et mathématique est purement fortuit et contingent ; car une fois dans cette voie, pourquoi ne supposerait-on pas que c'est le hasard qui produit une constance apparente dans les lois de la nature, semblable par exemple à la constance de la chance, chez un joueur heureux ? Il n'y a pas de lois, dira-t-on, mais de simples rencontres qui jusqu'ici ont été plus fréquentes que d'autres. L'ordre des choses n'aurait pas alors plus de valeur que leur bonté ; et la science serait aussi arbitraire que l'esthétique. Mais personne ne va jusque-là ; et au contraire c'est au nom de la science et des lois de la nature que l'on combat la finalité ; mais si on ne croit pas que le hasard puisse produire des lois qui ont toute la rigueur mathématique, pourquoi admettrait-on qu'il peut produire l'apparence de l'ordre et de la sagesse ?

Mais n'insistons pas sur un argument aujourd'hui suranné, et que personne en réalité ne soutient plus, qui d'ailleurs pris à la rigueur entraînerait beaucoup plus loin que personne ne veut aller. Du point où en était la discussion au temps de Fénelon, arrivons au point où elle en est aujourd'hui, c'est-à-dire où elle a été portée par la critique de David Hume, de Kant et de Hegel.

Kant ramène la preuve physico-théologique aux différents points suivants : 1º Il y a partout dans le monde des signes manifestes d'une ordonnance réglée sur un dessin ; 2º cette ordonnance harmonieuse n'est pas inhérente aux choses du monde ; elle ne leur appartient que d'une manière contingente ; 3º il existe donc une (ou plusieurs) cause sage sublime qui a dû produire le monde, non pas seulement comme une nature toute-puissante agissant aveuglément par sa *fécondité*, mais comme une intelligence, par sa *liberté* ; 4º l'unité de cette cause se conclut de celle des rapports mutuels des parties du monde envisagées comme les diverses pièces d'une œuvre d'art.

Kant commence par écarter, tout en la signalant, une difficulté des plus importantes, que lui-même cependant paraît considérer ici comme une chicane, mais qui, dans la *Critique du Jugement*, et dans la philosophie allemande ultérieure, deviendra le point de départ de toute une révolution dans le concept de la finalité : « *Nous ne chicanerons pas* ici la raison naturelle, dit-il, sur ce raisonnement, où *se fondant sur l'analogie de quelques productions de la nature avec les produits de l'art humain, elle conclut que la nature doit avoir pour principe une causalité du même genre.* » Ce raisonnement analogique est, on le sait, celui dont nous nous sommes servis jusqu'ici pour prouver la finalité naturelle : mais, pour nous prémunir précisément contre l'objection de Kant, nous avons eu soin de ne nous en servir que pour prouver *l'existence* de cette finalité, et non pour en expliquer la *cause*. L'analogie, qui peut servir de fil conducteur tant qu'il ne s'agit que de la nature, peut-elle servir encore pour sortir de la nature même? c'est une tout autre question. Néanmoins, puisque Kant écarte lui-même ici cette difficulté comme une chicane, ce n'est pas le moment de la relever; et nous la retrouverons assez en temps et lieu [1].

Cette difficulté étant ajournée, il reste deux objections dirigées par Kant contre la preuve des causes finales. La première c'est que cette preuve, si elle était considérée comme valable en soi, prouverait seulement qu'il y a un *architecte*, mais non un *créateur* du monde, que c'est la *forme* du monde et non sa *matière* qui est contingente. Si l'on voulait prouver la contingence de la matière du monde, il faudrait un tout autre argument que celui-ci.

Ainsi, d'après cette première objection, l'argument prouverait bien, suivant Kant, que la forme du monde est contingente, c'est-à-dire suppose une cause, mais il ne le prouve pas de la matière : la distribution des éléments et leur coordination suivant un plan supposeraient une cause; mais quant

---

1. Ce sera l'objet des deux chapitres suivants.

aux éléments, aux atomes mêmes qui constituent l'étoffe du monde, rien ne prouve qu'ils aient une cause, et qu'ils ne préexistent pas de toute nécessité et de toute éternité.

La seconde objection, c'est que l'argument, ne s'appuyant que sur l'expérience, c'est-à-dire sur des choses imparfaites, contingentes, limitées, ne peut conclure qu'à une cause *proportionnée*, en d'autres termes à une cause qui n'est elle-même que relative et imparfaite. On ne peut s'élever qu'à une cause *très*-sage, *très*-habile, *très*-puissante ; et ce n'est qu'en changeant d'argument sans s'en apercevoir, que l'on conclut à une cause *toute* sage, *tout* habile et *toute*-puissante. « La preuve physico-théologique se trouve donc arrêtée au milieu de son entreprise ; dans son embarras, elle saute tout-à-coup à la preuve cosmologique qui n'est elle-même qu'une preuve ontologique déguisée... Après avoir fait une bonne traite sur le sol de la nature et de l'expérience, les partisans de cette preuve abandonnent tout-à-coup ce terrain et se précipitent dans la région des pures possibilités. » Conclusion : la preuve des causes finales ne nous donne qu'une cause *relative* et *indéterminée*, et elle nous laisse dans une complète ignorance sur la nature de cette cause : car « il n'y a de concept déterminé que celui qui comprend toute la perfection possible, et il n'y a que le tout (*omnitudo*) de la réalité qui soit complétement déterminé. »

On a été généralement d'accord, même dans l'école spiritualiste moderne, pour accepter les deux objections précédentes. On a reconnu que Kant avait nettement limité la portée de la preuve des causes finales, et qu'il faut avoir recours à d'autres preuves pour compléter la démonstration.

Voici en effet comment s'expriment sur cette question les maîtres du spiritualisme éclectique : M. V. Cousin et M. Em. Saisset.

« Nous ne craignons pas la critique pour le principe des causes finales, dit M. Cousin [1], mais nous croyons avec Kant qu'il ne faut pas en exagérer la portée. En effet, l'harmonie des phénomènes de la nature prouve seulement un architecte du monde. On peut admettre un architecte suprême, et nier qu'il puisse être créateur. Ce sont deux questions tout à fait différentes. En second lieu, si nous ne sortons pas de l'argument des causes finales, cette grandeur de l'ouvrier que nous concevons proportionnée à ses œuvres n'a rien de bien déterminé, et l'expérience ne nous donnera jamais l'idée de la toute-puissance, de la parfaite sagesse, de l'unité absolue de l'auteur suprême. » « Ces objections sont solides, dit M. Emile Saisset [2], cette dialectique est irréfutable ; mais que prouve-t-elle ? Non pas que l'argument des causes finales soit faux, mais qu'il est insuffisant ; non pas qu'il faille le mépriser ou le rejeter, mais qu'on doit le restreindre à sa juste portée. Il ne démontre pas l'existence du créateur ; il ne démontre même pas l'existence d'une intelligence infinie ; mais il sert puissamment à la confirmer. »

---

1. *Philosophie de Kant*, 6ᵉ leçon, p. 217.
2. *Philosophie religieuse*, 2ᵉ éd., t. II, appendice.

Peut-être est-il un peu présomptueux d'essayer de reprendre sur Kant, sinon tout, du moins partie de ce que des philophes si sages ont cru devoir lui accorder. Essayons-le cependant. Je n'insisterai pas pour faire remarquer combien il est peu rigoureux de reprocher à un argument de ne pas prouver ce qu'il n'est nullement fait pour prouver. La preuve des causes finales n'a pas pour but de prouver la création du monde : autant vaudrait la critiquer de ce qu'elle ne prouve pas l'immortalité de l'âme. Chaque chose a son temps, et, en bonne logique, on ne doit demander à chaque preuve que ce qu'elle promet. L'existence de Dieu est une chose ; la création en est une autre. On peut admettre un Dieu sans admettre la création *ex nihilo*. Platon, Aristote, les Stoïciens ont admis l'existence de Dieu, sans rien savoir du dogme de la création. L'argument physico-théologique prouve-t-il, oui ou non, une cause intelligente du monde? Tout est là. Si oui, l'argument est bon, quand même il n'établirait pas un Dieu créateur, ni même un Dieu absolument parfait : ce sera l'affaire d'une autre discussion. Les deux objections de Kant tombent donc, à ce qu'il nous semble, dans le sophisme de l'*ignoratio elenchi*.

Mais nous essaierons d'aller plus loin et d'établir que les deux objections de Kant ne peuvent subsister ensemble, qu'elles se détruisent l'une l'autre, et que des deux difficultés élevées à la fois, une seule peut subsister.

Si on soutient, en effet, que Dieu n'est que l'architecte du monde, et que la *forme* seule des choses est contingente, c'est que la *matière* ne l'est pas. Si la matière n'est pas contingente, c'est donc qu'elle est nécessaire; elle existe par soi, elle a en soi la raison de son existence : voilà la donnée de l'objection. Mais si l'on suppose une matière nécessaire, il faut supposer par la même raison que la cause qui donne la forme est nécessaire au même titre que la matière elle-même, et qu'elle existe par soi. En effet, comment admettre qu'une cause non nécessaire aurait le pouvoir d'agir sur une matière nécessaire, et de lui donner des ordres? Si la matière n'a pas en soi le principe de l'ordre et de l'harmonie, comment ce principe serait-il dans une cause extérieure et contingente? Si cette cause organisatrice était contingente, où aurait-elle pris la raison de son existence? Ce ne pourrait être que dans la matière existant par soi : mais comment supposer qu'une cause tirant son existence de la matière soit capable de la modifier, de la transformer, de lui imprimer l'ordre et l'harmonie? Ne serait-ce pas comme si on disait que la matière se les est donnés à elle-même? ce que l'objection ne doit pas supposer. Donc cette cause ne vient pas de la matière : donc elle existe par soi, ou elle dérive d'une cause existant par soi. Remarquez en outre que le *processus in infinitum* ne vaudrait rien ici, puisque par hypothèse, la matière supposée nécessaire, est par là même un dernier terme : il faut donc que, dans l'autre sens, la cause ait également un dernier terme.

Il suit de là que la cause organisatrice du monde est une cause par soi; c'est-à-dire qu'elle est une cause absolue : car absolu ne signifie rien autre chose que ce qui se suffit à soi-même, ce qui n'a pas besoin d'autre chose pour subsister. C'est ce que Kant appelle l'inconditionnel, ce qui ne présuppose aucune condition ; c'est le τὸ ἀνυπόθετον de Platon. L'hypothèse d'une matière nécessaire, contenue dans l'objection, nous met en possession de l'idée d'absolu ; et une fois en possession de cette idée, nous sommes autorisés et même contraints à la supposer dans la cause aussi bien que dans la matière.

Mais dès lors, on voit que la première objection détruit la seconde. Quelle était celle-ci ? C'est que d'un monde contingent nous ne pouvons nous élever à une cause absolue, qu'il n'y a pas dans le monde assez d'étoffe pour faire un être premier, suffisant à tout. Or la première objection, par l'hypothèse d'une matière préexistante, c'est-à-dire nécessaire, fournit l'étoffe de l'idée d'absolu dont j'ai besoin. Si la cause première est absolue, elle le sera dans tous ses attributs : étant intelligente par hypothèse, elle sera toute intelligente ; étant puissante, elle sera toute puissante ; étant bonne, elle sera toute bonne, etc. Dira-t-on que cette cause n'est pas absolue puisqu'elle n'est qu'organisatrice, et non créatrice, et qu'elle est limitée par la matière sur laquelle elle agit ? Mais, s'il y avait là quelque contradiction, elle serait plutôt inhérente à l'objection qu'à l'argument lui-même ; et on serait bien vite amené à conclure qu'une cause ne peut pas être absolue sans exister seule : ce qui détruirait l'hypothèse d'une matière préexistante. On peut donc affirmer que le Dieu architecte conduirait bien vite et

inévitablement au Dieu créateur. Mais sans pousser jusqu'à
cette conséquence, contentons-nous de faire remarquer que la
matière ne limite pas la Cause première dans son essence, mais
seulement dans son action; que Dieu pourrait être encore, par
exemple, le *Bien en soi* de Platon, l'*Acte pur* d'Aristote, tout
en n'étant par rapport au monde qu'organisateur et non créateur : ce qui suffirait amplement.

Retournons maintenant l'hypothèse; accordons la seconde
objection; on verra qu'elle détruit la première. Le monde est
contingent, dit-on; donc on ne doit conclure qu'à une cause
contingente et relative. Soit; mais si le monde est contingent,
il l'est tout entier, matière et forme : car de quel droit conclu-
rait-on de la contingence de la forme à la nécessité de la matière? il n'y aura donc pas de matière nécessaire. La cause
du monde pourra être contingente, relative, imparfaite, tout
ce qu'il vous plaira; mais elle sera la cause totale du monde
sans partage avec une matière préexistante; peut-être serait-ce
trop dire que d'appeler une telle cause créatrice, mais ce ne serait pas assez de l'appeler seulement organisatrice : enfin ce serait la seule cause qu'on pourrait exiger dans cette hypothèse,
et on ne saurait demander rien de plus à une démonstration.

A la vérité, selon Kant, la cause organisatrice n'est pas seulement contingente, relative et imparfaite; elle est indéterminée
au point qu'on ne saurait même dire si elle est *une* ou *plusieurs;* et les païens n'avaient pas si mal raisonné en admettant
la pluralité des dieux. Voyant en effet des moyens et des fins,

mais des fins qui ne s'accordaient pas entre elles, ils avaient supposé autant de causes qu'ils voyaient de catégories de fins : de là le *polythéisme*, qui paraît un produit légitime de l'hypothèse des causes finales. Il en est de même du manichéisme. Le monde étant composé de bien et de mal, d'ordre et de désordre, à raisonner rigoureusement, il semble qu'il soit tout aussi légitime de conclure à une cause mauvaise qu'à une cause bonne, ou encore à une cause indéterminée, ni bonne, ni mauvaise, dont on ne sait rien, si ce n'est qu'elle est.

Nous sommes loin de dire qu'il n'y ait pas une part de vérité dans ces objections; mais il ne faut pas accorder plus qu'il n'est nécessaire; et encore ici, cette part d'objection peut être circonscrite.

D'abord doit-on dire, rigoureusement parlant, qu'on soit encore aujourd'hui en droit de conclure au manichéisme ou au polythéisme ? Je demanderai alors pourquoi l'humanité a cessé d'être polythéiste et manichéiste à mesure qu'elle s'est plus éclairée. Sans doute le polythéisme a pu être historiquement une hypothèse plausible et relativement légitime ; cette hypothèse est infiniment supérieure au fétichisme, au mécanisme brutal. Sans doute c'est un premier regard sur la nature, une première interprétation des phénomènes, interprétation suffisamment acceptable, eu égard aux connaissances de l'époque. Mais à mesure qu'on a étudié la nature, on a vu tous ces effets divergents en apparence converger vers un même centre, toutes ces fins se coordonner, former un ensemble, se manifester avec une harmonie admirable. On a vu les astres et la terre se rapprocher par des liens et des mouvements communs, manifester même une substance commune, puisque nous retrouvons dans le soleil les éléments de notre monde minéral. Nous voyons peu à peu, par le progrès des sciences, toutes les classifications de causes se simplifier. Ainsi, dans le monde scientifique, le polythéisme disparaît, c'est-à-dire que l'hypothèse de plusieurs causes va sans cesse cédant la place à l'unité. Dès lors comment s'étonner que l'humanité ait fini par comprendre que c'était prendre des êtres de raison pour des réalités que de créer autant de Dieux que de phénomènes, et qu'il ne fallait pas multiplier les êtres sans nécessité. Si donc il y a une cause intelligente du monde, il faut qu'elle soit une. De même pour le manichéisme. Ici l'expérience est moins avancée que pour la multiplicité des causes. Sans doute, nous sommes loin d'avoir expliqué dans le monde tout ce que l'on appelle le mal. Il reste une certaine latitude permise à l'hypothèse de quelque chose de mauvais ou d'impuissant dans le principe premier, si toutefois on se place au point de vue de la seule expérience. Et cependant, même à ce point de vue, on peut dire que l'hypothèse d'un principe mauvais ou impuissant a été tout au moins refoulée. Un grand nombre de phénomènes considérés comme malfaisants n'ont-ils pas été ramenés à des phénomènes conformes à l'ordre des choses? Est-ce qu'à l'origine l'idée d'un Dieu méchant et cruel n'est pas venue du spectacle des volcans, des comètes, de tout ce qui étant inattendu frappe les sens ou menace la vie des hommes? Cependant nous savons aujourd'hui que beaucoup de ces phénomènes sont innocents et qu'ils ne diffèrent que par l'intensité des phénomènes les plus simples qui nous entourent continuellement, et qui n'ont rien de malfaisant en soi. Une éruption de volcan n'est pas plus extraordinaire qu'une ébullition d'eau dans une bouilloire. La foudre qui renverse les édifices, fend et arrache les arbres, est semblable à l'étincelle électrique dont nous nous faisons un jeu : enfin, la douleur mise à part, aucun phénomène ne peut être appelé rigoureusement un désordre de la nature ; par conséquent il n'y a rien là, qui indique une puissance malfaisante et déraisonnable. Si vous passez à la douleur, l'explication présente plus de difficulté ; cependant on ne peut pas nier que les études des philosophes, des moralistes n'aient au moins singulièrement amoindri la force de l'argument; on sait que souvent elle est un avertissement salutaire, un stimulant nécessaire pour l'activité de l'homme, une incitation au progrès du genre humain. La douleur peut donc s'expliquer dans une certaine mesure, au point de vue des causes finales. Quant au mal moral, c'est un phénomène d'un ordre tellement différent, et si en dehors de ce que nous avons étudié jusqu'ici, que nous sommes autorisé à écarter cet aspect de la question. Disons seulement qu'en voyant le mal se restreindre dans l'ordre social par la suite du progrès des mœurs et des idées, là encore nous trouvons sinon une solution, du moins un amoindrissement de la difficulté. Ainsi abstraction faite des objections *à priori*, qui sont décisives contre le manichéisme, et même au point de vue de l'expérience où cette doctrine pourrait conserver encore quelques avantages, nous voyons qu'un certain nombre de phénomènes qui paraissaient d'abord les plus favorables à l'idée d'une puissance malfaisante ont pu s'expliquer; nous avons donc le droit de supposer que les autres s'expliqueront de la même manière, ou s'expliqueraient si on connaissait mieux l'ordre des choses.

Kant reproche encore à la preuve des causes finales d'être impuissante à nous donner un Dieu *hors du monde*, ou du moins de ne s'y élever qu'en sortant illégitimement d'elle-même, et en empruntant subrepticement le secours de la preuve ontologique ou cosmologique. Mais il y a encore ici, selon nous, confusion d'idées.

Qu'entend-on par ces mots : *hors du monde ?* Est-ce simplement, ne pas faire partie de la chaîne des êtres finis et contingents que nous cherchons à expliquer? Dans ce sens, il est évident en effet, que la cause du monde est hors du monde : le monde comprenant toutes les choses de l'expérience, aucune de ces choses n'a qualité pour être plus qu'une autre qualifiée de cause universelle : la cause du monde devant être adéquate à la série entière des phénomènes, ne peut être confondue avec aucun d'eux en particulier. Dans ce sens la distinction du monde et de sa cause est incontestable, et repose simplement sur le principe de causalité, en vertu duquel la cause est distincte de son effet. Que si maintenant par ces expressions, *en dehors du monde*, on entend une distinction et séparation plus profonde, par exemple, une distinction de substance, une telle distinction dépasse en effet les données de la preuve physico-théologique ; mais elle n'est pas non plus exigée par la question. Autre chose est l'existence d'une cause intelligente de l'univers, autre chose est la transcendance ou l'immanence de cette cause. Lors même qu'on admettrait avec les stoïciens une âme du monde, un principe actif dont la nature ne serait que le côté passif, Dieu n'en serait pas moins une cause intelligente de l'univers; et si la preuve ne va pas plus loin, elle va au moins jusque-là; et c'est la seule chose dont il s'agisse quant à présent.

Les métaphysiciens ont trop souvent le tort d'arborer la maxime funeste des radicaux politiques : tout ou rien. Ils n'admettent pas assez ce que l'on peut appeler la monnaie de la vérité. Une demie, un tiers, un quart de vérité n'ont aucune valeur à leurs yeux, si on ne leur accorde pas tout ce qu'ils demandent. Cependant il y a un milieu entre tout savoir et ne rien savoir ; et, en toute question, entre les termes extrêmes, il y a bien des degrés. Entre l'hypothèse d'une nature produite par le hasard, et celle d'une cause suprême absolument parfaite, il peut y avoir bien des nuances d'opinion dont aucune n'est à dédaigner. Que la nature suppose un principe ordonnateur, c'est là une vérité d'ordre capital, quelle que soit d'ailleurs la signification plus ou moins étendue que l'on donnera à ce principe. La critique de Kant, malgré les deux objections exposées, laisse subsister cette proposition dans ce qu'elle a d'essentiel, et à ce titre, elle n'empêcherait pas notre discussion d'avoir fait un pas en avant. De la finalité considérée comme loi naturelle, nous aurions passé à sa cause, et à une cause intelligente : quels sont le degré et la nature de cette intelligence : est-elle intérieure ou extérieure à la nature ? C'est ce qui reste en suspens ; mais ce qui serait acquis n'en aurait pas moins déjà une sérieuse valeur.

Kant croit cependant qu'il résulte de la discussion instituée par lui une conclusion critique beaucoup plus grave que celle que nous venons d'indiquer : ce serait que la preuve en question ne nous fournit qu'un principe *régulateur*, et non un principe *constitutif*, c'est-à-dire que cette preuve nous suggère à la vérité une hypothèse utile dans le cours des recherches scientifiques pour concevoir une certaine unité systématique dans la nature, mais non pas un principe réel correspondant à une loi effective et essentielle de la nature des choses [1]. Mais il se trouve précisément que c'est à titre d'hypothèse régulatrice des recherches scientifiques, que la théorie des causes finales est inutile ou nuisible : comme *règle* on peut donc s'en passer. C'est, au contraire, à titre de *vérité* qu'elle s'impose à nous ; or ce qui est vrai est essentiellement constitutif. On ne voit pas d'ailleurs comment cette

---

1. Il ne faut pas perdre de vue que toute notre controverse ne porte ici que sur l'argumentation de Kant, dans la *Critique de la raison pure*, et que nous laissons de côté la doctrine de la finalité telle qu'elle est exposée dans la *Critique du jugement* : ce sera l'objet du chapitre suivant. La seule question débattue ici est de savoir si des deux objections exposées plus haut, et qui sont les seules que Kant traite *ex professo* dans la *Raison pure*, il résulte que la finalité n'a qu'une valeur régulatrice et non constitutive, comme il l'affirme.

conclusion critique résulterait de la discussion précédente. De ce que la cause du monde, en effet, ne serait qu'une cause organisatrice et non créatrice, une cause relative et non absolue, comment résulterait-il que la finalité n'est qu'une idée, une règle, et n'a aucun rapport à la réalité objective? Si limité que soit le champ de la finalité, tant qu'on accorde la base même de l'argument, on peut limiter l'étendue des conclusions, mais on ne peut pas en changer la nature, ni conclure du réel à l'idéal. C'est dans le réel que l'argument physico-théologique prend sa base : cette base n'étant pas contestée, peu importe le degré de la cause présumée; l'incertitude sur le degré de la cause ne suffit pas pour la faire passer d'un ordre à un autre ordre, de la réalité à l'idéalité. Or, dans la critique précédente, Kant ne faisait pas porter la discussion sur la réalité des données (sauf dans une parenthèse à peine indiquée), et n'insistait que sur la disproportion entre ces dernières et une cause absolue. Mais de ce que cette cause ne serait pas absolue, il ne s'ensuivrait pas qu'elle fût idéale.

Il semble qu'il y ait une sorte de contradiction dans la pensée de Kant entre ce qu'il accorde d'abord à l'argument physico-théologique, et la signification qu'il lui attribue à la fin : « Ce serait, dit-il, non seulement nous retirer une consolation, mais *même tenter l'impossible* que de prétendre enlever quelque chose à *l'autorité de cette preuve.* » Il accorde donc ici à cette preuve au moins une valeur pratique et instinctive qui ne peut pas être amoindrie « par les incertitudes d'une spéculation subtile et abstraite. » Cependant, si cette preuve se borne en définitive à nous fournir une règle pour l'interprétation de la nature, si ce n'est qu'une « hypothèse commode et utile, et qui en tout cas ne peut jamais nuire, » l'autorité de l'argument comme preuve de l'existence de Dieu disparaît absolument.

Kant nous dit que si le principe des causes finales était constitutif (c'est-à-dire objectif) et non simplement régulateur (c'est-à-dire hypothétique), la conséquence en serait *la raison paresseuse* (ignava ratio.) On regarderait alors l'investigation de la nature comme complétement achevée, et la raison se livrerait au repos comme si elle avait accompli son œuvre; les fins de la nature nous dispenseraient d'en rechercher les causes, et nous serions portés à recourir trop facilement aux insondables décrets de la sagesse divine. Mais il nous semble que cette difficulté porte plutôt contre Kant lui-même que contre la doctrine opposée. Si la finalité n'est autre chose qu'un principe régulateur de l'usage scientifique de la raison, et l'expression anticipée de l'unité de la nature, c'est alors que nous serons tentés de supposer partout de l'unité et des fins; et nous serons d'autant moins portés à nous en priver que nous pourrons toujours nous dire qu'il ne s'agit que d'hypothèses provisoires et conventionnelles. Si, au contraire, la théorie des causes finales n'a qu'une valeur théologique et non scientifique, s'il s'agit, non de l'explication prochaine des phénomènes, mais de leur raison dernière, en quoi la doctrine d'une intelligence créatrice ou ordonnatrice peut-elle nuire aux sciences, et à l'étude de la nature? Au contraire, nous l'avons assez dit, la supposition des fins ne peut en rien contredire la recherche des causes, puisqu'il ne peut y avoir de fins que s'il y a des causes. Comment un moyen pourrait-il être *propre* à un *but*, s'il n'était pas en même temps une *cause capable* de produire cet *effet*? Au point de vue expérimental et scientifique, on pourra donc toujours faire abstraction du but dans les recherches de la nature; et la doctrine d'une cause suprême n'encouragera pas plus qu'une autre la raison paresseuse. Quelque hypothèse que l'on fasse sur le principe des choses, les esprits paresseux ou aventureux pourront toujours se dispenser de l'étude des lois particulières et des causes prochaines par un recours à la cause première. On dira, par exemple, de tel phénomène que c'est un mode du mouvement; et on se dispensera ainsi de déterminer quel mode de mouvement il peut être et selon quelle loi il se gouverne. On invoquera « les lois de la nature » avec la même intempérance que dans un autre camp la sagesse divine. Réciproquement, un partisan de la sagesse divine est autorisé aussi bien que tout autre à faire abstraction de cette conception dans l'étude des lois particulières de la nature. Ainsi le vice dont il s'agit peut être commun de part et d'autre; et de part et d'autre aussi on peut s'en préserver.

Il résulte de la discussion précédente que les objections élevées par Kant, dans la *Critique de la raison pure*, contre la preuve des causes finales, ne touchent après tout qu'à la partie accessoire de l'argument, et en laissent subsister l'essentiel : à savoir que l'ordre suppose l'intelligence. Mais ce n'est là que le premier assaut de la critique moderne : l'argument a encore bien des épreuves à traverser avant de sortir intact du feu de la discussion, comme on le verra par les chapitres suivants.

CHAPITRE II

LA FINALITÉ SUBJECTIVE ET LA FINALITÉ IMMANENTE.

Le nœud de l'argument dit *des causes finales* ou argument physico-théologique est dans cette majeure de Bossuet : Tout ordre, c'est-à-dire toute proportion entre les moyens et les buts, suppose une cause intelligente. Or c'est là aussi que réside la difficulté radicale de l'argument. Que l'ordre de la nature, que la finalité du monde suppose un principe spécifique, approprié, c'est ce qui peut être accordé : mais ce principe est-il nécessairement un entendement, une volonté, une réflexion libre et capable de choix? c'est là une autre question, et un nouvel objet de contestation.

Ce n'est pas tout. La finalité que l'on suppose dans la nature appartient-elle réellement à la nature, est-elle réelle, objective, ou ne serait-ce pas une forme de notre esprit, une disposition de notre sensibilité, en un mot une hypothèse plus ou moins utile et commode pour se représenter les choses, mais non une loi essentielle, réelle, vraie en soi, comme doivent être les véritables lois de la nature ? Enfin, troisième difficulté : la finalité doit avoir une cause, soit ; mais cette cause est-elle nécessairement antérieure et extérieure à la nature ? Ne peut-elle pas être précisément la nature elle-même ? Pourquoi ne serait-il pas de l'essence de la nature de chercher spontanément la finalité ?

A ces trois questions répondent trois solutions ou hypothèses, dont l'examen est nécessaire : l'hypothèse de la finalité *subjective*, dans Kant ; l'hypothèse de la finalité *immanente*, et celle de la finalité *inconsciente* dans Schelling, Hegel et tout le panthéisme allemand. La finalité est-elle subjective ? Est-elle immanente ? Est-elle inconsciente ? Les deux premières questions seront l'objet de ce chapitre. La troisième sera l'objet des deux chapitres suivants.

§ I. — Finalité subjective.

Dans sa *Critique de la raison pure* Kant s'était efforcé de limiter et de circonscrire la portée de l'argument physico-théologique ; mais en définitive, il semblait en admettre le fond ; et sauf une réserve d'une grande importance, mais à peine indiquée [1], il reconnaissait que nous sommes autorisés à conclure de l'ordre de l'univers à une cause intelligente : en un mot, l'essentiel de la preuve demeurait sain et sauf. Mais il restait à examiner

---

1. « Nous ne chicanerons pas ici la raison naturelle... etc. » (*Critique de la Raison pure*, Trad. franç. de J. Barni, t. II, p. 114.) Voir plus haut p. 442 et plus loin, p. 481.

la valeur du principe lui-même, en vertu duquel nous faisons ce raisonnement. C'est cette nouvelle question qu'il a examinée dans sa *Critique du jugement*, et qu'il a résolue dans un sens beaucoup plus problématique qu'il ne paraissait le faire dans la *Critique de la raison pure*.

Comment Kant a-t-il été conduit à examiner le principe de la finalité? lui-même nous l'explique. C'est que le principe de la liberté, démontré dans la *Critique de la raison pratique*, impliquait que la liberté doit réaliser dans le monde sensible le *but* posé par ses lois. En effet, le concept idéal de la moralité suivant Kant, consiste à se représenter la maxime de chaque action, comme capable de devenir « une loi universelle de la nature. » C'était donc supposer « que la nature n'exclut point la possibilité des fins qui doivent être atteintes d'après les lois de la liberté. Si la nature en effet n'était pas susceptible de fins, comment pourrait-elle se prêter aux fins de la liberté? En conséquence, il doit y avoir un principe qui rende possible l'accord du supra-sensible servant de fondement à la nature, avec le concept de la liberté, et *qui permette à l'esprit de passer d'un monde à l'autre* [1]. » En un mot, la raison pure nous fournit des concepts qui suffisent à constituer la nature, à la rendre possible : ces concepts, qui sont les catégories, et dont le principal est le concept de causalité, nous apprennent qu'il y a une nature soumise à des lois; et cela suffirait pour l'intelligence de cette

---

1. *Crit. du jug.* Trad. fr. de J. Barni, tome I. Introduction, § II, p. 20.

nature, et pour lui donner une certaine unité. Mais, une telle nature serait encore possible pourvu qu'il y eût des lois, quand même ces lois particulières n'auraient aucun rapport entre elles, et formeraient des systèmes séparés. Seulement dans cette hypothèse, comment pourrions-nous l'étudier? Il nous faut donc quelque chose de plus : nous avons besoin, pour comprendre la nature et pour l'étudier avec facilité, de croire qu'elle forme un système, un ordre, que les diverses parties se lient entre elles; de là ces principes : « La nature ne fait rien en vain. — La nature agit par les voies les plus simples. — La nature ne fait pas de sauts. (Loi de *continuité*, loi de *parcimonie*, loi de *la moindre action*). » Or toutes ces maximes peuvent se ramener à une règle fondamentale : à savoir, « que les lois particulières de la nature doivent être considérées d'après une unité telle que l'aurait établie un entendement, qui, en donnant ces lois, aurait eu égard à notre faculté de connaître, et voulu rendre possible un système d'expérience, fondé sur les lois particulières de la nature [1]. »

Ce passage de la causalité à la finalité, ou de la *Critique de la raison pure* à la *Critique du jugement* paraîtra obscur au lecteur; mais c'est qu'il est obscur dans Kant lui-même. Le principe de causalité sert à constituer une nature en général, mais sans rien déterminer pour les lois particulières. Les principes de la physique pure pourraient encore trouver à s'appliquer,

1. *Ibid.*, § IV, p. 28.

quand même on ne saisirait aucune loi déterminée [1]. Ces lois sont donc contingentes, et ne se découvrent qu'à l'observation. Nous avons cependant besoin d'un fil conducteur pour les étudier et les comprendre, et pour leur donner une certaine unité. Ce fil conducteur, c'est le principe de finalité, principe nécessaire, comme on le voit, mais essentiellement *subjectif*.

Ici, il faut se prémunir contre un malentendu. En un sens, il est vrai de dire que pour Kant tous les concepts de la raison et de l'entendement, sauf ceux de la raison pratique, sont subjectifs. On sait, en effet, que les formes de la sensibilité (espace et temps), et les lois de l'entendement (cause et substance) ne sont que les conditions propres à l'esprit dans l'étude des phénomènes : ce sont donc des lois subjectives, puisqu'elles ne sont que les lois de notre esprit. Mais il est à remarquer que Kant n'emploie jamais le mot de *subjectif* pour exprimer cette signification. Il les considère au contraire comme *objectives*, en ce sens qu'étant des lois absolument nécessaires et universelles, et dont nul esprit ne peut s'affranchir, elles déterminent ces phénomènes à nous affecter comme des *objets*. Ce qui est universellement et nécessairement vrai est objectif. En outre ces lois sont *constitutives*, en ce sens que l'objet est

---

[1]. Par exemple, le principe de la conservation d'une même quantité de force et de matière, le principe que des phénomènes extérieurs ont une quantité extensive, etc., resteraient vrais, quand même l'univers formerait une sorte de chaos, sans lois déterminées.

réellement constitué par elles, que sans elles, il ne serait pas possible, et que l'intuition, l'expérience, la science même ne le serait pas davantage.

Il n'en est pas de même du principe de finalité. Celui-là est subjectif dans le sens propre du mot, et il l'est même par rapport aux lois précédentes. Celles-ci en effet étant une fois supposées objectives, l'esprit humain peut avoir en outre des tendances, des dispositions, des besoins, qui, sans être nécessaires pour constituer un objet d'expérience ou de science, sont non-seulement utiles, mais indispensables pour guider l'esprit dans ses recherches. C'est donc, si l'on peut dire ainsi, une subjectivité au second degré. Ces sortes de principes sont des *hypothèses naturelles*, des manières de se représenter les choses, des cadres, des *fils conducteurs* pour les recherches; ce ne sont pas des principes constitutifs, ce sont des principes *régulateurs*.

Kant ne se lasse pas de répéter que le principe de finalité n'a qu'une valeur de ce genre. Il appartient non au jugement *déterminant*, mais au jugement *réfléchissant*. Le premier, qui est le jugement scientifique proprement dit, applique la loi aux faits particuliers, sans aucune espèce de liberté. Le second, au contraire, étant donné un fait particulier, cherche à le faire rentrer sous une loi, à le ramener à quelque notion générale. C'est à peu près la différence qui existe entre la science et la philosophie. Dans les réflexions que nous faisons sur les choses, il ne faut pas voir des lois, mais seulement des pensées. De ce genre est le principe transcendental de la finalité : « Le jugement le trouve en lui-même... Il ne le prescrit pas à la nature, parce que s'il est vrai que notre réflexion s'accommode à la nature », la réciproque n'est pas vraie ; et « la nature de son côté ne se règle pas sur les conditions d'après lesquelles nous cherchons à nous en former un concept. » En jugeant ainsi, « la faculté de juger se donne par là une loi pour elle-même, et non pour la nature. » En effet, « on ne peut pas attribuer à la nature elle-même quelque chose de semblable à un rapport de finalité, mais seulement *se servir de ce concept* pour réfléchir sur la nature [1]. » Et plus loin : « Ce concept transcendental d'une finalité de la nature, n'est ni un concept de la nature ni un concept de la liberté : car il n'*attribue rien à l'objet ;* il ne fait que représenter la seule manière dont nous devons procéder dans notre réflexion sur les objets de la nature pour arriver à une expérience parfaitement liée. C'est donc *un principe subjectif* (une maxime) du jugement. » — « Le jugement contient un principe à priori de la possibilité de la nature, mais seulement *à un point de vue subjectif*, par lequel il prescrit *non pas à la nature, mais à lui-même une loi...* qu'il ne trouve pas à priori dans la nature, mais *qu'il admet* afin de rendre saisissable l'ordonnance de la nature [2]. » Il ajoute « que l'observation ne nous apprend rien de cette loi, quoiqu'elle puisse la confirmer. » Enfin, c'est la liberté même de notre esprit dans l'application de cette loi qui est la source du plaisir que nous y trouvons.

1. *Crit. du jug.* Intr., § IV (p. 28, 29).
2. *Ibid.*, Intr., § V, p. 35 et p. 38.

Ce caractère de subjectivité, Kant l'attribue aux deux sortes de finalité qu'il a distinguées : à la finalité esthétique et à la finalité téléologique, l'une qu'il appelle aussi finalité *subjective* et l'autre finalité *objective* [1]. Parle-t-il de la première, c'est-à-dire du beau, il distingue le *réalisme* et l'*idéalisme* de la finalité. Suivant la première de ces conceptions, le beau serait « comme une fin réelle que se propose la nature; » suivant la seconde, ce ne serait « qu'une concordance qui s'établit sans but, d'elle-même et d'une *manière accidentelle* entre la faculté de juger et les formes de la nature. » Il ajoute que « partout la nature, dans ses libres formations, révèle une tendance mécanique à la production de formes qui semblent avoir été faites exprès pour l'usage esthétique de notre jugement; et nous n'y trouvons pas la moindre raison de soupçonner qu'il faille pour cela quelque chose de plus que le simple mécanisme de la nature en tant que nature, en sorte que la concordance de ces formes avec notre jugement peut fort bien dériver de ce mécanisme, sans qu'aucune idée serve de principe à la nature. » S'il en est ainsi dans la formation des cristaux par exemple, pourquoi n'en serait-il pas de même pour la production des plus belles formes? Enfin, ce qui prouve que nos jugements sur le beau sont éminemment subjectifs c'est « qu'en général, quand nous

---

1. Il y a tant de degrés de subjectif et d'objectif dans Kant que l'on finit par s'y perdre. Ici, les deux espèces de finalité sont subjectives dans le sens que nous venons de dire : mais l'une (le beau) n'est que l'accord de l'objet avec nos facultés esthétiques. L'autre (la finalité proprement dite, celle des êtres organisés par exemple) est l'accord de l'objet avec son concept. Elle a donc quelque fondement dans l'objet même.

jugeons de la beauté, nous cherchons en nous-même à priori la mesure de notre jugement... C'est nous qui accueillons la nature avec faveur, ce n'est pas elle qui nous en fait une [1]. »

Devons-nous maintenant, selon Kant, attribuer plus de réalité à la finalité qu'il appelle *objective* (c'est-à-dire celle qui constitue à proprement parler le rapport de moyens à fin) qu'il n'en attribue, nous venons de le voir, à la finalité subjective, ou esthétique? Non; et même il semble que Kant lui en attribue encore moins; car, dit-il, la finalité subjective repose encore sur quelque principe à priori, tandis que la finalité objective (les causes finales proprement dites) ne reposent que sur l'analogie. C'est un principe « problématique » qu'on fera bien d'admettre dans l'investigation de la nature, mais à la condition qu'on n'en fera un principe d'observation et d'investigation, que par analogie avec la causalité déterminée par des fins, et « *qu'on ne prétendra rien expliquer par là* [2]. » Cependant Kant reconnaît [3] que le principe téléologique objectif a aussi « quelque fondement à priori, » non pas en tant qu'on considère « la nature en général, comme ensemble des objets des sens [4] », mais en tant qu'on considère « une production organisée de la nature; » seulement, encore une fois, c'est « un principe *régulateur* », « *une maxime* ». Ce concept, qui a un fondement à priori dans l'esprit, et une notion déterminante dans la vie des êtres orga-

---

1. Ibid., tom. I, § LVII, p. 325, 327, 331.
2. LX, t. II, p. 5.
3. LXV, p. 33.
4. LX, p. 4.

nisés, s'étend ensuite à toute la nature, et se généralise légitimement sous cette forme : « La nature ne fait rien en vain », mais c'est toujours « subjectivement », comme une « maxime », comme « un principe régulateur, non constitutif », comme « un fil conducteur » dans nos recherches qu'il est permis de l'admettre [1]. Même ainsi restreint, le principe de finalité ne peut-il être autorisé dans l'étude de la nature qu'à la condition d'être encore circonscrit dans ses propres limites, et de ne pas être compliqué d'un autre concept, celui de Dieu. La téléologie doit rester distincte de la théologie [2]. « Si l'on introduit dans la science de la nature le concept de Dieu pour s'expliquer la finalité dans la nature, et qu'ensuite on se serve de cette finalité pour prouver qu'il y a un Dieu, chacune de ces deux sciences perd sa consistance. » En conséquence, il faut se borner à l'expression modeste de « fins de la nature » avant de s'enquérir « de la cause de la nature. » Si la physique veut se renfermer dans ses limites, « il faut qu'elle fasse entièrement abstraction de la question de savoir si les fins de la nature sont ou non *intentionnelles*... Il suffit qu'il y ait des objets qu'on ne puisse expliquer qu'en prenant l'idée de fin pour principe. » On pourra employer métaphysiquement, et pour la commodité de l'usage, les expressions de sagesse, d'économie, de prévoyance de la nature « sans en faire pour cela un être intelligent, ce qui serait absurde, mais aussi sans se hasarder à placer au-dessus d'elle,

---

[1]. Toutes ces expressions sont réunies dans le même passage, § LXV.
[2]. LXVII, p. 48.

comme l'ouvrier de la nature, un autre être intelligent, ce qui serait téméraire [1]. »

Enfin, la doctrine de Kant se résume, à ce qu'il semble, de la manière la plus nette dans le passage suivant : « Il nous est impossible d'expliquer les êtres organisés, et leur possibilité intérieure par des principes purement mécaniques de la nature; et on peut soutenir hardiment avec une égale certitude qu'il est absurde pour des hommes de tenter quelque chose de pareil, et d'espérer que quelque nouveau Newton viendra un jour expliquer la production d'un brin d'herbe par des lois naturelles auxquelles aucun dessein n'a présidé; car c'est là une vue qu'il faut absolument refuser aux hommes. Mais, en revanche, il y aurait bien de la présomption à juger que, si nous pouvions pénétrer jusqu'au principe de la nature dans la spécification des lois naturelles, nous ne pourrions trouver un principe de la possibilité des êtres organisés, qui nous dispensât d'en rapporter la production à un dessein : car comment pouvons-nous savoir cela [2] ? »

En un mot, la finalité est une hypothèse, et même une hypothèse nécessaire, étant donnée la conformation de l'esprit humain; mais rien ne nous autorise à supposer que cette hypothèse ait un fondement objectif dans la réalité, et qu'un entendement qui pénétrerait jusqu'au principe même de la nature, serait encore obligé de s'y conformer.

1. *Ib.*, p. 44, 45, 46.
2. LXXIV, p. 77.

Nous ne rejetons pas entièrement cette doctrine de Kant; nous l'acceptons même en partie, mais à la condition de l'interpréter, et de lui donner une signification différente.

Nous distinguons deux sortes d'hypothèses : l'une que l'on peut appeler *objective* et *réelle* ; l'autre *subjective* et *figurative*. Dans les deux cas, l'hypothèse n'est jamais qu'une supposition, c'est-à-dire une conception qui n'est pas absolument démontrée; mais dans le premier cas, elle est censée correspondre à la vraie nature des choses; dans le second cas, elle n'est qu'un moyen commode pour l'esprit de se les représenter : la différence serait à peu près celle qui existe entre les classifications naturelles et les classifications artificielles. Par exemple, l'hypothèse de l'éther n'est encore qu'une hypothèse, puisque cette substance ne tombe pas immédiatement sous l'expérience; mais pour les savants cette hypothèse, dans la mesure où elle est autorisée par les faits, représente véritablement la nature. Son objectivité est en proportion de sa probabilité : de ce qu'une chose n'est pas absolument certaine, il ne s'ensuit pas qu'elle soit subjective, mais seulement qu'elle n'est que probable. C'est le probable et non le subjectif qui s'oppose au certain. Dans le second cas au contraire, l'hypothèse n'est qu'un moyen figuré de représenter par l'imagination le phénomène à expliquer. Je puis me servir de l'hypothèse de l'attraction, sans lui accorder aucune valeur objective, mais simplement parce qu'elle est commode à l'esprit. Je me représenterai par exemple une corde tendue attachée à la lune, et qui serait tirée par quelqu'un placé au centre de la terre : c'est là une figure, une métaphore, qui sert à fixer mes idées comme les images représentées sur le tableau fixent les idées du géomètre.

On voit par ces distinctions qu'un principe peut ne pas s'imposer à l'esprit avec la même nécessité que le principe de causalité, sans être cependant par cela même une conception exclusivement subjective. Une *opinion* n'est pas nécessairement une *fiction*. Quand même la finalité et sa cause dans un entendement divin ne seraient admises qu'à titre d'opinions, il ne s'ensuivrait pas qu'elles ne sont que des règles conventionnelles pour l'usage de la raison. Il y aurait à en déterminer le degré de probabilité par la comparaison avec les faits; mais on ne serait pas autorisé par là à les transformer en symboles figuratifs n'ayant aucun rapport à la réalité.

Ce que nous accordons à Kant, comme nous l'avons établi dans notre première partie, c'est que la finalité n'est pas un principe constitutif comme le principe de causalité. Ce n'est pas un principe inhérent à l'esprit humain, et s'appliquant d'une manière nécessaire et universelle, comme le principe de causalité lui-même. C'est une induction, résultant de l'analogie. Il n'a pas non plus la certitude que peut donner l'expérimentation et le calcul : c'est une hypothèse, une doctrine, une opinion : ce n'est ni un théorème, ni un axiome, ni un fait. A ce titre, on peut accorder qu'il y a quelque chose de subjectif dans cette doctrine, à savoir la part qui n'est pas susceptible de démonstration et de vérification, et aussi la part d'inconnu qui va toujours augmentant à mesure que l'on s'approche de la source même de l'activité créatrice. En revanche, la même doctrine est objective dans la portion où elle représente les faits : elle est réelle, au même titre que toute induction qui s'élève de ce qu'on voit à ce qu'on ne voit pas. Telle est l'induction qui nous fait croire à l'intelligence de nos semblables. Personne ne soutiendra sans doute que cette croyance est un principe constitutif de la raison humaine; et cependant on ne conclura pas que ce n'est qu'un principe régulateur, et une fiction symbolique. Il y a là donc un milieu que Kant n'a pas suffisamment démêlé.

Il ne faut pas oublier d'ailleurs la distinction fondamentale faite au début de ce livre entre la finalité de la nature et la cause première de cette finalité. Autre chose est dire que la nature a des fins; autre chose est dire que la cause de cette nature est un entendement qui l'a coordonnée suivant des fins. L'hypothèse de la subjectivité peut s'appliquer soit à la première, soit à la seconde de ces deux propositions. On peut soutenir, ou bien que les fins de la nature ne sont que des apparences; ou bien que ces fins étant admises comme réelles, c'est seulement l'hypothèse d'une cause intelligente qui est un pur symbole, une pure maxime régulatrice de l'esprit. Or Kant ne s'est jamais expliqué clairement sur cette difficulté. Tantôt il distingue les deux questions, et n'applique son subjectivisme qu'à la seconde hypothèse; tantôt au contraire il semble les y envelopper toutes les deux : en un mot ce qu'il appelle subjectif, c'est tantôt la finalité en général, tantôt l'intentionnalité. Réservant cette seconde question pour une discussion ultérieure, contentons-nous de dire avec Trendelenburg[1],

---

[1]. L'hypothèse Kantienne de la subjectivité des causes finales a été discutée par le savant logicien Trendelenburg (*Logische Untersuchungen*, t. II, p. 17 et suiv.) avec une grande force, et nous croyons devoir résumer ici son argumentation.

1° Kant raisonne comme si tout ce qui était subjectif ne pouvait être objectif, et vice versa; il n'a pas pensé à discuter l'hypothèse selon laquelle quelque chose serait à la fois subjectif et objectif. Il ne suffit pas qu'un principe ne soit pas tiré de l'expérience pour qu'il n'ait pas une réalité objective.

2° Si la finalité est un principe seulement régulatif mais non constitutif, elle ne signifie rien; ce principe n'est même plus une règle; une règle d'arithmétique ou de grammaire est constitutive, conforme à la chose elle-même; autrement que signifierait-elle? Mais, dira-t-on, il y a des règles, comme en grammaire les règles des genres, qui réunissent ce qui peut-être n'a pas de rapport, pour aider la mémoire; le principe des causes finales n'aurait-il qu'une aussi basse valeur? même dans ce cas, les règles des genres disent quelque chose sur la nature de l'objet lui-même. Si le principe de la finalité n'a aucune valeur objective, il n'est qu'une association fortuite d'idées.

3° Pourquoi Kant admet-il que la finalité est un *principe de plus* dont nous avons besoin pour soumettre les phénomènes à des règles, quand le mécanisme ne suffit plus à les expliquer? Ce principe *de plus* est une singulière acquisition; un principe doit simplifier: celui de la finalité n'apporte que la confusion, puisqu'il emploie une interprétation des phénomènes absolument contraire au principe de la cause efficiente: si cette contradiction n'a pas d'inconvénients sérieux parce que le principe de la finalité est purement subjectif, alors ce principe n'a pas plus de valeur que l'ordre alphabétique suivi dans les dictionnaires, ou toute autre classification artificielle.

4° Kant a tort de comparer l'emploi du principe de la finalité à celui du principe de l'absolu qui lui aussi n'est que régulatif sans être constitutif. Le principe de l'absolu (*das Unbedingte*) nous empêche de nous arrêter au particulier et au relatif; il nous pousse toujours en avant et excite la paresse de la raison, mais il la laisse dans le même domaine, dans celui de la cause efficiente. Le principe de la finalité au contraire ne nous pousse pas dans la direction de la cause efficiente: il nous conduit à renverser complètement l'ordre des faits; ce renversement ne peut s'appeler une règle qu'autant qu'il conduit à la vérité. Si la finalité n'est pas dans les choses, elle ne fait qu'égarer notre esprit et déformer la réalité.

5° Enfin quel est le rapport du principe de la finalité aux autres éléments subjectifs de la philosophie de Kant? Si la finalité était une forme nécessaire de notre connaissance, comme l'espace et le temps sont les formes nécessaires de l'intuition sensible, toutes choses nous apparaîtraient dans les rapports de moyens et de fin. Mais point; on appelle la finalité à son aide, suivant Kant, lorsque l'explication par la cause efficiente ne suffit plus : c'est l'objet lui-même qui force l'esprit à que si la finalité était une hypothèse purement subjective, elle ne servirait à rien, et il vaudrait tout autant s'en passer.

La doctrine de la subjectivité des causes finales ne pourrait avoir quelque solidité que si on la rattachait au principe général du subjectivisme, c'est-à-dire à l'hypothèse qui fait de toutes les lois de la nature des principes de l'esprit humain : mais ce serait sortir de notre sujet que d'aborder la question de la valeur objective de nos connaissances. Il nous suffit d'avoir établi qu'elle n'est pas plus subjective que les autres. Elle est vraie ou fausse, certaine ou douteuse, probable ou improbable, comme tout ce dont on discute ; mais dans la mesure où elle est établie et démontrée, elle est aussi objective qu'aucune autre vérité. En est-il de même lorsque passant de la finalité à sa cause, et de la nature à Dieu, on conclut à une cause intentionnelle ? C'est ce que nous verrons plus tard.

C'est encore une sorte de *finalisme subjectiviste* que nous rencontrons chez un philosophe contemporain des plus distingués, dont le nom s'est déjà plusieurs fois rencontré dans ces études, M. Lachelier : celui-ci a cru devoir fonder la loi des causes finales non sur l'entendement, mais sur la sensibilité. Suivant

---

quitter le chemin qu'il suivait. C'est donc l'*objet* qui détermine quand il faut appliquer le principe *purement subjectif* de la finalité. » — Cette dernière objection est empruntée à Herbart : « Comment se fait-il, dit celui-ci, que la convenance des dispositions de la nature ne se montre avec une entière évidence que dans certains cas ; que, bien souvent, cette convenance nous paraît douteuse ; enfin que, maintes fois, la nature nous offre une certaine régularité mécanique, ou même de simples faits dont il nous est impossible de nous rendre compte ? Si l'idée de convenance était une forme nécessaire de l'intelligence, elle devrait pouvoir s'appliquer à toutes choses, comme la forme du temps et de l'espace (ou même le principe de l'absolu). » (*Einleitung in die Philosophie*, § 132.)

lui, la loi des causes efficientes, « qui se ramène, dit-il, à l'enchaînement des mouvements, » est essentielle à l'entendement; la pensée ne peut la nier sans se détruire elle-même. Mais la sensibilité a ses exigences aussi bien que l'entendement. « Un monde dans lequel le mouvement, sans cesser d'obéir à ses propres lois, ne formerait plus aucun composé, ou ne formerait que des composés discordants qui se détruiraient eux-mêmes, un tel monde ne serait peut-être pas moins conforme que le nôtre aux exigences de la pensée [1]; mais il serait loin de satisfaire à celles de notre sensibilité, puisqu'il la laisserait dans le premier cas absolument vide, et ne lui causerait dans le second que des modifications pénibles [2]. » Cependant l'auteur reconnaît que c'est là une preuve bien insuffisante; car pourquoi la nature serait-elle obligée de satisfaire nos facultés ? L'affirmer à priori, ne serait-ce pas supposer précisément ce qui est en question, à savoir que la nature a un but? Comment donc la sensibilité pourrait-elle imposer aux choses une loi qui ne leur serait pas essentielle?

Voici le biais que l'auteur emploie pour expliquer sa théorie: ce n'est pas seulement l'intérêt de la sensibilité, c'est l'intérêt de la pensée elle-même, qui exige la loi des causes finales. « De ce que cette loi intéresse surtout la sensibilité, il n'en résulte nullement qu'elle soit étrangère à l'essence de la

---

1. C'est là une bien forte concession. Platon dans le *Théétète* semble croire le contraire. En effet, si une chose est détruite en même temps que formée, comment pouvons-nous la penser?
2. *Fondement de l'induction*, p. 83.

pensée, et nous ne renonçons point à établir que la pensée elle-même suppose l'existence de cette loi [1]. » Ainsi après avoir introduit la sensibilité, l'auteur l'abandonne et n'en parle plus, et en revient aux besoins de la pensée. Puisque la sensibilité ne sert à rien, qu'était-il nécessaire d'en parler ? Dira-t-on que ce n'est pas l'entendement tout seul et tout nu qui a besoin des causes finales, mais l'entendement uni à la sensibilité ? C'est dire tout simplement qu'il y trouve son plaisir ; mais l'objection de tout à l'heure reparaît aussi forte : Pourquoi les choses répondraient-elles aux besoins de notre sensibilité ? S'il ne s'agissait que de quelques cas très-rares de merveilleuse appropriation, on pourrait soutenir que c'est en effet un vif plaisir de notre esprit, contre lequel nous n'essayons pas de lutter, de considérer ces phénomènes comme l'œuvre d'un artiste ; et les plus décidés anti-finalistes, dans l'ordre théorique, ne se refusent pas à ce plaisir esthétique dans la joie de l'admiration et de l'enthousiasme. On comprend que l'homme puisse se dire dans de pareils cas : peu m'importe qu'il en soit réellement ainsi : je ne puis jouir qu'à la condition qu'il en est ainsi : ne m'enlevez pas mon rêve, vous m'enlèveriez mon bonheur. Mais l'auteur voit la finalité non-seulement dans de tels cas, mais partout, dans tout ce qui est ordonné, dans tout ce qui présente une certaine unité, c'est-à-dire dans l'univers entier ; bien plus, c'est encore la finalité qui constitue, suivant

---

1. *Ibid.*, 85.

lui, « l'existence » et la « réalité » des phénomènes [1]. Dès lors, comment concevoir que notre sensibilité puisse commander ainsi à l'ordre des choses, et, comment les lois du mouvement, pour plaire à notre entendement, se contraindraient-elles à former des touts composés et harmonieux ?

L'auteur établit que la loi de la pensée est l'unité. Mais il y a deux sortes d'unité : l'une est une unité de nécessité, l'autre une unité de convenance et d'harmonie. Or si le mécanisme de l'univers satisfait rigoureusement à la première de ces deux unités, il faut en outre, pour satisfaire à la seconde, que l'univers soit un organisme. Ainsi, en tant que pensée pure, l'entendement impose aux phénomènes la loi du mécanisme ; en tant que mêlé à la sensibilité, il leur impose la loi de la finalité. Nous ne pouvons comprendre cette théorie. Nous admettrions qu'on nous dit : Les phénomènes sont ce qu'ils sont, et nous n'y pouvons rien changer ; peut-être sont-ils exclusivement mécaniques ; mais, comme nous y voyons de l'ordre que nous ne pouvons pas expliquer, il nous plaît de supposer une cause finale ; nous nous abandonnons à cette hypothèse, qu'elle soit vraie ou fausse, parce qu'elle nous est agréable et commode. Mais ce n'est pas ainsi que l'auteur l'entend. Il paraît croire que le mouvement tout seul n'a aucune raison pour former des composés réguliers, et même des composés quelconques ; et nous avons cité de lui plus haut un beau passage, où il s'explique très-fortement dans

[1.] Fondement de l'induction, pag. 85 et suiv.

ce sens [1]. Les lois du mouvement ne suffisent donc pas à expliquer l'harmonie de l'univers; il y a un autre principe. Mais alors que vient faire ici votre sensibilité? Qu'importe que cela vous plaise ou non? cela est parce que cela est, et non parce qu'il vous est agréable que cela soit. On peut soutenir, si l'on veut, dans un cause-finalisme exagéré, que Dieu n'a fait le monde que pour nous plaire, qu'il a allumé les soleils et les étoiles pour que nous puissions les contempler? Mais donner comme une preuve des causes finales ce qui n'en est qu'une conséquence excessive et exclusive, c'est intervertir l'ordre des idées.

Dira-t-on que par sensibilité il faut entendre, non la sensibilité humaine, mais la sensibilité en général, et par pensée, non la pensée humaine, mais la pensée en général? Dans ce sens, on pourrait soutenir que la pensée à l'état pur se manifeste dans l'univers par le mécanisme, et que, liée à la sensibilité, elle s'y manifeste par la finalité? Mais alors, il ne s'agirait plus de la faculté qui nous donnerait le principe des *fins*, mais de la *cause* des fins elles-mêmes, en tant que préalablement accordées comme objet d'expérience; de la téléologie critique on passerait sans prévenir à la téléologie dogmatique; on supposerait donc ce qui est en question, à savoir la validité objective du principe de finalité. Enfin veut-on dire que la sensibilité humaine et la sensibilité en général ne font qu'un, et que la

---

[1]. Voir plus haut, l. I, c. V, p. 211 : « Le monde d'Épicure avant la rencontre des atomes.... »

nature n'étant que le jeu de notre esprit, identique à l'esprit en général, nous sommes autorisés à conclure de l'un à l'autre; si donc c'est un besoin de notre pensée et de notre sensibilité de concevoir les choses comme ordonnées, cela est vrai de toute pensée et de toute sensibilité, et la nature, n'ayant aucune existence objective, en dehors de l'esprit qui la pense et de la sensibilité qui en jouit, est forcée pour être quelque chose, de se conformer aux exigences de l'un et de l'autre. S'il en est ainsi, nous ne voyons là qu'une manière très-compliquée et très-enchevêtrée d'exprimer ce que nous soutenons ici, c'est que la finalité est objective et non subjective ; car il sera toujours permis de distinguer l'esprit subjectif, en tant que circonscrit dans les limites de la conscience individuelle ou de la conscience humaine, et l'esprit objectif qui anime tous les autres hommes en dehors de moi, avant moi, après moi, et qui anime également tous les autres êtres. Que la nature existe en vertu des lois de cet esprit objectif, c'est ce qui n'est nié par aucun de ceux qui reconnaissent la finalité dans la nature : mais en tant qu'elle tire ses lois de cet esprit objectif, c'est elle qui s'impose à notre pensée et à notre sensibilité (c'est-à-dire à la seule pensée, à la seule sensibilité que nous connaissions directement) : ce n'est pas nous qui l'imposons à la nature.

En un mot : ou bien l'on admet que le mécanisme ne peut absolument pas, malgré la théorie des chances heureuses, produire un tout ordonné ; dès lors, comme le monde en réalité nous a toujours présenté jusqu'ici un tout de ce genre, il faut bien reconnaître qu'il y a effectivement et objectivement un principe de finalité dans l'univers ; et la pensée, unie ou non à la sensibilité, ne peut que le reconnaître et ne le constitue pas. Ou bien au contraire, on soutient que c'est la pensée liée à la sensibilité, qui porte avec elle le principe de la finalité, dès lors comment la nature peut-elle et doit-elle s'accorder avec la pensée, de manière à produire, pour lui plaire, les innombrables prodiges d'appropriation dont se compose l'univers? Et dire que la nature c'est nous-mêmes, c'est passer perpétuellement du sens subjectif au sens objectif, suivant le besoin du moment, par un perpétuel va-et-vient d'équivoques, où s'abîme toute pensée distincte.

§ II. — Finalité immanente.

Si, d'un côté, entraîné par les tendances générales de sa philosophie critique, Kant semble conclure à la doctrine de la subjectivité des causes finales, de l'autre par certains côtés de sa théorie, il ouvre les voies au contraire à une doctrine très-différente et plus profonde, qui tout en objectivant la cause finale, comme la philosophie antérieure, lui donne une nouvelle forme et une tout autre signification. C'est le lieu de revenir ici sur une réserve faite par Kant dans la *Raison pure*, et déjà indiquée plus haut[1], mais trop importante par ses conséquences, pour ne pas être expressément mentionnée :

1. Voir le chapitre précédent, p. 449.

« Nous ne chicanerons pas ici la raison naturelle sur ce raisonnement où, se fondant sur l'analogie de quelques productions de la nature avec les produits de l'art humain (nos machines, nos vaisseaux, nos montres), elle conclut que la nature doit avoir pour principe une causalité du même genre... Peut-être ce raisonnement ne soutiendrait-il pas un examen sévère de la critique transcendentale[1]. »

Le célèbre D* Strauss, dans sa *Dogmatique chrétienne*, reproduit cette difficulté : « Cette preuve, dit-il, est fondée sur l'analogie de certains produits de la nature avec les ouvrages de l'art; l'organisme ressemble à une horloge, l'œil à une lunette, le corps d'un poisson à un vaisseau, etc. Or une horloge, une lunette, etc., sont les œuvres d'une sagesse qui a approprié les moyens à la fin ; donc les produits de la nature entière sont l'œuvre d'une intelligence qui est en dehors d'elle. — Mais d'abord *pourquoi cette intelligence serait-elle en dehors de la nature? qu'est-ce qui force à sortir de la nature?* Ensuite l'analogie n'est que superficielle : les pièces d'une machine, d'une œuvre de l'industrie humaine restent étrangères les unes aux autres; le mouvement et l'unité leur sont imprimés du dehors. Au contraire, dans l'organisation chaque partie est en communication intime, continuelle avec les autres ; elles se servent toutes les unes aux autres de but et de moyens. Il y a précisément entre les œuvres de l'industrie humaine et celles de la nature

---

[1]. *Crit. de la Rais. pure.* — Dialect. transc. Livre II, chap. III, sec. III. — Trad. fr. de J. Barni, p. 214.

cette différence que l'artiste est en dehors des premières et forme la matière du dehors au dedans, tandis qu'il est au dedans des autres et forme la matière du dedans au dehors. *La vie est la fin qui se réalise elle-même* [1]. »

Le nœud de la difficulté, comme on le voit par cette objection, est dans la comparaison des œuvres de l'art et des œuvres de la nature. Tant qu'il ne s'agit que de la finalité, l'analogie peut aller jusque-là ; mais quand il s'agit de la cause première de la finalité, l'analogie devient inexacte et insuffisante, par la raison que l'industrie humaine suppose une matière préexistante qu'elle détourne de ses fins pour l'approprier aux siennes propres ; tandis que la nature ne travaille pas sur autre chose qu'elle-même, et n'a pas besoin de sortir d'elle-même pour réaliser ses fins. En d'autres termes, l'industrie de l'homme est *externe*, et l'industrie de la nature est *interne*.

Déjà Aristote avait signalé cette différence entre la nature et l'art : la nature agissant du dedans, et l'art du dehors [2]. Kant a approfondi cette distinction :

« Dans une montre, dit-il, une partie est un instrument qui sert au mouvement des autres ; mais aucun rouage n'est la cause efficiente de la production des autres ; une partie existe *à cause* d'une autre et non *par* celle-ci ; c'est pourquoi aussi la

---

[1]. Strauss, *Die Christliche Glaubenslehre*, 1840, t. I, p. 345. — Hegel dit également : « Sans doute il y a un accord merveilleux entre les fonctions des divers organes ; mais cette harmonie exige-t-elle un autre être en dehors de l'organisme? » (*Leçons sur les preuves de l'existence de Dieu*, pag. 158.)

[2]. Arist. Phys. l. II, 8 (éd. Berlin, 199, b. 28) : εἰ γὰρ ἐνῆν ἐν τῷ ξύλῳ ἡ ναυπηγική, ὁμοίως ἂν φύσει ἐποίει.

cause productive de ces parties et de leurs formes ne réside pas dans la nature (de cette matière), mais en dehors d'elle dans un être capable d'agir d'après l'idée d'un tout possible par sa causalité. Et, comme dans la machine un rouage n'en produit pas un autre, à plus forte raison une machine n'en produit-elle pas d'autres, en employant pour cela une autre matière (qu'elle organiserait). En outre, elle ne remplace pas d'elle-même les parties perdues, elle ne répare pas les vices de la construction primitive à l'aide des autres parties, elle ne se rétablit pas elle-même quand le désordre est entré en elle : toutes choses que nous pouvons au contraire attendre d'un être organisé. Un être organisé n'est donc pas une simple machine, n'ayant que la force *motrice;* il possède en lui une vertu *formatrice*, et la communique aux matières qui ne l'ont pas, en les organisant ; et cette vertu formatrice qui se propage ne peut être expliquée par la seule force motrice (par le mécanisme)[1]. »

En un mot les œuvres de la nature se distinguent des œuvres de l'art par les trois différences suivantes : 1° L'être organisé a une vertu *formatrice :* le germe s'assimile successivement toutes les parties qu'il emprunte au monde extérieur; 2° il a une vertu *réparatrice*. Quand il se dérange, il se répare lui-même; c'est dans ce sens que l'on dit que la nature est le meilleur médecin : on sait encore que souvent après les blessures, et même les mutilations, les parties distinctes se reproduisent spontané-

---

[1]. *Crit. du Jugement*, § LXIV, trad. fr., t. II, p. 20.

ment; 3° enfin, il a une vertu *reproductrice*, puisque les espèces se perpétuent par la loi de la génération.

Ces différences sont tellement visibles qu'elles n'ont jamais échappé aux contemplateurs de la nature, et aux défenseurs des causes finales : « Renfermons-nous, dit Fénelon, dans la machine de l'animal; elle a trois choses qui ne peuvent être trop admirées : 1° elle a en elle-même de quoi se défendre contre ceux qui l'attaquent pour la détruire; 2° elle a de quoi se renouveler par la nourriture; 3° elle a de quoi perpétuer son espèce par la génération. — Que penserait-on d'une machine qui fuirait à propos, qui se replierait, se défendrait, et échapperait pour se conserver quand on voudrait la rompre? Qu'y a t-il de plus beau qu'une machine qui se répare et se renouvelle sans cesse elle-même? Que dirait-on d'un horloger, s'il savait faire des montres qui d'elles-mêmes en produisissent d'autres à l'infini, en sorte que les deux premières montres fussent suffisantes pour multiplier et perpétuer l'espèce sur la terre? [1] »

On voit que Fénelon signale à peu près les mêmes différences caractéristiques que Kant; seulement au lieu d'y voir une difficulté, il s'en sert au contraire comme d'un *à fortiori*. De ces différences entre la nature et l'art, il résulte pour lui non pas que la cause de la nature n'est pas un art, mais au contraire que c'est un art très-supérieur au nôtre. Selon Kant, l'organisation de la nature n'a rien d'analogue avec aucune des causa-

---

1. Fénelon, *Traité de l'existence de Dieu*, l. I, c. II.

lités que nous connaissons, et l'on ne peut la concevoir et
l'expliquer exactement par analogie avec l'art humain. Il est
vrai de dire avec Fénelon que l'art de la nature est supérieur à l'art humain. Mais est-il permis de conclure de l'un
à l'autre? La nature n'est-elle pas plutôt un *analogue de la vie*
qu'un *analogue de l'art?* Bien loin d'être semblable à l'intelligence humaine, elle serait précisément le principe dont est
dérivée l'intelligence humaine elle-même ; et l'industrie de
l'homme ne serait qu'un cas particulier et tout relatif de cet
art universel.

Cette distinction de Kant entre la nature et l'art se rattache
à une autre théorie profonde du même penseur, qui a eu
la plus grande influence sur le développement ultérieur de la
philosophie allemande. Je veux parler de la théorie de la finalité *intérieure* que nous avons souvent signalée, mais sur laquelle il est nécessaire de revenir.

Suivant Kant il y a deux espèces de finalité : la finalité *intérieure* et la finalité *extérieure* ou *relative*.

« La finalité purement extérieure, c'est-à-dire l'utilité d'une
chose pour une autre, n'est jamais qu'une finalité *relative*, » et
« n'existe qu'*accidentellement* dans la chose à laquelle on l'attribue [1]. » En effet, cette finalité suppose toujours autre chose
qu'elle-même, et elle est toujours hypothétique. Si le sable de
la mer est propre à la culture des pins, on ne peut considérer
cette propriété comme une fin de la nature qu'à la condition

1. *Trait. du Jug.*, § LXII, tom. II, p. 18.

de supposer que les pins eux-mêmes sont des fins de la nature, c'est-à-dire qu'il est décidé d'avance qu'il y aura des pins. Dans cette sorte de finalité, les choses ne sont jamais considérées que comme des moyens; mais ces moyens ne peuvent être tels que s'il y a des êtres qui soient considérés immédiatement et en eux-mêmes comme des fins : or ces êtres sont ceux précisément qui manifestent une *finalité intérieure*. Les premiers ne sont donc des fins que relativement aux seconds, et ceux-ci seuls peuvent donner lieu à un *jugement téléologique absolu*.

Cette distinction profonde de Kant a quelque analogie avec celle qu'il établit dans sa morale entre les fins *subjectives* et les fins *objectives* : d'où naissent deux sortes d'impératifs : l'impératif *hypothétique*, et l'impératif *catégorique*. Les fins subjectives sont celles qui sont toujours subordonnées à d'autres fins, et qui par conséquent ne sont que des moyens, et ne donnent lieu qu'à des règles conditionnelles : *si* tu veux être riche, sois économe. Les fins *objectives* sont des fins absolues et donnent lieu à des préceptes absolus : sois sincère, que cela te plaise ou non. De même ici, la finalité extérieure est hypothétique. Les rennes dans les pays du Nord sont une nourriture destinée à l'homme, *si* l'on suppose qu'il doit y avoir des hommes dans ces contrées; mais pourquoi serait-il nécessaire qu'il y en eût? Au contraire, pour qu'un objet de la nature puisse être considéré immédiatement comme une fin, et donne lieu à un jugement téléologique absolu, il faut que, sans sortir de cet objet, et sans avoir besoin de le subordonner à un autre, on y remarque que « la possibilité de la forme ne pourrait se tirer des simples lois de la nature, » que « cette forme est contingente aux yeux de la raison » et « ne semble possible que par elle; » en un mot, qu'elle est telle que « le tout contienne *la possibilité des parties* [1]. »

Tel est d'abord le caractère commun à toute fin, aux œuvres d'art aussi bien qu'aux œuvres de la nature. Mais pour une production de la nature, il faut quelque chose de plus, à savoir: « qu'elle soit à la fois *cause* et *effet* d'elle-même [2]; » c'est-à-dire, comme nous l'avons vu, qu'elle puisse s'organiser, se réparer et se reproduire : « Les feuilles de l'arbre sont les produits de l'arbre, mais elles le conservent aussi de leur côté. » En conséquence une fin de la nature est une production dans laquelle « toutes les parties sont *réciproquement fins et moyens* [3]. » Tel est le caractère de la finalité intérieure.

Nous voyons ici l'une des sources de toute la philosophie allemande ultérieure. La finalité *interne* de ce philosophe est devenue la finalité *immanente* de l'école hégélienne [4]. Au lieu de se représenter une cause suprême, *supra-mondaine*, construisant des œuvres d'art, comme l'homme fait des maisons et des outils (ce qui semblerait supposer une matière préexistante), tout le panthéisme allemand s'est représenté une cause intramon-

---

1. § LXIII, p. 21.
2. Ibid., p. 23.
3. § LXV, p. 33.
4. « Kant, dit Hegel, en mettant en lumière *la conformité interne des choses à leur but*, a appelé l'attention sur *la nature intime de d'idée* et surtout sur l'idée de la vie. » *Logique*, § 204, trad. fr. de Véra, p. 322.

daine réalisant en elle-même son but. La théologie physique du xviii° siècle, suivant les hégéliens, était fondée exclusivement sur la finalité externe, c'est-à-dire sur l'utilité, et se représentait tous les objets de la nature comme fabriqués pour un but extérieur. L'idée qu'on se faisait de la nature ne différait pas beaucoup de celle des épicuriens ; c'est-à-dire que tout y était mécanique et qu'il n'y avait rien d'interne dans l'univers. Au lieu du hasard, on faisait intervenir une cause motrice externe, un *deus ex machinâ*. Mais cette cause ne produisait que des œuvres inertes, dont aucune n'était en soi une source d'action, et qui n'avaient d'autre but que de servir à autre chose qu'à elles-mêmes. Cependant, Leibniz déjà, par sa notion de la force, avait rétabli le principe d'une activité intérieure des choses : la finalité interne de Kant complétait la même idée. Mais dès lors, si les choses ne sont plus des blocs inertes mus du dehors, mais des touts vivants, animés en dedans, le monde lui-même ne devra plus être conçu comme une masse inerte et morte, mais comme un véritable tout, comme un organisme.

La doctrine de Hégel sur les causes finales peut se ramener à ces trois points fondamentaux :

1° Il y a des causes finales dans la nature ; et même tout est cause finale. Le domaine des causes efficientes est celui de la nécessité brute. La cause finale est la seule cause véritable : car seule elle a en elle-même la raison de ses déterminations [1].

---

1. « La distinction entre la cause finale et la cause efficiente est de la plus haute

2° Il ne faut pas se représenter la cause finale sous la forme qu'elle a dans la conscience, c'est-à-dire comme une représentation anticipée du but. Les fins qui sont dans la nature ne sont pas semblables aux fins que nous réalisons, lesquelles sont le résultat d'un choix, d'une prévoyance, d'une activité volontaire. Il y a deux manières d'atteindre la fin : l'une dont nous trouvons l'exemple dans l'industrie humaine, l'autre qui est rationnelle sans être consciente et réfléchie, et qui est l'activité de la nature [1].

3° La finalité de la nature est une finalité immanente, interne : ce n'est pas comme dans les œuvres de l'industrie humaine, une cause extérieure qui produit certains moyens pour atteindre une fin qui leur est étrangère, la cause, le moyen et la fin constituant trois termes séparés les uns des autres. Dans la nature tout est réuni dans le même principe : la fin se réa-

---

importance. La cause efficiente rentre dans la sphère de la nécessité aveugle, et qui n'est pas encore développée, *elle apparaît comme passant dans un terme étranger*, et comme perdant, en se réalisant, sa nature primitive. La cause efficiente... n'est cause que virtuellement et pour nous. *La cause finale au contraire est posée comme contenant en elle-même sa détermination*, ou son effet, effet qui dans la cause efficiente apparaît comme un terme étranger : ce qui fait qu'en agissant la cause finale ne sort pas d'elle-même, mais qu'elle se développe au-dedans d'elle-même, et qu'elle est à la fin ce qu'elle était au commencement et dans son état primitif. C'est là la vraie cause première. » (Hegel, *Logique*, trad. franç., t. II, p. 321.) — « De ce que le monde mécanique et la finalité sont tous les deux, il ne suit pas qu'ils ont tous deux la même réalité ; et comme ils sont opposés, la première question est de savoir lequel des deux contient la vérité. Mais comme ils sont tous les deux, une question plus précise et plus haute est de savoir s'il n'y a pas un troisième principe qui fait la vérité de tous les deux, ou bien si ce n'est pas l'un d'eux qui fait la vérité de l'autre. Or, c'est la finalité qui s'est produite ici comme vérité du mécanisme et du chimisme. » (*Ibid.*, trad. franç., p. 331.) Voir aussi le passage remarquable cité plus haut, p. 256.

1. Sur ce second point, voir le chapitre suivant.

lise elle-même. La cause atteint sa fin en se développant. L'image de ce développement est dans la graine qui contient tout l'être qu'elle doit réaliser. Elle atteint sa fin sans sortir d'elle-même. On peut dire de la nature tout entière ce que Kant a dit de l'être organisé, que tout y est réciproquement but et moyens. La finalité interne devient donc finalité immanente [1].

Nous ne faisons aucune difficulté à admettre, pour notre part, que la finalité interne est par là même finalité immanente, mais c'est à la condition que le second terme aura exactement le même sens que le premier, et n'y ajoutera rien de plus : mais de cette finalité immanente, conclure à une cause immanente de la finalité, c'est mettre dans la conclusion ce qui n'est pas dans les prémisses : car c'est dire que toute cause qui poursuit des fins spontanément et intérieurement est par là même une cause première.

Remarquons d'ailleurs que l'opposition de la *transcendance* et de l'*immanence* est bien loin d'être aussi absolue en réalité qu'elle le paraît aux yeux des philosophes allemands. Il n'y a pas de doctrine de transcendance qui n'implique en même temps quelque présence de Dieu dans le monde et, par conséquent, quelque immanence. Il n'y a pas de doctrine d'immanence qui n'implique quelque distinction de Dieu et du monde, par con-

---

[1]. « La finalité n'est pas extérieure à la nature, elle lui est *immanente*; la graine contient virtuellement toutes les parties constitutives de la plante qui doivent se produire, et son développement n'est dirigé que dans le sens de la conservation : la vraie téléologie consiste à considérer la nature comme indépendante dans sa qualité propre... » (*Philosophie de la nature*, § 343.)

séquent, quelque transcendance. La transcendance absolue serait une telle séparation de Dieu et du monde, qu'ils n'auraient plus rien de commun, que Dieu ne pourrait pas connaître le monde, ni le monde connaître Dieu. L'immanence absolue serait une telle identité de Dieu et du monde que la cause ne serait plus qu'un avec son effet, la substance avec ses phénomènes, l'absolu avec le relatif. Or il n'y a aucun exemple en philosophie de l'une ni de l'autre de ces deux conceptions. Même dans le théisme scolastique, ou dans celui de Descartes et de Leibniz, quiconque approfondira la théorie du *concursus divinus* ou de la *création continuée*, verra des traces profondes de la doctrine de l'immanence. Réciproquement, dans le panthéisme de Spinoza ou de Hegel, quiconque réfléchira sur la distinction de la *Natura naturans* et de la *natura Naturata*, de l'*Idée* et de la *Nature*, reconnaîtra manifestement une doctrine de transcendance.

Ainsi, lorsque l'on demande, comme le font les hégéliens, si la cause suprême est *en dedans* ou *en dehors* de la nature, la question est mal posée : car, dans toute solution, la cause sera toujours et à la fois en dedans et en dehors de la nature. C'est une question de degré. Or, il est vrai de dire que la preuve physico-théologique à elle seule ne fournit pas de données suffisantes pour fixer avec précision le degré de distinction entre la cause de la nature et la nature elle-même. Si, par exemple, il s'agit d'aller jusqu'à une *distinction substantielle*, quiconque comprend les termes d'une question philosophique, accordera qu'une telle distinction n'est pas contenue dans les prémisses de l'argument des causes finales; mais il ne faut pas non plus le demander, car ce n'est pas ce qui est en question. Personne n'a la prétention de résoudre avec un seul argument toutes les difficultés de la philosophie; et réciproquement on ne doit point l'exiger. Le problème de la transcendance, dans le sens rigoureux du mot, c'est-à-dire le conflit entre le théisme et le panthéisme, ne peut être tranché par la preuve des causes finales [1]. Un Dieu âme du monde, comme était le Dieu des stoïciens, n'est à la vérité nullement exclu par la preuve des causes finales : mais même dans cette hypothèse, Dieu serait encore distinct du monde, comme la cause de son effet; et cette distinction suffit ici.

Même dans la philosophie de Hegel, il y a une différence profonde entre les choses et leur cause ou leur raison. Si nous considérons un être organisé individuel, Hegel ne dira pas que la cause de cet être est dans cet individu lui-même en tant que tel. Non, sans doute; elle est dans l'idée de l'espèce : cette idée, en tant qu'elle est absolue et immanente, est bien distincte de l'individu qui la manifeste, puisque celui-ci passe tandis qu'elle demeure. Ce qui est vrai de l'individu est vrai de l'espèce. Aucune espèce n'est sa cause à elle-même, aucune ne se suffit à elle-même. La cause de l'humanité comme espèce doit être cherchée dans le type universel qui constitue l'animalité; et la cause de

---

[1]. Le vrai point de débat entre le théisme et le panthéisme est l'explication de la conscience et du moi.

l'animalité aussi bien que du règne végétal doit être cherchée dans l'idée de la vie en général. Enfin, la vitalité à son tour n'est encore qu'une forme du principe universel qui se manifeste d'abord par le mécanisme, puis par le chimisme, puis par l'organisme, et enfin par l'esprit. Nous distinguerons donc, même dans la philosophie de Hegel, les êtres particuliers donnés par l'expérience, des causes intérieures qui les produisent ; nous distinguerons la *nature* et l'*idée*. Puisque la nature est l'idée extériorisée [1], il faut bien que l'un de ces termes ne soit pas l'autre. Car on peut toujours demander : Pourquoi l'idée n'est-elle pas restée tranquille ? Pourquoi est-elle sortie d'elle-même ? Il est clair que c'est là pour elle un mode nouveau d'existence ; et, par conséquent, même dans la philosophie de Hegel, la cause suprême est en dehors de la nature. Elle est à la fois en dehors et en dedans : et c'est ce que toute grande théologie a toujours enseigné.

Est-il vrai maintenant que la théorie de la finalité interne, telle que Kant l'a constituée, exclut toute transcendance

---

1. « La liberté absolue de l'idée consiste en ce qu'elle se résout *à se produire au dehors comme nature.* » (*Philosophie de la nature*, § 244.) — « L'absolue liberté de l'idée consiste en ce qu'elle se décide à tirer librement d'elle-même le moment de son existence particulière, *à se séparer d'elle-même*, *à se poser* en un mot comme nature. » *Logique*, § CLLIV.

« Si Dieu se suffit à lui-même, comment en vient-il à produire quelque chose qui est absolument dissemblable ? L'idée divine consiste précisément à se produire au dehors, *à faire sortir l'autre* de soi, et à le reprendre ensuite pour être subjectivité et esprit. » (§ Phil. de la nat. 247.)

« La nature étant *l'idée sous la forme de l'autre*, elle n'est pas seulement extérieure par rapport à l'idée, et à l'existence subjective de l'idée sous forme d'esprit ; elle est de plus *extérieure à elle-même* ; *l'extériorité constitue son caractère essentiel, sa nature.* » (*Ibid.*, *ibid.*)

dans la cause première, et contredise absolument ce que Hegel appelle la *théologie finie* [1], c'est-à-dire le théisme ? et réciproquement le théisme est-il condamné, comme il le soutient, et limité à la finalité *externe* ?

Ce sont là des vues très-arbitraires, des conséquences forcées, tirées de prémisses qui ne les contiennent pas. La finalité externe est une finalité relative et subordonnée; mais elle est liée inséparablement à la finalité interne, comme on l'a vu plus haut [2]; elle en est la réciproque. Hegel le reconnaît lui-même comme nous; car il avoue que la théologie finie repose sur une idée juste; c'est « que la nature n'a pas sa fin en elle-même [3]. » Mais le théiste n'en dit pas davantage. La théologie finie n'est nullement engagée à affirmer que tout a été créé depuis le commencement du monde pour l'usage de l'homme. Descartes et Leibniz ont répudié depuis longtemps cette doctrine. Mais la théologie transcendante, aussi bien que la théologie immanente, est autorisée à dire que les différents degrés de la nature

---

1. Ce terme de *théologie finie* est une de ces expressions habilement choisies par lesquelles une école philosophique trouve le moyen de rejeter sur une école adverse le soupçon et le reproche dont elle est elle-même menacée. S'il y a une théologie finie, il semble que ce soit celle qui identifie Dieu avec le monde, et qui confond l'esprit absolu avec la philosophie humaine. Au contraire une doctrine qui, à tort ou à raison, conçoit un Absolu complet et parfait en dehors du monde, et ne voit dans le monde qu'une image, un reflet, une expression affaiblie de Dieu, est aussi mal représentée que possible par l'expression de théologie finie.

2. Voir plus haut, t. I, ch. V, p. 221, et ch. VI, p. 277.

3. « L'homme, dit-il, se considère et à bon droit, comme une *fin* à l'égard des agents naturels. La considération de la nature à ce point de vue est celle de la théologie finie. Cette théologie repose sur une idée juste, c'est que la nature ne renferme pas en elle-même la fin absolue, la fin dernière. » (*Encyclopédie des sciences philosophiques, Philosophie de la nature*, § 245.)

sont des échelons que monte successivement la pensée divine pour se réaliser, et que les inférieurs sont les degrés pour les supérieurs. Dans la mesure où Aristote et Hegel admettent que les causes finales ont besoin des causes efficientes, dans la même mesure, la théologie finie admettra que les causes efficientes sont faites pour les causes finales. Quant aux formes plus ou moins populaires, qui ont pu être employées pour exprimer cette doctrine, il est peu philosophique de s'en servir contre la doctrine elle-même : car, c'est dans son expression la plus haute et non dans sa signification la plus superficielle qu'il faut la prendre [1].

Si la finalité interne est impossible sans la finalité externe, réciproquement la finalité externe n'est qu'un point de vue relatif qui, pris de plus haut, peut rentrer dans la finalité interne. En effet, au lieu de considérer chaque organisme isolément, considérons-les tous dans leur ensemble ; nous verrons qu'ils sont les uns aux autres réciproquement moyens et fins, comme les parties internes d'un organisme. C'est ainsi par exemple que les végétaux servent aux animaux, et les ani-

[1]. Il n'est pas même vrai de dire historiquement que la théologie physique du xviiie siècle soit dominée exclusivement par le point de vue utilitaire, ou de la finalité externe. Le livre de Paley, par exemple, invoque à peine ce point de vue, et s'appuie surtout sur la finalité interne des êtres organisés. L'existence d'une cause suprême de la nature se déduit tout aussi bien et même beaucoup mieux de la finalité interne que de l'utilité extérieure, ou du pur mécanisme. Car une cause assez puissante pour faire une œuvre qui ait en soi le principe et le but de son action est supérieure à celle qui serait obligée sans cesse de mettre la main à l'œuvre. Il en est de même des frivolités que Hegel, après Voltaire, et avec moins d'esprit que lui, reproche aux cause-finaliers, mais qui ne sont pas plus inhérentes à la doctrine de la transcendance qu'à celle de l'immanence.

maux aux végétaux, soit en prenant, soit en restituant à l'air les éléments qui leur sont respectivement utiles, les uns l'oxygène, les autres le carbone ; ou encore en se servant de nourriture les uns aux autres, les uns sous forme d'aliments, et les autres sous forme d'engrais. On voit aussi que tous les êtres vivants se nourrissent les uns des autres, au point que les animaux supérieurs, même l'homme, servent de pâture aux infiniment petits dont la fonction semble être de préserver la vie dans l'univers en détruisant les matières putréfiées, qui empesteraient l'air, et lui ôteraient toute propriété vitale. Enfin, les êtres vivants en général sont dans un commerce perpétuel avec la matière en général, et la circulation des éléments constitue en quelque sorte une vie intérieure de la terre, analogue à celle de l'organisme individuel. De telles analogies ne peuvent être rejetées par Hegel; car il n'est aucun philosophe qui les ait poussées plus loin.

Ainsi, il y a là une sorte de finalité interne ; mais elle n'est pas absolue, puisque les choses ne sont pas fondues en un être unique, et que tous « les êtres de la nature sont extérieurs les uns aux autres, existent en dehors et indépendamment les uns des autres [1]. » De là vient qu'en les considérant séparément, ils semblent n'être que des moyens, et c'est là ce qu'on appelle la finalité externe. Il sera donc permis, si on les prend ainsi, et non dans leur ensemble, de faire ressortir leur utilité exté-

1. *Phil. de la nat.*, § 249.

rieure : point de vue qui n'exclut pas l'autre et qui lui est étroitement uni.

Si d'une part la théologie transcendante n'est nullement liée à l'idée d'une finalité externe et surtout aux abus qu'on peut faire de cette finalité, d'autre part, elle n'est nullement contredite par l'idée d'une finalité interne, telle que Kant l'a expliquée. Qu'une cause supramondaine ait produit une œuvre qui manifeste une finalité interne, et qui même réalise par ses propres forces cette finalité, c'est ce qui n'a rien de contradictoire : car il y a encore ici une distinction à faire; et toute *finalité interne* n'est pas accompagnée d'un *moteur interne*, ni réciproquement. Dans une statue, par exemple, la finalité est interne; car la statue n'est pas, comme une machine, un instrument pour faire quelque chose : elle est à elle-même son but; et cependant elle ne se réalise point elle-même : la cause motrice est en dehors d'elle. Une cause transcendante peut donc produire une œuvre qui ait une fin intérieure. Réciproquement, un ouvrier qui se sert de ses bras pour mouvoir une roue est bien la cause intérieure et immanente du mouvement de ses bras; et cependant la fin est extérieure : car les bras ne travaillent pas pour eux-mêmes, ni pour le reste du corps, mais pour une machine externe : ils sont machines de machines. Enfin, on peut se représenter une cause transcendante qui produirait une œuvre animée par un principe interne et agissant pour une fin interne. Ainsi le père est bien, par rapport à son fils, ce que l'on appelle en scholastique une cause *transitive*; et cependant le fils a un principe interne d'action, et ce principe se meut d'après une finalité interne. D'après cela, on ne voit pas pourquoi la cause suprême de la nature n'aurait pas produit des œuvres (dérivées d'elle sans doute), mais non purement machinales, et ayant en elles-mêmes la cause et la fin de leur évolution.

Non seulement la doctrine d'une cause supra-mondaine n'exclut pas l'idée d'un principe interne d'action dans la nature ; mais on pourrait presque dire qu'elle l'exige ; et il est permis de soutenir très-solidement avec Leibniz que c'est à cette condition seule que l'on triomphera du panthéisme, c'est-à-dire de l'immanence absolue. Car ce n'est pas pour soutenir un certain degré d'immanence qu'une philosophie peut être caractérisée comme panthéisme : à ce titre, il n'y en aurait pas une seule qui n'eût ce caractère. Mais le panthéisme a pour caractère propre (s'il sait ce qu'il veut), de refuser aux êtres finis toute activité propre, pour la restituer à la cause et à la substance absolue. Si donc on croit que cette cause ou substance absolue est distincte du monde, supra-mondaine, transcendante, ce ne peut être qu'en attribuant au fini une réalité propre ; et cette réalité propre ne peut être qu'une activité intérieure ou une finalité interne, ou l'un et l'autre à la fois. Si, au contraire, on soutient la doctrine de l'immanence absolue, il faut reconnaître que le fini, considéré comme tel, n'a rien qui lui soit intérieur et propre. Dès lors, la nature, en tant que phénomène, c'est-à-dire la nature sensible, la seule que nous connaissions et qui tombe sous l'expérience, ne sera composée que d'apparences et d'ombres, n'ayant en elles-mêmes ni leur principe d'action ni leur but, et n'ayant pas plus de titre que les ouvrages artificiels de l'homme à une soi-disant activité intérieure.

Une autre objection des hégéliens [1] est que, dans l'hypothèse de la théologie finie, ou de la transcendance, les choses forment une série indéfinie de moyens et de fins dont on ne voit pas le terme. La vraie cause finale, au contraire, doit former un cercle, et étant la réalisation d'elle-même revenir à elle-même, c'est-à-dire se retrouver à la fin ce qu'elle est au commencement. Soit, par exemple, le principe immanent de la nature que les hégéliens appellent l'*idée*, ce principe, sortant de lui-même, deviendra la nature physique, la nature brute. Il se montre d'abord le plus étranger possible à lui-même, dans le *mécanisme* ou le pur mouvement : puis, dans le *chimisme* il commence à faire un certain effort pour revenir à soi, pour arriver à un but : mais c'est un effort impuissant. Ce travail chimique se perpétuant et devenant durable, c'est l'*organisme :* ici le mouvement de retour est plus visible encore : l'effort pour atteindre à l'unité est plus efficace : il n'y a pas seulement combinaison, il y a concentration : enfin au-dessus de l'organisme, s'élève l'esprit, où se manifeste d'une manière complète le retour de la nature à l'idée, d'abord dans la conscience individuelle, ou *subjective*, puis dans la conscience des peuples et des races,

---

1. Kuno Fischer, Log'k und Metaphysik, 2. Auflage, Heidelberg, 1865, p. 502 et suiv.

ou *objective*, et enfin dans la conscience *absolue*, c'est-à-dire dans l'art, dans la religion, dans la philosophie. A ce dernier terme, l'idée s'est réalisée elle-même ; elle s'est retrouvée après s'être perdue : elle se croyait distincte d'elle-même, et c'était toujours elle : et c'est encore elle qui arrive à la conscience d'elle-même dans la philosophie[1]. Voilà donc un vrai but ; le monde forme un cercle, tandis que dans l'autre théologie, il n'y a pas de but, et le monde en cherche un sans cesse, qu'il n'atteint pas. Tel serait l'avantage de la doctrine de l'immanence sur celle de la transcendance.

C'est, à notre avis, une pure illusion. J'avoue que dans la conception d'un monde distinct de Dieu, chaque être étant toujours imparfait, ne peut être considéré comme une fin absolue : l'homme lui-même n'est pas la fin absolue de la nature. En supposant au-dessus de l'homme d'autres créatures supérieures à lui, nous ne concevons pas davantage qu'aucune d'elle puisse être une fin absolue. Le monde est donc une ligne indéfinie dont on ne voit pas le terme. Mais en est-il autrement dans la doctrine de l'immanence ? dans l'une comme dans l'autre, on ne voit pas de dernier terme : et quant à dire que dans celle-ci le développement du monde est représenté sous la figure d'une ligne courbe, et dans celle-là d'une ligne droite (outre que ce

---

1. « En soi la nature est un tout vivant... La tendance de son mouvement, c'est que l'idée se pose comme ce qu'elle est en elle-même, ou ce qui revient au même, que l'idée sort de cette extériorité, qui est la mort, pour se replier sur elle-même, et devenir d'abord organisme, et de là esprit (*Geist*), et qui est la *fin dernière de la nature, et la réalité absolue de l'idée.* » (*Philosophie de la nature*, § 251.)

sont là des métaphores géométriques d'une médiocre clarté), il n'y a aucune raison de faire une pareille distinction : car dans l'hypothèse de la transcendance, Dieu étant à la fois le but et la cause de la création, celle-ci tend à revenir à lui après s'en être éloignée, exactement de la même manière que dans la doctrine opposée. Encore une fois jamais la courbe ne sera achevée ; mais elle ne le sera pas plus dans Hegel que dans Leibniz. Jamais le fini n'arrivera à une conscience adéquate de l'absolu, jamais l'esprit ne réalisera l'idée dans sa totalité : ce qui serait nécessaire pour fermer le cercle. En effet, tant que l'idée n'aura pas une conscience absolue égale à elle-même, une représentation parfaite d'elle-même, tant que la science divine ne sera pas égale à l'être divin, l'intelligence à l'intelligible, le cercle ne sera pas fermé. Il y aura toujours un abîme immense entre le dernier degré et l'absolu. Ainsi, dans les deux hypothèses, il y a un travail incessant de la nature pour atteindre une fin qu'elle ne rencontrera jamais : mais cette impossibilité est bien plus irrationnelle dans l'hypothèse de l'immanence que dans celle de la transcendance. Qu'un monde relatif, distinct de Dieu, n'atteigne jamais à l'absolu, cela se comprend. Mais qu'un monde absolu ne puisse jamais retourner au principe dont il émane, c'est ce qui est contradictoire. Or qui a pu soutenir sérieusement, si ce n'est dans un premier moment d'ivresse aujourd'hui passée, que la philosophie, et en particulier la philosophie de Hegel, est adéquate à l'absolu lui-même! Ne peut-on pas concevoir une autre philosophie supérieure à celle-là, et une autre encore au-dessus, et à l'infini? Tant qu'il ne s'agit que d'une philosophie humaine, il ne peut être question d'une philosophie sans erreur, sans obscurité et sans ignorance! Eh quoi! vous êtes l'absolu; et pour savoir la cause du plus petit phénomène, vous êtes obligé d'attendre qu'un savant en ait fait l'expérience, l'ait pesé, mesuré, calculé! Un absolu qui se cherche sans cesse et qui ne se trouve jamais n'est autre chose qu'un relatif. Dès lors, ou il faut reconnaître qu'il n'y a pas d'absolu, que l'*idée* est une pure chimère, que la nature est seule et se suffit à elle-même, ce qui est la négation de l'idéalisme hégélien; ou il faut soutenir que l'idée, tout en se manifestant dans la nature, n'est cependant tout entière elle-même qu'en elle-même, et avant de s'être extériorisée : ce qui est l'essentiel de la doctrine de la transcendance.

En résumé, l'idée d'une nature, douée d'activité interne, et travaillant à une finalité interne, quoique relative et subordonnée, cette idée qui n'est autre chose que la pensée leibnizienne bien comprise, n'a rien en soi qui exclue une cause supra-mondaine. Cette cause se distingue de la nature en ce qu'elle est d'avance tout entière, et ramassée en soi, un absolu ; tandis que la nature ne peut qu'exprimer et manifester cet absolu à travers le temps et l'espace, sans le réaliser jamais complètement. C'est cette impuissance même de la nature qui doit nous forcer à conclure qu'elle n'est pas elle-même l'absolu, car un absolu qui se cherche sans cesse sans se trouver est une notion contradictoire. Si donc on admet quelque chose de tel, on doit, si on s'entend soi-même, le distinguer de la nature, assez du moins pour que la nature puisse se développer et se mouvoir, sans que le principe premier soit entraîné dans son mouvement : or c'est là précisément ce que nous appelons le *transcendentalisme* bien compris.

Que si l'on voulait presser plus encore les termes de la distinction, et en faire sortir soit une distinction de substances, soit la création *ex nihilo*, soit telle autre doctrine plus explicitement dualiste, nous dirions encore une fois que c'est là dépasser la sphère de notre sujet, que rien ne nous oblige à entrer dans ces problèmes, et que la finalité ne contient à ce point de vue aucun élément particulier de solution.

Comme conclusion de ce chapitre nous nous résumerons en disant : 1º que la finalité n'étant pas une vue subjective de notre esprit, mais une loi réelle de la nature, demande une cause réelle ; 2º que la finalité de la nature est bien comme l'a dit Kant une finalité *interne*, et, dans ce sens, *immanente*, ce second terme ne signifiant rien de plus que le premier; mais cette *immanence relative* de la finalité naturelle n'implique pas une *immanence absolue*, et au contraire ne peut se comprendre que par son rapport avec un terme transcendant.

Ces deux difficultés franchies, nous sommes maintenant en face du vrai problème : la cause suprême de la finalité est-elle une cause intelligente, un *entendement?* Ce sera l'objet de nos dernières recherches.

CHAPITRE III

LA FINALITÉ INSTINCTIVE ET LA FINALITÉ INTENTIONNELLE

On ne doit pas concevoir le but, dit Hegel, « sous la forme qu'il revêt dans la conscience, c'est-à-dire sous la forme d'une représentation [1]. » D'après ce principe, le but n'est pas un effet réalisé d'après une idée préconçue : il est la conformité interne des choses à leur idée ou essence. La finalité n'est donc pas seulement immanente : elle est *inconsciente*.

Nous trouvons un exemple frappant de la finalité inconsciente dans l'instinct des animaux :

« L'obscurité dont est enveloppé l'instinct, dit Hegel, et la difficulté de le bien saisir, vient seulement de ce que le but ne peut être compris que comme notion interne (*innere Begriff*), ce qui fait que toutes les explications et tous les rapports qui ne sont fondés que sur l'entendement, sont inadéquats à l'instinct. Ce qui fait surtout la difficulté, c'est qu'on se représente ordi-

---

[1]. *Logique*, § 101, trad. fr., p. 322.

nairement le rapport de finalité comme un rapport extérieur, et qu'on pense que la finalité n'existe que là où il y a conscience. Or l'instinct est l'activité qui agit sans conscience en vue d'une fin (*die anf bewusstl se Weise wirkende Zweckthätigkeit*). L'animal ne connaît pas ses fins, comme fins : or, cette activité qui agit sans conscience suivant des fins, c'est ce qu'Aristote appelle φυσις [1]. »

« Cet instinct artistique, dit-il ailleurs [2], apparaît comme un acte intentionnel et sage de la nature (*Ah zweckmassiges Thun, als Weiskeit der Natur*); et il a toujours été regardé comme une faculté surprenante, parce qu'on a été habitué à ne voir la raison que dans une finalité extérieure. L'instinct plastique est en effet analogue à l'entendement conscient. Mais on ne doit pas pour cela se représenter l'activité finale de la nature comme un entendement qui a conscience de lui-même. En tant qu'instinct artistique, la notion n'est que la virtualité interne de l'animal (*das innere An Sich*, le En soi interne), un ouvrier sans conscience. Ce n'est que dans la pensée, dans l'artiste humain, que la notion existe pour elle-même. »

Ainsi, suivant Hegel, l'instinct nous présente le type d'une finalité sans conscience, et nous en montre la possibilité : et c'est là même la vraie notion de la nature. La conscience n'est qu'une des formes de la finalité : elle n'en n'est pas la forme adéquate et absolue. Il ne faudrait pas croire cependant que,

1. *Phil. de la nature*, § 360, tr. fr. de Vera, p. 331.
2. § 366.

pour Hegel, l'instinct fût lui-même le dernier mot de la finalité. Avant tout, dans sa pensée la finalité est *notion, concept*, ou du moins un moment de la notion, et l'instinct n'en est qu'une forme. C'est seulement dans la gauche hégélienne que la finalité s'est de plus en plus confondue avec l'activité aveugle de la nature.

Mais l'école qui a le plus décidément adopté et défendu la doctrine de la finalité instinctive est celle de Schopenhauer. Cette école a beaucoup insisté sur le principe de finalité; mais, comme l'école hégélienne, elle affirme une finalité inconsciente, et trouve dans l'instinct le type de cette finalité.

« Il n'y a absolument aucune contradiction, dit Frauenstadt, à admettre qu'une force, un instinct plastique crée par une tendance aveugle des œuvres qui ensuite se révèlent à l'entendement analytique comme conformes à un but. *Une finalité inconsciente* n'est donc pas une contradiction *in adjecto*, et de la négation d'un créateur personnel du monde tendant à des buts consciens résulte aussi peu la négation de l'harmonie du monde, que la négation de l'harmonie des organes résulte de l'affirmation qu'une vertu plastique organique agit d'une façon inconsciente dans les plantes et dans les animaux. L'opposition aristotélique entre la cause efficiente et la cause finale n'est en aucune manière identique avec l'opposition entre la cause inconsciente et la cause intelligente. Car la cause finale elle-même peut être inconsciente [1]. »

1. Frauenstadt, *Briefe über die Schopenhauersche Philosophie* (Leipzig, 1854), Lettre 21, p. 442.

Schopenhauer s'exprime de la même manière : « L'admiration et l'étonnement qui ont coutume de nous saisir à la vue de la finalité infinie qui se manifeste dans la construction de l'être organique, repose au fond sur la supposition naturelle, mais fausse, que cet accord des parties entre elles et avec l'ensemble de l'organisme, ainsi qu'avec ses buts extérieurs, est réalisé par le même principe qui nous sert à la concevoir et à la juger, et par conséquent par le moyen de la *représentation*; qu'en un mot, de même qu'elle existe *pour* l'entendement, de même elle n'existe que *par* l'entendement. Sans doute nous ne pouvons rien réaliser de régulier, ni de conforme à un but que sous la condition du concept de ce but; mais nous ne sommes pas autorisés à transporter ces conditions à la nature qui elle-même est un *prius* de tout intellect, et dont l'action se distingue de la nôtre d'une manière absolue. Elle conduit à terme ce qui nous paraît si étonnamment téléologique, sans réflexion et sans concept de but parce qu'elle est sans représentation, phénomène d'origine secondaire [1]. »

« Il semble, dit encore le même auteur [2], que la nature ait voulu nous donner un commentaire éclatant de son activité productrice dans l'instinct artistique des animaux ; car ceux-ci nous montrent de la manière la plus évidente que des êtres peuvent travailler à un but avec la plus grande sûreté et précision, sans le connaître, et sans en avoir la moindre représentation...

1. *Die Welt als Wille*. (T. II, ch. 26.)
2. *Ibid.*

Les instincts artistiques des insectes jettent beaucoup de lumière sur l'action de la volonté sans connaissance qui se manifeste dans les ressorts internes de l'organisme, et dans sa formation... Les insectes veulent le but, en général, sans le connaître, précisément comme la nature quand elle agit d'après des causes finales : ils n'ont même pas le choix des moyens en général : c'est seulement le détail qui dans les cas particuliers est abandonné à leur connaissance. »

Telles sont les raisons des partisans de la finalité inconsciente. Mais cette doctrine, avons-nous dit, peut prendre deux formes. La finalité peut être considérée comme un *instinct*, et c'est la doctrine de Schopenhauer, ou comme une *idée*, et c'est la doctrine de Hegel. Étudions d'abord la première, la seconde sera l'objet du chapitre suivant.

Attribuer à la nature une activité *instinctive*, c'est dire que la nature agit comme les abeilles et la fourmi, au lieu d'agir comme les hommes : c'est le *zoomorphisme* substitué à l'*anthropomorphisme*. Nous n'y voyons aucun avantage.

En effet la vraie difficulté, la difficulté profonde en cette question, c'est que nous ne pouvons expliquer l'activité créatrice de la nature, qu'en la comparant à quelque chose qui est dans la nature même, c'est-à-dire qui est précisément un des effets de cette activité. C'est ce que Kant exprimait par ces paroles : « Peut-on faire dériver la possibilité interne de la nature agissant spontanément (*laquelle rend* d'abord *possible tout art* et peut-être même la raison), *d'un autre art* encore, mais d'un art surhumain? » Cette difficulté, la vraie, la seule, s'applique évidemment à l'hypothèse d'un instinct primitif tout aussi bien qu'à l'hypothèse d'une intelligence primitive. L'instinct n'est pas moins un fait de la nature que l'intelligence elle-même; et, dans l'un comme dans l'autre cas, on transformera l'effet en cause.

Que si l'on se contente de dire, comme Schopenhauer, que l'instinct n'est qu'un *commentaire* de l'activité créatrice, c'est-à-dire un symbole, un exemple qui peut en donner quelque idée, on se demandera en quoi ce commentaire est plus lumineux que celui que nous trouvons dans l'intelligence, ou dans le mécanisme proprement dit. Il y a en effet dans la nature trois modes d'action, le mécanisme, l'instinct et la pensée. De ces trois modes, deux seulement nous sont connus d'une manière distincte : le mécanisme et l'intelligence. L'instinct est ce qu'il y a de plus obscur, de plus inexpliqué. Pourquoi des trois modes d'action de la nature, le commentaire le plus lumineux de l'activité créatrice serait-il précisément celui auquel on ne comprend rien? Toute la science, depuis Descartes, tend à supprimer les qualités occultes : l'instinct est essentiellement une qualité occulte : le choisir pour faire comprendre la finalité, lorsqu'il est lui-même le cas de finalité le plus incompréhensible, n'est-ce pas expliquer *obscurum per obscurius?* Enfin entre les trois modes d'action de la nature, l'un inférieur, l'autre supérieur, l'autre intermédiaire, pourquoi choisir comme type précisément celui qui n'est qu'un moyen terme? Le mécanisme est inférieur; mais il a l'avantage d'être le plus simple de tous; l'intelligence est le plus compliqué, mais elle a l'avantage d'être le terme le plus élevé. L'instinct n'offre ni l'un ni l'autre de ces deux avantages : phénomène moyen, il semble bien n'être qu'un passage de l'un à l'autre, du mécanisme à l'intelligence, n'être qu'un cas plus particulier et plus complexe du premier, ou l'état rudimentaire du dernier. En tout cas, il semble n'avoir en aucune manière le caractère d'un principe.

À un autre point de vue, l'instinct tombe encore sous les mêmes difficultés que l'intelligence : on reproche en effet à celle-ci de ne nous être connue que sous la condition de l'organisation. Sommes-nous autorisés, dit-on, à supprimer cette condition, et à nous représenter à l'état pur, et comme antérieure à la nature une faculté qui ne nous est donnée que comme un résultat? Quelle que soit la valeur de cette objection, elle vaut aussi bien contre l'instinct que contre l'intelligence : car l'instinct comme l'intelligence est lié à l'organisation : il n'y a pas plus d'instinct que d'intelligence dans les êtres inorganiques.

Mais si l'hypothèse de la finalité instinctive n'offre aucun avantage sur celle de la finalité intelligente, en revanche elle présente de bien plus grandes difficultés. Il reste toujours à savoir comment une cause atteint un but par des moyens appropriés, sans avoir ni connu ce but, ni choisi les moyens? Il faut se rendre bien compte de la question. Admet-on, ou n'admet-on pas l'idée de but? Si on l'admet, cette idée implique nécessairement, qu'on le veuille ou non, que tel résultat étant prédéterminé (par exemple voir ou entendre), la cause efficiente, qui en tant que cause efficiente était susceptible de prendre des millions de directions différentes, a circonscrit le choix de ces directions à celles qui pouvaient amener le résultat demandé. Or qu'une cause occulte produise cette limitation et détermination, sans qu'on dise pourquoi, c'est toujours en revenir à l'hypothèse du hasard.

Dira-t-on qu'une seule de ces directions était possible, et que toutes les autres sont exclues par la nature même de la cause? c'est alors écarter la cause finale pour revenir à la cause efficiente; c'est le spinozisme. En effet, que vient faire ici l'idée de but, et en quoi est-il but, si chacun des effets est contenu antérieurement dans celui qui précède, et si tous ensemble ne sont que le déroulement de la nature de chaque être? Dans cette hypothèse, il n'y a pas plus de cause finale en physiologie qu'en géométrie.

Dire avec Schopenhauer : « De ce que la finalité existe *pour* l'intelligence, il ne s'ensuit pas qu'elle existe *par* l'intelligence, » c'est au fond supprimer la finalité. Il faut choisir entre la finalité *subjective* et la finalité *instinctive*. Si la finalité n'existe que pour l'intelligence, en réalité elle n'existe pas du tout : c'est un phénomène illusoire. « C'est notre entendement, dit Schopenhauer, qui saisissant l'objet au moyen de ses propres formes, temps, espace, causalité, produit d'abord la pluralité et divisibilité des parties et de leurs fonctions, et tombe ensuite dans l'étonnement sur la parfaite harmonie et coopération de ces parties résultant de l'unité originelle : en quoi, par conséquent, il admire sa propre œuvre [1]. » S'il en est ainsi, la finalité n'est qu'une conception subjective : mais alors, l'objection de Herbart citée plus haut [2] revient : si nous portons avec nous le concept de finalité, pourquoi ne l'appliquons-nous pas partout, et à toutes choses, comme la causalité? Si nous ne le faisons qu'à l'égard de certains objets, c'est que ces objets présentent certains caractères particuliers : ces caractères ne viennent pas de nous; ils doivent donc avoir une cause objective : or l'instinct n'est pas une cause : c'est une non-cause; car entre l'indétermination de la faculté instinctive et la détermination rigoureuse du but, il y a la disproportion de l'infini au fini.

Au reste l'insuffisance de la théorie de Schopenhauer est confirmée par l'aveu et la réforme même de son disciple et successeur Hartmann, qui sans aller lui-même jusqu'à la conception de la finalité intelligente, fait cependant un chemin de retour vers cette conception. En effet, Schopenhauer avait séparé complétement la *volonté* et la *représentation* (*der Wille und die Vorstellung*). La représentation, qui est le fond de l'acte intellectuel, n'était pour lui qu'un fait secondaire (*ganz secundären Ursprungs*). Hartmann, au contraire, rétablit le lien entre ces deux faits, et il dit très-justement : « La tendance

---

1. *Ib.*, c. 28.
2. Voir page 475.

n'est que la *forme vide de la volonté*..., et comme toute forme vide n'est qu'une abstraction, le vouloir est existentiel ou actuel seulement dans son rapport avec la représentation d'un état présent ou futur. Personne ne peut en réalité vouloir purement et simplement, sans vouloir ceci ou cela. Une volonté qui ne veut pas quelque chose n'est rien : ce n'est que par la détermination de son contenu que la volonté acquiert la possibilité de l'existence, et *ce contenu est représentation*. Ainsi donc, point de volonté sans représentation, comme l a déjà dit Aristote : ὀρεκτικὸν δὲ οὐκ ἄνευ φαντασίας (D. an. III, 30)[1]. »

C'est là, ajoute Hartmann, la cause de l'erreur et de « l'insuffisance (*die Halbheit*) de la philosophie de Schopenhauer qui n'avait reconnu comme principe métaphysique que la volonté, et faisait naître la représentation ou l'intellect matériellement. »

Hartmann admet donc que la volonté est impossible sans représentation : seulement, pour lui, cette représentation est primitivement inconsciente : la finalité resterait donc toujours finalité inconsciente. Néanmoins, il y aurait un grand pas de fait : on aurait accordé à la cause première le *réel* de l'intelligence, sauf à ne considérer la conscience que comme un phénomène accessoire, ce qui reste à discuter. Il ne s'agirait plus d'une cause inintelligente, mais d'une intelligence inconsciente, ce qui est différent. La question change de terrain : peut-il y avoir des représentations sans conscience ? Tel est maintenant

---

1. *Philos. der Unbewussten*, A, iv.

le point du débat. Hartmann cite l'opinion de Kant et de Leibniz : mais ces deux auteurs parlent plutôt de perceptions obscures, indistinctes, d'une conscience extrêmement faible, que de perceptions absolument inconscientes dans la rigueur des termes. Nous n'avons pas d'ailleurs à nous engager dans ces questions qui nous éloigneraient trop de la discussion actuelle. Réintroduire en effet dans l'activité la représentation, même inconsciente, c'est revenir en partie à la conception hégélienne qui ramène la finalité à la notion, au concept, à l'idée, et non pas seulement au pur instinct. Or, ce point de vue est celui qui nous occupera dans le chapitre suivant.

Cette dernière transformation de l'*hylozoïsme* (car la philosophie de Schopenhauer ne mérite guère d'autre nom) suffit à montrer le vide de l'explication de la finalité par l'instinct. Mais si la finalité instinctive nous paraît inadmissible, nous reconnaissons cependant que la *finalité intentionnelle* a ses difficultés, qu'il faut examiner de plus près.

La discussion la plus approfondie que nous connaissions contre l'intentionnalisme est celle d'un philosophe hégélien, Fortlage, dans son *Histoire des preuves de l'existence de Dieu* [1].

Cette discussion résume et complète toutes les difficultés énumérées précédemment. Nous la reproduisons ici :

« I. D'après l'argument de Paley, partout où il y a finalité, il

---

1. *Darstellung und Kritik der Beweise fürs Dasyn Gottes*, Heidelberg, 1840, p. 237 et sqq. — *Bedenken gegen die Paleysche schlussform*. Difficultés contre l'argument de Paley.

doit y avoir présente et en acte la conception d'un but à atteindre, et par conséquent une intelligence en qui réside ce concept. Si donc on peut produire un seul cas où un but est atteint sans que le concept du but intervienne nécessairement, l'argument est entamé. Par conséquent, pour soutenir cet argument, je suis forcé, partout où la nature par une impulsion aveugle ou par une force secrète de conservation, atteint son but d'elle-même, je suis forcé, dis-je, de recourir sans nécessité au créateur. Par exemple, si le but (*Zweck*) de la conservation de soi-même se manifeste dans l'animal, et atteint son objet (*Ziel*) par la préhension de la nourriture, si le but (*Zweck*) de la dureté se manifeste dans la pierre comme force de cohésion de ses atomes, et atteint son terme (*Ziel*) par leur attraction réciproque, je ne peux plus voir le but dans les forces naturelles elles-mêmes (par exemple, dans la cohésion, la dureté, dans la faim, l'instinct de conservation); mais je dois séparer violemment l'un de l'autre. »

« On se voit bientôt entraîné à d'autres conséquences encore plus extrêmes. Dans l'activité artistique du genre humain, par exemple, il se manifeste des buts qui sont atteints par un sentiment agissant à l'aveugle, et non pas par un calcul de l'esprit. Combien de fois la critique a-t-elle pu découvrir à un homme de génie des buts atteints après coup auxquels il ne songeait pas! Un calcul quelconque de l'entendement eût-il pu présenter à l'esprit de Mozart pour la peinture de certaines émotions de l'âme des moyens aussi bien appropriés que ceux que trouvait son génie sous l'influence de l'inspiration ? Mais, si la preuve de Paley est considérée comme valable, nous ne pouvons admettre aucun cas où un but déterminé soit atteint par des moyens déterminés, sans que la conception du but se rencontre comme telle dans un certain entendement, et sans que les moyens aient été choisis pour le but par un arrangement intentionnel. Il faut donc croire que, pendant que Mozart composait, l'entendement divin l'assistait comme un maître de calcul, et que pour le but de la passion à exprimer, il lui jetait dans le cœur à mesure qu'il en avait besoin, les moyens soigneusement choisis et appropriés. Si au contraire on nous accorde un instant que Mozart a pu atteindre un seul but dans sa musique par un instinct de sentiment, sans calcul de l'esprit, l'argument reçu est entamé ; il peut servir encore à persuader, mais non plus à convaincre. »

« II. Les mathématiques nous donnent un grand nombre d'exemples de finalité atteinte, sans aucun but proposé d'avance, ou pour parler plus exactement de finalité que nous ne considérons pas habituellement comme telle, parce que le but atteint ne paraît pas plus important que les moyens appliqués. Kant parle de cette téléologie mathématique dans la *Critique du jugement*[1].

« D'où vient que, dans ce cas, nous ne nous émerveillons pas comme dans les autres cas sur des arrangements inten-

1. Tom. II, § LXI, tr. fr., p. 7.

tionnels? pourquoi ne concluons-nous pas à un auteur sage, qui aurait ordonné tout cela conformément au but par les moyens les plus simples? Uniquement, parce qu'ici nous n'attachons aucune valeur au but atteint. Que le triangle ait toujours la somme de ses angles égaux à deux droits ou non, que les angles périphériques sous-tendus par la même corde soient égaux ou non, cela n'a à nos yeux aucune importance, parce que nous n'en voyons pas l'utilité. Nous n'estimons pas une sagesse, même agissant vers un but, si ce but n'a aucune utilité pour nous. Que le triangle ait ses trois angles égaux à deux droits, cela ne nous paraît pas un but, mais une conséquence inévitable de la rencontre des rapports mathématiques primitifs. S'il s'agit au contraire de quelque chose qui ait rapport à la conservation de l'homme, ou de quelque être qui le touche, il nous semble que l'on ne peut alors apprécier trop les moyens ingénieux créés et mis en jeu avec intelligence et avec zèle pour un tel but, quoique dans ce cas, comme dans celui du triangle, on pourrait tout aussi bien supposer que le but n'est que le résultat inévitable du conflit de certains rapports primitifs donnés. Si la conservation de l'homme, des animaux ou des plantes était liée à la persistance de 180 degrés au triangle, alors nous nous étonnerions de la haute excellence de cette appropriation au but, que nous trouvons aujourd'hui toute simple et toute naturelle; et si réciproquement nous n'avions pas plus d'intérêt à la conservation de l'homme, de l'animal et de la plante, qu'à la persistance des 180 degrés au triangle, alors comme des spectateurs entièrement désintéressés, nous perdrions de vue la coordination des fins et des moyens, et nous nous demanderions tout d'abord si tous ces buts, atteints par la nature, ne sont pas les conséquences du conflit de certaines lois primitives, comme cela arrive pour les buts en mathématiques. »

« III. En outre, il faut se souvenir que l'argument téléologique ne tire pas sa force décisive de l'existence d'une finalité universelle, partout répandue, mais d'une sorte de dissémination des causes finales dispersées d'une manière accidentelle sur le vaste empire de la nature, de telle sorte que les exemples éclatants rayonnent comme des exceptions d'une manière si brillante qu'elles semblent être quelque chose qui surpasse les forces de la nature même. Si la loi de la finalité était aussi universelle dans la nature que la loi de la causalité, si bien qu'il n'y eût aucun phénomène où elle ne se manifestât, alors nous cesserions de trouver miraculeuse cette loi, en tant que loi de la nature, et nous ne serions pas tentés de conclure de là à aucune intervention surnaturelle. Car, par exemple, que dans un certain pays certaines espèces de plantes viennent à croître, qui servent précisément à la nourriture ou à la médication des animaux de ce pays ; ou encore que dans tel pays se rencontrent tels animaux qui délivrent le pays d'autres animaux qui y seraient nuisibles, cela nous paraît merveilleux et surprenant, parce que tous les événements naturels ne nous montrent pas d'une manière aussi immédiate dans leur rapport réciproque un enchaînement aussi intentionnel et organique. La pauvreté que présente la nature au point de vue de la finalité nous inspire une certaine méfiance envers les forces de cette nature, méfiance qui va si loin, que lorsqu'une finalité accomplie se manifeste réellement en elle, nous aimons mieux ordinairement avoir recours à un miracle, que de supposer quelque chose d'aussi achevé des forces de la nature elle-même. »

« Cette méfiance envers la nature a de grandes analogies avec la méfiance des misanthropes, telle qu'elle se montre dans le monde moral. De même que le misanthrope est tourmenté de ce préjugé maladif, que la nature humaine est trop faible pour s'opposer au mal, et que par conséquent il n'y pas d'homme vertueux dans le monde, de même le physico-théologien vit avec le préjugé que la nature est trop faible et trop impuissante pour une liaison plus étroite de ses créatures que la liaison de la causalité efficiente ; et, dans son illusion, là où cesse la pure loi de causalité, il met le verrou ; et, au delà, il aime mieux croire au miracle et à des histoires de revenant, que de consentir à l'idée d'un procès téléologique dans la nature elle-même. »

« IV. En outre, dans l'hypothèse téléologique, on ne peut justifier le créateur d'une certaine faiblesse, ou d'un certain penchant à des jeux inutiles, lorsqu'on le voit atteindre, à grand appareil d'inventions ingénieuses, de très-petits buts, qu'un créateur tout-puissant, tel que celui auquel on a affaire devrait avoir pu atteindre par des moyens plus simples et beaucoup plus brièvement, sans se créer lui-même sur son chemin des obstacles inutiles. Même Paley, le grand admirateur de la sagesse divine dans l'organisation des animaux, exprime son étonnement sur ce point, et il ne voit d'autre refuge que dans l'incompréhensibilité des voies de Dieu. « Pourquoi, se demande-t-il, l'inventeur de cette merveilleuse machine (l'œil) n'a-t-il pas donné aux animaux la faculté de voir sans employer cette complication de moyens [1] ? »

« Encore l'œil humain est-il à la fois et le plus accompli et le plus simple des organes. Bien moins parfaits, plus insuffisants et mille fois plus compliqués sont les mille petits tubes des yeux combinés des insectes. Pourquoi le plus sage des créateurs a-t-il eu recours dans la création des animaux à des appareils si imparfaits, lorsque plus tard il devait montrer par le fait que l'étoffe de la nature était capable d'en produire un bien plus parfait? Trouvait-il donc du plaisir à réaliser, rien que pour varier, par des moyens imparfaits et difficiles, ce qu'il pouvait obtenir beaucoup plus vite par des moyens plus achevés? Un tel jeu d'enfant qui se crée à lui-même des obstacles pour s'amuser, et qui se plaît humoristiquement en bizarreries et en merveilles, un tel jeu est-il digne d'un sage créateur? Il a montré dans l'estomac de l'homme, des oiseaux et des ruminants combien de moyens étaient à sa disposition pour réaliser un procédé de digestion qui s'accomplit sans effort : pourquoi ces

1. Paley, *Théologie naturelle*, chap. II.

moyens lui ont-il fait défaut pour les serpents, et pourquoi a-t-il permis que dans ce cas la fonction de la nutrition s'accomplît par un procédé désagréable, aussi fatigant pour l'animal, que repoussant pour le spectateur? Ces exemples et d'autres semblables sont propres à nous inspirer le désir d'une explication moins forcée de la nature, au cas où une telle explication serait possible.

« V. Enfin il y a au fond de la preuve physico-téléologique un sentiment de l'âme d'une tout autre nature que celui qui résulte du calcul téléologique avec concept de l'entendement; c'est un bâtiment ajouté plus tard, qui vient appuyer et grossir d'une manière maladroite ce sentiment instinctif. La nature, lorsque nous contemplons de ses œuvres, nous plonge dans un étonnement, où nous nous sentons spirituellement et comme saintement inspirés. Il souffle en nous comme une communion avec les mille créatures qui dans un printemps jaillissent, se précipitent joyeuses dans la vie. Nous sentons vivement le souffle d'une puissance spirituelle et vivifiante. Un tel sentiment est difficilement conciliable avec le point de vue d'une machine si sagement ordonnée par un mécanicien extérieur, qu'il n'y ait rien de plus ingénieux et de mieux ordonné que l'engrenage de ses roues. »

Tel est le savant et curieux réquisitoire de la philosophie hégélienne contre la doctrine intentionnaliste. Reprenons brièvement, en les soumettant à une discussion sévère, les objections précédentes.

I. La première difficulté est celle-ci : il y a des cas nombreux dans la nature où la tendance vers un but n'est pas accompagnée de la claire représentation de ce but : par exemple la tendance des corps vers un centre, l'instinct des animaux, l'inspiration des grands hommes sont des faits de ce genre. Si donc on ne veut pas reconnaître ces différentes forces comme immanentes à la nature, il faut avoir sans cesse recours à la cause première sans nécessité et l'on tombe dans l'*occasionnalisme*. En un mot : finalité immanente et inconsciente — ou *deus ex machinâ* : tels sont les deux termes du dilemme.

Nous répondrons que ce dilemme pèche contre la règle fondamentale de ce genre de raisonnement, qui veut qu'il n'y ait que deux alternatives possibles sans intermédiaires : d'où la règle de l'*exclusio tertii*. Or il y a ici entre les deux hypothèses opposées une hypothèse moyenne que l'auteur omet et qui consiste à supposer qu'il y a bien des forces immanentes dans les choses et des forces tendant vers un but à leur insu; mais que cette finalité immanente est dérivée et non primitive, relative et non absolue. Entre l'hypothèse de Hegel et celle de Paley, il y a place pour l'hypothèse de Leibniz : celui-ci n'admet pas non plus qu'il faille sans cesse avoir recours à Dieu, comme à un mécanicien sans lequel la machine ne peut pas aller. Il admet que Dieu a déposé dans la chose originairement une certaine force de spontanéité et d'énergie, et qui se déploie conformément à une loi interne sans qu'il soit nécessaire que l'action de Dieu vienne s'y ajouter : ce sera cette force qui sera, selon l'occasion, la tendance, l'instinct, l'inspiration, etc. De tels faits ne prouvent pas du tout qu'on puisse concevoir une activité se dirigeant vers un but sans aucune notion de ce but, car ces forces plus ou moins aveugles et ignorantes de leur but peuvent dériver de quelque être qui connaît ce but pour elles : et même c'est là le seul moyen que nous ayons de comprendre cette tendance occulte et inconsciente vers un but. Il n'y a rien là qui porte atteinte au principe, et ne se concilie avec lui.

Mais est-il possible, dira-t-on, de concevoir que, même créées, des forces aveugles puissent atteindre un certain but? et si on l'accorde, pourquoi une force incréée n'y atteindrait-elle pas également? voilà la vraie difficulté que Bayle dans une discussion semblable sur les natures plastiques, avait déjà supérieurement aperçue : « Que si une faculté, sans conscience et sans raison, dit-il, par cela seul qu'elle est créée par un être intelligent, devient apte à accomplir des œuvres qui demandent l'intelligence, n'est-ce pas comme si l'on disait que, de deux hommes également aveugles, l'un ne sait pas son chemin, l'autre le sait parce qu'il a été créé par un père ayant des yeux? Si tu es aveugle, peu importe que tu sois né d'un père aveugle ou voyant, puisque dans les deux cas tu as toujours besoin d'être dirigé par les conseils et par la main d'autrui? De même, pour ordonner la matière, peu importe que la nature plastique soit née d'une cause intelligente, si elle est aveugle, et si elle ignore de quelle façon elle doit s'y prendre pour composer, séparer, distribuer, réunir les éléments de la matière ? Que sert la puissance d'agir, sans la faculté de comprendre? A quoi servent les jambes à un aveugle?.... Par conséquent si les causes plastiques sont tout à fait dénuées d'intelligence, il faut qu'elles soient continuellement dirigées par Dieu comme des instruments physiques. » En conséquence, suivant Bayle, l'hypothèse des natures plastiques, peu différentes au fond des forces leibniziennes, ou revient au pur mécanisme et à l'occasionnalisme, ou conduit à la négation d'une cause suprême : car si une force aveugle tendant vers un but et l'atteignant n'implique pas contradiction, on ne voit pas pourquoi de telles forces impliqueraient davantage contradiction parce qu'elles existeraient par elles-mêmes.

A quoi nous répondons avec J. Leclerc, le défenseur des natures plastiques : ce qui implique contradiction, ce n'est pas le fait d'une force aveugle tendant vers un but, puisque l'expérience nous en montre de telles, mais c'est précisément l'hypothèse d'une telle force existant par elle-même : car dans ce cas, on ne voit pas d'où lui peut venir la détermination vers le but, et le choix exact des moyens qui y conduisent. Si au contraire une telle force n'est que dérivée, la raison de ses déterminations est dans l'intelligence de la cause dont elles émanent. Qu'importe, dit Bayle, si la force est aveugle, qu'elle ait pour auteur un être intelligent? Qu'importe qu'un aveugle soit né d'un père voyant? Pour résoudre cette difficulté, empruntons comme Bayle lui-même nos exemples à l'expérience. Tous les jours nous voyons les êtres intelligents communiquer à d'autres êtres des dispositions et des impulsions qui les dirigent à leur insu vers un but déterminé. C'est ce qui arrive par exemple dans l'éducation. Les parents insinuent par l'exemple, par certaines adresses, par les caresses, etc., mille dispositions et inclinations dans l'âme de leurs enfants dont ceux-ci n'ont pas conscience, et qui les dirigent sans qu'ils le sachent vers un but ignoré d'eux, par exemple la vertu, la sagesse, le bonheur. De telles dispositions cependant s'incorporent véritablement à l'âme des enfants, se fondent avec leurs qualités naturelles, leur deviennent propres, et sont plus tard pour eux des principes vraiment spontanés d'action. Dans ce cas, on voit donc assez clairement comment une cause intelligente pourrait déposer primitivement dans les êtres créés certaines dispositions, virtualités ou habitudes naturelles, qui leur seraient inhérentes, immanentes, essentielles, et qui les conduiraient à leur destination sans qu'ils s'en doutassent, et sans que le créateur eût besoin d'agir pour eux, et de les guider comme le laboureur la charrue. On pourrait citer mille exemples empruntés à l'expérience psychologique et morale de cette infusion préméditée de certains principes d'action dans des âmes qui n'en ont pas conscience, et qui ensuite y obéissent spontanément et aveuglément; et les hommes se servent de cette puissance aussi bien pour le mal que pour le bien. Un séducteur exercé saura par exemple déterminer dans une âme innocente certaines impulsions inconscientes qui la conduiront à son insu vers le but fixé par lui, c'est-à-dire vers sa perte, ou vers son malheur. Un orateur ou un politique saura provoquer dans les foules des mouvements qui une fois sollicités les entraîneront à telle ou telle conséquence prévue par lui et non par elles. Ainsi, le créateur pourrait déterminer dans les corps ou dans les âmes, certaines impulsions ou tendances qui les entraînent fatalement au but fixé, réservant à l'homme seul, et encore dans un cercle restreint, la faculté d'agir comme lui-même conformément à un but prémédité [1].

A la vérité, on pourra toujours s'élever contre des qualités occultes, qui n'étant ni des mécanismes, ni des systèmes de pensée, ne présentent rien de clair à l'esprit, et l'on pourra dire avec Descartes que nous ne comprenons clairement et distinctement que deux choses : la pensée et le mouvement (ou toute autre modification de l'étendue); et cette objection est au fond celle de Bayle qui combat le dynamisme de Cudworth au point de vue de l'*occasionnalisme* cartésien. Mais ce point de vue ne peut être celui du philosophe allemand que nous discutons; car il se montre opposé à toute espèce de mécanisme, soit au mécanisme d'Epicure (le mécanisme sans Dieu) soit au mécanisme cartésien (mécanisme avec Dieu); il admet donc nécessairement quelque chose comme des qualités occultes sous les noms de *tendances*, d'*instincts*, d'*inclinations*,

---

1. On peut se représenter cette création d'impulsions dans les choses, soit comme un acte surérogatoire de Dieu, qui, les êtres une fois formés, leur ajoute les instincts ou les forces dont ils ont besoin; ou bien, ce qui serait plus philosophique, on peut admettre que Dieu a créé à la fois les êtres et leurs instincts, la nature des choses n'étant que la somme des forces ou des instincts dont elle est composée.

d'*inspiration*, d'*enthousiasme*. Il n'a par conséquent rien à jecter à ceux qui admettront les mêmes facultés occultes, condition de les supposer dérivées et non primitives; et point de vue de l'éclaircissement de ces notions, il n'y a avantage à se représenter ces sortes de qualités comme exist par elles-mêmes, au lieu d'être des propriétés communiqué

Il y a d'ailleurs dans les faits cités par l'auteur, bien différences à signaler. On pourrait déjà chicaner sur le r prochement de la tendance mécanique et de l'instinct; mai qui ne peut être assimilé en aucune manière, c'est le fait l'instinct et celui de l'inspiration.

L'instinct est un phénomène tout à fait aveugle, routin machinal, toujours semblable à lui-même. Il peut varier p ou moins sous l'excitation des circonstances; mais, comme modifications sont lentes, rares, infiniment petites, le car tère dominant de l'instinct n'en est pas moins la monoton l'obéissance servile à un mécanisme fatal. L'inspiration d'un tout autre ordre, son caractère propre est l'inventi la création. Partout où il y a imitation, ou reproducti mécanique d'un phénomène déjà produit, nous nous re sons à reconnaître le caractère de l'inspiration. Le propre l'instinct est précisément de ressembler à un travail calcu et combiné d'avance : ainsi l'abeille en choisissant la forr hexagonale pour y déposer son miel, agit précisément comr ferait un architecte, à qui l'on demande de construire le pl de pièces possible dans un espace donné. Au contraire propre de l'inspiration est de ne ressembler en rien au calcul et de ne pouvoir en aucune façon être représentée par un calcul. Par exemple, lorsqu'un poète veut peindre un grand sentiment, il lui serait impossible de trouver des lois de combinaison qui lui permissent d'arriver à son but : il ne pourrait pas se dire : en combinant des mots de telle manière, je serai sublime. Car, encore faudrait-il que les mots lui fussent donnés; et par quel moyen pourrait-il trouver tels mots plutôt que tels autres? Dans les œuvres artificielles (et ce qui rend l'instinct si merveilleux c'est précisément qu'il produit de telles œuvres), c'est par la combinaison des parties que l'on réussit à produire le tout. Dans les œuvres d'art, au contraire, c'est le tout qui commande la disposition des parties. Par exemple, quoique un thème musical soit nécessairement successif, en vertu des lois du temps, cependant les premières notes déjà sont commandées par l'air tout entier; et l'on ne peut se figurer un musicien, qui ajouterait note à note pour arriver à un but, puisque ce but, c'est l'air tout entier, et que cet air est aussi bien dans les premières notes, que dans les dernières. Sans doute, il y a dans l'inspiration même, une part à faire à la réflexion, au calcul et à la science; nous la ferons tout à l'heure; mais l'essentiel de l'inspiration est quelque chose d'entièrement différent, et ne peut se représenter comme une combinaison calculée.

Ces observations peuvent paraître au premier abord plus favorables que contraires à l'objection du philosophe allemand : mais notre but est d'abord de bien distinguer l'inspiration de l'instinct aveugle, deux faits que ce philosophe met à peu près sur la même ligne comme prouvant la même chose : et c'est en quoi il se trompe. Sans doute, le fait de l'inspiration artistique peut bien prouver qu'il y a une sorte de finalité supérieure à la finalité de prévision et de calcul, que l'âme atteint son but spontanément, tandis que l'esprit cherche et combine péniblement les moyens d'atteindre le sien. Là où le versificateur emploie avec une habileté consommée toutes les ressources de l'art des vers, pour laisser le lecteur froid tout en l'amusant, là où le rhéteur appelle à son secours toutes les figures de commande pour persuader, plaire, et émouvoir suivant les règles, un Corneille et un Démosthène trouvent dans leur cœur des mots inattendus, des tours sublimes, dont eux-mêmes ne peuvent expliquer l'origine, et qui étonnent, enlèvent l'âme des spectateurs ou des auditeurs : c'est l'âme qui parle à l'âme. Où trouvera-t-on le : *qu'il mourût*, le : *je ne te hais point?* par quel procédé? par quelles recettes? Et combien ici l'émotion spontanée est-elle supérieure sur le calcul! Mais si l'on peut conclure de ces faits, que la plus haute finalité n'est peut-être pas celle qui résulte d'une combinaison réfléchie, comment confondre cependant cette inspiration, où les anciens voyaient le cachet du divin, τὸ θεῖον, avec un instinct aveugle, avec le train machinal et routinier d'une montre qui va toute seule? et c'est à quoi ressemble l'instinct des animaux. L'inspiration peut être supérieure à l'intelligence calculée ; mais l'intelligence demeure très-supérieure à l'instinct. L'âme inspirée par le sentiment n'est pas une activité aveugle. Elle a conscience d'elle même; elle a l'intuition vive et profonde de son but; elle en est toute pleine; et c'est précisément ce sentiment vif du but, qui suscite en elle sa propre réalisation : c'est dans ce cas, comme le dit Hegel, que « le but se réalise lui-même. » L'instinct au contraire, non seulement ignore les moyens, mais il ignore le but : bien loin de créer quelque chose, il ne fait que répéter et imiter, sans savoir même qu'il imite, ce qui a toujours été fait. Le premier animal de chaque espèce pourrait seul être dit véritablement inventeur : mais il n'y a aucune raison de lui supposer, de préférence à sa postérité, une telle supériorité de génie : car s'il eût été capable d'une telle innovation, pourquoi ses successeurs seraient-ils réduits à une imitation stérile et routinière? sans doute la création de l'instinct suppose du génie; mais l'instinct n'est pas le génie, et en est même le contraire.

Nous avons raisonné d'ailleurs jusqu'ici dans l'hypothèse où l'inspiration ne serait qu'un fait purement spontané, auquel l'intelligence n'aurait aucune part. Mais rien n'est plus contraire à la vérité. Tout le monde connaît les vieilles disputes entre l'art et le génie. Sans doute l'art n'est pas le génie. Les règles ne suffisent pas à faire des chefs-d'œuvre ; mais qui ne sait que le génie n'est complet que lorsqu'il est accompagné de l'art? Combien de parties dans le beau qui dérivent de l'intelligence et de la science! La savante ordonnance d'un sujet, la division et la gradation des parties, l'élimination des parties inutiles, le choix des temps, des lieux, des circonstances, l'appropriation du style aux mœurs et aux sentiments des personnages : voilà pour l'art dramatique. La recherche des preuves, leur distribution, leur habile gradation, le savant entrelacement de la dialectique et du pathétique, l'accommodation des sentiments et des motifs aux habitudes et aux dispositions de l'auditoire : voilà pour l'art oratoire. La combinaison des accords ou des couleurs, le rhythme, les contrastes de lumière ou d'ombre, les lois de l'harmonie ou celle de la perspective : voilà pour la musique et la peinture. Dans l'architecture, la part de la science est plus grande encore; et il y entre même de l'industrie. Ainsi, même dans le travail de l'inspiration, la science et l'art, c'est-à-dire le calcul, la prévision, la préméditation ont une part considérable, et il est même presque impossible de distinguer sévèrement ce qui vient de l'art de ce qui vient de l'inspiration elle-même. Sans doute, on ne peut rapporter qu'à un premier jet de l'imagination créatrice la conception originale d'un type comme celui du *Misanthrope*, ou, dans un autre ordre, du *Jupiter olympien*. Quel moyen en effet employer pour concevoir une idée première? Tout au plus l'artiste peut-il se mettre dans les circonstances favorables à l'invention. Mais cette idée première une fois donnée, qu'est-ce qui la féconde, l'anime, la colore, et la réalise, si ce n'est l'art, toujours accompagné, il est vrai, de l'inspiration? N'y a-t-il pas là une part à faire au calcul et à la combinaison réfléchie? Ne sera-ce pas la réflexion, par exemple, qui fera dire à l'auteur du Misanthrope :

Pour arriver au comique, je dois mettre mon principal personnage en contradiction avec lui-même. Je dois donc lui donner une faiblesse, et quelle faiblesse plus naturelle que celle de l'amour? et pour rendre le contraste plus saillant et le drame plus comique, je lui ferai aimer une coquette sans âme, qui se jouera de lui : je les mettrai en présence, et l'homme de cœur s'humiliera devant la grande dame égoïste et frivole. De plus, il faut que cette coquette soit une parfaite femme du monde : et pour la dépeindre comme telle, j'aurai une scène de conversation, où je peindrai les salons dans toute leur charmante frivolité. Que Molière ait fait ces calculs, ou d'autres analogues, c'est ce dont on ne peut douter : quoique à chaque pas pour réaliser ses conceptions, il lui ait fallu le génie, c'est-à-dire l'inspiration; car ce n'est pas tout de dire : J'aurai de l'esprit; la grande affaire, c'est d'en avoir. Or, on ne trouve pas plus l'esprit par voie de réflexion que le génie. Tout le monde sait au contraire que chercher l'esprit est la meilleure manière de ne le pas rencontrer. En musique, l'inspiration proprement dite joue un plus grand rôle : mais là encore, il y a des combinaisons savantes qui peuvent être le résultat de la réflexion, et produites intentionnellement. Par exemple, il peut très-bien se faire que ce soit après réflexion et volontairement que Mozart ait résolu de faire accompagner la sérénade amoureuse de Don Juan, cet air si mélancolique et si touchant, par cette ritournelle railleuse qui a inspiré à Musset des vers charmants bien connus. Donizetti peut très-bien aussi avoir calculé d'avance l'effet profond produit sur l'âme par le chant des funérailles de Lucie, interrompu par le merveilleux air final d'Edgar. A chaque instant, on peut trouver dans les arts des exemples de grandes beautés, trouvées par le calcul et la réflexion. Dans *Athalie* par exemple, l'introduction des chœurs, la prophétie de Joad, la mise en présence d'un enfant divin et d'une reine impie; dans *Horace*, l'idée de couper en deux le récit pour produire une péripétie dramatique; dans la *Descente de croix* d'Anvers, la savante et difficile combinaison qui fait que tous les personnages à quelque degré portent ou touchent le corps du Christ sont des exemples frappants de beautés voulues, préméditées, préparées par la science esthétique, à la condition, bien entendu, de trouver pour la réaliser, une imagination puissante. Ces exemples frappants d'une intelligence au service de l'inspiration pourraient déposer favorablement en faveur de la théorie de Schopenhauer qui fait de l'intelligence la servante de la volonté, si l'on consentait à attribuer l'inspiration à ce que ce philosophe appelle la volonté; comme si l'inspiration elle-même n'était pas déjà une sorte d'intelligence; comme si la conception première, l'œuvre immédiate de l'imagination créatrice, n'était pas aussi un acte d'intelligence; comme si enfin l'amour lui-même qui pousse à créer, à engendrer, comme dit Platon, était possible sans une certaine vue de l'objet aimé. Tout ce qu'il est permis de dire, et c'est ce qui ne contredit nullement la doctrine des causes finales : c'est qu'au dessus de l'intelligence *combinatrice* et *calculatrice*, il y a une première forme d'intelligence supérieure, qui est la condition de la seconde — et que l'on peut appeler *créatrice*.

Si donc nous cherchons dans l'expérience quelque type ou modèle qui puisse nous donner une idée analogique de l'activité première, nous ne refuserons pas d'admettre que l'inspiration est peut-être en effet ce qui s'en rapprocherait le plus. A cette hauteur, l'intention va se perdre dans la finalité : c'est que les moyens se confondent eux-mêmes avec le but : mais bien loin qu'une telle conception nous retienne dans le cercle de la nature, ce n'est au contraire qu'en sortant de la nature que nous pouvons concevoir une pareille identité des moyens et des buts. C'est le propre au contraire de la nature de passer par les uns pour arriver aux autres : ce qui est impossible à une force aveugle, non dirigée. La prévision, telle qu'elle se manifeste dans les substances secondes, n'est peut-être pas la plus haute expression de la finalité : mais l'instinct aveugle en est une expression bien moins fidèle encore ; et le mécanisme pur en est l'absolue négation.

Si d'ailleurs nous analysons l'idée d'intention, nous y trouverons deux éléments : 1° l'acte de vouloir le but, avec la conscience qu'on le veut ; 2° le choix des moyens pour y arriver. Or dans le phénomène appelé inspiration, l'intention existe dans le premier sens, quoiqu'elle n'existe pas toujours dans le second. L'artiste veut exprimer ce qu'il a dans l'âme, et il a conscience de cette volonté ; mais comment ce qu'il a dans l'âme parvient-il à s'exprimer ? c'est ce qu'il ne sait pas. Est-ce à dire qu'une intelligence plus haute ne le saurait pas davantage ? ce qu'il y a d'inconscient dans la création artistique, est-il un élément nécessaire du génie créateur ? A quel titre soutiendrait-on une telle hypothèse ? Il semble que le plus haut degré de génie soit précisément celui qui a la conscience la plus complète de sa puissance. De même qu'il y a plus de conscience dans le génie que dans le pur instinct, de même ce que l'on pourrait appeler le génie absolu devrait être accompagné d'une conscience absolue.

En supposant donc qu'il y ait un acte suprême, dont l'inspiration artistique peut nous donner quelque idée, cet acte absolu devrait être non pas l'acte d'une force aveugle, ou d'un mécanisme fortuit, mais d'une intelligence créatrice qui inventerait à la fois par un acte unique les moyens et le but, et dans laquelle par conséquent, la prévision se confondrait avec la conception immédiate. C'est dans ce sens que l'on peut accorder que l'intention n'est pas nécessaire à la finalité : ce n'est pas qu'elle en soit absente comme dans l'instinct ignorant et dans les forces aveugles de la nature : c'est au contraire qu'elle est devenue inutile, parce que n'étant séparée de son but par rien, la conception et l'exécution ne font qu'un pour elle. Mais nous reviendrons sur ces idées ; ce n'est pas encore le lieu de leur donner tout leur développement.

Cette première objection étant de beaucoup la plus importante, c'est sur elle que nous avons dû insister le plus ; nous glisserons plus rapidement sur les suivantes.

II. L'auteur allemand invoque contre la doctrine intentionnaliste ce qu'il appelle la finalité mathématique, sans expliquer bien nettement ce qu'il entend par là. Il veut sans doute dire que pour que telle figure régulière soit possible en géométrie, il faut que les lignes en soient disposés d'une certaine manière : or cette prédisposition des lignes par rapport à la figure générale est quelque chose d'analogue, pour ne pas dire de semblable, à la disposition des membres dans l'organisation : c'est une appropriation à un but. Cependant, dit-il, dans ce cas personne ne suppose un arrangement intentionnel, personne ne conclut à un auteur sage, ayant ordonné tout cela conformément au but par les moyens les plus simples. Pourquoi, suivant l'auteur? c'est que les figures mathématiques n'ont aucun rapport à notre utilité, et que leurs rapports fondamentaux nous sont absolument indifférents.

Il y a là, à ce qu'il nous semble, bien des confusions d'idées. Mais pour aller tout d'abord au point essentiel, nous pouvons dire que Kant, auquel on emprunte les principes de l'objection, en a lui-même fourni la solution avec sa profondeur accoutumée. C'est qu'en mathématiques, il ne s'agit pas de l'*existence* des choses, mais de leur *possibilité*, et que par conséquent il ne peut y être question de « cause et d'effet » [1]. C'est pourquoi Kant donne à cette finalité le nom de « finalité sans but », ce qui caractérise également la finalité esthétique. L'explication de

---

1. *Crit. du jug.*, § LXII, note. Trad. fr. de J. Barni, t. II, p. 15.

Kant revient à celle d'Aristote, suivant lequel les êtres mathématiques sont immobiles, c'est-à-dire ne sont pas sujets à la génération. Or, là où il n'y a pas de génération, il n'y a pas de cause et d'effet (si ce n'est pas métonymie); et là où il n'y a pas de cause et d'effet, il ne peut pas y avoir de moyens et de but, puisque le moyen n'est autre chose qu'une cause propre à produire un certain effet, qui pour cela s'appelle un but.

Si maintenant au lieu de se représenter les figures géométriques, comme de pures possibilités abstraites, on les prend comme des formes concrètes que revêt réellement la matière dans des conditions déterminées, par exemple dans la cristallisation, il y aura lieu en effet de se demander comment des particules matérielles aveugles arrivent à se disposer conformément à un ordre déterminé, et il faudra évidemment une raison précise qui explique pourquoi elles prennent cet ordre plutôt qu'un autre, puisque des particules mises au hasard se rassembleraient dans mille combinaisons quelconques avant de rencontrer ces figures simples que dessine et qu'étudie la géométrie. Dans ce cas, on sera autorisé à supposer que ces molécules se meuvent *comme si elles avaient pour but* de produire un ordre géométrique déterminé; et affirmer que dans ce cas, il y a finalité sans intention, c'est supposer précisément ce qui est en question; car il ne va pas de soi qu'une cause quelconque puisse spontanément, et sans rien savoir de ce qu'elle fait, diriger son mouvement suivant une loi régulière et conformément à un type déterminé.

Ce n'est donc pas parce que les proportions et relations géométriques n'ont aucun rapport avec notre utilité, comme le suppose Fortlage, mais parce que ce sont de pures idées, que nous ne supposons pas dans les figures géométriques de dispositions intentionnelles. Mais aussitôt que ces figures se réalisent objectivement dans le monde réel, nous nous posons exactement la même question que pour les arrangements les plus industrieux. Il n'est pas vrai d'ailleurs que l'utilité humaine soit le seul criterium de la finalité et de l'intentionnalité. Nous nous émerveillons de la structure des animaux et des plantes, lors même qu'il s'agit de créatures qui ne nous sont d'aucune utilité ; et si le miel des abeilles ne nous servait à rien, pas plus que leur cire, il suffirait que ces deux produits leur fussent utiles à elles-mêmes, pour nous faire admirer l'industrie qui les donne. Il y a plus : nous reconnaissons la finalité même dans les êtres qui nous sont nuisibles ; et, comme le dit Voltaire, la mouche elle-même doit reconnaître que l'araignée file merveilleusement sa toile.

C'est donc l'accord intérieur de l'objet, et non son rapport avec nous qui détermine notre jugement de finalité : et si, au lieu de concevoir les figures géométriques, comme existant éternellement par elles-mêmes, nous voyions un point lumineux se mouvoir dans l'espace, et tournant autour d'un centre, dessiner une ligne courbe sans jamais s'éloigner de la même distance par rapport à ce centre, alors nous chercherions une cause à ce mouvement, et nous ne pourrions nous le représenter que comme l'acte d'un esprit et d'une intelligence.

III. C'est la rareté même du fait de finalité, dit-on, qui nous fait conclure à une cause en dehors de la nature, et à une cause intentionnelle analogue à la nôtre. Si la finalité se montrait dans tous les phénomènes comme la causalité, nous ne serions pas plus étonnés d'attribuer l'un que l'autre à la puissance de la nature; mais, ces faits étant disséminés, nous jugeons la nature trop faible pour les produire, et nous croyons nécessaire d'avoir recours à un miracle pour les expliquer. Fortlage, à ce sujet, compare ingénieusement cette défiance envers la nature, en général, avec la défiance du misanthrope envers la nature humaine.

Ici encore, beaucoup de confusions d'idées. La question de savoir si la cause de la finalité est dans la nature ou en dehors de la nature n'est pas la même que celle de savoir si cette causalité est intentionnelle ou aveugle. L'intentionnalité et la transcendance, nous l'avons assez dit, sont deux choses distinctes. On peut concevoir une cause immanente naturelle (une âme du monde, par exemple), qui, comme la Providence des stoïciens, agirait avec sagesse et prévoyance. On peut concevoir au contraire une cause transcendante, comme l'acte pur d'Aristote, qui agirait sur la nature d'une manière inconsciente, et par une sorte d'attrait insensible. On n'aurait donc pas exclu nécessairement l'intelligence de la finalité, si l'on établissait que la cause de la finalité est dans la nature, et non hors de la nature. Par conséquent, si cette espèce de défiance que nous inspirent, suivant l'auteur, les forces de la nature, venait à disparaître, et que nous fussions amenés à la considérer comme la seule cause et la cause suffisante de la finalité, il resterait toujours à se demander comment la nature peut atteindre son but sans le connaître, comment elle a pu approprier les moyens aux fins, sans rien savoir des moyens, ni des fins; et l'hypothèse d'une finalité sans prévision demeurerait toujours incompréhensible. Ce n'est donc pas notre défiance envers la nature qui nous force à reconnaître l'intelligence dans ses œuvres.

Un exemple rendra sensible notre distinction. Supposons un poète réputé médiocre, et d'une platitude reconnue; s'il produisait par hasard quelque œuvre éclatante, quelques beaux vers, on pourra supposer qu'il n'est pas l'auteur de son œuvre, que quelqu'un le souffle et l'inspire, quoique en réalité il n'y ait rien d'impossible à ce que le génie ne se manifeste que par soubresauts, et par éclairs intermittents. Il y a plus d'un exemple d'un poète n'ayant produit qu'un morceau sublime, et retombant dans la nuit de la médiocrité. Si cependant ce poète, au contraire, venait ensuite à produire d'une manière continue une suite de chefs-d'œuvre, notre défiance disparaîtrait, et nous n'aurions plus besoin de chercher ailleurs que dans le génie même du poète, le principe inspirateur de ses écrits. Mais aurait-on le moins du monde prouvé par là que le génie est une force aveugle, qui ne se possède pas, qui ne prévoit rien, qui agit sans lumière et sans pensée? De même, la nature pourrait être la propre cause de ses produits, sans qu'on eût le droit d'en rien conclure contre l'existence d'une intelligence dans la nature elle-même.

On dira sans doute que l'expérience ne nous donnant aucun signe de la présence immédiate d'une intelligence intra-mondaine, nous ne pouvons concevoir une intelligence suprême qu'en la supposant en même temps extra-mondaine. Nous l'accordons; et c'est une des raisons les plus décisives en faveur de la transcendance d'une cause première. Mais après tout, la question de transcendance soulève des difficultés de diverse nature; et c'est pourquoi elle doit être distinguée de celle d'une cause première intelligente. Par exemple, les difficultés qui naissent de l'idée de création *ex nihilo*, celles qui naissent de l'idée de substance, de la distinction exacte de la cause première et des causes secondes sont indépendantes de celles qui s'élèvent contre l'hypothèse d'une prévision préordonnatrice. C'est pourquoi nous disons que cette hypothèse peut être dégagée de celle de la transcendance, qu'elle subsiste par ses raisons propres, quel que soit le degré d'intimité que l'on attribue à la cause première, par rapport à la nature.

Ajoutons maintenant que, lors même que la finalité serait aussi universellement répandue dans la nature que l'est la causalité, il n'y aurait pas lieu d'écarter pour cela l'idée d'une contingence de la nature, *contingentia mundi*; car cette contingence porte aussi bien sur la causalité que sur la finalité. De ce que tous les phénomènes de la nature ont une cause, il ne s'ensuit pas que cette cause soit immédiatement la cause première, et qu'il n'y ait pas de causes secondes; or la nature n'étant par définition même que l'ensemble de causes secondes, elle n'est pas à elle-même sa propre cause. Si maintenant la finalité était universelle comme la causalité, il s'en suivrait simplement que tout ce que nous appelons cause deviendrait moyen, tout ce que nous appelons effet deviendrait but; mais la chaîne des moyens et des buts, pas plus que celle des causes et des effets, ne se confondrait pas avec l'absolu; et la question de la contingence subsisterait tout entière.

IV. Une nouvelle difficulté proposée par l'auteur allemand, c'est que l'hypothèse d'une finalité intentionnelle ne peut expliquer les erreurs de la nature, et les tâtonnements avec lesquels elle marche graduellement vers son but; cette objection a déjà été discutée plus haut[1]; nous n'avons pas à y revenir. Disons seulement que si l'idée d'une sagesse souveraine et absolue exclut l'idée de tâtonnement, il n'en est pas de même de l'idée d'une *nature* créée par une sagesse souveraine; le tâtonnement, ou la gradation, en effet, peut être le seul moyen qu'une nature ait à sa disposition pour exprimer la perfection absolue de l'acte créateur qui lui donne naissance. Nous dirons encore que si la nature vous paraît assez puissante et assez riche pour la déclarer en elle-même divine, *à fortiori* doit-elle être assez belle pour une image, une ombre, une expression de l'acte divin.

---

[1]. Voir chapitre vi, p. 295.

V. La dernière objection est particulièrement intéressante : elle tend à mettre en contradiction la croyance à l'existence de Dieu avec le sentiment de la nature, tel que les hommes l'éprouvent aujourd'hui. Il semble que, pour aimer la nature, il faille la considérer comme divine, et non simplement comme l'œuvre artificielle de la divinité.

Sans doute il serait bien exagéré de dire que le déisme est inconciliable avec un sentiment vif des beautés naturelles. Nulle part, ces beautés n'ont été décrites avec plus d'éloquence que dans les écrits de Fénelon, de Rousseau et de Bernardin de St-Pierre, qui sont précisément destinés à établir l'existence d'une providence. Mais ce qu'on pourrait peut-être soutenir, c'est qu'une certaine manière d'aimer la nature, et celle-là précisément qui s'est développée dans notre siècle, suppose une autre philosophie religieuse que celle du Vicaire savoyard. L'ancienne théodicée, dira-t-on, qui se représente un Dieu fabriquant l'univers comme l'horloger fait une montre, devait engendrer une esthétique toute semblable. La nature, pour être belle, devait y être arrangée, cultivée, peignée, émondée. Le beau devait consister exclusivement dans la proportion des parties, dans un accord harmonieux et doux : on exigeait partout dans les œuvres d'art des plans bien agencés, et méthodiquement exécutés. La terre n'était qu'une machine, c'est-à-dire quelque chose de froid, de sec, de plus ou moins agréable par endroits, mais sans vie intérieure, sans flamme, sans esprit divin. Mais depuis qu'une philosophie nouvelle nous a enseigné la divinité de la nature, maintenant que tout est plein de dieux, πάντα πλήρη θέων, la grande poésie des choses nous a été révélée. La voix de l'océan, les mugissements des vents, les profondeurs abruptes produites par le soulèvement des montagnes, l'éclat des glaciers, tout nous parle d'une force toujours agissante, toujours vivante qui ne s'est pas retirée dans sa solitude après avoir agi une seule fois on ne sait pourquoi, mais qui au contraire est toujours là en communication avec nous, qui anime cette nature que l'on appelle morte, mais qui ne l'est point, puisqu'elle nous parle avec des accents si pathétiques, et nous pénètre de si enivrantes séductions. Voilà Dieu ; et Goethe ne pensait pas le diminuer, lorsqu'à l'exemple des vieux Indiens, il le voyait partout dans les rochers, dans les forêts, dans les lacs, dans ce ciel sublime, dans ce tout enfin dont il est l'âme éternelle, la source inépuisable. Le déiste au contraire n'en n'admire que la froide et pâle image, la misérable copie de ses éternelles perfections, œuvre insipide qu'il a créée sans savoir pourquoi, s'ennuyant sans doute de son immobile éternité.

Toute cette argumentation suppose que dans l'hypothèse d'une cause supra-mondaine et intelligente, la nature ne serait plus qu'une machine, et que le créateur ne pourrait être qu'un ouvrier : ce qui serait comparer l'activité divine avec la plus basse des occupations humaines, c'est-à-dire avec les métiers manuels. Ce sont là des conséquences bien exagérées tirées d'une métaphore. La comparaison de l'univers avec une horloge est une des plus commodes qui se présente à l'esprit; et il n'y a plus de philosophie possible, si toute image est interdite, sous peine d'être prise à la lettre. La mécanique qui existe dans l'univers, et qu'il est permis de considérer par abstraction toute seule, autorise une telle comparaison; mais elle n'en exclut pas d'autres. De ce que l'auteur des choses a eu égard à l'utilité des créatures, il ne s'en suit pas qu'il n'ait pas eu aussi en vue la beauté. Le mécanisme n'exclut pas la métaphysique, a dit Leibniz. L'architecte qui bâtit un temple comme le Parthénon, a pu faire une œuvre sublime, tout en s'occupant de la solidité de son œuvre. Immanente ou transcendante, intentionnelle ou aveugle, la cause de la nature a été obligée d'employer des moyens matériels pour exprimer sa pensée, et la juste combinaison de ces moyens pour faire une œuvre stable et solide s'impose tout aussi bien au Dieu panthéiste qu'au Dieu créateur; et réciproquement l'emploi de ces moyens matériels, savamment combinés, n'interdit pas plus le beau ou le sublime au Dieu créateur qu'au Dieu panthéiste. Que si les partisans d'une cause transcendante et intentionnelle se sont particulièrement attachés aux exemples tirés de la mécanique, ce n'est donc pas qu'ils soient engagés plus que les autres à soutenir que tout est mécanisme dans la nature; mais c'est qu'il y a là un de ces faits *privilégiés* où se manifeste d'une manière frappante le caractère propre d'une cause intentionnelle; et la philosophie, aussi bien que les sciences, est autorisée à invoquer les faits les plus décisifs, lors même qu'ils parattraient bas à une fausse imagination. Et d'ailleurs, quand il s'agit de la mécanique de l'univers, et de la conception du système du monde, qui osera dire que c'est là une petite chose, et que l'admiration qu'une telle œuvre doit inspirer, soit réellement indigne de l'être divin ?

Ainsi ceux qui ont dit que l'univers est une machine ne sont nullement privés du droit de dire aussi qu'il est un poème. En quoi l'un exclut-il l'autre! Le système du monde, pour les géomètres, n'est certainement qu'un mécanisme. Croit-on cependant qu'un géomètre deviendra pour cela insensible aux beautés du ciel étoilé et de l'immensité infinie ? Contestera-t-on qu'un édifice pour subsister ait besoin d'obéir aux lois de la plus précise et de la plus aride mécanique ? les voûtes gigantesques des cathédrales gothiques ne se soutiennent pas par miracle : ce ne sont pas des anges ou des puissances occultes qui en soutiennent les pierres : ce sont les lois abstraites et mortes de la gravitation. Et cependant la grandeur mystérieuse de ces monuments mystiques en est-elle moins accablante, moins divine, moins pathétique pour cela ? L'âme de l'architecte s'est manifestée ou incarnée dans ces pierres muettes; mais elle n'a pu le faire qu'en observant les lois de la mécanique. Pourquoi l'âme divine, s'il est permis d'employer une telle expression, n'a-t-elle pas pu aussi passer dans son œuvre, qu'elle soit ou non une œuvre mécanique ? Est-il nécessaire que l'âme de l'architecte soit substantiellement présente à l'édifice, pour qu'elle y soit cependant ? N'y a-t-il pas une sorte de présence idéale, la pensée du créateur s'étant communiquée à son œuvre, et subsistant en dehors de lui, mais par lui? Dira-t-on que l'hymne divin de Stradella n'ait pas retenu quelque chose de l'âme de son auteur, quoiqu'il ne soit plus là pour le chanter. Ainsi, pour que la nature soit belle, touchante et sublime, il n'est pas nécessaire que Dieu y soit présent substantiellement : il suffit qu'il y soit par représentation comme un prince se trouve partout où se trouve son ambassadeur, et lui communique sa dignité sans qu'il soit nécessaire qu'il soit présent en personne.

Ainsi, l'objection esthétique ne prouve rien en faveur d'une finalité instinctive, et contre une finalité intentionnelle. La nature, ne fût-elle qu'un vaste mécanisme, pourrait encore être belle comme expression d'une pensée divine, de même que la succession des sons d'un instrument peut être quelque chose de sublime, quoique ce ne soit en réalité pour le physicien qu'une pure combinaison mécanique. Mais nous avons vu en outre, que la doctrine de la finalité transcendante et intentionnelle n'est nullement tenue de tout réduire au mécanisme : la nature peut être composée de forces sans être elle-même la force suprême et absolue. Enfin, l'espèce et le degré de participation des choses à l'être divin est une question, et l'intelligence dans la cause ordonnatrice en est une autre. Le monde ne fût-il autre chose que le phénomène de Dieu, il y aurait toujours lieu à se demander s'il est un phénomène qui se développe à la manière de l'instinct aveugle, ou à la manière d'une raison éclairée. Or, dans cette seconde conception, on ne voit pas pourquoi la nature serait moins belle que dans la première.

En un mot, l'erreur fondamentale, le πρῶτον ψεῦδος de toute cette discussion, très-savante d'ailleurs, c'est la confusion perpétuelle entre deux questions distinctes : celle de l'immanence, et celle de l'intentionnalité, l'immanence n'excluant pas l'intentionnalité et la sagesse dans la cause : c'est en second lieu le vague et l'indécision où on laisse ce terme d'immanence, d'intériorité, que l'on impute à la cause première ; car l'immanence n'est niée par personne d'une manière absolue : on ne dispute que sur le degré : or, c'est ce degré que l'on ne fixe pas.

D'autres difficultés ont été récemment élevées, parmi nous, contre l'hypothèse d'une finalité intelligente, et en faveur d'une finalité instinctive. Voici, par exemple, comment s'exprime un philosophe contemporain : « Nous ne pouvons nous représenter que de trois manières le rapport qui s'établit dans un système de phénomènes entre la fin et les moyens : ou, en effet, la fin exerce sur les moyens une action extérieure et mécanique ; ou cette action est exercée, non par la fin elle-même, mais par une cause qui la connaît et qui désire la réaliser ; ou enfin les moyens se rangent d'eux-mêmes dans l'ordre convenable pour réaliser la fin. La première hypothèse est absurde, puisque l'existence de la fin est postérieure dans le temps à celle des moyens ; la seconde est inutile et se confond avec la troisième, car la cause à laquelle on a recours n'est qu'un moyen qui ne diffère pas essentiellement des autres, et auquel on accorde, par une préférence arbitraire, la spontanéité qu'on leur refuse [1]. »

Dans ce passage, il faut reconnaître que l'auteur de l'objection se débarrasse bien aisément d'une doctrine traditionnelle, défendue par les plus grands philosophes spiritualistes et religieux. On accordera difficilement que la doctrine, où l'*intelligence coordonne les moyens*, se ramène à celle où « *les moyens se rangent d'eux-mêmes dans l'ordre convenable*, pour réaliser leur fin. » N'est-ce pas le lieu de dire avec Fénelon : « Qu'y a-t-il de plus étrange que de se représenter des pierres qui se tassent, qui sortent de la carrière, qui montent les unes sur les autres sans laisser de vide, qui portent avec elles leur ciment pour leur liaison, qui s'arrangent pour distribuer les appartements, qui reçoivent au-dessus d'elles le bois d'une charpente pour mettre l'ouvrage à couvert? » Comment! Si je dis qu'un architecte a choisi et prévu les moyens nécessaires à la construction, c'est comme si je disais que ces moyens se sont disposés tout seuls pour construire la maison? Dire que l'intelligence ne serait elle-même qu'un moyen comme les autres, est déjà une expression bien inexacte. Car, peut-on appeler moyen ce qui sert à découvrir les moyens, à les choisir et à les distribuer? Mais lors même qu'on admettrait une expression

---

1. Lachelier, *Du fondement de l'induction*, p. 96.

aussi impropre, la question resterait la même qu'auparavant : car il s'agirait toujours de savoir si le premier moyen, et la condition de tous les autres, n'est pas l'intelligence du but, et le choix éclairé des moyens subordonnés. Au moins faudrait-il distinguer entre le moyen principal et les moyens secondaires, l'un étant la condition *sine quâ non* de tous les autres. On n'aurait donc encore rien prouvé. Soutenir que « la connaissance ne produit l'action que par *accident* », est une des doctrines les plus étranges que l'on puisse soutenir en métaphysique : car il s'ensuivrait que c'est précisément dans l'hypothèse de l'intelligence, que les actions seraient *fortuites*; que la doctrine de Leibniz serait aussi bien la doctrine du hasard, que celle d'Épicure. La raison que l'on donne de ce paradoxe est aussi peu solide que l'opinion elle-même est singulière ; car, dit-on, l'intelligence ne peut concevoir un but que si la sensibilité nous y pousse déjà : donc elle est inutile. Tout phénomène ne peut être que le résultat d'une tendance. La connaissance qui s'ajoute à la tendance n'y ajoute rien. J'accorde que la tendance vers un but n'a pas besoin d'intelligence : mais entre la tendance et le but, il y a un intervalle, des intermédiaires, des moyens termes que nous appelons des moyens. La question est donc de savoir si la tendance vers le but suffit pour expliquer le choix et l'appropriation des moyens. C'est ce que l'auteur ne se donne pas la peine d'établir, tandis que là est le point vrai de la difficulté.

Autre chose est la *tendance*, autre chose la *préordination*. Tendre *vers* un but, n'est pas synonyme d'agir *pour* un but. Il faut distinguer ces deux finalités ; l'une que l'on pourrait appeler finalité *ad quod*, et l'autre finalité *propter quod*.

La faim, par exemple, est une tendance ; elle n'est pas la même chose que l'industrie qui trouve les aliments ; et si l'on dit que la poursuite des aliments n'est elle-même que le résultat d'une tendance, que, par exemple, l'animal va vers ce qui lui procure du plaisir, l'insecte vers la fleur, où le conduit son odorat ou sa vue, on ne voit pas que la question est précisément de savoir comment la tendance particulière qui le porte à satisfaire tel sens, est précisément d'accord avec la tendance générale qui le porte à désirer la conservation.

Prenons, par exemple, l'amour de la gloire dans un jeune homme. Ce but ne peut être atteint que par la satisfaction successive d'une multitude de tendances partielles ; et le problème est de savoir comment toutes ces tendances partielles se subordonneront à la tendance dominante. Dans la jeunesse, en effet, il y a une infinité d'autres tendances qui ne sont nullement d'accord avec la tendance vers la gloire, et qui même lui sont très-contraires ; or, c'est l'intelligence et la volonté qui excluent les unes pour satisfaire les autres. Comment se fait cette élimination dans les agents bruts et inconscients ? Comment la cause brute, animée de tendances innombrables portant sur un nombre infini d'objets, n'obéit-elle qu'à celles de ces tendances qui la portent à des objets utiles à son but ? Par exemple, comment la force vitale, ou la cause quelconque qui produit l'organisme, étant le sujet de mille tendances chimiques, physiques, mécaniques, qui pourraient déterminer des millions de combinaisons possibles, exclut-elle, entre toutes ces combinaisons, celles qui ne vont pas au but! Et dire que c'est par une sorte de tâtonnement, que la nature écarte successivement les mauvaises chances qui se produisent, et finit par rencontrer la chance heureuse qui satisfait au problème, ce serait prouver plus qu'il ne faut : car cette explication vaut non pas contre l'intentionnalité, mais contre la finalité elle-même.

En résumé, il y a une tendance commune aujourd'hui à plusieurs écoles, à adopter une théorie moyenne entre la théorie épicurienne des combinaisons fortuites, et la théorie leibnizienne du choix intelligent. C'est la théorie de la finalité instinctive, que l'on appelle quelquefois arbitrairement la Volonté. Cette théorie bâtarde n'est autre chose que la vieille théorie de l'hylozoisme, qui prête à la matière des sympathies, des antipathies, des affinités, des préférences : toutes choses absolument antipathiques avec sa notion. Tout ce que l'on peut attribuer à la matière en fait de force, c'est la capacité de produire du mouvement. Quant à la direction de ce mouvement, et au choix entre toutes les combinaisons possibles de mouvement, c'est un anthropomorphisme insoutenable de l'expliquer par une seconde vue mystérieuse qui consiste à voir sans voir, à choisir sans connaître, à combiner sans penser. Dites simplement que les appropriations de la matière ne sont que des apparences et des résultats : mais prêter à la nature un désir sans lumières, une intelligence sans intelligence, une faculté esthétique et artistique, qui pourrait se passer de conscience et de science, c'est prendre des métaphores pour des réalités, μεταφορικῶς καὶ κενῶς.

La seule chose solide qui subsiste dans les objections que l'on peut faire contre l'intentionnalisme, c'est que notre vue s'obscurcit et se trouble toujours lorsque nous arrivons au mode d'action de la cause première, puisque notre expérience ne nous fait connaître que des causes secondes. Il ne nous reste donc d'autre ressource que de n'en rien dire du tout, comme font les positivistes, ou d'en parler par comparaison avec nous-mêmes, en essayant toutefois d'exclure tout ce qui est incompatible avec la notion de parfait et d'absolu. Il n'y a d'autre méthode pour déterminer quelque chose de cette cause première que la méthode *négative*, qui exclut de Dieu tout ce qui tient au caractère fini de la création ; et la méthode *analogique*, qui transporte en Dieu, *ratione absoluti*, tout ce qui se présente avec un caractère de réalité et de perfection. Toute autre méthode qui prétendrait découvrir à priori les attributs de l'être premier est une pure illusion ; et ceux mêmes qui se représentent cette cause première comme un instinct et non comme une intelligence, ne font encore qu'emprunter leur type à l'expérience [1].

---

1. Le savant philosophe dont nous venons de discuter l'opinion, dira peut-être que, dans le passage cité, il n'est question que de la nature et non de la cause première. Mais personne ne soutient que la nature comme telle soit une cause

On admettra donc que toute prévision semblable à la prévision humaine, et qui suppose le temps et la difficulté, ne peut avoir lieu dans l'absolu. Est-ce à dire cependant que toute prévision en soit absente, comme dans l'instinct aveugle ? Ou bien n'y a-t-il pas quelque chose qui représente ce que nous appellerions prévision, si l'acte divin était traduit en langage humain? c'est là la question.

Examinons donc de plus près cette idée de prévision, telle qu'elle se présente dans la conscience humaine. Il semble qu'elle implique deux choses incompatibles avec l'absolu : 1° L'idée d'une matière préexistante dont il faut vaincre et en même temps utiliser les lois et les propriétés ; 2° l'idée de temps.

1° Pourquoi l'homme a-t-il besoin de prévision dans la préparation des buts qu'il poursuit? N'est-ce pas parce qu'il trouve devant lui une nature qui, n'ayant pas été faite exclusivement pour lui, présente une multitude de corps soumis à des lois qui sous leur forme actuelle ne se prêtent aucunement à notre commodité, et qui même nous sont plus souvent plus nuisibles qu'utiles, en sorte que la nature a pu être aussi souvent présentée sous les traits d'une marâtre que d'une mère bienfaisante. L'homme, en trouvant ainsi des résistances dans les forces externes, est obligé de calculer pour vaincre ces ré-

intelligente ; on ne l'entend que de la cause première. En niant donc d'une manière absolue que la finalité soit dirigée par l'intelligence, l'auteur fait porter implicitement sa négation sur la cause première.

sistances et pour les faire servir à ses desseins. Oui, sans doute, étant donné un but déterminé, et une matière préexistante non préparée pour ce but, cette matière ne peut être appropriée que par la prévision, laquelle n'est autre chose que la réciproque de l'expérience. Mais une telle notion pourrait-elle se comprendre dans une cause absolue, maîtresse absolue du possible comme du réel, et qui, pouvant tout produire par un *fiat* souverain, n'a aucune difficulté à prévoir, aucun obstacle à surmonter, aucune matière à accommoder à ses plans?

Sur ce premier point, nous répondrons qu'il n'y a pas une liaison nécessaire entre l'idée de prévision et celle de matière préexistante. En effet, lorsque je poursuis un but, je puis y atteindre, soit en appropriant les moyens qui sont à ma disposition, soit en créant les moyens eux-mêmes : et quoique cette création de moyens quand il s'agit de l'homme, ne soit jamais que métaphorique, puisque la matière préexiste, il est clair que l'opération ne changerait pas de nature, si, au lieu de produire les moyens en les empruntant à la nature, j'étais doué de la faculté de les créer d'une manière absolue. Par exemple, pour atteindre tel but, pour faire un mètre qui reste invariable pendant tant d'années, il me faut un métal qui soit assez dur pour être inaltérable pendant ce nombre d'années ou capable de résister à tel degré de température, ou qui ait assez peu de valeur vénale pour ne pas tenter la cupidité, et ne trouvant pas ce métal dans la nature, je le produis à l'aide de certaines combinaisons. N'est-il pas évident que si je pouvais le produire immédiatement, l'opération resterait la même? et cette matière une fois créée, resterait encore à la mettre en rapport avec le but, en l'appropriant, de sorte que la création du moyen n'exclut nullement l'appropriation du moyen. Donc, étant donné que tel effet est un but (ce qui est l'hypothèse accordée en ce moment d'un commun accord), la production de la matière propre à ce but est aussi bien l'effet d'une prévision, que le serait l'appropriation de cette matière : car d'abord, la production demande en outre l'appropriation, et en second lieu, cette production elle-même est déjà appropriation: puisqu'il faut d'abord choisir *telle* matière, et ensuite lui donner *telle* forme. La toute-puissance pouvant créer toute espèce de matières à l'infini, créer celles qui vont au but et non pas d'autres, c'est là déjà un acte d'appropriation ; et en tant que la représentation anticipée du but aurait déterminé cette création et non une autre, ce sera ce que nous appelons un acte de prévision.

2° Jusqu'à quel point cependant le terme de prévision, d'intention pourra-t-il être employé ici pour représenter l'acte créateur? C'est ce qu'on peut encore demander. L'acte créateur est absolument un, indivisible; et, par conséquent, il n'y a point à distinguer entre une volonté conséquente et une volonté antécédente. Cet acte n'étant pas dans le temps, il n'y a ni *post* ni *ante*; et nos plus jeunes écoliers savent que la prescience ou prévision n'est qu'une vision immédiate. Cela est vrai ; mais si, d'autre part, on considère l'acte, non dans son origine surnaturelle, mais au point de vue de la nature, laquelle est soumise à la génération, cet acte se décomposera en divers moments, et en tant que le dernier sera appelé but et reconnu comme tel, les antécédents seront *pré*-ordonnés par rapport à ce but; et si l'acte total est considéré comme l'acte d'une science ou d'une vision immédiate, les antécédents relativement aux conséquents seront légitimement appelés des actes de prévision. Cela signifiera simplement qu'aucune cause aveugle n'aurait pu produire de tels actes, que ce sont des actes de raison, et de raison absolue; et que cette raison absolue, en tant qu'on la considère dans ses effets, agit *comme si* elle était douée de prévision, de prescience et d'intention.

Nous n'hésitons pas à déclarer que la doctrine d'une représentation adéquate de l'absolu dans l'esprit humain est insoutenable en philosophie. Dire que les choses se passent dans la nature divine exactement de la manière dont nous les concevons, ce serait prétendre que nous sommes capables de voir Dieu face à face, ce qui, d'après la théologie, n'est possible que dans la vie future. Nous ne connaissons Dieu, suivant Bacon, que par un *rayon réfracté*, ce qui implique évidemment sous un point de vue qui modifie l'objet, en d'autres termes d'une manière *symbolique*. Nous ne sommes donc pas éloigné d'admettre avec Kant que la doctrine de la finalité intentionnelle est une doctrine relative au mode de représentation de l'esprit humain, une *hypothèse*. Les choses se passent, disons-nous, *comme* si une suprême sagesse avait réglé l'ordre des choses. Dans ces termes, je ne crois pas qu'aucun philosophe puisse contester les résultats de la critique de Kant. Car quel philosophe osera jamais dire : Je connais Dieu tel qu'il est en soi ? Et c'est cependant ce qu'il faudrait dire si l'on n'accordait pas que toutes nos conceptions de Dieu ont une part de relatif et de subjectif, qui tient à l'imperfection de nos facultés.

Mais tandis que Kant soutient d'une manière absolue la subjectivité des conceptions humaines, et nous renfermant dans un cercle infranchissable, ne laisse au delà qu'un x absolument indéterminé, — nous admettons au contraire que ces conceptions (lorsqu'elles sont le résultat du bon usage de nos facultés), sont dans un rapport rigoureux avec les choses telles qu'elles sont en soi, de même que le bâton brisé dans l'eau correspond d'une manière rigoureuse au bâton réel ; de même que le ciel apparent sert aux astronomes à découvrir les lois du ciel réel. Par analogie nous soutenons, que si la plus haute manière de se représenter humainement la cause première de la finalité, est l'hypothèse d'une sagesse suprême, cette conception se traduirait rigoureusement pour celui qui pourrait pénétrer jusqu'au dernier fond des choses, en un attribut correspondant de l'être parfait, en sorte que *bonté*, *sagesse*, *justice*, et en général ce que l'on appelle les attributs moraux de Dieu, ne sont pas seulement de purs noms, relatifs à notre manière de sentir, mais des symboles, des approximations de plus en plus fidèles de l'essence absolue, considérée dans son rapport avec les choses sensibles.

En conséquence, ces approximations (en tant que symboles de l'absolu), prenant un caractère objectif et ontologique que n'auraient pas de pures fictions poétiques, lesquelles sont absolument subjectives, ces approximations doivent être poussées le plus loin possible, en tenant le compte le plus rigoureux possible des deux données du problème : d'une part, les faits à expliquer; de l'autre, la nature de l'absolu. Ainsi, la prévision étant donnée comme le seul attribut intelligible pour nous, qui puisse rendre compte des faits de finalité, nous devons d'un autre côté en dégager tout ce qui est incompatible avec la notion de l'absolu : et le résidu de cette opération sera l'expression la plus adéquate possible, humainement parlant, de la cause suprême de la finalité.

Par exemple, il y a dans la prévision humaine une part qui tient évidemment à l'imperfection de la créature : c'est l'effort, le tâtonnement, l'élaboration progressive et successive. On ne se représentera donc pas l'absolu commençant par concevoir un but, puis cherchant les moyens de le réaliser, puis, les trouvant et les mettant successivement en œuvre. Mais l'idée de prévision est-elle attachée à ces accidents qui sont le propre de l'imperfection humaine? On peut appliquer à l'attribut de la prévision divine, ce que l'on dit habituellement du raisonnement en Dieu. Dieu raisonne-t-il? Non, dit-on ; si l'on entend par là que Dieu cherche à se démontrer à lui-même une vérité qu'il ne connaîtrait pas, et qu'il ne découvre que pas à pas la vérité. Mais d'un autre côté, s'il voit toutes les vérités d'une seule vue, toujours est-il qu'il les voit dans leur dépendance et leur subordination objective ; il voit la conséquence dans le principe, et distincte du principe ; or, c'est là l'essentiel du raisonnement. Il en est de même pour la prévision. Dieu voit tout d'une seule vue; mais il voit le moyen comme distinct du but, et comme lui étant subordonné; et c'est là l'essentiel de la prévision. Du point de Dieu, il n'y a donc qu'un acte unique ; du point de vue des choses, il y en a deux : à savoir l'acte qui perçoit le but, et l'acte qui distingue les moyens. Par conséquent, nous plaçant, au point de vue des choses, et par analogie avec nous-mêmes, nous appellerons prévision la vue du but en tant qu'il suggère la création du moyen, ou la vue du moyen, en tant qu'il conduit à la réalisation du but. C'est ainsi que dans l'acte unique de la volonté divine, les théologiens ont pu distinguer trois actes distincts : une volonté *antécédente*, une volonté *conséquente*, et une volonté *totale;* de même que les mathématiciens décomposent une force donnée en forces hypothétiques, dont elle serait la résultante.

La doctrine du Νοῦς ou de la finalité intentionnelle, n'a donc d'autre sens pour nous que celui-ci : c'est que l'intelligence est la cause la plus élevée et la plus approchante que nous puissions concevoir d'un monde ordonné. Toute autre cause, hasard, lois de la nature, force aveugle, instinct, en tant que représentations symboliques, sont au-dessous de la vérité. Que si maintenant l'on soutient, comme les Alexandrins, que la vraie cause est encore au delà, à savoir au delà de l'intelligence, au delà de la volonté, au delà de l'amour, on peut être dans le vrai, et même nous ne risquons rien à accorder que cela est certain; car les mots des langues humaines sont tous inférieurs à l'essence de l'absolu. Mais puisque cette raison suprême et finale est absolument en dehors de nos prises, il est inutile d'en parler ; et nous n'avons à nous occuper que du mode de représentation le plus élevé que nous puissions atteindre : c'est en ce sens que nous disons avec Anaxagore : Νοῦς πάντα διεκόσμησε.

CHAPITRE IV

L'IDÉE PURE ET L'ACTIVITÉ CRÉATRICE

Nous sommes arrivé à circonscrire le problème d'une manière de plus en plus étroite; mais aussi, plus nous avançons, plus la solution devient difficile, et plus les moyens de décider sont délicats à manier. Nous avons trouvé qu'il y a de la finalité dans la nature; que cette finalité doit avoir une cause; que cette cause ne peut être le mécanisme pur qui est destructif de toute finalité, ni, ce qui est au-dessus du mécanisme, l'instinct, ou la vitalité. Il semble dès lors que si la racine première de la finalité n'est ni la matière, ni la vie, il faut que ce soit l'âme, c'est-à-dire l'intelligence ou la pensée : car il n'y a rien au delà, au moins qui nous soit intelligible, si ce n'est peut-être la liberté : mais la liberté sans intelligence et sans pensée n'est que la force brutale, l'Ἀνάγκη ou le *Fatum* des anciens; et quant à la liberté intelligente, elle est précisément ce que nous appelons d'un seul mot, et pour abréger, l'Intelligence.

Mais l'intelligence est-elle la même chose que la pensée? Ou, si on convient de donner le même sens à ces deux noms, le fait ainsi exprimé n'est-il pas double? ne contient-il pas deux éléments : la chose pensée et la chose pensante, le τὸ *cogitans*, et le τὸ *cogitatum?* Si Descartes a pu dire : *cogito, ergo sum*, n'eût-il pas pu dire également : *cogito, ergo est aliquid cogitatum?* *Le pensé* n'est-il pas une partie essentielle de *la pensée?* Lorsque vous dites : A = A, n'y a-t-il pas là un objet qui se distingue de la conscience que vous en avez? et lors même qu'il n'y aurait aucun A dans le monde, cet A qui est dans votre pensée, ne se distinguera-t-il pas du sujet pensant et ne s'opposera-t-il pas à lui? Étant *un pensé*, il n'est pas *ce qui pense*. Cet élément objectif, immanent à l'intelligence, est ce que l'on appelle l'intelligible, le rationnel, et il est logiquement antérieur à l'intelligence : car pour qu'il y ait intelligence, il faut qu'il y ait quelque chose d'intelligible. La *vérité* consiste précisément dans cet intelligible en soi, et non dans la conscience que nous en avons. Appelons avec Platon, avec Hegel, *idée*, ce fondement intelligible de toute réalité ; appelons *pensée*, l'essence intérieure et rationnelle des choses : on comprend qu'une nouvelle question puisse s'élever, à savoir : quel est l'élément vraiment constitutif de la pensée? Est-ce le rationnel en soi, l'intelligible, l'Idée? Est-ce au contraire la conscience? Dans le premier cas, c'est l'objectif de la pensée qui en est le substratum, et le subjectif n'est plus qu'un accident, un accessoire. Dans le second cas, c'est la conscience au contraire qui est l'acte essentiel de l'intelligence : c'est elle qui rend possible l'intelligible, qui lui donne la vie et l'être, qui le fait sortir du néant : car qu'est-ce qu'un intelligible que personne ne comprend, une vérité que personne ne sait ?

De ces deux interprétations d'un même fait peuvent naître deux hypothèses sur la cause première de la finalité : tout en admettant d'un commun accord que la finalité a sa cause dans la pensée, on peut entendre par là ou bien la finalité logique, celle du concept, de l'idée pure (antérieure à la conscience); ou bien la finalité de l'intelligence proprement dite, c'est-à-dire de l'intelligence consciente.

C'est la première de ces deux doctrines qui est le vrai fond de la philosophie hégélienne, et qui l'élève bien au-dessus des doctrines matérialistes et purement naturalistes, quoique la gauche de cette école ait trop vite versé du côté du naturalisme.

Le vrai type, le type absolu de la finalité, qui n'est pas dans l'instinct, ne serait-il pas dans la finalité du concept ou de l'idée ? En effet toute idée, tout concept contient au même titre qu'une œuvre d'art ou un être vivant une finalité intérieure, une coordination des parties au tout : à ce titre seul, c'est un concept, une idée. Supposons, en effet, que les éléments dont un concept se compose ne soient que juxtaposés et non unis, vous aurez plusieurs concepts et non pas un seul : supposez qu'ils soient en désaccord, vous avez un concept contradictoire, c'est-à-dire un non concept. Tout concept est donc une conciliation entre une certaine multiplicité et une certaine unité : et c'est là ce que Platon appelle une idée (ἓν περὶ τὰ πολλὰ [1]). Une multiplicité absolue serait inintelligible ; une unité absolue et indistincte le serait également. Il faut donc une union des deux éléments, et une échelle graduée de l'un à l'autre : « Les sages d'aujourd'hui, dit Platon, posent l'*unité* au hasard, et le *plusieurs* plus tôt ou plus tard qu'il ne faut. Après l'unité, ils passent tout de suite à l'infini ; et les nombres intermédiaires leur échappent. » Ce sont ces nombres intermédiaires, c'est-à-dire les genres, qui sont l'objet propre de la science, et qui font de la nature en général un tout intelligible.

Ainsi le monde tout entier pourrait être considéré comme un enveloppement de concepts, analogue à ce que Leibniz appelait l'emboîtement des germes. Dans cette hypothèse, chaque concept lui-même sera un enveloppement qui en contient d'autres, et ainsi à l'infini jusqu'au concept absolu qui est la sphère universelle des concepts, non pas qu'il en soit simplement la somme et la collection ; mais il les contient en substance, dans toute sa plénitude. Or chaque concept se ramène à un accord des parties au tout, et contient par conséquent une finalité immanente. C'est ce qui résulte même des idées les plus généralement reçues sur l'origine de la finalité créée. On admet en

---

[1]. *Rép.*, l. X, p. 596.

effet, en général, d'après Platon, que Dieu a créé les animaux sur des types préexistants, présents à son entendement ; or ces types devaient présenter déjà les mêmes rapports de finalité que leurs copies ; autrement il faudrait croire que l'intelligence divine ne contenait d'abord que des ébauches, qu'elle aurait perfectionnées ensuite en devenant créatrice. On distingue le possible et le réel, et l'on admet qu'il faut un créateur pour que le possible devienne réel ; mais le possible lui-même n'est tel qu'à condition de contenir déjà des rapports intrinsèques d'accommodation. Sans doute on peut combiner des concepts, et c'est là la finalité secondaire, ou finie : mais cette combinaison elle-même suppose des concepts préexistants, dans lesquels l'accord des parties avec le tout est déjà donné et n'est pas l'œuvre d'une accommodation volontaire. S'il en est ainsi dans l'idée, pourquoi n'en serait-il pas de même dans la réalisation de l'idée ? Ou plutôt y a-t-il véritablement une différence entre l'idée et la réalité, entre le modèle et la copie ? Si l'idée est logiquement antérieure à la conscience, elle a déjà un mode d'existence en soi antérieur au fait d'être connu. Or, quel est ce mode d'existence ? Et qui nous prouve que ce soit autre chose que ce que nous appelons précisément l'existence ? Les choses se distinguent-elles de leurs idées ? Par où, et par quoi s'en distingueraient-elles ? Nous transportons nos idées subjectives dans l'intelligence divine ; nous supposons que Dieu peut connaître des choses possibles, qui ne soient pas réelles : c'est ce qui n'est vrai que de l'intelligence finie.

Mais dans l'absolu, être pensé et être ne sont qu'une seule et même chose. L'être est l'intelligible ; et l'intelligible est l'être. Il n'y a pas deux hommes, l'homme en soi, et l'homme réel : autrement, comme dit Aristote, il en faudrait un troisième pour les mettre d'accord. Admettre des idées distinctes des choses (ou, ce qui revient au même, des choses distinctes des idées), c'est, dit Aristote, compter deux fois les mêmes êtres, en y ajoutant les mots *en soi*, καθ' αὐτά. Dira-t-on que les choses ne peuvent se confondre avec leurs idées, parce qu'elles sont finies, contingentes, imparfaites, et que le monde des idées n'est que le monde du parfait et de l'absolu? Mais ce serait nier précisément que les choses aient leurs idées, leurs modèles éternels et préexistants. Si les choses ont leurs idées, ces idées les représentent avec leurs caractères de contingence, de limitation, d'imperfection : ainsi la plante en soi est représentée comme moins parfaite que l'animal, l'animal comme moins parfait que l'homme. Ces choses étant changeantes sont représentées comme changeantes et leurs idées contiennent l'idée du changement. Ce qui nous fait croire que l'ensemble de ces choses qui constitue le monde est fini, c'est que nous sommes nous-mêmes une de ces choses, et que nous ne considérons le tout qu'à notre point de vue limité : mais ces limitations ne sont que logiques et relatives; et la sphère entière des concepts n'en est pas moins une sphère absolue. D'ailleurs, Platon n'a-t-il pas montré supérieurement que le non-être lui-même a sa place dans les idées ? Sans le non-être point de distinction ; tous les genres rentreraient les uns dans les autres ; la pensée s'évanouirait avec l'être [1].

On sait au reste, que la question de savoir jusqu'à quel point l'idée est distincte de la nature est une de celles qui ont divisé l'école hégélienne. Hegel maintient cette distinction qui s'évanouit chez ses disciples. Ce qui chez lui est *idéal*, devient chez eux *naturel*. Mais lors même qu'on maintiendrait avec Hegel la distinction de l'Idée et de la Nature, de l'existence abstraite et de l'existence concrète de l'idée, on pourrait toujours dire que la nature n'est que l'idée en mouvement, l'idée extériorisée, et, par conséquent, qu'elle doit manifester extérieurement la finalité interne qui la constitue. La nature n'étant que l'idée, chacun des termes de la nature n'est qu'un des termes de l'idée : c'est donc un concept ; et puisque le concept a une finalité intérieure, l'être qui le représente a la même finalité : il n'est que le concept se réalisant lui-même, l'essence se cherchant et se trouvant par degrés : or, comme le but final de chaque être, c'est d'atteindre à toute son essence, à toute son idée, c'est donc en définitive le but qui se réalise lui-même. Quel est le but de l'animal ? c'est de vivre ! Mais est-ce de vivre comme la plante ? non, comme l'animal. Mais est-ce de vivre seulement, comme animal en général ? non, mais comme tel

---

[1]. On pourrait dire qu'il y a une distinction entre les choses et les idées, c'est que les choses se meuvent, tandis que les idées ne se meuvent pas. Mais si l'on admettait la doctrine de Kant sur la subjectivité de l'idée du temps, cette distinction disparaîtrait : le mouvement serait un fait purement idéal, et relatif seulement à notre mode de représentation.

animal en particulier? Le but de chaque être est donc de vivre conformément à sa nature propre : c'est sa nature qui est son but. Et comme en même temps cette nature propre ou essence est la cause de son développement, le but est donc cause : c'est là l'essence même de la cause finale : c'est l'identité absolue du but et de la cause : c'est parce qu'il est animal et tel animal qu'il se développe en tel sens ; et c'est pour le devenir qu'il se développe : le *pour* se confond donc avec le *parce que*. Mais l'un et l'autre se confondent dans le concept de l'être. C'est le concept de l'oiseau qui fait qu'il a des ailes : et il a des ailes pour réaliser le concept de l'oiseau.

En un mot, quiconque admet la théorie des *exemplaires* platoniciens (τὰ παραδείγματα), doit reconnaître que dans ce monde idéal qui sert de modèle au monde réel, chaque type contient en tant qu'essence pure et à priori, et sans avoir été précédemment fabriqué, les mêmes rapports d'accommodation que, dans le monde réel, les genres réellement existants. Or, puisque cette accommodation peut exister en soi avant la création, sans qu'il soit nécessaire de supposer une cause antérieure, si ce n'est l'Absolu qui enveloppe tout, et dont les idées ne sont que les modes mêmes, pourquoi ces mêmes types auraient-ils besoin, pour se réaliser, d'une autre vertu que la vertu qui les fait être, c'est-à-dire leur propre essence, et leur relation à l'absolu? Dans cette conception, la finalité n'est pas le résultat du hasard ; il n'y a pas de hasard. Elle n'est pas le résultat du mécanisme, le mécanisme n'étant que l'ensemble des notions inférieures les plus pauvres de toutes, et par conséquent les moins intelligibles. Elle n'est pas le résultat de la vitalité et de l'instinct ; car la vitalité et l'instinct sont précisément les faits de finalité qu'il faut expliquer. La finalité a sa cause dans la pensée, c'est-à-dire, dans la nécessité où sont les choses pour exister, d'être rationnelles. La finalité, c'est la vérité, laquelle dans l'opinion vulgaire est liée à la conscience que l'on en a, tandis qu'elle en est indépendante. C'est ce qu'Hegel a exprimé dans une page des plus belles, qui résume toute sa doctrine.

« Lorsque je *sais* comment une chose est, je possède la vérité. C'est ainsi qu'on se représente d'abord la vérité. Mais ce n'est là que la vérité dans son rapport avec la conscience ou la vérité *formelle*, la simple justesse de la pensée. La vérité, dans un sens plus profond, consiste au contraire dans l'identité de l'objet avec la notion. C'est de cette vérité qu'il s'agit par exemple lorsqu'il est question d'un état *véritable*, d'une *véritable* œuvre d'art. Ces objets sont vrais, lorsqu'ils sont ce qu'ils doivent être, c'est-à-dire lorsque leur réalité correspond à leur notion. Ainsi considéré, le faux (*das unwahre*) est le *mauvais*. Un homme mauvais est un homme faux, un homme qui n'est pas conforme à sa notion. En général, rien ne peut subsister où cet accord de la notion et de la réalité ne se rencontre pas. Le mauvais et le faux eux-mêmes ne sont qu'autant et dans la mesure où leur réalité correspond à sa notion. L'absolument mauvais et l'absolument contraire à la notion tombent et s'évanouissent pour ainsi dire d'eux-mêmes. La notion seule est ce par quoi les choses subsistent, ce que la religion exprime en disant que les choses sont ce qu'elles sont par la pensée divine qui les a créées et qui les anime. Lorsqu'on part de l'idée, il ne faut pas se la présenter comme quelque chose d'inaccessible et comme placée au-delà des limites d'une région qu'on ne peut atteindre. Car elle est, au contraire, ce qu'il y a de plus présent, et elle se trouve dans toutes les consciences, bien qu'elle n'y soit pas dans sa pureté et dans sa clarté. Nous nous représentons le monde comme un tout immense que Dieu a créé, et qu'il a créé parce qu'il y trouve sa satisfaction. Nous nous le représentons aussi comme régi par la providence divine. Cela veut dire que les êtres et les événements multiples qui composent le monde sont éternellement ramenés à cette unité dont ils sont sortis, et conservés dans un état conforme à cette unité. La philosophie n'a d'autre objet que la connaissance spéculative de l'idée; et toute recherche qui mérite le nom de philosophie ne s'est proposé que de mettre en lumière dans la conscience cette vérité absolue, que l'entendement ne saisit en quelque sorte que par fragments [1]. »

On ne contestera pas la grandeur de la conception que nous venons d'exposer. Elle laisse bien loin derrière elle toutes les hypothèses matérialistes et même celles de l'hylozoïsme, si supé-

---

[1]. Hegel, *Gr. Encyclopédie*, § 213.

rieur déjà au matérialisme. Il n'est pas bien certain que Platon lui-même dans sa théorie des idées ait eu une autre conception que celle-là [1]. Quoiqu'on ne puisse pas en méconnaître le caractère panthéistique, elle se distinguerait cependant de l'hypothèse de Spinoza en deux points essentiels : 1° elle ramène à l'*idée* ce que Spinoza dit de la *substance*. L'élément caractéristique et déterminant de l'être, c'est le rationnel, l'intelligible, le logique, tandis que pour Spinoza c'est le *substratum* qui ne se distingue guère de la matière aristotélique, et n'a aucun titre à s'appeler Dieu. 2° L'idée est considérée comme un cercle qui revient sur lui-même; c'est d'elle-même qu'elle part, c'est à elle-même qu'elle revient. Elle est donc cause finale; tandis que la substance de Spinoza se perd dans ses attributs, les attributs dans leurs modes, de telle sorte que l'être semble toujours s'éloigner de plus en plus de lui-même. La substance n'est donc que cause efficiente, et sa marche n'est que descendante; son développement est unilatéral; tandis que dans la philosophie de Hegel, la marche de l'idée est progressive, et le mouvement est double, à la fois centrifuge et centripète. L'idée est la fusion des deux forces. La conception de Hegel est donc plus spiritualiste; celle de Spinoza plus matérialiste. Voyons maintenant à quelles conditions la conception hégélienne conservera sa supériorité sur la conception spinoziste, et si ce ne sera pas précisément en se ramenant à la conception spiritualiste proprement dite.

1. Voir à l'Appendice, la Dissertation IX : *Platon et les causes finales.*

La conception essentielle de l'hégélianisme, c'est de substituer les *idées* aux choses; c'est d'éliminer la chose (*das Ding*) comme un *caput mortuum*, vide de tout contenu. Une chose n'est et ne mérite d'être qu'en tant qu'elle est intelligible et rationnelle. Chaque chose possède autant d'être qu'elle a de contenu rationnel : un tas de pierres n'est un être que par accident, parce que les pierres qui le composent n'ont que des rapports extrinsèques et fortuits, et n'ont rien d'intelligible. Si cette conception, qui est vraie, est admise, il faut en conclure que l'être étant en raison de l'intelligibilité, l'absolu doit être l'intelligible absolu. Mais qu'est-ce qu'un intelligible, si ce n'est ce qui est susceptible d'être compris? Qu'est-ce que le rationnel, si ce n'est ce qui satisfait la raison? Qu'est-ce que la vérité, si ce n'est ce qui est vu et reconnu comme vrai? Qu'est-ce qu'une vérité que personne ne sait, et qui ne se sait pas elle-même? Une vérité absolument ignorée, qui d'un côté ne repose pas sur une substance, et de l'autre n'est pas reçue dans un esprit, n'est autre chose qu'un pur possible. Bossuet l'a dit admirablement, dans un passage célèbre qui contient le suc de ce qu'il y a d'excellent dans l'hégélianisme : « Si je cherche maintenant où et en quel sujet ces vérités subsistent éternelles et immuables comme elles sont, je suis obligé d'avouer un être où la vérité est éternellement subsistante et où elle est toujours entendue : et cet être doit être la vérité même, et doit être toute vérité; et c'est de lui que la vérité dérive dans tout ce qui est, et ce qui s'entend en dehors de lui. »

Ainsi, une vérité non entendue n'est pas une vérité. Hegel dit que la vérité dans son rapport avec la conscience n'est qu'une « vérité formelle. » Nous disons, nous, au contraire, qu'une vérité, sans aucun rapport avec la conscience, n'est qu'une vérité formelle, c'est-à-dire, une vérité en puissance. Sans doute, si l'on parle de la conscience humaine, conscience subjective, particulière, localisée, la perception de cette vérité ne constituera, si l'on veut, qu'une vérité formelle. Pour la vérité en soi, être aperçue par l'homme ne sera qu'une *dénomination extérieure*, comme sont pour Dieu les noms que nous lui donnons, qui ne peuvent rien ajouter à sa perfection. Il ne suit nullement de là que la conscience ne fasse pas partie intégrante de la vérité. Seulement à une vérité absolue doit correspondre une conscience absolue : l'élément subjectif doit y être adéquate à l'élément objectif. Hegel lui-même n'hésite pas à définir l'idée, « l'identité du sujet et de l'objet, » et ce qu'il reproche à la philosophie de Schelling, c'est d'avoir trop sacrifié le sujet à l'objet. Mais que peut-il rester du sujet, si l'on en ôte la connaissance, la conscience? La vérité ne peut donc cesser d'être formelle qu'en étant l'acte adéquat de l'intelligible et de l'intelligence, comme l'a défini Aristote : c'est la pensée de la pensée. C'est du reste ce qu'exprime Hegel lui même dans cette proposition qui est la conclusion de sa *Logique :* « L'idée, en tant qu'unité de l'idée objective et de l'idée subjective, est la notion de l'idée qui n'a d'autre objet que l'idée, ou, ce qui revient au même, qui se prend

elle-même pour objet. *C'est l'idée qui se pense elle-même* [1]. »
Fénelon exprime la même pensée d'une manière plus claire
lorsqu'il dit : « Il est donc manifeste qu'il [Dieu] se connaît lui-même, et qu'il se connaît parfaitement, c'est-à-dire
qu'en se voyant il égale par son intelligence son intelligibilité : en un mot, il se comprend [2]. »

Nous voyons par cette analyse que la conception hégélienne,
bien comprise, ne se distingue pas essentiellement de celle
que nous proposons. En effet, entre une idée qui se pense
elle-même et une intelligence qui pense la vérité, et ne fait
qu'un avec elle, la différence serait difficile à saisir. On peut
indifféremment et suivant le point de vue que l'on choisira, faire ressortir le côté rationnel et objectif de l'idée;
et on aura le Dieu impersonnel; ou faire ressortir le point de
vue subjectif et conscient, et l'on aura le Dieu personnel. Mais
ces deux points de vue ne font qu'un : et dans les deux systèmes,
l'intelligence, le Νοῦς sera à l'origine des choses. C'est dans ce
sens que l'on peut admettre l'identité de l'être et de la pensée.

L'idée absolue étant donc en même temps intelligence absolue, comment se représentera-t-on le développement ultérieur
des autres idées? car c'est ce développement qui constitue le
monde proprement dit, la nature.

La question est celle-ci : Le monde étant donné, comme le développement externe de l'idée absolue (quelle que soit d'ail-

---

1. *Logique*, § ccxxvi.
2. Fénelon, *Exist. de Dieu*, 2ᵐᵉ part., art. v.

leurs la cause de cette extériorisation (problème insoluble pour Hegel comme pour nous), il s'agit de savoir si ce développement a sa cause dans l'idée considérée seulement au point de vue objectif et rationnel, ou dans l'idée considérée dans sa totalité, comme unité du sujet et de l'objet. Dans le premier cas, le monde ne sera que le développement impersonnel de l'idée divine; rien de semblable à l'intentionnalité, à la prévision, à la sagesse; l'idée se réalise elle-même par sa vertu intrinsèque : la finalité n'est que logique. Mais si le monde dérive de l'idée considérée tout entière (c'est-à-dire sujet-objet), on peut affirmer tout aussi bien qu'elle dérive de l'idée sujet que de l'idée objet, c'est-à-dire de l'intelligence que de l'être; et il sera permis de dire, comme dans la philosophie vulgaire, que c'est l'intelligence qui a fait le monde. Dès lors la finalité est intentionnelle, car l'intelligence ayant fait le monde conformément à l'idée qui est elle-même, connaissant le but, connaît à la fois tous les degrés qui conduisent au but; et ce rapport des connaissances subordonnées à la connaissance finale et totale est ce que nous appelons, en langage humain, prévision et intention, en un mot sagesse.

Considérons la chose par un autre endroit afin d'opérer la transformation complète de l'idée pure en activité créatrice.

C'est sans doute avec raison que Hegel a mis en lumière le caractère rationnel de l'être, et avancé cette proposition que ce qui n'est pas rationnel n'est pas réel; mais le rationnel, en tant que tel, pris dans la précision de son idée, est quelque chose d'inerte, de mort, d'immobile, d'où ne peut sortir aucune action ; c'est ce qu'Aristote reprochait déjà aux idées de Platon : à tort cependant, car Platon attribuait aux *idées une force*, δύναμις. Il leur attribuait l'intelligence, la vie et le mouvement, et plaçait dans Jupiter une âme royale (βασιλικὴν ψύχην). Non-seulement sans force, sans âme, sans activité, l'idée ne pourrait pas se développer : elle ne pourrait pas même *être*. L'existence n'est pas une pure rationalité, un simple concept. C'est, comme l'a dit Herbart, « une position absolue. » L'être est par ce qu'il est. Il se pose lui-même. Or cet acte de se poser soi-même est d'autre nature (pris rigoureusement) que la rationalité. Que ce soit l'idée qui se pose elle-même et qui, en se posant, pose le reste, soit ; mais en tant qu'elle se pose, elle est activité et non plus idée pure ; et, comme nous avons vu que l'idée elle-même est à la fois intelligence et vérité, elle est donc une activité intelligente. Or une activité intelligente n'est autre chose qu'une volonté. L'idée pure est donc une volonté pure, une volonté absolue.

Ce qui constitue essentiellement la finalité, c'est que le rapport des parties au tout est contingent : c'est cela même qui est la finalité. Si, en effet, on admet que la matière, obéissant à des lois nécessaires, doit forcément prendre la forme d'un organe propre à telle fonction, il faut sacrifier l'idée de finalité, et n'admettre que la nécessité brutale. Mais lorsque l'on parle de but, on sous-entend par là même qu'il y a quelque chose qui limite et circonscrit le mode d'action de la matière pour la déterminer à tel effet plutôt qu'à tel autre. Ce rapport est donc contingent, ou encore une fois, il n'y a pas de finalité, ce qui n'est plus en question. Maintenant ce rapport de contingence reste toujours le même, qu'il s'agisse de la matière réelle, ou d'une matière idéale conçue à priori. La matière idéale pas plus que la matière réelle n'est soumise à une loi nécessaire qui la détermine à devenir oiseau, mammifère, homme. Elle contient sans doute ces formes en puissance, puisqu'en fait elle les réalise : mais cette puissance nue ne suffit pas à produire ces combinaisons : et elles ont beau être possibles logiquement, c'est-à-dire ne pas impliquer contradiction, elles sont impossibles réellement, parce que l'un des éléments de leur possibilité est précisément quelque chose qui n'est pas la pure matière. Donc la matière idéale, distincte ou non de la matière réelle, en tant qu'elle réalise des rapports de finalité, n'a pas sa raison en elle-même. Idéalement comme réellement, elle n'exprime qu'une pure possibilité, sujet de mouvements et de figures indéterminés, mais non pas de combinaisons précises ou formes appropriées. En un mot, on ne peut rien dire de plus du concept que des choses : et si dans les choses elles-mêmes, la prédétermination du présent par le futur ne peut avoir sa cause ou sa raison dans le substratum matériel, dans l'ὕλη d'Aristote, il en est tout à fait de même du concept : le concept de la matière ne contient pas plus l'appropriation à un but, que la matière elle-même : de part et d'autre, il faut que la vraie cause soit au delà. Que si donc, il y a un concept pur de l'animal en soi, ce concept ne peut pas exister par soi-même; en tant qu'il renferme une appropriation idéale de la matière à des buts, il a en lui quelque chose de contingent, qui ne peut s'expliquer que par une volonté dirigée vers un but.

On dira que, si le concept de la matière ne répugne pas à la formation de certains corps déterminés, par exemple les éléments, l'on ne voit pas pourquoi elle répugnerait à des corps plus compliqués; nous demanderons à notre tour si même ces premiers corps sont nécessairement contenus dans le concept d'une matière, et si l'idée d'une substance qui n'est douée par hypothèse que de mouvement, peut, à strictement parler, conduire au concept de quoi que ce soit de déterminé.

Si donc la matière réelle ne nous garantit aucun ordre, l'idée de la matière ne nous le garantit pas davantage; et inversement, si l'idée de la matière pouvait donner naissance par elle seule à toutes les autres idées, c'est-à-dire à tout ce qui présente un ordre, un plan, une forme, une finalité, on ne voit pas pourquoi il n'en serait pas de même de la matière réelle, et on n'aurait que faire de la matière idéale. L'idée pure ne sert plus à rien. Que si enfin on dit que ce n'est pas le concept de la matière qui engendre des formes déterminées, mais que c'est l'idée de la nature tout entière, l'idée du tout, laquelle enveloppe et conditionne toutes ses parties, le concept de la matière n'étant lui-même que le plus pauvre et le plus bas de tous, j'admettrai volontiers cette pensée; mais je demande toujours en vertu de quoi, l'idée absolue accommode les concepts les plus pauvres et les plus bas à l'intérêt des concepts les plus élevés, lorsque nul rapport de nécessité n'existe entre les uns et les autres, et quelle autre manière il peut y avoir de se représenter cette accommodation essentiellement contingente comme nous l'avons vu, sinon par quelque chose qui ne peut être appelé que du nom de choix.

Dira-t-on encore que la nécessité sans doute ne s'applique pas au concept de finalité, en tant qu'on partirait des notions les plus basses, pour arriver aux plus élevées; mais au contraire que ce sont les notions les plus élevées qui engendrent nécessairement leurs conditions matérielles; qu'il peut donc y avoir à la fois finalité et nécessité, et par conséquent qu'il est inutile d'invoquer le choix, la prévoyance, l'intentionnalité? Par exemple, de même que la notion de cercle implique la notion de rayons et la rend nécessaire, que le concept de dizaine implique le concept d'unités, celui-ci le concept de fractions, etc., de même le concept d'animal impliquerait celui d'organes; le concept de vertébré, celui d'un système circulatoire. Ainsi s'établirait une synthèse nécessaire et absolue, en sens inverse de l'analyse impuissante du matérialisme, sans qu'il fût le moins du monde besoin d'invoquer une conscience anticipée de la synthèse et surtout un choix et une volonté, qui aurait coordonné tout le reste. Il y a coordination; il y a ordre : l'ordre est même l'essence des choses : mais cet ordre n'a rien de contingent et s'explique suffisamment en tant que nécessité logique et vérité impersonnelle.

Nous répondrons que, soit que l'on commence la série par en haut, soit qu'on la commence par en bas, ou il faut renoncer à l'idée de finalité, ou il faut renoncer à l'idée de nécessité logique. Il est aussi impossible de comprendre qu'un but produise nécessairement ses conditions, que de comprendre que les conditions conduisent fatalement au but. Dire que la fonction crée l'organe n'est pas plus intelligible que de dire : l'organe crée la fonction. Que l'idée de la vue par exemple soit capable de commander à la matière, de l'organiser sous la orme d'un œil; que l'idée de la vie soit capable d'engendrer des organes de nutrition, c'est toujours absolument inintelligible : c'est revenir à la doctrine des qualités occultes et de la finalité instinctive. Dans le concept, tout comme dans la réalité, le but ne peut pas être actif par lui-même ; le but ne peut pas être la même chose que ce qui réalise le but. Si on dit que la gloire a fait d'Alexandre le conquérant de l'Asie, on veut dire que l'amour et la pensée de la gloire, c'est-à-dire la représentation anticipée du résultat de ses actions a déterminé Alexandre. Or, il en est du concept logique comme de la réalité. Dans le concept de l'œil, aussi bien que dans l'œil réel, la vue n'a aucun rapport logique nécessaire avec la matière, et par conséquent ne peut pas la prédéterminer à devenir œil.

On voit donc que le concept logique ne peut pas plus expliquer la finalité, que ne l'a fait le mécanisme ou l'instinct; ou du moins il ne l'explique que si nous changeons le concept logique en concept intellectuel, c'est-à-dire si nous y ajoutons l'intelligence qui change les conditions en moyens, et pour qui les résultats sont des buts.

Mais, nous le reconnaissons, toute cette déduction suppose que l'on renonce à l'*exemplarisme* platonicien qui suppose d'avance donnés *à priori* dans l'intelligence divine tous les concepts des choses, y compris leur finalité : ce qui les soustrait par là même au choix et à l'action de Dieu, et ce qui détruit par la base l'argument des causes finales. Selon cette hypothèse, il y aurait, en effet, dans l'intelligence divine, des types éternels et absolus, comme Dieu même, à l'imitation desquels il aurait créé les êtres contingents et limités qui composent l'univers. Chaque classe d'êtres aurait son modèle, son *idée*. L'intelligence divine contiendrait de toute éternité un exemplaire idéal du monde, et non-seulement de ce monde actuel, mais suivant Leibniz, de tous les mondes possibles, entre lesquels Dieu aurait choisi celui-ci comme le meilleur de tous. Non-seulement les genres et les espèces, mais les individus eux-mêmes seraient éternellement représentés en Dieu. Le monde existerait donc sous deux formes : 1° sous une forme idéale dans la nature divine ; 2° sous une forme concrète et réelle en dehors de Dieu.

Une telle hypothèse détruit manifestement toute prévision et toute sagesse créatrice dans l'être suprême. Car toutes choses étant représentées d'avance de toute éternité telles qu'elles doivent être, leur finalité existe donc également d'une manière nécessaire et éternelle, sans que Dieu intervienne autrement que pour la contempler. Soit, par exemple, l'idée divine qui représente le corps humain. Dans cette idée, se trouvent représentés tous les rapports qui constituent le corps, et en particulier les rapports d'appropriation et de finalité, sans lesquels il n'y a pas de corps humain ; une telle idée étant éternelle, absolue, comme Dieu même, elle n'est pas créée par lui ; elle n'est pas le produit de sa volonté ni de sa puissance, puisqu'elle est lui-même. Ne faut-il pas conclure de là qu'il peut y avoir des rapports de finalité, existant en soi, avant toute prévision, et indépendamment de toute création et de toute combinaison personnelle. Si la prévision ou le choix n'est pas dans la conception, elle n'est pas davantage dans la création elle-même : en effet, lorsque Dieu a voulu créer le corps, qu'a-t-il eu à prévoir et à combiner, puisque tout est prévu et combiné d'avance dans sa pensée éternelle, dans le modèle éternel qui repose en lui ? Il n'a rien eu à faire qu'à copier ce modèle éternel, sans avoir besoin d'aucun acte particulier de pensée, pour approprier les moyens aux fins : cette appropriation est donnée en soi, par la nature même des choses, dans l'idée divine d'un corps humain ; et à moins de dire qu'il n'y a point une telle idée, on ne voit pas en quoi consiste le travail créateur ; je ne vois là qu'imitation pure et simple.

Sans doute, si l'on supposait, comme le faisait Platon, une matière existant en dehors de Dieu, ayant déjà des propriétés déterminées, j'admettrais qu'il y eût lieu à combinaison, à comparaison et à prévision pour approprier les lois et les propriétés de cette matière à un plan idéal ; mais une telle matière n'existant pas, et par conséquent n'opposant aucun obstacle à Dieu, il n'a aucune difficulté à prévoir ni à écarter, aucun moyen à préparer ; le monde lui est donné *à priori* tout entier, dans toutes ses parties, dans tout son ensemble, dans tout son ordre. Il n'a qu'un mot à dire, un *fiat* à prononcer ; je vois là une grande puissance, mais aucun acte de prévision.

Ainsi, dans l'hypothèse de l'*exemplarisme*, ou des *paradigmes* platoniciens, la prévision ne serait nulle part en Dieu ; elle ne serait pas dans la conception des types puisqu'ils lui sont éternellement présents (αὐτὰ καθ' αὑτά), tenant de lui leur essence sans doute, mais d'une manière nécessaire ; elle ne serait pas dans l'exécution de l'œuvre, puisque Dieu n'aurait rien autre à faire qu'à exécuter ce qu'il aurait conçu. On dit dans les écoles que Dieu est l'auteur « des existences et non des essences. » Mais, s'il en est ainsi, dit avec raison Gassendi à Descartes, « qu'est-ce donc que Dieu fait de considérable quand il produit l'existence ? *Certainement, il ne fait rien de plus qu'un tailleur, lorsqu'il revêt un homme de son habit* [1]. »

Reid fait des objections analogues à la théorie des *idées*, ou des essences éternelles : « Ce système ne laisse au Créateur, dans la production de l'univers, que *le seul mérite de l'exécution*. Le modèle avait toute la beauté et toute la perfection que l'on

---

1. *Objections contre la cinquième Méditation.*

admire dans la copie; et Dieu n'a fait qu'imiter ce chef-d'œuvre dont l'existence n'était point son ouvrage. 2° Si le monde idéal qui n'est point l'œuvre d'un être intelligent et sage, ne laisse pas d'être un monde parfait, comment peut-on, de l'ordre et de la beauté du monde réel, conclure qu'il est l'œuvre d'un être parfaitement sage et parfaitement bon? Ou cet argument est détruit par la supposition d'un monde idéal qui existe sans cause; ou bien il s'applique à ce monde idéal lui-même [1]. »

Dans l'hypothèse de l'*exemplarisme*, Dieu montrerait, en créant, moins d'invention et de génie que le plus médiocre des artistes. Celui-ci en effet, comme nous apprend l'esthétique, n'a pas seulement le mérite de copier son modèle, mais il s'en crée un à lui-même, qu'il réalise extérieurement. Quant à Dieu, il ne ferait autre chose que copier servilement le modèle éternel qu'il porte en lui-même! Où serait la toute-puissance dans un acte aussi inférieur? Il crée, dit-on, la matière des choses; et c'est en quoi son art est supérieur à l'art humain : mais qu'est-ce que cette matière à côté de la forme? Celui qui créerait le marbre serait-il supérieur à celui qui crée la statue? La dignité de créateur nous paraît donc bien réduite, lorsqu'on ne lui laisse d'autre honneur que de produire la substance du monde, tandis que le monde lui-même, dans sa forme harmonieuse et savante, serait éternellement représenté *à priori* dans

---

1. *Essais sur les Facultés intellectuelles.* — Essai IV, ch. II, trad. fr., tom. IV, p. 115.

son entendement, sans qu'il l'eût en aucune façon ordonné lui-même et par une volonté libre.

Remarquez que, dans cette hypothèse, ce ne sont pas seulement les essences générales qui sont représentées ainsi à l'entendement divin, ce sont encore les essences individuelles. Non-seulement l'homme en soi, mais Socrate en soi, Platon, Adam, etc., y sont représentés éternellement avec leurs caractères spécifiques et individuels; et toute la série des actions que chacun d'eux doit accomplir, toutes les conséquences, tout l'enchaînement des événements, tout est *à priori* dans l'entendement divin. Lorsque Dieu crée, il ne fait donc autre chose que produire extérieurement ce monde idéal, cette photographie anticipée du monde réel. Mais n'est-ce pas, comme l'ont objecté si souvent les adversaires de l'optimisme, n'est-ce pas soumettre Dieu à un fatum que de lui associer, même à titre idéal, un monde, ou même des mondes à l'infini, avec lesquels il habite, sans l'avoir voulu?

Si donc l'on veut maintenir la théorie des causes finales, il est indispensable de la pousser plus loin, et de la transporter jusque dans le sein de la nature divine, jusque dans la production même des types divins. Il faut faire commencer la création avant l'apparition réalisée du monde, en découvrir les premiers linéaments jusque dans la vie divine elle-même.

Nous admettrons donc une sorte de création première, antérieure à la création du monde, et que nous appellerions volontiers la *création idéale*. Dieu, avant de créer le monde, crée l'*idée* du monde, il crée ce que Platon appelle l'αὐτόζωον ou le παράδειγμα, à savoir le type idéal qui contient en soi tous les genres, toutes les espèces, tous les individus dont se compose le monde sensible ou réel.

Mais dire que Dieu crée les essences en même temps que les existences, n'est-ce pas dire avec Descartes, que Dieu est l'auteur des vérités éternelles, qu'il crée le vrai et le faux, le bien et le mal, théorie cent fois réfutée, et qui en elle-même est insoutenable : car d'une part, elle fait de Dieu un véritable tyran, de l'autre elle met en péril toute certitude et toute vérité.

Il faut établir ici une distinction entre les vérités et les essences.

Sans doute, la vérité, c'est-à-dire la liaison logique des idées, ne peut pas être l'objet d'un acte libre de Dieu, ni d'aucune puissance au monde. Sans doute, étant donné un triangle, il est nécessaire de toute nécessité que ses trois angles soient égaux à deux droits. Mais est-il nécessaire qu'un triangle soit donné? Voilà la question. Un triangle est la synthèse de trois lignes distribuées d'une certaine manière. Or cette synthèse est-elle nécessaire, éternelle, absolue, comme Dieu lui-même? Ne faut-il pas un certain acte volontaire pour rapprocher ces trois lignes, de manière à ce qu'elles se coupent entre elles? Pour l'homme, on peut dire que l'idée du triangle et en général des figures géométriques, s'impose fatalement à lui, soit parce qu'il les rencontre dans la nature, soit parce qu'il les voit dans l'entendement divin. Mais en Dieu, pourquoi supposerait-on nécessairement une représentation *à priori* de ce qui n'existe pas encore? Quelle contradiction y a-t-il à admettre que Dieu par un acte libre produise l'idée de triangle, laquelle étant une fois donnée emporte avec elle tout ce qui est contenu dans son essence. Dieu, dans cette hypothèse, ne crée pas la vérité, mais il crée ce qui, une fois donné, sera pour l'esprit qui le contemple, l'occasion de découvrir une foule de vérités. Or ces vérités n'eussent pas existé, si l'idée qui les contient et les enveloppe n'avait pas été conçue.

Il en est des formes organiques comme des formes géométriques. Aussitôt qu'on les suppose données, il s'ensuit immédiatement un certain nombre de vérités nécessaires, lesquelles n'existeraient pas si ces formes n'étaient pas données. Par exemple, étant donné un animal, il est nécessaire qu'il ait des moyens de nutrition et de reproduction; et tel mode de nutrition étant donné, tels organes sont nécessaires; Cuvier a bien démontré qu'il y avait une anatomie *à priori* que l'on pouvait construire d'après telle et telle donnée. Mais ce qui ne paraît pas nécessaire, c'est que l'idée de l'animal soit donnée. Pourquoi supposerait-on un animal éternel, type absolu de tous les animaux existants? Ne serait-ce pas là un animal-Dieu, s'il est permis de parler ainsi? Pour que cette idée de l'animal existe, il faut une activité qui fasse la synthèse de tous les éléments dont se compose l'idée de l'animal, et qui les distribue conformément à un plan. Sans doute, ce n'est pas par hasard et par caprice que Dieu crée telle combinaison; et cela même a ses lois. Mais je veux dire que si l'activité créatrice n'existait pas, de tels types n'existeraient pas davantage. Ce que je critique, c'est la conception d'un Dieu condamné à contempler des images, dont les exemplaires réels n'existent nulle part. Dans ma pensée, ces modèles ou essences doivent avoir leur origine et leur causalité dans la puissance et la volonté divine, aussi bien que les existences.

Pour mieux faire comprendre ce point de vue, remarquons que dans l'intelligence, telle que l'expérience nous la donne, on peut distinguer deux choses : la contemplation et la création. Il y a l'intelligence *contemplative* et l'intelligence *créatrice*. Lorsque nous apprenons une science, soit la géométrie, l'algèbre, etc., notre intelligence ne fait autre chose que reconnaître et contempler la vérité présentée, et il en est encore de même quand nous pensons aux vérités que nous avons une fois découvertes : elles ne sont plus pour nous qu'un objet de contemplation. Sans doute, ce n'est pas là un état purement passif de l'esprit, et Aristote a eu raison de considérer la contemplation comme une activité. Mais est-ce la plus haute des activités? Au-dessus n'y a-t-il pas l'activité créatrice, celle du poète, de l'artiste, du savant même? Ici l'intelligence ne se contente pas de contempler ce qui existe, elle produit elle-même ce qui n'existait pas encore. Molière crée le type du *Misanthrope*, Shakespeare celui d'Hamlet. Où l'un et l'autre avaient-ils vu ces types? Nulle part, ou du moins nulle part tout entiers. C'est le poète lui-même qui a donné naissance à ces formes, à ces types ; il en a combiné les éléments en un tout harmonieux et vivant ; ainsi fait le sculpteur, le peintre, l'architecte. Où était Saint-Pierre de Rome avant Michel-Ange ? Il l'a fait jaillir de sa pensée ; et quoiqu'on ait mille fois rappelé le mythe de Jupiter tirant Minerve de sa cervelle, ce mythe devient pour nous ici plus qu'une métaphore banale, mais l'expression vive et exacte de la théorie que nous soutenons. Dans le génie du savant, il semble que les deux modes de l'intelligence se réunissent : car d'une part il y a pour lui contemplation d'une vérité qu'il n'a pas faite ; et de l'autre, par sa découverte, il y a création des moyens par lesquels il force la vérité à se manifester ; et plus il y a de création, plus il y a de génie.

Dans la pure contemplation, l'intelligence ne tire rien de son propre fond ; elle n'est qu'un miroir qui reflète un objet supérieur à elle ; et lors même qu'on admettrait avec Leibniz que la science pure est innée, ou avec Platon que l'âme ne fait que se ressouvenir, toujours est-il que dans la science apprise, y eût-il évolution spontanée, cette évolution n'a rien de personnel, rien que l'âme puisse considérer comme son œuvre individuelle. Il n'en est pas de même dans la découverte, ou dans la production poétique et artistique. Dans ces deux cas, l'âme n'a pas seulement des pensées ; elle les *fait*. Il y a une élaboration intérieure et une activité fécondante que l'on ne peut expliquer que par le mot de création.

Aussi appelle-t-on excellemment génies créateurs ceux qui

ont introduit dans le monde de nouveaux types, de nouvelles méthodes, de nouvelles vérités.

On comprend maintenant la différence que nous établissons entre la contemplation et la création ; et qui peut nier que le second de ces termes ne soit supérieur à l'autre? Cette supériorité est assez attestée par la différence de plaisir que procurent ces deux actes.

Jouir d'une vérité est évidemment moins doux que de jouir de la conquête de la vérité : contempler les belles œuvres d'art ne peut équivaloir au plaisir de les créer : le plaisir d'une vertu éprouvée n'est rien à côté du plaisir causé par le triomphe d'une tentation actuelle ; et en général, l'activité productrice est supérieure à la pure contemplation.

Lorsqu'Aristote considérait la contemplation comme la plus haute des activités, c'est qu'il la comparait à l'activité matérielle qui produit au dehors ; mais dans ce qu'il appelait contemplation, il ne faisait pas attention à la différence que nous avons signalée : il ne remarquait pas que dans l'intelligence pure, il peut y avoir encore deux modes d'activité, l'un créateur, l'autre purement contemplatif, et par cela même plus passif ; il ne songeait qu'au plaisir infini que lui procurait à lui la découverte de la vérité ; et il ne voyait pas que cette découverte même n'était pas purement contemplative, mais qu'il y avait de sa part un déploiement d'activité inventive, et que c'est en cela même que consistait pour lui le bonheur.

Ceux qui ont dit que la recherche de la vérité vaut mieux

que la possession de la vérité elle-même, ont eu le pressentiment de la pensée que nous exposons. Mais ils se sont trompés néanmoins : ce n'est pas la recherche, c'est la découverte qui est le plaisir suprême. Car chercher sans trouver n'a jamais été un plaisir. Ce n'est pas non plus lorsque l'artiste cherche péniblement son thème, qu'il est heureux : c'est lorsqu'il l'a enfanté. Ce qui est vrai, c'est que la découverte pour le savant, l'enfantement pour l'artiste, sont pour eux le suprême bonheur : mais une fois la vérité trouvée, et le chef-d'œuvre accompli, l'un et l'autre passent à d'autres découvertes, à d'autres pensées.

On comprend maintenant ce que nous appelons en Dieu la création idéale : c'est en lui un acte analogue (sauf la différence de l'infini) avec ce que nous appelons l'acte créateur dans le génie humain [1].

Nous concevons donc deux moments dans la vie divine (historiquement ou logiquement distincts, peu nous importe ici). Dans le premier moment, Dieu est en soi, recueilli, concentré, ramassé en lui-même dans son indivisible unité. Cette unité n'est pas une unité vide et nue, d'où tout sort sans qu'on sache pourquoi (puisque n'étant rien par elle-même, elle n'aurait aucune raison de se déterminer dans un sens plutôt que dans un autre), c'est une unité active et vivante :

---

[1]. Au reste Platon lui-même n'est pas éloigné de cette pensée. (Voir Rép., l. X, l'idée du lit). « Il y a donc trois espèces de lits : l'un qui existe en soi (ἐν τῇ φύσει) et dont on peut dire que Dieu l'a fait, ἣν φαῖμεν ἂν θεὸν ἐργάσασθαι. »

c'est l'absolue détermination, l'absolue concentration de l'être :
c'est le *plein*.

Dieu étant ainsi conçu comme l'unité absolue, acte absolu, conscience absolue, la création commence là où Dieu sort de lui-même, et pense autre chose que lui. Or, cela même, c'est création. Il y aurait donc en quelque sorte deux créations : l'une concrète, historique, dans le temps et dans l'espace, composée d'individualités qui ont leur être propre, et se distinguent de leur créateur, au moins à cet état supérieur, où elles prennent conscience d'elles-mêmes ; et une autre création que j'appelle idéale, et qui consiste dans l'invention même de ce monde, que l'on peut considérer comme conçu avant d'être produit extérieurement. Si nous appelons ce monde le *verbe* de Dieu, le *logos* divin, nous distinguerons donc avec les Alexandrins, avec Philon, deux sortes de verbe ou de logos : le verbe *intérieur*, et le verbe *manifesté* : λογὸς ἐνδιάθετος, λογός προφορικός. Il y aura donc toujours un monde idéal et un monde réel, un *paradigme* et une *copie*. Mais à proprement parler, ce sont là des distinctions purement logiques, empruntées au mode d'action de l'intelligence humaine, pour qui penser et faire sont deux. Cette dualité est inutile, appliquée à l'activité créatrice. Inventer et créer sont une seule et même chose. Les deux créations se confondent donc en une seule. Mais alors, on comprend ce que signifiaient les expressions de sagesse, d'art, de science, appliquées aux œuvres de la création. Dieu n'est plus un copiste qui reproduit fidèlement un modèle immobile ; Dieu n'est pas un magicien qui, par un acte de volonté, évoque des esprits préexistant dans un monde supramondain : c'est un vrai créateur, qui sait, qui peut et qui veut à la fois, qui veut à la fois le but et les moyens : le but, par une volonté antécédente, les moyens par une volonté conséquente, c'est-à-dire, en réalité, par une volonté unique et absolue, que nous décomposons logiquement pour nous la rapprocher de notre intelligence.

Ainsi, comme nous le disions plus haut [1], le type de l'activité créatrice ne sera pas l'industrie mécanique, bien que ce soit de ce fait que nous soyons parti pour nous élever à l'idée de l'art divin, et que ce soit là déjà un mode d'action bien supérieur à l'instinct machinal. Ce ne sera pas non plus l'intelligence calculatrice obligée de combiner nuisiblement les moyens pour arriver à son but : ce sera le génie créateur, dans lequel la faculté de combiner et de prévoir est contenue, en même temps qu'elle est absorbée par une puissance plus haute : c'est le point où l'intelligence s'unira à la sensibilité et à la volonté dans une union indivisible. Tel est le *commentaire*, le *monogramme* le plus achevé que la nature puisse nous offrir de la sagesse divine : mais ne l'oublions pas, ce n'est qu'un commentaire ; notre connaissance de la cause première, comme l'ont pensé tous les grands théologiens, n'est qu'*analogique* et non *ontologique*. Dieu seul se connaît tel qu'il est lui-

---

1. Voir L. II, chap. III.

même ; nous ne pouvons le connaître que par rapport à nous.

Ce serait d'ailleurs se faire illusion, et croire à tort que l'on a écarté ce qu'il y a de nécessairement relatif dans notre connaissance de Dieu, que de chercher à se représenter quelque autre chose de plus que l'intelligence, en disant par exemple que Dieu est liberté, qu'il est amour, etc. Ce ne serait en effet rien dire de plus que ce que nous disons. Sans doute, Dieu est liberté absolue, mais une liberté sans intelligence n'est pas liberté : c'est le caprice, ou pour mieux dire, le *fatum* et le hasard. Sans doute Dieu est amour; mais un amour sans lumière n'est pas amour, et peut faire plus de mal que de bien. Il est donc liberté éclairée, amour éclairé, en un mot, il est sagesse, en même temps que puissance et amour. Or, c'est surtout comme sagesse qu'il nous apparaît dans la création, et c'est par là surtout que notre raison peut trouver quelque chemin jusqu'à lui. Car quoique le monde, par son immensité et son infinité, dénonce une puissance infinie, une telle puissance n'est pas plus l'attribut de Dieu que de son contraire. Sans doute le monde nous offre des preuves de bonté ; ou du moins, il y a beaucoup de choses bonnes dans l'univers ; mais il y a aussi beaucoup de choses mauvaises; et on comprend qu'une puissance aveugle puisse produire au hasard le bien et le mal : comme l'eau est un bienfait pour celui qui a soif, et un fléau pour celui qu'elle inonde. Mais ce qu'une puissance aveugle ne peut simuler, ce sont des œuvres sages, industrieuses, faites avec art : les désordres apparents qui peuvent se trouver mêlés à ces œuvres sages, ne déposent pas contre elles : car il n'en est pas ici comme de la bonté. On peut être bon par hasard : on ne peut être sage par hasard. On comprend qu'un désordre apparent se rencontre par accident dans une œuvre sage ; mais on ne comprend pas qu'une combinaison sage, et surtout des milliards de combinaisons sages se montrent par accident dans une production aveugle.

Quelques philosophes de ces derniers temps qui joignent à une extrême subtilité des tendances sentimentales, ont surtout caractérisé la nature de Dieu par l'amour, et semblent avoir dédaigné la sagesse, comme un attribut trop vulgaire. Il semble que ce ne soit pas une bien grande affaire que de savoir faire une aile de mouche; aussi comme preuve des causes finales on citera l'attrait, l'aspiration, la tendance, l'amour, rarement l'art, l'artifice, l'habileté, la science. Mais des attraits et des tendances peuvent se concilier avec l'idée d'une force aveugle et débordée, qui rejette son trop-plein et répand à la fois la vie et la mort. De tels faits ne déposent pas plus en faveur de la Providence que de son contraire. L'art de la nature, au contraire, est un fait « éclatant et prérogatif », comme dit Bacon, devant lequel viendront toujours échouer toutes théories de combinaisons fortuites et d'instinct aveugle. C'est aussi un fait, auquel on ne peut échapper par l'indifférence, par l'oubli du problème, par une sorte de fin de non recevoir. On peut renoncer à se demander si le monde est fini ou infini, s'il a commencé ou s'il finira : car rien ne nous force à nous poser ces questions. Mais jamais on ne verra une fleur, un oiseau, un organisme humain sans éprouver un étonnement que Spinoza appelle avec raison « stupide » puisqu'il va jusqu'à la stupéfaction. La finalité est en quelque sorte la seule *idée* qui soit nécessairement impliquée dans l'expérience. Je puis consulter l'expérience sans penser à l'absolu ; je puis voir des choses à côté des autres sans penser à l'espace infini ; je puis négliger la causalité, en tant que puissance active, et la remplacer par le rapport de l'antécédent à conséquent, ou par la généralisation des phénomènes : mais comment puis-je voir un œil sans penser qu'il est fait *pour* voir, en tant du moins que je pense comme homme et non comme un philosophe systématique ? Le *pour* cependant ne tombe pas sous les sens, n'est pas un phénomène d'expérience : c'est une idée, ce n'est qu'une idée, mais c'est une idée tellement liée à l'expérience, qu'elle semble ne faire qu'un avec elle. Ce qu'il y a de vulgaire dans l'idée de finalité est précisément ce qui en fait la haute valeur métaphysique. Car plus la métaphysique se rattachera à la raison commune, plus elle a de chances d'être une science solide et nécessaire. Plus elle raréfiera ses conceptions, plus elle donnera lieu de croire qu'elles ne sont que les créations artificielles d'un cerveau surexcité.

C'est pourquoi nous nous sommes attaché particulièrement dans tout ce livre, à analyser et à interpréter l'idée de combinaison qui, dans tous les temps, a été ce qui frappait le plus le vulgaire. C'est la *combinaison*, c'est-à-dire la rencontre d'un très grand nombre d'éléments hétérogènes dans un effet unique et déterminé, qui est la raison décisive de la finalité. L'accord et la proportion qui existent entre une telle rencontre et un tel effet seraient une pure coïncidence (c'est-à-dire un effet sans cause), si l'effet à atteindre n'était pas lui-même la cause de la combinaison. Le mécanisme, en expliquant la production de chaque effet par sa cause propre, n'explique pas la production d'un effet par la *rencontre* et l'*accord* des causes. Il est donc condamné, quelque effort qu'il fasse pour dissimuler un tel non-sens, d'expliquer l'univers par le fortuit, c'est-à-dire par le hasard. Les rencontres heureuses, les circonstances favorables, les coïncidences imprévues doivent se multiplier à l'infini, et grandir sans cesse en nombre, à mesure que l'univers passe d'un degré à un autre, d'un ordre de phénomènes à un autre. Expliquera-t-on cette faculté de combinaison que possède la nature et qui est semblable à celle des animaux industrieux, et à l'art inné des insectes, par une cause analogue, c'est-à-dire par une sorte d'instinct, la nature allant à son but comme l'animal lui-même, sans le savoir et sans le vouloir, et par une tendance innée ? on ne ferait autre chose, en admettant une telle hypothèse, que constater le fait même de la combinaison, en lui assignant une cause quelconque inconnue que l'on appellerait instinct par analogie, mais qui ne dirait rien de plus que le fait à expliquer, à savoir que la nature va vers des fins. La seule manière dont nous puissions concevoir un but, c'est de nous le représenter comme un effet prédéterminé. Mais comment un effet peut-il être prédéterminé, si ce n'est en tant qu'il est dessiné à l'avance, et pré-représentée dans la cause efficiente appelée à le produire ? Et cette pré-représentation ou prédestination peut-elle être pour nous autre chose que l'idée de l'effet ? Et enfin que peut être une idée si ce n'est un acte intellectuel, présent à un esprit dans une conscience ?

Retranchez la conscience d'un acte intellectuel, que restera-t-il, si ce n'est un concept vide, mort, un concept en puissance ? Retranchez ce concept lui-même de la cause efficiente, que restera-t-il, si ce n'est une tendance indéterminée que rien ne portera vers tel effet plutôt que vers tel autre ? Retranchez même cette tendance, que restera-t-il ? Rien, rien du moins qui puisse servir à lier le présent avec le futur, rien qui puisse expliquer la rencontre des causes avec l'effet. Cette rencontre étant le problème à résoudre, le nœud à délier, l'hypothèse de la tendance (ὁρμή, ὄρεξις) établit déjà un certain intermédiaire entre la cause et l'effet ; l'hypothèse du concept (λόγος σπερματικὸς) y ajoute un nouvel intermédiaire ; le concept conscient (νόησις νοήσεως), tel est le troisième degré, tel est le vrai lien de la cause avec l'effet. Là s'arrête la portée de notre regard : au-delà commence le domaine de l'*Inconnaissable*, ce que les gnostiques appelaient admirablement l'Abîme et le Silence. Nous avons trop le sentiment des limites de notre raison pour faire de nos propres conceptions la mesure de l'Être absolu, mais nous avons trop confiance dans sa véracité et dans sa bonté, pour ne pas croire que les conceptions humaines ont un rapport légitime et nécessaire avec les choses telles qu'elles sont en soi. Si donc nous avons su user de notre raison comme il convient, si nous avons obéi aussi rigoureusement qu'il nous a été possible aux règles sévères de la méthode philosophique, nous avons le droit de croire que la plus haute hypothèse que puisse se former l'intelligence humaine sur la cause suprême de l'univers ne serait pas contredite, mais bien plutôt serait confirmée et éclaircie dans ses obscurités, s'il nous était donné, comme le disent les théologiens, de voir Dieu face à face par une vue directe et immédiate. Une telle hypothèse peut bien n'être qu'une approximation de la vérité et une représentation humaine de la nature divine; mais pour ne pas être adéquate à son objet, il ne s'ensuit pas qu'elle lui soit infidèle : elle en est la projection dans une conscience finie, la traduction dans la langue des hommes; et c'est tout ce qu'on peut demander à la philosophie.

APPENDICE

I

LE PROBLÈME DE L'INDUCTION.

(Livre I, chap. 1, p. 33.)

L'auteur d'un travail très-distingué et qui a fait sensation, sur le *Fondement de l'induction*, M. Lachelier, que nous avons rencontré plusieurs fois dans le cours de ces études, a posé très-nettement le problème de l'induction. Mais lorsqu'il passe à la solution de ce problème, il nous paraît tomber dans le défaut signalé par Aristote, et qu'il appelle μεταβάλλειν εἰς ἄλλο γένος, *passer d'un genre à un autre*. Il pose en effet un problème logique ; il y répond par une solution métaphysique. Comment passe-t-on de *quelques* à *tous?* se demande-t-il (ce qui est une difficulté *logique*). — La pensée est le fond des choses, répond-il ; vraie ou fausse, cette réponse est *ontologique*, et ne va pas à la question. Au point de vue logique, l'auteur semble se contenter de la solution écossaise, à savoir la croyance à la stabilité des lois de la nature : il formule seulement ce principe avec plus de précision, en le décomposant en deux autres : le principe des causes efficientes et le principe des causes finales [1] ; puis il se hâte de passer à la question ontologique qui

---

[1]. C'est d'ailleurs encore une question de savoir si le principe des causes finales fait partie intégrante du principe inductif. Nous ne le croyons pas ; car ce n'est que par induction, selon nous, qu'on peut s'élever à la cause finale. Voir plus loin, p. 669.

n'est pas en cause, ou qui du moins ne sert à rien pour résoudre la difficulté posée.

Un autre philosophe qui a traité la même question, M. Ch. Waddington [1], nous paraît, au contraire, avoir mis le doigt sur la vraie difficulté. La voici exprimée avec précision : « Que signifie, dit-il, cette prétendue majeure : les lois de la nature sont générales et stables? Cela veut dire que la nature est soumise à des lois, et pas autre chose. Or, avec une telle proposition, le plus habile logicien ne pourrait démontrer la vérité d'une seule loi. Prenons pour exemple cette proposition banale : Tous les corps tombent; nous donnera-t-on pour un raisonnement valable, le sophisme que voici : La nature est soumise à des lois. Or, quelques corps tombent. Donc c'est la loi de tous les corps de tomber. » Le même auteur dit encore avec raison que « si cette croyance à la stabilité des lois était capable de justifier une seule induction, elle les justifierait toutes. L'erreur et la vérité, les hypothèses les plus gratuites et les lois les plus constantes, seraient également démontrées. » Voilà, en effet, la vraie difficulté. La croyance générale à la stabilité des lois de la nature, fût-elle admise à priori, comme principe, ne peut nous servir de rien pour déterminer aucune loi en particulier. Lors même que j'accorderais que les lois sont constantes, ou, en d'autres termes, qu'il y a des lois (car qui dit loi, dit une règle constante), cela ne m'apprendrait pas que tel phénomène est une loi, par exemple, la chute des corps abandonnés à eux-mêmes. Reste toujours la question de savoir : Comment savons-nous que c'est là une loi? Comment passons-nous du particulier au général? — C'est l'expérience, dira-t-on, qui en décide. — Mais la question revient toujours : car l'expérience ne fait que multiplier les cas particuliers; et je demande encore à quel signe je reconnaîtrai qu'un fait cesse d'être accidentel et devient une loi générale. — C'est par la répétition, dira-t-on? — Mais quelle est donc la vertu de la répétition? et qu'est-ce que le nombre des cas répétés, en comparaison de l'infini, que j'affirme aussitôt que l'induction est

---

1. *Essais de logique* (Paris, 1857), Essai VI, p. 246 et suiv.

faite? Telle est la difficulté persistante, dont nous croyons trouver la solution dans le principe posé plus haut : à savoir que « l'accord et la coïncidence des phénomènes exigent une raison précise, et cela avec une probabilité croissant avec le nombre des coïncidences. »

Reprenons en effet la question inductive.

On se demande comment d'un certain nombre d'expériences particulières, nous pouvons conclure à une loi générale et universelle et sans exception; par exemple, comment ayant vu l'eau bouillir à 100 degrés un certain nombre de fois, nous pouvons conclure que le même phénomène se reproduira dans les mêmes circonstances, toutes les fois que la température sera à 100 degrés. C'est un problème; car quoique le fait se soit reproduit bien souvent, et même toujours, ce n'est après tout qu'un petit nombre d'expériences relativement à l'infini ; or c'est l'infini que nous affirmons, lorsque nous disons que partout et toujours un fait se reproduira.

Si l'on y réfléchit, on verra que la vraie difficulté n'est pas de conclure du présent à l'avenir, c'est de caractériser et d'interpréter l'état présent. Il ne s'agit pas de savoir si telle loi, une fois prouvée, sera stable et immuable (cela est accordé), mais si tel phénomène est l'expression d'une loi. Il ne s'agit pas de savoir si les mêmes causes produiront les mêmes effets (cela est accordé), mais si tel phénomène est une cause, tel autre un effet. Par exemple, j'accorderai que la chaleur fera *toujours* bouillir l'eau à 100 degrés, si je commence par accorder qu'actuellement même, c'est la chaleur qui fait bouillir l'eau, c'est-à-dire si j'accorde que la chaleur est cause, et l'ébullition l'effet. Or, c'est là toute la question ; si j'accorde cela, j'accorde déjà que c'est là une loi : l'induction est faite : l'application à l'avenir et à tous les temps n'est plus qu'une conclusion.

Mais maintenant le rapport que j'ai constaté en fait jusqu'ici, est-il une loi, ou un accident? Voilà la vraie question. Pour le savoir, supposons que ce rapport ne soit pas une loi. Qu'est-ce à dire? N'est-ce pas supposer que la chaleur n'est pas cause, et que l'ébullition n'est pas effet? S'il en est ainsi, le rapport entre les deux phénomènes n'est pas *réel*, mais *apparent*; il n'est pas *nécessaire*, mais *fortuit*; en un mot, c'est l'effet du hasard. Si l'ébullition de l'eau à 100 degrés n'est pas une loi de la nature, je dois donc supposer que tandis que certaines causes élèvent la température à 100 degrés, d'autres causes n'ayant aucun rapport avec les précédentes se sont toujours rencontrées en même temps pour faire bouillir l'eau : si en effet j'accordais qu'il y a quelque rapport entre ces deux causes, j'accorderais par là même qu'il y a une loi. Si je doute qu'il y ait loi, c'est que je ne me refuse pas à croire que le hasard peut produire une coïncidence constante aussi extraordinaire. Or c'est justement ce qui nous paraît impossible; et c'est là le vrai principe inductif : là est la différence entre les vraies et les fausses inductions. « Quelle différence, en effet, disions-nous plus haut [1], y a-t-il entre cette proposition si certaine : L'eau bout à 100 degrés, et cette autre proposition : Une éclipse est un présage de calamités publiques? La différence, c'est que, dans le premier cas, la coïncidence des deux phénomènes est constante et sans exception, et que, dans le second cas, la coïncidence ne se présente pas toujours. Or le hasard peut bien amener quelquefois, souvent même, une coïncidence entre une éclipse et un fait aussi fréquent que le sont les malheurs publics; mais la raison se refuse à admettre que le hasard amène une coïncidence constante et sans exception. Cette coïncidence doit avoir sa raison d'être : la raison, c'est que l'un de ces phénomènes est la cause de l'autre, ou que les deux phénomènes ont une cause commune. » En d'autres termes, c'est une loi.

On voit par là pourquoi le nœud du problème inductif est dans la méthode expérimentale, ou l'expérimentation. Elle n'est pas seulement un *procédé* : elle est l'essence de l'induction, elle en est la *preuve*. En effet par la suppression des causes présumées (*per rejectiones debitas*) nous mettons en relief le fait capital de la coïncidence ; par la méthode des variations concomitantes, nous la rendons encore plus sensible ; enfin par le calcul appliqué à l'expérience, et à l'hypothèse présumée, tirant d'avance les conséquences

---

1. Chap. I, p. 33.

les plus éloignées possible des faits, conséquences que de nouvelles expériences nous permettent de vérifier, nous suscitons des coïncidences nouvelles, confirmatrices de la première, et inintelligibles, s'il n'y avait pas là une véritable cause. C'est ainsi que la *répétition*, qui serait insignifiante, s'il ne s'agissait que du nombre des faits (puisqu'on est toujours également éloigné de l'infini), c'est ainsi, dis-je, que la répétition acquiert une valeur logique. En effet, l'invraisemblance des coïncidences est d'autant plus grande qu'elles sont plus répétées. On voit aussi par là pourquoi il peut arriver qu'une seule expérience suffise à la preuve; c'est qu'il est telle coïncidence qui ne pourrait guère se produire même une seule fois, si elle n'avait sa raison dans les lois de la nature. C'est ce qui fait que les grands savants se méprennent rarement sur la valeur d'un fait significatif, ne se présentât-il qu'une seule fois. On dit que Ch. Bell ne voulut pas répéter la fameuse expérience qui établissait la différence des nerfs moteurs et des nerfs sensitifs, tant sa sensibilité répugnait à faire souffrir les animaux. Croit-on qu'il eût douté pour cela de sa découverte ? L'abbé Haüy laisse tomber un morceau de quartz, et rien qu'en observant la cassure, il devine sur-le-champ qu'il vient de découvrir une loi de la nature : car quelle apparence qu'un minéral se casse par hasard suivant les lois de la géométrie? Ainsi de mille exemples. Le nœud est donc non pas dans la répétition elle-même, mais dans le fait de la coïncidence : seulement la répétition ajoute évidemment beaucoup à la valeur des coïncidences.

Une fois la première affirmation établie, le reste va de soi, et l'application à l'avenir n'offre plus aucune difficulté. Car si tel phénomène est le produit de telle cause, il s'ensuit manifestement que telle cause étant donnée, tel phénomène suivra [1] : comme le dit

---

[1]. C'est ici qu'interviendrait, selon M. Lachelier, la seconde loi, ou loi des causes finales, qui composerait avec la première, ou loi des causes efficientes, le principe inductif. Nous n'affirmons pas seulement, en effet, cette proposition hypothétique : si telles conditions sont données, tel effet suivra ; nous affirmons une proposition catégorique à savoir : que telles conditions sont données en effet. Notre confiance envers la nature n'est pas problématique : elle est assertorique, comme dirait Kant. Or cette confiance implique que la nature a un intérêt à conserver l'ordre

Spinoza, *ex data causâ determinatâ necessario sequitur effectus*.
Cette réciproque du principe de causalité est aussi vraie que lui, et
n'est que ce principe même renversé.

L'induction se compose donc, selon nous, de deux moments, et se
ramène à deux propositions, l'une synthétique, l'autre analytique. La
première est celle-ci : toute coïncidence constante des phénomènes
a sa raison d'être (soit dans la causalité d'un des phénomènes par
rapport aux autres, soit dans une causalité commune). La seconde
proposition tout analytique est celle-ci : une cause donnée (considérée sous le même point de vue et dans les mêmes circonstances)
produit toujours le même effet qui a été une fois donné.

La vraie difficulté de l'induction n'est donc pas, encore une fois,
l'application à l'avenir : car cela résulte de la nature même des choses ; elle est dans la preuve d'une coïncidence constante entre deux
phénomènes : or, c'est à la démonstration de cette coïncidence que
la méthode expérimentale est employée : elle dégage toutes les
circonstances accessoires pour ne plus conserver que le fait et sa
condition déterminante. Une fois cette coïncidence découverte, il
n'est plus même nécessaire de répéter l'expérience bien souvent ; et
les esprits concluent tout de suite à une relation déterminée entre
les deux faits.

des choses : ce qui est au fond le principe de finalité. — Nous ne croyons pas
quant à nous que la différence du *si* et du *quo* (le τὸ εἰ et le τὸ ὅτι) ait ici une
aussi grande portée que le veut l'auteur ; et nous résolvons la difficulté toujours
par le même principe que plus haut. En effet, quelle que soit la stabilité future de
l'ordre du monde, toujours est-il que cet ordre a existé jusqu'ici. Or cet ordre est
la résultante d'un nombre infini de coïncidences, qui ont dû avoir lieu pour que l'équilibre se produisît : mais le hasard ne peut avoir amené une telle masse de coïncidences ; donc l'ordre du monde, non pas dans l'avenir, mais dans le passé, et dans
le présent, suppose une cause précise, une cause d'ordre. Cette cause étant donnée,
il va de soi qu'elle continuera à agir conformément à sa nature, en d'autres termes
que l'ordre durera, tant que nous n'apercevrons pas d'indices qui nous fassent
soupçonner le contraire. Ce qui prouve qu'il n'y a là aucune croyance *à priori*,
c'est que Newton était arrivé par l'étude des faits à croire que le système du
monde se dérangerait, et qu'il faudrait un acte nouveau de la puissance divine
pour le rétablir ; et c'est encore par l'étude des faits qu'on a écarté ce doute. La
croyance à la stabilité de la nature n'est donc qu'un des résultats de l'induction,
au lieu d'en être le fondement.

Nous venons d'expliquer le principe de l'induction. Il faut quelque chose de plus pour la finalité ; mais c'est toujours le même mode de raisonnement ; et si l'on se refuse à admettre l'un, il n'y a pas de raison d'admettre l'autre.

En effet, la même raison qui nous fait supposer que toute coïncidence de phénomènes a sa raison, doit aussi nous faire supposer que tout accord d'un tout complexe avec un phénomène futur plus ou moins éloigné doit avoir aussi sa raison ; et si cette raison n'était pas donnée dans le phénomène futur lui-même, il s'ensuivrait nécessairement que l'accord du tout complexe avec cette conséquence si bien préparée serait une rencontre fortuite. C'est là l'objection, que ne pourra jamais écarter le mécanisme absolu. Il est obligé de faire une part considérable au fortuit, en d'autres termes, au hasard. Mais par la même raison, je pourrai dire également que le hasard est la cause première de toute coïncidence, que tout est fortuit, accidentel et contingent, c'est-à-dire qu'il n'y a pas de science. En effet, s'il ne vous répugne pas de dire que l'harmonie extraordinaire, et la finalité accablante qui se manifeste dans les sexes, ne sont qu'un résultat de causes mécaniques concomitantes, je ne vois pas pourquoi je ne dirais pas que la constante corrélation de la chaleur et de la dilatation, des nuages et de la foudre, des vibrations et du son, ne sont que de pures rencontres, des coïncidences accidentelles de certaines causes mécaniques agissant séparément chacune dans leur sphère sans aucun accord, ni action réciproque, et parfaitement étrangères l'une à l'autre. Peu importe, dira-t-on, qu'au point de vue des choses en soi, ces causes et ces effets soient réellement liés pourvu qu'ils nous le paraissent ; peu importe que ce soient des causes divergentes et étrangères qui se trouvent par hasard agir ensemble, ou de véritables connexions ; il nous suffit que ces connexions apparaissent dans l'expérience, pour les affirmer ; et nous n'allons pas au delà. Nous répondrons avec le même droit : peu importe qu'au point de vue des choses en soi, on puisse supposer qu'une concomitance inintelligible de causes mécaniques peut produire l'accord des moyens et des buts ; il suffit que cet accord me soit donné dans l'expérience, pour que je sois autorisé à raisonner comme s'il résultait d'une véritable concordance intrinsèque, et d'une appropriation objective.

On dit que la finalité est une conception toute subjective qui ne peut pas se justifier par l'expérience. On donne à entendre par là évidemment que le principe d'induction sur lequel reposent toutes les sciences positives serait au contraire vérifiable par l'expérience. Mais c'est là un malentendu, et la différence que l'on voudrait établir entre le principe de finalité et le principe inductif est tout à fait apparente. En d'autres termes, je ne peux pas plus vérifier la causalité mécanique que la finalité.

En quoi consiste en effet la vérification expérimentale? Elle consiste dans la reproduction artificielle et volontaire d'une certaine coïncidence de phénomènes qui m'a été préalablement fournie par l'observation. Que fait donc l'expérience? Elle ne fait autre chose que multiplier les coïncidences. Mais si je n'avais point déjà dans l'esprit cette préconception, que toute coïncidence constante a sa raison d'être dans la nature des choses, chaque fait nouveau ne m'apprendrait rien de plus, et je pourrais toujours supposer que c'est le hasard qui fait que tel accord apparent de phénomènes a lieu. Ce postulat est donc indispensable à la science : c'est la science elle-même; et cependant il est invérifiable. Il n'est donc pas supérieur en cela au principe de finalité. Pour arriver à une véritable et absolue vérification de l'induction, il faudrait d'une part épuiser la série infinie des phénomènes, et de l'autre connaître l'essence des choses en soi. Mais l'un et l'autre nous sont impossibles; et cependant aucun savant ne doute de la vérité de l'induction ; et il n'est pas même nécessaire que la coïncidence des faits se reproduise bien souvent pour que le savant conclue à une relation nécessaire et essentielle.

On ne doit donc pas reprocher au principe de finalité d'être un point de vue subjectif et invérifiable, puisque cela est aussi vrai de la causalité efficiente. Si l'on nous dit que l'expérience a fait connaître de plus en plus des liaisons constantes, nous dirons que la même expérience nous a fait connaître de plus en plus des rapports de finalité. Les premiers hommes et les premiers sages, Socrate par exemple, n'étaient frappés que des buts les plus apparents : les jambes sont faites pour marcher, les yeux pour voir, etc. Mais à mesure que la science a approfondi l'organisation des êtres vivants, elle a multiplié à l'infini les rapports de finalité. Si l'on dit que l'on a supposé de fausses causes finales, nous répondrons qu'on a supposé de fausses causes efficientes. Si l'on nous montre, dans la nature, des choses dont nous ne connaissons pas le but, nous répondrons qu'il y en a une infinité dont nous ne connaissons pas la cause ; que si même il y en a qui jurent en apparence avec le principe de finalité, par exemple les montres, il y a aussi des phénomènes qui ont pu paraître aux esprits peu réfléchis échapper aux lois ordinaires de la causalité, à savoir les prodiges et les miracles. Enfin, de même que l'enchevêtrement des causes limite l'action de chacune d'elles, et nous empêche souvent de les isoler, de même l'enchevêtrement des fins peut bien aussi les contrarier et les enchainer de manière à ne pas nous permettre de les démêler avec précision. En un mot, il y a parité parfaite entre la finalité et la causalité ; et celui qui nie la première pourrait tout aussi bien nier la seconde. Mais quiconque nie la causalité nie la science. La croyance à la finalité, si contestée par certains savants, est fondée précisément sur le même principe que la croyance à la science elle-même.

II

LA LOI DE CUVIER.

(Livre I, chap. 1, p. 62.)

La loi de Cuvier, dans sa généralité, reste une des lois fondamentales de la zoologie. Cependant elle a donné lieu à des difficultés de diverse nature : nous avons à chercher ici jusqu'à quel point ces difficultés pourraient infirmer les inductions que nous avons énoncées plus haut.

Blainville, par exemple, attaque vivement cette prétention de Cuvier et de ses disciples de pouvoir reconstruire un animal perdu avec un seul de ses fragments, en vertu de la loi de corrélation des organes : « Ce principe peut être vrai, dit-il [1], de la forme générale d'un animal; mais il s'en faut de beaucoup que son application puisse avoir lieu sur chaque fragment de chacune des parties. On peut bien, il est vrai, de la forme des os, déduire celle des muscles, parce que ces deux sortes d'organes sont faits pour produire ensemble une même fonction, un même acte que l'un ne produirait pas sans l'autre; encore cela n'est-il vrai que dès vertébrés.... Mais qu'on puisse déduire des dents mêmes la forme et la proportion du squelette, cela devient impossible dans le genre chat : toutes les dents nous prouvent un animal carnassier qui se

---

1. Blainville, *Histoire des sciences de l'organisation*, t. III, p. 398.

nourrit de proie vivante; mais quand il s'agit d'en déduire le système osseux d'un tigre, d'un lion, il y a de si petites différences que vous n'en viendrez jamais à bout. Quand vous en viendrez aux différentes espèces de lions qui ne se distinguent que par le système pileux, l'une d'elles ayant des houppes de poils sur les flancs, l'autre n'en ayant pas, il nous sera impossible de distinguer par ces simples parties du squelette une espèce d'une autre... M. Cuvier a trouvé lui-même son principe en défaut. Le *tapyrium giganteum* qu'il avait déterminé sur une seule dent complète, se rencontra être, quand on découvrit la tête entière, avec des dents absolument les mêmes, un *dinothérium*, animal perdu qui n'est point un tapir et qui semble être un pachyderme aquatique, comme le morse, quoique bien différent. Ce principe de M. Cuvier est donc faux dans sa généralité, même en s'en tenant aux dents, où il a cependant une application plus fréquemment possible [1]. »

Ces observations de Blainville, de la valeur desquelles nous ne sommes point juge, peuvent prouver, en les supposant fondées, qu'il ne faut pas exagérer la portée du principe de Cuvier, et que ce serait une illusion de croire qu'avec un fragment d'os quelconque on pourrait reconstruire dans tous les détails de son organisation un animal disparu ; mais c'est assez à notre point de vue qu'on puisse le faire pour un certain nombre d'animaux, et pour la forme générale du squelette. Lors même qu'une telle méthode ne donnerait pas l'espèce, mais seulement le genre ou la famille, ce serait déjà un principe très-important ; et une liaison harmonique, fût-elle réduite aux conditions les plus générales de l'organisation, serait encore infiniment au-dessus des forces d'une nature purement aveugle ; toutes réserves faites d'ailleurs de *l'explication de telles corrélations, comme de chaque organe en particulier par l'hypothèse sélectionniste*, discutée au chapitre VII de notre première partie. Cette hypothèse ou toute autre du même genre mise hors de cause quant à présent, le seul point que nous maintenions ici c'est que le plus ou moins de latitude accordé à la loi de Cuvier par les naturalistes

---

1. *Histoire des sciences de l'organisation*, tom. III, p. 898.

(ce dont ils restent seuls juges), laisse cependant à cette loi une assez grande part de vérité pour autoriser nos inductions.

Une autre objection faite à cette loi, c'est qu'en la supposant rigoureusement fondée pour les animaux supérieurs, et en particulier pour les vertébrés, les seuls auxquels Cuvier l'ait appliquée, il est loin d'en être de même pour les animaux inférieurs. La corrélation du tout aux parties dans ces animaux, est si loin d'être rigoureuse que l'on peut les couper sans qu'ils cessent d'être vivants, et que ces tronçons peuvent reproduire l'animal entier. C'est ce qui arrive pour les naïades, les hydres, etc. Il semble que dans ces animaux il n'y ait pas plus de liaison entre les parties qu'il n'y en a entre les différentes parties d'un minéral, puisqu'on peut les diviser sans les détruire : ces parties ne sont donc pas réciproquement les unes aux autres moyens et buts.

M. Milne Edwards a donné une explication très-satisfaisante de ce singulier phénomène.

« Pour comprendre ce phénomène, dit-il, en apparence si contradictoire à ce que nous montrent les animaux supérieurs, il faut, avant tout, examiner le mode d'organisation des polypes dont nous venons de parler. Ces animaux sont trop petits pour être bien étudiés à l'œil nu ; mais lorsqu'on les observe au microscope, on voit que la substance de leur corps est partout identique ; c'est une masse gélatineuse renfermant des fibrilles et des globules d'une petitesse extrême, et dans laquelle on n'aperçoit aucun organe distinct. Or, comme nous l'avons déjà fait remarquer, l'identité dans l'organisation suppose l'identité dans le mode d'action, dans les facultés. Il s'ensuit que toutes les parties du corps de ces polypes, ayant la même structure, doivent remplir les mêmes fonctions : chacune d'elles doit concourir de la même manière que toutes les autres à la production du phénomène dont l'ensemble constitue la vie ; et la perte de l'une ou de l'autre de ces parties ne doit entraîner la cessation d'aucun de ses actes. Mais si cela est vrai, si chaque portion du corps de ces animaux peut sentir, se mouvoir, se nourrir et reproduire un nouvel être, on ne voit pas de raison pour que chacune d'elles après avoir été séparée du reste, ne puisse, si elle est placée dans des circonstances favorables, continuer d'agir comme auparavant, et pour que chacun de ces fragments de l'animal ne puisse reproduire un nouvel individu et perpétuer sa race, phénomène dont l'expérience de Tremblay nous rend témoins. »

Cette explication nous montre que le fait en question n'a rien de contraire à la loi de Cuvier. Cette loi ne s'applique évidemment qu'au cas où les organes, ainsi que les fonctions, sont spécialisés ; et elle se manifeste de plus en plus à proportion que la division du travail augmente. Comme le dit M. Herbert Spencer[1], « l'intégration est en raison de la différenciation. »

Il n'est donc pas étonnant, comme l'a remarqué également M. de Quatrefages, que la loi de Cuvier, incontestable dans les animaux supérieurs, fléchisse dans les règnes inférieurs de l'animalité. Par exemple, dans les mollusques, suivant ce naturaliste, de grands changements peuvent avoir lieu dans certains organes, sans que l'on trouve dans les organes corrélatifs les changements correspondants, que l'on aurait le droit d'attendre. Les formes organiques, dans ces animaux, ne sont pas liées d'une manière aussi rigoureuse et aussi systématique que dans les animaux à squelette. La loi des corrélations organiques n'est donc qu'une loi relative, mais non pas absolue.

On conçoit que les conditions de la nature animale soient de moins en moins rigoureuses, à mesure que l'on descend l'échelle. Là où la vie est plus lâche, moins complexe, les coexistences doivent être plus faciles et les incompatibilités plus rares entre les différents organes. Supposez un animal intelligent, cette condition fondamentale implique immédiatement un nombre très-considérable de conditions secondaires, infiniment délicates, liées entre elles d'une manière précise ; de telle sorte que l'une manquant, l'être total souffre ou périt, ou même ne peut absolument pas être. Supposez, au contraire, un animal vivant d'une vie sourde et toute nutritive, dans des conditions extérieures favorables à son développement, la liai-

---

[1]. Voir, plus loin, la dissertation intitulée . *Herbert Spencer et l'évolutionnisme*.

son entre ses diverses parties pourra être très-faible et très-lâche, sans nuire à sa conservation. Cependant, même là, il me semble impossible qu'il n'y ait pas certaines incompatibilités, et certaines corrélations, que la théorie indique comme devant être en rapport avec le degré de complication que présente l'animal. Ainsi, il est impossible qu'il n'y ait pas un certain rapport entre les organes de la nutrition et les organes du mouvement; et que ce rapport ne soit pas déterminé par la facilité que rencontre l'animal, suivant le milieu où il vit, de trouver sa proie. Ainsi, même dans les républiques de polypes, il doit y avoir des corrélations nécessaires, sans lesquelles elles ne seraient pas.

III

LESAGE, DE GENÈVE, ET LES CAUSES FINALES.

(Livre I, chap. II, p. 75.)

Lesage, célèbre physicien de Genève, connu par son *Lucrèce Newtonien*, avait projeté un ouvrage qui semble, quoiqu'à un autre point de vue, conçu sur un plan analogue à celui de la *Critique du jugement* de Kant. C'était, nous dit Prévost de Genève, son éditeur et son ami, une *Théorie des fins de la nature et de l'art*. Il devait l'intituler : *Téléologie*, et répondait par cet ouvrage au désir de Wolf qui, dans la préface de sa Logique, avait émis le vœu que la doctrine des fins fût traitée à part comme un corps de science distinct. Malheureusement, cet ouvrage de Lesage ne nous est parvenu que sous forme de fragments détachés, assez obscurs[1], et il nous est difficile de nous faire une idée juste et de la méthode qu'il comptait suivre, et des pensées principales qu'il devait y développer. Nous extrairons de ces fragments quelques-unes des idées qui paraissent les plus intéressantes.

Lesage lui-même, dans la préface de son *Essai de chimie mécanique* (p. 92 et 93), nous apprend comment il avait conçu l'objet et le plan de son traité : « Il serait possible, dit-il, de donner une

---

[1]. On trouvera ces fragments, ainsi que le *Lucrèce Newtonien*, dans la *Notice de la vie et des écrits de Lesage*, par Pierre Prévost (Genève, 1805).

théorie des fins, qui embrasserait les ouvrages de l'art et ceux de la nature, et qui après avoir fourni *des règles de synthèse* pour la composition d'un ouvrage sur des vues données avec des moyens donnés, proposerait *des règles d'analyse* pour découvrir les vues d'un agent par l'inspection de ses ouvrages. »

D'après ce passage il est permis de supposer : 1° que Lesage devait d'abord donner la théorie des fins, en partant de la considération des ouvrages de l'art, et de là passer aux ouvrages de la nature ; 2° que dans le premier cas, connaissant la cause qui agit, à savoir la cause intelligente, et pouvant l'observer quand elle agit suivant des fins et par des moyens déterminés, il aurait tiré de cette observation les règles générales d'une action dirigée par la vue d'une fin ; et ces règles pourraient être appelées règles de synthèses, parce qu'elles seraient tirées de la connaissance de la cause ; 3° que de ces règles de synthèse, il devait tirer des règles d'analyse, qui permettraient de remonter de l'effet à la cause intelligente, lorsque celle-ci n'est pas donnée, et de déterminer, par l'inspection d'un ouvrage les fins qui y ont présidé. Il devait même, soit dans la première, soit dans la seconde partie, ne pas se contenter de règles logiques, mais employer même des principes mathématiques, comme on voit par une sorte de table des matières, où l'on trouve ce titre : « *Sur les plus grands et les moindres* des mathématiciens. Ou sur le meilleur et le moins mauvais en général. Illustration par les cellules des abeilles. »

Les fragments qui nous restent répondent à peu près au plan indiqué. Ils se composent de deux chapitres, dont l'un a pour objet la *synthèse des fins*, et l'autre l'*analyse des fins*.

Synthèse des fins.

Définitions. — Lesage définit la *fin*, à peu près comme nous l'avons fait nous-même au commencement de cet ouvrage :

« L'effet d'une cause intelligente, considéré en tant qu'elle l'a connu et voulu, est dit la fin de cette cause [1]. »

---

[1]. Plus loin, il définit la *cause finale*, « *le motif* qui détermine un être intelligent à vouloir une *fin*. » Je ne sais s'il est permis de confondre la cause finale avec le motif. Il semble que dans l'usage le plus habituel du mot, la cause finale

« Toutes les causes intermédiaires sont dites *moyens d'exécution*, ou simplement les *moyens*.

« Lorsque l'on considère les moyens comme des fins, celui sur lequel agit immédiatement la cause ordinatrice s'appelle *fin prochaine* : tous les autres, s'il y en a, s'appellent *fins éloignées*; et celle où tous les moyens se terminent, se nomme *fin dernière*. »

On appelle aussi les premières, *fins subordonnées*, par rapport à la dernière qui est la fin principale, et qui par là même est la seule qui mérite le titre de fin.

De ce principe important, Lesage déduit les conséquences suivantes :

« Lorsque deux vues réunies dans un objet se croisent l'une l'autre, l'être ordinateur devra sacrifier plus ou moins de chacune pour prendre le mieux entre toutes les exécutions imparfaites de chacune. Dans ce choix deux motifs doivent le déterminer : l'importance de chaque vue pour la fin principale; le degré de contrariété qui se trouve entre l'exécution de cette vue subordonnée et celle de l'autre ou des autres.

« Donc : 1° Si quelqu'une des vues qui se réunissent dans un objet était beaucoup plus importante que les autres, et qu'elle leur fût en même temps fort contraire, toutes ces vues moindres disparaîtraient peu à peu. »

« 2° Si les vues différentes étaient à peu près également importantes, et à peu près également opposées les unes aux autres, elles seraient aussi à peu près également bien exécutées; et ce serait le cas où elles le seraient le moins bien. »

« 3° Si l'inégalité d'importance dans les fins était fort grande, mais que l'exécution des moindres nuisît extrêmement peu à l'exécution des plus grandes, ces moindres-là seraient presque parfaitement remplies. »

n'est autre chose que la fin elle-même : c'est la fin, considérée comme une des causes de l'action. Le motif est une cause *impulsive*, et non finale. C'est pourquoi Ubags dit très-bien : « Differt *finis à motivo*; nam motivum causa impulsiva dicitur... Tempus amœnum v. g. ambulationis motivum, sed non finis esse potest. Ergò omnis finis motivum, sed non omne motivum finis quoque est. » (Ubags, *Ontologia*, c. III, § 4.)

De cette dernière règle, Lesage concluait, en répondant à un mot célèbre de Diderot : « qu'il n'y a point d'absurdité à se représenter l'Être Éternel occupé à plier l'aile d'un scarabée, ou à compasser l'alvéole d'une abeille. »

Pour prouver que lorsqu'un agent poursuit plusieurs vues à la fois, il fait un ouvrage moins parfait que lorsqu'il n'en a qu'une seule, Lesage cite les exemples suivants :

« Les oiseaux nocturnes ont la prunelle fort ouverte : par la même raison, ils ne voient pas si bien le jour. Une dilatation et contraction alternative de la prunelle pourrait rendre le même œil également propre à voir de nuit et de jour ; mais cette flexibilité des fibres de l'iris rendrait en même temps les organes plus faibles et plus fragiles, et nuirait à l'animal plus qu'elle ne lui serait utile. Un créateur intelligent a donc dû prendre un milieu entre une flexibilité nuisible, et la rigidité absolue.... De même les oiseaux sont ordinairement moins propres à marcher, à proportion qu'ils sont plus propres à voler. »

« Lorsque l'exécution d'un projet donne lieu à quelque inconvénient réparable, de tous les remèdes qu'on peut y apporter, ceux-là sont les plus utiles qui naissent du mal même.... La peau que la chaleur rendait aride, est humectée par les glandes mêmes qu'elle couvre, et que la chaleur ouvre, quand elle rend l'humidité nécessaire. »

Tel devait être le premier chapitre de l'ouvrage, contenant la synthèse des fins. Lesage a ajouté cette note : « Il y a trop de distinctions scholastiques dans ce chapitre, et *pas assez de règles*. Je me propose de doubler celles-ci, et de réduire celles-là. » On voit par là que la principale originalité que Lesage se promettait était de donner les règles d'un ouvrage composé suivant des fins.

En principe, il n'eût dû prendre ses exemples que des faits où les fins sont accordées, à savoir des faits humains : mais en réalité, il les empruntait indifféremment à cet ordre et à l'ordre de la nature.

Passons au second chapitre, qui devait contenir des règles « pour découvrir les fins d'un système. »

Ce second chapitre est plus obscur que le premier, et ne répond pas à l'attente de ce que promettait le titre. Nous en extrairons les passages suivants :

« Un système étant donc à examiner, il y a une infinité d'hypothèses qui peuvent y répondre plus ou moins bien ; mais elles se trouvent toutes entre ces deux extrêmes : 1° Le système en question n'a d'autre arrangement que celui qu'il a reçu du hasard, ou ce qui est la même chose, il n'y a pas de fins. 2° Ce système est dans toutes ses parties et à tous les égards l'ouvrage d'une cause intelligente.

« L'hypothèse qui attribue au hasard un système peut être confirmée ou renversée, en comparant les lois connues que suit le hasard avec les usages du système proposé[1].

« La supposition d'une cause intelligente qui remplit ses fins avec toute la précision possible, n'est pas une hypothèse complète : il faut encore lui attribuer quelque fin en particulier ; mais pour ne pas le faire au hasard, il sera bon de faire les observations suivantes :

1° La fin de l'auteur d'un ouvrage est un des effets de cet ouvrage.

2° Toutes les parties de cet ouvrage doivent tendre à l'exécution de la plus parfaite fin, soit comme un moyen direct, soit comme remède aux obstacles ; ou bien, s'il y a des parties et des effets de cet ouvrage qui ne tendent pas directement à la fin, ces parties et ces effets sont des accompagnements nécessaires et inséparables de la plus parfaite exécution de la fin.

3° Lorsqu'on observe dans un ouvrage une partie qui n'a d'autre effet que d'arrêter un certain mouvement, ce mouvement doit être aussi contraire à la fin.

4° On doit éviter d'attribuer une fin à un être fort intelligent, lorsque l'exécution de cette fin est opérée par des moyens fort compliqués, tandis qu'on en connaîtrait de plus simples qui auraient produit le même effet. Et si l'on hésitait entre deux fins, il faudrait, à choses d'ailleurs égales, lui attribuer celle qui paraît remplie par les moyens les plus simples.

5° Lorsqu'on voit de l'uniformité entre plusieurs êtres, on doit supposer qu'ils sont faits pour la même fin, s'ils sont parfaitement

---

1. Telle est à peu près l'idée fondamentale que nous avons nous-même essayé de développer dans ce Traité.

semblables, ou pour des fins à peu près pareilles, s'ils ne se ressemblent qu'à peu près.

6° En général, quand on voit observées dans un ouvrage les règles que suivent les êtres intelligents dans leurs opérations (ch. Ier), on doit supposer que ces règles ont effectivement donné lieu aux phénomènes, ce qui conduit à la supposition d'une fin, la fin du système de l'auteur.

« Lorsqu'on s'est une fois fixé à un effet, et qu'on examine s'il est effectivement la fin universelle, il ne faut pas abandonner son hypothèse quand même on trouve des effets ou des parties qui, si on les considère à part, paraissent n'être pas entièrement conformes à la fin universelle; car nous avons vu (§ 3 et 4) qu'une fin universelle peut se subdiviser en plusieurs fins partielles qui peuvent se croiser les unes les autres. »

A la suite de ces deux chapitres, il se trouve un troisième fragment, intitulé DE LA VARIÉTÉ, et qui ne se lie pas par des liens très-clairs à ce qui précède. Nous en extrairons quelques lois intéressantes au point de vue de la finalité, que l'auteur avait extraites lui-même d'un travail beaucoup plus complet, dont « le déchiffrement, nous dit-il, lui était devenu impossible. »

« 1° La quantité de respiration dans un temps donné, et choses égales d'ailleurs, est proportionnelle aux surfaces; tandis que la quantité des humeurs qui y fournissent, est proportionnelle au volume de l'animal. Or, à mesure qu'on s'adresse à de plus petits animaux, la surface décroît suivant un rapport moindre que ne fait le volume. Donc la transpiration des petits animaux serait trop grande relativement à la masse de leurs humeurs, si leur peau était aussi poreuse que celle des grands animaux. Donc il convenait que la peau des insectes fût une espèce d'écaille, et cela a lieu. »

« 2° La force avec laquelle un fruit tend à se détacher de son pédicule est proportionnée à sa pesanteur, ou à son inertie, c'est-à-dire dans l'un et l'autre cas, au cube de ses dimensions ; pendant que la résistance qui s'y oppose est proportionnelle à la coupe transversale de ce pédicule, c'est-à-dire au carré seulement des dimensions : donc il fallait que les gros fruits eussent des pédicules plus gros encore que s'ils étaient exactement semblables aux petits. Aussi voit-on que les plantes élevées ou ne portent point de gros fruits (selon la remarque de La Fontaine dans son Mathieu Garo), ou les portent collés contre le tronc et les maîtresses branches, comme cela a lieu à l'égard de quelques arbres des Indes.

« 3º Pour que le poids des quadrupèdes herbivores fût proportionnel à la résistance de leur cou, il fallait que ceux qui avaient la tête plus grosse, comme le bœuf, eussent le cou plus gros encore que dans la proportion des dimensions correspondantes ; ou bien que, comme le chameau, ils eussent la tête plus petite que les autres à raison du tronc, le cou ordinairement vertical, et de la facilité à s'asseoir mollement pour prendre leur nourriture à terre, ou la ruminer ; ou enfin que, s'ils étaient trop gros pour que ces expédients fussent suffisants et exempts d'inconvénients, comme cela a lieu pour l'éléphant, ils n'eussent presque point de cou, mais un membre propre à aller arracher leur nourriture solide, pomper leur boisson, et les apporter l'une et l'autre dans leur bouche. Et tout cela se trouve réalisé dans la nature. »

Nous ne savons si ces rapports, ou d'autres semblables se vérifient d'une manière générale en zoologie : nous les rapportons comme exemples d'une tentative de ramener à des principes scientifiques la théorie de la finalité.

Les extraits que nous venons de citer suffisent pour nous donner quelque idée de ce qu'aurait été la Téléologie de Lesage, s'il avait eu le temps de l'exécuter. C'eût été, on le voit, un livre d'une tout autre nature que les traités de téléologie physique, si nombreux au xviiie siècle. Il eût posé des principes généraux, des règles, des théorèmes, au lieu de se contenter d'énumérer des exemples. Cependant, d'après les fragments qui nous restent, il semble que l'auteur se proposait plutôt de nous fournir des règles pour déterminer les fins de la nature, que nous donner la preuve qu'il y a des fins, et le critérium précis de leur existence. Son ouvrage eût été plutôt une théorie des fins qu'une critique de la finalité. Ce n'était pas encore l'ouvrage de Kant : mais c'eût été plus que les ouvrages de Derham et de Paley.

IV.

GEOFFROY SAINT-HILAIRE ET LA DOCTRINE DES CAUSES FINALES.

L'anatomie, aussi bien que la physiologie, a également protesté contre l'usage exagéré du principe des causes finales. G. St-Hilaire condamnait hautement cette méthode qu'il appelait la méthode aristotélique, exclusivement bornée, suivant lui, à la considération des formes et des usages des organes[1]. Il reproche à cette méthode de n'avoir pas aperçu les profondes analogies des organes cachés sous d'innombrables différences de formes et de structure, ou du moins de n'avoir saisi de ces analogies que celles qui frappent les yeux du vulgaire, et de ne fournir aucune méthode scientifique pour démêler les rapports cachés. « Elle s'arrête, dit-il, juste au moment où elle devrait être doctrinale, où il faudrait qu'elle devînt un fil d'Ariane pour faire découvrir des rapports plus cachés.... Cette méthode consiste, dit-il encore, à suivre pas à pas ce qu'elle appelle la dégradation des formes en partant de l'homme qu'elle considérait comme la créature la plus parfaite; à chaque moment de ses recherches, elle est *sur un à peu près semblable*, d'où elle descend sur chaque différence saisissable. Cette main d'orangoutang est à peu près celle de l'homme ; mais elle en diffère par un

---

[1]. Geoffroy-Saint-Hilaire, *Philosophie Zoologique.* — Discours préliminaire. — Nous sommes obligé, en citant cet illustre naturaliste, de respecter le détestable style par lequel il a exprimé ses grandes et profondes pensées.

pouce plus court, et par des doigts plus longs... de là on passe à la main des atèles, bien autrement défectueuse; car dans une des espèces de ce genre, il n'y a plus de pouce. Qu'on passe à d'autres singes, les cinq doigts s'y voient encore ; *l'à peu de chose près* dure toujours; mais au moment de rechercher les différences, on s'aperçoit que ce n'est plus une main... Passons aux ours ; leur patte est encore à peu près la main du singe,... mais les différences y sont plus prononcées. Je saute plusieurs intermédiaires pour arriver à la loutre. On y trouve une nouvelle circonstance : les doigts de ce mammifère sont réunis par de larges membranes. Cet *à peu près la même chose* a donc étrangement changé de forme; et comme il donne à l'animal de puissants moyens de natation, on lui donne le nom de nageoires. La méthode ne va pas plus loin ; elle finit avec les mammifères onguiculés. »

A cette méthode aristotélique que G. Saint-Hilaire reproche à Cuvier d'avoir servilement adoptée, il fait deux critiques : 1° Elle n'est, suivant lui, ni logique, ni philosophique. « A chaque instant on est forcé d'invoquer une demi-ressemblance, un pressentiment de rapports non justifiés scientifiquement : une vague idée d'analogie est l'anneau auquel se rattachent ces observations de cas différents. Est-il logique de conclure de ressemblance à différence sans s'être préalablement expliqué sur ce qu'on doit entendre par l'à peu près semblable ? 2° Cette méthode est insuffisante. Vous vous êtes arrêtés aux mammifères fissipèdes ; et il faudrait aller jusqu'aux pieds des ruminants et des chevaux. Mais là les différences vous paraissent trop considérables... La méthode demeure silencieuse. C'était un fil indicateur; il s'est rompu, on change de système. »

Ce serait donc à tort, selon le même naturaliste, que l'on considérerait Aristote comme le fondateur de l'anatomie comparée ; il en a eu le pressentiment, il n'en a pas la méthode ; pour faire de l'anatomie comparée une science exacte, il faut un principe philosophique et rigoureux qui permette de saisir d'une manière certaine, non pas des à peu près de ressemblances, mais des analogies évidentes et rigoureusement démontrables. Ce principe découvert par G. Saint-Hilaire et qui est resté dans la science est ce qu'il appelle la loi des *connexions*. Nous avons vu déjà que G. Cuvier, de son côté, a découvert aussi une grande loi, la *loi des corrélations*. On peut dire que ces deux lois contiennent l'une et l'autre toute la philosophie zoologique de ces deux illustres naturalistes.

Nous connaissons déjà la loi de Cuvier. Elle repose sur cette idée si simple et si évidente, que dans un être organisé toutes les parties doivent être d'accord ensemble pour accomplir une action commune. La loi des connexions, de son côté, repose sur ce fait qu'un organe est toujours dans un rapport constant de situation avec tel autre organe donné, lequel à son tour est dans un rapport constant de situation avec un autre ; de sorte que la situation peut servir à reconnaitre l'organe, sous quelques formes qu'il se présente. Remarquons la différence des connexions et des corrélations. La corrélation est un rapport d'action, de coopération, de finalité. La connexion est un rapport tout physique, tout mécanique de position, d'engrènage en quelque sorte. Dans une machine, les parties les plus éloignées peuvent être en corrélation : les seules qui s'avoisinent et s'adaptent ensemble, sont en connexion, du moins selon le langage de G. Saint-Hilaire. Or, les connexions paraissent à ce grand anatomiste bien plus intéressantes que les corrélations. Si vous négligez ce lien physique qui attache, suivant une loi fixe, un organe à un autre, vous vous laisserez surprendre par les apparences; vous attacherez une importance exagérée aux formes des organes et à leurs usages ; et ces différences si frappantes pour les yeux superficiels, vous cacheront l'essence même de l'organe : les analogies disparaitront sous les différences : on verra autant de types distincts que de formes accidentelles · l'unité de l'animal abstrait qui se cache sous la diversité des formes organiques s'évanouira. Si, au contraire, vous fixez l'idée d'un organe par ses connexions précises et certaines avec les organes avoisinants, vous êtes sûr de ne pas le perdre de vue, quelques formes qu'il affecte. Vous avez un fil conducteur, qui vous permet de reconnaitre le type sous toutes ses modifications : et c'est ainsi que vous arriverez à la vraie philosophie de l'animalité.

Donnons une idée de la méthode de G. Saint-Hilaire par un

exemple très-simple, qu'il nous fournit lui-même. Il faut partir, dit-il, d'un sujet déterminé, c'est-à-dire d'une pièce précise, toujours reconnaissable. Cette pièce sera, par exemple, la portion terminal de l'extrémité antérieure. Cette extrémité, dans tous les animaux vertébrés, se compose de quatre parties, l'épaule, le bras, l'avant-bras, et un dernier tronçon susceptible de prendre des formes très-diverses (main, griffe, aile), mais qui, sous toutes ces modifications secondaires, a toujours une essence commune : c'est d'être le quatrième tronçon du membre antérieur Là où finit le troisième, commence le quatrième ; c'est là une donnée fixe, qui détermine l'organe : l'usage au contraire ne le détermine que d'une manière superficielle, et toute vulgaire. Quoi de plus différent qu'une main, une aile, une nageoire aux yeux du vulgaire? Pour l'anatomiste c'est une seule et même chose : c'est ce que l'école de Geoffroy appelle l'élément anatomique. Or en suivant cette méthode, en remontant d'organe en organe, de connexion en connexion, voici la loi que l'observation nous découvre : « Un organe peut être anéanti, atrophié, jamais transposé, » c'est ce qu'on appelle la loi des connexions.

Voici, suivant G. Sainte-Hilaire, les avantages de la nouvelle méthode comparée à l'ancienne: « 1° Ce n'est point une répétition déguisée des anciennes idées sur les analogies de l'organisation. Car la théorie des analogues s'interdit les considérations de la forme et des fonctions au point de départ. 2° Elle n'élargit pas seulement les anciennes bases de la zoologie, elle les renverse par sa recommandation de s'en tenir à un seul élément de considération pour premier sujet d'études. 3° Elle reconnait d'autres principes, car pour elle, ce ne sont pas les organes dans leur totalité qui sont analogues, ce qui a lieu toutefois dans des animaux presque semblables, mais les matériaux dont les organes sont composés. 4° Son but précis est autre ; car elle exige une rigueur mathématique dans la détermination de chaque sorte de matériaux à part. 5° Elle devient un instrument de découverte. (Exemple, l'os hyoïde). 6° Enfin la théorie des analogues, pour être partout également comparative, s'en tient, dans ce cas, à l'observation d'un seul ordre de faits. »

La loi des connexions a-t-elle la portée que G. Saint-Hilaire lui attribuait? peut-elle conduire à toutes les conséquences qu'il en a déduites? c'est ce que nous ne nous permettrons pas de juger. Mais sans rien préjuger de cette portée de la loi, il est incontestable qu'il y a là une idée profonde, et qui a dû conduire certainement à percevoir des rapports et des analogies que l'école de Cuvier avait pu méconnaître en ne portant pas son attention de ce côté. La considération des fonctions si sévèrement exclue par G. Saint-Hilaire, si hautement recommandée par Cuvier, devait évidemment détourner celui-ci et ses disciples de la considération des éléments anatomiques, analogues par la situation et le rapport, profondément différents par la structure et la fonction. Ou il faut croire que les principes n'entraînent pas leurs conséquences, ou il faut présumer que Cuvier et ses disciples devaient surtout porter leurs regards sur les différences des animaux, et méconnaître les analogies, tandis que l'école de Geoffroy, guidée par les principes du maitre, a dû être particulièrement frappée de ces analogies, et par conséquent étendre la connaissance synthétique de l'animalité.

Est-ce à dire maintenant que la méthode de Cuvier fût, comme le prétendait G. Saint-Hilaire, une méthode peu philosophique, superficielle, obéissant aux préjugés vulgaires, et enfin peu féconde? Ce sont d'injustes accusations. Comment peut-on accuser de stérilité une méthode qui a donné naissance à la paléontologie? Essayez par le principe des connexions de reconstruire le moindre fossile, vous n'y parviendrez pas. En effet, étant donné un membre antérieur, auquel manquera le 4ᵉ tronçon, comment deviner par le seul fait de la connexion la forme qu'a dû prendre ce 4ᵉ tronçon, et par là la forme de tous les organes qui manquent? La loi des connexions sert à retrouver l'unité dans la variété donnée : ce qui est sans doute un grand objet philosophique : mais elle ne sert pas à retrouver la variété par l'unité. Dans les formes les plus variées et les plus complexes, elle saura démêler l'élément anatomique. Mais cet élément une fois donné, elle ne pourra pas reconstruire ces formes variées et complexes, qui sont l'animalité elle-même. En un mot, dans la loi des connexions, et en général dans la méthode de

G. Saint-Hilaire, que l'on considère généralement comme synthétique, je verrais plutôt une méthode d'analyse, et dans celle de Cuvier, qui passe pour analytique, une méthode de synthèse : le premier ramènera l'organisation abstraite à ses éléments ; le second reconstruira les organisations par le moyen de leurs éléments. Le premier est comme un chimiste qui vous ferait voir l'identité des éléments qui composent le charbon et le diamant : ce qui est une analyse ; l'autre est comme un chimiste qui, avec des éléments donnés, reconstruit les substances organiques, qui avaient si longtemps échappé à la synthèse. Le caractère éminent de la synthèse, c'est la reconstruction. Or, c'est là ce qu'il y a de moins contestable dans la philosophie zoologique de Cuvier.

Si nous comparons encore à un autre point de vue la loi des corrélations et la loi des connexions, il nous paraîtra que la première nous donne l'unité et l'harmonie dans l'animal lui-même, la seconde l'unité et l'harmonie dans la série animale. Étant donné un être organisé, vous pouvez le considérer en lui-même, ou dans la série dont il fait partie. En lui-même, vous trouvez que toutes les pièces qui le composent sont liées entre elles par un but final : et c'est là son unité, sa forme, son essence. C'est ce qu'exprime la loi de Cuvier. Comparé au contraire aux autres êtres de la série, il montre des rapports constants sous les formes les plus différentes ; il exprime à sa manière un même type que tous ceux de la même série. C'est là ce qu'exprime la loi de G. Saint-Hilaire. Le premier nous donne une idée profonde et philosophique de l'organisation en soi, le second nous donne une idée philosophique de l'échelle animale, de la série organisée. Pourquoi sacrifier l'une de ces deux idées à l'autre ? celle de Cuvier n'est pas moins philosophique que celle de G. Saint-Hilaire ; mais elle l'est à un autre point de vue. Celui-ci avait donc tort de reprocher à son rival de pratiquer une méthode plus superficielle que philosophique. Mais il faut avouer que Cuvier avait le même tort de son côté. Car il reprochait à G. Saint-Hilaire de prendre des abstractions pour des réalités, des ressemblances vagues pour des analogies certaines. Sans doute, disait-il, il y a quelque chose de commun entre tous les animaux, et cette analogie générale a frappé le vulgaire bien avant les savants puisqu'il les a réunis sous le nom commun d'*animal* : mais de là à une unité de type précise et déterminée, il y a un abime que l'hypothèse seule et l'imagination peuvent franchir. Ces observations pouvaient être justifiées par l'excès que Geoffroy et son école faisaient du principe d'analogie ; mais elles ne portaient pas contre la loi des connexions prise en elle-même. Car cette loi, au contraire (dont nous n'avons pas à mesurer la portée et les limites), fournissait un principe certain et précis de comparaison : aux analogies superficielles aperçues par le vulgaire, elle substituait des analogies rationnelles et plus profondes.

Au reste, pour bien juger la doctrine de l'unité de type, de l'unité de composition, il faudrait la considérer non-seulement telle que G. St-Hilaire l'a exposée, un seul homme ne pouvant tirer d'une idée tout ce qu'elle contient, mais telle qu'elle est sortie des travaux d'un grand nombre de naturalistes, ses contemporains ou ses successeurs, Gœthe, Oken, Carus, Candolle, etc. Or de tous ces travaux multipliés, dans l'examen particulier desquels il ne nous appartient pas d'entrer, il résulte que non-seulement un organe peut se modifier et prendre les formes les plus différentes dans les différents animaux, dans les différentes plantes (par des atrophies, des avortements, des changements de dimension, des soudures, des séparations, etc.) ; mais en outre que dans l'être organisé lui-même, les différents organes ne sont encore qu'un même organe modifié. Gœthe l'a montré dans son traité de la *Métamorphose des plantes*. Pour lui tous les organes de la plante ne sont que la feuille transformée ; et cette vue a été adoptée par la plus grande partie des naturalistes. De même dans l'organisation animale, il est le premier qui ait reconnu l'analogie du crâne avec la colonne vertébrale : idée généralement adoptée aujourd'hui, et dont la démonstration appartient au naturaliste Oken. On a poursuivi dans cette voie, et les partisans décidés de cette méthode hardie ont essayé de ramener au principe vertébré jusqu'aux os de la poitrine, et quelques-uns même jusqu'aux membres. Enfin le système osseux lui-même a paru une modification du système musculaire.

En suivant toutes ces voies, l'école de l'unité arrive à cette double conception : 1° un type végétal universel se réduisant à un rameau portant des feuilles, 2° un type animal universel se réduisant à une cavité digestive entourée d'un sac musculaire pourvu d'appendices. Enfin une école plus hardie encore, poussant plus loin l'abstraction, réduirait à la cellule l'idée élémentaire de l'organisation, et ne verrait dans le végétal ou l'animal que deux systèmes différents d'agglomération de globules [1].

Sans doute, si l'on en croit les objections de Cuvier et de son école, il se peut que la doctrine de l'unité de type ait été exagérée : mais laissant ce point à débattre entre tous les naturalistes, et prenant l'idée de l'organisation telle qu'elle nous est donnée par l'école de Geoffroy St-Hilaire, voyons si elle est en contradiction avec l'idée que nous en a donnée Cuvier. En aucune façon. Car lors même qu'il serait vrai que la nature n'emploie qu'un très-petit nombre de matériaux, ou même qu'un seul élément infiniment modifié pour produire tous les êtres organisés, encore faut-il que toutes ces modifications amènent dans chaque être vivant des formes et des organes compatibles ensemble et liés harmoniquement. Que le crâne soit une vertèbre ou non, il n'en est pas moins vrai que la vertèbre ne prend cette forme remarquable, que là où elle doit contenir un cerveau. Il y a donc toujours une harmonie entre le crâne et le cerveau. Ainsi, il sera toujours permis de remarquer que là où la moelle épinière s'épanouit sous forme d'encéphale, la colonne vertébrale se développe sous forme de crâne. Je dis plus : sans ces rapports harmoniques, les transformations, répétitions, symétries, connexions, analogies ne sont que des faits purement matériels, purement anatomiques, qui ne disent rien à l'esprit. En omettant ou en écartant l'idée de la fonction, l'école de Geoffroy St-Hilaire sacrifierait la physiologie à l'anatomie, et supprimerait en quelque sorte l'idée de l'être vivant pour ne plus voir que le nombre et la disposition des pièces, le matériel de la vie au lieu de la vie elle-

---

[1]. Voir, sur cette doctrine et ses récents développements, le travail de M. Martius : *De l'unité organique des animaux et des végétaux*. (Rev. des Deux-Mondes, 15 juin 1862.)

même : car qu'est-ce que la vie, si ce n'est la fonction et la coordination des fonctions ?

En résumé, l'idée de Cuvier et celle de G. St-Hilaire n'ont rien d'inconciliable, et Goethe a pu dire avec profondeur : « Les naturalistes partisans de Cuvier et de Geoffroi me paraissent des soldats qui creusent des mines et des contremines ; les uns fouillent du dehors au dedans ; les autres du dedans au dehors ; s'ils sont habiles, ils doivent se rencontrer dans les profondeurs [1]. »

Quant aux causes finales, la théorie de G. St-Hilaire ne leur est pas plus contraire que celle de Cuvier. Seulement, l'une se rattache à ce que nous avons appelé la finalité de plan, et l'autre à la finalité d'usage [2]. L'unité de plan est aussi conforme à l'idée d'une sagesse primordiale, que l'utilité des organes ; et il n'est pas plus facile à une nature aveugle de faire un animal bien dessiné que de faire des machines appropriées.

1. *Œuvres scientifiques* de Goethe par Ernest Faivre (Paris, in-8°, 1862), p. 371. — M. Faivre montre également par des exemples comment les deux principes peuvent se concilier.
2. Voir plus haut, liv. I, ch. v.

V

LES CAUSES FINALES DANS LA PHILOSOPHIE SANKHYA.

(Liv. I, ch. v, p. 220).

La citation insérée dans le texte nous est une occasion de faire connaître une belle et originale application du principe des causes finales dans la philosophie indienne; nous la trouvons dans l'exposition du système Sankhya, faite par M. Barthélemy Saint-Hilaire [1].

D'ordinaire, la cause finale, depuis Socrate jusqu'à Leibniz, a servi à prouver l'existence de Dieu. Dans le système de Kapila, que l'on appelle le Sankya athée (en opposition du système de Patandjali ou Sankya théiste), les causes finales sont employées à prouver l'existence de l'âme.

« L'âme existe, est-il dit dans la Sankya Karika [2], parce que ce vaste assemblage des choses sensibles n'a lieu que pour l'usage d'un autre : *(consociatio propter alius causam fit.)* »

On voit que le point de départ de l'argument est, comme dans

---

[1]. *Mémoires sur la philosophie Sankhya*, par Barthélemy St.-Hilaire (Mémoires de l'Académie des sciences morales et politiques, tome VIII).

[2]. La *Sankhya Karika* est un abrégé en vers de la doctrine de Kapila. — On possède en outre le *Sankhya paratchana*, qui est attribué à Kapila lui-même. M. Barthélemy St.-Hilaire nous a donné une traduction française de la Karika, et M. Lassen une traduction latine. — En outre, M. Wilson, dans un mémoire dont M. Barthélemy St.-Hilaire a fait largement usage, nous a donné la traduction d'un commentateur indien de la Karika, nommé Gaoudapada, qui est du VIII° siècle de notre ère.

l'argument physico-théologique, l'ordre, l'harmonie, la combinaison des éléments matériels. Seulement, au lieu de conclure à l'existence d'un être ordonnateur, on conclut à l'existence d'un être qui sert de but à la combinaison : et cet être est l'âme. La majeure n'est pas : tout ouvrage suppose un ouvrier, c'est-à-dire quelqu'un qui l'a fait ; mais : tout ouvrage suppose quelqu'un pour qui il a été fait. On prouve cette majeure, comme dans les écoles de l'Occident, par des exemples empruntés à l'industrie humaine : « Un lit suppose quelqu'un *pour qui* il est fait; le corps de même est fait *pour l'usage* de quelqu'un [1]. »

Un autre argument, analogue au précédent, et qui en est une autre forme, sert encore à prouver l'existence de l'âme : « Il faut qu'il y ait un être pour jouir des choses ; *esse debet qui fruitur,* » ce qui est expliqué dans le Commentaire par ces mots : « Les choses sont faites pour qu'on en jouisse ; les choses visibles pour être vues. Il faut un convive pour goûter les saveurs des mets. »

Quel est donc le rôle de l'âme dans la nature ? Elle est « un témoin, un arbitre, un spectateur ; *testis, arbiter, spectator.* » Elle est, dit le commentateur, « comme un mendiant qui traverse la vie, comme un voyageur qui se déplace sans tenir aux lieux qu'il visite, comme l'ascète qui contemple les travaux du villageois sans y prendre part. »

On voit se dessiner le caractère de cet étrange système. Tandis que, dans la philosophie occidentale, le principe des causes finales est employé à démontrer l'existence d'une cause active et productive, ici elle sert à prouver l'existence d'un *contemplateur* qui assiste au spectacle de l'univers, sans s'y mêler, sans y agir.

L'âme, suivant la philosophie indienne, est essentiellement inactive ; et le corps est essentiellement insensible. C'est par son union au corps que l'âme paraît active ; c'est par son union à l'âme que le

---

1. Il semble même que ce soit là la vraie forme du principe des causes finales. Car dire : « tout ouvrage suppose *un ouvrier,* » c'est conclure à la cause efficiente plutôt qu'à la cause finale. Il est plus exact de dire, comme les Indiens : « toute combinaison suppose *un but,* » sauf à conclure ensuite, par un second principe : « tout ce qui est fait pour un but suppose un ouvrier, c'est-à-dire une cause intelligente. » (Voir *chap. préliminaire*).

corps paraît sensible. « Le corps, dit le commentateur, paraît sensible sans l'être ; comme un vase rempli d'un liquide chaud, paraît chaud, d'un liquide froid, paraît froid... L'âme paraît active sans l'être ; comme un homme mêlé à des voleurs sans l'être lui-même, paraît coupable et ne l'est pas. » — C'est, dit la Karika, « l'union du boiteux et de l'aveugle. »

On voit la raison de l'union de l'âme avec le corps ou avec la nature : par cette union, la nature a un but, et une raison d'être ; par elle, l'âme prend conscience d'elle-même.

« L'âme, en s'unissant à la nature, n'a qu'un seul objet, c'est de la contempler et de la connaître : c'est cette connaissance qui est la condition de son salut. Contempler la nature, c'est en jouir. La nature serait sans but s'il n'y avait un être pour en jouir et la contempler... Sans l'âme qui connaît et qui pense, la nature serait comme si elle n'était pas ; sans la nature, l'âme, dans son isolement, serait bien voisine du néant ; par leur union, l'univers vit et existe ; et l'âme prend conscience de soi. »

Mais si la nature est faite pour être contemplée par l'âme, l'âme est-elle faite exclusivement pour contempler la nature ? Non sans doute, au contraire : « il vient un moment où l'âme rassasiée désire être délivrée du lien qui l'enchaîne ; mais cette délivrance ne peut avoir lieu qu'après avoir été d'abord unie à la nature... L'évolution de la nature n'a donc pour but que la libération des âmes individuelles ; et la nature agit en cela pour une autre, comme si elle agissait pour elle-même. »

De là une théorie admirable, celle du désintéressement de la nature qui ne travaille que pour une autre que soi, et sans rien recevoir en retour : « La nature n'agit que pour amener la libération de l'âme. Mais l'âme ne rend rien à la nature, celle-ci agit pour un autre avec désintéressement ; elle est comme une personne qui négligerait ses propres affaires pour celles d'un ami ; s'il ne s'agissait que d'elle seule, la nature resterait dans l'inertie ; mais pour l'âme, elle déploie une activité infatigable. »

Cependant, cette théorie d'une activité inconsciente de la nature travaillant dans l'intérêt de l'âme, provoquait une grande difficulté.

D'une part, en effet, comment la nature étant aveugle, peut-elle se diriger pour procurer le bien de l'âme? De l'autre, comment l'âme étant inactive, peut-elle agir sur la nature? La philosophie indienne rencontrait là, sous une forme très-particulière, le grand problème de l'union de l'âme et du corps, de la nature et de l'esprit ; c'est par là que l'idée théiste, jusqu'alors très-effacée, s'est introduite dans la philosophie Sankya. Il faut à la nature, non pas un ouvrier, mais un guide. On voit que c'est encore le principe des causes finales qui a produit cette conséquence : « Soit que l'évolution de la nature ait lieu pour la nature même, dit un commentateur indien [1], soit qu'elle ait lieu pour un autre qu'elle, c'est toujours un principe intelligent qui agit. La nature ne peut être sans rationalité, et il y a nécessairement un être intelligent qui dirige et domine la nature. Les âmes, tout intelligentes qu'elles sont, ne peuvent dans leur individualité diriger la nature, parce qu'elles ne connaissent pas son caractère propre et essentiel. Il faut donc qu'il y ait un être qui voie toutes choses et qui soit le souverain de la nature. Il faut un Dieu (Isvara). »

Mais cette interprétation est relativement récente ; et dans le Sankya de Kapila, la nature, comme dans Aristote, est inconsciente; elle agit pour le mieux, sans savoir ce qu'elle fait. « De même que l'action du lait qui ne sait pas ce qu'il fait, est la cause de la croissance du veau, de même l'action de la nature est la cause de la libération de l'âme. » — « La nature est par elle-même incapable de jouir : c'est comme le transport d'une charge de safran par un chameau. »

De quelque manière que se fasse cette prédétermination de la nature à la délivrance de l'âme, toujours est-il, et c'est le point capital de la doctrine indienne, que la nature n'a pas sa fin en elle-même et qu'elle n'existe que dans l'intérêt de l'âme. C'est ici que vient se placer le passage cité dans notre texte (liv. I, ch. v, p. 220), ainsi que plusieurs, non moins charmants, et qui ont la même signification :

[1]. Vatcheaspati Misra. — Voir Wilson, p. 168.

« De même qu'une danseuse après s'être fait voir à l'assemblée, cesse de danser, de même la nature cesse d'agir après s'être manifestée à l'esprit de l'homme. » — Le commentaire ajoute : « La nature semble dire à l'homme : voilà ce que je suis ; tu es autre que moi. » — « Rien de plus timide que la nature ; et quand une fois elle s'est dit : j'ai été vue, elle ne s'expose pas une seconde fois aux regards de l'âme. » — « La nature, une fois que sa faute a été découverte, ne se glisse plus sous les yeux de l'homme, et elle se cache comme une femme de bonne famille [1]. » — « Elle a été vue par moi, se dit le spectateur. « J'ai été vue par lui, se dit la nature qui cesse d'agir ; et il n'y a plus de motif de création. »

Tous ces textes ont le même sens. La nature, dans la philosophie indienne, n'a qu'une raison d'être, un but : être contemplée par l'esprit, et, en lui donnant la conscience de lui-même, l'amener à la libération et au salut. Il y a là, à ce qu'il semble, une sorte de cercle vicieux. Car si l'âme a besoin d'être délivrée, c'est qu'elle est enchaînée, et si elle est enchaînée, c'est qu'elle est unie à la nature ; de telle sorte que si la nature n'était pas, l'âme n'aurait pas besoin d'être délivrée. Mais quoique nous ne trouvions point dans les textes l'explication de cette difficulté, cependant il est permis de penser que l'âme, sans son union à la nature, resterait à l'état enveloppé et inconscient ; que l'union avec la nature lui est nécessaire pour lui donner la conscience d'elle-même par la contemplation et la connaissance qu'elle en prend, par la distinction du moi et du non-moi : « La nature semble dire à l'homme : voilà ce que je suis : tu es autre que moi. » Or cette conscience que l'âme prend d'elle-même est pour elle le premier degré de la délivrance. Elle apprend à se distinguer de la nature, à s'opposer à elle, à s'élever au-dessus d'elle ; et dès lors la nature n'a plus rien à lui apprendre, rien à faire pour elle : « On dirait un créancier et un débiteur qui ont réglé leurs comptes. »

Ajoutons, pour compléter cette théorie, que la libération, dans la

1. On discute, parmi les commentateurs indiens, sur le sens de cette pensée. Le plus vraisemblable c'est que, pour la nature, c'est une sorte de faute de se laisser voir.

philosophie indienne, a deux degrés : dès cette vie, et après la mort. Dans le premier cas, l'âme, quoique libre et devenue indifférente à la nature, reste unie au corps, « comme la roue du potier tourne encore après l'action qui l'avait mise en mouvement. » Dans le second cas, l'âme se sépare du corps, et le but étant atteint, la nature cesse d'agir : C'est alors que « l'esprit obtient une libération qui est tout ensemble définitive et absolue. » C'est cet état suprême que les Boudhistes ont appelé plus tard Nirvâna, et sur lequel tant de controverses se sont élevées.

Pour nous résumer, le système entier du Sankya repose sur l'idée de la cause finale. Mais au lieu de concevoir une cause suprême qui agit avec intelligence pour un but, c'est cette nature intelligente et inconsciente qui tend vers un but : par là le Sankya se rapproche de la philosophie d'Aristote. Mais, tandis que, dans Aristote, la nature a pour objet Dieu ou l'Acte pur, dans le Sankya elle a pour objet l'Ame et l'âme de l'homme. Tandis que pour Aristote, c'est un désir instinctif, et en quelque sorte pour sa propre satisfaction que la nature se développe ; dans la philosophie Sankya, c'est dans l'intérêt d'un autre, dans l'intérêt de l'âme, que ce développement a lieu. Sans doute, on pourrait pousser le rapprochement plus loin et soutenir que la contemplation qui est pour Aristote le terme final de l'activité, correspond à la délivrance de l'âme dans le Sankya. Mais ce serait peut-être forcer trop les rapprochements : il restera toujours cette différence que, pour Aristote, la nature a sa valeur propre, sa réalité, tandis que pour les philosophes indiens elle n'est qu'un spectre, un jeu, et comme se diront les Védantistes, une illusion, *maya*. Il y aura donc toujours lieu de distinguer entre le réalisme d'Aristote et l'idéalisme indien ; mais les analogies que nous avons signalées n'en sont pas moins très-frappantes.

VI

LEIBNIZ ET LES CAUSES FINALES. — LES LOIS DU MOUVEMENT[1].

(Voir dans le texte page 245.)

La philosophie ancienne tout entière, depuis Socrate jusqu'à et y compris Platon et son école, à l'exception seulement des épicuriens, est dominée par le principe des causes finales. La philosophie moderne, au contraire, depuis Bacon, semblait invoquer exclusivement le principe des causes physiques et des causes efficientes. Bacon les renvoyait à la métaphysique. Descartes les omettait même en métaphysique. Spinoza les proscrivait absolument. Tandis que Socrate, dans le Phédon, reproche aux physiciens d'Ionie, même à Anaxagore, de tout expliquer par les causes matérielles, au lieu d'invoquer le principe du bien, Bacon, dans le *De augmentis*, reproche aux physiciens d'invoquer des causes morales arbitraires pour se dispenser de chercher les causes réelles : et ce

---

[1]. L'espace nous manque ici, aussi bien que les connaissances, pour une exposition critique des vues de Leibniz en cette matière ; en particulier, sa théorie des lois du mouvement exigerait, pour être interprétée et discutée avec précision, le concours d'un mathématicien, d'un physicien et d'un philosophe. Nous nous sommes contenté, et ce sera déjà un résultat utile, de recueillir en les classant et en les coordonnant, les textes les plus importants qui se rapportent à cette question. Nous avons également résumé, en historien et en témoin plutôt qu'en juge, la célèbre théorie de Maupertuis sur le *Principe de la moindre action*.

dialogue entre ces deux tendances, ces deux méthodes, ces deux philosophies, semble se perpétuer indéfiniment.

Le rôle de Leibniz, dans cette question comme dans toutes les autres, est un rôle de conciliateur. Sa méthode consiste à lier ces deux sortes de causes, et à expliquer les choses à la fois par les causes efficientes et par les causes finales, les deux séries n'étant que le renversement l'une de l'autre. A ce point de vue, Leibniz est le père de la philosophie allemande moderne, qui, depuis Kant et y compris Kant, a toujours admis concurremment le règne des causes efficientes et le règne des causes finales.

1° *Conciliation des causes efficientes et des causes finales.*

« J'ai trouvé, dit-il, à propos d'insister un peu sur ces considérations des causes finales, des natures incorporelles, et d'une cause intelligente avec rapport aux corps, afin de purger la philosophie mécanique de la *profanité* qu'on lui impute, et d'élever l'esprit de nos philosophes des considérations matérielles à des méditations plus nobles [1]. »

« Je trouve que la voie des causes efficientes, qui est plus profonde, et en quelque façon plus immédiate et *à priori*, est en récompense assez difficile quand on vient au détail. Mais la voie des finales est plus aisée, et ne laisse pas de servir souvent à deviner des vérités importantes et utiles [2]. »

« Il est bon de faire cette remarque pour concilier ceux qui espèrent expliquer mécaniquement la formation de la première tissure d'un animal, et de toute la machine des parties, avec ceux qui rendent raison de cette même structure par les causes finales. L'un et l'autre est bon, l'un et l'autre peut être utile... et les auteurs qui suivent ces routes différentes ne devraient point se maltraiter. Car je vois que ceux qui s'attachent à expliquer la beauté de la divine anatomie se moquent des autres qui s'imaginent qu'un mouvement de certaines liqueurs fortuites a pu faire une si belle variété de membres, et traitent ces gens-là de téméraires et de profanes.

---

1. Disc. de *Métaphysique*. (Nouvelles lettres et opuscules de Leibniz, par F. de Careil, Paris, 1857), p. 356.
2. Ibid., p. 357.

Et ceux-ci au contraire traitent les premiers de simples et de superstitieux, semblables à ces anciens qui prenaient les physiciens pour impies, quand ils soutenaient que ce n'est pas Jupiter qui tonne, mais quelque matière qui se trouve dans les nues. Le meilleur serait de joindre l'une et l'autre considération [1]. »

« Les âmes agissent selon les lois des causes finales par appétitions, fins et moyens. Les corps agissent selon les lois des causes efficientes ou des mouvements. Et les deux règnes, celui des causes efficientes et des causes finales sont harmoniques entre eux [2]. »

« Il serait plus exact de dire qu'*un particulier n'est pas déterminé par un autre* suivant un progrès à l'infini, autrement ils restent toujours indéterminés, si loin que vous alliez dans ce progrès, mais bien plutôt que tous les particuliers sont déterminés de Dieu. Il ne faudrait pas dire non plus que ce qui suit est *la cause pleine* de ce qui précède, mais plutôt que Dieu a créé ce qui suit dans un ordre tel qu'il concourt avec ce qui précède selon les règles de la sagesse. Si nous disons d'autre part que *ce qui précède est la cause efficiente de ce qui suit, alors et réciproquement ce qui suit sera en quelque sorte la cause finale de ce qui précède*, pour ceux qui admettent que Dieu agit suivant une fin [3]. »

« Je tiens au contraire que c'est là où il faut chercher le principe de toutes les existences et des lois de la nature... car *l'effet doit répondre à la cause ; et il est déraisonnable d'introduire une intelligence ordonnatrice des choses, et puis au lieu d'employer sa sagesse, de ne se servir que des propriétés de la matière pour expliquer les phénomènes...* comme si pour rendre raison d'une conquête qu'un grand prince a faite, ... un historien voulait dire que c'est parce que les petits corps de la poudre à canon étant délivrés à l'attouchement d'une étincelle, ils se sont échappés avec

---

1. Disc. de Métaphysique, p. 354. (*Lettres et opuscules inédits*, publiés par Foucher de Careil, Paris, 1857.)
2. *Monadologie*, 79.
3. Remarq. sur Spinosa (*Leibniz, Descartes et Spinosa*, par Foucher de Careil, Paris, 1863), p. 245.

une vitesse capable de pousser un corps dur et pesant contre les murailles de la place... Cela me fait souvenir d'un beau passage de Socrate dans le Phédon, qui est merveilleusement conforme à mes sentiments sur ce point, et semble être fait exprès contre nos philosophes trop matériels[1]. »

2° *Critique de Descartes.*

Cette revendication des causes finales est un des points sur lesquels la philosophie de Leibniz s'oppose à la philosophie de Descartes. Il lui reproche son mécanisme absolu comme tendant à l'épicuréisme.

« Après avoir détourné les philosophes de la recherche des causes finales... il (Descartes) en fait voir la raison dans un endroit de ses *Principes* où, voulant s'excuser de ce *qu'il semble avoir attribué artistement à la matière certaines figures et certains mouvements, il dit qu'il a eu le droit de le faire parce que la matière prend successivement toutes les formes possibles,* et qu'ainsi il a fallu qu'elle soit enfin venue à celles qu'il a supposées. Mais si ce qu'il dit est vrai, si tout possible doit arriver... il s'ensuit qu'il n'y a ni choix, ni Providence ; que ce qui n'arrive point est impossible, et que ce qui arrive est nécessaire, comme Hobbes et Spinoza le disent en termes plus clairs[2]. »

« Il ne voulait point se servir de ce moyen pour prouver l'existence de Dieu, on peut l'excuser là-dessus... Mais si Dieu est auteur des choses, on ne saurait assez bien raisonner de la structure de l'univers, sans y faire entrer les vues de sa sagesse, comme raisonner sur un bâtiment, sans entrer dans les fins de l'architecte. — Mais, dit-on, en physique on ne demande point pourquoi les choses sont, mais comment elles sont. Je réponds qu'on y demande l'un et l'autre... Je voudrais qu'on se servit encore de cette

---

1. Disc. de métaphys., p. 354, 355.
2. Lettre à l'abbé Nicaise, 1697, Erdmann, XLII, p. 139. — Voir plus loin, *Réflexions d'un anonyme*, 141, qui demande qu'on cite le texte. Leibniz répond en citant le texte des Principes, 47, 3° partie. « ... Ces lois étant cause que la matière doit prendre successivement toutes les formes, si on considère par ordre ces formes, on pourra enfin parvenir à celle qui se trouve à présent dans le monde. »

méthode en médecine. Le corps de l'animal est une machine en même temps hydraulique, pneumatique et pyrobolique[1]. »

« Aussi ne veut-il point que son Dieu agisse suivant quelque fin, sous ce prétexte que nous ne sommes pas capables de découvrir les fins, au lieu que Platon a si bien fait voir que la véritable physique est de savoir les fins et l'usage des choses... *c'est pourquoi la considération de l'usage des parties est si utile dans l'anatomie*[2]. »

« Planè sentio et cognoscere nos sæpissimè fines seu scopos Dei et summâ utilitate investigare ; et contemptum hujus inquisitionis periculo aut suspicione non carere. Et in universum quoties cumque rem aliquam egregias utilitates habere videmus, possumus tutò pronuntiare, hunc inter alios finem Deo eam producenti propositum fuisse, ut ea obtineretur.... Alibi notavi et exemplis ostendi arcanas quasdam magni momenti veritates physicas erui posse quas non æquo facile licuit cognoscere per causam efficientem[3]. »

En résumé, Leibniz reproche trois choses à Descartes : 1º d'avoir comme Socrate le reprochait déjà à Anaxagore, et comme Pascal l'a reproché aussi à Descartes lui-même, d'avoir admis une intelligence souveraine, et de n'en faire aucun usage dans la pratique. S'il y a un Dieu, on doit en trouver des traces dans le monde; et n'invoquer que les causes physiques, c'est confondre les moyens avec les causes. 2º De tomber dans l'épicuréisme et d'exclure la Providence de l'univers ; 3º de se priver, soit en médecine, soit en anatomie, soit même en physique, d'un principe d'explication très-utile.

3º *Les causes finales en physique.*

Leibniz revient assez souvent sur cette utilité des causes finales en physique, et il en donne pour exemple ses propres découvertes. A dire la vérité, l'usage qu'il a pu en faire, en optique par exemple, se réduit à un seul cas. Il démontre en effet que la lumière pour

---

1. Réponse aux Réflexions d'un anonyme. XLIX, Erdmann, p. 143.
2. *Lettres et opuscules*, etc., p. 5.
3. *Animadversiones ad Cartesii Principia* (Gubrauer, ad. 28, p. 34. Bonn, 1844). — Cf. *De unico optices principio*, Dutens, III, p. 145.

aller d'un point à un autre, suit toujours la *voie la plus facile*, celle qui offre le moins de résistance. On peut se demander s'il y a là véritablement une cause finale, et si le principe du chemin le plus facile ne pourrait pas se déduire de la causalité efficiente aussi bien que de la cause finale. Mais nous reviendrons plus loin sur cette question, en traitant de Maupertuis et du principe de la moindre action. Quoi qu'il en soit, voici quelques-uns des passages où Leibniz s'explique sur ce point.

« Je trouve que plusieurs effets de la *nature peuvent se démontrer double, savoir par la considération de la cause efficiente*, et encore à part par la considération de la cause finale..., *comme j'ai fait voir ailleurs en rendant compte des règles de la catoptrique et de la dioptrique* [1]. »

« *Snellius*, qui est le premier inventeur des règles de la réfraction, *aurait attendu longtemps à les trouver, s'il avait voulu chercher comment la lumière se forme. Mais il a suivi apparemment la méthode dont les anciens se sont servis pour la catoptrique qui est en effet par les finales*. Car cherchant la voie la plus aisée pour conduire un rayon d'un point donné à un autre point... Ils ont trouvé l'égalité des angles d'incidence et de réflexion, comme on peut voir dans le petit traité d'Héliodore de Larisse, ce que M. Snellius, et après lui M. Fermat ont appliqué ingénieusement à la réfraction... Car il se trouve que c'est la voie la plus aisée ou du moins la plus déterminée pour passer d'un milieu dans un autre [2]. »

« Je pense que c'est par des raisons d'ordre et de sagesse que Dieu a été amené à créer les lois que nous observons dans la nature; et par là *il est évident selon la remarque que j'ai faite autrefois à l'occasion de la loi d'optique, et que l'honorable Molineux a fort applaudie dans la dioptrique, que la cause finale n'est pas seule utile à la piété, mais que même en physique, elle sert à découvrir des vérités cachées* [3]. »

1. Disc. de métaphys., p. 356.
2. Ibid., p. 356.
3. *De natura ipsâ*, etc. Voir notre édition des *Œuvres de Leibniz* (Paris, 1866, t. II, p. 556, Dutens, t. II, pars 2, p. 51.

« Hypothesis primaria his scientiis communis, ex quâ omnis radiorum lucis directio geometricè determinatur hæc constitui potest : *Lumen à puncto radiante ad punctum illustrandum pervenit viâ omnium facillimâ;* quæ determinanda est primum respectu superficierum planarum, accommodatur vero ad concavas aut ad convexas, considerando earum planas tangentes [1]. »

Mais ce n'est pas seulement dans un cas particulier de l'optique que Leibniz jugeait utile l'emploi des causes finales, ou du moins en croyait l'application légitime : c'était d'une manière bien plus générale, dans les principes mêmes de la physique et de la mécanique. Partout, et dans mille passages différents, Leibniz oppose les lois du mouvement déduites de la seule géométrie, et de la pure mécanique, telles que les ont imaginées les cartésiens, et les lois du mouvement fondées sur la métaphysique, telles qu'il les a établies lui-même, les unes reposant sur la nécessité brute ; les autres sur la convenance.

4° *Le mécanisme et la métaphysique. — Les lois du mouvement.*

« La suprême sagesse de Dieu lui a *fait choisir surtout les lois du mouvement les mieux ajustées et les plus convenables aux raisons abstraites ou métaphysiques.... Et il est surprenant de ce que par la seule considération des causes efficientes ou de la matière, on ne saurait rendre raison de ces lois des mouvements* découvertes de notre temps, et dont une partie a été découverte par moi-même. Car j'ai trouvé qu'il y faut recourir aux causes finales, et que ces lois ne dépendent pas du principe de la nécessité..., mais du principe de la convenance comme du choix de la sagesse. Et c'est une des plus efficaces et des plus sensibles preuves de l'existence de Dieu pour ceux qui peuvent approfondir ces choses [2]. »

« *Pour justifier les règles dynamiques, il faut recourir à la métaphysique réelle* et aux principes de convenance qui affectent

---

1. Dutens, III, p. 145. — *Unicum opticæ, catoptricæ, dioptricæ principium.* 1682.
2. *Principes de la nature et de la grâce*, 11.

les âmes et qui n'ont pas moins d'exactitude que ceux des géomètres [1]. »

Ce n'est pas que Leibniz répudie la grande idée cartésienne, que tous les phénomènes particuliers doivent se déduire de la mécanique et s'expliquer par les lois du mouvement. Dans l'explication des phénomènes particuliers, il ne faut pas comme Malebranche et Sturm faire intervenir un *deus ex machinâ*, ni comme Henri Marus, invoquer des *archées* ou des principes *hylarchiques*; mais tout doit s'expliquer physiquement et chaque phénomène se rattacher au précédent, selon des lois constantes. Mais si la nature entière s'explique par le mécanisme et les mathématiques, le mécanisme lui-même doit être puisé à une source plus profonde, et avoir des raisons métaphysiques :

« *Rectè cartesiani omnia phenomena specialia corporum per mecanismos contingere censent; sed non satis perspexere, ipsos fontes mecanismi oriri ex altiore causâ* [2]. »

« Ego plane quidem assentior *omnia natura phenomena specialia mecanicè explicari posse si nobis satis essent explorata*, neque alia ratione causas rerum materialium posse intelligi. Sed illud tamen etiam atque etiam considerandum censeo, *ipsa principia mecanica legesque adeò naturæ generales ex altioribus principiis nasci*, nec per solam quantitatis et rerum geometricarum consideratione posse explicari; *quin potius aliquid metaphysicum illis inesse*... nam *præter extensionem* ejus quæ variabilitates *inest materiæ vis ipsa seu agendi potentia, quæ transitum facit à metaphysicâ ad naturam, à materialibus ad immaterialia. Habet illa vis leges suas, ex principiis... non brutæ necessitatis, sed perfectæ rationis deductas*.... [En conséquence] non tam peccatum à schola fuisse in tractandis formis indivisibilibus quàm in applicandis [3]. »

« Tout se fait dans le monde selon les *lois non-seulement géométriques, mais métaphysiques*, c'est-à-dire non-seulement selon

---

1. *Examen du P. Malebranche*, Erdmann, p. 695.
2. Lettre à Schulenburg, Dutens, p. 353, t. III (n° LIX, ep. 2).
3. *Animadversiones in Cartesium*, p. 64.

les *nécessités matérielles* mais selon les *nécessités formelles*, et cela non-seulement en ce qui concerne généralement la raison du monde (raison qui ne peut se trouver que dans la tendance du possible à l'existence) ; mais si nous descendons aux dispositions spéciales, *nous voyons les lois métaphysiques de cause, de puissance, d'action, appliquer un ordre admirable dans toute la nature et prévaloir même sur la loi purement géométrique de la matière* [1]. »

« *J'ai déclaré plus d'une fois que le mécanisme lui-même ne découle pas seulement de la matière et des raisons mathématiques, mais d'un principe plus élevé et pour ainsi dire d'une source métaphysique* [2]. »

Quand je cherchai les dernières raisons du mécanisme et des lois du mouvement, je fus surpris de voir qu'il était impossible de les trouver dans les mathématiques et qu'il fallait retourner à la métaphysique. C'est ce qui me ramena aux entéléchies, et du matériel au formel, et me fit enfin comprendre après plusieurs corrections et avancements de mes notions, que les monades, ou les substances simples, sont les seules substances véritables, et que les choses matérielles ne sont que des phénomènes, mais fondés et bien liés [3]. »

Cependant, si les lois du mouvement ne sont pas purement géométriques, n'est-il pas à craindre qu'elles ne soient arbitraires? Et dès lors quelle garantie avons-nous qu'elles sont générales? c'était l'objection que Fontenelle adressait à Leibniz :

« Tout ce que vous dites sur les premières lois du mouvement qui renferment quelque cause immatérielle est d'une beauté sublime. Je voudrais seulement savoir si ces lois sont indifférentes à la nature des corps, c'est-à-dire telles que la cause immatérielle ou Dieu en eût pu prescrire d'autres. En ce cas là... si les lois du mouvement sont arbitraires, qui m'assure qu'elles soient générales? Il y en aura ici d'une façon, là de l'autre... Pourquoi l'Être infiniment

1. *De origine radicali.* — Erdmann, I, p. 147.
2. *De nat. ipsa*, etc. (Voir notre édition, p. 555, et Dutens, tom. II, pars 2, p. 51.)
3. Lettre à Remond de Montfort, Erdmann, p. 702.

sage aura-t-il entre deux espèces de lois égales par elles-mêmes préféré absolument les unes aux autres?.. J'ai peine à croire qu'en ce genre là tout ce qui est possible n'existe. L'ouvrage du souverain ouvrier en sera plus noble et plus magnifique... Or je crois bien que le mouvement ne s'ensuit pas et ne peut s'ensuivre de l'essence de la matière; mais pour les lois du mouvement, il me paraît qu'elles doivent s'ensuivre, quoique je ne voie pas cette liaison [1]. »

Leibniz répond que ces lois sont indifférentes à l'essence de la matière, si on oppose l'indifférent au nécessaire, et non au convenable, c'est-à-dire au meilleur; mais ces lois ne sont pas indifférentes en tant qu'elles se rattachent à l'essence métaphysique de la matière constituée par la force :

« Vous demandez, monsieur, si les lois du mouvement sont indifférentes à l'essence de la matière. Je réponds que oui, si vous opposez l'*indifférent* au *nécessaire*... non, si vous l'opposez au *convenable*, c'est-à-dire à ce qui est le meilleur et ce qui donne le plus de perfection... Les lois du mouvement ne sont point de nécessité géométrique, non plus que l'architecture. Et cependant il y a entre elles et la nature du corps des rapports qui même ne nous échappent pas tout à fait. Ces rapports sont fondés principalement dans l'*entéléchie ou principe de la force qui joint à la matière achève la substance corporelle*; on peut dire que ces lois sont essentielles à cette entéléchie ou force primitive que Dieu a mise dans les corps [2]. »

Ainsi la mécanique est fondée sur la métaphysique, et la métaphysique est le domaine non du nécessaire, mais du convenable, du meilleur. Nous devons donc nous attendre à trouver dans Leibniz une mécanique fondée sur le principe des causes finales. Le nœud de la difficulté est de bien comprendre en quoi les lois du mouvement, telles que les entend Leibniz, contiennent plus de convenance et de finalité que les lois cartésiennes : or, malheureusement il nous semble que Leibniz n'a jamais bien éclairci cette difficulté.

1. Fontenelle à Leibniz. — *Lettres et opuscules* (Foucher de Careil, 1854), p. 222.
2. Leibniz à Fontenelle, *Lettres et opuscules*, p. 226.

5° *L'étendue et la force.* — *La géométrie et la dynamique.*
Les lois du mouvement seraient rigoureusement nécessaires, si elles étaient uniquement géométriques : et elles seraient exclusivement géométriques, si la matière était réduite à l'étendue. Si, au contraire, il y a dans la matière quelque autre élément que l'étendue, quelque élément dynamique ou métaphysique, les lois du mouvement ne seront pas exclusivement géométriques, et par conséquent, elles ne seront pas rigoureusement nécessaires. Mais la difficulté est de toujours savoir s'il n'y a point une nécessité métaphysique, qui, pour ne pas être géométrique, ne serait pas davantage pour cela, un ordre de finalité et de convenance. C'est ce que Leibniz ne démontre pas assez. Quoi qu'il en soit, voici comment Leibniz démontre que l'étendue n'est pas l'essence de la matière, mais qu'il y faut de la force.

« S'il n'y avait dans le corps que l'étendue ou la situation, deux corps en mouvement qui se rencontreraient iraient toujours de compagnie après le concours, et particulièrement celui qui est en mouvement emporterait avec lui celui qui est en repos, sans recevoir aucune diminution de sa vitesse, et sans qu'on tout ceci, la grandeur, égalité ou inégalité des deux corps pût rien changer, ce qui est entièrement irréconciliable avec les expériences.

... Il faut joindre quelque notion supérieure ou métaphysique, savoir : celle de la substance, action et force ; et ces notions portent que tout ce qui pâtit doit agir réciproquement, et que tout ce qui agit doit pâtir quelque réaction ; et par conséquent, qu'un corps en repos ne doit pas être emporté par un autre en mouvement sans changer quelque chose de la direction et de la vitesse de l'agent [1]. »

Leibniz établit donc d'abord contre les Cartésiens que l'essence des corps ne consiste pas dans l'étendue. Son argument est celui-ci : s'il n'y avait rien que d'étendu, rien que de passif dans les corps, deux corps se rencontrant continueraient à se mouvoir après le concours, sans que la vitesse du premier fût changée ; et même

---
1. Lett. Si l'essence du corps consiste dans l'étendue. Erdmann, xxvii, p. 112. — 1691.

la masse n'y ferait rien, et le plus petit corps entraînerait le plus grand. Il y a donc quelque autre chose que l'étendue.

Cette raison mécanique et physique se confirme par des raisons métaphysiques. L'étendue, en effet, suppose quelque autre chose qu'elle-même : elle est une *diffusion* ou *continuation* de ce quelque chose qui est le réel des corps.

« Ceux qui veulent que l'étendue même soit une substance renversent l'ordre des paroles aussi bien que des pensées. Outre l'étendue, il faut avoir un sujet qui soit étendu, c'est-à-dire une substance à laquelle il appartienne d'être répétée ou continuée. Car l'étendue ne signifie qu'une répétition ou multiplication continuée de ce qui est répandu, une pluralité, continuité et coexistence des parties ; et par conséquent elle ne suffit pas à expliquer la nature même de la substance répandue ou répétée dont la notion est antérieure à celle de sa répétition [1]. »

« J'insiste donc sur ce que je viens de dire, que l'étendue n'est autre chose qu'un abstrait et qu'elle demande quelque chose qui soit étendu. *Elle suppose quelque qualité, quelque attribut*, quelque nature dans ce sujet qui s'étende, se répande avec le sujet, se continue. *L'étendue est la diffusion de cette qualité ou nature* : par exemple, dans le lait, il y a une étendue ou diffusion de la blancheur ; dans le diamant, une étendue ou diffusion de la dureté ; dans le corps en général, *une étendue ou diffusion de l'antitypie ou de la matérialité*. Par là vous voyez en même temps qu'il y a quelque chose d'antérieur à l'étendue [2]. »

Leibniz voit même dans la doctrine de l'étendue substance, l'origine du Spinozisme : s'il n'y a aucune activité dans les choses, elles ne sont rien que les ombres de la nature divine :

« On peut ajouter à cela que la substance même des choses consiste dans la force active et passive ; d'où il résulte que les choses durables ne peuvent même pas se produire si aucune force de quelque durée ne peut leur être imprimée par la vertu divine. Ainsi il

---

1. Extr. d'une lettre, 1693. Erdmann, xxviii, p. 115. Ailleurs il définit l'étendue *continuatio resistentiæ*, ép. viii ad P. Desbosses. Erdmann, f. 442.
2. Examen des principes du P. Malebranche. — Erdmann, p. 492.

s'en suivrait qu'aucune substance créée, qu'aucune âme ne resterait numériquement la même, que rien ne serait conservé par Dieu, et que par conséquent toutes les choses ne seraient que certaines modifications flottantes et fugitives comme les ombres d'une seule substance divine permanente; et, ce qui revient au même, que la nature elle-même serait Dieu ; doctrine pernicieuse, récemment introduite ou renouvelée par un auteur subtil, mais profane [1]. »

Le principe que Leibnitz introduit dans la théorie de la matière est donc le principe de la *force* (δύναμις). Dès lors les lois du mouvement doivent être autres que si ce principe n'existait pas. De là, une nouvelle mécanique qui prendra le nom de *dynamique*.

6° *La quantité de mouvement et la quantité de force*.

Descartes en se fondant sur le principe de l'immutabilité divine, avait établi ce principe : que la *quantité de mouvement* doit être toujours la même dans l'univers.

Selon Leibniz, la raison donnée par Descartes est insuffisante : car le principe de l'immutabilité divine peut bien servir à prouver qu'il y a quelque chose qui ne change pas dans l'univers : mais quel est ce quelque chose ? c'est ce que le principe ne dit pas : or, ce n'est pas la quantité de mouvement.

« Eamdem motûs quantitatem conservari in rebus celebratissima est sententia cartesianorum, demonstrationem vero nullam dedere; nam quæ hic ratio sumitur à constantia Dei, quàm debilis sit, nemo non videt, quoniam etsi constantia Dei summa sit, nec quidquam ab eo nisi secundum præscriptas dudum seriei leges mutetur, id tamen quæritur, quidnam conservari in serie decreverit; *utrum ne quantitatem motus, an aliud quiddam*, ab eâ diversum, *qualis est quantitas virium*, quam à me demonstratum est, eamdem potius conservari, et à motûs quantitate esse diversam, et sæpissimè contingere, ut quantitas motûs mutetur, quantitate tamen virium sape permanente [2]. »

« Plerosque decipit præjudicium ex schola, quo concipiunt mo-

---

1. De Ipsâ naturâ, § 8 (trad. franc. de notre édition, p. 559), et Dutens, tome II, part. II, p. 53.
2. *Animadvers. in Cartesium*, 36, p. 49.

tum et celeritatem (motûs gradum) tanquam realem quandam, et absolutam in rebus entitatem ; et quemadmodum eadem salis quantitas per minorem aut majorem aquæ copiam diffunditur, qua similitudine Rohaultius utebatur. Unde mirum ipsis videtur augeri vel minui posse quantitatem motûs sine miraculo Dei creantis vel annihilantis. Sed motus in respectu quodam consistit ; quin et cùm rigidè loquendo nusquam existat, non magis quàm tempus, aliaque tota, quorum partes simul esse non possunt, eo minùs mirum esse debet, quantitatem ejus eamdem non conservari. Sed vis ipsa motrix est absolutum quiddam et subsistens. Unde etiam discimus aliquid aliud in rebus esse, quam extensionem et motum [1]. »

L'erreur des cartésiens est donc de considérer le mouvement comme quelque chose de réel, de substantiel, d'absolu, comme une entité ; tandis que pour Leibniz, le mouvement n'est qu'un phénomène. La seule chose réelle, substantielle, absolue, c'est la force. Si donc il y a une chose qui ne change pas, ce ne doit pas être la quantité de mouvement, mais la quantité de force.

« L'affaire est de conséquence, non-seulement pour les mécaniques, mais encore en métaphysique ; car le *mouvement en lui-même séparé de la force est quelque chose de relatif*, et ne saurait déterminer son sujet. *Mais la force est quelque chose de réel et d'absolu*, et son calcul étant différent de celui du mouvement, comme je le démontre clairement, il ne faut point s'étonner que la nature garde la même quantité de force, et non pas la même quantité de mouvement. Cependant il s'ensuit qu'il y a dans la nature quelque autre chose que l'étendue et le mouvement [2]. »

Mais ce n'est pas seulement par des considérations métaphysiques que Leibniz critique le principe cartésien. Il donne en outre une démonstration mathématique.

Quelques explications très-brèves sont ici nécessaires. Qu'appelle-t-on *quantité de mouvement?* Qu'appelle-t-on quantité de *force* ou de *force vive?* Ce ne sont pas là seulement des notions métaphysiques : ce sont des quantités mathématiques.

1. Dutens, p. 235, III. — De causa gravitatis.
2. Cor. avec Arnauld. Voir notre édition, tom. I, p. 187.

On appelle quantité de mouvement, le produit de la masse par la vitesse. Soit la masse d'un corps $= 2$, et sa vitesse $= 4$, la quantité de mouvement sera $2 \times 4 = 8$. Les quantités de mouvement des différents corps sont entre elles comme les produits de leurs masses par leur vitesse ; et si les masses sont égales, elles sont simplement comme les vitesses. Soit un corps, dont la masse $= 1$, et la vitesse $= 2$; un autre dont la masse $= 1$, et la vitesse $= 4$, leurs quantités de mouvements sont comme 2 à 4 ; donc l'une est le double de l'autre.

La quantité de force vive est le produit de la masse non plus par la vitesse, mais *par le carré de la vitesse*. Soit un corps dont la masse est 2 et la vitesse 4. Sa quantité de force vive sera égale à 2×4^2 ou 2×16. Ainsi tandis que la quantité de mouvement est de $2 \times 4 = 8$, la quantité de force vive est de $2 \times 4^2 = 32$. Elle sera donc le quadruple de la première.

En représentant par des lettres ces deux quantités, l'une s'appellera mv, l'autre mv^2 ; or selon Leibniz, c'est cette seconde quantité qui seule est permanente dans l'univers [1].

Quant à la démonstration de ce principe, en voici le nœud, c'est-à-dire le point essentiel :

« 1° Je demande, dit-il [2], s'il n'est pas vrai que selon M. Descartes, un corps de quatre livres dont la vitesse est simple, a autant de force qu'un corps d'une livre dont la vitesse est quadruple. Tellement que si toute la force d'un corps de quatre livres doit être transférée sur un corps d'une livre, il doit recevoir le quadruple de la vitesse du premier, suivant le principe de la quantité de mouvement. »

« 2° Je demande encore s'il n'est pas vrai que le premier, avec *un* degré de vitesse pouvant élever quatre livres (qui est son poids), à *un* pied, ou ce qui est équivalent *une* livre à quatre pieds ; — le second avec *quatre* degrés de vitesse, pourra élever *une* livre qui est son poids à *seize* pieds, suivant les démonstrations de Galilée ?

1. On convient aujourd'hui de considérer comme permanente, non pas la force elle-même (mv^2) mais le *travail* de la force $1/2\ mv^2$. — C'est à l'aide de ce principe qu'a été démontrée la nouvelle théorie mécanique de la chaleur.
2. Réponse de Leibn. à l'abbé Conti, Dutens, t. III. *Mathemat.*, xxi, p. 201.

Car les corps peuvent monter à des hauteurs qui sont comme les carrés des vitesses. »

« 3° Et qu'ainsi, il suit de l'opinion de M. Descartes, que d'une force qui pouvait élever quatre livres à *un* pied, ou une livre à *quatre* pieds, on obtient par la *translation* une force capable d'élever une livre à *seize* pieds, qui est le quadruple ; et le surplus qu'on aura gagné, qui est le triple de la première force, sera tiré de rien, qui est une absurdité manifeste. »

« 4° Mais selon moi, et selon la vérité, toute la force d'un corps de quatre livres dont la vitesse est d'un degré, devant être transférée sur un corps d'une livre, lui donnerait une vitesse de *deux* degrés seulement, afin que si le premier pouvait élever son poids de *quatre* livres à *un* pied, le second puisse élever le sien d'*une* livre à *quatre* pieds. Ainsi, il ne se garde pas la même quantité de mouvement, mais il se garde la même quantité de force, qui se doit estimer par l'effet qu'elle peut produire. »

En laissant de côté les raisons géométriques, Leibniz montre en outre que son théorème repose sur ces deux principes métaphysiques : 1° Il doit y avoir équation entre la *cause pleine* et *l'effet entier*, autrement quelque chose naîtrait de rien. 2° la force doit s'estimer par l'effet futur.

1° « Un corps peut donner sa force à un autre sans lui donner sa quantité de mouvement (mv) ; et ce transport se faisant, il se peut et même se doit faire que la quantité de mouvement soit diminuée ou augmentée dans le corps, pendant que la même force (mv^2) demeure. C'est pourquoi, au lieu du principe cartésien, on pourrait établir une autre loi de la nature, que je tiens la plus universelle et la plus inviolable, savoir *qu'il y a toujours équation entre la cause pleine et l'effet entier*. Elle *ne* dit pas *seulement que les effets sont proportionnels aux causes*, mais de plus *que chaque effet entier est équivalent à la cause*. Et quoique cet axiome soit tout à fait métaphysique, il ne laisse pas d'être des plus utiles qu'on puisse employer en physique, et il donne moyen de réduire les forces à un calcul de géométrie. »

1. Dutens, III, p. 196 et 197, lettre de Leibniz à l'abbé Conti.

2° « J'ai montré que *la force ne se doit pas estimer par la composition de la grandeur et de la vitesse, mais par l'effet futur. Cependant il semble que la force ou puissance est quelque chose de réel dès à présent, et l'effet futur ne l'est pas.* D'où il s'ensuit qu'il faudra admettre dans les corps, quelque chose de différent de la grandeur et de la vitesse, à moins qu'on veuille refuser aux corps la puissance d'agir [1]. »

Ce n'est pas seulement la quantité de force motrice qui est permanente dans l'univers, c'est encore la quantité de *force directive*, et la quantité d'*action* motrice.

« De plus, il y a encore dans la nature une autre loi générale, dont M. Descartes ne s'est pas aperçu, à savoir que la même détermination ou direction en somme doit subsister ; car je trouve *que si on menait quelque ligne droite que ce soit*, par exemple, *d'orient en occident par un point donné*, et si on calculait toutes les directions de tous les corps du monde autant qu'ils avancent ou reculent dans les lignes parallèles à ces lignes, la différence entre la sommes des quantités de toutes les directions orientales et de toutes les directions occidentales, se trouverait toujours la même tant entre certains corps particuliers, si on suppose qu'ils ont seuls commerce maintenant, qu'à l'égard de tout l'univers, où la différence est toujours nulle, tout étant parfaitement balancé

---

1. La démonstration de Leibniz est très-obscure parce qu'il y mêle deux questions distinctes : 1° la question de l'*évaluation* de la force ; 2° la question de la *quantité constante* dans l'univers. Sur le premier point, la question débattue entre les Cartésiens et les Leibniziens était de savoir si la force doit se mesurer par la quantité de mouvement (mv) ou par la force vive (mv²). Or on est généralement d'accord, depuis d'Alembert, que cette première question est une dispute de mots (voyez *Éléments de philosophie*, XVI). — Quant à la seconde question au contraire, c'étaient les Leibniziens qui avaient raison : c'est en effet la quantité de force vive, et non la quantité de mouvement qui est permanente. Mais en appuyant cette seconde théorie qui est vraie, sur son principe de l'évaluation de la force qui est arbitraire, Leibniz paraît avoir infirmé son théorème. C'est vraisemblablement pour cela que les mathématiciens attribuent en général à Huyghens plutôt qu'à Leibniz le principe de la conservation de la force, quoique celui-ci l'ait affirmé, comme on le voit ici, expressément.

et les directions orientales et occidentales étant parfaitement égales dans l'univers [1]. »

« Comme il se conserve toujours la même force, *il se conserve toujours la même quantité d'action motrice dans le monde;* c'est-à-dire que *dans une heure il y a toujours autant d'action motrice dans l'univers, que dans quelques autres heures que ce soit. Mais dans le moment même, c'est la même quantité de force qui se conserve.* Et en effet, *l'action n'est autre chose que l'exercice de la force, et revient au produit de la force par le temps;* le dessein de nos philosophes a été bon de conserver l'action et d'estimer la force par l'action ; mais ils ont pris un *qui proquo*, en prenant ce qu'ils appellent la quantité de mouvement pour la quantité de l'action motrice. Je ne parle pas ici des forces et actions respectives qui se conservent aussi et ont leurs estimes à part ; et il y a bien d'autres égalités ou conservations merveilleuses qui *marquent non-seulement la constance, mais la perfection de l'auteur* [2]. »

Ainsi, le principe fondamental de la mécanique que la force se conserve toujours, n'est pas un principe de nécessité géométrique. Dès lors, il faut que ce soit un principe de convenance esthétique et morale, sans lequel la conservation de la perfection du monde ne serait pas garantie. Autrement, il s'ensuivrait que le monde irait toujours en diminuant, ce qui est contre la sagesse de Dieu, ou qu'il réclamerait sans cesse des miracles, ce qui ne va pas moins contre la même sagesse.

« Sequeretur causam non posse iterum restitui, suoque effectui surerogari, quod quantum abhorreat à more naturæ et rationibus rerum, facile intelligitur. Et consequens esset decrescentibus semper affectibus, nec unquàm rursùs crescentibus, ipsam rerum naturam continuè declinare perfectione imminutâ (ut in moralibus secundum Poetam, *ætas parentum pejor avis, tulit nos nequiores*), nec umquàm resurgere et amissa recuperare posse sine miraculo.

---

1. Cor. avec Arnauld, p. 152. Cf. *Premier éclaircissement du système de la communication des substances.* Voy. notre édition, t. II, p. 548.
2. Lettre à Bayle. — 1702. Erdm. LVIII, p. 192.

Quæ in Physicis certè abhorrent à sapientiâ constantiâque Dei[1]. »

Un autre principe fondamental de la mécanique et de la physique, dans lequel Leibniz ne voit encore qu'un principe de convenance et d'ordre, et non de nécessité, c'est le principe de continuité.

« Ce principe peut s'énoncer ainsi : Lorsque la différence de deux cas peut être diminuée au-dessous de toute grandeur donnée *in datis*, il faut qu'elle se puisse trouver aussi au-dessous de toute grandeur donnée *in quæsitis*. — Ou : Lorsque les *cas* (ou ce qui est donné) s'approchent continuellement et se perdent l'un dans l'autre, il faut que les suites ou événements (ce qui est demandé) le fassent aussi. — Ce principe a lieu dans la physique : par exemple, le repos peut être considéré comme une vitesse infiniment petite, ou une tardité infinie. C'est pourquoi tout ce qui est véritable à l'égard de la tardité, doit se vérifier du repos ; telle que la règle du repos doit être considérée comme un cas particulièrement de la règle du mouvement, de même pour l'égalité et l'inégalité[2]. »

---

1. Dutens, t. III, p. 255. *De legibus naturæ*. — Indépendamment du principe premier de la mécanique, il est encore beaucoup de théorèmes particuliers appartenant à cette science, qui sont d'ordre contingent et non nécessaire : « Il n'y a nulle nécessité de dire du mouvement d'une boule qui court librement sur un plan horizontal uni, avec un certain degré de vitesse appelé A, que ce mouvement doit avoir les propriétés de celui qu'elle aurait, si elle allait moins vite dans un bateau mû du même côté avec le reste de la vitesse, pour faire que le globe regardé du rivage avançât avec le même degré A. Car quoique la même apparence de vitesse et de direction résulte par le moyen du bateau, ce n'est pas que ce soit la même chose. Cependant, il se trouve que ces effets du concours des globes dans le bateau, dont le mouvement en chacun à part, joint à celui du bateau, donne l'apparence de ce qui se fait hors du bateau, donne aussi l'apparence des effets que ces mêmes globes concourant feraient hors du bateau. *Ce qui est beau ; mais on ne voit point qu'il soit absolument nécessaire*. Un mouvement dans les deux côtés du triangle rectangle, compose un mouvement dans l'hypoténuse ; mais il ne s'ensuit point, qu'un globe mû dans l'hypoténuse doit faire l'effet de deux globes de sa grandeur mus dans les deux côtés ; cependant cela se trouve véritable. Il n'y a rien de si convenable que cet événement ; et Dieu a choisi des lois qui le produisent ; mais on n'y voit aucune nécessité géométrique. (Leibniz, *Théodicée*, part. III, 347.) »

2. Extrait d'une lettre à M. Bayle, 1687. — Erdm., p. 104, 105. Leibniz se sert de ce principe pour réfuter la seconde règle du mouvement de Descartes. « Si cette seconde règle était véritable, une augmentation aussi petite que l'on voudra du corps B fait une grandissime différence dans l'effet, en sorte qu'elle

Toute la doctrine précédente se résume dans ces deux passages significatifs :

« J'ai démontré autrefois comment tout devrait aller naturellement dans le concours, s'il n'y avait dans les corps que matière ou passif, c'est-à-dire étendue et impénétrabilité, mais ces lois ne sont pas compatibles avec les nôtres ; *elles produiraient les effets les plus absurdes et les plus irréguliers*, et violeraient entre autres la loi de continuité, que je crois avoir introduite le premier, et qui n'est pas de nécessité géométrique, comme lorsqu'elle ordonne qu'il n'y ait pas de changement *per saltum*. Ainsi, il ne faut pas croire qu'il y a quelque monde où ces lois suivent de la pure matérialité..... comme il ne faut pas croire avec Lucrèce qu'il y a des mondes, où au lieu des animaux le concours des atomes forme des bras ou des jambes détachées ; ou de vouloir qu'il soit de la grandeur et de la magnificence de Dieu, de faire tout ce qui est possible... c'est vouloir de la grandeur aux dépens de la bonté [1]. »

« Or, puisqu'on a reconnu la sagesse de Dieu dans le détail de la structure de quelques corps, il faut bien qu'elle se soit montrée aussi dans l'économie générale du monde, et dans la constitution des lois de la nature. Ce qui est si vrai qu'on remarque les conseils de cette sagesse dans les lois du mouvement en général. Car s'il n'y avait dans les corps qu'une masse étendue et dans le mouvement qu'un changement de place, et si tout devait se déduire de ces définitions seules par nécessité géométrique il s'ensuivrait, comme j'ai montré ailleurs, que le moindre corps donnerait au plus grand qu'il rencontrerait la même vitesse qu'il a sans perdre quoi que ce soit de la sienne ; et il faudrait admettre *quantité d'autres règles tout à fait contraires à la formation d'un système*. Mais le décret de la sagesse divine de conserver toujours la même force et la même direction en somme, y a pourvu [2]. »

En résumé, les deux lois fondamentales de la physique moderne.

---

change la réflexion absolue en continuation absolue, ce qui est un grand saut d'une extrémité à l'autre. »
1. Leibniz à Fontenelle, *Lettres et opuscules*, p. 227.
2. *Discours de mét.*, p. 358.

la loi de la conservation de la force d'une part, la loi de continuité de l'autre, dont on croit pouvoir déduire aujourd'hui le matérialisme, sont au contraire considérées par Leibniz comme des témoignages de la liberté et de la sagesse dans la cause créatrice. En effet, d'une part ces lois sont contingentes, et ne contiennent aucune nécessité à priori ; le contraire n'en implique pas contradiction. Nulle contradiction en effet à ce que la force s'épuise en se manifestant : on ne voit pas pourquoi une cause se retrouve toujours après l'effet tout aussi entière qu'au commencement ; on ne voit pas non plus pourquoi la nature agit par degrés et non par soubresauts. D'autre part, ces deux lois, qui sont donc contingentes, sont les conditions « de la formation d'un système ; » et sans elles on arriverait « aux effets les plus absurdes et les plus irréguliers. » Ainsi ce sont des lois d'ordre, sans être des lois mathématiques. Or, il n'y a ici que trois cas possibles : ou celui de la nécessité aveugle, ou celui de l'absolue indifférence, ou enfin celui des causes finales. Or, les lois du mouvement n'étant ni du premier, ni du second genre, il ne reste que le troisième, à savoir « une nécessité morale, qui vient du choix libre de la sagesse par rapport aux causes finales [1]. »

7° *Maupertuis.* — *Principe de la moindre action.*

La doctrine de la contingence des lois du mouvement, et de leur fondement sur le principe des fins, a été généralement admise par l'école de Leibniz. Elle a été l'objet d'un assez grand nombre de travaux dans les *mémoires* de l'Académie de Berlin. Signalons surtout l'application la plus curieuse de cette théorie, qui a donné lieu alors à d'importantes polémiques. Je veux parler du Principe de la moindre action, principe introduit par Maupertuis dans la science mathématique, et dans lequel il croit voir, de même que Leibniz, un principe de convenance et d'ordre, non de nécessité. Il va même jusqu'à s'en servir pour prouver l'existence de Dieu. Voici comment il s'exprime :

« Il faut expliquer ce que c'est que *l'action*. Dans le mouvement

---

1. *Théodicée*, part. III, § 349.

des corps, l'action est d'autant plus grande que leur masse est plus grande, que leur vitesse est plus rapide, et que l'espace qu'ils parcourent est plus long : l'action dépend de ces trois choses : elle est proportionnelle au produit de la masse par la vitesse et par l'espace. Maintenant voici ce principe si sage, si digne de l'Être suprême : Lorsqu'il arrive quelque changement dans la nature, la quantité d'action employée pour ce changement est toujours la plus petite qu'il soit possible. C'est de ce principe que nous déduisons les lois du mouvement tant dans le choc des corps durs que dans celui des corps élastiques. C'est en déterminant bien la quantité d'action qui est alors nécessaire pour le changement qui doit arriver dans leur vitesse, et supposant cette quantité la plus petite qu'il soit possible, que nous découvrons ces lois générales, selon lesquelles le mouvement se distribue, se produit ou s'éteint. Non seulement ce principe répond à l'idée que nous avons de l'Être suprême en tant qu'il doit toujours agir de la manière la plus sage, mais encore en tant qu'il doit toujours tenir tout sous sa dépendance [1]. »

On voit que le principe de la moindre action n'est autre chose que la forme mathématique de la loi d'économie dont on avait eu depuis longtemps le sentiment avant Maupertuis, mais ce sentiment était resté vague et infécond. On avait pu s'en servir pour démontrer les lois de la réflexion de la lumière : car la lumière réfléchie parvient d'un point à un autre par le chemin le plus court, et par conséquent dans le moins de temps possible. Mais la difficulté est beaucoup plus grande pour les lois de la réfraction, c'est-à-dire lorsque la lumière passe d'un milieu dans un autre ; on sait qu'alors elle ne prend pas le chemin le plus court puisqu'elle suit une ligne brisée. Mais il y a ici deux éléments à considérer : l'espace et le temps. Si, d'un point à un autre, le chemin le plus court au point de vue de l'espace est en même temps le plus long au point de vue du temps, je pourrai avoir intérêt à prendre le plus long quant à l'espace et le plus court quant au temps : c'est ainsi que l'on tournera les montagnes au lieu de les monter à pic. C'est sur

---

1. Maupertuis, *Cosmologie*. (Œuv., tom. I, p. 32.)

ce principe que Fermat s'était appuyé pour expliquer la réfraction de la lumière. Supposant en effet (ce qui a lieu), que la vitesse de la lumière ne soit pas la même dans les deux milieux, il se peut très-bien que la ligne droite qui unirait le point de départ au point d'arrivée, tout en étant la ligne la plus courte, ne fût pas celle du temps le plus court : car ce temps dépend de la comparaison des vitesses dans les deux milieux. Fermat concluait de là que la lumière doit suivre une ligne brisée, de manière à ce que la plus grande partie de sa course se fasse dans le milieu où sa vitesse est la plus grande, et la moindre dans ce milieu où cette vitesse est la plus petite. Or, Fermat supposait que la vitesse de la lumière doit être plus grande dans les milieux moins denses que dans les milieux plus denses : l'air étant moins dense que l'eau, la lumière doit donc s'y mouvoir plus vite. C'est donc dans l'air que la lumière doit parcourir le chemin le plus long, et dans l'eau le chemin le plus court. Et c'est ce qui arrive en effet.

Cette explication, qui se trouve parfaitement conforme à la vérité, reposait cependant sur une supposition qui à l'époque de Fermat n'était pas encore démontrée, à savoir que la vitesse de la lumière est en raison inverse de la densité des milieux. Au contraire, suivant les idées de Newton alors généralement admises, la lumière devait se mouvoir plus vite dans un milieu plus dense ; et il résultait de là précisément qu'en passant d'un milieu à un autre la lumière n'allait ni par le chemin le plus court, ni par le temps le plus prompt : le rayon qui passe de l'air dans l'eau en faisant en grande partie la route dans l'air, serait arrivé plus tard que s'il n'y faisait que la moindre.

Leibniz croyant à l'insuffisance de l'explication de Fermat, en propose une autre qui ressemble beaucoup à celle de Maupertuis. Suivant lui, la lumière ou tout autre corps qui se meut d'un point à un autre, doit suivre non la *route la plus courte*, ni *celle du moindre temps*, mais *la route la plus facile*, qui n'est souvent ni l'une ni l'autre. En effet pour gravir une montagne, je chercherai non pas le chemin le plus court par l'espace, ni même le chemin le plus court par le temps, mais celui qui me fatiguera moins, et exigera de moi la moindre dépense de force. C'est là ce que fait la nature. Il s'agit donc d'estimer la difficulté que trouve un rayon à traverser un certain milieu : or cette difficulté suivant Leibniz est égale au produit du chemin par la résistance du milieu. Le rayon suivra donc le chemin où ce produit est le plus petit possible ; et c'est précisément le chemin qu'indique l'expérience.

Cette explication est ingénieuse et paraît d'accord avec les faits. Mais Euler [1], en la rapportant, fait observer que le principe du *chemin le plus facile* n'est pas un principe d'une application générale, et que Leibniz n'en a jamais donné d'autre application que la précédente. Il dit encore que le terme de résistance est un terme très-vague, qu'il est difficile de faire entrer dans le calcul. Il demande ce qui arrivera, lorsque le corps se mouvra dans un milieu non résistant, comme par exemple les corps célestes : « Dans ce cas, dit-il, comment la difficulté devra-t-elle être estimée ? Sera-ce par la seule route décrite, puisque la résistance étant nulle, on pourrait la regarder comme étant partout la même ? Mais alors il s'ensuivrait que, dans ces mouvements, la route elle-même décrit devrait être le *minimum*, et par conséquent la ligne droite, ce qui est contraire à l'expérience. Si, au contraire, le mouvement se fait dans un milieu résistant, dira-t-il que ce mouvement sera tel que le produit de la route décrite multipliée par la résistance soit un *minimum*? On tirerait de là les conséquences les plus absurdes. On voit donc clairement que le principe de la route la plus facile ne peut s'appliquer à aucun autre phénomène qu'à celui du mouvement de la lumière. » De là, Euler concluait que le principe du chemin le plus facile est très-différent du principe de la *moindre action*.

Maupertuis prétend que c'est à son seul principe qu'il appartient de rendre vraiment compte du fait de la réfraction. Suivant lui, la nature, quand elle accomplit un changement, fait la moins grande dépense d'action qui soit possible. Or l'action d'un corps est en raison composée de la masse, de l'espace et de la vitesse ; et, la masse étant supposée constante, l'action est le produit de l'espace par la vitesse :

1. *Mémoires de l'Académie de Berlin*, année 1751.

c'est ce produit qui est le plus petit possible. En partant de ce principe, pour déterminer le point où le rayon lumineux se brisera en passant d'un milieu dans un autre, on trouve que c'est le point où il fait un angle tel que le sinus de l'angle d'incidence soit égal au sinus de l'angle de réfraction : ce qui est la loi de Descartes. Le principe de la moindre action rend donc compte des lois de la réfraction.

Le principe de la moindre action a été l'occasion d'une des plus vives querelles scientifiques du xviii° siècle, et en partie l'une des causes de la rupture de Voltaire et de Maupertuis, dont nous n'avons pas à nous occuper ici. Cette querelle ne nous intéresse que parce qu'elle a fourni à Euler, le grand mathématicien philosophe, que l'on connaît, l'occasion de se prononcer sur le principe de Maupertuis, principe auquel il a donné lui-même les plus beaux et les plus profonds développements.

Le mathématicien König, disciple et adepte de Wolf, c'est-à-dire de Leibniz, avait attaqué le principe de Maupertuis comme n'étant ni neuf, ni vrai. Ce principe suivant König n'était autre chose que le vieil axiome d'Aristote : la nature ne fait rien en vain : quant à la démonstration mathématique que Maupertuis prétendait en donner, elle était, suivant lui, vaine et erronée. Euler, dans plusieurs mémoires célèbres lus à l'Académie de Berlin (1751), défendit sur ces deux points Maupertuis, président de l'Académie. Il est permis de penser que cette dernière circonstance et quelques relations personnelles d'Euler et de Maupertuis, n'ont pas été tout à fait étrangères au jugement porté par Euler. Quoi qu'il en soit, ces mémoires nous donnent une haute idée de l'importance du principe de Maupertuis. Voici comment Euler s'exprime :

« Premièrement, quoique les plus anciens philosophes et les sectateurs d'Aristote aient établi que la nature ne faisait rien en vain, et que dans toutes ses opérations elle choisit toujours la voie la plus courte... nous ne voyons pas cependant qu'ils aient expliqué aucun phénomène par ce principe. Si tous les mouvements de la nature se faisaient dans des lignes droites, on pourrait d'abord conclure que la nature choisit la ligne droite, parce qu'elle est la plus courte entre deux points. On voit à la vérité chez Ptolémée, que c'est la cause qu'il assigne pour laquelle les rayons de la lumière arrivent à nous en ligne droite ; mais comme cela n'arrive que lorsque le milieu est homogène, cette explication était trop bornée pour mériter aucune attention; car, comme excepté dans ce cas, à peine se trouve-t-il aucun autre mouvement produit par la nature qui se fasse en ligne droite, il était assez manifeste que ce n'était pas la ligne la plus courte proprement dite que la nature affectait. Il se trouva donc des philosophes qui pensèrent qu'on pouvait aussi bien prendre pour la ligne la plus courte la ligne circulaire ; peut-être parce qu'ils avaient appris des géomètres que dans la superficie de la sphère, les arcs des grands cercles étaient les lignes les plus courtes entre deux points. De là croyant que les astres se meuvent dans de grands cercles, ils n'hésitaient pas à placer dans cette propriété du cercle la cause finale de leurs mouvements. Mais comme on sait maintenant que les lignes décrites par les corps célestes, non-seulement ne sont point des cercles, mais même n'appartiennent qu'à un genre de courbes des plus transcendantes, cette opinion des lignes droites et circulaires que la nature affecterait, est entièrement bannie, et ce sentiment que la nature cherche partout un minimum, paraissait entièrement renversé. Il ne faut pas douter que ce ne soit la cause pour laquelle Descartes et ses sectateurs ont cru qu'il fallait rejeter entièrement de la philosophie les causes finales ; prétendant que dans toutes les opérations de la nature, on remarquait plutôt une inconstance extrême que quelque loi certaine et universelle [1]. »

Ainsi, avant Maupertuis, le principe de la simplicité des voies de la nature n'était, suivant Euler, qu'un principe vague et métaphysique, qui ne pouvait servir à rien, puisqu'on ne savait pas en quoi consistait précisément cette simplicité que l'on imputait à la nature : on était porté à croire que c'était par exemple le plus court chemin, le plus petit espace parcouru ; or il est très rare que la nature suive le plus court chemin ; on était disposé à croire que c'était

---

1. Euler, *mémoire cité*.

le moindre temps ; mais cela même n'est pas toujours vrai. Il fallait donc que ce fût quelque autre chose ; or Maupertuis a démontré que c'était l'action, c'est-à-dire le produit de la vitesse par l'espace. C'est dans la composition de ces trois éléments que la nature cherche le plus d'économie. Ce n'est pas là une vue abstraite et métaphysique : c'est une vue mathématique et précise dont tout l'honneur revient à Maupertuis.

Euler est si disposé à relever le principe de Maupertuis, et à lui faire tous les honneurs, qu'il mentionne à peine sa propre découverte, bien plus importante à ce qu'il paraît, pour les mathématiciens, que celle de Maupertuis, et qui est la plus belle application du principe de la moindre action ; au point que Laplace racontant l'histoire de ce principe, en donne Euler comme l'inventeur sans même mentionner le nom de Maupertuis.

« Je ne rapporte point ici, continue Euler l'observation que j'ai faite, que dans le mouvement des corps célestes, et qu'en général dans le mouvement de tous les corps attirés vers les centres de force, si à chaque instant on multiplie la masse du corps par l'espace parcouru et par la vitesse, la somme de tous ces produits est toujours la moindre... Il faut remarquer que cette découverte n'ayant paru qu'après que M. de Maupertuis avait exposé son principe, elle ne peut porter aucun préjudice à sa nouveauté. De plus, je n'avais point découvert cette belle propriété *à priori*, mais *à posteriori*..., et n'osant lui donner plus de force que dans le cas que j'avais traité, je n'avais point cru trouver un principe plus étendu. »

Enfin, Euler termine son mémoire par cette conclusion, qui paraîtra sans doute excessive :

« La combinaison de ces deux principes (principe d'équilibre, principe de mouvement), déclare *cette loi la plus universelle de la nature que nous connaissons enfin distinctement* : que la nature dans ses opérations affecte un *minimum* et que ce *minimum* est certainement contenu dans l'idée de *l'action* telle qu'elle est définie par M. de Maupertuis : de sorte qu'il ne reste rien à objecter. »

On voit quelle importance Euler attache au principe de la moindre action, et quel rôle il lui fait jouer dans la nature. En outre,

Euler semble penser, sans le dire cependant expressément, que ce principe est d'ordre contingent, et appartient à ce genre de lois que Leibniz appelait des lois de convenances. En quoi en effet est-il nécessaire qu'une matière indifférente et indéterminée entre tous les systèmes, choisisse précisément celui qui demande le moins de dépense d'action?

Cependant, si Euler et Maupertuis considèrent le principe de la moindre action comme une vérité fondée sur les causes finales, et servant elle-même de fondement à la mécanique, d'autres grands mathématiciens, Laplace et Lagrange au contraire, n'y voient autre chose qu'un cas particulier de mécanique, et une simple conséquence des lois du mouvement.

« Plusieurs philosophes, dit Laplace [1], frappés de l'ordre qui règne dans la nature, et de la fécondité de ses moyens dans la production des phénomènes, ont pensé qu'elle parvient toujours à son but par les voies les plus simples. En étendant cette manière de voir à la mécanique, ils ont cherché l'économie que la nature avait eue pour objet dans l'emploi des forces et du temps. Ptolémée avait reconnu que la lumière réfléchie parvient d'un point à un autre par le chemin le plus court, et par conséquent dans le moins de temps possible, en supposant la vitesse du rayon lumineux toujours la même. Fermat généralisa ce principe en l'étendant à la réfraction de la lumière. Euler étendit cette supposition aux mouvements variables à chaque instant, et il prouva par divers exemples, que, *parmi toutes les courbes qu'un point peut décrire en allant d'un point à un autre, il choisit toujours celle dans laquelle l'intégrale du produit de sa masse par sa vitesse et par l'élément de la courbe est un minimum.* Ainsi, la vitesse d'un point mis sur une surface courbe, et qui n'est sollicité par aucune force, étant constante, il parvient d'un point à un autre par la ligne la plus courte sur cette surface. On a nommé l'intégrale précédente *l'action d'un corps.* Euler établit donc que cette action est un minimum, en sorte que l'économie de la nature consiste à

---

1. *Exposition du syst. du monde*, Laplace, t. III, ch. II.

l'épargner : c'est là ce qui constitue le *principe de la moindre action*, dont on doit regarder Euler comme le véritable inventeur, et que Lagrange ensuite a dérivé des lois primordiales du mouvement. Ce principe n'est au fond qu'un résultat curieux de ces lois qui, comme on l'a vu, sont les plus naturelles et les plus simples que l'on puisse imaginer, et qui par là semblent découler de l'essence même de la matière. Il convient à toutes les relations mathématiquement possibles entre la force et la vitesse, pourvu que l'on substitue, dans ce principe, au lieu de la vitesse, la fonction de la vitesse par laquelle la force est exprimée. Le principe de la moindre action ne doit donc pas être érigé en cause finale : et loin d'avoir donné naissance aux lois du mouvement, il n'a pas même contribué à leur découverte, sans laquelle on disputerait encore sur ce qu'il faut entendre par la moindre action de la nature. »

Lagrange qui a une haute autorité dans cette question puisqu'il a donné une grande extension au principe de Maupertuis et d'Euler, et en a tiré de nouvelles applications, Lagrange en parle comme Laplace [1].

« Je viens enfin au quatrième principe que j'appelle de la moindre action, par analogie avec celui que M. de Maupertuis en avait donné sous cette dénomination, et que les écrits de plusieurs auteurs illustres ont rendu depuis si fameux. Ce principe, envisagé analytiquement, consiste en ce que dans le mouvement des corps qui agissent les uns sur les autres, la somme des produits des masses par les vitesses et par les espaces parcourus, est un *minimum*. L'auteur en a déduit les lois de la réflexion et de la réfraction de la lumière, ainsi que celles du choc des corps dans deux mémoires, l'un à l'Académie des sciences de Berlin en 1744, l'autre deux ans après à celle de Berlin. Mais il faut avouer que ces applications sont trop particulières pour servir à établir la vérité d'un principe général ; elles ont d'ailleurs quelque chose de vague et d'arbitraire, qui ne peut que rendre incertaines les conséquences qu'on en

---

1. Lagrange, *Mécaniq. analyt.*, 2ᵉ partie, 2ᵐᵉ sect., p. 188, édit. in-4°, 1788.

pourrait tirer pour l'exactitude même du principe. Aussi l'on aurait tort, ce me semble, de mettre ce principe présenté ainsi sur la même ligne que ceux que nous venons d'exposer. Mais il y a une autre manière de l'envisager plus générale et plus rigoureuse qui seule mérite l'attention des géomètres. M. Euler en a donné la première idée à la fin de son traité des isopérimètres, imprimé à Lausanne en 1744, en y faisant voir que les trajectoires décrites par des forces centrales, l'intégrale de la vitesse multipliée par l'élément de la courbe fait toujours un *maximum* et un *minimum*. Cette propriété que M. Euler n'avait reconnue que dans le mouvement des corps isolés, je l'ai étendue depuis au mouvement des corps qui agissent les uns sur les autres d'une manière quelconque, et il en est résulté ce nouveau principe général, que la somme des produits des masses par les intégrales des vitesses multipliées par les éléments des espaces parcourus est constamment un maximum et un minimum.

« Tel est le principe auquel je donne ici, quoique improprement, le nom de moindre action, et que je regarde, *non comme un principe métaphysique, mais comme un résultat simple et général des lois de la mécanique.* »

Sans vouloir nous porter juge sur des questions si spéciales entre tant de grands esprits, faisons seulement remarquer que lors même que le principe de la moindre action ne serait qu'une des conséquences des lois primordiales du mouvement comme le veulent Laplace et Lagrange, au lieu d'en être le principe comme le croyaient Maupertuis et Euler, même alors les conclusions philosophiques que l'on croit pouvoir tirer de ce principe ne cesseraient pas d'être soutenables. Si, en effet, ces lois primordiales du mouvement sont, comme le pensait Leibniz, contingentes, leurs conséquences le sont également : or l'une de ces conséquences serait *la loi d'économie* [1] (au moins dans l'ordre mécanique). En vertu des

---

1. Buhle (*Phil. moderne*, t. VI, c. 20) croit réfuter Maupertuis, en disant qu'on ne peut pas concevoir un *minimum* de force, « que nous pouvons imaginer toujours une plus petite force qu'il eût été possible à la nature d'employer pour arriver à son but. » Mais il nous semble qu'il confond ici deux choses distinctes,

lois du mouvement, le système du monde est organisé avec le moins de dépense possible d'action motrice : « ce qui est beau, mais non nécessaire », suivant l'expression de Leibniz. C'est donc encore là une de ces lois qui, comme il le disait aussi, contribuent « à la formation d'un système. » Or que des lois purement matérielles en arrivent à produire par leur jeu naturel, un ordre que la raison déclare plus satisfaisant qu'aucun autre, c'est ce qu'on ne comprendrait pas facilement : et cela même serait une preuve de leur contingence, si elle ne résultait pas d'ailleurs de la nature de ces lois qui sont données par l'expérience, mais que rien ne démontre à *priori*.

Cette doctrine a été celle de toute l'école Leibnizienne au xviiie siècle. Formey, Maupertuis, Béguelin, dans des travaux spéciaux qui méritent d'être lus, ont soutenu la contingence des lois du mouvement, par cette raison que toutes ces lois s'appuient sur le principe de la raison suffisante, qui est la source des vérités contingentes, tandis que le principe de contradiction est celui des vérités nécessaires.

« Les principes généraux du mouvement, dit Formey, expriment ce qui arrive constamment dans les mobiles, toutes les fois que la force motrice est modifiée dans le choc des corps ; et ces modifications consistent dans la diversité de la vitesse et de la direction. » La première et la principale de ces règles est « que tout corps persévère dans son état de repos ou de mouvement, en conservant la même vitesse et la même direction jusqu'à ce qu'une cause externe l'en tire. » S'il y avait une loi nécessaire, d'une nécessité absolue, et destructive de toute contingence, ce serait celle-là. Cependant, lorsqu'on la démontre, et en général lorsqu'on démontre toutes les règles du choc des corps, ces démonstrations vont se

---

la *force* et l'*action* motrices. Ce sont deux choses distinctes. En outre, Buhle croit qu'il s'agit d'un minimum absolu, tandis qu'il ne s'agit que d'un *minimum* dans des conditions données : par exemple, faire une horloge la plus petite possible, de manière à ce qu'elle puisse tenir dans une poche : de là l'invention des montres. Il est évident qu'il ne s'agit pas là d'une horloge microscopique ; mais sitôt qu'elle peut tenir dans une poche, le problème est résolu, quand même on pourrait concevoir d'autres montres de plus en plus petites à l'infini.

résoudre dans le principe de la raison suffisante, qui en fait le fondement et la force, mais qui, suivant sa nature, ne peut lui donner qu'une nécessité hypothétique, laquelle n'est autre chose que la contingence. Il en est de même de l'égalité d'action et de réaction des corps. Elle dépend uniquement du même principe. D'habiles mathématiciens se sont aussi attachés à prouver que dans le choc des corps élastiques, il se conserve la même quantité de forces vives. Tout cela va aboutir au même principe qui tient pour ainsi dire, sous son empire, toutes les règles du mouvement. Il n'y a aucune de ces règles qui découle de l'essence même des corps par la règle du principe de contradiction [1] ».

8° *D'Alembert et les lois du mouvement.*

D'Alembert, dans ses *Éléments de philosophie*, a touché également à cette question. Il distingue deux sortes de lois du mouvement, à savoir les lois du mouvement par impulsion, et les lois du mouvement sans impulsion apparente, c'est-à-dire celles de l'attraction. Les premières seules, selon lui, seraient nécessaires ; les secondes ne le seraient pas : « En supposant, dit-il, comme bien des philosophes le croient aujourd'hui, que ces lois n'aient point l'impulsion pour cause, il est évident qu'elles ne pourraient être en aucun sens de vérité nécessaire ; que la chute des corps serait la suite d'une volonté immédiate et particulière du créateur, et que sans cette volonté expresse, un corps placé en l'air y resterait en repos [2]. »

« M. Cote (dans sa préface de la 2° édition des Principes de Newton) dit expressément que l'attraction est une propriété aussi essentielle à la matière que l'impénétrabilité et l'étendue : assertion qui nous parait trop précipitée. Car cette force pourrait être une force *primordiale*, un principe général de mouvement dans la nature, sans être pour cela une propriété essentielle de la matière.

---

1. Formey, *Examen de la preuve qu'on tire des fins de la nature.* (Mém. de l'Acad. de Berlin, 1747.) — Pour le détail de cette démonstration, voir également : Maupertuis, *Examen philosophique de la preuve de l'existence de Dieu employée dans l'essai de Cosmologie* (Mém. de l'Acad. de Berlin, 1756, p. 389), et Béguelin : *De l'usage du principe de la raison suffisante dans les lois générales de la mécanique* (*Ibid.*, 1778, p. 367).
2. D'Alembert, *Éléments de phil.*, XVI.

Dès que nous concevons un corps nous le concevons étendu, impénétrable, divisible et mobile : mais nous ne concevons pas nécessairement qu'il agisse sur un autre corps. La gravitation, si elle est telle que la conçoivent les attractionnaires décidés, ne peut avoir pour cause que la volonté d'un être souverain [1] ».

Mais si les lois de l'attraction sont, au dire de d'Alembert, des lois manifestement contingentes, il n'en est pas de même des lois de la communication du mouvement ou de la mécanique proprement dite.

« Il est démontré, dit-il, qu'un corps abandonné à lui-même, doit persister dans son état de repos ou de mouvement uniforme : il est démontré que s'il tend à se mouvoir à la fois suivant les deux côtés d'un parallélogramme, la diagonale est la direction qu'il doit prendre, il est démontré enfin... De toutes ces réflexions, il s'ensuit que les lois connues de la statique et de la mécanique sont celles qui résultent de l'existence de la matière et du mouvement... Donc les lois de l'équilibre et du mouvement sont de vérité nécessaire. »

On remarquera que dans ce passage, d'Alembert confond deux choses : les *théorèmes* de la mécanique, et les lois primordiales du mouvement ou les *principes* sur lesquels elle s'appuie. Or que les théorèmes soient démontrés, les principes une fois admis, c'est ce qui n'est nié par personne. Mais les principes eux-mêmes sont-ils *démontrés ?* et une telle expression même n'est-elle pas contradictoire ? ce qu'il faudrait pour que ces principes fussent nécessaires, ce serait qu'ils fussent évidents par eux-mêmes, et que le contraire impliquât contradiction. Or c'est ce qui n'a pas lieu ; d'Alembert lui-même, lorsqu'il parle de la loi d'inertie ou d'uniformité, dit « que c'est la loi *la plus simple* qu'un mobile puisse observer dans son mouvement. » Mais pourquoi la matière obéirait-elle aux lois les plus simples ? et si l'on peut dire qu'il résulte de l'idée d'un corps « qu'il ne peut se donner le mouvement à lui-même », il n'en

---

1. D'Alembert, *Ibid.*, xvii. — On ne doit pas supposer que, dans ce passage, d'Alembert fasse aucune concession aux idées théologiques : car, puisqu'il considère les autres lois de la mécanique comme nécessaires et essentielles à la matière, il n'y a nulle raison pour qu'il n'eût pas dit la même chose des lois de l'attraction, si c'eût été sa pensée.

résulte nullement qu'il ne perdra jamais le mouvement une fois acquis, sans une cause nouvelle. L'affaiblissement progressif d'un mouvement n'a rien qui répugne à la raison pure; et ce n'est que depuis Galilée que la loi d'inertie est devenue un principe incontesté de la mécanique. D'Alembert, là où il répugne aux conclusions de l'école Leibnizienne, n'a donc point touché au vrai point de la question.

Nous ne pensons pas que cette question ait été reprise depuis le xviii° siècle [1]; et la conclusion qui parait ressortir de l'analyse précédente, c'est que les lois du mouvement sont, en effet, comme l'a dit Laplace, « les plus simples et les plus naturelles que l'on puisse imaginer [2], » mais cependant que d'une part elles ne sont pas nécessaires à *priori* : de l'autre, qu'elles ont pour conséquence « la formation d'un système », et l'ordre de l'univers. On est donc autorisé à y reconnaitre la trace d'une volonté intelligente.

1. L'auteur distingué d'un travail sur la *Contingence des lois de la nature* (Paris, 1874), M. Emile Boutroux s'est appliqué surtout à discuter d'une manière très-habile, mais toute métaphysique, la question abstraite des lois en général : mais il ne s'est point circonscrit sur le terrain limité et concret des lois du mouvement.
2. Laplace, Système du monde, t. III, ch. II, p. 164.

VII

L'OPTIMISME. — VOLTAIRE ET ROUSSEAU.

(Voir liv. I, ch. VI, p. 343.)

La question du mal ne touchait qu'indirectement à notre sujet ; et nous avons dû ne pas nous y engager ; autrement elle eût absorbé tout le reste. Notre but était principalement de chercher dans l'univers la sagesse, et non la bonté, laissant cette dernière question à la théodicée proprement dite. Cependant pour ne pas la négliger entièrement, indépendamment des quelques vues exposées dans le texte, résumons ici le grand débat élevé au XVIIIe siècle, sur cette question, entre Voltaire et Rousseau. Tout ce qui peut se dire de plus solide pour et contre la Providence, se trouve à peu près rassemblé dans cette illustre controverse, à laquelle Kant a été indirectement mêlé.

Le sujet du débat est la doctrine de l'optimisme, professée par Pope dans son *Essai sur l'homme*. D'après le poète anglais, dans la nature tout est bien, *all is good* ; et son poème n'est à cet égard que la traduction poétique de la doctrine philosophique de Leibniz, qui dans sa Théodicée affirmait, comme on sait, que « le monde tel qu'il est, est le meilleur des mondes possibles. » Pope ne dit pas autre chose dans ce passage : « Toute la nature est un art « qui t'est inconnu ; le hasard est une direction que tu ne saurais « saisir ; la discorde est une harmonie que tu ne comprends point ;

« le mal particulier est un bien général, et, en dépit de l'orgueil
« de la raison qui s'égare, cette vérité est évidente : que tout ce qui
« est, est bien. » Ces affirmations excitèrent en Angleterre une controverse ardente dont nous ne nous occuperons point : Pope fut accusé d'impiété comme Montesquieu l'avait été d'athéisme et de fatalisme ; Warburton le défendit, Bolingbroke et Shaftesbury prirent parti pour sa doctrine. Toute cette querelle philosophique était oubliée, lorsqu'eut lieu un événement lamentable, un de ces désastres auxquels l'humanité est toujours exposée et qui la surprennent toujours : le tremblement de terre de Lisbonne, en 1755.

Dans nos climats si rarement visités par ce fléau, on apprit avec stupeur qu'un immense mouvement souterrain avait ébranlé l'Espagne, l'Afrique, l'Italie, la Sicile. En quelques heures Lisbonne fut renversée et presque complétement détruite; et, l'incendie se joignant au désordre de la nature, il périt de 50 à 60 000 personnes. Voici le récit donné aussitôt après l'événement par la *Gazette de France* (nov. 1755, n° 567) : « On a été informé par un
« courrier de Lisbonne que le 1er de ce mois, vers les neuf heures
« du matin, le tremblement de terre s'y est fait sentir d'une manière terrible. Il a renversé la moitié de la ville, toutes les églises
« et le palais du roi. Heureusement il n'est arrivé aucun accident à
« la famille royale qui était à Bebun. Le palais qu'elle habite en ce
« lieu, a souffert. Au départ des courriers, elle était encore sous
« des baraques, elle couchait dans des carrosses, et elle avait été
« près de vingt-quatre heures sans officiers, et sans avoir presque
« rien à manger. Le feu a pris dans la partie de la ville qui n'a pas
« été renversée. Il durait encore quand le courrier est parti... Des
« gens prétendent qu'il a péri cinquante mille habitants dans Lisbonne. »

Citons aussi le passage poétique et oratoire dans lequel Gœthe a rapporté le même événement : « Au 1er novembre 1755, arriva le
« tremblement de terre de Lisbonne, qui répandit sur le monde
« habitué à la paix et à la tranquillité une épouvantable terreur.
« Une grande et délicieuse capitale, en même temps ville de com-

« merce, est surprise tout à coup par le plus épouvantable mal-
« heur. La terre tremble et chancelle; la mer bouillonne, les
« vaisseaux se choquent; les maisons, les églises et les tours
« s'écroulent, le palais royal est englouti en partie par la mer... La
« terre fendue semble jeter feux et flammes; car partout le feu et
« la fumée sortent des ruines. Soixante mille personnes qui, l'ins-
« tant d'auparavant, jouissaient de la tranquillité et des douceurs
« de la vie, périssent toutes ensemble; et le plus heureux est
« encore celui auquel il n'a pas été permis de prévoir et de sentir
« son malheur. C'est ainsi que la nature semble manifester de tous
« côtés son pouvoir sans limites. »

Tel est l'événement qui a ému et enflammé l'imagination de Voltaire, et lui a inspiré son poème sur le *Tremblement de terre de Lisbonne*, l'une de ses plus belles œuvres. C'est un poème tout philosophique, dirigé contre le *Tout est bien* de Pope. Il passe successivement en revue toutes les explications que l'on peut donner pour justifier la Providence, de ce fatal événement, et il y oppose ses objections.

1° La première explication du mal consiste à dire que c'est un châtiment, une expiation. Mais l'expiation de quoi? puisque tout le monde est frappé indistinctement, les innocents aussi bien que les coupables.

> Direz-vous en voyant cet amas de victimes :
> Dieu s'est vengé ; leur mort est le prix de leurs crimes?
> Quel crime, quelle faute ont commis ces enfants,
> Sur le sein maternel écrasés et sanglants?
> Lisbonne qui n'est plus eut-elle plus de vices
> Que Londres, que Paris, plongés dans les délices?
> Lisbonne est abymée et l'on danse à Paris.

2° C'est là un grand mystère, et l'explication est certainement insuffisante. Mais Pope, comme Platon, comme Leibniz, comme Malebranche, en a donné une autre : « Le mal, a-t-il dit, est l'effet de lois générales, auxquelles Dieu doit se soumettre, parce que c'est lui qui les a faites. » Si c'est là une explication profonde, elle est bien dure pour l'espèce humaine :

> Dires-vous : c'est l'effet des éternelles lois,
> Qui d'un Dieu libre et bon nécessitent le choix ?
> *Tout est bien*, dites-vous, et *tout est nécessaire*.
> Quoi ! l'univers entier, sans ce gouffre infernal,
> Sans engloutir Lisbonne, eût-il été plus mal ?
> . . . .
> L'éternel artisan n'a-t-il pas dans ses mains
> Des moyens infinis tout prêts pour ses desseins ?
> Je désire humblement, sans offenser mon maître,
> Que ce gouffre enflammé de soufre et de salpêtre
> Eût allumé ses feux dans le fond des déserts.
> Je respecte mon Dieu ; mais j'aime l'univers.

3° Pope avait dit de plus que le monde forme un tout systématique où chaque détail, chaque pierre, chaque brin d'herbe est comme un anneau d'une chaîne immense, universelle : le moindre anneau enlevé, la chaîne tout entière est brisée. Voltaire ne voit dans cette explication que du fatalisme.

> Dieu tient en main la chaîne et n'est point enchaîné ;
> Par un choix bienfaisant tout est déterminé.
> Il est libre, il est juste, il n'est point implacable.
> Pourquoi donc souffrons-nous sous un maître équitable ?

Ainsi la théorie de l'enchaînement des êtres, l'εἱμαρμένη des stoïciens, théorie qui reste la même avec la Providence et avec le fatalisme, n'est pour Voltaire qu'une théorie fataliste. Il renouvelle le dilemme d'Épicure : ou Dieu a pu et n'a pas voulu empêcher le mal et alors il est méchant ; ou bien il ne l'a pas pu et alors il est impuissant.

4° Une autre explication, c'est qu'il n'y a pas de mal absolu et que la nature procède par compensations : tel mal amène tel bien. Voltaire n'admet pas ce principe des compensations.

> Les tristes habitants de ces bords désolés
> Dans l'horreur des tourments seraient-ils consolés,
> Si quelqu'un leur disait : « Tombez, mourez tranquilles,
> Pour le bonheur du monde on détruit vos asiles ;
> D'autres mains vont bâtir vos palais embrasés ;
> Le Nord va s'enrichir de vos pertes fatales ;
> Tous vos maux sont un bien dans les lois générales. »

Et plus loin :

> Ce malheur, dites-vous, est le bien d'un autre être.
> De mon corps tout sanglant mille insectes vont naître.
> Quand la mort met le comble aux maux que j'ai soufferts,
> Le beau soulagement d'être mangé des vers !
> . . . .
> Ne me consolez point, vous aigrissez mes peines ;
> Et je ne vois en vous que l'effort impuissant
> D'un fier infortuné qui feint d'être content !

5° On a dit encore que Dieu étant un maître tout-puissant, nous devons nous soumettre à ses volontés, et même à ses caprices. Pope le répète après saint Paul : Le vase ne demande pas au potier pourquoi il l'a fait grossier. Voici ce que répond Voltaire :

> Le vase, on le sait bien, ne dit point au potier :
> « Pourquoi suis-je si vil, si faible et si grossier? »
> Il n'a point la parole, il n'a pas la pensée.
> Cette urne en se formant qui tombe fracassée
> De la main du potier, ne reçut point un cœur
> Qui désirât les biens et sentît son malheur.

La métaphore, en effet, manque de justesse : je proteste, je crie, ce que ne peut faire le vase.

6° Vient ensuite l'explication chrétienne par la rédemption : le mal vient du péché, et il rachète le péché. Là encore Voltaire triomphe :

> Un Dieu vint consoler notre race affligée.
> Il visita la terre et ne l'a point changée.
> Un sophiste arrogant nous dit qu'il ne l'a pu ;
> Il le pouvait, dit l'autre, et ne l'a point voulu.
> Il le voudra sans doute, et tandis qu'on raisonne
> Des foudres souterrains engloutissent Lisbonne.

La rédemption a laissé le monde tel qu'il était, et elle ne doit avoir son effet que dans l'autre monde.

La conclusion de Voltaire, après ces objections, serait-elle entièrement sceptique? Pour avoir combattu avec un parfait bon sens les excès de l'optimisme, doit-il être regardé comme un partisan du pessimisme ?

Non, il s'explique, il ne veut pas exciter à la révolte, mais il se trouve en présence d'une énigme dont il cherche la clef avec douleur, mais sans impiété.

« L'auteur du poème sur le désastre de Lisbonne ne combat
« point l'illustre Pope, dit Voltaire dans sa préface... Il pense
« comme lui sur tous les points ; mais, pénétré des malheurs des
« hommes, il s'élève contre les abus qu'on peut faire de cet axiome
« *tout est bien*. Il adopte cette triste et ancienne vérité *qu'il y a*
« *du mal sur la terre ;* il avoue que le mot *tout est bien*, pris dans
« un sens absolu, et sans l'espérance d'un avenir, n'est qu'une
« insulte aux douleurs de la vie. »

Son poème est donc une revendication en faveur d'un avenir compensateur plutôt qu'un plaidoyer contre la Providence :

> On a besoin d'un Dieu qui parle au genre humain.
> Il n'appartient qu'à lui d'expliquer son ouvrage.
> . . . .
> *Un jour tout sera bien,* voilà notre espérance ;
> *Tout est bien aujourd'hui,* voilà l'illusion.
> . . . .
> Je ne m'élève pas contre la Providence.
> Je ne sais que souffrir et non pas murmurer.

Quelle autre conclusion peut-on donner sur la question du mal ? Les objections de Voltaire sont plutôt des objections religieuses que des objections impies. Il n'exclut pas la Providence, mais réclame l'espérance, de sorte qu'en résumé, dans ce débat, tout le monde est d'accord : et J.-J. Rousseau ne conclura pas autrement.

Mais avant d'analyser les pages dans lesquelles ce puissant écrivain a critiqué le poème de Voltaire, rappelons l'opinion d'un grand philosophe, Kant, qui, alors âgé de trente ans et professeur à l'Université de Kœnigsberg, fut ému comme tout le monde du désastre de Lisbonne. Il a dit son mot sur la question qui nous occupe dans deux écrits non traduits en français, l'un géologique, l'autre purement philosophique. Le premier a pour titre : *Sur le*

Tremblement de terre de Lisbonne (1756); l'autre est intitulé : *Sur l'Optimisme*, et parut en 1759.

A son traité sur le Tremblement de terre de Lisbonne, Kant avait ajouté un avant-propos contenant des considérations favorables à l'optimisme. Il y faisait ressortir l'utilité morale que l'homme pouvait retirer de ces catastrophes : elles lui rappellent en effet que tout n'est pas fait pour lui sur la terre et qu'il n'est pas lui-même fait exclusivement pour la terre ; il doit donc regarder au-delà et songer que tout son être n'est pas détruit par la mort. Kant dans ces observations s'élève déjà au-dessus de Pope et de Voltaire : « La considération de ces événements effroyables « est, dit-il, instructive. Elle humilie l'homme en lui faisant voir « qu'il n'a pas le droit, ou du moins qu'il a perdu le droit de « n'attendre des lois de la nature ordonnées par Dieu que des « conséquences qui lui soient toujours agréables, et il apprend « peut-être aussi par ce moyen que cette arène de ses passions « ne doit pas être le but de toutes ses pensées. » Tels sont les deux enseignements que nous donnent ces fléaux. Kant développe ensuite le point de vue des compensations, non pas en ce sens superficiel que le mal soit compensé par le bien et puisse être annulé par là, mais en ce sens que le mal particulier n'est qu'une conséquence insignifiante de l'utilité générale. Il fait en quelque sorte la théorie des tremblements de terre au point de vue de l'utilité des hommes. D'où viennent ces phénomènes redoutables ? Du feu intérieur, qui est la condition même de l'existence d'êtres vivants sur la terre. Supposez que la terre se refroidisse comme la lune s'est, dit-on, refroidie, et la vie cessera aussitôt sur notre planète. Pour empêcher ce mal général, il est nécessaire qu'il se produise accidentellement des maux funestes, il est vrai, mais particuliers et exceptionnels. Que le tremblement de terre n'ait lieu que dans les déserts, c'est là une impossibilité d'autant plus absolue que le feu intérieur est nécessaire à l'industrie humaine. Il faut donc accepter cette nécessité et, pour répéter un mot aussi vrai que banal, supporter ce qu'on ne peut pas empêcher.

« On est scandalisé, dit Kant, de voir un si effroyable fléau pour

« l'espèce humaine considéré au point de vue de l'utilité. Je
« suis convaincu qu'on renoncerait volontiers à cette utilité pour
« être dispensé de la crainte et du danger qui y sont attachés.
« Nous avons une prétention déraisonnable à une vie absolument
« agréable, et nous voudrions avoir les avantages sans les inconvé-
« nients. Hommes nés pour mourir, nous ne pouvons pas sup-
« porter que quelques-uns soient morts dans un tremblement de
« terre; étrangers ici-bas, et sans y avoir aucune possession, nous
« sommes inconsolables que des biens terrestres soient perdus, ces
« biens qui se fussent perdus d'eux-mêmes, en vertu des lois uni-
« verselles de la nature. Il est facile de comprendre que si les
« hommes bâtissent sur un terrain composé de matériaux inflam-
« mables, tôt ou tard toute la magnificence de leurs constructions
« devra être renversée par des tremblements de terre. Mais doit-on
« pour cela se montrer impatient envers les voies de la Providence?
« Ne serait-il pas plus sage de dire : Il était nécessaire que des
« tremblements de terre arrivassent de temps en temps; mais il
« n'était pas nécessaire de construire là des demeures magnifiques. »

C'est à nous de prévoir les désastres et de les empêcher, si nous le pouvons, en appropriant par exemple les constructions à la nature du sol.

« Quoique la cause qui produit les tremblements de terre, continue Kant, soit funeste à l'homme à un certain point de vue, à d'autres points de vue elle compense ce mal avec usure. Nous savons en effet que les eaux chaudes qui sont si utiles à la santé de l'homme doivent leurs propriétés minérales et leur chaleur aux mêmes causes qui mettent la terre en mouvement.... S'il en est ainsi, comme on ne peut se refuser à l'admettre, nous ne récuserons pas les effets bienfaisants de ce feu souterrain, qui communique à la terre une douce chaleur, lorsque le soleil nous refuse la sienne, et qui contribue à favoriser la végétation des plantes et à toute l'économie de la nature. A la vue de tant d'avantages les maux qui peuvent advenir à la race humaine, par suite de tel ou tel désastre, sont-ils de nature à nous dispenser de la reconnaissance que nous devons à la Providence pour ses autres bienfaits? »

La véritable force de cette argumentation consiste, on le voit, non pas à dire que tel mal est compensé par tel bien, mais que tel mal est un accident lié à une cause générale, sans laquelle il n'y aurait aucun bien.

Le second écrit de Kant sur *l'optimisme* est exclusivement philosophique. Le philosophe essaye ici de répondre à une objection toute métaphysique contre l'optimisme. Il ne peut pas, dit-on, y avoir de *maximum réalisé*. Ainsi le plus grand nombre possible ne peut être réalisé : tout nombre réel peut toujours être augmenté. Le *maximum* est une virtualité qui est impossible *in actu*. Comment donc pourrait-il y avoir un monde qui soit le *meilleur possible*? Le monde étant fini, il est nécessairement imparfait; sans doute il peut toujours être de moins en moins imparfait, mais sans pouvoir jamais arriver à un terme fixe, au delà duquel on n'en concevrait pas un meilleur. C'est l'objection faite déjà à Malebranche par Fénelon, dont la conclusion est qu'il n'y a pas en soi de monde meilleur possible, et que si ce monde existe et non un autre, c'est par suite du choix libre de Dieu.

L'objection repose sur une confusion que Kant signale tout d'abord en distinguant l'*optimum* d'un monde du *maximum* d'un nombre. Il y a contradiction pour le *maximum*, mais non pour l'*optimum*. La quantité est de toute autre nature que la qualité. Le maximum de qualité existe, et c'est Dieu lui-même qui est l'*optimum* en soi; sans doute le monde ne peut pas être Dieu; mais à l'exclusion de cette seule condition, il peut réaliser l'*optimum* relatif, en d'autres termes être le meilleur possible.

« Sans insister sur ce point, dit Kant, qu'on ne conçoit pas convenablement le degré de réalité d'une chose par rapport à un degré inférieur, en le comparant au rapport d'un nombre à ses unités, — je me contenterai de la considération suivante pour montrer que l'instance proposée ne s'applique pas ici. Il n'y a pas de plus grand nombre possible; mais il y a un plus haut degré de la réalité possible, et ce degré se trouve en Dieu. Le concept d'un nombre fini le plus grand possible est le concept abstrait de la pluralité en général, laquelle est finie, à laquelle cependant on peut toujours ajouter sans qu'elle cesse d'être finie ; dans laquelle par conséquent la fixité de la grandeur ne pose aucune borne déterminée, mais seulement des bornes en général, en raison de quoi le concept du plus grand possible ne peut être appliqué comme prédicat à aucun nombre. Car, que l'on pense une quantité déterminée quelconque, on peut toujours ajouter une unité sans préjudice du caractère de fini qui lui appartient. Au contraire le degré de la réalité d'un monde est absolument déterminé ; les limites d'un monde le meilleur possible ne sont pas posées seulement d'une manière générale ou abstraite, mais elles sont posées par un degré qui doit absolument lui manquer. L'indépendance, l'attribut de se suffire à soi-même, la présence en tous lieux, la puissance de créer, sont des perfections qu'aucun monde ne peut avoir. Ce n'est donc pas ici comme dans l'infini mathématique, où le fini s'approche indéfiniment de l'infini d'après la loi de la continuité. Ici l'intervalle de la réalité infinie et de la réalité finie est posée par une grandeur déterminée qui fait leur différence. Le monde qui se trouve à ce degré de l'échelle des êtres, où s'ouvre l'abîme qui contient l'incommensurable degré de la perfection, ce monde est le plus parfait entre tout ce qui est fini. »

Il y aurait donc une limite au delà de laquelle il n'y a que la perfection absolue. Je ne sais si Kant, vingt ans plus tard, eût été pleinement satisfait de ce passage. Il paraît même qu'il n'aimait pas beaucoup qu'on lui parlât de cet ouvrage. Il n'est pas moins vrai que son esprit pénétrant a signalé avec justesse la différence de l'*optimisme* et du *maximum*, l'un n'ayant aucun terme, tandis que l'autre en peut avoir un.

Arrivons maintenant à Jean-Jacques Rousseau. Voltaire lui avait envoyé ses deux poëmes sur la loi naturelle et sur le désastre de Lisbonne, et dans sa lettre de remercîment, tout en lui exprimant son admiration, Rousseau faisait ses réserves avec cette indépendance qui n'est pas toujours agréable[1]. Voltaire fut piqué au vif, et à partir de ce moment la rupture fut définitive entre les

1. J.-J. Rousseau, *Correspond.* 18 août 1756.

deux philosophes, déjà brouillés à propos du théâtre de Genève. Rousseau oppose d'abord à Voltaire une raison de sentiment, et en cela il se conforme à l'esprit général de sa philosophie. Son cœur résiste aux doctrines du poëme de Lisbonne : elles lui paraissent tristes et cruelles; elles affaiblissent les forces morales : à cet égard il préfère la maxime : tout est bien. Cette objection n'est pas tout à fait équitable, si l'on se rappelle le dernier mot de Voltaire, ou du moins elle ne pouvait pas s'appliquer dans toute sa rigueur au poëme sur Lisbonne : elle s'appliquerait au contraire très-bien à un autre écrit de Voltaire, à son fameux *Candide*, chef-d'œuvre d'ironie et de sarcasme, qui ne respire que le mépris de l'espèce humaine et qui n'est pas écrit avec le cœur comme le poëme sur Lisbonne. Ici Voltaire se soumet à la Providence, et c'est ce que semble oublier Rousseau.

« Le poëme de Pope, lui dit-il, adoucit mes maux et me porte
« à la patience : le vôtre aigrit mes peines, m'excite au murmure;
« et, m'ôtant tout, hors une espérance ébranlée, il me réduit au
« désespoir.... Dites-moi qui s'abuse du sentiment ou de la rai-
« son..... Si l'embarras de l'origine du mal vous forçait d'altérer
« quelqu'une des perfections de Dieu, pourquoi vouloir justifier sa
« puissance aux dépens de sa bonté ? » Quoi qu'il en soit, ce n'est encore là qu'une objection préjudicielle, résultant d'une incompatibilité d'humeur.

Rousseau cherche ensuite la cause du mal et la trouve pour le mal moral dans la nature humaine, et pour le mal physique dans la nature en général. Quant à l'homme, ayant reçu de Dieu la liberté et la sensibilité, il devait conséquemment connaître le mal et la douleur. « Je ne vois pas qu'on puisse chercher la cause du mal
« moral ailleurs que dans l'homme libre, perfectionné, partant cor-
« rompu; et quant aux maux physiques, si la matière sensible et
« impassible est une contradiction... ils sont inévitables dans tout
« système dont l'homme fait partie..., et alors la question n'est pas
« pourquoi l'homme n'est pas parfaitement heureux, mais pour-
« quoi il existe. » L'homme tel qu'il est donné est composé en partie de matière ; il est donc sensible à la douleur comme au

plaisir : car le plaisir n'est qu'une moindre douleur, comme la douleur n'est qu'un moindre plaisir : ce sont là les degrés d'une échelle.

Plus loin Rousseau exprime la même pensée que Kant, en adoptant le principe de Pope et de Leibniz, qui ne voient dans le mal qu'un effet accidentel des lois universelles : « Vous auriez voulu
« que le tremblement de terre se fût fait au fond d'un désert plutôt
« qu'à Lisbonne. Peut-on douter qu'il ne s'en forme aussi dans les
« déserts ?... Que signifierait un pareil privilège ? Serait-ce donc à
« dire que l'ordre du monde doit changer selon nos caprices, que
« la nature soit soumise à nos lois, et que pour lui interdire un
« tremblement de terre en quelque lieu, nous n'avons qu'à y bâtir
« une ville ? »

Ce qui frappe, ce qui émeut dans ces grands désordres de la nature, c'est la soudaineté du fléau et le nombre des morts ; mais ce tremblement de terre ne nous apprend rien de nouveau et nous savions bien que tous ceux qui sont morts à la fois devaient mourir un jour. Faut-il les plaindre parce que leur mort à été subite? « Est-
« il une fin plus triste, répond Rousseau, que celle d'un mou-
« rant qu'on accable de soins inutiles, qu'un notaire et des héritiers
« ne laissent pas respirer, que les médecins assassinent dans son lit
« à leur aise, et à qui des prêtres barbares font avec art savourer la
« mort ? »

Si le mal est une conséquence des lois naturelles, il ne pouvait être évité qu'en supprimant la nature elle-même, c'est-à-dire la condition même du bien. Pour ne pas souffrir, il eût fallu être incapable de jouir : pour ne pas mourir, il fallait ne pas être appelé à vivre, on dit : j'aimerais mieux ne pas être; mais on le dit des lèvres plus que du cœur. La plupart des hommes aiment mieux souffrir que mourir, et ceux-là donnent encore raison à la Providence.

« Il est difficile, lisons-nous plus loin, de trouver sur ce point de la bonne foi chez les hommes, et de tout calculer chez les philosophes, parce que ceux-ci, dans la comparaison des biens et des maux, oublient toujours le doux sentiment de l'existence, indépendant de toute autre sensation, et que la vanité de mépriser la mort engage les autres à calomnier la vie, à peu près comme ces femmes qui, avec une robe tachée et des oiseaux, prétendent aimer mieux des trous que des taches. — Vous pensez avec Érasme, que peu de gens voudraient naître aux mêmes conditions qu'ils ont vécu ; mais tel tient sa marchandise fort haut, qui en rabattrait beaucoup, s'il avait quelque espoir de conclure le marché. — D'ailleurs, qui dois-je croire? Des riches..., des gens de lettres, de tous les ordres d'hommes les plus sédentaires, les plus malsains, les plus réfléchis et par conséquent les plus malheureux?... Consultez un bourgeois..., un artisan..., un paysan même, etc... »

La vie est un bien, acceptons-en les maux, telle est la conclusion de Rousseau sur cette question.

Quant à la chaine des êtres, le vers de Voltaire déjà cité et les notes qu'il a ajoutées à son poëme appelaient aussi une réponse. Changez un grain de sable et vous changez le tout : mais, disait Voltaire, le libre arbitre est-il conciliable avec cette théorie? C'est là une autre question. Ce qu'il y a de certain, c'est que toute cause suppose un effet de même que tout effet est déterminé par une cause. Voltaire pourtant n'admet pas cette chaîne du monde. On peut, dit-il, supprimer un corps sans nuire au tout. Si un caillou était supprimé, en quoi cela nuirait-il à l'univers?

« Une goutte d'eau, dit-il dans ses notes, un grain de sable de plus ou de moins ne peuvent rien changer à la constitution générale. La nature n'est asservie à aucune quantité précise, ni à aucune forme précise. Nulle planète ne se meut dans une courbe absolument régulière... La nature n'agit jamais rigoureusement... Il y a des événements qui ont des effets et d'autres qui n'en ont point... Plusieurs événements restent sans filiation... Les roues d'un carrosse servent à le faire marcher ; mais qu'elles fassent voler un peu plus ou un peu moins de poussière, le voyage se fait également. »

Ici Voltaire nie le principe leibnizien de la raison suffisante et contredit l'axiome de Spinoza : « *Ex causa determinata sequitur effectus.* » Rousseau défend contre Voltaire cette précision, cette détermination de la nature agissant toujours en raison de lois mathématiques souvent complexes, mais non moins rigoureuses parce que nous ne pouvons les saisir :

« Loin de penser que la nature ne soit point assorvie à la précision des quantités et des figures, je croirais tout au contraire qu'elle seule suit à la rigueur cette précision... Quant à ses irrégularités prétendues, peut-on douter qu'elles n'aient toutes leurs causes physiques? Ces apparentes irrégularités viennent, sans doute, de quelque loi que nous ignorons. »

Disons en passant que l'astronomie a prouvé la vérité de ces assertions, et que les irrégularités signalées par Voltaire dans le mouvement des planètes sont rentrées dans la loi de Newton.

« Supposons, continue Rousseau, deux poids en équilibre et pourtant inégaux. Qu'on ajoute au plus petit la quantité dont ils diffèrent : ou les deux poids resteront en équilibre, et l'on aura une cause sans effet, ou l'équilibre sera rompu, et l'on aura un effet sans cause; mais si les poids étaient de fer, et qu'il y eût un grain d'aimant caché sous l'un d'eux, la précision de la nature lui ôterait alors l'apparence de la précision ; et à force d'exactitude, elle paraîtrait en manquer. »

Ainsi la doctrine : il n'y a pas de cause sans effet, est aussi vraie que la réciproque, et lorsqu'une cause ne produit pas son effet, c'est qu'elle est arrêtée par une autre cause :

« Vous distinguez les événements qui ont des suites de ceux qui n'en ont point; je doute que cette distinction soit solide... La poussière qu'élève un carrosse peut ne rien faire à la marche de la voiture, et influer sur le reste du monde... Je vois mille raisons plausibles pourquoi il n'était pas indifférent à l'Europe qu'un jour l'héritière de Bourgogne fût bien ou mal coiffée, ni au destin de Rome que César tournât les yeux à gauche ou à droite. »

C'est avec la même force et la même finesse que Rousseau rétablit contre Voltaire le principe du bien relatif au tout et non à la partie :

« Vous faites dire à l'homme : je dois être aussi cher à mon maître, moi être pensant et sentant, que les planètes qui probablement ne sentent point... Mais le système de cet univers qui produit, conserve et perpétue tous les êtres sentants et pensants, lui doit être plus cher qu'un seul de ces êtres... Je crois, j'espère valoir mieux aux yeux de Dieu que la terre d'une planète; mais si les planètes sont habitées... pourquoi vaudrais-je mieux à ses yeux que tous les habitants de Saturne? » En un mot, l'existence d'un être vivant est liée à toutes sortes de lois plus précieuses que cet être seul.

« Mais, dit Voltaire, le beau soulagement d'être mangé des vers! » Rousseau répond à cette boutade : « Que le cadavre d'un homme nourrisse des vers, des loups ou des plantes, ce n'est pas, je l'avoue, un dédommagement de la mort de cet homme ; mais si dans le système de cet univers, il est nécessaire à la conservation du genre humain qu'il y ait une circulation de substance entre les hommes, les animaux et les végétaux, alors le mal particulier d'un individu correspond au bien général. »

Arrivant à la conclusion, Rousseau finit par rencontrer Voltaire. Rousseau ne nie pas qu'il y ait du mal dans le monde et Voltaire déclare qu'il n'a pas voulu dire autre chose : c'est donc la forme seule qui diffère :

« Pour en revenir au système que vous attaquez, je crois qu'on ne peut l'examiner convenablement sans distinguer avec soin le mal particulier dont aucun philosophe n'a nié l'existence, du mal général que nie l'optimisme. Il n'est pas question de savoir si chacun de nous souffre ou non, mais s'il était bon que l'univers fût, et si nos maux étaient inévitables dans sa constitution. Ainsi, l'addition d'un article rendrait, ce semble, la proposition plus exacte : et au lieu de *tout est bien*, il vaudrait peut-être mieux dire *le tout est bien*, ou *tout est bien pour le tout*. »

Ainsi personne en réalité ne nie l'existence du mal ; et si les stoïciens ont paru le faire, c'était dans les mots plus que dans les choses. Seulement, on se demande si ce mot est absolu ou relatif, s'il est universel ou partiel ; s'il l'emporte sur le bien, ou si au contraire, c'est le bien qui l'emporte. Débat difficile à trancher, et que trancheraient d'ordinaire la sensibilité et l'imagination de chacun. Les gens de bonne humeur sont optimistes; les pessimistes sont les gens de mauvaise humeur. La Rochefoucauld a dit : « Le bonheur est dans le goût et non dans les choses ». L'expérience ne nous donne aucune solution satisfaisante, et la question doit être résolue par des raisons *à priori*, ainsi que le dit encore Rousseau :

« Les vrais principes de l'optimisme ne peuvent se tirer ni des propriétés de la matière, ni de la mécanique de l'univers, mais seulement des perfections de Dieu qui préside à tout ; de sorte qu'on ne prouve pas l'existence de Dieu par le système de Pope, mais le système de Pope par l'existence de Dieu. »

En d'autres termes, l'optimisme est la conséquence de l'existence de Dieu, et ne peut être contredit par l'expérience. Le monde est aussi bon qu'il pouvait l'être, parce que Dieu ne peut être le diable, c'est-à-dire le principe du mal [1].

« Toutes ces questions se ramènent, dit encore Rousseau, à celle de l'existence de Dieu. Si Dieu existe, il est parfait ; s'il est parfait, il est sage, puissant ; s'il est sage et puissant, mon âme est immortelle ; si mon âme est immortelle, trente ans ne sont rien pour moi et sont peut-être nécessaires au bien de l'univers. »

On voit qu'après tout, cette conclusion n'est pas très-différente de celle de Voltaire :

« Un jour tout sera bien, voilà notre espérance.
« Tout est bien ici bas ; voilà l'illusion. »

---

1. Sur la question du mal, voir encore la dernière dissertation de l'Appendice : *De la fin suprême de la nature.*

VIII

HERBERT SPENCER ET L'ÉVOLUTIONISME.

(Voir l. I, ch. vii, p. 416.)

Nous avons dû nous borner dans le texte à une étude générale de la doctrine évolutioniste. Pour compléter cette étude, nous exposerons ici et nous examinerons la doctrine spéciale de M. H. Spencer, le principal philosophe de cette école.

Au premier abord, rien de plus finaliste que les idées de M. H. Spencer sur la nature de la vie et de l'organisation : car il ramène l'idée de la vie à deux caractères principaux : 1° la coordination interne; 2° la correspondance externe avec le milieu. Or, quoi de plus téléologique, à ce qu'il semble, que ces deux caractères?

La vie, dit-il d'abord, est « une coordination d'actions : d'où il suit que l'arrêt dans la coordination, c'est la mort; qu'une imperfection dans la coordination, c'est la maladie. De plus, cette définition est en harmonie avec l'idée que nous nous faisons des divers degrés de la vie, puisque nous plaçons au plus bas rang les organismes qui ne manifestent qu'une faible coordination d'actions, et qu'à l'accroissement des degrés de vie répond l'accroissement dans l'étendue et la complexité de la coordination [1]. »

Mais ce caractère ne suffit pas : il faut en ajouter un second,

---

1. *Principles of biology*, part. I, c. 4.

à savoir la correspondance avec le milieu ou « l'ajustement continu de relations internes à des relations externes. » C'est ce que l'on voit particulièrement dans l'embryon, où du commencement à la fin il y a un ajustement graduel et continu, toutes les phases de l'organisme en voie de formation correspondant rigoureusement aux phases du milieu. » On pourrait dire à la vérité, que, dans les phénomènes chimiques, il y a aussi une correspondance entre les changements internes et les relations externes : « mais cette corrélation ne diffère pas essentiellement de celle qui existe entre le mouvement d'une paille et le mouvement du vent qui l'enlève. Dans les deux cas, un changement produit un changement, et tout finit là : l'altération subie par l'objet ne tend pas à produire une altération secondaire en anticipation d'une altération secondaire du milieu environnant. Mais dans tout corps vivant, il y a des altérations de cette nature ; et c'est dans leur production que consiste la correspondance. Pour exprimer cette différence par le moyen de signes, soit A un changement dans le milieu environnant, et B quelque changement qui en résulte dans la masse inorganique. Lorsque A a produit B, l'action cesse. Que A, dans le milieu, soit suivi d'un autre changement a, une séquence parallèle n'engendre pas dans la masse inorganique quelque changement b. Mais si nous prenons un organisme vivant, et que le changement A imprime en lui quelque changement C, alors, tandis que dans le milieu environnant A occasionne a, dans l'organisme C occasionnera c : d'où a et c montrent une certaine concordance sous le rapport du temps, de l'intensité et de la position [1]. »

---

[1]. *Ibid.*, c. v. — Ces formules ne rendent pas encore compte suffisamment de la différence des deux cas : car on pourrait dire que dans les combinaisons chimiques, aussi bien que dans l'organisme, un changement dans le milieu est aussi suivi d'un changement dans l'objet : par exemple, si l'oxygène est nécessaire à la combustion, lorsque l'oxygène disparaît ou est en moindre abondance, la combustion s'arrête ou s'affaiblit. Il y aurait donc également ici 4 termes correspondants : 1° dans le milieu, A, production d'oxygène ; 2° dans l'objet, B, combustion ; 3° dans le milieu a, diminution d'oxygène ; 4° dans l'objet b, diminution de combustion. De même, si à l'oxygène se substitue un autre agent, à la combinaison précédente succédera une autre combinaison. Ainsi, le changement de milieu aura donc également sa *correspondance* dans l'objet. Pour bien établir la différence

Cette explication de la vie serait la meilleure formule que nous eussions pu choisir pour faire comprendre l'essence même de la finalité : car elle indique qu'il y a non-seulement un rapport simple entre A et C, mais une proportion qu'on peut exprimer ainsi A : C :: a : c, ou réciproquement c : a :: C : A. C'est-à-dire que si telle relation existe entre deux états A et C, le premier se modifiant, il devra se produire dans le second une modification analogue et proportionnelle : or qu'une telle correspondance et proportion ait lieu par le seul jeu des éléments, c'est là ce qui nous a paru impossible.

Traduisons en faits sensibles les abstractions précédentes. Pour qu'une combustion ait lieu, il faut qu'il y ait un certain rapport entre le combustible et le milieu : que le milieu change, que cette correspondance cesse (par exemple qu'il n'y ait plus assez d'oxygène dans le milieu), la combustion cesse : c'est ce qui arrive d'une lampe qui s'éteint. Mais dans les êtres vivants, il n'en est pas ainsi. Lorsque le milieu change, il s'opère dans l'organisme un changement, souvent même un changement anticipé, comme en prévision du changement de milieu, et c'est ce qui rend possible la continuation de l'action. Ainsi l'embryon des vivipares se nourrit dans le sein maternel par une communication immédiate avec la mère : mais cette communication cesse à un moment donné ; une séparation se fait entre les deux êtres. Quelle révolution prodigieuse, et ne doit-elle pas amener la mort ? Nullement : dans ce nouveau milieu, il y a une nourriture nouvelle toute préparée dans les mamelles de la mère. Il est évident qu'un changement aussi considérable dans le milieu serait mortel s'il ne s'était pas accompli en même temps un changement semblable dans l'embryon, en anticipation et prévision de celui-là, à savoir un organe préhensif, les-

---

entre les deux cas, entre l'inorganique et le vivant, il faut ajouter que dans le premier cas, le changement sera un changement quelconque; tandis que dans le second, le changement est *prédéterminé*, c'est-à-dire commandé par l'intérêt de la conservation du tout : comme si par exemple, lorsque l'oxygène disparaît dans le milieu, l'objet trouvait moyen d'en produire spontanément pour que la combustion continuât d'avoir lieu.

lèvres, douées d'une force de succion parfaitement appropriée à l'acte futur auquel est attachée la conservation du petit. Je le répète, cette correspondance des quatre termes, signalée avec tant de sagacité par M. Herbert Spencer comme le trait caractéristique de l'organisme, est précisément le fait dont nous nous sommes servi pour prouver l'existence de la finalité. Comment de telles proportions et accommodations seraient-elles le résultat du pur mécanisme ? Comment le jeu aveugle des éléments pourrait-il simuler à ce point l'art et l'invention ?

Ainsi coordination et correspondance : tels sont les deux caractères constitutifs de la vie. Comment s'expliquent ces résultats ? Par des lois, qui, comme les résultats eux-mêmes, semblent avoir toutes les apparences de la finalité. En effet, la correspondance s'explique par la loi d'*adaptation*; et la coordination par la loi d'*intégration*. Ou plutôt, l'adaptation et l'intégration ne sont que deux noms différents donnés à la correspondance et à la coordination : c'est l'acte pris à la place du résultat. L'adaptation est l'acte par lequel la vie acquiert et conserve la correspondance nécessaire à sa durée; et l'intégration est l'acte par lequel la vie coordonne ses éléments différentiels. Dire qu'un organisme est doué d'adaptation, c'est dire qu'il est apte à produire en lui-même des changements secondaires en correspondance avec les changements du milieu; et dire qu'un organisme est doué d'une force d'intégration, c'est dire encore qu'il est apte à produire une coordination plus ou moins grande, à mesure que des causes externes ou internes produisent en lui un plus ou moins grand nombre de modifications différentielles. Or que sont ces deux aptitudes, sinon les attributs essentiels et caractéristiques de cette force fondamentale que nous avons appelée la finalité ?

Eh bien ! nous nous ferions les plus grandes illusions, si malgré l'apparence des formules, nous croyions trouver dans M. Spencer quoi que ce soit de semblable à la finalité. Dans ces faits mêmes qu'il décrit avec une si grande justesse, il ne voit et ne veut voir que le développement des forces mécaniques, que les corollaires de cette loi fondamentale : la conservation de la force. S'il fait un reproche à Lamarck, et même à Darwin, c'est de n'avoir pas complètement purgé la science de toute finalité, interne ou externe, et même de toute direction plastique (*vis formativa*), dernier refuge des qualités occultes.

« De quelque manière que ce principe soit formulé, sous quelque forme de langage qu'il soit dissimulé, l'hypothèse qui attribuerait l'évolution organique à quelque aptitude naturelle possédée par l'organisme, ou miraculeusement implantée en lui, est antiphilosophique. C'est une de ces explications qui n'expliquent rien, un moyen d'échapper à l'ignorance par un faux semblant de science. La cause assignée n'est pas une vraie cause, c'est-à-dire une cause assimilable à des causes connues : ce n'est pas une cause qui puisse être signalée quelque part, comme apte à produire des effets analogues. C'est une cause qui n'est pas représentable à l'esprit ; une de ces conceptions symboliques illégitimes qui ne peuvent être transformées par aucun processus mental en conceptions réelles. En un mot, l'hypothèse d'un pouvoir plastique persistant, inhérent à l'organisme, et le poussant à se déployer en formes de plus en plus élevées, est une hypothèse qui n'est pas plus tenable que celle des créations spéciales, dont elle n'est, à vrai dire, qu'une modification, n'en différant qu'en ce qu'elle transforme un processus fragmenté en processus continu, mais de part et d'autre avec une égale ignorance de sa nature [1]. »

Nous n'avons pas à défendre contre M. H. Spencer l'hypothèse d'un évolutionisme inconscient, puisque nous l'avons combattu nous-même dans notre ouvrage (liv. II, ch. II et III); mais l'évolutionisme en lui-même n'exclut nullement comme nous l'avons dit une cause intelligente à l'origine des choses ; or une telle cause est aussi représentable à l'esprit que le mécanisme pur. Toute la question est de savoir laquelle de ces deux causes est la plus adéquate avec l'effet. Jusqu'ici, il nous a semblé que le mécanisme était une cause inadéquate; voyons si le système de M. H. Spencer peut combler les lacunes que nous avons signalées. Il faut remonter à ce qu'il appelle les Premiers principes.

[1]. *Biology*, part. III, c. VIII.

Dans son livre des *Premiers principes*, dont nous ne pouvons donner ici qu'un résumé très-succinct, M. Herbert Spencer établit deux propositions, comme représentant sous la forme la plus générale la tendance de tous les changements dans l'univers : I. La nature tend à aller de l'homogène à l'hétérogène. II. Elle tend également à aller de l'indéfini au défini. Inutile d'ajouter qu'il y a également une double loi de retour en sens inverse, à savoir : la tendance, au-delà d'un certain état limite, à revenir de l'hétérogène à l'homogène, et du défini à l'indéfini. Mais ce second aspect des choses (ou dissolution), qui avec le premier (l'intégration) compose le fait total de l'évolution, ne nous intéresse pas particulièrement ici; et nous pouvons en faire abstraction. Expliquons brièvement les deux lois citées :

I. « Le progrès du simple au complexe à travers une série de différenciations successives se manifeste dans les premiers changements de l'univers auxquels le raisonnement nous conduit, et dans tous les premiers changements que l'on peut établir inductivement ; il se manifeste dans l'évolution géologique et météorologique de la terre, et dans celle de chacun des organismes qui en peuplent la surface; il se manifeste dans l'évolution de l'humanité, soit qu'on la considère chez l'individu civilisé, soit dans les groupes de race; il se manifeste dans l'évolution de la société au triple point de vue de ses institutions politiques, religieuses et économiques. Depuis le passé le plus reculé jusqu'aux nouveautés d'hier, le trait essentiel, c'est la transformation de l'homogène en hétérogène [1]. »

Maintenant, en vertu de quelles lois se fait ce passage de l'homogène à l'hétérogène? Il y en a deux fondamentales. La première est la loi de l'*instabilité de l'homogène* : la seconde, la loi de la *multiplication des effets*. En quoi consistent ces deux lois ?

a. « L'homogénéité est une condition d'équilibre instable. » En effet, « dans une agrégation homogène, les différentes parties sont exposées à des forces différentes, soit par l'espèce, soit par l'intensité, et par suite elles sont modifiées différemment. De ce qu'il y a

[1]. *Premiers principes* (trad. Cazelles), 2ᵉ part., c. XVI, p. 383.

un côté interne et un côté externe, de ce que ces côtés ne sont pas également près des sources d'action voisines, il résulte qu'ils reçoivent des influences inégales par la qualité et la quantité, ou par l'une et l'autre à la fois; il résulte aussi que des changements différents doivent se produire dans les parties qui sont influencées diversement [1]. » Telle est la loi dite *loi de l'instabilité de l'homogène.*

Cette loi offre d'assez grandes difficultés, je ne dis pas seulement pour être admise, mais encore pour être comprise : car, comment dans un tout primitif absolument homogène peut-il y avoir des forces différentes *en espèce*, et même en intensité? Comment dans le tout peut-il y avoir un côté interne et un côté externe? Qu'est-ce que le côté externe de l'univers? et comment peut-il y avoir quelque chose en dehors de lui? Sans doute, s'il ne s'agit que d'expliquer l'origine d'un tout secondaire, par exemple de notre monde planétaire, on peut partir de l'hypothèse d'une nébuleuse, qui aura un côté interne et externe, et qui pourra être sollicitée par des forces différentes? Mais pour justifier une telle hypothèse, les considérations techniques de Laplace auront toujours plus de poids que les spéculations abstraites des philosophes. Ce dont il s'agit, quand on parle des premiers principes, ce n'est pas de l'origine d'un tout particulier, mais du tout en général, d'un état primordial supposé absolument homogène dans la totalité des choses; et dès lors, la distribution de la force doit être aussi homogène que la distribution de la matière; et dès lors aussi, il n'y a plus de forces différentes en espèce et en intensité; il n'y a pas de côté interne ou externe dans le tout. Dans une telle homogénéité supposée à l'origine, d'où viendrait le changement? s'il y a un équilibre durant un seul instant, qui dérangera l'équilibre? L'homogène primitif, une fois supposé en équilibre, y restera indéfiniment, à moins qu'un moteur externe ne lui imprime un changement, et nous revenons alors à l'hypothèse du premier moteur; ou bien, à moins qu'on ne suppose un principe interne de développement qui pousse l'homo-

1. *Ibid.*, ch. xx, p. 431.

gène à se diversifier : mais ce principe n'a plus rien de mécanique et ne se déduit pas des lois de la matière et de la force. Que si enfin, l'auteur se récuse sur cette hypothèse d'un état absolument primitif, comme inaccessible à nos spéculations ; et s'il a entendu parler seulement des touts secondaires, tels que la nébuleuse solaire, le protoplasma des êtres vivants, le germe séminal, etc., il faut reconnaître qu'alors le point initial n'est plus l'homogène, mais l'hétérogène, puisque pour expliquer l'instabilité de l'homogène, il est toujours obligé d'avoir recours à « la dissemblance de la position des parties par rapport aux forces ambiantes. » Or la diversité de situation est bien une sorte d'hétérogénéité. Que si enfin, on nous dit qu'il ne s'agit pas de saisir un état déterminé, mais seulement une tendance, et que partout nous voyons les choses aller de l'homogène à l'hétérogène, pour revenir ensuite en sens inverse, nous répondrons qu'en vertu même de cette tendance nous sommes autorisé à remonter hypothétiquement, et tout au moins idéalement à l'homogène le plus homogène possible, lequel, étant supposé tel, sera par là même immuable. Il faut en conclure que cette hypothèse d'un homogène absolu implique contradiction, que si haut qu'on remonte il faut toujours admettre la coexistence du *même* et de *l'autre*, comme disait Platon (τὸ αὐτὸ et τὸ ἕτερον), et que par conséquent l'hétérogène est tout aussi bien un principe que l'homogène lui-même.

b. La seconde loi qui explique le passage de l'homogène à l'hétérogène, c'est la *loi de la multiplication des effets*. Voici comment l'auteur la formule et la développe. Il affirme qu' « une force uniforme, tombant sur un agrégat uniforme, doit subir une dispersion ; et que, tombant sur un agrégat composé de parties dissemblables, elle doit subir de chacune de ces parties une dispersion, aussi bien que des différenciations qualitatives ; que plus ces parties sont dissemblables, plus les différenciations qualitatives doivent être marquées ; que plus le nombre de parties sera grand, plus celui des différenciations le sera ; que les forces secondaires qui en résultent doivent subir des modifications nouvelles, en opérant des transformations équivalentes sur les parties qui les modifient ; et qu'il en doit être de même des forces qu'elles engendrent. Ainsi, ces deux conclusions, à savoir que : 1° une partie de la cause de l'évolution se trouve dans la multiplication des effets ; et 2° que cette multiplication s'accroît en proportion géométrique à mesure que l'hétérogénéité augmente, ces deux conclusions, dis-je, se tirent du principe fondamental, la conservation de la force [1]. »

Sans insister sur cette déduction qui nous forcerait à entrer trop avant dans l'analyse d'un système que nous n'avons à examiner qu'à notre point de vue, disons que la loi de multiplication des effets est assez visible par l'expérience pour qu'il soit inutile d'y insister.

II. Mais ces deux lois (instabilité de l'homogène, multiplication des effets) n'expliquent encore qu'une chose, à savoir comment les choses vont de l'uniforme au multiforme, de l'un au plusieurs. Elles n'expliquent pas la seconde propriété de l'évolution, à savoir, comment elle va de l'indéfini au défini : « Nous n'avons pas encore trouvé la raison, dit-il, pour laquelle il ne se produit pas une hétérogénéité vague et chaotique, au lieu de l'hétérogénéité harmonique qui se produit dans l'évolution. Nous avons encore à découvrir la cause de l'intégration qui accompagne la différenciation [2]. » L'intégration, c'est la distribution des éléments en systèmes cohérents et définis. Or, on comprend bien que la chose aille du même à l'autre, c'est-à-dire en se différenciant ; mais que ces différences forment elles-mêmes des touts déterminés et réguliers, c'est ce qui ne semble pas résulter de la loi.

La solution de ce nouveau problème est dans la *loi de ségrégation*.

Cette loi consiste en ce que « si un agrégat quelconque composé d'unités dissemblables est soumis à l'action d'une force qui s'exerce indifféremment sur toutes ces unités, elles se séparent les unes des autres, et forment des agrégats moindres, composés chacun d'unités semblables entre elles pour chaque agrégat, et dissem-

1. *Ibid.*, ch. xx, p. 490.
2. *Ibid.*, ch. xxi, p. 492.

blables de celles des autres [1]. » Par exemple, si un même coup de vent vient à frapper un arbre en automne, couvert à la fois de feuilles jaunes et de feuilles vertes, les feuilles mortes tombent à terre et forment un groupe séparé de celui des feuilles vertes qui restent attachées à l'arbre. De même dans le minerai soumis à l'action du feu, le fer tombe au fond par son propre poids, et peut être ainsi séparé des éléments inutiles. L'attraction électrique sépare les petits corps d'avec les gros, les légers d'avec les lourds. L'affinité chimique, en agissant diversement sur les divers éléments d'un corps donné, nous permet d'enlever tel ou tel élément en laissant les autres. Il se fait donc une sorte de triage dans la nature (κρίσις), en vertu duquel les *homéoméries* (pour employer une expression d'Anaxagore) tendent à se séparer de l'état chaotique, ou plutôt qui l'empêche incessamment de se former. Mais le Νοῦς d'Anaxagore n'intervient pas dans l'opération.

Tels sont les principes généraux de l'évolution. Il s'agit d'appliquer ces lois fondamentales à la formation des êtres organisés. Nous supposerons donc, en vertu de ces lois, que le monde organisé a commencé par une masse homogène, un *protoplasma* apte à prendre toute espèce de formes. Ce protoplasma, en vertu des deux lois mentionnées tout à l'heure (à savoir l'instabilité de l'homogène et la multiplication des effets), passe incessamment de l'homogène à l'hétérogène : de là, la formation des variétés, des races et des espèces. L'animalité tout entière se ramifie par une différenciation progressive, de même que l'individu, qui part de l'état indistinct du germe, se détermine de plus en plus, à chaque degré nouveau de son développement. L'embryologie est l'image de l'histoire zoologique.

Ce passage de l'homogène à l'hétérogène se fait sous l'empire d'un nombre infini de causes internes ou externes [2], qui agissant diversement sur l'homogène instable tendent à le modifier dans tous les sens, et à produire ainsi une diversité infinie. La muta-

1. *Ibid.*, p. 495.
2. *Biology*, part. III, c. VIII et IX.

bilité des espèces n'est donc qu'une application des lois fondamentales de la nature.

Mais il ne suffit pas d'expliquer la diversité des formes : il faut encore expliquer leur convenance, leur caractère précis et déterminé, leur adaptabilité au milieu ambiant, leur concordance interne, etc. L'animalité, comme la nature elle-même, ne va pas seulement de l'homogène à l'hétérogène; elle va de l'indéfini au défini : elle tend à former des systèmes de plus en plus cohérents, de plus en plus *intégrés* suivant le langage de l'auteur.

Cet effet est dû à la loi de ségrégation, qui en zoologie s'appelle loi de sélection naturelle. La sélection joue en effet, dans l'ordre biologique, le même rôle que la ségrégation dans l'ordre mécanique [1]. C'est elle qui opère le triage, qui met de côté en quelque sorte les formes convenables et en harmonie avec le milieu, et laisse tomber les autres : en un mot la ségrégation dans l'ordre organique s'appelle la *survivance des plus aptes.*

Nous devons ajouter encore une considération : c'est que, d'après les *Premiers principes*, la loi générale de l'évolution, c'est-à-dire de la distribution progressive de la matière et du mouvement, tend à un état relativement stable qui est l'*équilibre* [2], non à un équilibre absolu qui serait le repos, mais à un *equilibrium movens* (par exemple celui de notre système planétaire). Or, le monde organique aussi bien que le monde inorganique tend également à l'équilibre. Seulement ici l'équilibre est double, car il faut que le système de l'être organisé soit d'abord en équilibre avec lui-même; et en second lieu, en équilibre avec le milieu. Nous retrouvons ici nos deux conditions de la vie, à savoir : la *correspondance* et la *coordination*. Maintenant ce double équilibre s'obtient de deux manières : soit d'une manière directe, soit d'une manière indirecte [3]. L'équilibre direct a lieu par l'adaptation : l'équilibre indirect par la sélection. Le premier cas a lieu, lorsque le milieu produit directement sur l'organisme le changement avantageux

---

1. *Premiers principes*, ch. xxi, trad. franç., p. 507.
2. *Ibid.*, ch. xxii.
3. *Biology*, part. III, ch. xi et xii.

qui est demandé : le second a lieu, lorsque l'impuissance de vivre fait disparaître les moins aptes, et ne laisse subsister que ceux qui sont en harmonie avec le milieu.

Nous venons de résumer aussi succinctement et aussi clairement que possible le vaste système de M. H. Spencer. Nous n'avons pas pour but de le réfuter : ce qui exigerait une discussion plus vaste que celle à laquelle nous pouvons nous livrer. Nous demanderons seulement, si, en laissant subsister le système tout entier, il est possible cependant de le conserver sans y introduire un élément intellectuel, externe ou interne, conscient ou inconscient, rationnel ou instinctif, — si l'on peut s'en rapporter exclusivement au double principe de la force et de la matière pour obtenir la formation d'un système et d'un ordre dans les choses, — s'il n'y faut pas quelque autre chose qu'on appellera avec Hégel *idée*, avec Schopenhauer *volonté*, avec Schelling *l'absolu*, avec Leibniz la sagesse divine, mais qui se distinguera de la brutalité de la matière. Le nœud de la question est de toujours savoir si la loi de ségrégation, c'est-à-dire du triage mécanique, est capable de produire une œuvre d'art : car, quelle que soit la cause de l'oiseau, du chien ou de l'homme, nul doute que ces créations ne se présentent à nos yeux avec tous les caractères de l'œuvre d'art.

La disproportion entre la cause et l'effet nous paraît évidente : car la ségrégation n'a d'autre effet, comme on l'a vu, que de séparer dans des touts dissemblables, les parties semblables, c'est-à-dire de reformer, avec des touts hétérogènes, des groupes homogènes : tandis que l'organisation consiste au contraire à faire coopérer dans une action commune des éléments hétérogènes : l'idée même de l'organisation paraît donc réfractaire à la loi de ségrégation.

On dit que la sélection naturelle est elle-même une ségrégation; qu'elle sépare les forts des faibles, qu'elle laisse tomber les impuissants pour conserver les plus aptes, qu'elle rassemble ainsi tous ceux qui ont un caractère commun, une aptitude déterminée, pour les mettre à part (*segregare*). Mais ce rapprochement entre la *sélection* et la *ségrégation* nous paraît arbitraire et tout extérieur. Dans l'ordre mécanique, c'est la ségrégation qui forme les groupes : tandis que dans l'ordre biologique, la sélection ne fait que conserver des groupes tout formés. En effet, pour que la sélection ait lieu, il faut déjà que les plus aptes préexistent : il faut qu'il y ait eu préalablement formation de systèmes; la sélection ne fait autre chose qu'assurer la prépondance aux plus aptes; mais elle ne produit pas elle-même cette adaptation. L'adaptation est présupposée : or, c'est l'adaptation qui constitue ici la forme cohérente et définie qu'il s'agit d'expliquer : ce n'est donc pas la sélection qui a produit cette forme. Au contraire, dans l'ordre purement mécanique, c'est la ségrégation qui dans un tout hétérogène sépare les éléments semblables pour en former de nouveaux touts. Il n'y a donc entre la *sélection* et la *ségrégation* qu'une analogie de noms, et une différence profonde de nature.

Comment la ségrégation, agent purement machinal, serait-elle en état de résoudre le problème de correspondance et de proportionnalité qui est posé dans l'être vivant et que M. H. Spencer a lui-même si bien analysé? Ce problème en effet se résume ainsi : tel état du milieu A, étant apte à produire dans l'être organisé tel changement *a*, comment se fait-il qu'à un nouvel état du milieu C corresponde précisément dans l'organisme le changement *c* qui est nécessaire pour que l'organisme subsiste ? C'est ici une règle de trois, résolue par la nature. Comment un tel succès serait-il rendu possible par le seul fait de la ségrégation des parties similaires?

Que l'on comprenne bien le problème. Pour ce qui est du premier rapport, celui qui existe entre A et *a*, il n'y a rien à demander; car on comprend qu'un milieu quelconque agissant sur une masse quelconque doit produire un certain effet, qui n'a rien de déterminé d'avance : et c'est cet effet qui existe. Mais une fois ce premier rapport établi, tous ceux qui suivent sont déterminés par le premier. Il ne suffit plus d'un changement quelconque, d'un effet quelconque, mais d'un effet commandé et prédéterminé : car, il doit être d'une part d'accord avec l'organisme, et de l'autre avec le milieu : or, c'est cette double détermination, cette double correspondance qui ne s'explique par aucune ségrégation ou sélection, puisqu'elle doit préexister pour que la sélection ait lieu de s'opérer.

Éclaircissons cela par quelques exemples. Soit une masse apte à vivre plongée dans un milieu à la fois nutritif et respirable. Que ce milieu alimente cette masse vivante, il n'y aura pas là, je le veux, plus de difficulté que dans l'action du feu sur une masse minérale. Mais que les circonstances fassent changer le milieu, de telle sorte que restant respirable, il ne soit plus nutritif, et que l'élément nutritif soit seulement placé à quelque distance de l'être vivant : quelle est la modification exigée de l'organisme pour devenir apte à ce nouvel état de chose? Il est évident qu'il lui faut dès lors des organes moteurs. Or, comment suffirait-il que le besoin de ces organes se fasse sentir pour qu'ils se produisent! Et s'il en était ainsi, un tel fait ne prouverait-il pas une harmonie préétablie qui suffirait amplement à démontrer la loi de finalité? Il faut donc admettre que de tels organes préexistent : c'est-à-dire que des causes quelconques les ont produites, et que le changement de milieu survenant, l'avantage est resté à ceux qui en étaient doués : mais on voit par là que la sélection n'a rien créé, et que ce n'est point elle qui est la cause véritable : car il fallait déjà que les organes existassent pour que la sélection les appropriât au milieu. Continuons l'hypothèse : au lieu d'une nourriture abondante, semée également dans toutes les parties du milieu, ou tout au moins à quelque distance, supposons au contraire cette nourriture clairsemée, dispersée à de lointains intervalles, quel hasard que l'animal même doué de mouvement vienne à la rencontrer : il faut donc quelque chose de plus : il faut un sens qui traverse l'espace, et qui dirige la marche : il faut la vue. Mais ici encore, même raisonnement que tout à l'heure. Comment croire que le simple besoin produit l'organe? et s'il le produisait, quelle preuve de finalité? Donc l'organe a dû préexister pour se trouver prêt au moment où le changement de milieu l'a rendu nécessaire, ou pour faciliter à l'animal lui-même le changement de milieu : et encore une fois, ce n'est pas la sélection qui a produit l'organe, c'est-à-dire qui a donné une forme cohérente et définie au passage de l'homogène à l'hétérogène : car l'organe, avant même d'assurer la supériorité aux plus aptes, est déjà par lui-même une forme cohérente et définie. La production des organes par l'action du milieu (outre qu'elle ne rentrerait dans aucune des lois mentionnées ci-dessus), n'est pas non plus admissible : car on ne peut expliquer ainsi que les adaptations les plus superficielles. Il reste que l'on dise que des causes quelconques ont produit dans la masse homogène primitive des modifications quelconques ; et que lorsque ces modifications se sont trouvées d'accord avec l intérêt de l'être vivant, ces formes ont subsisté : ce qui revient à dire, en termes simples et clairs, que les formes organiques sont le produit du hasard. Des causes divergentes et hétérogènes produisant toutes sortes d'actions dans le milieu, et dans l'être vivant, chaque coïncidence heureuse constitue un nouvel organe ou une nouvelle espèce. Ce point de vue diffère peu de celui des anciens atomistes, tel que le résumait Aristote, ὅπως ἔτυχε.

Après avoir examiné l'accord de l'être vivant avec son milieu, ou la *correspondance*, considérons maintenant l'accord interne de l'être vivant avec lui-même, ou la *coordination*.

Ici la difficulté est encore plus grande que tout à l'heure. Comment comprendre en effet que la coordination se produise en proportion même de la différenciation des parties? Nous admettons en effet que l'homogène primitif tende sans cesse à se différencier, et que ses diverses parties arrivent aussi progressivement à des formes et à des fonctions de plus en plus spéciales; mais que cette différenciation, causée par des agents purement mécaniques, soit régie par le principe de l'intérêt commun, que cette division du travail se constitue d'une manière hiérarchique et systématique, et non à l'aveugle, et comme un chaos : c'est ce qui ne ressort d'aucune des lois précédentes. Dira-t-on que si la division du travail ne prenait pas cette forme systématique, si la diversité n'aboutissait pas à des organes et à des fonctions compatibles, l'être ne vivrait pas, et que par conséquent les seuls qui puissent vivre, et que l'expérience nous fait connaitre sont ceux où s'est rencontrée cette compatibilité? soit, mais c'est l'explication d'Epicure; et M. Spencer, avec toutes ses formules, n'y ajoute rien de plus. D'ailleurs, nous demanderons toujours comment et pourquoi une telle compatibilité a pu se rencontrer, puisqu'il pouvait bien se faire qu'il n'y eût pas d'êtres vivants du tout. Trouver l'unité dans le divers, c'est faire œuvre d'invention. Comment la nature a-t-elle été inventive au point de produire à l'infini des types compatibles soit avec eux-mêmes, soit avec le milieu correspondant? C'est ce dont nous ne trouvons ici aucune explication.

Aucun écrivain n'a établi avec plus de force que M. Herbert Spencer la corrélation étroite qui *doit* exister dans l'animal, entre la *différenciation* et l'*intégration*, c'est-à-dire entre la division du travail et la concentration ou coordination des parties. Voici comme il s'exprime à ce sujet :

« Si une hydre est coupée en deux, les liquides nutritifs diffus à travers sa substance ne peuvent s'échapper rapidement, puisqu'il n'y a pas de canaux ouverts pour eux, et par conséquent la condition des parties à une certaine distance de la peau ne peut être que faiblement affectée. Mais lorsque dans les animaux plus différenciés, le liquide nutritif est contenu dans des vaisseaux, qui ont des communications continues, on coupe le corps en deux, ou du moins lorsque l'on en coupe une partie considérable, il doit nécessairement s'échapper une grande partie du liquide de ces vaisseaux ; et cela affecte la nutrition et l'action des organes le plus éloignés de la blessure. Par conséquent, là où, comme dans les animaux les plus développés, il existe un appareil pour pousser le sang à travers les canaux ramifiés, l'injure faite à un seul de ces canaux peut causer une perte de sang qui abat promptement tout l'organisme. Par conséquent encore la naissance d'un système vasculaire complétement différencié est en même temps la naissance d'un système qui intègre tous les membres du corps, en faisant chacun d'eux dépendant de l'intégrité du système vasculaire, et par suite dépendant de l'intégrité de chaque membre à travers lequel il se ramifie. En d'autres termes, l'établissement d'un appareil distributif produit une union physiologique d'autant plus grande que l'appareil distributif est plus puissant. A mesure que chaque partie affecte une fonction différente du reste, elle modifie le sang d'une manière différente, soit par les matériaux qu'elle enlève, soit par ceux qu'elle ajoute ; et ainsi plus le système vasculaire est différent.

plus il doit intégrer toutes les parties en faisant sentir à chacune d'elles la modification du sang que produit une autre. C'est ce qui se manifeste visiblement dans les poumons. En l'absence d'un système vasculaire, ou d'un système qui soit nettement séparé des tissus, le plasma nutritif ou le sang cru reçoit la faible aération qu'il peut, soit en venant à la surface extérieure de l'être, ou aux surfaces intérieures baignées dans l'eau ; et il est probable que c'est par un échange osmotique plutôt que par une autre voie que le plasma oxygéné réussit à procréer les tissus. Mais lorsqu'il s'est formé des canaux ramifiés à travers tout le corps, et surtout lorsqu'il existe des organes spéciaux pour pomper le sang à travers les canaux, il devient manifestement impossible pour l'aération que le sang soit conduit à un organe spécial chargé de cet office, tandis que d'autres parties conduisent aux organes le sang aéré. Et ce qui prouve combien il est nécessaire qu'à la différenciation du système vasculaire corresponde un plus grand nombre de moyens d'intégrer les organes, c'est le fatal résultat qui arrive lorsque le cours du sang aéré est interrompu [1]. »

Dans ce passage, M. H. Spencer prouve bien qu'en fait la différenciation des parties est accompagnée d'une plus grande intégration ; il fait voir en outre qu'il en *doit* être ainsi. Mais pourquoi en est-il ainsi ? C'est ce qu'il ne nous dit pas. Cette nécessité dont il parle n'est qu'idéale et intellectuelle ; elle n'est pas physique. Il en doit être ainsi, s'il doit y avoir des êtres vivants : mais que de tels êtres soient nécessaires, c'est ce qu'on ne voit nullement. La liaison entre l'intégration et la différenciation est une liaison de finalité, non de conséquence et de mécanisme.

Il est facile de s'en convaincre, si l'on compare l'intégration mécanique avec l'intégration organique. Dans le premier cas, l'intégration a lieu lorsque, dans un tout déjà différencié, les parties semblables se séparent pour former des groupes nouveaux ; mais l'intégration organique, au contraire, est la réunion d'éléments hétérogènes ou dissemblables, en un groupe commun, c'est-à-dire

1. *Biology*, part. V, ch. ix, p. 368.

en un organisme. Le problème à résoudre est d'expliquer la formation d'une unité dans une multitude de parties divergentes. C'est ce que la loi de ségrégation n'explique en aucune manière. Lors même qu'on dirait que c'est par ségrégation que les parties dissemblables se séparent, et que les parties semblables s'attirent de manière à former des organes distincts, il resterait toujours la même difficulté, à savoir comment ces organes distincts coopèrent ensemble. Ajoutez que l'organe lui-même n'est pas toujours composé de parties semblables, et qu'il est souvent lui-même l'unité et l'harmonie d'une multitude de parties composantes très-distinctes : par exemple, l'œil. Enfin, le groupement de parties semblables en des touts différents n'expliquerait pas encore la structure et la forme que prennent ces touts, et l'accommodation réciproque de ces structures et de ces formes.

Le terme d'équilibration ne sert qu'à masquer la difficulté sans la résoudre ; car l'équilibre dont il s'agit ici est un équilibre purement idéal, qui n'a rien à voir avec l'équilibre mécanique, ou balancement de forces. Il n'y a aucun balancement de forces qui puisse expliquer comment il se fait que là où il s'est produit un organe pour séparer l'urée du sang, et un autre pour en séparer la bile, il se soit produit en même temps des canaux pour faire communiquer le sang de l'un à l'autre ; ce genre d'accord ne peut être représenté ni mesuré par aucune formule mathématique : il y a là un rapport d'un autre ordre.

Il reste donc pour expliquer la coordination interne, comme la correspondance externe, la loi de sélection naturelle : mais cette loi n'est que négative, et non positive; elle supprime les impuissants ; mais elle ne produit rien par elle-même. Il faut que l'adaptation et la coordination existent déjà pour qu'elle conserve ceux qui en sont doués. Nous en revenons donc toujours au même point : c'est que des agents quelconques ayant produit sur la matière vivante des modifications quelconques, les seules de ces modifications qui puissent subsister sont celles qui *se trouvent* d'accord entre elles et avec le milieu. Encore une fois, c'est le fait d'une rencontre heureuse, et c'est là ce que tout le monde appelle le

hasard. Tout l'appareil scientifique de M. H. Spencer, tout l'amas
de ces exemples accumulés à satiété, toute cette terminologie mécanique et dynamique, rien ne peut masquer ni relever ce résultat
brutal et banal, le seul que l'on puisse dégager de ses amplifica-
tions diffuses, à savoir : que les formes organiques sont le produit des combinaisons fortuites de la matière : et il n'y a pas
d'autre hypothèse possible, dès lors que l'on rejette tout principe
directeur interne ou externe. Le fortuit, voilà le véritable artiste,
l'agent séminal de la nature. C'est le *deus absconditus :* on n'en
prononce pas le nom ; mais il est caché derrière la scène. Au
moins Lamark, et même Darwin quelquefois, laissaient subsister
la possibilité d'un principe plastique, qui donnerait la forme à la
matière : mais nous avons vu que M. Spencer exclut expressément
et systématiquement cette hypothèse : or, comme les coordinations organiques n'existent pas en puissance dans les lois de la
force et du mouvement, elles ne peuvent résulter que du jet heureux des éléments. Tel est le dernier mot de ce système qui, malgré toutes ses promesses, ne nous fournit aucun moyen nouveau
de combler l'abime qui sépare une cause aveugle d'un effet
ordonné.

Ne négligeons pas de rappeler en terminant que toute cette discussion ne porte que contre l'évolutionisme mécanique, celui qui
exclut systématiquement toute idée directrice intérieure ou extérieure à l'univers, mais qu'elle laisse subsister la possibilité d'un
évolutionisme dirigé, soit du dedans, soit du dehors, par le principe de la finalité. Nous ne sommes donc pas en conflit avec la
science; et le champ reste libre pour étendre autant que l'expérience le permettra. le principe de l'analogie et l'hypothèse du
transformisme. Nous nous contentons de dire que, soit qu'il y ait,
soit qu'il n'y ait pas évolution, le problème de la morphologie
biologique dépasse la portée de la mécanique.

IX

PLATON ET LES CAUSES FINALES.

Le principe des causes finales a été introduit en philosophie par Socrate. Plus tard, il a dominé la philosophie d'Aristote tout entière. Entre ces deux philosophes est Platon. Quel rôle dans sa philosophie a-t-il fait jouer au principe des causes finales ? C'est un problème assez délicat à résoudre.

D'une part en effet, nous voyons Aristote reprocher à son maître l'omission de ce principe ; du moins, il donne à entendre que Platon en a fait un usage très-vague et très-insuffisant.

« Quant à la cause finale des actes, changements, des mouvements, ils parlent bien de quelque cause de ce genre, mais ils ne lui donnent pas le même nom que nous, et ne disent pas en quoi elle consiste (οὕτω δὲ οὐ λέγουσι, οὐ δ' ὅνπερ πέφυκεν) [1].

« Quant à cette cause qui est, selon nous, le principe de toutes les sciences, ce en vue de quoi agit toute intelligence, toute nature, (διὸ καὶ πᾶς νοῦς καὶ πᾶσα φύσις ποιεῖ) cette cause que nous rangeons parmi les premiers principes, les idées ne l'atteignent nullement (οὐθὲν ἅπτεται τὰ εἴδη) [2].

Ainsi, selon Aristote, Platon n'aurait pas connu la cause finale, ou l'aurait mal connue. Cependant, si nous consultons Platon lui-

---

1. Arist. *Métaphys.* l. I, c. vii, 988 b. 8. (éd. de Berlin).
2. Ib. c. ix. — 992 A 29.

même, non seulement dans ses dialogues dits populaires, mais au contraire dans une de ses compositions les plus sévères et les plus philosophiques, le *Philèbe*[1], nous y trouvons la cause finale énoncée dans les termes les plus précis, et les moins équivoques :

« N'y a-t-il point deux choses, l'une qui est pour elle-même (καθ' αὑτό), l'autre qui en désire sans cesse une autre (τὸ δὲ ἀεὶ ἐφιέμενον ἄλλου;)? L'une est toujours faite en vue de quelque autre : τὸ μὲν ἕνεκα τοῦ τῶν ὄντων ἕν : l'autre est celle en vue de laquelle est fait ordinairement ce qui est fait pour une autre chose (τὸ δ' οὗ χάριν ἑκάστοτε τὸ τινὸς ἕνεκα γιγνόμενον ἀεὶ γίγνεται). »

« Concevons deux choses : le phénomène ; l'autre, l'être. (ἓν γένεσιν, τὴν δὲ οὐσίαν ἑτέραν ἕν). »

— Laquelle des deux est faite à cause de l'autre : est-ce le phénomène à cause de l'être, ou l'être à cause du phénomène ?

— Tu dis que tout phénomène, toute génération a lieu l'un en vue de telle existence, l'autre de telle autre, et que la somme des phénomènes se fait en vue de la somme des existences (ξύμπασαν γένεσιν οὐσίας ἕνεκα γίγνεσθαι ξυμπάσης). »

— Mais la chose en vue de laquelle est toujours fait ce qui se fait en vue d'une autre, doit être mise dans la classe du bien (τὸ μὲν οὗ ἕνεκα τὸ ἕνεκά του γιγνόμενον... ἐν τοῦ ἀγαθοῦ μοίρᾳ ἐκεῖνο ἐστί). »

Ainsi le Philèbe affirme expressément le principe qu'Aristote prétend ne pas être dans Platon. Comment expliquer cette contradiction ? sans doute on peut supposer qu'Aristote s'est trompé dans sa critique ; mais cette erreur ne doit pas être sans cause ou sans prétexte. Quelle peut être la raison d'un tel malentendu ?

Pour résoudre ce problème, examinons le passage[2] où Platon a exposé avec le plus de précision et le principe des causes finales, et sa propre méthode, en paraissant lier ces deux choses l'une à l'autre.

« Pendant ma jeunesse j'étais enflammé d'un désir incroyable d'apprendre cette science qu'on appelle la physique (τῆς σοφίας ἣν

---

1. *Philèbe*, — éd. H. Et. 53, 54.
2. *Phédon*, — 95.

καλοῦσι περὶ φύσεως ἱστορίαν); car je trouvais admirable de savoir les causes de chaque chose, ce qui la fait naître, ce qui la fait mourir, ce qui la fait être (διὰ τί γίγνεται ἕκαστον, καὶ διὰ τί ἀπόλλυται, καὶ διὰ τί ἔστι); et il n'y a point de peine que je n'aie prise pour examiner premièrement, si c'est du chaud et du froid, après qu'ils ont subi une certaine corruption, comme quelques uns le prétendent, que les animaux viennent à naître ; si c'est le sang qui fait naître la pensée, ou si c'est l'air, ou le feu, ou si ce n'est aucune de ces choses, mais seulement le cerveau, qui est la cause de nos sens, de la vue, de l'ouïe, de l'odorat ; si de ces sens résultent la mémoire et l'opinion ; et si de l'opinion et de la mémoire en repos naît enfin la science des choses. Je voulais connaître ensuite les causes de la corruption des choses (τὰς φθορὰς). » « À la fin je me trouvai aussi ignorant que possible dans toutes ces questions, et j'oubliai ce que je savais auparavant. »

« Par exemple, je pensais qu'il était clair pour tout le monde que l'homme ne grandit que parce qu'il boit et qu'il mange ; car par la nourriture les chairs s'ajoutent aux chairs, les os aux os, et les autres parties à leurs parties similaires (καὶ τοῖς ἄλλοις τὰ αὐτῶν οἰκεῖα).... »

« ... Je pensais de même savoir pourquoi un homme était plus grand qu'un autre homme, ayant de plus toute la tête... et encore que dix étaient plus que huit parce qu'on y avait ajouté deux, et que deux coudées étaient plus grandes qu'une coudée parce qu'elles la surpassaient de moitié. »

« — Et qu'en penses-tu présentement ? »

« — Je suis si éloigné de penser connaître aucune de ces choses que je ne crois pas même savoir, quand on a ajouté un à un, si c'est cet un auquel on en a ajouté un autre qui devient deux, ou si c'est celui qui est ajouté, et celui auquel il est ajouté qui ensemble deviennent deux, à cause de cette addition de l'un à l'autre... Je ne vois pas non plus pourquoi quand on partage une chose, ce partage fait que cette chose qui était une avant d'être séparée, devient deux

1. Phédon, — 96 100 — Miss. f. 84 190.

après cette séparation : car voilà une cause toute contraire à celle qui fait que un et un sont deux... car là cet un et un devient deux parce qu'on les rapproche... et là cette chose une devient deux parce qu'on la divise. Je ne crois même plus savoir pourquoi un est un (διότι ἓν γίγνεται); ni enfin, par cette méthode (κατὰ τοῦτον τὸν τρόπον τῆς μεθόδου) pourquoi les choses naissent et périssent; mais je cherche au hasard quelque autre méthode, (τιν' ἄλλον τρόπον αὐτὸς εἰκῇ φύρω) et j'abandonne celle-là. »

Dans ce passage, nous avons plusieurs points à signaler :

1º Socrate expose la méthode des physiciens d'Ionie, qui expliquaient tout par des causes matérielles, et il signale l'insuffisance de cette méthode.

On peut trouver que Socrate va bien loin dans sa critique de l'explication physique des choses : car il ne se contente pas de condamner celles de ces explications qui prétendaient atteindre les premiers principes et les premières causes, mais en général toute explication par les causes immédiates et prochaines, c'est-à-dire par les circonstances concomitantes ou antécédentes, genre d'explication que la méthode expérimentale moderne a portée à un si haut degré de précision.

Il s'étonne par exemple que l'on explique la croissance de l'homme par la nutrition et que l'on dise que les « chairs étant ajoutées aux chairs, les os aux os et toutes les autres parties à leurs parties similaires, ce qui n'était qu'un petit volume s'augmente et croit, et de cette manière un homme de petit devient grand » ; explication très-grossière à la vérité, et qui repose sur la fausse hypothèse des homéoméries, mais qui n'en était pas moins un effort pour résoudre un effet dans ses causes prochaines, et ramener un phénomène obscur à un phénomène général mieux connu : ce qui est la vraie méthode des sciences physiques.

Cependant, en examinant de plus près ce passage, on voit que Platon se place toujours au point de vue des causes premières et métaphysiques, et c'est en ce sens qu'il dit que l'explication du physicien (en tant qu'elle se donnerait pour définitive et absolue) ne lui parait pas une vraie et satisfaisante explication. Plus loin, il distingue avec une grande précision les *causes* et les *conditions* du phénomène, distinction qui est précisément celle sur laquelle s'appuie la science la plus avancée de nos jours. Il ne nie pas que, pour qu'un effet se produise, certaines conditions physiques ne soient nécessaires, par exemple les os et les nerfs pour se tenir ici ou là. Mais ces conditions et instruments ne sont pas les vraies causes. L'erreur des physiciens d'Ionie n'était donc pas de chercher à découvrir ces conditions prochaines des phénomènes (et il eût été même à désirer qu'ils les eussent mieux étudiées et par de meilleures méthodes), mais leur erreur était de croire qu'ils avaient découvert la cause dernière, et c'est là-dessus que Platon les reprend : par exemple, expliquer la croissance par la nutrition est une explication très-insuffisante : car pourquoi cette croissance s'arrête-t-elle à un certain point, tandis que dans les corps organiques, l'accroissement est indéfini ? et quant à l'assimilation, quoique les physiciens aient assez ingénieusement essayé de résoudre le problème par l'hypothèse des homéoméries, encore restait-il à comprendre comment se fait la séparation et la distribution du tout, et comment chaque homogène va trouver ce qui lui est conforme. L'explication même physiquement était très-imparfaite ; métaphysiquement, elle ne valait rien du tout.

Il est vrai de dire que Platon n'a jamais cru que la chose sensible pût être l'objet d'une véritable science. Aristote nous l'atteste, et tous les ouvrages de Platon viennent à l'appui. Là même où il touche à ces problèmes, dans le *Timée* par exemple, il ne donne les explications physiques que comme des hypothèses plus ou moins douteuses, et il est toujours sur le point d'y substituer les mathématiques. Enfin, on peut dire qu'il n'a aucune idée de la méthode expérimentale et inductive appliquée aux phénomènes de la nature. Cette disposition d'esprit se trahit incontestablement dans le passage du *Phédon* que nous avons cité ; mais il peut être entendu dans un bon sens, que les savants mêmes de nos jours accorderaient sans aucun doute, c'est qu'il ne faut pas confondre les causes physiques avec les causes métaphysiques. Celui-là renversait la pensée de Platon, mais ne lui était pas en réalité infidèle, qui s'écriait : ô physique, délivre-nous de la métaphysique ! Cette exclamation irrespectueuse sert au moins à faire comprendre que la métaphysique n'est pas la physique ; et c'est là l'essentiel de la pensée de Platon.

2º Après avoir exposé et combattu la méthode des physiciens d'Ionie, Socrate expose et combat également la méthode d'Anaxagore ; non pas qu'ici il condamne le principe en lui-même ; mais au contraire, tout en approuvant le principe, il reproche à Anaxagore de ne pas lui être resté fidèle ; c'est-à-dire d'avoir pris le principe de l'intelligence, et de n'en avoir fait aucun usage : critique du reste qu'Aristote [1] a faite également au même penseur :

« Ayant entendu quelqu'un lire dans un livre qu'il disait d'Anaxagore, que l'intelligence est la règle et la cause de tous les êtres, ὁ διακοσμῶν τε καὶ πάντων αἴτιος, je fus ravi ; il me parut admirable que l'intelligence fût la cause de tout ; car je pensai que l'intelligence ayant disposé toutes choses, elle les avait arrangées pour le mieux (ἕκαστον τιθέναι ταύτῃ, ὅπῃ ἂν βέλτιστα ἔχῃ) [2].

« Dans cette pensée, j'avais une extrême joie d'avoir trouvé un maître comme Anaxagore, qui m'expliquerait selon mes désirs, la cause de toutes choses, et qui, après m'avoir dit, par exemple, si la terre est plate ou ronde, m'expliquerait la nécessité de ce qu'elle est, et me dirait ce que c'est en ce cas que le mieux, et pourquoi cela est pour le mieux, λέγοντα τὸ ἄμεινον καὶ ὅτι αὐτὴν ἄμεινον ἦν τοιαύτην εἶναι. De même, s'il pensait qu'elle est au centre du monde, j'espérais qu'il m'éclaircirait pourquoi elle est pour le mieux au milieu ; et.... je ne pouvais m'imaginer qu'après avoir dit que l'intelligence les avait disposées, il pût me donner d'autre cause de leur disposition que celle-ci, à savoir que cela est là le meilleur... et je me flattais qu'il me ferait connaître le bien de chaque chose en particulier, et le bien de toutes en commun. τὸ ἑκάστῳ βέλτιστον καὶ τὸ κοινὸν ἀγαθόν.... Mais je me trouvai bientôt déchu de mes espérances... car je vis un homme qui ne faisait intervenir en rien l'in-

1. Arist. Mét. 985 a 18-21.
2. Phédon. E. 97.

telligence, et qui ne donnait aucune raison de l'ordre des choses, mais qui à la place de l'intelligence, substituait l'air, l'éther, l'eau, et d'autres choses aussi absurdes. »

Il est difficile de s'associer sans réserve aux critiques que Platon fait ici à Anaxagore, et où se manifeste par trop le dédain des causes expérimentales que nous signalions tout à l'heure. Peut-être Anaxagore a-t-il été frappé de cette considération dont Descartes a fait plus tard le principe de sa physique[1], c'est qu'il est difficile et téméraire de scruter des fins, et que, en admettant que tout est pour le mieux en général, il est difficile de démontrer pourquoi chaque chose est pour le mieux en particulier : d'où il suit qu'il vaut mieux se contenter de rechercher comment les choses sont, mais imprudent de rechercher pourquoi elles sont. Et cela est d'autant plus sage qu'il est arrivé souvent de démontrer que telle chose était pour le mieux, tandis que cette chose n'existait pas ou était tout autre qu'on ne se le figurait. C'est ainsi que les anciens croyaient qu'il était pour le mieux que les astres décrivissent des courbes circulaires ; or, ces courbes sont elliptiques ; et que c'était pour le mieux que la terre fût centre : ce qui précisément n'est pas vrai. On peut donc affirmer qu'Anaxagore était plus près de Platon, de la vraie méthode scientifique, lorsqu'après avoir établi en métaphysique que l'intelligence est le principe de toutes choses, il cherchait en physique, à ramener les phénomènes à leurs causes immédiates : car on sait que c'est un des principes les plus solides de la méthode scientifique, qu'il ne faut pas faire intervenir la cause première sans nécessité.

3° L'erreur commune des physiciens d'Ionie et d'Anaxagore, c'est d'avoir confondu les conditions des phénomènes avec leurs vraies causes, c'est-à-dire, pour parler avec précision, les causes *matérielles* avec les causes *finales*.

---

1. On sait que Pascal faisait à la physique de Descartes une objection tout à fait semblable à celle que Platon faisait à Anaxagore : « Descartes, disait-il, aurait bien voulu dans toute sa philosophie se passer de Dieu ; mais il n'a pu s'empêcher de lui faire donner une chiquenaude, pour mettre le monde en mouvement ; après cela, il n'a plus que faire de Dieu. » (*Pensées*, éd. Havet, tome II, p. 118.)

« Autre chose, dit-il [1], est la cause, autre chose est la chose sans laquelle la cause ne serait jamais cause (ἄλλο μέν τό ἐστι τὸ αἴτιον τῷ ὄντι, ἄλλο δ' ἐκεῖνο ἄνευ οὗ οὐκ ἄν ποτ' εἴη αἴτιον); et pourtant c'est cette chose-là que le peuple prend pour la véritable cause, lui en donnant à tort le nom. Voilà pourquoi les uns, environnant la terre d'un tourbillon, la supposent fixe au centre du monde; les autres la conçoivent comme une large huche, qui a l'air pour base ; mais quant à la puissance qui l'a disposée comme elle devait être pour le mieux, ils ne la cherchent pas, et ils ne croient pas qu'il y ait aucune puissance divine (τὴν δὲ τοῦ ὡς οἷόν τε βέλτιστα αὐτὰ τεθῆναι δύναμιν οὕτω νῦν κεῖσθαι, ταύτην οὔτε ζητοῦσι οὔτε τινα οἴονται δαιμονίαν ἰσχὺν ἔχειν) — et ils pensent que rien ne contient véritablement le bien (τ' ἀγαθὸν καὶ δέον). »

4° Après avoir exposé la méthode des physiciens, et celle d'Anaxagore, Socrate ou plutôt Platon expose la sienne [2]; il en donne d'abord le principe fondamental.

« J'ai donc pris le chemin que voici (ταύτῃ γε ὥρμησα); et depuis ce temps, prenant toujours pour principe l'hypothèse qui me paraît la plus forte (λόγον ὑποθέμενος ὃν ἂν κρίνω ἐρρωμενέστατον), tout ce qui s'accorde avec ce principe, je le prends pour vrai soit dans ce qui concerne les causes, soit dans tout le reste ; et ce qui ne s'accorde pas avec elle, je ne le tiens pas pour vrai. »

« Si quelqu'un t'attaquait, ne le laisserais-tu pas sans réponse, jusqu'à ce que tu eusses bien examiné toutes les conséquences de ce principe, pour voir si elles s'accordent ou ne s'accordent pas entre elles (ἕως ἂν τὰ ἀπ' ἐκείνης ὑποθέσεως ὁρμηθέντα σκέψαιο εἴ σοι ἀλλήλοις ξυμφωνεῖ ἢ διαφωνεῖ;) et quand tu serais obligé d'en rendre raison (διδόναι λόγον), ne le ferais-tu pas encore en prenant quelque autre principe plus élevé (ἄλλην ὑπόθεσιν ὑποθέμενος ἥ τις ἄνωθεν βελτίστη φαίνοιτο) jusqu'à ce que tu aies enfin trouvé quelque chose suffisant (τι ἱκανόν).

En d'autres termes, Platon employait la méthode hypothétique,

1. *Phédon*, 99.
2. *Phédon*. 100 A

et il cherchait à la vérifier, soit par l'accord des conséquences, soit par l'observation.

Quelle est donc l'*hypothèse* dont il va se servir pour répondre aux questions posées plus haut, soit aux physiciens, soit à Anaxagore, et non résolues par eux ?

« Je pars donc de cette hypothèse qu'il y a quelque chose de beau, de bon, de grand par lui-même, et autres choses semblables. ὑποθέμενος εἶναί τι καλὸν αὐτὸ καθ' αὑτὸ καὶ ἀγαθὸν καὶ μέγα καὶ τἄλλα πάντα.

... Il me semble aussi que s'il y a quelque chose de beau outre le beau en soi, il ne peut être beau que parce qu'il participe à ce beau même. (εἴ τι ἔστιν ἄλλο καλόν πλὴν αὐτὸ τὸ καλόν, οὐδὲ δι' ἓν ἄλλο καλὸν εἶναι ἢ διότι μετέχει ἐκείνου τοῦ καλοῦ). M'accordes-tu *cette cause?* (τῇ τοιᾷδε αἰτίᾳ ξυγχωρεῖς;) »

Tel est le principe de la célèbre théorie des idées. En voici les conséquences :

« Dès lors, je cesse de comprendre toutes ces causes si savantes que l'on nous donne (τὰς ἄλλας αἰτίας τὰς σοφάς); et si quelqu'un vient me dire que ce qui fait qu'une chose est belle, c'est la vivacité de ses couleurs, ou la proportion des parties, ou d'autres choses semblables (ὅτι χρῶμα εὐανθὲς ἔχει ἢ σχῆμα ἢ ἄλλο ὁτιοῦν), je laisse là toutes ces raisons qui ne font que me troubler, et je réponds, peut-être trop simplement, que rien n'est beau que par la présence ou par la communication de cette beauté première, ou enfin par une participation quelconque (οὐκ ἄλλο τι ποιεῖ αὐτὸ καλὸν ἢ ἡ ἐκείνου τοῦ καλοῦ εἴτε παρουσία εἴτε κοινωνία, εἴτε ὅπῃ δὴ καὶ ὅπως προσγενομένη. Mais que les choses belles soient belles par le beau (ὅτι τῷ καλῷ πάντα τὰ καλὰ γίνεται καλά), c'est le principe qui me paraît absolument sûr (ασφαλέστατον).

« De même les choses grandes ne sont-elles pas grandes par la grandeur, et les petites par la petitesse ? — Oui, et tu ne consentirais pas à ce qu'on te dise qu'un tel est plus grand qu'un autre

---

1. Phédon — 101.
2. Phédon — 100.

par la tête, ou plus petit par la même raison, mais que toutes les choses qui sont plus grandes, c'est la grandeur seule qui les rend grandes. »

« .... Ne craindrais-tu pas par la même raison de dire que dix sont plus que huit, parce qu'ils les surpassent de deux, et ne dirais-tu pas que c'est par la quantité et à cause de la quantité (πλήθει καὶ διὰ πλῆθος). »

« Mais quand on ajoute un à un, ou qu'on coupe un en deux, ne te refuserais-tu pas à dire que dans le premier cas, c'est l'addition, dans le second la division qui fait qu'un et un font deux, ou qu'un devient deux ? Et n'affirmerais-tu pas que tu ne sais d'autre cause de l'existence des choses que leur participation à l'essence propre de chaque sujet (ἢ μετασχὸν τῆς ἰδίας οὐσίας ἑκάστου) et que tu ne sais d'autre raison de ce que un et un font deux, que leur participation à la *duité* (τὴν τῆς δυάδος μέτασχεσιν) et de ce que un est un, que la participation à l'unité (μοναδος). »

En résumé, la théorie des idées consiste à établir que tout multiple général qui porte un nom commun et qui possède un certain caractère commun tient ce caractère et ce nom de sa participation d'une essence générale, une et simple, existant en soi ; et qui est la véritable cause de l'unité générique des choses. Par exemple, s'il s'agit d'expliquer la beauté des choses belles, on ne dira pas que c'est la vivacité des couleurs, ou la proportion des parties ; mais les choses belles sont belles par la présence de la beauté ; les choses égales, par la présence de l'égalité, les choses grandes par la grandeur et les petites par la petitesse ; enfin Platon va jusqu'à soutenir qu'un ajouté à un devient deux par la présence de la duité, préludant par là à toutes les exagérations du réalisme scholastique.

Maintenant comment comprendre que cette méthode rationnelle qui ramène toutes les choses génériques à une essence à *priori* puisse nous conduire à la connaissance d'une cause prévoyante qui a tout fait pour le mieux ? et si l'on demande à Platon, en partant de cette méthode, de résoudre les problèmes qu'Anaxagore, suivant lui, avait laissés insolubles, on trouve qu'il ne donne pas lui-même une solution plus heureuse. Par exemple, demandant ce qui fait qu'un homme est plus grand qu'un autre, il s'indignait qu'on puisse dire que c'est parce qu'il a la tête de plus ; et en général que l'on expliquât la croissance par l'accumulation des chairs. Mais lui-même, quelle explication nous donne-t-il? Pourquoi Simmias est-il plus grand que Socrate? C'est parce qu'il participe à la grandeur; et pourquoi plus petit? C'est parce qu'il participe à la petitesse. Et pourquoi dix sont-ils plus que huit? C'est, dit-il, par la quantité; et enfin pourquoi un et un font-ils deux ? C'est par la participation à la duité. Que ces explications soient solides ou non, peu importe ici ; ce qui est certain, c'est qu'elles n'ont aucun rapport avec le principe du mieux, c'est-à-dire des causes finales.

Si, à l'aide de cette méthode des idées, nous essayons de résoudre les questions que Socrate faisait à Anaxagore, nous verrons que la réponse n'est pas plus satisfaisante. Pourquoi la terre est-elle ronde? Platon répond que c'est par la participation à la rondeur; mais cela ne nous apprend pas en quoi la forme ronde est la meilleure. Pourquoi telles choses naissent ou périssent : c'est par la participation à l'idée de la vie et de la mort, nous dit le Phédon ; ce qui ne nous apprend nullement pourquoi il est bon que les choses naissent, et pourquoi il est bon qu'elles périssent.

Il semble donc que Platon, en proposant ici la théorie des idées, n'a pas du tout pour objet de compléter la démonstration insuffisante donnée par Anaxagore, mais au contraire d'en proposer une autre radicalement différente, mais arrivant au même but. Il semble qu'il ait voulu dire qu'établir, dans chaque cas particulier, l'existence d'une fin et d'un optimisme, et que démontrer l'intelligence par l'induction et l'expérience, est une chose impossible; qu'il faut abandonner cette méthode, et en adopter une autre plus rationnelle et plus scientifique, laquelle consiste à s'élever d'essence en essence jusqu'à la plus haute de toutes les essences, d'où toutes les autres dérivent, et qui en est la source : or cette dernière essence, c'est l'idée du Bien. C'est par là que la méthode dialectique ou la théorie des idées va se rejoindre à la théorie d'Anaxagore et à celle de Socrate.

« Aux dernières limites du monde intelligible est l'idée du bien qu'on aperçoit avec peine, mais qu'on ne peut apercevoir sans conclure qu'elle est la cause de tout ce qu'il y a de beau et de bon (ὡς ἄρα πᾶσι πάντων αὕτη ὀρθῶν τε καὶ καλῶν αἰτία); que dans le monde visible, elle produit la lumière et l'acte de qui elle vient directement; que dans le monde invisible, c'est elle qui produit directement la vérité et l'intelligence (ἐν τῷ νοητῷ αὐτὴ κυρία ἀλήθειαν καὶ νοῦν παρασχομένη). »

« Ce qui répand sur les objets la lumière de la vérité, c'est l'idée du bien (τὴν τοῦ ἀγαθοῦ ἰδέαν). C'est elle qui est le principe de la science et de la vérité (αἰτίαν ἐπιστήμης καὶ ἀληθείας)... Quelque belle que soit la science et la vérité, l'idée du bien en est distincte et les surpasse en beauté (ἄλλο καὶ κάλλιον ἔτι τούτων). »

« ... Tu penses sans doute comme nous que le soleil ne rend pas seulement visibles les choses visibles, mais qu'il leur donne encore la naissance, l'accroissement et la nourriture, sans être lui-même rien de tout cela (τὴν γένεσιν, καὶ αὔξην καὶ τροφήν, οὐ γένεσιν αὐτὸν ὄντα). — De même tu peux dire que les êtres intelligibles ne tiennent pas seulement du bien leur intelligibilité, mais encore leur être et leur essence (οὐ μόνον τὸ γιγνώσκεσθαι, ἀλλὰ καὶ τὸ εἶναι καὶ τὴν οὐσίαν), bien que lui-même ne soit point essence, mais quelque chose de bien au-dessus de l'essence en dignité et en puissance (οὐκ οὐσίας ὄντος τοῦ ἀγαθοῦ, ἀλλ' ἔτι ἐπέκεινα τῆς οὐσίας πρεσβείᾳ καὶ δυνάμει ὑπερέχοντος [2].) »

Maintenant comment faut-il comprendre que les idées signalées, la grandeur, la petitesse, l'égalité, etc., dérivent de l'idée du bien? Car quelle analogie, quel lien entre ces notions mathématiques, et une idée toute morale et tout esthétique, telle que le beau, ou le bien? Cette déduction n'a jamais été expliquée par Platon d'une manière claire; on sait seulement que les notions mathématiques n'étaient pour lui qu'un degré au-dessus duquel il concevait d'autres idées d'un caractère moral, tels que le saint, le juste, et en définitive le Bien.

1. Rép., l. VII — 5,7.
2. Ibid., l. VI — 508. E S. p. 332.

On peut supposer qu'il raisonnait d'après une déduction analogue à celle-ci ; c'est que les notions mathématiques sont des essences, et participent par conséquent à l'essence : elles sont vraies et participent à la vérité : il y a donc au-dessus d'elles l'essence et la vérité ; or Platon nous apprend que l'essence et la vérité dérivent du bien (l'une et l'autre sont bonnes), et que le bien leur est supérieur en dignité et en puissance. Ainsi le bien existe au sommet du monde intelligible et s'y communique à l'essence et à la vérité, et de là aux notions mathématiques, et par elles aux choses sensibles. Ainsi le bien est au fond : mais on voit par là qu'il est à une distance infinie, qu'il ne se communique aux choses que par des degrés qui sont les essences, et qu'en définitive, il est aussi difficile de dire dans cette hypothèse pour quoi chaque chose en particulier est bonne, que dans l'hypothèse d'Anaxagore.

Mais voici une bien autre difficulté. Socrate, nous l'avons vu, est le premier qui ait eu une notion claire et distincte de la cause finale, et qui ait bien aperçu la corrélation des moyens et de la fin ; or cette conception l'avait conduit à l'idée d'une cause suprême et d'une providence. Que Socrate ait conçu cette providence comme un être personnel, doué de volonté, de prévoyance, de sollicitude pour ses créatures, attentive à leurs besoins, présente à leurs cœurs et prête à les recevoir après la mort, que telle ait été la pensée de Socrate, c'est ce qui ne fait pas l'objet d'un doute. Mais cette conception est-elle celle de Platon ? Lorsqu'il dit dans le *Phédon* « qu'il suppose partout le meilleur, » lorsque dans la *République* il montre l'idée du bien « au sommet du monde intelligible, » ce meilleur, ce bien en soi doit-il être entendu comme une substance individuelle et personnelle, ayant tout fait pour le mieux par une volonté libre, ou comme étant l'essence même du bien qui, considéré en soi, est aussi impersonnel, que le grand, le petit ; ou telle autre idée ? Tel est le grave problème qu'a agité dans tous les temps la critique platonicienne et qui ne sera peut-être jamais résolu d'une manière entièrement satisfaisante.

Si nous réfléchissons sur les différents exemples donnés par Platon, on voit que les idées communiquent aux choses les attributs que nous y trouvons : mais elles ne possèdent pas elles-mêmes ces attributs. Par exemple, qui est-ce qui fait que les choses grandes sont grandes ? C'est la grandeur en soi. Mais dira-t-on de la grandeur qu'elle est grande ? Non, sans doute : car alors elle ne serait pas la grandeur, et il faudrait supposer une autre grandeur par laquelle elle serait grande. Par la même raison, la beauté n'est pas une chose belle, l'égalité n'est pas une chose égale ; par analogie, on ne dira donc pas du bien qu'il est un être bon, une chose bonne. Sans doute, il est difficile de comprendre ce que c'est qu'un bien en soi, qui n'est pas une substance bonne ; mais comprend-on davantage ce que c'est que la grandeur en soi, l'égalité en soi, la duité en soi ? Si on admet ces entités comme réellement existantes pourquoi l'entité du bien en soi n'existerait-elle pas également ? Si on entend par le bien en soi une substance déterminée et personnelle, que fera-t-on des autres idées ? que sont-elles à l'égard de cette substance ? Les uns en feront les pensées de bien, et transformeront l'αὐτοζωὸν de Platon en un λόγος divin ; mais aucun texte authentique de Platon n'autorise cette conjecture. Ou bien on fera des idées de Platon des attributs de Dieu ; et telle était l'hypothèse à laquelle nous nous étions nous-même arrêté dans notre *Essai sur la Dialectique platonicienne* [1]. Mais cette hypothèse ne résiste pas aux textes. Comment la petitesse en soi, la vitesse en soi, la lenteur en soi, la duité en soi seraient-elles des attributs de Dieu ? Nulle part, dans Platon, l'idée du bien n'est considérée comme d'un autre genre que les autres idées ; elle est la première ; elle leur est supérieure à toutes en dignité et en puissance ; mais elle n'est pas d'une autre nature. Or, si elle était une substance dont les autres idées sont les pensées ou les attributs, il y aurait entre elle et les autres une différence radicale. Car, quoi de plus différent que la substance et les attributs ? Non, l'idée du bien est aux idées, ce que les idées sont aux choses : elle est leur essence générique, leur réalité absolue.

Nous sommes donc obligé de conclure que la théorie des idées ne conduisait pas Platon au dieu socratique, ni au dieu d'Anaxa-

---

1. Paris, 1861, 2e édit.

gore, qu'elle le conduisait dans une tout autre voie, et qu'il était sur le chemin, sans y être toutefois tombé, de l'idéalisme alexandrin. Seulement, ce qui reste vrai, c'est qu'il ne s'est jamais représenté le premier principe comme une unité abstraite et indéterminée; il l'a toujours conçu au contraire comme la plus haute, la plus vivante, la plus accomplie des essences : ce n'est pas ce que l'on a appelé plus tard l'identité de l'être et du néant : c'est la perfection même dans son absolue idée. Toutes les choses sont bonnes en proportion de leurs rapports avec cette perfection absolue, et par là le monde tout entier est imprégné de bonté. Mais on peut toujours se demander si la présence du bien dans les choses en vertu d'une communication, fort mystérieuse d'ailleurs, équivaut à ce que nous appelons la finalité; et c'est ici que le doute d'Aristote a sa place. L'idée n'exprime que l'essence des choses; elle en est comme la cause formelle. Cette cause formelle explique-t-elle la corrélation des moyens à la fin ? On peut en douter. Par exemple, qu'il y ait un animal en soi, cela peut expliquer si l'on veut comment tous les animaux participent à une essence commune et immuable; mais cela rend-il compte de l'étonnante appropriation qui dans l'animal attache chaque organe à sa fonction, et lie toutes les fonctions à la conservation de l'être entier ?

Cependant, la théorie des idées n'est pas tout Platon, et d'autres parties de sa philosophie se présentent avec un tout autre caractère. A côté de la métaphysique du *Phédon* et de la *République*, il y a la théologie du *Timée* et des *Lois*. Or, dans ces deux dialogues, le premier principe des choses est une véritable providence, dans le sens le plus précis du mot : c'est un Dieu véritablement personnel, non pas sans doute créateur du monde (Platon ni l'antiquité n'ont jamais eu cette conception), mais organisateur, artiste, en quelque sorte poëte, formant et façonnant le monde suivant le principe du meilleur, et conformément à un plan, se proposant un but et choisissant les meilleurs moyens pour arriver à ce but, un Dieu qui gouverne et surveille le monde après l'avoir formé, qui est surtout attentif au bien de l'humanité, et qui ne lui impose des épreuves passagères que pour lui préparer des récompensées infinies : en un mot, pour employer les paroles du *Timée*, un Dieu bon et « exempt d'envie (ἄφθονος) qui a voulu que toutes choses fussent autant que possible semblables à lui-même. »

Telle est la conception théologique esquissée dans le x° liv. des Lois, développée dans le *Timée* et qui soulève maintenant les questions suivantes : La théologie du *Timée* est-elle la conséquence légitime et logique de la théorie des idées ? ou bien n'est-elle qu'une forme poétique et populaire dans laquelle Platon enveloppait les résultats transcendants de la dialectique? ou bien enfin, cette théologie est-elle une théorie philosophique sérieuse, entendue par Platon dans le sens propre (sauf quelques détails évidemment mythologiques), mais qui ne se lierait pas rigoureusement à la théorie des idées, et lui serait annexée d'une manière plus ou moins arbitraire? De là trois hypothèses ; c'est la troisième qui nous paraît la vraie.

Quant à la première de ces hypothèses, elle nous paraît suffisamment réfutée par les considérations précédentes. Si l'on prend en effet une idée quelle qu'elle soit, et d'après la définition même que Platon en donne, elle n'est autre chose que l'essence qui communique l'unité à une multitude : c'est la beauté qui fait que les choses belles sont belles, la grandeur que les choses grandes sont grandes. Les idées sont donc nécessairement impersonnelles. Mais s'il en est ainsi, comment pourrait-il se faire qu'arrivée au terme, l'idée changeât tout à coup de nature, et que la dernière essence se transformât en une personne libre, individuelle, douée de bonté, de prévoyance, de justice, etc.? c'est évidemment altérer l'esprit de la méthode platonicienne, et transformer la méthode dialectique en une sorte d'induction psychologique. Or, il est facile de voir que la méthode dialectique qui cherche en toute multitude l'élément essentiel et immuable, et s'élève ainsi d'essence en essence jusqu'à la dernière essence, est profondément différente de la méthode psychologique, qui, considérant l'homme comme ce qu'il y a de plus parfait dans la nature, essaie de déterminer les attributs divins en élevant à l'infini les attributs mêmes de l'âme humaine.

Il faut remarquer, d'ailleurs, que nulle part Platon n'a donné le nom de Dieu à l'idée du bien, et réciproquement que dans le *Timée*, Dieu n'est pas présenté comme étant lui-même une idée ; il est la cause qui contemple les idées, et qui d'après leur modèle forme le monde. Mais que l'on relise les célèbres passages de la *République*, et que l'on nous dise si l'on peut se représenter l'Idée du bien contemplant toutes les idées inférieures, et s'en servant comme de modèles pour créer le monde. Que si l'on dit que cette distinction du Timée entre Dieu et les idées n'est qu'une forme poétique et mythique, que Platon personnifie l'Idée du bien, de même qu'il personnifie les grandes puissances de la nature dans les dieux inférieurs, que l'on prenne garde d'être entraîné par cette explication plus loin qu'on ne voudrait, et qu'on ne tombe ainsi dans la seconde hypothèse, suivant laquelle toute la théologie platonicienne ne serait plus elle-même qu'un mythe populaire.

Il est certain qu'il y a dans Platon beaucoup de pensées qui ne sont que des images poétiques, des symboles, voilant et enveloppant des vérités plus abstraites. Il est certain aussi que souvent il exprime sous une forme populaire les plus grandes conceptions métaphysiques, et qu'il essaie ainsi de les rendre plus accessibles au plus grand nombre. Mais jusqu'à quel point est-il permis d'employer ce système d'interprétation? Comment, et où finit dans Platon la forme mythique et populaire? où finit la pensée rigoureusement philosophique? C'est là un des problèmes les plus difficiles de la critique platonicienne. C'est comme dans l'interprétation des écritures, de savoir jusqu'où va le sens figuré, et où commence le sens propre. Je pense qu'il faut user avec beaucoup de circonspection de ce système d'interprétation ; autrement, il n'y a plus de limites à l'arbitraire : suivant que telle opinion nous paraîtra vraie ou fausse, nous la déclarerons philosophique ou mythique à notre gré. Ceux, par exemple, pour qui la personnalité divine est une illusion anthropomorphique, déclareront que la théologie du *Timée* n'est qu'une conception mythique et populaire. D'autres les réfuteront sur ce point; mais ils soutiendront que la distinction de Dieu et des idées, est une distinction mythique et populaire. et ils soutiendront à la fois que le dieu de Platon est un dieu personnel, et en même temps qu'il est la première des idées. Ainsi chacun placera le mythe où il lui plaira, l'avançant ou le reculant au gré de ses propres opinions. Quant à ce criterium qui consiste à déclarer mythe tout ce qui ne se lie pas d'une manière rationnelle et logique à la théorie connue de Platon, à savoir la théorie des idées, ce criterium est très-incertain. Il s'en faut que les philosophes de l'antiquité se soient imposé cet enchaînement logique et systématique, qui caractérise les philosophes modernes ; et encore même chez les modernes, serait-il imprudent de vouloir exclure d'une philosophie tout ce qui ne s'y rattache pas rigoureusement : à plus forte raison de la libre antiquité, et surtout du plus libre des génies antiques. Platon a plus d'idées qu'il ne peut en lier, et c'est là le propre de tous les esprits féconds : lui en supprimer la moitié, pour donner au reste plus d'uniformité et de rigueur, ne peut être que l'œuvre d'une critique étroite et pédantesque, peu digne de se baigner dans les eaux fraîches, libres et courantes de la divine antiquité.

La vérité est, selon nous, dans la troisième opinion. La théologie du Timée n'est pas la conséquence logique de la dialectique, ni de la théorie des idées : et cependant elle est une conception philosophique sérieuse. On peut le prouver par des textes empruntés aux dialogues les plus sévèrement philosophiques de Platon. Je citerai principalement les deux textes bien connus du *Philèbe* et du *Sophiste*. Dans le premier de ces dialogues, Platon dit expressément que « la cause des choses est l'intelligence ; » et il distingue expressément, tout comme dans le Timée, « quatre choses : l'infini qui est la matière, le fini (principe de proportion et de mesure) qui est l'idée ; le mélange du fini et de l'infini, c'est-à-dire le monde ; et enfin la cause de ce mélange ou l'intelligence, qui est Dieu. » Le parallèle est manifeste ; or ici, personne ne peut supposer le moindre mélange de mythe populaire : car le passage dont il s'agit est tiré d'un des dialogues les plus abstraits et les plus techniques de Platon. Dans le *Sophiste*, on voit Platon combattant la théorie des idées entendue dans un certain sens (sans doute par les Mégariques) et montrant qu'il doit y avoir un être absolu « doué d'intelligence, d'âme et de vie, » et qu'il appelle τὸ ὄντως ὄν, l'être absolu. Comment cette théorie se lie-t-elle à la doctrine des idées, c'est ce qu'on ne voit pas clairement, puisque ce texte est précisément dirigé contre les partisans des idées ; mais ce qui est certain, c'est que Platon n'était pas disposé à sacrifier même à sa théorie la plus chère, la notion d'un souverain ordonnateur, et d'une vivante et souveraine sagesse. La vérité est que la philosophie de Platon s'est formée de deux courants et de deux influences distinctes : d'une part, l'influence pythagoricienne, éléatique et mégarique, qui a donné la théorie des idées ; de l'autre, l'influence socratique, qui a donné la théologie du *Timée* et des *Lois*. Je suis porté à croire que ces deux courants d'idées n'ont jamais complétement mêlé leurs flots. La fusion de ces deux systèmes fut plus tard la grande œuvre de la philosophie alexandrine et de la théologie chrétienne.

Quoi qu'il en soit de la solution de ces difficultés, que nous ne pourrions approfondir davantage sans nous éloigner trop longtemps de notre sujet, il est certain que la théologie de Platon dans les *Lois* et dans le *Timée* est toute dominée par le principe des causes finales : c'est bien le principe du meilleur dont il cherche, non plus la démonstration, mais l'application dans l'univers ; et il semble que le *Timée* ait été composé pour répondre aux difficultés élevées dans le *Phédon* contre la physique d'Anaxagore. Voyons d'abord le principe : « Disons *d'après quel motif* (δι᾽ ἣν τινα αἰτίαν), l'auteur de cet univers produit, l'a ainsi composé. Il *était bon ;* or celui qui est bon ne conçoit jamais aucune espèce d'envie (ἀγαθὸς ἦν, ἀγαθῷ δὲ οὐδεὶς περὶ οὐδενὸς οὐδέποτε ἐγγίγνεται φθόνος.) *Étant donc exempt* d'envie, il *a voulu* que tout, autant que possible, fût produit semblable à lui-même (ὅτι μάλιστα παράπλησια ἑαυτῷ). Puisque Dieu voulait que *tout fût bon* (βουληθεὶς θεὸς ἀγαθὰ πάντα) et qu'il n'y eût rien de mauvais (φλαῦρον δὲ μηδὲν) autant qu'il était possible, trouvant toutes choses dans un mouvement sans règle et désordonnées (κινούμενον πλημμελῶς καὶ ἀτάκτως), il les a fait passer de la confusion à l'ordre, jugeant que l'un était de beaucoup préférable à l'autre. » (Ἡγησάμενος ἐκεῖνο τούτου πάντως ἄμεινον.)

Voilà donc le principe de la théologie du *Timée*[1] : Dieu est bon, et il a tout fait pour le mieux : or c'est là précisément ce que Socrate demandait à Anaxagore. Le *Timée* répond donc à la question du *Phédon*.

Maintenant, Platon distingue deux sortes de causes dans la nature : les causes matérielles et les causes finales; distinction que nous avons déjà signalée plus haut dans le *Phédon*, et dont Aristote a fait plus tard un si fréquent usage.

« Ce sont là des *causes accessoires* dont Dieu se sert comme d'instruments (ξυναιτίων, οἷς Θεὸς ὑπηρετοῦσι χρῆται) *pour réaliser autant qu'il est possible l'idée du bien* (τὴν τοῦ ἀρίστου κατὰ τὸ δυνατὸν ἰδέαν ἀποτελῶν). Cependant la plupart des hommes pensent qu'*au lieu d'être des causes secondaires, elles sont les causes véritables de toutes choses* (οὐ ξυναίτια, ἀλλ' αἴτια), parce qu'elles produisent le froid et le chaud, la condensation, et autres effets semblables. Mais *il est impossible qu'elles aient de la raison et de l'intelligence*. Or celui qui aime vraiment l'intelligence doit rechercher avant tout *les causes intelligentes* (τὰς τῆς ἔμφρονος φύσεως αἰτίας πρώτας μεταδιώκειν) et n'accorder que le *second rang* à celles qui sont mues par d'autres et qui en meuvent d'autres à leur tour d'une manière *nécessaire* (ὅσαι δὲ ὑπ' ἄλλων μὲν κινουμένων, ἕτερα δ' ἐξ ἀνάγκης κινούντων γίγνονται, δευτέρας ποιητέον)[2]. »

Or, de ces deux sortes de causes, la matière et l'intelligence, la matière préexistait, et, en l'absence d'intelligence, présentait l'aspect du pur chaos. C'est donc par le chaos que le monde a commencé; ainsi que l'a dit Anaxagore, « tout était ensemble, » ἅμα ἦν πάντα.

« *La nourrice de la génération humectée*, enflammée, recevant les formes de la terre et de l'air,... *semblait offrir à la vue une diversité infinie*; mais comme elle était soumise à des forces dissemblables et sans équilibre, elle ne pouvait être en équilibre dans aucune de ses parties..... Ainsi, avant la naissance de l'uni-

1. *Timée*. 29 E et 30 A.
2. *Timée*, 46 D.

vers, le feu, l'eau, la terre et l'air offraient déjà quelques traces de leurs formes propres, mais étaient pourtant dans l'état d'un objet duquel Dieu est absent (ὥσπερ εἰκὸς ἔχειν ἅπαν ὅταν ἀπῇ τινὸς θεός). Les trouvant donc dans cet état naturel, la première chose qu'il fit, ce fut de les distinguer par les formes et par les nombres (εἴδεσι καὶ ἀριθμοῖς). Ainsi Dieu ordonna d'une manière aussi excellente et aussi parfaite que possible ces choses qui étaient dans un état bien différent (ὡς κάλλιστα ἀριστά τε [1]). »

« Tout ce que nous avons dit jusqu'ici a rapport aux objets formés (τὰ διὰ νοῦ δεδημιουργημένα) avec intelligence; mais *nous devons parler aussi des choses qui ont lieu nécessairement* (τὰ δι' ἀνάγκης γιγνόμενα); car la *naissance de ce monde a été produite par un mélange de la nécessité et de l'action d'une intelligence ordonnatrice. Mais l'intelligence l'emportait en persuadant à la nécessité* (τῷ πείθειν αὐτήν) *de conduire vers le bien la plupart des choses qui naissaient, et c'est de cette manière par la nécessité soumise à la persuasion de la sagesse* (τῆς ἀνάγκης ἡττωμένης ὑπὸ πειθοῦς) *que dans l'origine tout cet univers a été formé. Si donc on veut en exposer réellement la formation d'après la vérité, on doit mêler dans cette explication cette espèce de cause errante* (τὸ τῆς πλανωμένης εἶδος αἰτίας), *comme la nature la comporte*[2]. »

« *Toutes ces choses existant donc ainsi dès lors* en vertu de la nécessité (πεφυκότα ἐξ ἀνάγκης), l'auteur du plus beau et du meilleur des ouvrages les prenait au sein des choses qui naissaient, lorsqu'il engendrait le Dieu se suffisant à lui-même et le plus parfait (αὐτάρκη καὶ τελεώτατον θεόν); *pour cela il faisait servir à ses desseins les causes propres à ces corps* (Χρώμενος ταῖς περὶ ταῦτα αἰτίαις ὑπηρετούσαις), *il opérait lui-même le bien dans tout ce qui se produisait* (τὸ δ' εὖ τεκταινόμενος ἐν πᾶσι τοῖς γιγνομένοις αὐτός). C'est pourquoi il faut distinguer deux genres de causes, *le nécessaire et le divin* (τὸ ἀναγκαῖον, τὸ θεῖον) et rechercher en tout la cause divine, pour jouir d'une vie heureuse autant que le comporte notre nature, mais

1. *Timée.* 52, 53.
2. *Ibid.* 48.

étudier aussi les causes nécessaires, en vue de ce qui est divin (τὸ δ' ἀναγκαῖον ἐκείνων χάριν), sachant bien que sans elles il est impossible de comprendre cet objet de nos désirs, ni de l'obtenir ni d'y participer en aucune manière [1]. »

Ainsi, suivant Platon, Dieu se sert de causes nécessaires, c'est-à-dire de la matière préexistante pour réaliser le bien. Mais pour cela, il lui faut un modèle; et ce modèle, c'est le monde divin des *idées*, qui deviennent ainsi les *causes finales* des choses ; et c'est ainsi que, suivant le texte du *Philèbe*, le phénomène existe *en vue de l'être*.

Ce monde des idées compose ce que Platon appelle le *modèle* (τὸ παράδειγμα), lequel renferme d'avance l'idée de tous les êtres, et est en quelque sorte lui-même, le vivant en soi, le vivant absolu, τὸ αὐτὸ ζῷον, τὸ παντελεῖ ζῷον.

« La suite des idées nous amène à dire à la ressemblance de *quel animal* le monde a été formé par son auteur. *Ce modèle contient et comprend en lui-même tous les animaux intelligibles*, de même que dans ce monde-ci nous sommes renfermés nous-mêmes ainsi que tous les animaux produits et visibles. Car *Dieu voulant le rendre semblable à l'être intelligible* le plus beau et le plus parfait, *a formé un animal visible* renfermant tous les animaux [2]. »

De ces principes généraux, Platon a tiré une téléologie, fort arbitraire et fort imaginaire sans doute, mais qui peut être considérée comme le premier essai de ce que l'on a appelé dans les temps modernes la *théologie physique*, et qui prouve précisément que la théorie des causes finales a fait des progrès incontestables, non moins que celles des causes efficientes.

C'est ainsi qu'il nous dit que « Dieu a placé l'eau et l'air entre le feu et la terre, et a formé ainsi le corps du monde *plein de proportion et d'harmonie*, et qui tient de sa composition *cet amour par lequel il s'unit de manière à ne faire qu'un avec lui-même*.

1. *Ibid.*, 69, 70.
2. *Ibid.*, 30, 13.

et de telle sorte que cet union ne peut être rompue par rien, si ce n'est par celui qui l'a établie [1]. »

« C'est donc par ces motifs et par ces réflexions qu'il a façonné le monde de manière à en faire un tout complet. Il lui a donné *la forme orbiculaire, la plus parfaite et la plus semblable à elle-même de toutes les figures, pensant que ce qui se ressemble ainsi à soi-même est mille fois plus beau que ce qui ne se ressemble pas.* Il *en a poli le contour extérieur pour plusieurs motifs.* En effet, le monde n'avait *nullement besoin d'yeux,* puisqu'il ne restait rien de visible, *ni d'oreilles* puisqu'il n'y avait rien à entendre. Il n'y avait pas non plus d'air en dehors de lui qu'*il eût besoin de respirer*... Il est de sa nature de trouver sa nourriture dans sa propre corruption, de n'agir et de ne recevoir d'action que de lui-même. Car son auteur a pensé qu'*il serait plus parfait, se suffisant à lui-même que s'il avait besoin d'autres objets.* » — Tels sont donc les sages desseins d'après lesquels « le Dieu éternel, ayant médité sur le Dieu futur, il en fit un corps poli, uniforme et complet, un Dieu parfaitement heureux [2]. »

Passant ensuite aux organes des êtres vivants, il emprunte à une assez pauvre physiologie des raisons de finalité plus ou moins semblables à celles qu'une science plus avancée peut autoriser.

« La partie de l'âme qui participe à la force virile et à la colère (τῆς ἀνδρείας καὶ θυμοῦ) fut logée près de la tête, entre le diaphragme et le cou, afin qu'obéissant à la raison et de concert avec elle, elle comprimât par la force les désirs sensuels. »

« Le cœur, nœud des veines et source du sang, fut placé dans la demeure des satellites de la raison, afin que quand la colère s'irriterait à la nouvelle donnée par la souveraine de quelque action injuste commise dans ses membres par quelque cause extérieure, ou même par les désirs intérieurs des passions sensuelles, aussitôt les parties sensibles reçussent rapidement les ordres, les suivissent

---

1. *Ibid.* 32.
2. Ibid. 33.

entièrement et permissent que la partie la meilleure de nous-mêmes eût partout l'autorité [1]. »

« Tous les membres de l'animal mortel étant mis ensemble, il était à craindre qu'il ne pérît. Les dieux lui préparèrent une ressource... car ils firent un second genre de vivants (ἕτερον ζῶον): ce sont les arbres et tous ces végétaux, qui sont devenus domestiques. »

« Il rendit nos têtes chevelues, parce qu'il pensa qu'au lieu de chair, les cheveux devaient, pour la sûreté du cerveau, lui former une couverture légère, et lui fournir pendant l'été et pendant l'hiver un ombrage et un abri suffisant, sans porter obstacle à la vivacité des sensations. De même qu'on établit des canaux dans les jardins, de même ils en pratiquèrent dans notre corps afin de l'arroser, comme par le cours d'un ruisseau [2]. »

« Quant à la formation et à la place de la rate, voici pourquoi elle a été faite du côté gauche : c'est pour rendre la face toujours brillante et propre, comme un miroir préparé, comme une matière toujours prête à recevoir les empreintes (le foie étant l'organe de la divination). »

« Ils formèrent les intestins avec beaucoup de circonvolutions, de peur que la nourriture en traversant rapidement ne réduisît le corps à avoir sans cesse besoin d'aliments nouveaux, et que produisant une insatiable gourmandise, elle ne rendît la race mortelle incapable de philosophie, étrangère aux muses, et indocile à la partie la plus divine de nous-mêmes. Ensuite, pensant que la substance osseuse était d'une nature trop sèche et trop inflexible, que tantôt échauffée, tantôt refroidie, elle se carierait... pour ces motifs, il forma les nerfs et la chair ; les premiers pour lier ensemble tous les membres... et servir à courber le corps ou à le redresser... la chair pour le préserver des chaleurs excessives, et le garantir du froid [3]. »

« Prévoyant les tressaillements du cœur dans l'attente des dangers et dans la colère, les dieux... pour venir au secours du cœur

1. *Ibid.* 70.
2. *Ibid.* 76, 77.
3. *Ibid.*, 72.

formèrent avec art le poumon... afin que recevant l'air et la boisson, il rafraichisse le cœur et lui donne du repos;... et ils le placèrent près du cœur, comme un coussin bien mou pour en adoucir les battements [1]. »

« La haute importance et l'utilité de ce présent des dieux (la vue), voilà ce qui nous reste à vous expliquer. *La vue a été pour nous la cause des plus grands avantages*, car il nous serait impossible de rien *découvrir sur la nature de l'univers*, si nous n'avions jamais vu *les astres*, ni *le soleil*. Ensuite, *les jours et les nuits*, les mois et les années, se succédant sous nos yeux, nous ont *fourni le nombre et nous ont donné l'idée du temps*... La vraie cause pour laquelle Dieu nous a donné la vue, c'est *afin que contemplant dans les cieux les révolutions de l'intelligence, nous puissions nous en servir pour les révolutions intérieures de notre propre pensée.* »

« Quant à *la voix et l'ouïe* nous dirons encore que c'est pour la même fin (τῶν αὐτῶν ἕνεκα) que les dieux nous les ont données. Car la parole est pour la même fin que la vue, et le chant qui a bien aussi son utilité, a été donné à l'ouïe à cause de l'harmonie; or l'harmonie, c'est pour réduire les révolutions de notre âme à l'ordre et à l'accord avec elle-même, qu'elle nous a été donnée comme un puissant secours par les muses; et le rhythme nous a été donné encore pour la même fin comme un moyen de régler ces manières dépourvues de mesure et de grâce que se font la plupart des hommes [2]. »

« *Ils resserrèrent au milieu le tissu de l'œil, afin qu'il ne laissât rien échapper de la lumière* la plus grossière, et qu'il laissât passer, comme dans un filtre, seulement cette lumière parfaitement pure.... *Les protectrices de la vue, les paupières*, lorsqu'elles sont closes, *arrêtent l'effort du feu intérieur*, qui alors calme et adoucit les agitations intérieures, et en les apaisant produit le repos [3]. »

1. *Ibid.* 70.
2. *Ibid.* 47.
3. *Ibid.* 45, 46.

« Les dieux renfermèrent les deux révolutions divines dans *un corps sphérique pour imiter la forme ronde de l'univers*, et ce corps est celui que nous nommons la tête : c'est en nous la partie la plus divine et la maîtresse de toutes les autres. Aussi les dieux lui soumirent le corps tout entier, et le lui donnèrent comme serviteur.... *De peur que roulant sur la terre*, qui offre des hauteurs et des cavités de tout genre, *elle n'eût de la peine à franchir les unes et à sortir des autres, ils lui donnèrent le corps comme un char où l'on pût voyager à son aise*. C'est pourquoi le corps eut *quatre membres* étendus et flexibles, *instruments de transport fabriqués par les dieux, et au moyen desquels il pût saisir et repousser les objets*.... C'est pourquoi *les jambes et les bras* ont été ajoutés aux corps de tous les hommes; et les dieux pensant que *les parties antérieures sont plus nobles* et plus dignes de commander, *ont voulu que notre marche s'exécutât en avant*[1]. »

Pour nous résumer, on peut dire qu'il y a dans Platon deux théories de la finalité : l'une métaphysique, l'autre physique. Suivant la première, les choses sont bonnes parce qu'elles participent au bien; suivant la seconde, les choses sont bonnes, parce qu'elles sont faites pour le bien. Dans le premier cas, la finalité est immanente et dérive d'une cause impersonnelle ; dans le second cas, elle est transcendante et suppose une cause personnelle. Platon n'a pas cherché à concilier ces deux points de vue ; et peut-être même n'a-t-il pas eu conscience de leur opposition : et, il faut le dire, cette difficulté n'est guère moins grande aujourd'hui pour nous que pour lui.

1. *Ibid.* 44.

X

LA FIN SUPRÊME DE LA NATURE.

La doctrine des causes finales ne peut échapper, à ce qu'il semble, à un dernier problème. Si chacune des choses de l'univers, prise séparément, a été produite pour une autre, pour quoi, dans quel but toutes prises ensemble, ont-elles été faites? L'unité de cause suppose l'unité de but. Si une seule cause a tout fait, elle doit avoir tout fait pour un seul but : et comme la cause est absolue, le but doit être absolu. Enfin, comme il n'y a pas deux absolus, la cause et le but doivent être identiques; et par conséquent, Dieu doit avoir fait le monde pour lui-même.

C'est ici que commencent les difficultés. Si Dieu a fait le monde pour lui-même, c'est évidemment pour en jouir, pour y trouver sa satisfaction et son bonheur, ou encore pour s'en glorifier. Aussi la doctrine théologique commune est-elle que Dieu a fait le monde pour sa gloire. Mais s'il en est ainsi, quel que soit le profit que Dieu retire du monde, gloire, joie désintéressée, satisfaction esthétique, peu importe; toujours est-il que cette joie lui manquait avant qu'il ne créât le monde, qu'il l'a créé pour se la procurer : il était donc privé de quelque chose avant la création, il n'était donc pas parfait. Car le parfait, comme dit Bossuet, « c'est l'être à qui rien ne manque. » Supposer que Dieu a créé le monde pour lui-même, c'est donc mettre en lui le manque et la privation. « Cette doctrine, dit Spinosa, détruit la perfection de Dieu : car si

Dieu agit pour une fin, il désire nécessairement quelque chose dont il est privé. Et bien que les théologiens et les métaphysiciens distinguent entre une fin poursuivie *par indigence*, et une fin *par assimilation*, ils avouent cependant que Dieu a tout fait pour lui-même, et non pour les choses qu'il allait créer, vu qu'il était impossible d'assigner avant la création d'autre fin à l'action de Dieu que Dieu lui-même; et de cette façon, ils sont forcés de convenir que tous les objets que Dieu s'est proposés, en disposant certains moyens pour y atteindre, Dieu en a été quelque temps privé, et a désiré les posséder. »

Une autre solution, qui n'est pas opposée à la précédente, et qui lui est subordonnée, c'est que Dieu a créé le monde pour l'homme, et l'homme lui-même pour l'honorer et le servir. Mais nous avons dit déjà combien est étroite une telle doctrine qui ne voit que l'homme dans l'univers, et ramène tout à lui. Cette doctrine *anthropocentrique*, comme on l'a appelée, paraît liée à la doctrine *géocentrique*, celle qui faisait de la terre le centre du monde, et doit disparaître avec elle. Les plus grands philosophes du xvii° siècle, Descartes et Leibniz, l'ont expressément désavouée : « Car, dit Descartes, encore que ce soit une pensée pieuse et bonne, en ce qui regarde les mœurs, de croire que Dieu a fait toutes choses pour nous, *il n'est toutefois aucunement vraisemblable* que toutes choses aient été faites pour nous en telle façon que Dieu n'ait eu aucune autre fin en les créant;... car nous ne saurions douter qu'il n'y ait une infinité de choses qui sont maintenant dans le monde, ou bien qui y ont été autrefois, et ont déjà entièrement cessé d'être, sans qu'aucun homme les ait jamais vues ou connues, et sans qu'elles lui aient jamais servi à aucun usage. »

Si donc la fin de l'univers ne peut être ni Dieu, ni l'homme (et à fortiori les créatures inférieures à l'homme), il semble résulter de là qu'on ne peut concevoir aucun but à l'univers : ce qui paraît infirmer toute la doctrine des causes finales.

Sans doute, il est toujours permis à un philosophe, comme le fait ici Descartes, de suspendre son jugement et de s'arrêter à l'ignorance : c'est là un droit naturel en philosophie. Nous n'admettons nullement que l'on nous dise : puisque vous ignorez telle chose, il s'ensuit que vous n'en savez aucune. Ainsi, lors même qu'on ignorerait les causes premières, il ne s'ensuivrait pas qu'il n'y a pas de causes secondes ; et quand même les fins dernières nous échapperaient, nous ne serions pas forcés pour cela de méconnaître l'existence des fins secondes. Enfin, de même que nous nous élevons de la cause seconde à la cause première, sans savoir comment elle communique avec elle, il en est de même du rapport des fins secondes aux fins dernières. Mais enfin l'argument *ad ignorantiam* ne doit être employé qu'à la dernière extrémité.

Une autre hypothèse a été récemment proposée pour expliquer le pourquoi de la création : « Il semble, dit un éminent philosophe, qu'on ne saurait comprendre l'origine d'une existence inférieure à l'existence absolue, sinon comme le résultat d'une détermination volontaire, par laquelle cette haute existence a d'elle-même modéré, amorti, éteint, pour ainsi dire, quelque chose de sa toute-puissante activité. Dieu a tout fait de rien, de ce néant relatif qui est le possible ; c'est que de ce néant il en a été d'abord l'auteur, comme il l'était de l'être. De ce qu'il a annulé en quelque sorte et anéanti de la plénitude infinie de son être (*se ipsum exinanivit*), il a tiré par une sorte de réveil et de résurrection tout ce qui existe [1]. »

Cette doctrine, on le voit, au lieu d'expliquer la création par un manque, par un désir, par une imperfection du Créateur, l'expliquerait au contraire par une surabondance, par un excès, par une sorte de plénitude, Dieu ayant annihilé une partie de lui-même pour en faire le monde. Une telle hypothèse ne paraît pas beaucoup plus admissible que la doctrine inverse. On n'est pas moins infidèle à la notion d'être parfait, en lui attribuant un trop plein, une sorte de pléthore d'être, dont il abandonnerait une partie, comme la femelle pleine abandonne son fruit, qu'en le représentant comme un germe qui se développe et qui grandit. Nous admettons que le nom suprême de Dieu est « grâce, don, libéralité » ; mais jamais il n'a été dit que le Dieu chrétien « crée de son *propre* être la créature, »

---

[1]. Ravaisson, Phil. du xix° siècle, p. 262.

c'est là une notion essentiellement orientale et non chrétienne. Le *nihilum* chrétien est un vrai nihilum, et non une partie de la substance divine annihilée [1]. C'est, à ce qu'il semble, altérer profondément le dogme chrétien, que de vouloir que le monde soit fait de quelque chose, ce quelque chose fût-il une partie de la substance divine. Nous ne pouvons mieux répondre à cette hypothèse qu'en opposant l'auteur à lui-même : « Dieu ne passe pas tout entier dans les choses, dit-il ailleurs en résumant la doctrine de Philon; *il ne leur donne pas non plus, à proprement parler, une partie de lui-même. Il se donne, il se communique, et pourtant il reste en lui-même dans son intégrité première. Rien ne vient de Dieu par séparation*, mais par une sorte d'extension qui ne lui enlève rien. *Notre âme est quelque chose qui vient de l'âme divine, et n'en est pas retranchée* [2]. » Dans cette interprétation beaucoup plus près de la vérité, le monde n'est pas né du trop plein de Dieu, d'une partie de lui-même qu'il aurait anéantie : seulement le mot *extension* (ἐκτείνεται) est encore trop dire ; c'est faire la part trop grande à la doctrine de l'émanation ; et Dieu n'est pas plus augmenté que diminué par la création. La création peut donc être considérée comme un don gratuit, sans qu'on soit forcé d'avoir recours à l'hypothèse désespérée d'un Dieu qui s'annule lui-même en créant : cette hypothèse métaphysique n'ajoute rien en vraisemblance et en clarté à la seule doctrine qui puisse expliquer la création, la doctrine de l'amour divin.

Nous sommes donc ramenés au dilemme précédent : ou bien la cause suprême agit pour une fin adéquate à elle-même, c'est-à-dire absolue ; et cette fin ne peut être qu'elle-même : mais alors il lui manque donc quelque chose pour être entièrement ce qu'elle doit être : elle n'est donc pas parfaite ; elle n'est donc pas Dieu ; — ou bien la cause suprême agit pour une fin qui n'est pas elle ; par exemple le bonheur des êtres créés : et dès lors la fin n'est pas adéquate à la

---

1. M. Ravaisson confond et enveloppe ici dans son explication deux dogmes distincts : l'incarnation et la création. Il semble que la création soit déjà une incarnation. C'est transformer le christianisme en brahmanisme ou en gnosticisme, comme l'a justement fait remarquer M. A. Franck.
2. Ravaisson, *Essai sur la Métaph. d'Aristote*, t. II, p. 386.

cause; l'être absolu agit pour une fin relative; l'être infini pour une fin finie; il semble que nous ne puissions sortir de cette alternative.

Nous l'avons dit déjà plus haut [1], la difficulté soulevée par Spinosa irait beaucoup plus loin qu'il ne se le figure; elle n'est qu'un cas particulier de la question générale des rapports du fini à l'infini. De quelque manière qu'on se représente ce rapport, on pourra toujours dire que si l'infini n'est pas resté éternellement seul, c'est qu'il a eu besoin du fini pour exister. Ainsi, soit que l'on admette que Dieu a produit le monde par une émanation nécessaire, soit qu'on admette qu'il l'ait créé librement, l'objection reste toujours la même : pourquoi a-t-il créé? Pourquoi n'est-il pas resté enveloppé en lui-même? Le problème insoluble est celui-ci : Pourquoi y a-t-il autre chose que Dieu [2]? Et ce problème, il faudrait être Dieu pour le résoudre; mais puisque le monde existe, il faut qu'il ne soit pas en contradiction avec la nature divine : dire que cette existence du monde a une fin, et que cette fin est Dieu, ce n'est pas une difficulté de plus.

Toute la difficulté est de savoir comment Dieu peut aimer autre chose que lui-même; mais c'est la même difficulté que de savoir comment Dieu peut penser autre chose que lui-même. Cet autre chose, suivant nous, peut coexister avec Dieu sans l'augmenter ni le diminuer, sans s'ajouter à lui, et sans être pris sur lui, parce qu'il n'est pas d'une commune mesure avec lui. Sans doute, cet être a en lui sa racine, mais comme dit l'école, *eminenter*, en ce sens que dans l'idée de l'absolu et de l'infini, est contenue à priori la possibilité d'une multiplication infinie de l'être, sans aucun changement dans la substance divine. Cette coexistence une fois admise (et elle est admise par tous les philosophes qui admettent à la fois Dieu et le monde), le pourquoi de la création ne peut être cherché que dans le motif du bien. C'est par la bonté que Platon, aussi bien que le christianisme, explique la production des choses.

Si l'on admet d'une manière absolue que Dieu ne peut avoir d'autre fin que lui-même, la création est inexplicable : car, se possédant déjà, pourquoi se chercherait-il encore par un chemin détourné?

1. Liv. I, ch. vi, p. 302.
2. Voir Saisset, *Philos. relig.*, 2e partie, 3e méditation.

Si c'était lui-même qui se cherchât à travers le monde, ce serait alors qu'on lui imputerait légitimement un manque et un désir.

Pour résoudre ce problème, Malebranche avait émis cette pensée singulière et profonde, que le but de la création était l'incarnation de J.-C. C'était en prévision de cette incarnation que le monde avait été fait. L'incarnation, au lieu d'être un miracle dans cette hypothèse, était la raison même, la loi dernière de l'univers. « Dieu, dit-il, trouve dans l'incarnation du Verbe un motif non invincible, mais suffisant pour prendre la qualité de créateur, qualité peu digne de lui sans ce dénouement qu'il trouve dans sa sagesse pour satisfaire sa bonté [1]. » Cette doctrine extraordinaire ne sauve la difficulté philosophique, que pour compromettre la théologie. Si l'incarnation n'a eu lieu que pour la gloire de Dieu, où est le mérite du Rédempteur? Que deviennent l'amour et la reconnaissance qui lui sont dus? Que si l'on retranche de cette hypothèse tout ce qui tient au dogme chrétien positif, il reste alors la doctrine brahmanique de l'incarnation, c'est-à-dire le pur panthéisme. Il n'y a plus à se demander pourquoi Dieu a créé le monde, puisque le monde c'est lui-même.

Malebranche dit admirablement que le monde est une œuvre « profane, » et que, pour être digne de Dieu, il faut qu'il devienne une œuvre « divine. » Mais pour être divin, faut-il qu'il contienne Dieu en substance, et ne suffit-il pas qu'il le contienne par participation, κοινωνία? Tout ce qui sort de Dieu est divin par cela même, et d'autant plus qu'il contient plus d'expression divine. Pour que la création soit digne de Dieu, il suffit que l'acte lui-même soit divin ; il n'est pas nécessaire que le terme de l'acte le soit.

Le mot de but peut signifier deux choses : ou le *motif* de l'acte créateur, ou le *terme* de cet acte. Dieu peut agir divinement, quand même le terme de son action ne serait pas lui-même. Si l'on admet que Dieu ne peut agir que pour lui-même, il faut admettre encore une fois qu'il ne peut aimer que lui-même, vouloir que lui-même :

---

1. Entretiens métaphys., IX, 1. — Voir *Philosophie de Malebranche*, par Ollé-Laprune, tome I, ch. VII, p. 389.

dès lors, la création est impossible ; et cependant elle est. Si on admet la création, ou la coexistence de Dieu et du monde, il faut reconnaître que Dieu a pu sortir de soi; par conséquent, que le terme de son action a pu être un autre que lui. Pour que l'acte soit divin, il suffit que le motif le soit. Que ce motif soit tiré de sa puissance, de sa sagesse ou de sa bonté, ou des trois attributs à la fois, ou même que ce motif ne puisse être représenté à l'entendement humain, il suffit que nous en concevions la possibilité pour que l'acte ne perde pas son caractère de divin, quand même le terme en resterait profane.

Si Dieu, comme perfection absolue, ne peut avoir créé le monde dans un but égoïste (car alors le plus simple était de ne pas créer du tout), si d'un autre côté on ne peut supposer qu'il a créé par hasard et par jeu (Ζεὺς ἐπαίζεν κοσμοποιήσας), il s'ensuit qu'il ne peut avoir fait le monde que dans l'intérêt des êtres créés, c'est-à-dire par bonté (ἀγαθὸς ἦν... βουληθεὶς ἀγαθὰ πάντα). Telle est, du moins, la seule manière dont l'esprit humain puisse se représenter la raison de la création : telle est, traduite en langage humain, la seule hypothèse qui permette de concevoir la relation de l'infini et du fini, de l'imparfait et du parfait, du créateur et de la créature.

Mais le mal ? — Le mal n'aurait pu être pour la bonté divine, une raison de ne pas créer, que s'il devait, par la nature des choses, l'emporter sur le bien en quantité : car, qu'il y ait une part de mal dans la création, c'est ce qui peut très-bien être une conséquence inévitable de la création même, comme les stoïciens, les Alexandrins, et Leibniz l'ont prouvé. Les athées expliquent le mal en disant qu'il est une conséquence inévitable des lois naturelles. Cette explication est précisément la justification de la Providence. Si, en effet, le mal est une conséquence des lois de la nature, ou il fallait qu'il n'y eût pas de nature, ou le mal devait coexister avec la nature. Supposons, par exemple, que la douleur soit une conséquence nécessaire de la sensibilité, ou bien il fallait qu'il n'y eût pas d'êtres sensibles, ou il fallait qu'ils souffrissent. Toute la question revient donc à savoir lequel valait le mieux, ou qu'il y eût une nature, ou qu'il n'y en eût pas ; ou qu'il y eût des êtres sensibles, ou qu'il n'y en eût pas. Si la mort est la conséquence de la vie, Dieu ne pouvait empêcher la mort, qu'en supprimant la vie. Dieu est donc impuissant, direz-vous. On a suffisamment répondu à cette difficulté. Toute création implique condition et limitation, et par conséquent défaut; ce qui se traduit en souffrance dans l'ordre de la sensibilité, et en péché dans l'ordre de la volonté.

La seule question est donc de savoir si la quantité du mal l'emporte sur la quantité du bien dans l'univers. Dans ce second cas seulement, la Providence serait sans excuse. Or, nous croyons que l'expérience et le raisonnement attestent suffisamment que c'est le bien, et non pas le mal qui l'emporte, non-seulement dans l'univers en général, mais dans la vie humaine en particulier. Leibniz disait spirituellement : « Il y a plus de maisons que d'hôpitaux, » et l'un de ses disciples, renchérissant sur sa pensée, ajoutait : « Il y a plus de cuisiniers que de médecins. » Il est difficile, d'ailleurs, de juger une telle question en se contentant d'en appeler aux faits et à l'humeur de chacun : le jugement dépendra trop de l'imagination et de la sensibilité. Une imagination ardente et sombre prendra tout en mal; une imagination douce et aimable verra tout en beau. Il faut d'autres principes pour décider. Or, si l'on remonte aux principes, je pense que le mot de mal ne peut avoir qu'un sens précis en philosophie, à savoir : un *principe de destruction* ; et le bien, au contraire, est un *principe de conservation*. Hors de là, il n'y a qu'arbitraire et fantaisie. Ces définitions posées, ce qui prouve manifestement que le bien l'emporte sur le mal, c'est que le monde subsiste. Là où le principe de destruction l'emporte sur le principe contraire, rien ne dure ; et même rien ne peut se former. Un peuple voué à l'anarchie se dissout nécessairement, ou est absorbé par de plus puissants que lui. Mais c'est un fait certain que le monde dure, et cela depuis assez longtemps pour qu'on soit assuré que ce n'est pas par accident. C'est une preuve suffisante que dans l'univers pris dans son ensemble, l'ordre l'emporte sur le désordre. Bien plus, non-seulement le monde dure, mais la science nous apprend qu'il a toujours été du simple au complexe, du moins parfait au plus parfait : or, plus un mécanisme est complexe, plus il est difficile à conserver. Il faut donc que la force conservatrice de l'univers aille toujours en croissant ; ou plutôt que le principe du bien qui est dans l'univers, soit non-seulement conservateur, mais organisateur, créateur, promoteur. Il faut qu'il y ait assez de bien pour déborder dans des créations nouvelles, et dans des créations de plus en plus compliquées.

Or, ces principes peuvent s'appliquer non-seulement au bien abstrait de l'univers en général, mais encore au bien senti, au bien des êtres sentants et conscients en particulier. En effet, ce qui est vrai du bien et du mal en soi, est vrai du plaisir et de la douleur. Le plaisir doit être un principe de conservation, et la douleur un principe de destruction ; par cela seul que l'humanité dure, il faut que la douleur y soit infiniment moins répandue que le plaisir. Le philosophe pessimiste par excellence, Schopenhauer, croit pouvoir démontrer philosophiquement la prédominance de la douleur sur le plaisir, et voici comment il raisonne : « Toute vie se résume dans l'effort, et l'effort est toujours douloureux : donc la vie est douleur. » On peut rétorquer cet argument en disant : « La vie est active ; or, l'action est toujours accompagnée de plaisir ; donc la vie est plaisir ; » et ce second argument me paraît beaucoup plus solide que le premier. Il n'est nullement vrai que l'effort soit toujours douloureux. Il ne l'est, au contraire, que par exception, et quand il dépasse nos forces ; autrement, un certain degré d'effort est un plaisir ; et, sans effort, pas de plaisir. L'effort qu'il faut faire pour gravir une montagne, l'effort du chasseur à la poursuite du gibier, ou du penseur à la recherche d'un problème, un tel effort contient plus de plaisir que de peine ; et la peine n'y est qu'un assaisonnement du plaisir. Or, la vie en général, dans l'état sain, ne demande qu'un effort moyen : et cet effort est juste ce qu'il faut pour se sentir vivre. Le mal ne vient donc pas de l'effort, mais du conflit entre les forces extérieures et les nôtres propres : or, c'est ici que nul ne peut démontrer que les forces extérieures sont nécessairement maîtresses dans cette lutte : bien plus, c'est le contraire qui est évident : autrement l'espèce humaine n'y survivrait pas.

Leibniz semble croire qu'il y a danger à soutenir que le bonheur des créatures est la seule fin que Dieu se soit proposée en créant le monde : car, alors, dit-il, « il n'arriverait ni péché, ni malheur, pas même par concomitance ; Dieu aurait choisi une suite de possibles, où tous ces maux seraient exclus. » Mais en parlant du bien des êtres créés on ne peut entendre autre chose que « le plus grand bien possible, *salvâ sapientiâ*, » ce qui laisse subsister toutes les explications de Leibniz : cette réserve faite, nous maintenons que le terme de l'action divine ne peut être que la créature et non pas le créateur : autrement il ne serait pas sorti de lui-même, puisque par hypothèse il est absolu et parfait, et qu'il ne lui manque rien.

Est-ce à dire cependant que ce soit dans la sensibilité des êtres sentants et vivants que nous trouverons cette fin sans laquelle l'univers ne mériterait pas d'exister? Sans doute le bonheur des êtres créés, vivants et sentants est et doit être une des fins de la création. Mais en est-ce la fin dernière? Y a-t-il dans le bonheur (si on le confond avec le bien de la sensibilité), une valeur assez grande pour que Dieu se soit décidé à créer uniquement en faveur de nos jouissances fragiles et passagères. De ce que Dieu n'aurait pas eu pour but en créant l'absolu lui-même, s'ensuit-il qu'il puisse agir pour un but qui ne contiendrait pas quelque chose d'absolu? Une bonté tout humaine, qui ne se proposerait que de donner des plaisirs, comme la mère à des enfants gâtés, est-elle celle que l'on peut attribuer au Tout-Puissant? Son amour ne doit-il pas entendre notre bien d'une manière plus élevée que nous ne l'entendrions nous-mêmes si l'on nous consultait? Que s'il y a des créatures qui n'ont que la sensibilité en partage, la jouissance est pour elles la fin dernière ; mais elles ne sont elles-mêmes que des fins relatives pour le créateur ; et quant aux créatures chez lesquelles la sensibilité s'unit à la raison, les fins de la première doivent être subordonnées à celles de la seconde.

Sera-ce donc l'intelligence (soit chez l'homme, soit chez toute autre créature pensante) qui sera le but de la nature? La nature existe-t-elle, comme ont dit les Indiens, pour être contemplée par l'homme, ou par un être raisonnable, quel qu'il soit? « Mais, dit

Kant avec profondeur, ce n'est pas dans l'homme la faculté de connaître, la raison théorique qui donne une valeur à tout ce qui existe, c'est-à-dire que l'homme n'existe pas pour qu'il y ait un contemplateur du monde. En effet, si cette contemplation ne nous représente que des choses sans but, ce seul fait d'être connu ne peut donner au monde aucune valeur ; et il faut déjà lui supposer un but final, qui lui-même donne un but à la contemplation du monde [1]. » Ainsi, être contemplé, être connu n'est qu'une des fins de l'existence du monde ; et il faut qu'il en ait encore une autre pour que celle-là même ait une valeur. La science n'est donc pas la fin absolue de l'univers.

C'est par ces raisons que Kant arrive à conclure que la fin suprême de l'univers n'étant ni dans la sensibilité, ni dans l'intelligence contemplative, ne peut être que dans la moralité. « Les esprits les plus vulgaires, dit Kant, s'accordent à répondre que l'homme ne peut être le but final de la création que comme être moral. A quoi sert-il, dira-t-on, que cet homme ait tant de talent et d'activité, que, relativement à ses intérêts aussi bien qu'à ceux d'autrui, il ait une si grande valeur, s'il manque d'une *bonne volonté*, si, à considérer en lui l'intérieur, il n'est qu'un objet de mépris? » En considérant non-seulement l'homme, mais tout être moral en général, comme le but de la création, « nous avons une raison pour être autorisés à regarder le monde comme un système de causes finales. » Le monde a pour but de devenir le théâtre, l'instrument, l'objet de la moralité. Pour être approprié à cette fin, il faut déjà qu'il soit susceptible de finalité ; il faut que les degrés inférieurs soient les échelons par lesquels la nature s'élève à son dernier terme : il faut une succession de *fins relatives* qui rende possible cette *fin absolue*.

En effet, la moralité seule mérite le nom de fin absolue : et par là se trouve résolue l'antinomie signalée plus haut. Dieu ne peut sortir de lui-même que pour une fin absolue ; et d'autre part, s'il poursuit cette fin absolue, il semble qu'il n'en puisse trouver d'autre que lui-même, et par conséquent qu'il ne doive pas sortir de

---

1. *Critique du jugement*, § LXXXV.

soi. Mais autre chose est de dire : Dieu, en créant, n'a eu pour fin que lui-même ; autre chose dire : Dieu a eu pour fin une nature dont la fin serait lui-même. Le terme de l'action divine, c'est la nature ; le terme de la nature, c'est Dieu. Si vous supprimez la première de ces propositions la nature n'aurait aucune valeur par elle-même : pourquoi Dieu alors la créerait-il ? Que ne reste-t-il en repos ? Si, au contraire, on supprime la seconde, la nature non plus n'aurait plus de but final, de but absolu, et pourquoi encore Dieu l'aurait-il créée ? Mais son action sort de lui, en tant qu'il crée une nature, et que c'est bien cette nature, en tant que nature créée, qui est son objet ; et elle revient à lui, en ce que cette nature ne se suffisant pas à elle-même, ne trouve sa signification et sa raison d'être, et sa fin que dans l'absolu.

Mais comment la nature prend-elle une signification absolue ? Sera-ce donc en s'anéantissant dans l'absolu ? Non ; car alors il eût été bien plus simple de ne pas la créer. Est-ce en s'absorbant en lui, en se perdant en lui, en s'oubliant ? Non ; ce sont autant de formes de l'anéantissement. Si Dieu a créé la nature, c'est pour qu'elle soit, et non pas pour qu'elle ne soit pas ; c'est pour vivre, non pour mourir. Le but de la nature est donc de réaliser en elle-même l'absolu autant qu'il est possible, ou, si l'on veut, c'est de rendre possible la réalisation de l'absolu dans le monde. C'est ce qui a lieu par la moralité.

N'oublions pas maintenant que s'il n'y a point de fins dans l'univers, il n'y en a pas plus pour l'homme que pour la nature, qu'il n'y a pas de raison pour que la série des causes soit mécanique jusqu'à l'apparition de l'homme, et devienne téléologique à partir de l'homme. Si le mécanisme règne dans la nature, il règne partout, et dans la morale aussi bien que dans la physique. Sans doute, il pourrait encore y avoir des fins subjectives et contingentes, le plaisir ou l'utilité ; mais non pas des fins inconditionnelles et absolues, des fins vraiment morales. La morale est donc à la fois l'accomplissement et la dernière preuve de la loi de finalité.

FIN

TABLE DES MATIÈRES

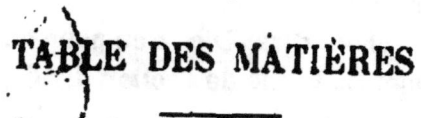

CHAPITRE PRÉLIMINAIRE.

Le problème 1

LIVRE I.

La loi de finalité 21

Chapitre I. — Le principe 21
Chapitre II. — Les faits 75
Chapitre III. — L'industrie de l'homme et l'industrie de la nature . . . 151
Chapitre IV. — L'organe et la fonction 152
Chapitre V. — Le mécanisme et la finalité 191
Chapitre VI. — Objections et difficultés 231
Chapitre VII. — La doctrine de l'évolution 319

LIVRE II.

La cause première de la finalité 421

Chapitre I. — L'argument physico-théologique 427
Chapitre II. — La finalité subjective et la finalité immanente 460
Chapitre III. — La finalité et l'intention 505
Chapitre IV. — L'idée pure et l'activité créatrice 563

APPENDICE.

I. — Le problème de l'Induction 605
II. — La loi de Cuvier 614
III. — Lesage de Genève et les causes finales 619
IV. — Geoffroy Saint-Hilaire et les causes finales 626
V. — Les causes finales dans la philosophie Sankhya 633
VI. — Leibniz et les lois du mouvement 641
VII. — L'optimisme. — Voltaire et Rousseau 675
VIII. — Herbert Spencer et l'évolutionnisme 691
IX. — Platon et les causes finales 710
X. — La fin suprême de la nature 786

FIN DE LA TABLE DES MATIÈRES.

Coulommiers. — Typographie Albert PONSOT et P. BRODARD.